文渊 管理学系列

第3版
消费者行为学

Consumer Behavior
3rd Edition

周欣悦 主编　　孙怡夏 副主编

才凤艳　陈瑞　陈增祥　龚晗　陆静怡　彭璐珞　钱悦
王丽丽　盛峰　徐倩　叶巍岭　杨浙帅　钟科　周昊天　参　编

机械工业出版社
CHINA MACHINE PRESS

本书是一部汇聚了消费者心理、社会文化、市场趋势等多个领域研究成果的综合性教材，旨在深刻理解和解析当代消费者在购物、品牌选择等方面的行为模式。本书深入研究了消费者决策过程、心理需求、文化影响等方面的最新理论和实践，通过大量实例剖析，生动呈现了不同情境下消费者的行为特点，有助于学生更全面地把握市场动态、更敏锐地捕捉消费者需求变化，提升他们在实际工作中的决策水平和创新能力。本书充分考虑到当今时代新科技的快速发展，特别加入了人工智能、大数据等新技术对消费者行为的影响。通过对新技术在购物体验中的应用、大数据分析对市场趋势的预测等方面的深入讨论，帮助学生了解现代科技如何重塑和影响消费者的决策过程。

本书立足于中国本土案例，旨在通过讲好中国故事，传递社会主义核心价值观，引导学生在学习消费者行为学的过程中形成正确的人生观、价值观，培养学生的社会责任感和良好的职业操守，使学生更好地理解和应用消费者行为学的理论知识。

图书在版编目（CIP）数据

消费者行为学 / 周欣悦主编. --3 版. -- 北京：机械工业出版社，2024.6. --（文渊）. -- ISBN 978-7-111-76154-9

I. F036.3

中国国家版本馆 CIP 数据核字第 2024DT6893 号

机械工业出版社（北京市百万庄大街 22 号　邮政编码 100037）
策划编辑：张有利　　　　　　　责任编辑：张有利
责任校对：刘雅娜　张　征　　　责任印制：任维东
河北鹏盛贤印刷有限公司印刷
2024 年 9 月第 3 版第 1 次印刷
185mm×260mm・27.5 印张・2 插页・650 千字
标准书号：ISBN 978-7-111-76154-9
定价：69.00 元

电话服务　　　　　　　　　　网络服务
客服电话：010-88361066　　　机　工　官　网：www.cmpbook.com
　　　　　010-88379833　　　机　工　官　博：weibo.com/cmp1952
　　　　　010-68326294　　　金　书　网：www.golden-book.com
封底无防伪标均为盗版　　机工教育服务网：www.cmpedu.com

文渊 管理学系列

「师道文宗 笔墨渊海」

文渊阁 位于故宫东华门内文华殿后，是故宫中贮藏图书的地方，中国古代最大的文化工程《四库全书》曾经藏在这里，阁内悬有乾隆御书"汇流澄鉴"四字匾。

文渊 管理学系列

作者简介

周欣悦 浙江大学管理学院教授、营销系主任。她的研究聚焦于复杂情绪。研究成果曾经发表在 Nature, Nature Human Behaviour, PNAS, Journal of Consumer Research, Journal of Personality and Social Psychology, Psychological Science 等顶级期刊上。主持国家自然科学基金杰出青年科学基金（消费者情绪）、国家自然科学基金重点项目（人工智能驱动的营销模式和消费者行为）、重大研究计划重点支持项目、国家自然科学基金优秀青年科学基金、教育部新世纪优秀人才支持计划等项目。她的研究曾被《自然》和《科学》等刊物专文报道，关键实验被 BBC 的科学纪录片拍摄收录。连续七年入选爱思唯尔中国高被引学者。

孙怡夏 浙江大学管理学院长聘副教授，"百人计划"研究员，博士生导师。博士毕业于香港中文大学，她的主要研究领域包括消费者心理与行为、消费者信息处理与决策等。其研究成果发表在 Journal of Marketing Research, Journal of Consumer Psychology 等商科国际顶级期刊上，主持和参与多项国家自然科学基金项目。她的"市场营销学"课程被《浙江大学报》报道为"一门既时尚又接地气的爆款课程"，并荣获 2020 年度浙江大学青年教师教学竞赛一等奖（文科组第一名）。

ABOUT THE AUTHOR 作者简介[一]

陆静怡 北京大学心理学博士，华东师范大学心理与认知科学学院教授。研究聚焦于判断与决策，以期探索促进理性决策的途径。于 *Organizational Behavior and Human Decision Processes*、*Personality and Social Psychology Bulletin* 等期刊发表学术论文。主持国家自然科学基金项目3项，入选上海市东方英才计划青年项目，上海市曙光计划。主讲"消费心理学""经济心理学"等课程。出版专著《消费者的决策：行走于理性的边缘》《比较的囚徒：什么决定了我们的选择和幸福》。与周昊天一起负责本书第1章"身份与自我"（3万字）的编写。

周昊天 2014年获得美国芝加哥大学心理学博士学位，于2014年至2016年期间在美国芝加哥大学商学院决策研究中心任博士后，并于2016年9月加入上海科技大学创业与管理学院，任助理教授，为决策优化实验室联合创始人。多篇学术论文发表于领域内顶尖杂志，如 *Psychological Science*、*Journal of Personality and Social Psychology*、*Personality and Social Psychology Bulletin* 等。在本书中和陆静怡一起负责第1章"身份与自我"（3万字）的编写。

徐倩 博士，复旦大学管理学院营销系教授。擅长利用行为科学实验探索消费者的思维和行为规律，研究兴趣包括消费者目标与动机、社会支持与控制感等。其有关消费者洞察的研究曾发表在 *Journal of Personality and Social Psychology*、*Journal of Marketing Research*、*Journal of Consumer Psychology* 等国际期刊上，并承担来自国家自然科学基金、上海市浦江人才和企业的多项科研项目。在本书中负责第2章"需求和动机"（3.5万字）的编写。

[一] 作者的介绍顺序是按照负责的章节顺序编排的。

钟科 海南大学国际商学院教授,博士生导师,海南省拔尖人才;中山大学营销学博士。研究领域包括:感官营销、品牌标识、在线评论文本等。主持国家自然科学基金项目2项;在《中国工业经济》《南开管理评论》《心理学报》、Journal of Business Research、Journal of Travel Research 等学术期刊上发表论文20余篇;《感官营销力》的译者;曾获海南省社科成果三等奖、JMS中国营销科学学术年会最佳论文、海南大学优秀教师等奖项。在本书中负责第3章"知觉和注意力"(3.6万字)的编写。

王丽丽 现任浙江大学管理学院教授,上海交通大学安泰经济与管理学院博士,杜克大学Fuqua商学院博士后。近年来其研究主要关注消费者健康行为以及拟人化对消费者行为的影响。其研究成果发表在 Marketing Science、Journal of Consumer Research、Journal of Marketing、Journal of the Academy of Marketing Science、International Journal of Research in Marketing 以及《管理世界》《心理学报》《南开管理评论》等国际国内重要的商科期刊上,并连续主持国家自然科学基金青年科学基金项目、面上项目和优秀青年科学基金项目。在本书中负责第4章"消费者情绪"(3.9万字)的编写。

龚晗 上海财经大学商学院市场营销系副教授。博士毕业于美国西北大学心理系。她的主要研究兴趣包括消费者决策与判断、风险与决策理论、消费者创新等。近五年来,其研究成果发表在 Journal of Consumer Research、Journal of Consumer Psychology、Research Policy 等国际期刊上,并主持国家自然科学基金面上项目和青年科学基金项目。在本书中负责第5章"信息加工"(3.1万字)的编写。

孙怡夏 浙江大学管理学院长聘副教授,"百人计划"研究员,博士生导师。博士毕业于香港中文大学,她的主要研究领域包括消费者心理与行为、消费者信息处理与决策等。其研究成果发表在 Journal of Marketing Research、Journal of Consumer Psychology 等商科国际顶级期刊上,主持和参与多项国家自然科学基金项目。她的"市场营销学"课程被《浙江大学报》报道为"一门既时尚又接地气的爆款课程",并荣获2020年度浙江大学青年教师教学竞赛一等奖(文科组第一名)。在本书中负责第6章"关系中的消费者"(2.4万字)的编写。

陈瑞 厦门大学管理学院市场学系副教授，清华大学市场营销系博士，哥伦比亚大学访问学者。主要关注进化适应对消费行为的影响，其研究成果发表在 Journal of Consumer Psychology、International Journal of Hospitality Management、《心理学报》《南开管理评论》《营销科学学报》等国际国内相关领域顶级学术期刊上。相关成果得到广泛引用、转载和报道。在本书中负责第 7 章 "群体"（2.4 万字）的编写。

杨浙帅 新加坡国立大学博士，现任浙江大学管理学院市场营销系 "百人计划" 研究员、博士生导师。他的主要研究领域包括个体创造力、顾客忠诚以及高科技在市场营销中的运用。他的研究成果发表在 Journal of Personality and Social Psychology、Journal of Consumer Research 等期刊上。在本书中负责第 8 章 "绿色消费行为"（2.8 万字）的编写。

才凤艳 博士，毕业于香港中文大学。现任上海交通大学安泰经济与管理学院教授、博士生导师。研究方向是消费者的信息处理，主要研究领域为促销和绿色消费。其研究成果发表于 Journal of Marketing Research、Journal of Consumer Research、Journal of Marketing、Journal of Consumer Psychology、Psychological Science 等国际期刊上，并先后获得国家自然科学基金优秀青年科学基金和杰出青年科学基金等项目，目前担任 Psychology & Marketing、Journal of Business Research 和《营销科学学报》等学术杂志的编委，其研究成果曾被《纽约时报》、BBC 新闻网等多家媒体报道。在本书中负责第 9 章 "心理定价"（2.7 万字）的编写。

彭璐珞 现为湖南大学工商管理学院市场营销系副教授。北京大学元培学院学士，北京大学光华管理学院博士。曾在北京大学和香港城市大学从事博士后研究。主要研究领域为文化心理与消费行为决策、家庭消费、跨文化营销。在本书中负责第 10 章 "文化环境"（3.9 万字）的编写。

叶巍岭 管理学博士，上海财经大学商学院营销系教授，上海市市场学会理事，上海 MBA 课程案例库开发共享平台案例评估专家委员会委员，从事营销相关课程的教学和研究 20 年，屡获各项教学表彰。她的研究兴趣包括情绪和消费者决策、销售管理、广告效果以及共享行为，研究成果发表在国内外学术期刊上，也发表于国内外知名的商业期刊上。在本书中负责第 11 章 "购买行为和关键点"（3.3 万字）的编写。

陈增祥　中山大学副教授("百人计划"),院长助理;中山大学逸仙学者,中国高等院校市场学研究会品牌专业委员会副主任,中国管理现代化研究会市场营销专业委员会常务理事,粤港澳高校市场营销研究联盟副秘书长,亚太营销青年学者委员会秘书长。主要研究领域为消费心理与品牌管理,文章发表于《心理学报》、Journal of Consumer Psychology 等国内外期刊上。主持国家自然科学基金项目(三项)、教育部人文社会科学研究基金、文化和旅游部研究项目基金。获得国家教学成果二等奖、广东省教学成果二等奖与中山大学教学成果一等奖;获第十届中山大学青年教师授课比赛文科特等奖。在本书中负责第12章"整合营销沟通"(3万字)的编写。

周欣悦　浙江大学管理学院教授、营销系主任。她的研究聚焦于复杂情绪。研究成果曾经发表在 Nature、Nature Human Behaviour、PNAS、Journal of Consumer Research、Journal of Personality and Social Psychology、Psychological Science 等顶级期刊上。主持国家自然科学基金杰出青年科学基金(消费者情绪)、国家自然科学基金重点项目(人工智能驱动的营销模式和消费者行为)、重大研究计划重点支持项目、国家自然科学基金优秀青年科学基金、教育部新世纪优秀人才支持计划等项目。她的研究曾被《自然》和《科学》等刊物专文报道,关键实验被 BBC 的科学纪录片拍摄收录。连续七年入选爱思唯尔中国高被引学者。在本书中负责第13章"消费体验"(3.3万字)的编写。

钱悦　现任浙江大学管理学院讲师,博士毕业于清华大学经济管理学院。主要研究领域包括大数据营销、全渠道营销管理、在线教育、数字化韧性等。主要研究方法包括因果推断(causal inference)、实地实验(field experiment)等。在本书中负责第14章"量化消费者洞察"(2.1万字)的编写。

盛峰　管理学博士,现为浙江大学"百人计划"研究员、博士生导师、脑机智能全国重点实验室骨干成员、神经管理学实验室核心成员、宾夕法尼亚大学沃顿商学院脑科学中心创始成员。担任中国技术经济学会神经经济管理专业委员会委员、中国高等院校市场学研究会委员。致力于将脑科学和认知科学引入经济管理的研究和实践。主持国家自然科学基金项目,参与科技部科技创新2030—"脑科学与类脑研究"重大项目。研究成果发表在 PNAS、Science Advances、Cerebral Cortex、NeuroImage 以及《心理学报》《营销科学学报》等权威期刊上,得到了《福布斯》等知名媒体的报道。在本书中负责第15章"神经营销"(2.5万字)的编写。

前 言

《消费者行为学》第1版于2019年4月问世,并相继推出了第2版和面向全球发售的英文版。《消费者行为学》目前已被67所高校指定为首选教材,被列为浙江省"十四五"重点教材建设项目,荣获中国市场营销国际学术年会(CMIC)杰出教材奖。以该教材为基础的同名慕课"消费者行为学"自上线以来已被累计超过1 500名学生选课,获批了"浙江省一流线上课程"。这本教材的成功之处在于融入了前沿学术研究成果以及基于中国本土特色的商业案例,彻底打破了教材在理论知识上相对滞后的瓶颈。

面对市场环境的日益变化及消费者需求的多元化,《消费者行为学》编写团队与时俱进,针对这些挑战及时进行了深入的修订,这就是大家看到的《消费者行为学》第3版。第3版在维持原有理论架构的基础上,融入了最新的研究发现和实证案例分析,结合新的技术背景分析和阐述了大数据、人工智能等新科技元素对消费行为的影响,旨在培养读者更加深刻地理解及预测消费者行为的能力。

《消费者行为学》第3版不仅是市场营销和消费者行为学领域学生的宝贵资源,同时也是那些寻求深入探索消费者心理及市场策略的专业人士的重要参考。通过对本书的研究和学习,读者将掌握消费者行为的关键因素,并在市场营销实践中应用这些知识。本书提供的策略性指导也将助力读者在竞争激烈的市场环境中取得商业成功。

本书核心内容

消费者行为学是一门研究消费者决策过程的学科,它探究消费者如何选择、购买、使用与处置商品和服务,从而满足自己的需求和欲望。这门学科结合了心理学、社会学、人类学、经济学和市场营销等多个领域的知识,旨在帮助读者深入理解消费者的购买动机、态度、偏好以及如何受到各种外部因素的影响。本书紧扣"如何影响消费者"这一主题,分三部分深入阐述。

第1部分(第1~5章)是影响消费者的内在因素(Who),即我们的消费者,他们到底是谁?他们喜欢什么、讨厌什么、偏好什么?主要介绍消费者的需要、动机、感觉、知觉、情绪、记忆和自我。重点关注消费者如何注意、筛选和鉴别信息。他们容易受到哪些信息的影响,又会被哪些信息所驱动?

第2部分(第6~9章)是影响消费者的外在因素(What),即哪些外部因素会影响消费者行为？主要关注价值观、群体、家庭、各种社会关系以及各类市场营销活动。

第 3 部分（第 10～15 章）是影响消费者的情境因素（When and Where），主要关注这些因素何时何地对消费者产生影响。消费者购买过程中的哪些关键时间点会受到哪些影响？如何利用消费场景影响消费者？

各章内容简介

第 1 章"身份与自我"探讨了消费者的自我认识如何影响其消费行为。章节重点分析了消费者的自我认识（如个人特质、外貌、社交能力）如何影响其消费决策，讨论了消费行为如何反映个人身份，以及消费者如何通过购买行为表达自我。此外，章节还阐述了性别角色对消费行为的影响，探讨了个体在社会中的自我定位如何塑造其消费习惯。

第 2 章"需求和动机"深入探讨了消费者需求的形成以及它对消费行为的影响。章节探讨了消费者需求的定义、消费者需求的发掘和满足方式，以及需求的创造性。章节还讨论了消费者的需要、目标和动机如何影响其心理和行为，以及如何在市场营销实践中应用这些概念。章节中还介绍了新技术如何影响消费者的需求和动机，强调了理解和应对这些需求对于市场成功的重要性。

第 3 章"知觉和注意力"分析了消费者如何通过感官体验感知外界，并对这些感知形成理解和判断。章节探讨了消费者的感知过程，如暴露、注意和解释，以及数字化技术如何重构消费场景，为营销人员在塑造顾客感官体验方面带来挑战。此外，本章还讨论了感官营销的概念模型，说明了不同感官如何影响消费者的态度、学习、记忆和行为。

第 4 章"消费者情绪"讲述了情绪如何影响消费者行为。章节讨论了情绪的定义、分类以及对消费者决策的影响，分析了基本情绪和复杂情绪如何影响消费者行为，并探讨了营销活动对消费者情绪的影响，以及企业在营销中应如何激发消费者的情绪。此外，本章还讨论了人工智能在理解和影响消费者情绪中的作用。

第 5 章"信息加工"讲述了消费者如何处理和记忆信息。章节讨论了如何吸引和保持消费者的注意力，以及哪些类型的信息容易被记住。章节还探讨了消费者个体因素、刺激物因素和环境因素如何影响注意力，以及信息加工的过程。此外，章节还分析了人工智能如何通过算法对消费者进行个性化的广告推送和内容推荐，以及如何提供更准确和相关的搜索结果。

第 6 章"关系中的消费者"探讨了社交关系如何影响消费行为。章节讨论了"六度分离"理论，解释了人与人之间的关系网如何影响消费决策。章节通过社交网络模型解释了社交网络的力量，包括"去中心化"的传播模式、粉丝经济等。章节还分析了强关系与弱关系在消费决策中的不同作用以及家庭关系对消费行为的影响。

第 7 章"群体"分析了消费者的群体特征以及它对消费决策的影响。章节讨论了消费者个体与群体身份之间的关系，群体特征如何在消费中体现，以及营销人员如何利用参照群体。章节还探讨了社会阶层和世代群体如何影响消费者行为，消费者画像有何重要性，以及如何根据群体特征进行精准营销。章节通过案例分析，阐述了消费决策中个性追求与群体特征的共同作用。

第 8 章 "绿色消费行为" 探讨了绿色消费的概念、发展和消费者行为特征。章节讨论了绿色消费的定义、重要性，绿色消费者的行为特征，以及绿色消费对消费者及社会的影响。章节还探讨了影响消费者绿色消费行为的因素，包括消费者的环保意识、经济动机、享乐动机和批评性动机，展示了绿色消费在现代社会中的普及和发展，以及企业如何应对这一趋势。

第 9 章 "心理定价" 深入探讨了心理定价的概念和它对消费者行为的影响。章节分析了如何通过交易效用理论理解消费者对折扣的钟爱。章节中还讲述了不同定价策略如何通过影响消费者的价格感知来提高感知交易价值。此外，章节探讨了影响消费者感知交易价值的因素，包括支付痛苦、元认知和价格公平感。

第 10 章 "文化环境" 深入探讨了文化如何影响消费者行为。章节涵盖了文化的定义、特点，并深入讨论了文化如何在营销沟通中造成差异、影响消费者的价值观以及决策过程。章节还探讨了文化规范、不同文化下消费者的世界观差异、东西方思维方式对消费者行为的影响等主题。此外，章节还分析了企业如何针对拥有不同文化背景的消费者进行有效营销。

第 11 章 "购买行为和关键点" 主要探讨了消费者的购买决策过程和关键要素。章节分析了消费者购买决策的多个环节，如决策动机、选择商品种类和品牌、决定购买数量、选择购买时机和地点，以及如何购买。本章特别强调了互联网对购买决策的影响，指出互联网改变了消费者获取信息的方式和购买渠道。章节还提到，消费者的购买类型可根据涉入度和信息需求量不同而有所差异。

第 12 章 "整合营销沟通" 讲述了如何通过多种营销手段来有效传递信息。章节介绍了营销沟通的本质、面临的挑战和机遇，以及不同营销沟通平台的优劣势。章节探讨了消费者决策的基本流程和沟通匹配模型，以及如何评估营销沟通计划。本章特别强调了营销沟通在当前多样化、全球化和技术驱动的市场环境中的重要性，并提供了有效地整合各种沟通手段以传达统一、完整的信息给消费者的策略。

第 13 章 "消费体验" 讨论了如何为消费者创造难忘的体验。章节区分了体验和服务，深入分析了体验如何为产品和服务增值，提高客户满意度，并促进幸福感。章节还探讨了各种类型的体验，如娱乐性、教育性、审美性和逃避性体验，并概述了有效创建和主题化这些体验的方法。章节强调在体验创造中精心规划的重要性，重点是主题化、场景化和戏剧化，以确保为消费者提供连贯且沉浸式的体验。

第 14 章 "量化消费者洞察" 重点探讨了如何使用数据及分析工具理解和预测消费者行为。章节强调了理解消费者行为、偏好的必要性。章节还讨论了在量化分析过程中处理隐私和伦理问题的重要性，并对未来的趋势进行了探讨。本章的重点内容包括消费者标签体系的构建、消费者画像的应用、内容营销，以及用户生成内容的影响力。

第 15 章"神经营销"探索了如何利用神经科学的方法理解消费者的决策过程。章节提供了神经营销的历史、发展、技术手段（如脑电图、脑磁图、功能性磁共振成像等）和在营销实践中的应用，讨论了神经营销的优势。章节还讨论了神经营销学的挑战，如逻辑陷阱、范式缺陷和成本压力。章节还分析了如何通过神经营销更深入地理解消费者心理，制定更有效的营销策略。

本书特色

《消费者行为学》第 3 版是一部汇聚了消费者心理、社会文化、市场趋势等多个领域研究成果的综合性教材，旨在深刻理解和解析当代消费者在购物、品牌选择等方面的行为模式。本书以强调思想政治教育为导向，将中国本土案例融入其中，生动讲述中国故事，使学生更好地理解和应用消费者行为学的理论知识。第 3 版在延续前两版的经典内容之外，又做出了以下探索和更新。

- 融入思政元素。本书不仅是一本消费者行为学教材，更是一部注重思政教育的著作。第 3 版立足于中国本土案例，旨在通过讲好中国故事，传递社会主义核心价值观，引导学生在学习消费者行为学的过程中形成正确的人生观、价值观，旨在培养学生的社会责任感和良好的职业操守。
- 聚焦前沿研究和案例分析。本书聚焦于消费者行为学的前沿研究和案例分析，为学生提供了一个深度挖掘消费者行为背后机制的平台。第 3 版深入研究了消费者决策过程、心理需求、文化影响等方面的最新理论和实践，通过大量实例剖析，生动呈现了不同情境下消费者的行为特点，有助于学生更全面地把握市场动态，更敏锐地捕捉消费者需求变化，提升他们在实际工作中的决策水平和创新能力。
- 探讨新科技元素对消费者行为的影响。本书充分考虑到当今时代新科技的快速发展，特别加入了人工智能、大数据等新技术对消费者行为的影响。本书通过深入讨论新技术在购物体验中的应用、大数据分析对市场趋势的预测等方面的内容，帮助学生了解现代科技如何重塑和影响消费者的决策过程。

第 3 版相较于前两版在内容、案例、前沿研究等各方面做出了更新，在强调思政教育的同时，更加注重中国本土案例的融入，使理论更贴近实际，更具针对性。希望通过学习本书，学生不仅能够理解和应用消费者行为学的核心理论，更能够成为具有社会责任感和领导力的新一代市场专业人才，在竞争激烈的市场中脱颖而出，为社会的可持续发展贡献自己的智慧和力量。

基于本土案例的中国消费者洞察

在全球化与信息时代的背景下，当代中国消费者的行为模式和心理特征呈现出独特的发展趋势。当代中国消费者有三大显著特征：中式元素的回归与创新、社交化趋势与群体影响，以及个性化体验的追求。本书在延续经典理论的基础上重点分析了这些特征对市场策略和消费行为研究的影响。

1. 中式元素的回归与创新

在当代中国，传统文化的复兴与现代生活的融合成为消费市场的一大趋势。国货潮的兴起预示着消费者回归传统文化，但这并非对传统文化的简单重温，而是在传承中寻求创新与现代化的结合。这种趋势不仅体现在产品设计上，更广泛地影响着品牌的市场策略和消费者的购买行为。

例如，在传统节日和文化符号的再造中，许多品牌成功地将古典艺术与现代设计相结合，创造出具有传统韵味同时又不失现代感的产品。这种文化的复兴不仅提升了消费者对品牌的认同感，也加深了他们对民族文化的自豪感。

此外，年轻一代消费者对于传统文化的接受方式也更加开放和多元。他们更倾向于选择那些能够反映自身身份和个性的文化产品，这也促使品牌在产品开发和营销策略上不断创新，从而迎合这一市场需求。

2. 社交化趋势与群体影响

社交媒体的普及和网络社群的兴起在当代中国消费者中产生了深远的影响。消费者的购买决策越来越多地受到社交网络中的信息和群体意见的影响。尤其在年轻一代中，社交媒体不仅是信息获取的主要渠道，更是塑造消费观念和行为的重要平台。

粉丝经济的兴起是社交化趋势的一个重要体现。消费者对于群体的认同感促使他们更倾向于购买与偶像相关的产品和服务，不仅是真人偶像，也包含了虚拟偶像。这为品牌提供了利用名人效应进行市场营销的新机会。

此外，社交化趋势还促使消费者非常重视产品和服务的口碑传播。在这种背景下，好的产品体验和积极的用户评价可以迅速放大品牌的影响力，而负面信息也可能在短时间内对品牌造成重大打击。

3. 个性化体验的追求

当代中国消费者越来越重视产品和服务带来的个性化体验。这种趋势表明，消费者不仅仅关注产品的功能和质量，更加关注产品能否满足他们的个人需求和情感期待。

个性化体验的追求在各种消费领域都有所体现。无论是定制化的产品、一对一的服务，还是通过科技手段提供的个性化体验，都成为当代中国消费市场的重要特征。例如，定制旅行服务、个性化健康管理方案以及人工智能（AI）驱动的个性化购物推荐等，都在不断地满足消费者对个性化体验的需求。这种趋势不仅展现了日益增长的消费者对个性化和差异化的需求，也促使企业和品牌不断创新，从而提供更加个性化和差异化的产品与服务。

在第3版中，我们致力于为读者提供对当代中国消费者行为的深入理解。本书包含一系列精心选取的市场案例，如与中式元素相关的营销策略、社交化趋势下的群体影响，以及消费者对个性化体验的追求，展示了市场的最新趋势。新增的具体案例包括且不限于节气营销、六神花露水的整合营销策略、五菱宏光在个性时尚市场的定位、三顿半品牌分析和直播电商环境中消费者的感官体验等。这些案例不仅揭示了市场的动态变化，还展现了当代中国消费者行为的复杂性和多样性。它们为读者提供了宝贵的见解，帮助读者理解如何在快速演变的市场环境中制定有效的策略，并利用文化元素、社交媒体及个性化体验来吸引和维系消费者。本书的目标是向学术界、市场研究人员和行业实践者提供全面且深入的视角，助力他们更好地适应这个充满挑战与机遇的市场。

寄语

本书被视为探索当代市场的灯塔，为读者提供了深入了解消费者心理的独特视角和宝贵资源。在这个快速变化的时代，理解消费者的行为、需求和预期变得比以往任何时候都重要。本书不仅是学术探究的宝库，也是市场实践者的实用指南。通过精心挑选的案例研究和深刻的理论分析，本书揭示了消费者行为的多样性和复杂性，为制定有效的市场策略和提高消费者满意度提供了指导。愿本书成为您在理解和应对消费者行为挑战中的强大助力，引领您在市场的波浪中稳健航行。

目 录

作者简介
前言

第 1 部分　影响消费者的内在因素：Who

第 1 章　身份与自我 ………… 2
1.1　自我概念与自我意象 ………… 3
1.2　身份 ………… 9
1.3　从消费行为中认识自我 ………… 17
1.4　自尊 ………… 20
1.5　如何评估自己的价值 ………… 24
本章小结 ………… 30
中国故事　一本记录我的"小红书" ………… 30

第 2 章　需求和动机 ………… 31
2.1　消费者需要和需求 ………… 32
2.2　难以"说出口"的消费者需求 ………… 41
2.3　挖掘消费者需求的基本方法 ………… 45
2.4　消费者的目标 ………… 53
2.5　消费者目标与需求的应用 ………… 56
2.6　技术对消费者需求和动机的影响 ………… 63
本章小结 ………… 64
中国故事　中国智能手机的制胜之道 ………… 65

第 3 章　知觉和注意力 ………… 66
3.1　消费者知觉概述 ………… 67
3.2　消费者的感觉与感官营销 ………… 68
3.3　暴露与注意 ………… 86

3.4　知觉解释 ………… 93
本章小结 ………… 95
中国故事　直播电商中的消费者感官 ………… 96

第 4 章　消费者情绪 ………… 98
4.1　什么是情绪 ………… 98
4.2　情绪和消费者行为 ………… 107
4.3　消费者行为中的情绪影响和情绪应用 ………… 120
4.4　人工智能和情绪 ………… 130
本章小结 ………… 135
中国故事　三顿半的情绪营销 ………… 135

第 5 章　信息加工 ………… 137
5.1　注意力 ………… 137
5.2　记忆和提取 ………… 144
5.3　学习 ………… 156
本章小结 ………… 160
中国故事　节气营销 ………… 161

第 2 部分　影响消费者的外在因素：What

第 6 章　关系中的消费者 ………… 164
6.1　社会关系对消费者的影响 ………… 164
6.2　基于关系的礼物经济 ………… 174
6.3　去中心化与去中心化基础上的社群经济 ………… 180
本章小结 ………… 183

中国故事　粉丝经济的反噬之粉丝
　　　　　大作战 ——— 183

第 7 章　群体 ——— 185

7.1　消费者的个体身份与群体身份 ——— 185
7.2　群体的建构 ——— 187
7.3　参照群体 ——— 189
7.4　潜在影响群体 ——— 194
7.5　基于群体的消费者画像和市场
　　　细分 ——— 199
本章小结 ——— 203
中国故事　霸蛮科技：社会标签和价值
　　　　　标签的群体 ——— 203
　　　　　五菱宏光 MINIEV：中国汽车
　　　　　新物种 ——— 204
　　　　　直播购物中的"人货场" ——— 206

第 8 章　绿色消费行为 ——— 207

8.1　为什么倡导绿色消费 ——— 208
8.2　绿色消费的历史与现状 ——— 212
8.3　影响绿色消费行为的主要因素 ——— 218
8.4　绿色消费态度和行为间的差异 ——— 228
本章小结 ——— 230
中国故事　全棉时代：一朵棉花的环保
　　　　　故事 ——— 230

第 9 章　心理定价 ——— 232

9.1　交易价值 ——— 232
9.2　参考价格 ——— 234
9.3　降低消费者的支付痛苦 ——— 240
9.4　增加价格认知的愉悦感 ——— 245
9.5　感知价格公平 ——— 251
9.6　常见促销方式的对比 ——— 254
本章小结 ——— 256

中国故事　比亚迪：以价换量不是车企的
　　　　　唯一逻辑 ——— 257
　　　　　小米定价策略：贴成本
　　　　　定价 ——— 258

第 3 部分　影响消费者的情境因素：When and Where

第 10 章　文化环境 ——— 260

10.1　引子：文化影响消费行为 ——— 260
10.2　文化的内涵、特点与内容 ——— 261
10.3　文化外显层：器物、行为和语言
　　　表达 ——— 263
10.4　文化中间层：价值观和规范 ——— 268
10.5　文化内隐层：基本信念、世界观和
　　　思维方式 ——— 281
本章小结 ——— 291
中国故事　"跨越千年守望，我们在此相遇"：
　　　　　只有河南·戏剧幻城 ——— 291
　　　　　观夏：以东方美学打造
　　　　　"原创东方香"品牌 ——— 292

第 11 章　购买行为和关键点 ——— 294

11.1　消费者购买决策的内容 ——— 295
11.2　消费者购买决策的类型 ——— 299
11.3　消费者购买决策过程的经典
　　　环节 ——— 306
11.4　互联网对购买决策过程的影响 ——— 313
本章小结 ——— 320
中国故事　抖音 5A 模型：数字化营销的
　　　　　新革命 ——— 321
　　　　　AIGC 的中国发展 ——— 322

第 12 章　整合营销沟通 ——— 325

12.1　营销沟通的本质 ——— 325

12.2 当前营销沟通的困境与机遇 328
12.3 营销学视角的整合营销沟通 332
本章小结 350
中国故事 六神花露水：整合营销促品牌年轻化 350

第 13 章 消费体验 352
13.1 体验经济 352
13.2 体验的类型 357
13.3 为消费者营造体验 358
13.4 提供体验的风险和弱点 367
13.5 为体验定价 367
13.6 最高级的体验 370
13.7 营造让人难以忘怀的体验 372
本章小结 376
中国故事 虚拟偶像产业的兴起与思考 376

第 14 章 量化消费者洞察 379
14.1 量化消费者行为的新趋势 379
14.2 消费者标签体系的构建 379
14.3 内容营销 383
14.4 消费者的数据隐私和保护 389
本章小结 390
中国故事 泡泡玛特：如何以消费者为核心量化一切运营效果 390

第 15 章 神经营销 392
15.1 神经营销的含义和特点 393
15.2 神经营销的理论框架和模型 398
15.3 神经营销的研究范式和路径 406
15.4 神经营销的新趋势 410
本章小结 411
中国故事 国货化妆品的脑科学暗战 411

参考文献 413

PART 1 **第1部分**

影响消费者的内在因素：Who

- 第1章 身份与自我
- 第2章 需求和动机
- 第3章 知觉和注意力
- 第4章 消费者情绪
- 第5章 信息加工

第1章 身份与自我

■ 本章要回答的主要问题有：

1. 消费者对"我是谁"的理解如何影响他们的消费行为？
2. 拥有完美外貌的模特如何影响消费者对自己的认识及其消费行为？
3. 消费者购买的商品能反映他们自身的特点吗？
4. 消费者与他人和群体的关系如何影响其消费行为？
5. 男性和女性消费者的消费行为有哪些区别？
6. 消费者的行为如何促进他们对自己的认识？自我诱发的情绪感受和外在事物诱发的情绪感受之间有什么区别？
7. 如何利用自尊的激励本质来改变消费者的行为？
8. 人们如何对自我进行价值评估？
9. 自我价值评估的过程是否可以被营销人员用来改变消费行为？
10. 理想自我和应该自我如何引导人们的行为？
11. 意识到我们无法永生不死和消费行为有什么样的关系？

　　行经济发展之万里路，要从每个消费者走出的一小步开始；筑中国故事之大我，要从描绘每位群众的小我开始。在中华民族伟大复兴的新征程上，经济是国家再创辉煌的重要抓手。而要把握宏观经济浪潮，还得从理解组成宏观经济浪潮的每一滴水——消费者个体的身份和自我开始。消费者关于"我是谁"的看法决定了他们从何处来，到何处去，是宏观浪潮澎湃的原动力，也是提升民众幸福感的微观密码。

　　本章内容聚焦于消费者的身份与自我，解答消费者如何看待自己、对自我的看法又将他们导向何处。通过这些个体层面的心理分析，可以见微知著，帮助我国的政策制定者、企业管理者准确把握消费者的需求，有的放矢地引导市场开发产品和服务，从而提升消费者的幸福感，充分释放国家经济活力。把每个人的"我"写好、一笔一画剖析清楚，中国故事的"我们"将会写得更加漂亮。

1.1 自我概念与自我意象

2022年初,MBTI测试以迅雷不及掩耳之势火遍全网,长期热度不减。这款自我报告式测评工具将人格划分为十六种类型,众多消费者纷纷付费参加测试,都期望通过测试找到并定居属于自己的"人格星球"。"本人是极具艺术审美的ISFP。""好巧,我是富有领袖气质的ESTJ,我们很般配。""INFP都喜欢买这个色号,你也来试试吧。"MBTI测试成为年轻人交换身份、叩开社交大门的"摩斯密码",也成为商家刺激消费的新手段;更重要的是,它为我们提供了探索自我的途径,满足了测试者对"我究竟是谁"这一问题的好奇心。

MBTI测试的可靠性众说纷纭。有人拍案叫绝,笃信结果可以客观反映自己的性格特点;有人则表示担忧,认为结果偏离实际。但不论结果准确与否,掏钱参加MBTI测试的消费者积极探索和努力感受"自己是谁"的热忱不容置疑。对"我是谁""我如何看待自己"的回答会进一步影响消费者的消费习惯。本章将重点探讨消费者行为如何受到消费者的自我认识以及对自我的情绪感受的影响。

古希腊哲学家苏格拉底经常教育弟子要"认识你自己"。事实上,人一生中都在不断探索自己是怎样的人、自己具有哪些特点,从而形成自我认识。生活中,我们经常听到幼儿园的小朋友好奇地问爸爸妈妈"我是谁""我从哪里来",贯穿人一生的自我探索由此开始。青春期是自我认识发展的重要时期,心理学家埃里克森认为,青少年的重要发展任务就是建立自我同一性,探索自我、认识自我、寻找自己的人生目标。当然,需要探索自我、认识自我的不仅是孩子,成年人同样会寻求关于自我的知识。成年人通过自我探索建立起自己的价值观与职业目标,尤其是当经历重大人生转折时,比如结婚成家、罹患疾病,成年人具有更强的认识自我的动机。

乍一听,自我认识和消费行为没有多大关系。然而,这两者之间的关联非常紧密。一方面,拥有不同自我认识的消费者会表现出截然不同的消费行为。另一方面,消费者也会通过观察自身购买或使用哪些产品或服务,进一步认识自己并获取关于自我的知识。在数字化时代,消费者处处留下个人信息,自我认识对消费的影响一再被放大。例如,用户入驻微博、小红书等社交平台初期会标注个人感兴趣的领域,浏览自己感兴趣的话题,选择自己喜欢的消费形式;商家借此机会火速勾勒"用户画像",为他们推送更可能击中其偏好的内容,提供与消费者自我认识相匹配的个性化服务;在享受个性化服务的过程中,消费者再次加深对"我是这样的人"的认识,使得自我认识和消费行为之间形成循环。接下来,我们将具体介绍消费者的自我认识如何影响消费者行为,以及消费者如何通过自身的消费行为来认识自我。

1.1.1 自我概念:我是谁

我是谁?对这个问题的回答恰恰体现了消费者的自我概念(self-concept),它是指人们对自己所拥有的特点的信念。这种信念包含多个方面,比如人们对自己学业表现的信念("我成绩出众")、对自己在社交方面的信念("我人缘好")、对自己歌唱能力的信念("我的歌声优美")、对自己外表的信念("我身材高挑")等。总之,自我概念回答了"我是谁"这一经典问题。

人在认识自我的过程中，同时存在几种不同的动机。一是准确性动机。也就是说，人们希望准确获取关于自身的知识。例如，学生想准确知道自己的算术能力到底处于何种水平，职员想准确了解自己的业绩究竟如何。二是一致性动机。人们希望自我概念在较长时间内保持稳定，表现得前后一致。三是自我提升动机。如果自己拥有一些积极的特质，人们会体验到积极情绪；相反，如果自己拥有一些消极的特质，人们会体验到消极情绪。绝大多数情况下，人们总是努力寻求积极情绪并避免消极情绪，因此，自我概念总体比较积极。例如，消费者认为自己的外貌比平均水平要漂亮、自己的驾驶技能高于平均水平……

在认识"我是谁"的同时，人们可能会做出与真实自我相符或者不相符的行为，而行为与自我概念的一致程度，即为真我（self-authenticity）。例如，有些人常常有话直说，通过表达自己真实的想法与感受来追求真我；而有些人明明不善于交际，却假装自己很健谈，如此一来，他们就会产生不真实感。研究发现，真实感与一系列积极结果有关，拥有较高真实感的人往往也拥有较高的个人幸福感和生活满意度，感到较少的焦虑和压力。例如，相比努力"凹人设"、向他人展现完美印象，能够在社交媒体上大方表达真实自我的人（比如转发喜欢的话题、给喜欢的内容点赞或者发布帖子抒发真情实感等）将体验到更多积极情绪、更少消极情绪（Bailey, 2020）。

| 经典和前沿研究 1-1 |　人人都聪明

你觉得你漂亮吗？你觉得你聪明吗？假设人们的自我概念客观、准确无误，那么，应该有大约50%的人认为自己的表现好于平均水平，还有大约50%的人认为自己的表现比平均水平差。但是，当Alicke（1985）、Brown（1986）将类似的题目呈现给被试者时，绝大多数人都坚信自己的表现要比平均水平好。

研究者给被试者呈现积极的人格特质词语（比如有责任心的、有趣的）和消极的人格特质词语（比如虚假的、势力的），让他们分别评估这些词语在多大程度上能描述自己或者他人。结果显示，人们普遍认为自己比他人更符合积极特质的描述，更不符合消极特质的描述。显然，被试者的回答与现实生活中的客观情况不符，人的自我概念过于乐观。

研究者把这种现象叫作"好于平均效应"（better-than-average effect），它是指人们倾向于认为自己在积极维度上的表现比所在人群的平均水平好。"好于平均效应"显示出人们的自我概念普遍而言比较积极。

"好于平均效应"表现在方方面面。例如，你会如何评估自己的领导力呢？研究者把这一问题抛给了美国中学生。结果，有70%的学生认为自己的领导力名列前茅。也许你会说，中学生还不够成熟，他们的自我认识不够准确。大学教授怎么样？人们通常认为大学教授比中学生理智，能更准确地认识自己。但是，事实证明，高达94%的大学教授也容易出现这种幻觉：认为自己的能力高于平均水平。研究者还曾要求司机尽可能准确地评价自己的驾车安全性和驾驶技术，结果，88%的司机相信自己开车时比平均水平的司机安全，90%的司机认为自己的驾驶水平好于平均水平（Svenson, 1981）。再如，大众普遍认为理性的决策者选择时应抵制情感，那么你觉得自己和他人做决策时谁更理性、更不为情感所困呢？研究者发现，人们相信自己比他人更会凭靠大脑而非感受做决策，即自己比他人更理性。这无疑也是一种

"好于平均效应"。

资料来源：1. ALICKE M D.Global self-evaluation as determined by the desirability and controllability of trait adjectives [J]. Journal of Personality and Social Psychology, 1985, 49（6）：1621-1630.

2. BROWN J D.Evaluations of self and others: self-enhancement biases in social judgments [J]. Social Cognition, 1986, 4（4）：353-376.

3. SVENSON O. Are we all less risky and more skillful than our fellow drivers？[J].Acta Psychologica,1981,47（2）：143-148.

1.1.2 自我意象：我是如何看待自己的

如果你仔细思考，便会发现"我是谁"与"我是如何看待自己的"是两个不同的问题。前者是我们刚才介绍的自我概念，而后者反映的则是消费者的自我意象（self-image）。相比自我概念，自我意象更多地带有评价性质。换言之，自我意象就好比是人们给自己画的一张肖像，是对自己是怎样一个人的认知与评价。例如，"我微胖""我很健壮""我不太高"等，这些都是人的自我意象。自我意象可以分为真实自我意象（actual self-image）和理想自我意象（ideal self-image）。顾名思义，真实自我意象反映的是个体如何看待当下的自己，理想自我意象则由目标和渴望组成，反映了个体希望成为什么样的人。

很显然，自我意象具有主观性，因此，它可能不准确，偏离客观事实。例如，生活中总有女性消费者边照镜子边感叹："我怎么那么胖，我要减肥！"然而，根据她们的身高和体重计算出的 BMI 指数可能只在 20 左右，在正常范围之内。现如今，容貌焦虑现象非常普遍，一旦自己身体的某部分不符合主流审美，人们便可能开始心神不宁，对自己的外貌丧失自信，但实际上，人们只是被过于单一的标准裹挟。当然，也存在相反的事例，比如一位相貌平平的消费者自认为非常英俊。

接下来，我们重点探讨关于身体的自我意象，也称作身体意象（body image）。请思考，你的身体意象是如何形成的？你可能会说，我照镜子时发现自己相貌平平。那么，这种"相貌平平"的判断又是如何产生的？很可能是你联想到平日里出现在电视节目中、广告中的人物，他们或英俊潇洒，或天生丽质，对比之下，自己就显得像是一只"丑小鸭"。

在数字化时代，关于身体意象的媒体信息无孔不入，潜移默化地影响着消费者。例如，绝大多数广告中的模特都拥有靓丽的外表：女性拥有漂亮的脸蛋、前凸后翘的身材，男性阳光俊朗、形体健硕。社交平台上帅哥、美女如云，妆容精致耀眼，穿衣时髦前卫。久而久之，消费者错误地认为这就是普通人应有的外貌。与之对比，消费者就会认为自己不够美、不够苗条或者不够强壮。部分商家非但不纠正大众的错误认识，反而光明正大地向消费者"贩卖"身材焦虑，让消费者的自我意象更加失真。例如，美国知名内衣品牌维多利亚的秘密（Victoria's Secret）曾经推出了一则广告，广告中的模特身材火辣，身着维多利亚的秘密内衣，广告词是"完美的身材"。该广告引发了长时间的争议。有消费者认为，这一广告词设定了人们对女性身材的狭隘的判断标准。近年来，意大利时尚品牌 Brandy Melville 备受年轻女孩追捧，该品牌创设的初心是希望身材娇小的女生也可以买到合身的服饰，因此只出售小码女装。现在，Brandy Melville 品牌走向大众市场，但不改品牌理念，仍以"小码"作为营销噱头。一众粉丝也紧跟潮流，身穿小码服饰拍照并发布于各大社交媒体，大秀纤瘦身材以博取公众目光。随着 Brandy Melville 的爆火，越来越多服装品牌争相效仿，尝到了"把衣服越做越小"的甜头，日本快消服饰品牌优衣库便是其中之一。2023 年，一直主打"传统剪裁、宽松舒适"风格的优衣库反其道而行之，推出又短、又紧、又小的"辣妹系列"，还将该系列服饰摆在店铺最显眼的黄金展区。不少消费者戏称优衣库成人女装开始向童装靠拢，并担忧"缩水"的服饰会加剧女性的身材焦虑。不知何时起，小码除了代表衣服尺码外，还成为衡量好身材的关键指标。越来越多年轻女性因钻不进小码服饰而感到羞耻自卑，对自我的评价变得越来越负面。

事实上，媒体中很多美的形象往往不切实际。首先，并不是人人都能成为广告中的人物。广告商往往邀请长相姣好的明星或模特为商品代言。他们的外貌本身就位于平均水平之上，甚至位于人群的顶端，这种形象普通人很难企及，因此参考价值不大。其次，即使是形象姣好的明星或社交媒体博主，他们最终出现在公众视野中的形象也往往经过"修图"等特殊处理。因此，商业广告或社交平台所呈现的人物形象的确完美，但同时也很虚假。

小说《￥19.99》揭露了广告行业的种种内幕，向读者展现了广告商如何创造出一个美丽却虚幻的世界。小说中的一段话摘下了广告中那些不切实际的美丽形象的面具，"我是个广告人：不错，我污染这个世界。我就是那个向你们卖垃圾的家伙，让你们梦想那些你们永远得不到的东西：天空湛蓝湛蓝，女人永远美丽；一种经过 Photoshop 处理过的圆满的幸福、无瑕的影像、最时髦的音乐……"

想一想芭比娃娃，很多小女孩在成长过程中都拥有一个或好多个芭比娃娃，更有甚者号称自己是玩着芭比娃娃长大的。据《经济学人》杂志报道，3～11 岁的美国女孩每人平均拥有 10 个芭比娃娃，巅峰时期平均每三秒钟就有一个芭比娃娃被售出。芭比娃娃畅销全球 150 多个国家和地区，总销量早已超过 10 亿个。为什么有那么多小女孩喜欢芭比娃娃？因为芭比娃娃很美！她们拥有超长、超细的双腿以及令人咋舌的细腰。但是，仔细想想你便能发现，芭比娃娃拥有的恰恰是一种不切实际的完美形象。现实生活中有多少女性能拥有芭比娃娃的身材？也许你不禁想问，那些频繁接触芭比娃娃的小女孩对自己的外貌满意吗？她们的身体意象呈现出哪些特点？研究者发现，玩身材苗条的芭比娃娃让女孩对自己的外貌更不满意。

| 经典和前沿研究 1-2 |　玩芭比娃娃的女孩对自己的外表更不满意

人对自己的身体常常感到不满，认为自己的身材不够完美。可怕的是，这种意识在学龄前儿童身上就已经出现。多数孩子不喜欢肥胖的同龄人，自己也渴望变瘦，这在女孩群体中尤为明显。儿童一般在游戏中发展和建构自己的认知，而在西方很多国家，女孩最常接触的玩具就是芭比娃娃，这种玩具提供了一种细腰长腿的完美形象，让女孩以为这种形象为大家所喜爱，也是自己应该追求的。因此，经常接触芭比娃娃的女孩很有可能对自己不够纤细的身材感到焦虑。

Jellinek、Myers 和 Keller（2016）研究了

玩具形象如何影响女孩的身体意象。他们招募了一群6~8岁的女孩，测量她们的身体意象。测题由两部分组成，第一部分是20道判断题，比如自己是否"喜欢镜子里自己的样子""希望自己瘦一点""觉得自己身材很好"等；第二部分要求女孩在印有7种身材轮廓的图画上，圈出自己的实际身材和理想的身材，两者之差即代表女孩对自己身体的不满意程度。

之后，研究者将这些女孩随机分配到四个实验条件中，给每组女孩提供不同身材和不同服装的玩具娃娃，让她们和玩具娃娃玩耍3分钟。第一组的女孩被要求玩身材苗条、穿泳装的芭比娃娃；第二组的女孩被要求玩身材苗条、穿日常衣服的芭比娃娃；第三组的女孩被要求玩身材圆润、穿泳装的玩具娃娃；第四组的女孩被要求玩身材圆润、穿日常衣服的玩具娃娃。

当女孩玩完玩具娃娃之后，研究者再一次测量她们的身体意象，并对比女孩接触玩具前后的两次自我意象得分。结果显示，女孩的身体意象受到玩具娃娃形象的影响。相比于身材圆润的玩具娃娃，玩完身材苗条的玩具娃娃之后，女孩对自我身材的评价变得更负面，她们希望自己变得更瘦。但是，玩具娃娃的着装（无论是泳装还是日常衣服）则不影响女孩的身体意象。

资料来源：JELLINEK R D, MYERS T A, KELLER K. The impact of doll style of dress and familiarity on body dissatisfaction in 6-to 8-year-old girls [J]. Body Image, 2016, 18: 78-85.

所幸，越来越多的商家和消费者逐渐意识到了不切实际的完美形象对消费者自我意象的负面影响，并付诸实际行动以期消除这些负面影响。多芬公司推出了"多芬全球真美活动"，旨在宣传真实的美而非不切实际的美。多芬邀请普通消费者代言产品。这些消费者有人纤瘦，也有人丰腴。英国时尚品牌JD威廉姆斯（JD Williams）发起了名为"完美的不完美"（perfectly imperfect）的活动，鼓励消费者发现自身的优点。无独有偶，中国贴身衣物品牌内外（NEIWAI）的品牌初心即为追求真我，品牌名中的"内"代表走进内心，"外"代表接受多元身体之美。内外在2019年和2020年接连推出"我是_____，也是我自己""没有一种身材，是微不足道的"两大品牌理念，鼓励消费者拥抱真实的自己、追求自由的真我。

反身材焦虑的文化近年来逐渐盛行。2023年7月，打破芭比娃娃身材形象的电影《芭比》上映，在全球掀起鼓励消费者拥抱真实自我的浪潮。影片中芭比不再完美，光滑的腿上出现了橘皮组织，为穿高跟鞋而生的脚变为平脚掌。导演格雷塔·葛韦格想借此向观众转达"女人未必长腿细腰、妩媚性感，男人也可以没有胸肌，每个人都可以真实地活着"的观点。诸多公众人物也在社交媒体上高举"反身材焦虑"的旗帜，想要借助自身影响力向观众传播正能量。正如2022年北京冬奥会女子自由式滑雪大跳台冠军得主在采访中主张："美不是瘦，美是有力量。我看自己腿的时候，不会觉得今天腿好粗，而是会看到，我的腿能在空中跳这么高，翻这么多次。"

1.1.3 自我意象一致性模型

自我意象究竟如何影响消费者行为？具有不同自我意象的消费者的消费行为会体现出哪些差异？自我意象一致性模型（self-image congruence model）提出，消费者倾向于购买或使用那些与自我意象相匹配的商品或服务。例如，一个自认为内向的消费者更有可能购买书,因为书往往被认为具有内向的特质;一个自认为具有男子气概的消费者更有可能购买吉普车,因为吉普车被认为象征着男子气概;一个文静的姑娘更有可能购买典雅的服饰,因为典雅和文静非常匹配。即使是在新兴的元宇宙虚拟世界中,消费者也保留着类似的习惯。平时热衷古典传统文化的人在游戏里也倾向为角色购买汉服皮肤;平时喜欢"二次元"的人则可能购买动漫形象用作自己在线上平台的头像。这种匹配可以是消费者的自我意象与商品或服务的特点的匹配,也可以是自我意象与商店或品牌特点之间的匹配。

与自我意象相对应,自我意象一致性也可以分为真实自我一致性(actual self-congruence)与理想自我一致性(ideal self-congruence)。上述几个例子体现的都是真实自我一致性,消费者选择和真实自我相匹配的商品。但是在另一些情况下,消费者会购买与真实自我不相符、但是符合理想自我的商品来展现自己的渴望。例如,收入中等的消费者有时会"咬咬牙"购买超出自己承受范围的奢侈品,以此表达对高品质生活的渴望、对成功身份的追求;非环保人士偶尔会购买环保产品,借此标榜自己拥有绿色环保的好品质;老年人也越来越多地入驻抖音、小红书等以年轻人为主要用户群体的新一代社交平台,彰显想要与时俱进、追赶潮流的态度。

如果用一个圆圈代表消费者自己的特点,另一个圆圈代表商品的特点,消费者更有可能购买与自身特点重合度较高的商品。因此,在图1-1所示的两种商品中,根据自我意象一致性模型,消费者更有可能购买图1-1a中的商品,因为它的特点与消费者的特点有更多重合。利用这种一致性的倾向,不同品牌商家会塑造不同的品牌特性,从而促进消费者购买。正如前文所述,有的品牌塑造完美形象促使消费者追求理想自我,而多芬、内外等品牌则使用更为普通的模特,这些模特符合大多数人对自己的真实看法。根据关于自我差异的理论,人会努力缩小真实自我和理想自我之间的差异,从这个角度看,向消费者推销理想自我或许是一种有效的促销策略。但也有研究表明,相比承诺帮助实现理想自我的品牌,消费者更有可能与认可他们当下真实自我的品牌建立情感依恋。

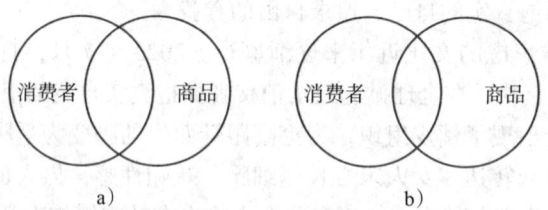

图1-1 消费者特点与商品特点的重合度

| 经典和前沿研究1-3 | 购买与个性相匹配的产品让你更幸福

在书店里一个人安静地读书,或是在酒吧里和朋友有说有笑,你觉得哪一行为能让你更快乐?很多研究都发现,消费与幸福感之间没有太大关系,无论是安静地读书,还是和朋友说笑,你的快乐程度不会有太大差别。但Matz、Gladstone和Stillwell(2016)并不赞同上述观点。他们认为,要回答怎样的消费选择更能让消费者幸福这一问题,需要考虑消费者

自身的性格。

研究者招募了 625 位被试者，测量他们的性格及幸福感。研究者调取了这些被试者过去 6 个月内的银行交易记录，以分析他们的消费情况。研究者发现，消费者在与自己个性相匹配的产品上花费了更多金额，而且消费者购买的与自身个性相匹配的产品越多，他们对生活就越满意。同时，比起个人总收入或总支出对幸福感的影响，消费和自我意象匹配程度对幸福感的影响更为强烈。

回到最开始的问题，该选择安静地读书，还是和朋友说笑呢？在后续的研究中，Matz 等人又招募了 142 名学生，根据人格测试结果将他们分为内向组与外向组，给他们随机分配书店或酒吧的代金券，要求其中一部分人去书店买书，另一部分人去酒吧喝酒。研究者分别测量参与者平时、收到代金券时、使用代金券时、在书店或酒吧待了 30 分钟后的正性情绪强度。结果显示，相比于去酒吧消费，内向组的消费者在买书之后体验到更强的正性情绪；而外向组的结果正相反。该结果再次说明，进行和自我意象相匹配的消费行为，会让消费者更加幸福。

资料来源：MATZ S C, GLADSTONE J J, STILLWELL D. Money buys happiness when spending fits our personality [J]. Psychological Science，2016（27）：715-725.

1.2　身份

在日常生活中，人们除了经常探索"我是谁"之外，还会探究"我在社会中是怎样一个人"。前者体现的是自我概念，强调的是个体，后者体现的是身份（identity），强调的是个体的社会属性。因此，相比自我概念，身份更加强调人在社会中、群体中或在与他人交往过程中的自我认识。本节我们将介绍自我建构、多重自我、性别角色这三部分内容，并分别阐述它们是如何影响消费者行为的。

1.2.1　自我建构与消费者行为

人无法脱离他人而存在，因此，消费者都是"社会人"。然而，不同消费者会采取不同的方式看待自己与自己，以及自己与社会环境之间的关系。根据人们如何对待自己与他人之间的关系，研究者提出了自我建构（self-construal）的概念。研究者认为，存在两种自我建构：独立型自我建构（independent self-construal）和依存型自我建构（interdependent self-construal）。

如图 1-2 所示，中间的大圆圈代表自己，周围的小圆圈代表自己所处社会环境中的他人，圆圈中的 X 代表人们所拥有的特质。图 1-2a 显示的是拥有独立型自我建构的个体。对于这些人而言，自己与他人之间具有明显的界限，两者很少出现交集与重叠，自己的特质有别于他人的特质。也就是说，具有独立型自我建构的个体认为自己独特、有别于他人、不依附他人。他们重视个人态度，依照内心感受行动，追求独立和独特，认为每个事物都是独特的、事物之间存在较少关联。通常而言，独立型自我建构得分越高的消费者，成就动机越强，他们希望自己获得成功。但他们的归属动机较弱，不那么在意自己与他人或群体的依附关系。很多来自西方文化的个体具有独立型自我建构。

相反，图 1-2b 显示的是拥有依存型自我建构的个体。对于他们而言，自己与他人之间的边界较为模糊，认为自己和他人表现出一些共同的特点。也就是说，具有依存型自我建构的个体以自我与群体之间的关系来定义自我。因此，他们希望与他人保持和谐的关系，根据他人对自己的期望调整自身需求，压抑自己内心的愿望，追求被他人和群体接纳，认为事物之间是存在普遍联系的。依存型自我建构得分越高的消费者，归属动机越强，他们十分在意自己与他人或者群体之间的依附关系，但是他们的成就动机较弱，不太在意自己是否获得了成功。很多来自东方文化，尤其是东亚文化的个体具有依存型自我建构。

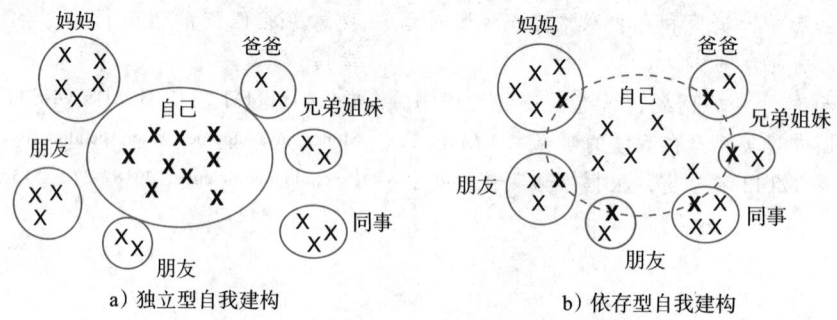

图 1-2 独立型与依存型自我建构

我们如何知道一个人的自我建构属于独立型还是依存型呢？事实上，人或多或少都会同时发展独立的自我和相互依存的自我，自我的这两个方面可以共存，只是具体到每个人身上，某一个自我会更加突出，由此可以将人描述为依存型或独立型自我建构。那么，自我建构可以测量吗？一部分学者认为，自我建构是一种稳定的人格特质，在不同情境中、不同时间点，消费者的自我建构不会轻易发生改变。在"特质"视角下，研究者开发出相应量表测量自我建构。表 1-1 是 Singelis 编制的自我建构量表。第 1～12 题测量的是依存型自我建构，得分越高说明消费者的依存型自我建构的水平越高；第 13～24 题测量的是独立型自我建构，得分越高说明消费者的独立型自我建构的水平越高。

表 1-1 Singelis 编制的自我建构量表

依存型自我建构	非常不同意——非常同意
1. 我尊敬我所交往的权威人物	1—2—3—4—5—6—7
2. 对我来说，与他人维持融洽的关系非常重要	1—2—3—4—5—6—7
3. 周围人的快乐就是我的快乐	1—2—3—4—5—6—7
4. 乘车时我会主动给老师让座	1—2—3—4—5—6—7
5. 我尊敬那些谦虚的人	1—2—3—4—5—6—7
6. 为了集体利益，我会牺牲个人利益	1—2—3—4—5—6—7
7. 我经常感到保持良好的人际关系比我自己取得成绩更重要	1—2—3—4—5—6—7
8. 当制订教育或职业计划时，我应该考虑父母的建议	1—2—3—4—5—6—7
9. 对我来说，尊重集体的决定很重要	1—2—3—4—5—6—7
10. 如果我所在的群体需要我，即使我待得不开心，我仍然会留在那里	1—2—3—4—5—6—7
11. 如果朋友或兄弟姐妹遇到挫折，我觉得我有责任帮助他	1—2—3—4—5—6—7
12. 即使我的观点与群体成员不一致，我也会避免争论	1—2—3—4—5—6—7

(续)

独立型自我建构	非常不同意——非常同意
13. 与其被误解，不如直截了当地拒绝	1—2—3—4—5—6—7
14. 在课堂上发言对我来说不成问题	1—2—3—4—5—6—7
15. 对我来说，拥有生动的想象力很重要	1—2—3—4—5—6—7
16. 当我被单独表扬或奖励时，我感到舒服	1—2—3—4—5—6—7
17. 我在家里和学校里的表现始终如一	1—2—3—4—5—6—7
18. 我特别在乎我能不能照顾好自己	1—2—3—4—5—6—7
19. 不管和谁在一起，我的表现始终如一	1—2—3—4—5—6—7
20. 当见到相识不久的人时，我自然地直呼其名，即使他们比我大得多	1—2—3—4—5—6—7
21. 与刚认识的人交往时，我喜欢直截了当	1—2—3—4—5—6—7
22. 我乐意在许多方面与众不同	1—2—3—4—5—6—7
23. 成为一个不依附于他人的独立个体对我来说非常重要	1—2—3—4—5—6—7
24. 我认为健康最重要	1—2—3—4—5—6—7

我们可以改变消费者的自我建构吗？与"特质"的观点不同，另外一部分学者认为，自我建构可以被看作一种状态。也就是说，对于同一个消费者，在不同情境中、不同时间点，他的自我建构可能会发生一定程度的变化。例如，在某些情况下，某个消费者更多地考虑自己与他人之间的关系，表现出依存型的一面；而在另外一些情况下，他认为自己有别于他人，表现出独立型的一面。在这种"状态"视角下，研究者可以通过一定的手段改变消费者的自我建构。

一种常用的手段是给消费者一段文字，其中包含很多"我"，消费者需圈出所有"我"。事实上，在圈出"我"的过程中，消费者会不经意地思考自己的特点，从而被启动独立型自我建构。相反，如果要启动依存型自我建构，则给消费者一段类似的文字，但其中所有的"我"都换成"我们"。消费者需要圈出"我们"，这一过程促使他们更多思考自己与他人之间的关系。另一种常用的手段是要求消费者思考自己与自己的家庭成员和朋友的不同之处从而启动独立型自我建构，或者通过思考自己与自己的家庭成员和朋友的相同之处来启动依存型自我建构。

自我建构究竟如何影响消费者行为？第一，在选择商品的过程中，具有独立型自我建构的消费者更多地听从自己内心的需求，根据自己的想法行动，而具有依存型自我建构的消费者除了考虑自己的需求之外，还非常注重他人的意见，希望自己的选择能符合社会标准或者让他人满意。例如，有消费者曾在网络论坛上发表帖子，发泄自己对某品牌手机的不满，并讲述了购买此品牌手机的原因。他说，自己非常不喜欢该品牌的手机，认为其操作系统复杂。但是，社会上许多人都认可这一品牌。更重要的是，他的亲朋好友认为，该品牌的手机象征着社会地位，只有拥有该品牌手机，才能证明自己取得了事业成功。最后，迫于他人的压力，他还是购买了这一品牌的手机。结果，他的使用体验非常糟糕。在这一事例中，主人公在选购商品的过程中，压抑了自己的真实想法，更多是满足他人的期望，因此他很有可能具有依存型自我建构。

第二，独立型自我建构的个体更倾向于根据自己的情绪感受做选择，而依存型自我建构的个体更倾向于根据实用性做选择。例如，一个正在租房的消费者面临两个选项：房源A能看到非常优美的景致，但是房子的面积较小，距离地铁站较远；房源B的视野较差，但是面积较大，楼下就是地铁站。显然，房源A可以给消费者带来更好的情绪感受，而房源 B 则更加实用。由于拥有独立型自我建构的消费者更关注自我、看重自己的感受，所以倾向于选择房源 A，相比之下，拥有依存型自我建构的消费者不那么关注自身的感受，因此偏好房源 B。

第三，有些消费者认为"便宜无好货"，相信价格和质量息息相关，可以用商品的价格来判断其质量。但是，并非所有消费者都相信"便宜无好货"。有研究发现，相比独立型自我建构的消费者而言，依存型自我建构的消费者更倾向于依据价格来判断商品的质量，因为他们倾向于采用整体型加工方式，认为事物之间相互联系，所以他们认为价格和质量之间也存在关联。例如，购买奶粉的时候，依存型自我建构的消费者会觉得价格贵的奶粉质量应该也相对过硬，所以倾向于选择价格高的奶粉，而独立型自我建构的消费者对奶粉质量的判断就不太会受到价格的影响。

第四，相比依存型自我建构的个体，独立型自我建构的个体更倾向于冲动消费。这是因为拥有独立型自我建构的消费者，大多根据个人想法和自我观念做出消费决策；而拥有依存型自我建构的消费者往往重视他所在的社会群体的意见，根据他人的想法做出消费决策。例如，逛街时看到自己心爱的运动鞋，其售价不菲，而自己已经拥有好几双运动鞋，这时独立型自我建构的消费者很可能想买就买了，依存型自我建构的消费者则会和亲人朋友讨论是否应该买这双鞋。

第五，伴随科技的发展，人工智能正在重塑不同自我建构的消费者与品牌的互动模式。当今社会，人工智能已成为营销者的实用工具，多个行业的公司为消费者提供聊天机器人或语音助手等人工智能以便互动，这些人工智能通常会向消费者推荐个性化产品或服务。研究发现，独立型自我建构的消费者避免与他人相似，所以人工智能提供的个性化服务正合他们的胃口。这使得他们更认同人工智能的服务有价值，乐于享受人工智能带来的消费体验，进而更愿意为人工智能推荐的产品付费。

当然，自我建构对消费者行为的影响不仅局限于上述几方面，国内外很多研究者在不断探索自我建构对多种消费者行为的影响，在不久的将来，这一领域将收获更加丰硕的成果。

营销工具箱

在营销过程中，营销人员需要考虑消费者的自我建构类型。对于具有依存型自我建构的消费者（比如来自东亚文化的消费者）而言，在宣传商品时不妨突出其他消费者对商品的青睐，例如"最畅销商品""大家用了都说好"等，从而说服目标消费者。

相比西方人而言，中国人更多地具有依存型自我建构、更加注重家庭。可口可乐深谙此道，在我国推出了以"带我回家"为主题的广告，以此满足我国消费者对家庭纽带的需求。

营销者也可以利用自我建构设计广告语以打动消费者，比如在广告语中使用"我"或"我们"。"我"和"我们"——单数代词与复数代词——分别与独立型和依存型自我建构匹配。广告文案如果包含"我们"等复数代词，依存型自我建构的消费者更可能认为广告中的产品属于自己，进而增加对品牌的好感度，更乐于购买该品牌的商品；相反，当广告诉求包含"我"等单数代词时，独立型自我建构的消费者更可能认为广告中的产品属于自己，对品牌评价更高。

1.2.2 多重自我与消费者行为

近年来，越来越多人标榜自己是"斜杠青年"，即认为自己拥有多重职业或身份。一名"斜杠青年"可以既是作家，又是旅行博主，同时还是一名摄影师。"斜杠青年"正是多重自我身份的典型写照。在不同情境中，与不同人相处时，人们往往需要扮演不同的社会角色，因此具有不同的身份。例如，同一名女性在孩子面前扮演母亲的角色，在父母面前扮演女儿的角色，在公司里扮演管理者的角色。正如"斜杠青年"横跨不同身份，消费者也拥有多重自我（multiple selves）。

人在不断认识自己的过程中逐渐形成了多重自我。然而，随着网络科技的发展，社交媒体可能会阻碍这一进程。在网络时代，社交媒体成为人协调自己不同身份、进行不同人际互动的关键枢纽。网络平台上，信息往往被公开共享，使得公共与私人生活之间的边界模糊，多重自我被"叠加"而同时存在。例如，一个人同时具有下属、同事、儿子的多重身份，在五十年前，这些身份或许会在不同场景中分别主导他的生活；而现在，在他的朋友圈，他的不同角色常常被"公开示众"，他在兄弟聚会上"烂醉如泥"的照片可能被他的老板看见，甚至被他的母亲看见。

虽然多重自我可能会"叠加"，不过在不同角色中，人还是或多或少地表现出不一样的消费行为。消费者角色理论认为，消费者行为类似于戏剧情节，每个消费者的出色演出需要台词、道具和服装。由于一个人要扮演很多角色，人们会根据自己当时所处情境改变自身的行为，他们在一个角色中用以评价商品或服务的标准可能有别于在另一个角色中的标准。这其中，有些角色彼此之间区别巨大，甚至相互冲突；有些角色则比较类似，互相重叠。

两个关联、重合度高的角色会互相激活，而彼此分离、重合度低的角色则会互相抑制。请设想，王女士是职场员工，同时也是一位母亲，她认为"员工"是她的主要角色。此刻，王女士正在商场挑选咖啡杯。如果她认为"员工"角色与"母亲"角色的重合度较高（比如认为这两种身份都需要责任感），就有可能购买印着"世界上最好的妈妈"的咖啡杯。但如果她认为"员工"角色与"母亲"角色彼此独立（比如认为前者需要表现出强势的一面，而后者需要表现出温柔的一面），则会尽量回避与母亲身份有关的咖啡杯。为什么会这样？这是因为人的时间、注意力、精力有限，要平衡多种角色往往非常困难。比如，既要做好父母又要做好员工，这对很多人而言颇具挑战。所以，当人们发现自己扮演的多个角色之间存在重叠时，就会尽量只用一个角色的资源去完成多个角色的任务。

此外，对于自我重叠程度高的人而言，他们的自我形象比较统一，很容易定义。例如，一个自我重叠程度高的人认为自己"是一个温和而自在的祖父和政治家"，那么，总体而言他就是"一个温和而自在的人"；而自我重叠程度低的人认为自己"是一个温和而自在的祖父，但同时又是一个好强而坚韧的政治家"，这就让人难以概括他是什么样的人。另外，由于人们希望自己表现出积极的形象，因此，自我重叠程度高的人追求"做正确的事"，比如进行慈善捐赠、选择健康的食物、坚持锻炼等。而对于自我重叠程度较低的人来说，他们的自我比较复杂，具有多面性，"做正确的事"只能体现他在某方面的良好形象，无法从整体上说他是个好人。因此，自我重叠程度较低的人不那么追求"做正确的事"。

近年来，研究者发现多重自我会破坏消费者对自我连续性的感知。例如，苹果音乐要求新用户在创建账户时，填写至少两种他们喜欢的音乐类型。但是这些分类会让消费者认为自己的喜好不专一，怀疑自己的身份不能历经时间推移而保持不变。

📍 营销工具箱

在不同的角色中，同一个消费者选择商品的标准以及对商品的偏好会发生改变。因此，商家仅仅了解消费者显然不够，还需要了解消费者使用商品时处于何种角色，突出与消费者所扮演的角色相匹配的商品特性。同时，商家还可以巧妙利用消费者不同身份之间的重合度，从而提高营销效率、节约产品资源。

1.2.3 性别角色与消费者行为

说到性别，我们首先需要区分几个相关的概念：性别（sex）、性别身份（gender identity）和性别角色（gender role）。性别这一概念具有生物性，它是指从生物特征上而言一个人是男性还是女性。但是，性别身份是指男性化和女性化分别体现出哪些特点。例如，人们通常觉得男性化的人具有攻击性，他们主动、独立；女性化的人情绪化、敏感、需要表达。威猛先生（Mr.Muscle）这一品牌名称反映的就是男性化的性别身份。男性化和女性化的特征并不互相排斥，一个个体可能既拥有男性化的特点，同时也表现出女性化的特点。显然，性别有别于性别身份。一个从生物角度而言的男性可能表现得非常女性化，即生活中俗称的"奶油小生"；同样，一个从生物角度而言的女性可能表现得非常男性化，也就是生活中俗称的"女汉子"。

| 经典和前沿研究 1-4 | 偏好中性化的现代社会

打开电视看一看这几年的当红偶像，你就会发现，外形俊秀的男明星大行其道，短发酷帅的女选手也深受欢迎，这似乎表明人们越来越偏爱中性化的外表。这种基于生活经验的总结正确吗？社会学的研究表明，现代社会中，性别差异的确越来越模糊。通俗地讲，人们对"花样美男"和"女汉子"的喜爱程度相比过去有所提升。

悉尼大学社会学教授Connell（2005，2015）认为，男性气质（masculinity）是父权制社会的重要组成部分。男性气质能为女性与家庭带来安全感，它也象征着权威。但是，随着社会的发展，越来越多的女性接受良好的教育并进入职场。因此，无论是经济上还是思想上，女性对男性的依赖程度正在降低，男性的权威性受到越来越大的挑战。在现代社会中，男性气质的主导地位不断减弱，人们对男性气质的欣赏程度也由此降低。从这个角度而言，当今社会正在经历一场"男性气质危机"。

资料来源：1. CONNELL R. Masculinities [M]. Cambridge, UK: Polity Press, 2005.
2. CONNELL R, PEARSE R. Gender: in world perspective [M]. Cambridge, UK: Polity Press, 2015.

性别角色是指人们觉得怎样的行为对男性和女性而言是合适的。也就是说，这一概念具有社会性，体现出社会或文化对男、女两性的期望。例如，很多社会规范认为，男性应该表现出勇敢、果断、上进的特点，他们需要追求事业成功、获得权力，女性应该表现出温柔、感性、体贴的特点，她们需要承担照顾家庭与抚养后代的责任。一个多愁善感的男性和一个在公司内扮演高层管理者角色的女性都不符合传统的社会期望。很明显，性别身份和性别角色之间存在很大差异，前者强调男性化或女性化的人会表现出哪些特点，后者强调社会期望男性和女性应该表现出哪些特点。换言之，前者没有对错之分，而后者则带有评价性，有对错之分。

很多广告都塑造了典型的男性性别角色。例如，鹰牌洋参丸认为"目光明锐、积极进取、高瞻远瞩、领导全军，这是鹰的特征，也是成功男士的品质"；金利来宣称男性应该"雄浑、冷静、热情、抉择英明"；七匹狼男装将男性与"狼"联结在一起，"与狼共舞，尽显英雄本色"，认为冒险好胜是男性的特征。同样，社会文化也塑造了对女性的要求。汰渍、奥妙等洗衣液广告都以女性为主角，表明社会文化要求女性贤惠顾家；太太口服液宣称"女人是一天的公主，十个月的皇后，一辈子的操劳"，认为女性为家庭奉献了一生；高洁丝的纯白体验广告将温柔与女性联系起来，宣称"只有女人能做到，只有女人才拥有，有一种力量叫温柔"。温柔、体贴、顾家成了广告中女性性别角色的主旋律。如果在谷歌中输入"女性不能"或"女性应该"就能搜索到"女性不能开车""女性应该待在家中""女性应该待在厨房里"等。就连在元宇宙的开拓进取也成了男性特色。尽管在当今的电子游戏领域，女性玩家已经占据了近一半，但这些虚拟媒体世界仍然被认为是"男人的世界"，第一位进军 NBA 2K 电子游戏联盟的女性选手 Chiquita Evans 也曾被告知"你应该回到厨房，2K 不适合女性"。人类社会塑造的女性性别角色甚至会波及机器人。女性机器人被认为更温暖、更友好、有更强的情感体验能力，因此消费者常常更偏好女性机器人，软件开发者也因此往人工智能产品上加入更多女性化特点。

尽管研究者区分了性别、性别身份和性别角色这三个概念，但是在绝大多数的研究中，这三个概念并没有得到很好的区分。很多时候，研究者在探讨消费行为的性别差异时，将结果笼统表述为男性更倾向于做出怎样的行为，或者女性更倾向于做出怎样的行为。

例如，相比男性，女性更加重视人际关系，归属需求更强，对以人为导向的职业表现出更强的情绪。此外，女性比男性更容易觉察到他人的感受，更多考虑集体的和谐性，更多依赖他人、强调与他人之间的关系；女性也更容易被他人影响，包括遵从他人的指令、顺从他人的意见、尽力取悦他人。相反，男性则不太容易受他人的影响，甚至表现出叛逆的一面。他们更加自信、更加独立、更少依赖他人。在认知上，女性对社会线索更加敏感，更加在意他人的意见与反馈，而男性对非社会线索（比如物体）更加敏感。

| 经典和前沿研究 1-5 |　　性别化与人工智能

人工智能类产品如智能语音助手大多被设定或默认为女声。如微软的小娜（Cortana）、谷

歌的谷歌助手（Google Assistant）、亚马逊的阿利克夏（Alexa）等，无一不以女性形象出道。这是为什么呢？女性化机器人究竟有哪些优势？Borau等人（2021）的研究发现，女性聊天机器人比男性聊天机器人更受欢迎，因为它被认为更像人类，更有可能考虑人的独特需求。

研究者首先通过内隐联想测试（implicit association test）考察参与者在潜意识中如何看待机器人的性别。参与者需要尽快对单词进行分类，评估"男/女性机器人"和"人类""机器"概念之间是否存在关联，结果发现在参与者眼中"女性机器人"与"人类"的联系更强。

随后，在下一项实验中，参与者需要推断男性和女性机器人的性格特征。结果表明，女性机器人在能力、温暖和道德等多个维度都被认为更像人类。

研究者还让参与者和女性或男性机器人聊天，想象这些机器人是医疗助手，"针对你的症状，医院将收集相关数据，由男/女性机器人做出诊断并提供相应建议"。结果表明，女性聊天机器人被认为更温暖、更道德，让参与者觉得更值得信任、更加喜欢。

女性化为人工智能增色不少，让机器不再显得冷冰冰。女性的性别角色总是具有温暖、友好、能感受人际情绪等特点，这些特点随着性别角色被一同赋予了女性机器人，使得人们更乐于接纳它们、与之互动。

资料来源：BORAU S, OTTERBRING T, LAPORTE S, et al. The most human bot: female gendering increases humanness perceptions of bots and acceptance of AI[J]. Psychology and Marketing, 2021, 38(7): 1052-1068.

值得注意的是，在当今社会，性别角色正悄然发生着改变。越来越多的女性追求事业成功，她们逐渐进入职场高层，担任管理者。而我们的社会也鼓励男性更多地表达真实的情感，能够接受他们表现出浪漫、温柔、体贴、顾家的特点。在广告中，男性性别角色也逐渐多元化。丽珠得乐胃药广告中的男性不再坚强阳刚，神态疲倦正在卸妆的男演员、伏案写作的男性知识分子，再配上"其实男性更需要关怀"的广告词，鼓励男性表达自己的真实情感。立白在2023年的广告中，删去了一贯的成年女性角色，由男性承担采购、洗衣、洗碗等工作，体现了在家庭中性别角色的转变。海澜之家20周年宣传片描绘了我国男性群像，除消防员、演奏者外，影片中一位年轻男性支教教师为孩子们做蛋糕、过生日的场景让人印象深刻，展示了男性的感性与温柔。可见，除了坚毅、强壮、事业有成，温柔、细腻、顾家也成为当今男性性别角色的主旋律。同样，女性性别角色也从单纯的"顾家"中跳了出来，越来越多的广告和影视关注女性的独立身份，而非将女性作为男性的附属品。电影《夺冠》讲述了中国女排的奋斗史，从"铁榔头"到新一代的女排姑娘，不屈不挠、不断拼搏的女排精神诠释了女性的坚毅力量，展示了女性在竞技赛场上的风采。《女士的品格》《温暖的甜蜜的》《灿烂的转身》等"她题材"影视作品不断推陈出新，围绕对职场女性的关怀、新时代女性独立意识的觉醒、女性的同盟力量展现女性更多形象，颠覆了传统的性别角色。此外，一直以来汽车都与男性性别角色紧密相连，然而，福特汽车在2023年国际妇女节推出的创意广告中，呈现了一款"仅限男性版"探险者车型，该车型缺失雨刮器、加热器、转向灯、后视镜、GPS等由女性创造的部分，通过反讽的手法强调汽车并非仅是男性的玩具，女性在汽车领域的创造、使用和消费也至关重要。

在偏好中性化、性别角色内涵更加灵活的现代社会中，性别差异越来越模糊，近年来也有许多品牌尝试超越性别鸿沟。2019 年，古驰推出首款男女都适用的中性香水 Mémoire d'une Odeur，著名中性香水品牌 CK one 在产品设计中也强调要打破性别界限，避免将香味简单定义为男用或女用，让每个香水用户都可以更自由地选择。

1.3 从消费行为中认识自我

1.3.1 自我知觉理论和自我信号理论

在研究人的态度和行为时，研究者提出了自我知觉理论（self-perception theory），该理论认为人们在确定自身态度时，会参考自己的行为。也就是说，行为一定程度上会影响人的态度，尤其是当态度比较模糊或模棱两可时。在一项经典研究中，研究者请被试者观看一段卡通片，一组被试者在观看时需要咬住一支钢笔，这个姿势牵动笑肌；另外一组被试者在观看时需要用嘴含住一支钢笔，这个姿势没有牵动笑肌。观看结束之后，被试者需要评价这段卡通片是否有趣。结果发现，相比口含钢笔的被试者，咬钢笔的被试者认为这段卡通片更加有趣。研究者认为，两组被试者之所以对同一段卡通片表现出不同态度，是因为他们在态度的形成过程中参考了自己的行为。咬钢笔的被试者发现自己笑了，则认为这段卡通片较为有趣；而含钢笔的被试者发现自己在观看时并没有笑，则认为这段卡通片不怎么有趣。总之，自我知觉理论告诉我们，人们的行为会影响其态度。

生活中，我们所做的任何选择都不仅向他人展示我们的内在特质，同时也告诉自己我们是怎样的人，这就是自我信号理论（self-signaling theory）。例如，某个人无论天气情况如何，整个夏天坚持每晚慢跑一小时，他会通过自己的行为认识到自己持之以恒。又比如，另一个人没能成功抵制诱惑，吃下了一大包"垃圾食品"，他会从自己的行为中认识到自己控制力低下。在这些例子中，人们的行为对自己而言是一种信号，传递自身具有哪些特质，因此这些行为被称为"自我信号"。而在消费领域，消费者的消费行为就是一种"自我信号"，消费者会通过观察"我购买了什么商品"或者"我使用了什么服务"，来推论"我是怎样一个人"。例如，穿着黑色运动服的运动员往往会表现得更加激进；穿着正装的人认为自己更有教养、更谨慎，而穿着随意的人则认为自己更宽容、更随和。每一个新的选择都在告诉人们自己是怎样一个人，因此，消费者不断从自己的消费行为中更全面地认识自己。消费行为为自我认识提供了丰富的信息。

| 经典和前沿研究 1-6 | 社交媒体中的"品牌认可"代价

品牌扮演着引导和塑造消费者的重要角色，消费者渴望找到能够反映自我独特个性的品牌。如今，品牌已经不仅仅是产品的名称或象征，更成为一种表达个性的方式，可以激发消费者对自我性格的独特感知。根据自我信号理论，消费行为是一种信号，能够帮助人们认识自我，而品牌正是信号中重要的一环。例如，使用"维多利亚的秘密"购物袋的人认为自己更加漂亮、具备女人味和迷人魅力。而使用刻有 MIT 字样钢笔的人认为自己更聪明、更具领

导力。

随着数字时代的兴起，品牌投入大量资源促使人们在社交媒体上与之互动，比如鼓励消费者在Facebook、X、Instagram等社交媒体关注、点赞、转发品牌相关内容来表达对品牌的认可与喜爱，期望能由此拓宽市场。然而，消费者对品牌的在线认可真的能起到品牌预期的效果吗？小小一次点赞会如何影响消费者的自我认识以及消费行为？Bernritter等人（2022）对这一问题进行了探讨。在实验中，研究人员要求一组消费者在Facebook上对品牌内容点赞，而另一组则仅简单地浏览品牌主页。两组消费者的自我感知产生差异。令人惊讶的是，点赞产生的效果恰恰与品牌的预期相反。相较于仅浏览品牌主页的消费者，那些在Facebook上对品牌相关内容点赞的消费者反而对反映该品牌关键特征的性格给出负性评价。比如，给特斯拉点赞反而会让人不喜欢开拓进取的精神。并且，给品牌相关内容点赞的消费者对该品牌的态度也变得更加负面。研究者认为，点赞之所以产生反作用，是因为消费者在浅浅的点赞中并没有把品牌代表的特质纳入自我认知，反将其作为遥不可及的标杆，和自己产生强烈的对比。

这一研究结果挑战了市场关于"品牌认可"的普遍观点，揭示了在社交媒体品牌营销的反作用。引导消费者在线认可品牌，不仅不一定能促使品牌与消费者自我融合，而且可能会对品牌形象产生负面影响。

资料来源：BERNRITTER S F, LOERMANS A C, EIGENRAAM A, et al. I am not what I like: endorsing brands on social media negatively affects consumers' self-evaluation[J]. Journal of Interactive Marketing, 2022, 57(1): 159-175.

1.3.2 延伸自我

延伸自我（extended self）指由于与商品之间具有情感联结，消费者把商品作为自我的一部分。通常而言，人们所珍视的物品或者对自己具有重要意义的物品都可能成为消费者的延伸自我。当然，除了传统意义上的个人物品外，消费者还会把住房、家乡等看作延伸自我。在当今这个数字时代，消费者也会将自己在网络上的虚拟财产看作延伸自我，比如《魔兽世界》中的游戏角色、《模拟人生》中购买的衣服和房子等。

仔细想一想，生活中很多事情都体现了人们将一些物品视为延伸自我。例如，当人们看到商店货架上陈列的某台计算机时，未必觉得这台计算机有多好。但是，一旦他们买下这台计算机之后，这台计算机的价值和吸引力就上升了。这一效应叫作所有权效应（ownership effect）。导致该效应的原因是，一旦人们拥有了某种商品，这种商品就代表了自我，而人们总是追求积极的自我概念，因而对这件商品赋予较高评价。例如，有些人在去世之前会把能够代表自己的物件传承给下一代，比如自己的照片或者对自己而言有重要意义的纪念品，这些物件成了延伸自我的方式。另外，想象你从住了20年的老房子搬进了新房子。你对老房子恋恋不舍，因为它承载了你的青春岁月。在你心中，见到老房子就像见到了过去的自己。但是，由于需要钱，你必须将老房子出售。现在有两名买家对你的老房子感兴趣。通过接触，你发现一名买家为人正直，但是他的出价略低；另一名买家为人圆滑很多，但是他的出价略高。你愿意把房子卖给谁呢？很多消费者在遇到类似的问题时，宁愿损失一些金钱，也要把房子卖给具有积极品质的人，因为他们认为，房子是自我的延伸，要为"自我"选择一个好买家。

近年来，随着信息技术的发展，消费者拥有越来越多的非实体商品，比如社交媒体、软件应用程序和在线社区、游戏道具和分数、虚拟ID等数字商品的"数字所有权"。这些数字虚拟财产也可能是延伸自我的一部分。以往，数字虚拟财产代表延伸自我的程度往往不如实体财产。这是因为数字虚拟产品的所有权存在不确定性，并且这些产品又容易被复制、被替代，人无法真实触摸到这些产品。因此，很多人都认为，相比于丢弃实体贺卡，删除电子贺卡似乎更加容易；比起难以展示的数字音乐，人们更加偏爱实体唱片和CD；实体家庭照片纪念册的价值也远远高于数字家庭照片纪念册。不过，随着技术的不断发展，包括虚拟现实在内的全息投影技术正逐步提升人们对数字产品的心理所有权，使得数字虚拟财产越发成为延伸自我中的重要部分。尽管数字产品代表延伸自我的程度仍可能逊于实体产品，但虚拟资产的传承已经变得越发重要。例如，社交媒体账号、云端存储的数据、数字货币，以及游戏中的珍贵装备，关于这些资产的交易和转让往往引发消费者的热议。

延伸自我具有多重意义。首先，消费者可能通过这些商品认识自己。例如，有的消费者把高档皮包作为延伸自我，这可能是因为他觉得能从高档皮包中认识自我，确定自我概念（比如我优雅，我社会地位高）。其次，消费者也有可能通过这些商品向他人展示自己。同样以高档皮包为例，消费者可能通过此商品向他人展示自我，告诉他人自己是一个优雅的人，或者自己的社会地位较高。同样，消费者会有目的地选择、修改和装饰自己在数字世界中的各类化身，比如QQ秀、游戏角色、在线社区里的虚拟角色、美颜产品下的自己，不断为它们购买皮肤、衣服和发型。消费者做出这些行为是希望更好地向他人展示自己。最后，人们还会通过延伸自我进行怀旧。不仅奢华、光鲜亮丽的商品能成为延伸自我，一些看似破旧、缺乏使用价值的物品也可能成为延伸自我。通常，它们都是对过去的自己具有重要意义的物品。例如，这些商品见证了自己的成长。尽管当前它们的使用价值不高，但由于消费者与它们之间存在情感联结，这些商品是对过去岁月的提醒，帮助人们怀旧。有些时候，为了能让产品与消费者之间产生更多情感联结，商家会将产品"做旧"，比如在数字专辑封面中加入复古的颜色和磨损的元素，在音乐里面故意添加老唱片会发出的嘶嘶声。

2018年，有一位先生致电某交通广播台，求购一辆2005年前后生产的汽车。用当时的眼光来看，无论从外观还是功能方面而言，十几年前的车都无法与新款车相提并论。那么，这位先生为何特意求购十几年前的车呢？原来，十几年前，该先生驾驶的正是这个型号的车。而那几年对他整个人生而言特别重要，他交到了女朋友，与女朋友组建了家庭，并有了孩子。而那款车见证了这位先生人生中的诸多重要时刻。因此，他将这辆车作为了自己的延伸自我。现在，他想找回这辆车，帮他怀念过去的岁月。无独有偶，网络论坛上曾有玩家分享关于数字虚拟财产的故事："记得初中时我创建了一个游戏账号，用这个账号和同学们在网吧无数次体验了激烈的竞技，打出了精彩的团队配合，账号一直用到大学。后来，我再与朋友约好组团打游戏，却发现账号已被盗用，于是迅速联系游戏客服求助。可惜当时已是深夜，客服已下班，第二天再处理时，发现账号已经不复存在。我觉得自己非常倒霉，失去了这个账号，就仿佛失去了与青春的纽带。这个账号就像是我记忆中的一部分，突然被盗，怎么会不感到难过呢？"尽管对盗号的人而言，这位玩家的账号没有太大的实际价值，隔夜就可以抛弃，但对于这位玩家来说，这个账号承载了太多的自我，因而弥足珍贵。

值得一提的是，在数字时代，建构延伸自我并非我们自己的事，他人也可以参与其中。网络为人们提供了自我展示的平台，人们可以在网上分享自己的生活。例如，某位女性将自己在试衣室里试穿新衣服的图片上传到朋友圈，此时她的朋友会对她的自我展示进行评价和点赞，从某种程度上来讲，朋友的这些行为也在建构这位女性的延伸自我。而他人的消极评价会让人们苦心经营的积极形象功亏一篑，试想如果你的朋友在你的博文下发表消极评价，你的声誉就会受损。

1.4 自尊

1.4.1 自尊是什么

在此之前，我们着重讨论了人们对自我的想法与认识，接下来，我们将把关注点转移到人们对自我的情绪感受，并探讨消费者对自我的情绪感受与其消费行为之间的关系。

一提到僵尸，你肯定会联想到很多画面和信息，比如僵尸走路时会跟跟跄跄，它们靠吃人脑生存，人在死了之后才会变成僵尸等。除了这些对僵尸的想法与认识之外，一想到僵尸，你可能会觉得很可怕，浑身不舒服，甚至恶心。举这样一个例子是为了说明，对于任何事物——无论是物质的（钢琴）还是非物质的（知名歌手的新歌）、真实的（蝙蝠）还是虚构的（吸血鬼）——人们不仅会持有一定的想法和认识，也会产生情绪感受。这些事物被称作情绪源头（the source of emotion）。对于自我这样一个事物来说也不例外。虽然自我的不同方面（比如能力、性格等）会让我们产生不一样的情绪感受，然而人们对于自我会有一个总体的情绪感受。这一总体情绪感受被称为自尊（self-esteem）。对于自我的总体情绪感受比较正性的人自尊会比较高；反过来，对于自我的总体情绪感受比较负性的人自尊也就比较低。毫无疑问，事物的价值是决定人们对该事物的情绪感受的重要因素。因此，一个人的自尊高低在很大程度上取决于他对自我的价值评估。在进一步讨论人们如何评估自我价值这一问题之前，我们先来对比一下人们对自我的情绪感受（即自尊）以及人们对外在事物的情绪感受之间的两个主要不同点。

1.4.2 自尊的激励本质

对自我的情绪感受和对外部事物的情绪感受之间的一个主要区别是前者通常能够激励或引导消费者对情绪源头做出调控或改变的行为，而后者并不能。前者的激励引导主要体现在我们会有强烈的意愿来调节我们的自尊水平。当我们感到自卑（即我们对自我的情绪感受比较负性）的时候，我们常常有一种强烈的冲动要采取一些措施来提高自尊；而当自尊较高的时候，我们常常想通过一些方式来维持甚至是进一步提升它。相比之下，我们对外在事物（比如电影）的总体感觉通常不会让我们有动机对该事物进行调整或改变。想象一下，如果你路过一张非常难看的广告牌，你会有冲动做一些事情来使这个广告牌变得更加美观从而削减自己对它的负性情绪吗？事实是，你可能只在心里想了想，就继续走了，并不会找设计公司来修改这个广告的海报设计。

对于自我的情绪感受，人们有一种强烈的愿望和动机将它始终维持在正性的状态，这一根深蒂固的动机被称为自我提升（self-enhancement）。就像与悲伤、痛苦相比，我们更喜欢开心、快乐一样，我们都喜欢一个能让我们感觉良好的自我，而不是一个让我们感觉不快的自我。但对外部事物，这种情绪和随之而来的改变行为没有那么强烈。

读到这里，你可能会反驳，在很多情况下人们对外在事物的情绪感受也可以像自尊那样激励或引导改变情绪的行为。例如，你刚刚排了两小时的队在一家网红店购买了一块热销蛋糕，咬了一口之后你发现这块蛋糕非常难吃。这个时候你可能有冲动想把剩下的蛋糕拍在面包师的脸上。这样的行为难道不是你对这块蛋糕厌恶的情感而导致的吗？的确，这一行为当然是由你的情感所激发的，然而该行为并不是为了调节或改变情绪源头本身（在这个例子中，情绪的源头是蛋糕）。当你真的把蛋糕拍到面包师的脸上后，你会觉得这块蛋糕其实没有那么糟糕了吗？显然不会，根据自我知觉理论，你甚至有可能会因为这一行为更加讨厌这块蛋糕。如果要真正改善你对这块蛋糕的感觉，你可以对蛋糕进行二次加工（比如撒一些绿茶粉）。你恐怕很难想象有人愿意做这样的事。当负面情绪的源头是自我而不是蛋糕的时候，情况就会大不一样了。例如，吃了大蒜之后，你意识到自己的口气很难闻，因此你的自尊会降低。这个时候，你一定会有强烈的冲动去买一块口香糖或者一瓶漱口水来掩盖自己的口气，从而使自尊恢复到之前的水平。

读到这里，你可能忍不住又会反驳：人们对外在事物的情绪感受也会激励人做出一些改变这些情绪源头本身的行为，从而调节人们对这些情绪源头的情绪感受。例如，一家甜品店的老板觉得自己店里出售的提拉米苏很难吃，那么他会给蛋糕师傅一些建设性的反馈，或者干脆重新聘请一位蛋糕师傅。毫无疑问，甜品店老板的这些行为一定是为了改善自家店里提拉米苏的味道。这一反驳观点看似很有道理，但是这个时候我们需要停下来仔细想一想，自家店里的提拉米苏到底算不算是外在事物？

事实上，根据心理学泰斗威廉·詹姆斯（William James）对自我的定义，一个人的皮肤并不是自我与外在事物的分界线，那些个人认为自己所拥有的事物也是自我的一部分。例如，与你一起长大的泰迪熊是自我的一部分，你收藏的黑胶唱片也是自我的一部分。以此类推，上述例子中的甜品店的老板自然会把店铺本身以及店里出售的产品（包括提拉米苏）视为其自我的一部分。这样看来，这个甜品店的"反例"恰好再次说明了自尊的激励本质。因为老板对自家店里的提拉米苏的不满其实是对自我的不满，老板觉得有必要采取行动来改善提拉米苏的味道，从根本上来说也是为了提高对自我的情绪感受。

人们的自尊水平会激励和引导其行为这一事实对营销实践的意义不言而喻。任何想要增加产品市场份额的营销人员都可以遵循以下步骤：第一步，让消费者对自我的某些方面产生负性的情绪感受；第二步，让消费者相信他所宣传的产品能够有效地改善自我从而消除这些负性情感。

在很长一段时间里，男性通常对自己脸上的皱纹漠不关心。也就是说，大多数男性并不会因为自己脸上出现皱纹而改变对自我的情绪感受。后来，化妆品行业开始了一系列营销广告活动，说服男性：如果脸部有皱纹并不比口腔有异味好多少。例如，巴黎欧莱雅抗皱紧致系列的广告强调"摆平中年危'肌'"。通过把皮肤问题用巧妙的

"中年危'肌'"来描述，它让男士意识到，平日没有保养的皮肤让他们看起来缺乏活力。面对人人都在讨论的中年危机，毫无活力显然会让男士自我感觉变差。这就是我们所说的第一步：让消费者对自我的某一方面产生负性情绪感受。而作为可以"抗皱紧致"的系列产品，巴黎欧莱雅号称可以改变这一状态，"摆平中年危'肌'"。这就是我们说的第二步：帮助潜在消费者意识到产品对他们的自我感觉有改善作用，从而刺激消费者购买这一产品。宣传成功后，大多数能够抚平男性脸部皱纹的化妆品都可以非常畅销。

读者可能会问：营销人员是否必须通过降低潜在消费者的自尊来推销自己的产品？是否有可能在不改变消费者日常自尊水平的情况下，依然利用自尊的激励本质来影响消费者的行为？答案是可以的，但前提是我们依然需要让消费者意识到他们的自尊面临着潜在的威胁并随时有可能下降。显然，在没有任何威胁的情况下，一个自尊较高的人并不会有很强的意愿进一步改变或提升自我。例如，多芬"你本来就很美"的广告，让女性发现自己的美，很多人为多芬传递这样的正能量而拍手叫好。受到这样的宣传影响的潜在消费者可能会觉得自己本来就很美，而降低了购买多芬的护肤品来让自我进一步提升的可能。这就像一个丰衣足食的人不会有强烈的意愿去囤积食物，除非他听说明天就会有战争爆发。但是让消费者意识到自己的自尊面临着潜在威胁，通常没有直接伤害他们的自尊那么有效。想象一下，在以下哪个条件下，一个水手更可能会弃船跳水：第一，鱼雷正朝着船的方向前进；第二，船被鱼雷击中并开始下沉。

| 经典和前沿研究 1-7 | 服务失败后，"谢谢"比"对不起"更有效

在消费场景中，服务失败并不少见，比如飞机延误、行李错运等。这些服务失败会引起消费者的不满，从而可能会影响企业的利润和口碑。那么，作为服务提供者，应该如何应对服务失败来减少进一步的损失呢？

根据服务补救矛盾论，经历了服务失败后得到满意解决的顾客比那些没有经历过服务失败的顾客会有更强的重复购买意愿。因此，好的服务补救措施能够使企业转危为安。在现实生活中，面对服务失败，商家往往会先承认自己的错误，向消费者道歉，然后提供心理或者物质上的补偿。然而，是否有比说"对不起"更有效的方式来降低顾客的不满？

针对这一问题，You, Yang, Wang等人（2020）的研究发现，当服务失败发生后，商家向消费者道歉在某种程度上强化了商家的错误和责任，而表达感谢反而突出了消费者的美德和对服务改进的贡献。由于提升了消费者的自尊，"谢谢"比"对不起"能更有效地改进服务失败之后的消费体验。研究还发现，通过向消费者表示感谢提升其自尊之后，消费者有更高的使用意愿以及推荐意愿。

资料来源：YOU Y, YANG X, WANG L, et al. When and why saying "thank you" is better than saying "sorry" in redressing service failures: the role of self-esteem[J]. Journal of Marketing, 2020, 84(2): 133-150.

虽然自我提升的动机往往在自尊水平被威胁的情况下会更加明显，但即使在没有受到威胁的情况下，这种动机依然暗流涌动。相信大多数读者都会有同感，当我们已经对自我感觉良好的时候，我们还是会希望变得更好。谈到自我的价值，它几乎是没

有上限的。因此，任何号称能让消费者更聪明、更有魅力、更健康的产品，肯定都会引起人们的关注。

1.4.3 自尊与他人眼中的自我

现在让我们把注意力转移到自尊和人们对外在事物的情绪感受之间的另一主要区别。对绝大多数人来说，我们的自尊不仅取决于自我在我们自己眼中的价值，也取决于它在我们周围人眼中的价值。这与我们对外在事物的情绪感受完全不同。例如，如果你非常喜欢某一首流行歌曲，你通常不会因为你的老师觉得这首歌很难听就改变对这首歌的情感。又如，回想上一次你和自己的一位好朋友因为对某部电影评价相悖而引发的口舌之战，你认为这是你看过最好看的电影之一，而你的朋友却认为这是他看过的最差劲的影片之一。你对这部电影的评分有没有因为你们两人的争吵而大打折扣？或者想一下有多少次即使你身边的人都反对，但你还是执意买了某件衣服或某双鞋子。相反，当你得知你的老师认为你思维迟钝的时候，你对自我的情绪感受可能会立马变得很负性，即使你自认为自己很聪明。或者，如果你的朋友觉得你的身型完全走样，你的自尊肯定会大受打击，即便在你眼中自己的身材几近完美。

心理学家马克·莱亚里（Mark Leary）提出，自尊是人类在进化过程中产生的一种用来监控自己在多大程度上被他人接受和尊重的测量仪。他把这一关于自尊的理论称为社会测量理论（sociometer theory），并提供了大量的数据来证明一个人的自尊水平会随着他周围的人对他的接受和尊重程度的变化而变化。一个人受到周围人的尊重和接受程度越高，这个人对自我的情绪感受就越正面（即自尊越高）。相反，当一个人觉得他周围的人不喜欢甚至不接受他时，他的自尊就会下降。更有趣的是，在决定自尊的两大因素——自我在自己眼中的价值和自我在他人眼中的价值——之间，有心理学家认为，后者对自尊水平的影响通常远大于前者。

自尊的这一社会特质为营销人员提供了一个可以有效影响潜在消费者的工具。正如我们前面所讨论的，基于自尊的营销手段关键在于要先降低潜在消费者的自尊。然而，让一个人降低对自我的价值评估并不是一件很容易的事情。社会测量理论告诉我们，降低消费者的自尊可以从他人入手。尽管我们很难说服一个人他并没有他自认为的那么好，但是让这个人相信自己在别人的眼中并不怎么样却是一件相对容易的事情。为何会这样呢？思考一下这个类比：假设你确信苹果手机优于安卓手机，你觉得经过别人的劝说，以下哪种结局更有可能发生？第一，你从心里改变了想法，不再认为苹果手机优于安卓手机；第二，你相信很多人并不认为苹果手机优于安卓手机。

让我们用之前提到的男士皱纹的例子来详细说明这种影响消费者的方法。营销人员希望男性发现自己的皱纹变多的时候，自尊会下降。但是营销人员应该如何说服那些对面部皱纹毫不介意的男性呢？要知道，有些男性不但不以有皱纹"为耻"，甚至认为有些皱纹让他们看起来更成熟、性感。营销人员与其绞尽脑汁地尝试改变男性对面部皱纹的价值评估，不如间接地告诉他们，女性认为有皱纹的男性毫无魅力。由于周围人的评价会严重影响一个人的自尊，一旦男性相信了女性觉得长皱纹的男性没有魅力的说法，就算他们并不认为脸上长皱纹会影响自己的价值，他们也无法再像以前那样自我感觉良好了。这个时候，向男性推荐去皱产品，他们的购买欲望就可能会大大增高。

一般来说，营销人员只要能让消费者相信他手中的产品能有效提高自己在别人眼中的价值，就可以获取很多潜在客户。而这也是许多品牌公司惯用的手段，例如Beldent 口香糖公司在它的广告中展示了一项双胞胎实验。大家普遍认为嚼口香糖会给人留下不好的印象。Beldent 口香糖用视频展示了他们做的一个实验：他们召集了一些同卵双胞胎，每对双胞胎穿着一致、发型一致，唯一的区别就是一个人没有嚼口香糖，另一个人嚼着口香糖。不知情的观众被要求回答一系列关于某一对双胞胎的问题。例如，你认为这两个老板谁更有可能给你涨工资？哪个人是坏警察？哪个人拥有更多的朋友？最后结果是嚼口香糖的人给别人留下的印象比没有嚼口香糖的人更好。参加实验的被试者认为嚼口香糖的那个人更有魅力、有更好的品质。这支看似研究实则为口香糖做广告的视频告诉人们，嚼口香糖能提高一个人被他人接受和尊重的程度，从而提高自尊。

另外一则消费者更为熟悉的广告是士力架一系列"横扫饥饿，做回自己"的广告宣传。在足球场上出现的林妹妹、在橄榄球场上出现的白发爷爷奶奶、篮球场上的芭蕾舞演员和身高只及队友肩膀的"姚明"、龙舟赛上敲木鱼的"唐僧"，士力架通过这些与场景违和的角色，告诉消费者你在饥饿的时候就不是你自己了。（You are not you when you are hungry.）每则广告都突出了一个人的能力、表现、在队友眼中的价值因为饥饿而下降。同时，它又告诉大家吃一口士力架，就能让你恢复体力，让场下的观众和队友为你欢呼。

在莱亚里看来，自尊除了让人们关注别人对自己的评价之外，还让人们时刻监测别人对自己的接受程度。当我们觉察到自己被周围的人忽视或排斥时，我们的自尊就会下降。如果玩游戏的时候没人愿意跟你组队，或者在微信群里发消息的时候没人回应，你就会产生一种被排斥感。这个时候，消费者会有强烈的意愿采取行动改变这一现状，提高自己的被接受度。因此，另一个基于自尊的营销策略就是先使潜在的消费者感到被忽视或不被接受，然后提供给他们解决这一危机的方法。例如，一则广告可能会给你提供大量的数据，让你相信你身边几乎每个人都穿着某种品牌的服装。如果你还没有拥有这个品牌的东西，你就面临着落伍、不被接受的危险，而你的自尊也会受到威胁。为了避免损害你的自尊，即使你不是真心喜欢这个牌子的风格，你也会为这个品牌买单。例如，曾经火爆一时的游戏《梦幻西游》，在它当红之年，广告、官方网站处处可见它的宣传标语——"人人都玩，不玩才怪"。这则标语简单明了地告诉消费者每个人都在玩这款游戏，如果你还没有玩，你就会成为别人眼中的怪物。

1.5 如何评估自己的价值

1.5.1 社会比较

我们之前提到过，自尊的一个主要决定因素是自我价值。但是一个人究竟如何评估自己的价值呢？例如，当一个工作狂向他的心理医生坦白他不是一个好父亲时，他是如何得出这样的结论的？根据社会比较理论（social comparison theory），人们通常通过与他人的比较来评估自己的社会及个人价值。然而，并不是所有人都可能成为我们进行社会比较的对象。我们选择与自己进行社会比较的对象通常是在那些在很多重要特征上与我们相似的人。如果你是一个普通的、没有收入的大学生，在以下哪种条件下，你觉得自己的自尊更有可能遭受打击？第一，你得知某企业家月入百万元；第二，你得知你的大学同学现在仅兼职就月入上万元。很明显，该企业家和你差别太大，你和他不管怎么比较都没什么意义。但与你就读同一所大学的同学就和你非常相似，也正因为如此，他在经济上的成功才会对你的自尊产生强烈的刺激。正如 Mencken 所说："当你的年收入比你老婆的姐姐的丈夫多至少 100 美元时你就是有钱人了。"与和我们相似的人比较才是有意义的，才会对我们的自尊产生影响。社会比较的对象可以是一个具体的人，比如你的偶像。例如，一个写散文的作家想要知道她的水平如何，她会选择与她年纪相仿、风格类似的作家而不是其他写推理小说的作家来进行社会比较。此外，我们选择的比较标准也可以是抽象的，比如统计数据。如果你知道大学毕业生平均每月的工资为 10 000 元，而你自己的工资只有 5 000 元，你肯定会开始怀疑自己的价值和能力。

社会比较理论的一个重要推论就是我们对自我的价值评估很容易因为选择了不同的比较对象而改变。一般来说，人们常常会寻找那些在某方面表现比自己差一点的人做比较。这叫作向下社会比较。当我们拿自己和那些表现较差的人做比较时，我们会感觉自己是一个更有价值的人，我们的自尊也会变高。例如，如果你拥有一辆奥迪汽车，你不会选择去和那些开奔驰、宝马的同事比较，而是会选择去和那些驾驶大众、本田的同事比较，这样你就会感到优越，从而提高了你的自尊。但是事与愿违，我们常常会陷入别无选择的境地，只能与那些更有能力或更受欢迎的人进行比较。这就是所谓的向上社会比较。这样比较的结果通常是自尊受到伤害。例如，大部分人都不能轻易忽视媒体报道的统计结果或者社会楷模。当我们不得不与这些外界强加给我们的对比标准进行社会比较时，我们对自我的评价会降低，我们的自尊也会随之降低。想想当你看到你的朋友在朋友圈炫耀的时候，你对自我的感受是不是常常变得更加负面了？总的来说，每当向上社会比较发生的时候，我们都会感到一种强烈的意愿，想做些事情以使自己与比较对象的差距缩小一些，从而能够让受到打击的自尊恢复到比较前的水平。比如雷德·霍夫曼，作为 PayPal 创始董事会的一员和执行董事，他在 2006 年接受采访时表示，虽然当时 PayPal 以 15 亿美元的高价卖给了 eBay，但当他知道硅谷的同行获得了更高成就的时候，他仍非常妒忌，而这也是硅谷中大家奋力创业的动力之一。

对于希望能够影响消费者的营销人员来说，社会比较理论的实践价值应该非常明了。你的营销方法应该着重让潜在消费者进行向上社会比较，同时尽量降低他们进行向下社会比较的可能，因为后者往往会导致消费者产生自满而不采取任何行动。例如，当你说服别人使他们相信自己比同龄人的体重更高时，这些人多半会觉得有必要做一些事情来减肥。这时，如果你正好有一款产品可以帮助他们实现这一目标，那么销售额就会迅速上升。然而，如果这些潜在消费者身边有一群体重严重超标的人，那么这种营销方式就很有可能达不到效果，因为这些潜在的消费者仍然有机会与他们周围体重超标的人进行向下社会比较，从而觉得自己并没有那么胖。

1.5.2 反事实的比较

前文提到，当你与他人做比较的时候，你对自我的情绪感受会随比较结果产生变化。除此之外，当与你自己希望成为的人做比较时，你的自尊也会受到影响。对于大多数人来说，现实中的自我与自己希望成为的人之间总是存在着一定的距离，这是由于在人生的每一个阶段大家都或多或少会有一些尚未实现的目标。心理学家把现实中的自我和自己希望成为的人之间的距离叫作自我差异（self-discrepancy）。自我差异越大，一个人的自尊就越容易受到打击，因此他就会有更强的动机采取行动来缩小这一差距。根据自我差异理论，我们为自我设定的目标可以分为两大类：理想自我目标（ideal-self goal）和应该自我目标（ought-self goal）。一方面，所有的理想自我目标构成了理想自我（ideal self）；另一方面，所有的应该自我目标构成了应该自我（ought self）。理想自我和应该自我又统称为自我导向（self-guides）。

理想自我和应该自我的区别是什么？一般来说，理想自我目标指的是自己最想要实现的那些目标，而应该自我目标指的是自己觉得自己理所应当能实现的那些目标。两种目标的区别并不在于它们的具体内容。例如，对于 20 世纪 80 年代的高中生来说，成为一名大学生就是一个理想自我目标；但对于现在的高中生来说，成为一名大学生就是一个应该自我目标。一个人在没有成功实现自己制定的某个目标时所感受到的情绪会因为这个目标到底是理想自我目标还是应该自我目标而不同。当你没有实现自己的理想自我目标时，你感受到的情绪通常是不满和失望；然而，当你没有成功完成应该自我目标的时候，你感受到的情绪更多是焦虑、羞耻或恐惧。例如，对于大多数人来说，实现经济独立就是一个应该自我目标，然而成为大富豪就更多的是一个理想自我目标了。如果我们到了 40 多岁的时候依然没有变得巨富，我们可能会感到失望，但不会感到羞愧或恐惧，因为这只是一个理想自我目标，我们不会因为自己没法超过某企业家而彻夜难眠。但如果到了 40 岁的时候，我们还是"啃老族"，缺了父母的资助就没法过上体面的生活，我们会感到一定程度的羞愧和焦虑。Ward 和 Darren（2014）发现当消费者意识到实际自我与理想自我的差距时，他们会对那些能够帮助自己接近理想自我的产品产生更强烈的购买欲望。

意识到现实自我与理想自我之间的差异会刺激人们采取行动来缩小差异，但是让人们意识到现实自我与应该自我存在差距效果更为明显。毕竟，当你意识到自己与圣人（理想自我目标）之间有着不小差距的时候，你并不会感觉太差。但当你意识到自己的行为举止达不到一个文明公民最起码的标准的时候（应该自我目标），你的自我感觉就非常糟糕。想一想到底是因为没考上不错的大学（应该自我目标）而选择复读的人多还是因为没有考上清华、北大（理想自我目标）而选择复读的人多呢？当营销人员决定采用基于自我差异的策略去影响消费者的时候应该尽量选择强调消费者的应该自我目标而不是理想自我目标。假设有两个健身中心 A 和 B。健身中心 A 的广告宣传强调拥有健美的身材是每个人的理想自我的一部分，而健身中心 B 的宣传则强调拥有健美的身材是每个人所应该具备的基本特质，那么后者会更容易吸引到顾客。可是我们怎么做才能让潜在消费者认为"健美的身材"是一个应该自我目标，而不是一个理想自我目标呢？健身中心可以告诉潜在的消费者，你身边的普通人都在朝着这个目标而努力，这个目标已经不再是明星的专利了。这样一来，消费者就更有可能把拥有健美的身材作为应该自我的一部分。生活中最常见的例子是在书店里,随处可见"应该"二字,比如《你应该熟读的中国古诗》《你可以跑得更快:跑者都应该懂的跑步关键数据》《2 000个应该知道的文化常识》等。

1.5.3 象征性的自我实现

毫无疑问,当我们埋头苦干终于成功缩小了现实和理想或应该自我之间的差距时,我们对自我的情绪感受当然会变得更加积极。但是你可能不知道,在不用付出任何实际努力的情况下,我们也可以在某种意义上缩小自我差异。说到这里,你可能会觉得有点困惑,那么我们就用下面的例子来帮助你理解象征性地缩小自我差异与真实地缩小自我差异之间的区别。假设有一个年轻的篮球运动员非常渴望成为一名职业篮球运动员(一个理想自我目标)。如果他把所有的时间都用来练习投篮、控球和增强力量,那么一年后他的技术就会明显提高,他的实际自我和理想自我之间的差距就会真正地缩小。然而,如果这一年他把时间花在观看篮球比赛直播上,把钱花在各种篮球周边产品上(比如买一些篮球巨星的球衣和最热销的签名球鞋),那么一年后,他的实际自我与理想自我之间的差距就只能说是象征性地缩小了。毕竟观看了大量的篮球比赛直播,他现在聊起篮球来更加有板有眼。从外表看,因为穿了高级的篮球装备,他看起来也像一个专业的球员,尽管实际上他的篮球技术其实没有任何长进。在一个理想的完美世界里,人们应该只有在实打实地减少了自我差异后才会体验到满足感,并实现自尊的提升。然而,在我们这个非理性的现实世界里,人们却常常因为象征性地减少了自我差异就体验到浓浓的满足感并实现自尊的提升。

根据象征性自我实现理论(symbolic self-completion theory),人们可以通过获取与自己的理想自我目标紧密相关的事物来象征性地缩小自己与理想自我的距离。更重要的是,在这个过程中,他们所体验到的满足感与其在真正减少了自我差异后所体验到的满足感并没有本质上的区别。例如,如果一个有点女性化的男孩很希望成为像那些动作片巨星那样很有男子气概的人,他可以通过喷古龙香水、留山羊胡或文身来象征性地实现他的理想自我目标。即使他浑身上下还是一块肌肉都没有,他也会因为自我差异象征性地减小而体验到自尊的提升所带来的满足感。

自我差异象征性地缩小带给人们的体验与自我差异真实缩小并无本质区别这一事实对于营销人员来说是一个重大福音。一家企业就算通过各种前期投入和研究成功地开发出了确实可以帮助潜在消费者实现理想或应该自我目标的产品,之后还得花费大量口舌和精力来说服消费者相信该产品的功效。与其这样,还不如利用象征性自我实现理论,让潜在消费者看到你的产品在某些方面象征性地代表了他们的理想或应该自我目标。例如,对于跑鞋公司来说,要说服潜在的消费者相信该公司生产的运动鞋能有效地帮助他们塑形,这几乎是不可能的。但要使他们相信,该公司的运动鞋象征着健美和健康则是一件轻而易举的事情。该公司只需要请一些看起来很健康的人,比如运动明星来穿他们的运动鞋就可以了。一般来说,如果广告能够引导潜在的消费者将广告产品和他们的理想或应该自我象征性地联系在一起,那么这个广告基本可以说是非常成功了。例如,Old Spice品牌在做广告时使用了"闻起来就像条汉子"(smell like a man)这样的标语,让Old Spice成了畅销品牌。很明显,这个广告把男性普遍具有的理想自我目标之一——充满阳刚之气——作为切入点，试图建立该产品与男子汉气概之间的联系。

当然，用Old Spice古龙香水的用户，就像之前提到的穿有球星签名的篮球鞋的年轻人一样，他们实际上跟以前没有区别，但是他们感觉自己已经接近了自己的理想。

1.5.4　恐惧管理理论

我们已经讨论过，自我是我们生活中一个重要的情绪源头。面对自我的消逝（即死亡），我们会产生什么样的情绪反应呢？试着想象自己的死亡，你可能会感到悲伤；但除此之外，你可能会体验到恐怖或恐惧的感觉。这是一种人类所独有的情绪体验，毕竟虽然人类和动物都会死亡，人类却是唯一知道自己终将死亡的动物。根据恐惧管理理论（terror management theory），当我们意识到自己注定要逝去时所感受到的恐惧情绪是人类诸多认知和行为背后的主要动力。所有这些行为都是为了管理和控制这种恐惧情绪（这就是该理论名称的由来），让它不要出来胡作非为。因为如果我们不克制这种恐惧，我们就无法集中精力做好其他任何事情。

让我们暂时把恐惧管理理论放在一边，来想想你可以采取什么样的方式来应对和管理自己的死亡所带来的恐惧。你可以努力尝试不去想自己终有一天会死去这件事情。但不幸的是，这一策略不但极有可能失败，甚至可能会适得其反。你能够努力控制住自己不去想一只白熊吗？试试看，在接下来的一分钟，你可以想任何事情，但是千万不要去想一只白熊。如果你确实试着做了这个练习，你大概已经直观地感受到，当你竭力不去想一个东西时，你反而会想得更多。这就是心理学上著名的"白熊实验"。哈佛大学的心理学家丹尼尔·韦格纳（Daniel Wegner）做过一个经典的心理学实验，那些被指定不要去想白熊的人与控制组的人（即那些没有被指定不要去想白熊的人）相比，脑子里更加频繁地出现了白熊。越是努力地不要想到"白熊"反而会促使人们更多地想起"白熊"，这就是思维抑制的逆效应（ironic process theory）。所以，如果你越是压抑自己不去想"死亡"，你可能就越会为"死亡"而焦虑。

另一个你可以尝试的策略是自我欺骗，说服自己是一个可以长生不死的人。但这个策略也很容易失败，因为你根本没有一丝证据可以证明你有任何可能长生不死。生活中，你不断被提醒生命是多么脆弱和短暂，新闻媒体无情地向你报道世界各地的冲突、战争和灾难。历史上那些被认为可以"长寿"的皇帝、皇后其实都并不比和他们同时代的人活得更久。所以，你都不可能说服自己你可以比别人活得更久，更不用说说服自己你可以长生不死。

在讨论象征性自我实现理论时，我们说过，一个人无论是象征性地实现了自我目标还是实打实地实现了自我目标，他所体验到的满足感并没有本质的区别。推而广之，虽然我们不能真正地永生不死，但要象征性地永远活着似乎不是一件困难的事情。虽然柏拉图、达·芬奇和艾萨克·牛顿这些历史伟人早就去世了，但从象征意义上说，他们依然通过他们的著作、绘画和理论活在我们心中。研究表明，如果人们知道自己有办法能够象征性地永生不死，那么死亡带来的恐惧就没有那么强烈了。例如，电影《寻梦环游记》中提到的亡灵节，亡灵可以每年回来团聚，通过这样的庆典节日，让已故的亲人活在后人的记忆里。因此，墨西哥民族在谈及死亡时带有更多的幽默和豁达的态度。你可能会想，自己既不可能写出像柏拉图的《理想国》那样的巨著，也不可能画出像达·芬奇的《蒙娜丽莎》一样的名画，那你怎么可以象征性地永生不死呢？很显然，绝大多数人都不可能留下名垂青史的文化或物质遗产，但是普通人也有方法来获得象征性的永生。例如，你的基因会通过你的孩子和他们的后代延续下去。或者，你可以成为一个有凝聚力、有意义的社会团体的一名成员，这样的群体很有可能比你多存在几百年，甚至几千年。因此，即使你死去了，你依然可以通过你所归属的群体继续象征性地活下去。事实上，一些研究者认为，这正是人们自愿加入各种社会团体背后的主要动机之一。

| 经典和前沿研究 1-8 | 以奉献面对死亡

死亡是每个人都要面对的一种恐惧。人们希望确保自己的存在是有意义的并且是有目的的，当面对来自死亡的提醒时，这种对生命意义的渴望就会变成一种焦虑。然而，死亡又是必然的，每个人都无法逃避生命的逝去。那么，如何应对死亡带来的恐惧，死亡又如何影响人们的行为呢？

Dunn, White 和 Dahl（2020）的研究发现，当人们面对来自死亡的恐惧时，他们会把自己的物质财产捐献给慈善机构，从而实现一种对自我的超越，尤其是在这些物质财产与自我高度相关时，人们会更愿意捐献。值得注意的是，研究指出营销人员要谨慎地使用死亡提醒来促进捐赠行为，因为当死亡造成的恐惧程度过高时，可能会激活消费者的自我防御行为，从而选择性地忽视死亡相关的信息。

资料来源：DUNN L, WHITE K, DAHL D W. A little piece of me: when mortality reminders lead to giving to others[J]. Journal of Consumer Research, 2020, 47: 431-453.

营销人员可以利用人们这种通过加入和归属某一社会群体来管理对死亡的恐惧焦虑的行为特征来改变及影响消费者行为。简单来说，营销人员需要把自己的产品和某一可以"永生"的社会群体紧密地联系起来。这样，人们就可以通过购买和使用这个产品来表明自己属于该群体，从而获得一种象征意义上的永生。例如，经过一系列的广告宣传之后，苹果电脑这个品牌和艺术人士这一社会群体形成了紧密的联系。因此，认同艺术人士这一社会身份的消费者就更愿意购买苹果电脑。再比如，在百事可乐 2018 超级碗的广告里，辛迪·克劳馥（Cindy Crawford）重现了她在 1992 年百事可乐广告中的画面，可谓是一击重重的"回忆杀"。在这则广告中，百事可乐向人们展现了"这是你外公喝的百事可乐""这是布兰妮·斯皮尔斯（Britney Spears）当时喝的百事可乐""这是 Back to the Future 中的百事可乐""这是有趣的人喝的百事可乐"等，这些广告语都强调了百事可乐是这样从爷爷辈到孙辈代代相传的（见图 1-3）。

在本章开篇，我们提出了一个问题：我是谁？本章所总结的研究和案例清楚地说明你对这个问题的回答不但决定了你会有什么感受、做什么事情，还会决定你看重什么东西、选择什么品牌、加入什么群体。用一句话来说，消费者的自我决定了自我的消费行为。

图 1-3　百事可乐的广告强调传承

本章小结

你觉得你是怎样一个人,就会购买与你自身特质相符的商品。

你看待自己与他人、自己与群体的关系的方式会影响你的消费决策。

你会通过自己的消费行为进一步认识自我,了解自己是怎样的一个人。

当你对自我的情绪感受是负性的时候,你会有强烈的动机做出一些行为来改变自我,从而改变你对自我的情绪感受。

中国故事

一本记录我的"小红书"

小红书是一款记录生活方式的热门社交平台,每月有超过 2 亿人次在小红书上分享自己的生活方式。从美妆穿搭到旅游攻略,从美食健身到影视游戏,小红书堪称一本线上笔记本,记录了消费者的点点滴滴,更是成为不少人消费决策的得力助手。为何小红书得以在已是红海的电商平台、社交媒体赛道中突出重围?这背后的秘诀在于其聚焦消费者自我的市场战略。小红书区别于以往的商业平台,通过鼓励消费者"标记我的生活"(见图 1-4),形成了庞大的用户生态。在小红书上,唱主角的不是商家,而是消费者。消费者记录自己,分享自己,而非单纯、生硬的带货。在这种"以我为主"的模式下,消费者的自我认知和自我表达成为平台内容的核心,给社区带来灵感和信任。由此,消费和流量也就随着用户乐此不疲的自我展示纷至沓来。

图 1-4　小红书的广告宣传语

第 2 章 需求和动机

■ **本章要回答的主要问题有:**

1. 什么是消费者需求?
2. 如何发掘并满足消费者需求?
3. 消费者需求可以被创造吗?
4. 消费者的需要、目标和动机有哪些?
5. 如何影响消费者的目标和动机?
6. 目标和动机对消费者心理和行为有怎样的影响?
7. 如何激励消费者更好地完成目标?
8. 如何在营销实践中应用目标和动机?
9. 新技术如何影响消费者的需求和动机?

  近年来中国手机品牌开始在全球市场上崭露头角,华为、小米、vivo 和 oppo 都是大众耳熟能详的品牌。传音,很多中国消费者甚至都没听说过的一个品牌,却在十余年内成为当之无愧的"非洲手机之王"。TechInsights 2023 年发布的《全球手机季度追踪报告》显示,该年度第三季度中国手机品牌传音以 8.9% 的份额位列全球出货量排名第五,并且占据非洲智能手机市场主导地位。仔细考察传音手机,发现它并非靠单纯低价占据新兴市场,而是通过解决非洲用户的"痛点"赢得了他们的青睐。例如,传音手机针对非洲人的皮肤特性设计的美颜相机,能够让黑皮肤的消费者拍出来的人像照也很好看;而早期中国的其他手机品牌主要针对亚洲人的黄皮肤开发的照相功能,对非洲消费者就不那么友好了。

  市场竞争的核心是争夺消费者。而消费者是"用脚"投票的,谁能更好地满足他们的需求,他们就会转向谁。因此,"挖掘消费者需求"成为企业创新的重中之重。要做到这一点,首先要明确什么是消费者需求,其次掌握发现消费者需求的方式和方法,最后则是如何利用消费者需求以及由此产生的目标来改变其心理和行为。因此,本章的内容分为三个模块,分别阐述这三个问题:①什么是消费者需求?②如何发现消费者需求?③如何利用消费者需求?

2.1 消费者需要和需求

"顾客不是想买一个 1/4 英寸①的钻孔机,而是想要一个 1/4 英寸的钻孔!"
——哈佛大学市场营销学教授西奥多·莱维特(Theodore Levitt)

2.1.1 消费者想要什么

你想要什么?

你可能以为这个问题的答案就是你的需求,其实不然。

事实上,这个问题的答案是你的需要,并不一定是你的需求。

1. 区分消费者的需要和需求

有时企业以为自己问的是"需求",消费者回答的却是"需要"。需要(needs)指的是人们对事物的欲望或者要求,而需求(demand)指的是消费者具有支付能力的"需要"。换句话说,人生而有需要,而只有那些他们能够负担得起的需要会被企业视为需求。不能区分消费者需要和需求对企业来讲很可能是致命的。例如,索尼公司在 2006 年推出了高端家庭影院产品线 Sony Qualia。该产品线包括高端投影机、音响等设备,定价高达数十万元人民币。索尼公司事先进行了大规模的消费者调研,结果显示有大量的高端消费者有购买此类旗舰级家庭影院产品的意向。受到这一数据的鼓舞,索尼公司投入重金开发和推广 Sony Qualia 系列产品。然而当这一系列产品正式出售后,却遭遇了惨淡的销量。据报道,在头两年的时间里,Sony Qualia 在全球的销量不足 500 台,与公司预计的数万台销量形成了巨大的反差。最终,在亏损近 10 亿日元后,索尼公司在 2008 年宣布停产 Sony Qualia 产品线。产品从推出到停产也不到 3 年的时间,这一惨痛教训告诉我们——不考虑价格约束的消费者需要对企业而言是危险的。

但这并不意味着我们不需要了解消费者需要,因为曾经纯粹的需要在成本降低到可被消费者接受的时候,也可能会转化为需求。例如,遨游太空本来只是一种需要,却因为 SpaceX 推动使得个人太空旅行成为一种需求。这种对价格变化较为敏感的需求,称为"弹性需求",即价格上升的时候,需求量下降;而价格下降的时候,需求量上升。如果购置私家车的成本太高,人们则更有可能选择乘坐公共交通工具或者步行。与之相对应的则是"刚性需求",即受价格影响较小的需求。例如,对于许多中国家庭而言,即使超出其现有的收入水平,人们仍然没有放弃对购房的追求,而是选择拿出全部积蓄,甚至背负贷款来满足这一需求。

2. 区分消费者需求和需求解决方案

企业对消费者需求的一大误解常常在于将消费者需求和消费者需求解决方案混为一谈。而事实是,消费者即使清楚自己的需求和需要有哪些尚未被满足,往往也不知道如何满足这些需要和需求。苹果手机的成功,在于创新地以用户尚未想到的方式满足了他们关于手机操作的灵活性和系统拓展性的需求。除此以外,微波炉、iPod 等产品在问世之前,用户根本无法想象这样的产品,但是他们却能够清晰地提出"我想要

---

① 1 英寸 ≈ 0.025 米。

更快地加热食物""我想要随时随地可以听音乐"这些需求。企业如果一味听从用户如何满足其需要，很有可能会错过创新的机会。企业应该耐心聆听消费者的需要和需求，但是在如何满足消费者需要这个问题上，就应该由企业的想象力和技术条件所驱动，而不应该受到消费者意见的限制。

以手机产业为例，移动通信工具从最初砖块一般的"大哥大"发展为小巧的手机，经历过一段"越小越好"的竞争时期。而进入智能手机时期以后，三星和苹果的竞争在很长时间内却都集中在"越大越好"的比拼当中。然而，现在如日中天的苹果公司仍然面临着一个门槛——谁能够引领下一代手机，谁才能在未来笑看风云。可下一代手机长什么样呢？2017年，法国设计师菲利普·斯达克（Philippe Starck）和杰罗姆·奥利韦（Jerome Olivet）共同设计了一款概念手机 Alo（见图2-1），引起了各方的关注。这款手机与现有的智能手机长得一点也不像，反而更像是科幻电影中的通信器。它用语音控制替代了键盘，用全息投影替代了屏幕。这样颠覆性的设计却被认为代表了未来的趋势。

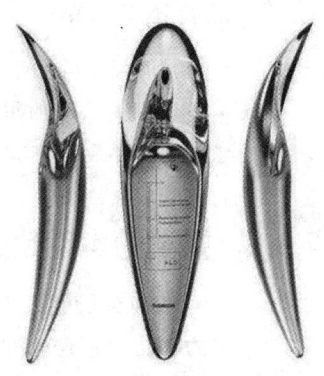

图 2-1　Alo 概念手机图

2023年11月9日发布的 AI Pin 是一种无屏幕智能设备，它采用激光投影技术在用户的手掌或其他表面上投影交互界面。用户可以通过语音控制 AI Pin 执行各种任务，比如拨打电话、发送消息、查看天气等。用户还可以通过手势控制 AI Pin 的某些功能，比如接听/挂断电话、调节音量等。AI Pin 可以投影出高清的图像和文本，用户可以通过触摸屏进行交互。基于 GPT-4 开发的专有语言模型，它还可以提供智能的建议和帮助。其优势在于便携性、易用性和强大的人工智能功能，被认为有望替代现有手机，改变人们的生活。

在手机的设计过程中，许多厂家往往迷失在消费者的反馈中："这个屏幕太小了，我经常按错按键""这个手机太大了，我一只手无法操作"……如果全盘跟随这些反馈，厂家只会造出一堆忽大忽小的手机来。而真正懂得消费者的设计师会呈上这样的杰作：消费者在此之前从未想过手机还能这么用，而当你把新型手机放到他们面前时，他们会惊呼——这就是我想要的手机！

混淆需求和需求解决方案容易导致企业过分专注于产品和技术开发，而忽略市场/消费需要，以至于丧失市场、失去竞争力。之前提到的哈佛大学市场营销学教授西奥多·莱维特早在1960年就提出了营销近视症（marketing myopia）这一理论，用来描述这一现象。仍然以手机行业为例，诺基亚作为曾经当之无愧的全球领先者，一直以来致力于生产更加坚固耐用的手机。尽管符合当时消费者对于诺基亚手机的期望，却由此错过了智能手机的风口，从此在个人手机业务中一蹶不振。另一个经典的案例来自柯达。20世纪70—80年代，柯达是照相机及相机胶卷行业巨头，全球市场占有率一度超过90%。但随着数码相机技术的兴起和普及，柯达并没有意识到市场已经进入数字化时代。柯达认为自己主要是"照相机公司"而非"成像公司"，坚持相机必须使用胶片，错失了转型的最佳时机。实际上早在1975年，他们的工程师就已经开发出了世界上第一台数字相机原型，但公司高层并没有重视。2000年后，数码相机快速取代传统胶片相机,胶卷销量暴跌。柯达明明已经拥有了影像技术,但仍然局限于"胶卷相机和照相机"这一市场定位,而没有辨识出自己实际所处的更大的"影像"市场,因此错失转型良机。这着实令人扼腕叹息。

营销工具箱

聪明的企业会这样做:仔细观察并总结消费者的行为规律,从消费者的反馈中挖掘出他们最本质的需求,而不是流于表面的批评或者赞扬;然后跳出现有框架,以消费者意想不到的方式更好地满足他们的需求。

2.1.2 需要的类别划分

如前文所述,消费者需求必然是需要,然而需要却不一定是需求。需要的定义更为广泛,它是一种人们未被满足的状态。尽管企业通过满足消费者需求而获利,但关注其需要也是抓住市场机遇的重要条件。例如,许多消费者都有获得社会尊重的需要,因此他们希望通过消费来彰显自己的社会地位,但并不是人人都能消费得起动辄上万的奢侈品,于是一批以快时尚、年轻化为标签的轻奢品牌快速兴起,成功将这部分消费者对社会尊重的需要转化为他们可以负担得起的市场需求,并获得了巨大的商业成功。因此,关注消费者需要有助于了解"消费者想要什么"。以下分别介绍有关需要的两种分类方式,一种为纵向划分,另一种为横向划分。

1. 马斯洛需要层次

人类的需要可以说是无穷无尽的,然而并非所有的需要都是同样重要的,马斯洛需要层次理论(Maslow's hierarchy of needs)将人类的需要从低到高分成了五个层次(见图 2-2)。

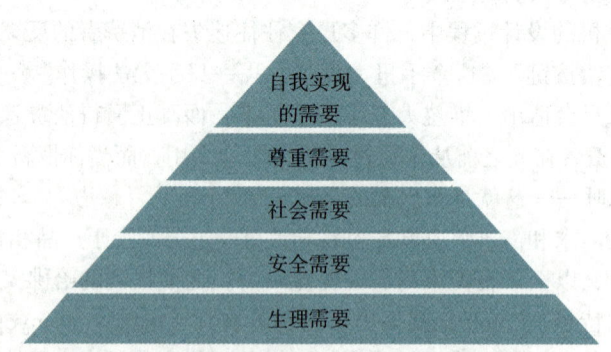

图 2-2 马斯洛需要层次理论

(1)生理需要(physiological needs)。生理需要主要是指人类为了维持生命所必需的需要,包括但不限于食物、水、空气、住所等。根据马斯洛的定义,当生理需要未被满足的时候,对这些事物的需要将占据首要地位,其他层次的需要都无足轻重。随着社会经济的发展,解决温饱等生理需要已经不再是大多数消费者的首要问题。于是,对于生产食品、饮料等的企业而言,产品能够消除饥饿或者解渴不再是价值点。营销活动的重点则集中在精准发掘人们渴望满足生理需要的时刻。

以方便面这一食品行业为例，2017 年，方便面行业的销量在我国出现了显著的下滑。一方面是随着我国经济的发展，消费者对生活质量的追求日益提高，而方便面作为一种典型的"不健康"食品则日渐淡出了我国消费者的食用选择；另一方面则是由于外卖行业的爆发，人们能够更加便利地获得更多的食物种类，而更少地受到时间和地点的限制，方便面"方便"的优势则不再突显。康师傅方便面与凯络中国这家传媒公司合作，通过一场深入的调研，发现了一个新的广告投放突破口——"网络主播"。在深夜时分，如果一名网络主播在直播的过程中打开一桶方便面，观看直播的观众们抵御这份"不健康"食品诱惑的能力是极低的。而网络直播作为一个新兴媒介，其传播成本远不及传统电视媒体那么高，但转化率却相当惊人。于是，康师傅开始赞助一部分网络主播，在直播中隐秘地植入了自己的产品，却起到了很好的传播效果。康师傅这一新的传播入口之所以有效，正是由于它巧妙地利用了消费者的饥饿状态，唤醒了他们对方便面的需求。而在年轻消费者已经远离电视媒体的今天，想要在这个特定时间点唤起该需求，网络直播正是一个绝佳的选择。新冠疫情使线下实体餐饮业遭遇了前所未有的打击，而方便食品和外卖餐饮却空前蓬勃。如何保证人们能够在缺乏炊具或是长时间的等待之后仍然能够吃到一口热饭呢？新的技术和产品走进了大众的视线。例如，"自嗨锅"就通过自发热技术使得消费者能够便利地自行加热食物，同样是满足了人们的生理需要。

（2）安全需要（safety needs）。当生理需要被满足以后，安全需要便会开始主导个体行为，它主要体现在人类追求对生活和环境的控制力，包括人们对秩序、规则、健康等的追求。对安全的需求也可以被情境启动。例如，当雾霾天来袭时人们就会产生对健康的担忧，而这个时候铺天盖地的净化器广告就可以有效地迎合此时的消费者需求。我国消费者对于食品安全的考虑也随着人们生活质量的提高达到了一个前所未有的水平。此外，指纹锁的热销也是在保护人们的居住安全。除了生理上的安全需要，心理安全对于消费者而言同样不可忽视。我国的高储蓄率也常常被解读为一种满足安全需要的行为方式。我国消费者对保险类产品的需求日益增长也得益于人们对安全需要的追求。移动互联网技术的普及也使得人们对加密技术和个人隐私保护有了更高的要求。

（3）社会需要（social needs）。人类是一种社会性动物，社会需要包括人们对爱情、友情、亲情、归属感和被接受的需要。日常使用的社交媒体，比如微信、微博等都是为了满足社会需要。那些主打亲情牌的产品利用的也正是人们的社会需要，比如华为手机在其系统中提供了远程协助的功能，使得儿女可以远程协助自己的父母更好地使用他们的手机，并将这个功能命名为"亲情关怀"（见图 2-3）。

（4）尊重需要（esteem needs）。当人们在一定程度上满足了社会需要以后，他们就不会再单纯地满足于归属和被接纳了，他们会进一步追求"被尊重"的需要。此时，个人价值的内在和外在认同显得至关重要。例如，那些昂贵的奢侈品满足的就是某些人被尊重的需要。

（5）自我实现的需要（self-actualization needs）。超越尊重需要的、更高一个层次的追求即自我实现的需要，即个体实现了自己的潜力，成为自己想要成为的"那种人"。根据马斯洛的论述，只有极少数的成功人士能够经历这种自我实现的"巅峰体验"。耐克没有停留在运动用品的功能性诉求上，而是以梦想为主题，鼓励人们勇敢追求自己的梦想，不畏艰险、不断推进人类的极限，直至成为一个伟大的人。"Just do it"可以说是对这一伟大理想的最好诠释。

图 2-3　华为 P10 亲情关怀功能示例

马斯洛的需要层次理论影响深远，基于该理论还延伸出了许多改进的模型。例如，Kenrick 等人结合了进化心理学、人类学和心理学的研究进展，提出了一种基于生命 – 历史发展的新型需要层次理论。如图 2-4 所示，相比原来的马斯洛需要层次理论，新的模型增加了人类繁衍的目标，并且提出不同层级的目标之间是存在重叠的，而不是完全替代的关系。

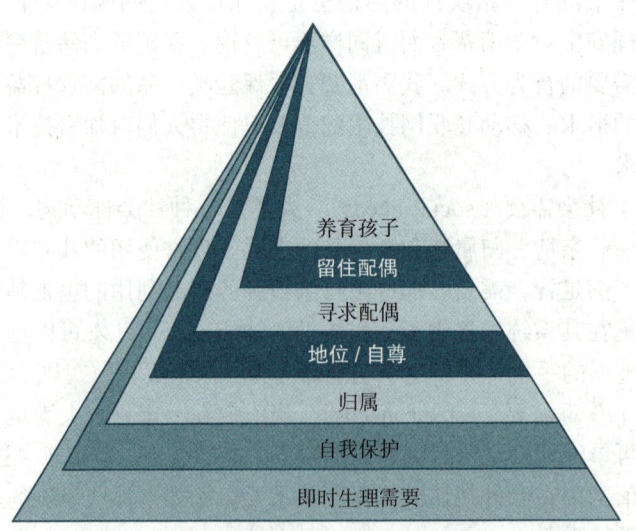

图 2-4　更新版的人类需要层级

不论是哪一种划分方式，将消费者需要划分成不同的层次，可以帮助营销工作者更好地定位、更有效地传达其价值主张（value proposition）。例如，在手机信号覆盖面和服务质量双高的今天，中国移动这家大型移动运营商，在信号和服务质量上想跟竞争对手区分开做到差异化比较难,成本也比较高。但它可以从其他消费者需要上表达自己的独特价值。例如,中国移动曾推出一个主打亲情牌的广告,描述在外打工的子女对远方亲人的挂念,并配以一句经典的台词"不是离不开手机,是离不开你"。这则广告表达了移动通信满足的是消费者对亲人关爱的社会需要,可以说是另辟蹊径,取得了不错的反响与口碑。另外,不同的消费者人群往往对应着不同的需要层次,精准地把握不同人群的需要层次可以提高营销效率。

2. 需要循环理论

马斯洛的需要层次划分固然有利于营销定位,但也存在一些缺陷,比如它在一定程度上忽略了人类的跨层次需要。即使是生活困难的人群,他们仍然是具有社会需要和尊重需要的。此外,有研究表明,尽管人类的需要可以分为不同层次,但未必一定按照从低到高的顺序来满足这些需要才是最令人幸福的。尼泊尔的苦行僧们正是在极端恶劣的生活环境中,通过将物质需要降到最低,以此来实现心灵的解脱。他们获得的,不仅有来自社会的尊重,更有甚者通过这种修行获得自我实现的巅峰体验。他们跳过了低层级的生理和安全需要,通过追求更高层次的心理需要,从而获得终极的幸福。

返璞归真式的消费者需要促使一部分企业另辟蹊径。按照需要循环理论的逻辑,既然手机的终极价值还是满足消费者通信和联络的需要,那么除了以新的方式实现现在的丰富功能以外,还存在另一条创新的路径,即回归极简的设计以专注于消费者最基本的需要。出自纽约设计团队之手的 Light Phone 正是在这一思路下应运而生的。它采用电子水墨屏,降低了辐射还不怕反光,功能上仅保留了电话、消息、音乐和导航的基本功能,却极大地增加了续航时间。这款旨在让人们"远离"的手机,堪称"佛系"手机(见图 2-5)。

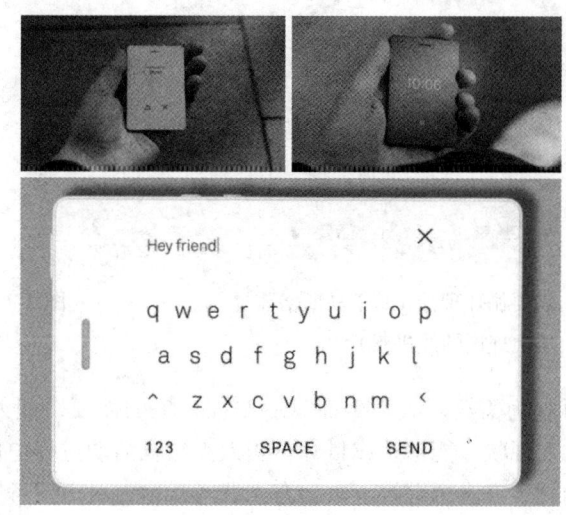

图 2-5 Light Phone 功能图示

自 2013 年开始,一股"断舍离"的风潮自日本刮入中国,"断"即断绝不需要的东西,"舍"即舍弃多余的废物,"离"即脱离对物品的执着。越来越多的消费者开始考虑降低自己的生活欲望。日本作家大前研一在 2016 年出版的《低欲望社会》一书中深入探讨了这种社会现象：在低欲望社会中，年轻人越来越倾向于不婚、不生、不买房。2017 年，各大社交媒体又迎来了一阵"佛系"刷屏，衍生出一系列"佛系青年""佛系员工""佛系父母"等流行语。而"佛系"则代表着一种随遇而安的生活态度。由于新冠疫情的影响，很多年轻人失业或收入减少，面临经济压力。同时，房价持续上涨，年轻一代购房困难加剧，无力承担高额房贷。在这种背景下，"躺平"这一词开始流行，它意味着放弃内卷、平平淡淡地工作生活、享受当下，无须太多追求。这一文化和生活方式在 Z 世代中开始流行，并在 2020 年上半年迅速蔓延，成为一个热门的网络和社会话题。

从断舍离、低欲望社会、佛系到躺平，它们代表的都是一种超越自己的欲望、返璞归真、化繁为简的需要。这也指引了一种可能，除了从低到高满足各层级的欲望，人们还有一种趋势，不论追求哪一个高层次的需要，最终人们想要回归的是最低层次的简单生活。也就是说，马斯洛的最高层次需要之后很可能衔接的又是最低层次的需要，即需要理论可能不应该是一个金字塔形，而应该是一个循环的圆圈，如图 2-6 所示。

3. 自我决定论

与前面提到的马斯洛需要层次理论不同，默里·亨利这一学派提出的需要理论抛弃了层级组织，也抛弃了生理需要，着重描述人类的心理需要。自我决定论（self-determination theory）提出了人类具有三大基本的内在心理需要（innate psychological needs）：胜任力需要（competence needs）、自主需要（autonomy needs）和关系需要（relatedness needs），并认为这些需要是人类普遍拥有的需要（见图 2-7）。

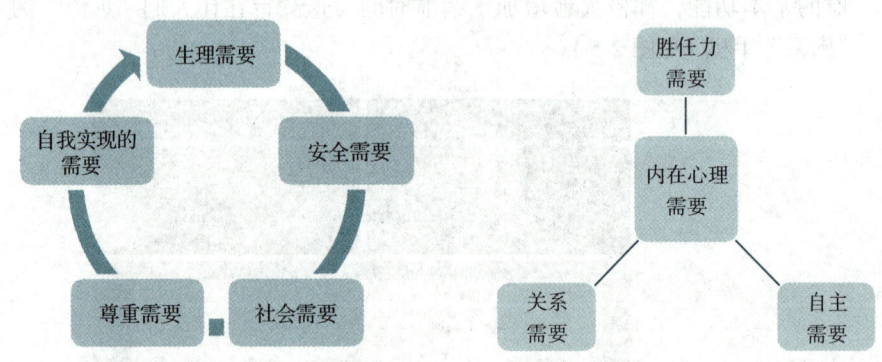

图 2-6　需要循环理论（基于马斯洛需要层次理论的改进版）　　图 2-7　自我决定论

（1）胜任力需要。人类生而具有掌控环境的需要，即人类需要相信自己能够胜任、能够改变现状、能够达成目标。当人无法在活动过程中体验到自己的能力和满足感时，他们就不太愿意继续下去。在消费场景中，对消费者胜任力需要的满足至关重要。例如，一款网络游戏如果很难学会、很难得分升级，那么玩家玩起来挫败感就会很强，不能满足人们的胜任力需要。但是如果一款游戏过于简单，又无法让玩家感受到对自己能力的挑战，这样也不能满足人们的胜任力需要。因此，游戏的难度应该与玩家的能力相匹配。

（2）自主需要。人类希望自己是生活的主人而不是被生活控制的奴隶，即人们希望自己的想法和行为都是出于自己的意志，而非受外界所控制。在个体层面上，自主需要往往体现为拥有选择的权力，以及相信自由意志。例如，如果由你自己去选择玩一款游戏，你会觉得游戏非常好玩。但是如果你是因为工作需要或者因为老板让你去玩这款游戏，你可能就不会觉得这款游戏有这么好玩了。

| 经典和前沿研究 2-1 | 我的游戏我做主——拟人化数码助手

随着计算机技术的发展，数码助手的拟人化已经可以达到以假乱真的程度。甚至有时候，人们会恍惚觉得与自己交互的是一个真人。然而，对于这类虚拟个体而言，越像人就越好吗？其实不然。来自香港大学的 Kim 等人（2016）研究发现，在计算机游戏中接受拟人化数码助手的帮助（见图 2-8），反而会降低人们的游戏体验。这是因为，拟人化数码助手提供的帮助伤害了他们对自主性（autonomy）的需要。当人们感觉到自己在游戏中的自主性降低时，他们体验到的快乐也减少了，甚至在游戏中坚持的时间都缩短了。

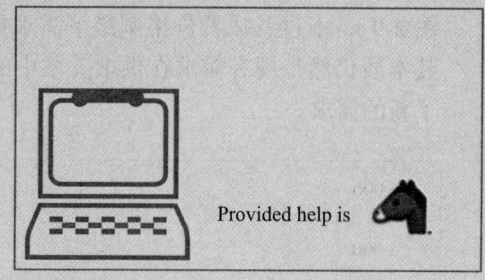

图 2-8　拟人化（左图）对比非拟人化（右图）的数码助手

资料来源：KIM S, CHEN R P, ZHANG K. Anthropomorphized helpers undermine autonomy and enjoyment in computer games [J]. Journal of consumer research, 2016, 43(2): 282-302.

（3）关系需要。人类是社会动物，因此具有很强的关系属性。在进化过程中，能够建立和维持良好社会关系的人能够更好地生存下来并且遗传基因。因而，关系需要根植于人类基本的心理需要，它体现在人类追求人与人之间的联系、合作与认同。仍然以网络游戏为例，热门游戏都会嵌入社交功能，让人们可以在游戏里相遇、交往、组队以及合作竞争。这就满足了人们的关系需要。缺乏社交关系的游戏很难大规模地吸引用户。同理，当经历社交排斥（social exclusion）时，人们往往会表现出寻求各种补偿的行为，比如更加偏好拟人化的品牌，因为这在一定程度上能够满足人们对于社会归属的需要。

4. 需求可以被创造吗

初入营销领域的人常常会有这样的疑问：企业是否可以创造消费者原本不存在的需求？同意这个观点的人经常会用的例子就是苹果手机。在一代 iPhone 推出之前，消费者根本就不知道自己有对触屏智能手机的需求。这不正说明苹果公司创造了一种原来不存在的需求吗？反对此观点的人则会驳斥这个例子。他们认为，虽然消费者在苹果手机之前没有提出过"触屏智能手机"这样的需求，但他们却会有这样的需求："更方便地通过手机发送消息、通话聊天、处理邮件。"乔布斯认为市面上已有的手机无法很好地满足这些消费者需求，于是选择创造一款新型手机来更好地满足消费者已有的需求。也就是说，iPhone 并没有创造一种新的需求，只是更好地满足了已经存在的一种需求。

另一个常用的例子就是天猫"双11"。2018年的天猫"双11"当天交易额再创新高，达 2 135 亿元人民币！这一交易额甚至已经超过美国两大购物节的总和。中国真有那么多需求吗？阿里巴巴集团 CEO 张勇曾在 2015 年一场名为"商业的变迁"的演讲中这样回答："需求是可以被创造出来的。"他提到，在"双11"当天，确实有许多在零点冲进场的人，这些大都是已经有明确购买目的的消费者。但是更多的消费者会在"双11"的下午、晚上来购买，他们是被激发的，"双11"的热烈氛围促使他们入场再次消费。张勇说："可以看到整个需求被激发以后，巨大的能量在那一天爆发出来。"

尽管张勇认为这场商业盛宴创造了需求，但结合之前介绍的"弹性需求"的概念，即价格下降的时候需求上升，我们也可以认为"双11"当天的巨大的成交额（见图2-9），不过意味着价格刺激下需求量的集中增长，即低廉的价格释放了弹性需求。其本质仍然是现有需求在供求关系中的变化。"双11"释放了弹性需求，而不是创造了新的需求。

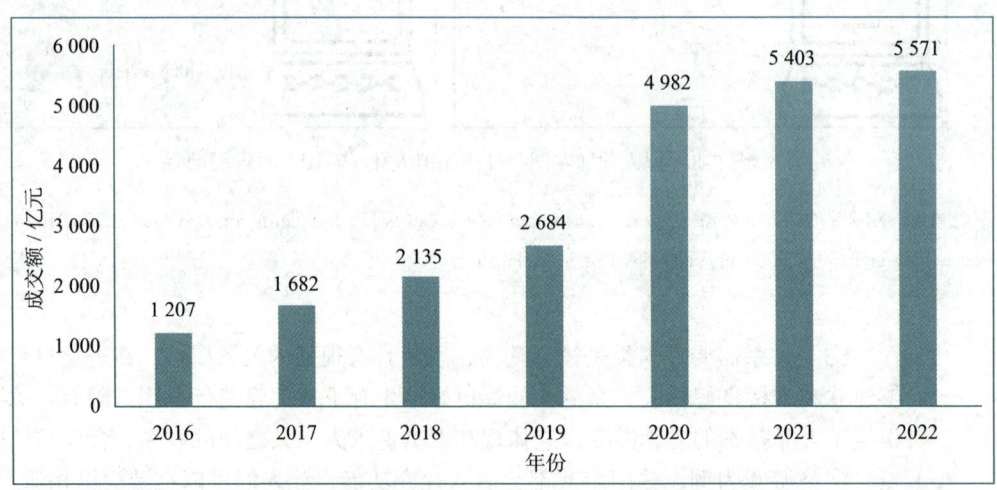

图 2-9　2016—2022 年天猫"双11"历年成交额

如果不是这么大规模、大力度的促销，消费者也许根本不会买那么多他们原本不需要的产品，所以可以解释成"双11"的出现创造了新需求。另一个观点则是，虽然消费者买了许多原本看似没打算买的产品，但这些产品终究还是满足了他们本来就存在的某种需求。这些需求一直都存在，只是在平时没有被激活。而能被激活的总归还是消费者原本就有的需求，并不是新创造出来的需求。例如，一个不化妆的男人，即使折扣力度很大，他也不会在"双11"购买化妆品。

关于这一问题，学术界和业界的理解往往存在分歧。学术界的普遍共识是消费者需求可以被唤起但不能被创造，而业界则认为消费者需求是可以被创造的，并且这才是企业发展的契机。至此，尚不能给出这个问题的唯一定论，但该问题值得进一步思考。

2.2 难以"说出口"的消费者需求

> "如果你问顾客他们想要什么，他们会告诉你他们想要一匹跑得更快的马。"
> ——亨利·福特，福特汽车创始人

以上主要介绍了消费者需要和需求的内涵与外延，那么要如何掌握消费者的需求呢？当企业寻求市场机会的时候，往往有两个声音：一是要倾听消费者的声音，二是绝对不要听消费者的。前者最早由摩托罗拉公司在其六西格玛管理理念中提出，而后者则是来自苹果公司联合创始人乔布斯的名言："消费者并不知道自己需要什么，直到我们拿出自己的产品，他们就会发现，'这是我要的东西'。"然而近十年来，曾经称霸全球的摩托罗拉公司现已没落，而苹果公司的产品却深受消费者的喜爱和追捧。究其原因，前者在倾听消费者想要什么的同时也将自己限定在了消费者的认知范畴之内，止步不前；后者也并非凭空想象，而是在深入了解消费者对手机的需求以后，超越消费者对现有技术的理解和想象，提供全新的解决方案。因此，问题的症结并不在于要不要倾听消费者的声音，而是要如何"正确"地听。也许有人会说，既然是消费者的需求，那么直接问消费者不是最简单的办法吗？很可惜，虽然消费者有需求，却不一定能够说给你听。让我们用一个漏斗模型来解释（见图2-10）。

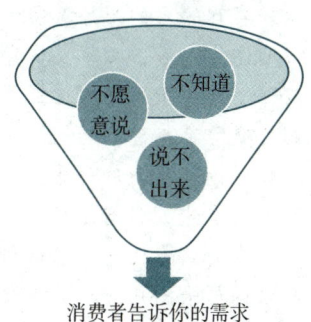

图2-10 消费者需求可得性的漏斗模型

2.2.1 消费者不知道

首先，有相当一部分消费者自己也不知道自己的需求，自然也就无法告诉企业。许多需求虽然存在于消费者心里，但在没有被激活之前，消费者并没有意识到它们的存在。事实上，人类大量的想法、观念、愿望等都是无意识的，即消费者不曾察觉的心理活动。消费者的许多行为并非出于自己有意识的决策，甚至应该说绝大部分行为都是无意识的，如图2-11所示，也就是说消费者并不知道自己行为背后真正的原因。

图2-11 消费者的有意识与无意识

由于消费者大量的心理活动属于无意识范畴，因此，消费者也许能够判断出自己更喜欢哪一款产品，却无法准确地告诉你他们为什么喜欢。这一点在非理性决策中尤为突出，比如女性消费者选购服装的过程。一般来说，经过对比（无论多么纠结），她们总能够选出自己最喜欢的一条裙子，却无法说明她们喜欢的真正原因。无论她们对自己的选择解释得多么合理和细致，其中相当一部分只是她们为了合理化自己的决策所编造出来的理由。这样的情况在消费者调研中非常普遍，这一现象被称为选择盲目（choice blindness）。

| 经典和前沿研究 2-2 |　　爱你所选——消费者选择盲目

来自瑞士隆德大学（Lund University）的Johansson及其合作者对实验参与者开了一个小玩笑。首先，他们让参与者从两张图片中选出比较喜欢的人的图片。然而，当参与者选出偏好的图片以后，实验人员背着他们玩了一个把戏——把两张图片的位置调换了，并将另一张图片交给参与者，让他们以为这才是他们刚刚选择的比较喜欢的那张。有趣的是，在354名参与者当中，只有13%的人发现了这个把戏。而剩下的人不但没有意识到这并非他们之前说喜欢的那张图片，甚至还准备好了各种理由来说明为什么更喜欢这张图片，而非另一张。

在这个研究中，消费者的选择其实是出于无意识的心理活动，而当我们要求他们解释其行为背后的动因时，他们却可能用意识来提供虚假的理由。因此，营销工作者在询问消费者需求时，应当注意到这一可能，消费者无意识地做出决策，事后却有意识地编造理由来支持他们之前所做的决策。

资料来源：JOHANSSON P, HALL L, SIKSTRÖM S, et al. Failure to detect mismatches between intention and outcome in a simple decision task [J]. Science, 2005, 310 (5745): 116-119.

2.2.2　消费者不愿意说

有时候消费者知道自己想要什么，却不愿意告诉企业，其中可能有以下几种原因。首先，消费者的需求违背了社会期许。例如，有一些消费者为了炫耀才买的特斯拉，但是又怕被人说炫富，于是被问到的时候就会声称自己是为了环保才购买的新能源汽车。这一效应也被称为"功能借口"，即人们通过给自己的购买行为找一些功能型的借口来掩饰自己真实的享乐型目的。例如，沃尔沃汽车坚持强调自己的安全性能，好替消费者找到一个合理的借口："我是为了自己和家人的安全，才不是为了虚荣心。"

其次，消费者还有可能出于对调研者的礼貌或者讨好企业的原因，而不愿意真实地说出自己的需求。曾经独占鳌头的可口可乐公司就曾因此栽了一个大跟头。20世纪90年代，为了应对竞争者百事可乐的强烈攻势，可口可乐公司通过双盲口味测试、焦点小组和用户访谈等方法进行了一系列的市场调研，以了解消费者喜欢怎样的可乐。尽管调研结果表明消费者普遍更喜欢口味更甜的新可乐，但该产品于1985年推出市场后却遭到了强烈的抵制，不仅销量惨淡，可口可乐公司还因此收到了来自全球消费者的投诉和批评，新可乐甚至被《时代》周刊评为十大糟糕饮料点子之首。

最后，还有一些时候消费者不愿意说真话，因为他们的需求与企业的利益存在冲突。例如，一些消费者在与房屋中介沟通的过程中，会尽可能地避免透露自己真实的需求、偏好，以免在价格谈判的过程中丧失优势。又如，某视频网站平台调查了用户的内容消费需求和偏好，结果显示大多数用户都希望能免费观看各类精彩内容，于是该平台投入大量资源购买内容版权。但事实上，这种全免费的模式很难实施并赢利。用户口头上会倾向于表达免费需求，但视频平台必须通过会员订阅、广告植入等方式获利，才能持续购买更多好内容。在这种情况下，用户的"免费需求"表达与视频平台确保收益的需要是存在冲突的。用户的真实想法可能还是希望平台提供大量优质内容，但口头上不会直说愿意支付太高的价格。因此，即使调查结果显示用户倾向免费，视频平台也必须从整体策略考量商业模式的可持续发展。这需要管理层从更高角度权衡不同关系，制定切实可行的产品和营销决策。

2.2.3 消费者说不出来

还有这样一种情况，消费者知道自己要什么，也很愿意告诉企业，但是他们就是没办法说出来。这可能是由于某些消费场景使他们当时无法用言语来描述，只能事后通过回忆来表达，但回忆往往是有偏差的。例如，睡眠体验、过山车、手术等。想要了解消费者在坐过山车途中的体验，光听尖叫声是不够的，而事后的采访也只是基于他们回忆中的体验。如果你只是听到消费者说他们觉得急速下降的时候最兴奋，那你可能就会错过列车上升时多停留 0.5 秒给他们带来的刺激。

另一种可能是消费者对于自己的需求、偏好和体验的认知本身就存在偏差，因此他们以为自己已经如实地告诉了企业自己想要什么，然而企业如果按照他们所说的去制造产品却无法真正地满足他们的需求。

针对消费者说不出来这一问题，实时采集其生理指标是目前最有效的解决方案。仍然以上述可口可乐与百事可乐的世纪"口味测试"为例，尽管新可乐的失败已经给可口可乐公司一个清晰的教训，然而，"口味测试"的结果之谜一直悬而未决。为什么明明新可乐已经被证明更好喝，各种消费者测试也预测这款产品会成功，结果却是大败而归呢？直到新型技术手段——功能性磁共振成像（fMRI）的引进后这一问题才得到了圆满的解答。

| 经典和前沿研究 2-3 | 脑科学助力可口可乐和百事可乐的世纪之争

尽管可口可乐与百事可乐在配方和口味上几乎相差无几，消费者却对两个品牌展现出截然不同的偏好。可口可乐的"死忠粉"甚至对购买百事可乐的消费者嗤之以鼻。到底是什么导致了这样的差异呢？多年来的口味测试始终没有给出明确的答案，至少口味上的差异无法解释消费者的购买决策。

来自普林斯顿大学的 McClure 与其合作者运用先进的脑科学技术——功能性磁共振成像，结合口味测试发现：在不知道饮料品牌的情况下，无论喝下可口可乐还是百事可乐，人们大脑中的反应是一致的，并不存在显著差异。但是，如果事先知道自己喝的是哪一个品牌的可乐，人们的大脑活动则出现了显著的差异（见

图2-12）。可口可乐的品牌本身就能让消费者的大脑兴奋起来，并感觉到愉悦。

这充分证明了可口可乐的品牌价值。可口可乐要是早知道自己的成功并非来自饮料的口味，而是依赖于其品牌，也许就不会犯新可乐这样的错误了。

资料来源：MCCLURE S M, LI J, TOMLIN D, et al. Neural correlates of behavioral preference for culturally familiar drinks［J］. Neuron, 2004, 44（2）: 379-387.

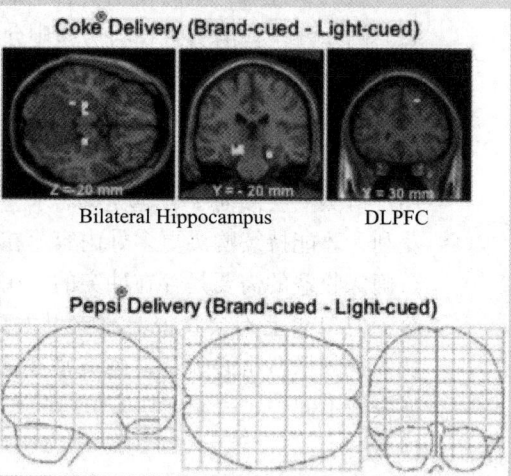

图2-12　可口可乐和百事可乐品牌对人脑的激活效果

除了fMRI技术以外，脑电波（EEG）、皮肤电以及眼动仪等技术都为"消费者说不出来"这一问题提供了有效的解决方案。例如，眼动技术目前已经很好地应用于广告设计领域，研究人员利用该技术来了解消费者喜欢什么和关注什么。如图2-13所示，白色光圈越多代表消费者目光停留的时间越长，预计广告的效果也越好。对比左右两张海报可见，只是简单地改变婴儿所看的方向，就能显著提高消费者对产品信息的关注程度。

 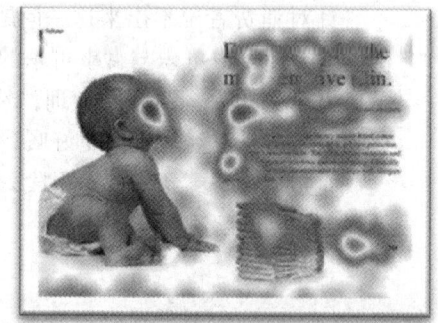

图2-13　眼动技术在广告设计领域中的应用

由此可见，除了有限的一部分消费者知道、愿意并且能够直接告诉企业的需求，很大一部分消费者需求无法直接从消费者口中得知，直接询问消费者并非掌握其需求的上策。总体而言，了解消费者需求，要牢记"八字箴言"——"听不如看，说不如做"。意思是，对于研究者而言，与其听消费者说他想要什么，不如直接观察他们的言行举止，甚至生理反应；而对于企业来说，与其在意消费者的态度，不如专注其行为。接下来，让我们一起来看在消费者行为学领域有哪些定性和定量研究方法能够帮助我们挖掘消费者需求。

2.3 挖掘消费者需求的基本方法

2.3.1 定性研究方法

定性研究方法是依据一定的理论与经验，直接抓住事物特征的主要方面，暂时忽略同质性在数量上的差异。使用定性研究方法研究消费者需求，得出的结论往往是结论性的、方向性的，比如消费者是否更加喜欢主动热情的导购员，或者消费者喜欢超市货架按价格顺序摆放还是按功能分类摆放，但无法准确告知企业消费者对这些需求的强度有多大。以下简要介绍几种常见的定性研究方法及其在挖掘消费者需求中的应用。

1. 案头分析

案头分析（desk research）指的是通过检索归纳现有二手资料进行分析和研究的方法。二手资料的来源非常多，包括但不限于企业内部资料、政府文件、行业报告等。资料格式也多种多样，可以是文本、数据、音视频等信息。随着数据可得性的提升，案头分析现已成为定性研究的基础。相比于获得一手研究资料的实地调研，案头分析的优点在于快速便捷、量大面广、有效利用其他专业机构的系统研究和成本低廉。2020 年，字节跳动开始布局印度市场，当时它在印度的业务规模还非常小。按照传统方式，这时候应该启动大规模的市场原始研究和用户调查。但是考虑到研发和运营成本，字节跳动采取了主要依靠案头分析的策略。字节跳动收集和分析了大量已发布的相关报告文献，比如印度互联网用户趋势预测报告、新型消费者洞察报告等。还对当地主要社交和电商平台的产品功能和业务模式进行了深入研究对比。在此基础上，字节跳动提炼出适合印度市场的产品定位和内容策略。然后字节跳动推出抖音印度版，重点打造当地流行的塔罗卡和博莱舞等内容。最终这个低成本的案头分析策略取得了巨大成功，抖音印度版现已成长为印度最受欢迎的几个社交平台之一。

尽管案头分析具有这么多优点，但进行合理的案头分析却并不容易。一般而言，可以将案头分析拆解为以下四步。①明确问题目的。例如，可以是为了研究行业状况、竞品分析、法律政策或者用户需求等。②选择合适的信息搜索来源。此时要注意搜集信息的全面性、可靠性和时效性。③交叉验证数据合理性。案头分析切忌盲从，尽可能地通过多种信息渠道交叉验证使得结论更加可信是不可忽略的一步，比如选择不同来源的数据横向对比、不同时期的数据纵向对比或者通过专家验证。④归纳组织研究发现。正是由于案头分析的数据来源广泛庞杂，研究发现的总结更要紧密结合问题目的，可以选择合适的理论框架来组织，比如企业宏观环境分析可以选择 PEST（P 是政治 politics，E 是经济 economy，S 是社会 society，T 是技术 technology）。

2. 深度访谈

深度访谈（in-depth interview）是一种一对一的访问形式，一般由调查员主导，按照特定的主题，对消费者进行深入的访问，用以揭示他对某一问题的潜在动机、态度和情感。访问可以是有特定提纲的（结构化），也可以是开放式的（非结构化），常用于探索性调查。可以通过对话的形式来引导消费者主动表达在产品或者服务使用场景中的一些需求，也可以通过他们对现有消费活动的态度和情感来判断他们的潜在需求。例如，航空公司在对乘客的深度访谈中听到"我们像牛羊一样登机"，尽管乘客没有提出抱怨或者改进登机流程的需求，但可以听出这句话当中包含的负面情绪，由此提示航空公司改善乘客的登机体验。

除了事先拟定好访谈提纲以外，还有一种常见的访谈技巧即手段－目的链（means-end chain）。它是通过使用阶梯式提问（laddering interview）来深化对消费者需求的理解，简单地说就是不断追问消费者为什么需要某个产品及其有何属性。一个目标必然包含实现该目标的手段以及它最终要达到的状态。当消费者使用产品时，他们总是希望通过该产品来达到某种目的，此时这一产品及其属性就是实现该目的的手段。而当这个目的实现之后，它又成为达到更高层次目的的手段。例如，消费者购买跑步机是为了锻炼身体，锻炼本身是一个目标，但是锻炼也可以被当作一种手段来完成其他的目标，比如锻炼可以帮助消费者实现拥有健美身材的目标。接下来，拥有健美身材这一目标又可以作为找到伴侣的一种手段。通过阶梯式的层层追问，调查者可以逐步深究消费者对产品及其属性的浅层和深层需求。图2-14是一个简化版的手段－目的链分析示例。

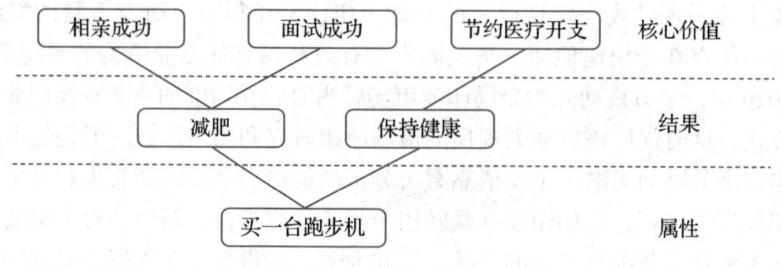

图2-14 手段－目的链分析示例

这一连串追问的终极状态一定是一种人们想要的状态。亚里士多德曾在《伦理学》一书中指出："人的每种技艺与研究、实践与选择，都以某种善为目的。"而善又分为两种：具体善（goods）和最终善（the chief good）。亚里士多德认为，人类的终极目标就是为了实现幸福，只是每个人对幸福的定义不尽相同。因此，人们使用的获取幸福的手段也不太一样。而企业通过深度访谈可以推断出消费者在实现终极幸福的道路上有哪些不同层次的需求。

3. 焦点小组

如果说深度访谈是一对一的访问，那么焦点小组（focus group）则是针对一小组人的访问。小组的人数没有固定要求，6～12人比较常见。调查者在召集小组的时候往往会选择更多样的消费者，然后围绕特定主题引导大家发表意见并相互讨论。20世纪80年代，百事可乐在美国市场的占有率落后于可口可乐，急需打开市场局面。为此，百事公司找来了一群营销专家，使用焦点小组的方式对可口可乐的广告进行测试，想要找到一种能成功反制可口可乐的创意。通过一系列的焦点小组会议，研究人员注意到一些家长对于儿童饮用含糖饮料的担忧。他们认为这不利于儿童的健康成长。于是营销团队灵机一动，围绕这一主题推出了著名的"开心汽水"（Pepsi Generation）系列广告。这组广告极大地提升了百事可乐作为健康乐观饮料形象的吸引力。最终百事可乐成功增加市场份额，超过了可口可乐。这也成为商业史上使用焦点小组研究取得辉煌成果的著名案例,充分展示出它在市场调研中的强大作用。

焦点小组一般在一个套间内进行,套间包含两个房间,中间用一面单向玻璃隔开。观察室里的人可以看到讨论室里的情景,但讨论室里的人却看不到观察室。被访谈的消费者和调查员聚集在讨论室,而其他调研人员则在观察室记录讨论过程。在条件不允许的情况下,如果没有单向玻璃,也可以通过摄像头来记录。

也许有人会问,一个6人的焦点小组和对6人进行深度访谈有何不同呢?一般而言,组织一场焦点小组的人力、物力成本要高于进行同样人数的深度访谈,但焦点小组的优势在于消费者之间的互动能够告诉调查者许多单独访谈中无法获得的信息,比如消费者对其他被采访人发言的态度和反应。此外,消费者之间的讨论范围往往更加宽泛和发散,能够激发调查者的创新思路。

4. 人种志研究

深度访谈和焦点小组不论组织、分析得如何巧妙精密,终究是依赖于消费者的口头表达,适用于挖掘那些消费者知道、愿意且能够告诉企业的需求。如前所述,对于那些消费者无法准确表达的需求,观察也许是更好的选择。人种志研究(ethnography)是来自人类学的一种定性研究方法,它通过在真实环境中进行第一手观察和参与来进行对人类社会的描述研究。例如,英国知名超市乐购(Tesco)在它的每一家分店开张之前,都要派出管理人员在当地居民家里住一段时间,以便更好地理解消费者的需求、购买行为和生活方式,以及能够激发他们购买的情境。在人种志研究中,调研者往往会通过跟随、智能监控设备等手段全程参与消费者完整的生活场景,以期用一种"上帝的视角"来客观地看待消费者在产品使用过程中的需求。

著名的环球影城(Universal Studios)游乐场曾在美国佛罗里达州进行了一项人种志研究,挖掘消费者对访问环球影城和迪士尼乐园的不同需求。通过全程跟随观察14个家庭在游乐场中的活动、情绪和行为,结合事后的深度采访,调研人员总结出了自己与最大竞争对手——迪士尼乐园在消费者心目中的差异:"在迪士尼玩耍就像坐在一条小溪旁边,而在环球影城游玩就像攀岩一样。两者都是愉快的,都十分亲近大自然,但环球影城让你体验到更多的肾上腺素分泌带来的紧张和刺激。"

5. 投射法

对那些消费者不愿意或者自己也没有意识到的需求,投射法(projection)是一种间接获得信息的方法。投射是指个人把自己的思想、态度、愿望、情绪或特征等不自觉地反映于外界事物或他人的一种心理作用。罗夏墨迹测试(Inkblot)就是一种利用投射技术进行的人格测试,人们对一堆无意义的墨迹图形的解读能够间接反映他们当时的心境,如图2-15所示。

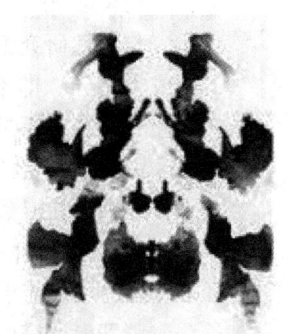

图2-15 罗夏墨迹测试示例

除此以外,一些访问技巧也是利用投射技术来避免消费者的回答受到社会期许的影响。例如,企业想要知道消费者是否会在退换货过程中为了获利而作假,如果直接询问消费者是否会这么做很难得到真实的答复。但通过将场景投射在第三方身上,让消费者预测一个不相关的人会怎么做,能够间接地了解消费者的真实想法。雀巢速溶咖啡曾经运用投射技术解决了一大难题。传统的咖啡豆需要研磨、高温冲调等繁复程序，费时又费力。于是在 20 世纪 50 年代，雀巢公司研发出了速溶咖啡，通过一系列的口味测试证明速溶咖啡与传统咖啡一样好喝。于是雀巢公司信心满满地将该产品推向市场，并大力宣传速溶咖啡"省时、不费事、口味不变"的特点。然而，销量却一直没有起色。雀巢公司对此大为不解，明明可以更好地满足消费者节约时间又想要喝到美味咖啡的需求，为何不受市场欢迎呢？

他们为此又进行了大量的市场调研，主力消费人群——家庭主妇们的反馈仍然非常正面，速溶咖啡确实在口味上并不逊色于传统咖啡，而且价格也更有优势。这样的疑惑最终被一项投射测试解答了。在这次测试中，家庭主妇们被要求针对一张图片（见图 2-16）来讲述一个故事。图片中描绘的是一个家庭主妇正在冲调雀巢速溶咖啡。

测试结果显示，许多女性消费者在编撰故事时将图片中的这名女性描述为"懒惰的""不称职"的妻子。雀巢公司恍然大悟，原来消费者之所以不买单，并不是因为速溶咖啡不够方便、不好喝或者价格不够低廉，而是担心如果自己使用了速溶咖啡会被人看作

图 2-16 雀巢速溶咖啡投射测试刺激物

是为了省事而偷懒的不称职的妻子。因此，速溶咖啡省时、省力的优点反而被这部分消费者看成了缺点。理解了这一点之后，雀巢公司改变了宣传策略，不再强调速溶咖啡省时、省力的特点，而是将它塑造为一种"聪明主妇之选"，至此打开了速溶咖啡的市场。

无论采用以上哪一种方法，对于定性研究方法而言，首要的是忠实地记录消费者的反馈和反应，将它转换成文本，然后再抽象为消费者需求，进而制订有针对性的方案。其中每一个环节都需要长时间的学习和反复训练，优秀而资深的定性研究人员往往可遇不可求，深受企业器重。

2.3.2 定量研究方法

与定性研究方法相对应，定量研究方法需要回答消费者需求在数量、程度上的存量或者差异，即不是简单给出消费者有没有这个需求或者喜欢 A 还是喜欢 B 这样判断性的回答，而是要通过数据反映消费者对某项产品或属性的需求有多大。一个直观的区别就是，定性研究方法的结论一般来说采用文字描述的形式，而定量研究方法的研究结果往往以数据的方式来表达或者支持结论。定性研究方法有助于企业探索消费者的需求，而定量研究方法更有利于验证判断的正确性。也就是说，企业在定性研究中发掘的用户需求，往往需要通过定量研究方法提供客观证据来检验。

消费者研究的宗旨是"解释、预测和操纵消费者的心理与行为"，而"解释""预测""操纵"这三层目的是逐步递进的关系。也就是说，基于解释消费者心理与行为的能力，我们才能够预测其变化；而在保证预测的基础上才能进一步考虑操纵消费者心理和行为。对应于这三层目的，也有三种不同层次的定量研究方法，如图 2-17 所示。

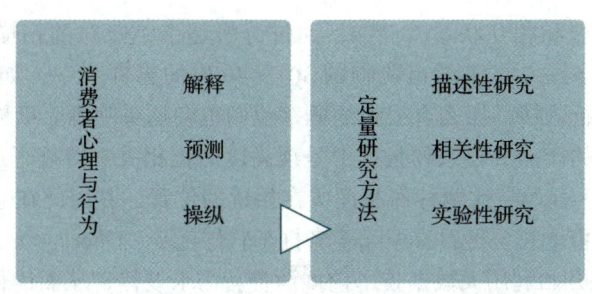

图 2-17 消费者研究的三大目的与三种定量研究方法

1. 描述性研究

描述性研究（descriptive study）可以告诉你消费者需求的现状如何，即回答"是什么"的问题。例如，市场份额、消费者满意度、品牌忠诚度等都是企业一直追踪的描述性统计。描述性统计指标包括均值、方差、分布等。例如，某品牌的售后满意度评价在过去的 6 个月平均为 4.8 星（满分 5 星）；上下波动幅度不超过 0.2 星，即方差很小；业界平均水平为 3.5 星。则该品牌可以通过监控这些指标的变化，知道自己的售后满意度是否一直保持在一个较高的水平。

描述性研究几乎是所有企业必须进行的数据统计，它本身也能反映许多消费者需求。例如，谷歌在它发布的《消费者研究报告》中就曾揭示，"如果一个手机页面加载时间超过 3 秒钟，53% 的消费者都会选择离开"。基于这样的描述性结果，手机软件的设计者应该明白，不论呈现效果多么酷炫，保证页面加载速度是第一要务，否则一半以上的消费者根本看不到之后的设计内容。

描述性研究可以解释消费者需求。例如，一家餐厅想要知道消费者为什么喜欢来此就餐，只需发放一批问卷，将餐厅的各个属性如食物、服务、环境逐一罗列，然后等待消费者打分后汇总统计就可以大致知道自己哪里做得好，哪里做得不好了。但这些结果并不能预测消费者需求，不论消费者今天以及过去如何喜欢这家餐厅，这些数据并不能保证他们明天不会转投其他餐厅就餐。即使研究结果发现消费者对餐厅的环境评价明显低于食物等其他方面，也无法预测：只要改善就餐环境，消费者就会更多地来光顾。因此，如果企业需要预测消费者的需求，它们还需要借助其他的定量研究方法。

2. 相关性研究

相关性研究（correlational study）旨在揭示变量之间的关系，即它能够回答现象会在"何时、何地、何种条件下发生"这类问题。例如，通过监测气温与冰激凌销售量在一段时间内的变化趋势，可以发现两者之间存在显著的正相关。相关性研究在企业中应用非常普遍。零售业取得成功的一大关键就在于准确地预测消费者需求，并及时调整库存。而上个月销量如何这样的描述性统计无法帮助零售商预测下一个月的市场需求，只有通过长期的数据累积并采集更多的外部数据（比如天气、消费者信心指数、竞争者情况等），进行相关性研究才能更好地做到这一点。

从广义上来说，凡是涉及两个及两个以上变量之间关系的研究都属于相关性研究。近年来兴起的大数据本质上也是一种相关性研究，它采用海量数据来揭示变量的趋势、规律和相互联系。例如，通过分析超市结账时的扫描数据，研究者发现，在周五下午 5～7 点来超市购物的 30～40 岁的男性当中，如果他们的购物车中有给婴儿买的纸尿裤，那么有很大的概率他们也会购买啤酒。纸尿裤和啤酒，这两个看似毫不相关的产品却在购物数据中呈现高度的正相关。得益于这个发现，许多超市（包括沃尔玛）开始将这两种商品摆放在相近的位置，并因此在这两个产品品类中都获得 35% 的销售增长。再看看国际著名打车软件优步（Uber），该企业的美国研发团队早在 2016 年就开始利用大数据技术挖掘消费者需求规律，从而优化他们的定价模型。他们发现，最能够显著预测消费者对溢价接受程度的指标其实是手机的剩余电量。如果一个消费者的手机电量只剩下 5%，他当然希望能够尽快打到车回家。然而，Uber 并没有利用这一条显著有效的策略来榨取消费者的钱包，因为这是"为恶"，也就是乘人之危。但这并不代表 Uber 没有利用大数据来对消费者进行价格歧视。他们还发现了另一个消费者心理规律——对整数溢价的厌恶。例如，当消费者看到"附近打车需求较大，现打车价格为 2 倍时"，他们会觉得这只是 Uber 公司随便编了一个数据出来骗他们的钱。而当他们看到"现打车价格为 2.1 倍时"，他们则会认为这个数值是 Uber 通过精确计算此时此刻的需求供给得出的价格，而更有可能接受。虽然 2.1 倍的情况下消费者其实付出了更多的成本，但这确实符合他们的心理规律。而这样的价格歧视却没有引起消费者的反感。

相关性研究在企业中的应用范畴非常广泛，它能够帮助企业预测需求的变化，即实现消费者研究中"预测"的目的，但在"操纵"消费者心理和行为上却并不那么可靠。这是由于它无法决定"因果关系"。也就是说，知道了两个变量之间存在相关关系，企业可以通过一个变量的变化来预测另一个变量的变化，但由于不知道这两个变量之间谁是原因、谁是结果，因此企业无法通过操纵其中一个变量来改变另一个变量。也许有人会问，上述纸尿裤和啤酒的例子当中，不就是因为知道了两者的相关关系，通过将两者摆放在一起而提高了销量吗？然而，在这个例子当中，并非购买纸尿裤的行为影响了消费者对啤酒的需求，或者反过来，而是将两者摆放在一起更加便于消费者同时满足两种购物需求，因而导致了两者销量的上升。也就是说，如果不理解其中的"原因"是什么，企业难以有效地改变"结果"。

也就是说，相关性研究可以解释消费者的需求和什么变量相互关联，但是却无法告诉你消费者的需求如何启动或者如何抑制。

3. 实验性研究

如上所述，单纯的相关性研究无法决定因果关系，如果我们想要理解驱动消费者需求的原因，以便能够改变消费者需求，那么我们就需要进行实验性研究。实验性研究（experimental study）指的是研究者有意识地操纵、改变一个或者多个变量，控制其他无关变量，然后观察结果变化，以验证变量之间因果关系的一种研究方法。相信大家都听说过福尔摩斯侦探的名言"当你排除掉一切不可能之后，剩下唯一的可能性，无论多么不可能，一定是真相。"把这句话稍微改编一下，就是实验性研究的原理了——"当你把一切无关因素都控制了以后，剩下唯一的变化量，不论多么不可能，一定是原因。"

按照对无关变量的控制程度，实验性研究可以分为随机控制实验（randomized

control experiment)、田野实验(field experiment)和自然实验(quasi/natural experiment)等。

其中对实验环境控制最严格、研究结果最接近真实因果关系的就是随机控制实验。它的特点是将所有的参与者按照随机原则分配到不同的实验组当中,以期通过随机化来平衡个体及环境差异,仅保留研究者希望操纵的变量差异。如果不同组之间的结果出现了差异,则认为是由于唯一有差异的变量导致了这个结果的出现。由于对环境和实验操纵的控制要求较高,随机控制实验大都发生在实验室环境中。

| 经典和前沿研究 2-4 | 截止日期(deadline)是第一生产力?

一个常见的信念是,拥有更多的时间可以让我们更灵活地追求目标,没有太多限制。但是,最新研究发现,长期的截止时间实际上可能对目标追求产生不利影响。

研究人员认为存在一个"单纯的截止日期效应"。也就是说,与短期截止时间相比,长期截止时间会让人们认为追求目标更加困难,即使延长的时间仅仅是偶然因素造成的,与任务本身的困难程度无关。这种对目标难度的感知会进一步影响人们投入的资源量。例如,如果你有 3 个月或 1 个月的时间打扫你的新房子为家庭聚会做准备,你可能会觉得 3 个月的时间让任务看起来更困难,然后决定投入更多的金钱购买清洁用品或花费更多的时间打扫房子。

研究还发现,这种截止日期效应部分取决于任务的类型。对于解决方案明确、过程清晰的任务,延长截止日期不太可能增加感知难度或资源投入。但是,对于解决方案不明确的任务,截止日期延长会增加感知难度和资源投入。此外,个体差异如之前的知识水平也会调节截止日期效应。对任务不熟悉的人更容易受截止日期影响,而之前就比较熟悉的人则不太容易受影响。

总的来说,这项研究揭示了看似无害的长期截止日期如何通过影响人们对目标难度的感知从而改变资源分配,有时可能产生不利影响、破坏目标追求。这种效应对于制定有效的时间规划和目标追求策略具有重要启示。

资料来源:ZHU M, BAGCHI R, HOCK S J.The mere deadline effect: why more time might sabotage goal pursuit[J].Journal of consumer research, 2019, 45(5): 1068-1084.

尽管随机控制实验的变量操控和测量较为精密,有助于得到更加可靠的因果关系,但其外部适用性常常受到质疑。在实验室环境中观察得到的结果放到真实的商业环境中是否同样适用仍值得商榷。因此,为了解决实验性研究外部适用性的问题,近年来田野实验在社会科学领域广受推崇。与随机控制实验相比,田野实验也要求实验参与者在各实验组之间随机分配,而原因变量的操纵和结果变量的测量都在真实环境中进行。这对实验者设计、控制和统筹资源的能力要求更高,但其优势也是显而易见的。如果在嘈杂的真实环境中通过可操纵化的变量操控也能影响人们的真实反应,那么这个研究结果的应用意义就不言而喻了。对现在的科技企业,尤其是互联网公司而言,田野实验更是优化用户体验、提高企业效益的利器。过去只能通过问卷和实验室实验监测的事情,现在借助分组推送或者版本迭代,即可通过测试真实消费者的反应得到结论。例如,一家公司想要知道个性化推荐是否真的能够提高用户打开手机 app 的概率,它设计了以下实验并随机推送给两组不同的真实消费者,每组各 100 人,然后监控他们在手机上的操作反应（见图2-18）。

图2-18　个性化推送宣传效率实验设计

在推送发出后的24小时内得到了以下结果：非个性化推送组的100人中，4人打开了app；而个性化推送组只是在消息标题前添加了收件人的姓名或昵称，100人中有11人打开了app。分析可知，个性化推送能够更有效地促进用户打开app。而这一切都是在消费者并未意识到自己是在参与实验的情况下发生的，研究的结论也可以很好地应用到其他手机app上。

在如今的市场上，越来越多的企业开始自己设计和应用田野实验来改进营销效率。SHEIN是一家总部位于中国的快速时尚电商平台。SHEIN利用大数据和情报流技术，建立了一个"试错与迭代"的超快速产品生产机制。主要做法是：每天设计制作上千款新产品样本；在社交媒体上以很低的价格试销几件样本；通过算法实时跟踪产品的销量及客户反馈；然后快速识别最流行的款式，大批量生产并上架这些"热门"设计。通过这种大规模试错和数据驱动的方式，SHEIN可以比传统服装公司更快捕捉时尚消费趋势，第一个推出市场热门款式。这种商业模式和技术应用使它在最近几年取得了极快的增长。截至2022年6月，其估值已达1 007亿美元，在当年美国女性时尚市场中占据最大市场份额，并超越了传统快时尚巨头Zara。

| 经典和前沿研究2-5 |　人穷"智"短——贫穷对人类认知能力的负面影响

虽然听起来非常不公平，但华威大学的阿南迪·曼尼（Anandi Mani）和他的同事们验证了"穷"真的能让人变"笨"，即贫困和认知能力之间具有因果关系。研究者测试了印度甘蔗种植区54个村落中464位蔗农在丰收前后的认知能力变化。蔗农们是否收割甘蔗是由当地糖加工厂的生产能力决定的，这虽然不是完美的随机，但已经可以排除时序的影响。在同一时刻，有一部分蔗农已经收割完了，有一部分蔗农还没有收割，没有拿到报酬，并且这是由独立的第三方因素决定的，而不是由蔗农自己选择。因此，这可以算是一个控制下的田野实验。

结合调研数据，研究发现，蔗农在收成前确实承受着更大的经济压力，相比收成后，他们更有可能拿物品去典当或者借贷。更糟糕的是，这些蔗农在认知测试中的表现也更差。但当收成之后拿到报酬，他们的认知能力便得到了显著提高。研究者指出，这可能是因为贫困的状态消耗了这些蔗农的注意力，导致他们运用在其他事物上的精神资源被削减，因此他们在贫困的时候处理其他信息的能力要更低。

资料来源：MANI A, MULLAINATHAN S, SHAFIR E, et al.Poverty impedes cognitive function [J].Science, 2013, 341 (6149): 976-980.

越来越多的研究者呼吁通过田野实验来验证消费者需求,但在许多情况下研究者无法在真实环境中做到随机测试,比如我们无法随机改变降雨量来验证雨天与人的心情的因果关系。而使用二手数据进行相关性研究,无论使用多么精巧复杂的统计模型,都无法排除其他因素的干扰。例如,也许并非下雨让人心情不好,而是温度或者阳光等其他同时发生的因素导致了人们心情的变化,而我们无法随机化也无法控制这些因素。自然实验因此得名,即研究那些自然发生的、无法被研究者随机化操纵的变量对消费者需求的影响。在自然实验中,原因变量的发生不完全受研究者的控制,比如地震,社会、政治、经济变化,时事等。由于自然实验的结论只是尽可能地接近因果关系,无法排除干扰因素的竞争性解释,因此自然实验也称为拟(quasi)实验。例如,1973年美国最高法院在"罗诉韦德案"中做出了支持妇女堕胎权利的裁决,此后的研究者对该裁决发布前后各州的犯罪率进行了统计分析,来探讨这一历史事件对20世纪90年代美国犯罪率下降的潜在影响。该研究是一个以法案颁布为分界点的自然实验,通过对比同一州在法案颁布前后的犯罪率变化,以及同一时刻法案实施州和未实施州之间的犯罪率差异,来尝试证明法案颁布对降低犯罪率的影响。研究者指出,允许堕胎降低了儿童在不健全的家庭环境成长的概率,也避免了更多的儿童成长为问题青少年,从长远来看是有利于社会稳定的。在消费者研究领域,自然实验法也常用于检验政府政策对消费者需求的影响,例如西方政府对含糖饮料征税是否真的能够更好地帮助消费者减肥,中国的限塑令对消费者日常生活习惯的改变有哪些。这些研究问题中的原因变量并非研究者可以主动控制的,但它对消费者需求的影响却不可小觑。

2.3.3 研究方法的选择

上述几种常见的定性研究和定量研究方法在帮助企业挖掘消费者需求上各有利弊。了解它们之间的差异和各自的局限与优势,才能针对特定的消费者需求场景选择合适的研究方法。我们用一张表格来对比总结(见表2-1)。

表2-1 定性研究与定量研究对比

研究范畴	定性研究	定量研究
研究目的	探索性的,研究目标较为宽泛	检验具体假设
方法	观察和解释	测量和检验
数据收集	非结构化的,开放式回答	结构化的,封闭式回答
对调研者的依赖	调研者与参与者密切接触	调研者的参与程度较低
结果解读	相对主观	相对客观
样本量要求	需要的样本数量较小	需要较大的样本数量以得到可以推广的结论

2.4 消费者的目标

在本章的前面部分,我们看到了什么是消费者需求,以及如何发现消费者需求。接下来,我们将关注怎样应用消费者需求。为了回答这个问题,我们首先要理解目标这个概念。

还没有被满足的需求就形成了消费者的目标。目标（goal）这一单词最早来源于运动，它意味着运动员带球穿过目标线（goal line）到达终点地带（end zone）；也可以指"进球"，即球落入网中；还可以代表球穿过铁环或底线。总而言之，它代表着一种理想的终极状态。例如，橄榄球选手抱着球冲出重重阻挠终于到达端线。就在得分的一刹那，我们可以说："目标"实现了。"目标"可以影响消费者的评价、情绪和行为。这一领域的研究与营销实践息息相关。目标的方方面面都可能对消费者行为产生影响。了解消费者目标的内容及其追求目标的体验，也有助于企业进一步预测他们的需求。

2.4.1 目标的内容

首先，目标的内容，即消费者追求的是什么，对消费者的认知和行为有指引作用。早期的研究关注单一的、静态的目标对消费者行为的影响。例如，对社会地位的追求会刺激消费者的奢侈品消费。此后，学者们将研究范围扩展到多个目标对消费者行为的协同作用。以融入集体这一目标为例，同时消费者也会具有维持个体独特性的目标，为此，消费者会选择性地购买产品来维持两种目标之间的平衡，即最优独特性理论（optimal distinctiveness theory）。当他们意识到自己被孤立时，他们会更加倾向于选择大众喜欢的产品来帮助自己融入集体；当他们觉得自己被淹没在众人当中时，他们则会选择独特的产品来帮助自己彰显个性。

| 经典和前沿研究 2-6 | 目标的升值和贬值效应

众所周知，一个人正在追求什么目标，那些与该目标有关的东西常常显得特别重要。例如，哈佛大学的 Bruner 和 Goodman 教授早在 1947 年发表的研究成果中就指出，相比富人家的孩子，穷人家的孩子更容易把钱币画得更大。学者们把这种现象称为目标的"升值效应"（valuation effect）。

那么，那些与人们正在积极追求的目标无关的事物呢？是不是就无关紧要呢？瑞士巴塞尔大学的 Brendl 教授与其合作者在 2003 年开展了一系列研究。他们发现，相比刚刚抽过烟的人，那些正在犯烟瘾的人更容易视金钱如粪土；并且，人越是处于饥饿的状态，其他与食物无关的事物对他们越没有吸引力。这些结果说明，对一个消费者而言，一个迫切要紧的目标会抑制无关事物对这个人的吸引力。相应地，这一现象被称为目标的"贬值效应"（devaluation effect）。

综合以上两方面的发现可知，消费者对事物的感知和判断并非一成不变的，而是受到目标激活状态的影响。当一个目标被激活时，那些有助于实现该目标的事物价值会被高估，而那些与之无关的事物价值则会被低估。

资料来源：1. BRUNER J S, GOODMAN C C. Value and need as organizing factors in perception [J]. The Journal of Abnormal and Social Psychology, 1947, 42（1）: 33.
2. BRENDL C M, MARKMAN A B, MESSNER C. The devaluation effect: activating a need devalues unrelated objects [J]. Journal of Consumer Research, 2003, 29（4）: 463-473.

2.4.2 目标体验

除了目标是什么,追求目标过程中的体验,包括处于目标的什么阶段、内心冲突的程度等,也会影响消费者的心理和行为。例如,Huang等人(2015)的研究表明,当消费者处于追求目标的初期时,他们会倾向于把最初一起追求目标的人视为朋友,而当他们接近实现目标的时候,则会逐渐疏离这些曾经的"战友"。Pechmann和Shocker等人(1996)研究发现,相比于只有单一目标的消费者,那些经历了目标冲突的消费者或者没有明确目标的消费者更有可能做出混合型选择集(mixed choice set)。按照这一理论,相比那些一心一意想当学霸的人而言,那些既想当学霸又想当校草的人甚至会在点麻辣烫的时候选更多种类的涮菜。在以上这些例子中,研究者不断变化消费者所经历的目标内容(实验任务、健康等),专注于研究目标的状态(进展程度、冲突程度等)对消费者的影响。

| 经典和前沿研究 2-7 | 为什么人可以共苦却无法共富贵

斯坦福大学的黄思琦教授等人(2015)在一个为期一周的实验当中,将消费者两两配对(同性)后加入一项健步走的活动。在接下来的一周中,研究者分别在第3、第5和第7天测量他们和同伴的亲密程度,以及他们之间共享健身技巧的行为。结果发现,对于那些为了该项目而加入健身活动的伙伴而言,他们对对方的感知亲密度和信息共享行为都随着计划进度的推移逐渐降低。也就是说,尽管他们在一起开始这样的健身事业时非常亲密,但随着目标即将达成,他们却逐渐疏远了对方(见图2-19)。原因在于,在目标追求的初期,人们倾向于与拥有共同目标的同伴保持亲密关系、多多交流,从而降低目标追求的不确定性;而越是接近实现目标的时候,这种降低不确定性的需求也就没那么强了,就不需要和同伴们那么亲近了。但对那些一开始就以不同理由加入计划的伙伴而言,却没有这样的趋势。

虽然听起来有些残酷,但这也许可以解释,这个世界上为什么有那么多合伙人在创业初期的寒冬里可以相互抱团取暖,却在上市前夕分崩离析。

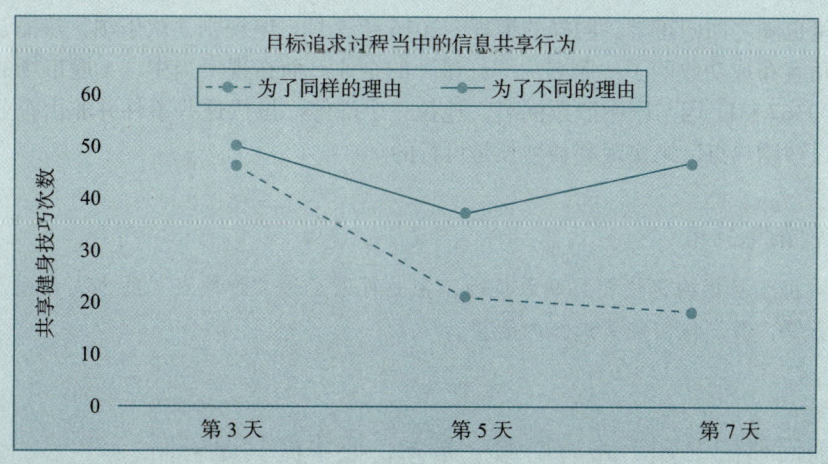

图2-19 共享行为与目标追求过程和理由的关系

资料来源:HUANG S C, BRONIARCZY S M, ZHANG Y, et al. From close to distant: the dynamics of interpersonal relationships in shared goal pursuit [J]. Journal of Consumer Research, 2015, 41 (5): 1252-1266.

2.5 消费者目标与需求的应用

掌握消费者需求,除了有助于企业更加精准地提供产品和服务来满足这些需求,还有哪些应用空间呢?本节将结合消费者目标理论提供一些应用思路。

2.5.1 利用目标的记忆特性

目标具有人类记忆的三大特性。第一,目标在消费者的脑海中时有时无。目标的可提取性是变化的,会受到时间和环境的影响。也就是说,我们不会随时随地都记得某个目标。例如,一个减肥者会在工作忙的时候将减肥抛诸脑后。第二,目标可以通过其他联想被唤起。一个目标会与多种记忆相互关联,一旦启动了其中一个刺激点,相应的刺激点也会被唤起。一看到举重哑铃就可能想到自己锻炼身体的目标,甚至看到甜点也可能想起减肥的目标。第三,多个目标之间的相互唤起功能并不是对称的。例如,巧克力蛋糕可以唤起锻炼的目标,但是当锻炼的目标被激活时却会抑制对巧克力蛋糕的联想。理解了目标具有这些记忆的特性,对企业应用大有益处。

1. 目标的唤起

消费者的需求一直都在,但企业并非时时都在追求它,这是因为与之相对应的目标没有被唤起。而企业想要通过满足消费者需求来获利,首要任务就是唤起消费者满足其某项需求的目标。

根据记忆相互联系的特性,可知唤起消费者的目标除了直白地提醒他们,还有很多间接的方式。首先,与目标相关的工具或者竞争性目标也可以唤起特定目标本身。例如,对于一个想要控制体重的人而言,看到健身房或者芝士蛋糕都有可能唤起他减肥的目标。其次,语义联想也是一种常见的方式,即消费者会联想到与关键词相似的产品或者品牌。例如,1997年6月火星探测器发射成功,当时几乎所有媒体都在报道这个令人振奋的消息。有趣的是,同一时间美国糖果品牌的Mars巧克力销量翻倍,甚至许多地方都卖断货了。而几天过后,当这条新闻的热度消失以后,Mars巧克力的销量也随之回归正常。同样的道理,2016年5月,电视剧《欢乐颂》热播,剧中的女主角宣布成功收购了一家名为"红星"的企业。而在现实当中,A股市场的红星发展(600367.SH)因与剧中股票同名,连拉三个涨停。虽然这些事件并非由企业策划,但通过"蹭热点"来实现利益增长是可行的。

◉ **营销工具箱**

由于目标的记忆相互联系特性,企业可以通过"蹭热点"的方式占据消费者的心理资源,激发他们购买选择的欲望。

| 经典和前沿研究 2-8 | 路边偶遇一条狗,心中彪马吼一吼

来自宾夕法尼亚大学沃顿商学院的Berger等人(2008)在实验中为消费者呈现各种各样的图片,其中包含数量不等的狗类图片,然后让他们看各种运动鞋的照片,其中包含4张彪

马牌的运动鞋（品牌标识为美洲豹），并评价对每种运动鞋的喜爱程度（见图2-20）。

图2-20 实验刺激图片示例

结果发现，那些看过狗狗照片的消费者对彪马牌运动鞋的评价要高于其他品牌的运动鞋，但这种差异仅存在于那些认识彪马品牌的消费者当中；对那些根本不认识该品牌的消费者而言，呈现狗狗照片并没有太大帮助；对那些认识彪马品牌的消费者而言，看的狗狗照片越多，这种偏好越明显。

研究者指出，这是由于环境当中的线索会提高相关品牌在人们记忆中的可提取性，使得人们处理产品信息变得更加容易，进而让他们更加喜欢、偏好和更有可能购买这些产品。

资料来源：BERGER J, FITZSIMONS G. Dogs on the street, pumas on your feet : how cues in the environment influence product evaluation and choice [J]. Journal of Marketing Research, 2008, 45 (1): 1-14.

2. 目标的抑制

目标之间并非都是相互激活的关系。一个目标的启动会抑制其他无关目标。由于受到认知资源的限制，当一个人专注追求一个目标的时候，难免要忽略其他目标，特别是那些跟当前目标无关的目标就会被抑制。目标之间的相互抑制性，也使得企业在竞争消费者的钱包份额（wallet share）时必须时刻关注自己在消费者心目中的优先级，因为一旦没有成为消费者主要的采购目标，甚至有可能被竞争者的品牌所抑制，就会逐渐被消费者遗忘。钱包份额指的是消费者花在该品牌上的金额占其总消费额的比例，这点对于平台类企业如超市、电商尤为重要。

2008年，沃尔玛推出了"影响力计划"（project impact），重新布置店面改善消费者的店内购物体验。结果，该计划实施后，尽管客户满意度上升了，单店销售额却进入了公司有史以来最漫长的下滑期。也就是说，尽管客户满意度上升，但钱包份额下降了。

消费者在选择超市的时候，价格显然是首要的影响因素。但对于零售商而言，不可能在每个产品类别上都与对手开展价格竞争。因此，公司管理者需要决定对哪些商品实行降价。在进行了一系列的市场调研以后，管理者发现，在消费者的必需品上给予"天天低价"的承诺，更有利于让消费者将沃尔玛作为他们优先采购的超市。结果，在改变定价后对顾客的调查显示，49%的人会把沃尔玛作为他们的首选店铺（增加了6%），而且顾客经常光顾的零售店的数量也从平均2.5家下降到了2家。这些变化使得沃尔玛的钱包份额增加了7%，这相当于从竞争对手的收银台截流了6 200万美元。简而言之，沃尔玛通过"天天低价"的策略吸引消费者，让消费者将沃尔玛作为首选的购物场所。

2.5.2 沟通策略的选择

动机是驱动人们追求目标的一种力量。驱动人们追求目标的动机多种多样，不同的动机激励消费者完成目标的有效性各有不同，即针对同一个消费者目标，用不同的方式驱动该目标会收获截然不同的效果。因此，企业在沟通时需要注意角度与方式的选择，从而更好地激励消费者。动机的分类方法有许多，这里介绍其中最经典的四种分类法。

1. 内在动机和外在动机

人们产生和追求某个目标的动机既可以来自内在，也可以被外在的因素激发。其中，内在动机指的是目标追求本身的乐趣和意义等，它不依赖于外界条件和环境。例如，学习是为了学习本身的乐趣，这就是由内在动机驱动的。

而外在动机指的则是个体以外的其他刺激，比如奖金、惩罚等。为了逃避家长的惩罚而学习就是由外在动机驱动的。外在动机常常在内在动机不足的时候被引入，从而为人们追求目标提供足够的动机。例如，学生无法感受到学习乐趣的时候，就只能引入奖励–惩罚机制来驱动学生学习。然而，外在动机的引入也往往会剥夺人们的内在动机。一个经典的故事是，曾经有一位老人有一个美丽的后院，但是每天下午都有一群熊孩子来后院玩耍，打扰了他的午睡，无论如何警告和驱赶都不奏效。于是，老人想到了一个办法，当孩子们下午来后院玩耍的时候，他不但没有对他们怒目以对，甚至还每天送给他们5元零花钱。然而一周以后，这笔零花钱变成了3元，并逐渐下降，直至有一天没有零花钱给孩子们了。有趣的事发生了，当停止给这些孩子零花钱以后，孩子们再也不来这个后院玩耍了。原本孩子们是因为在这院子里玩耍非常愉快这个内在动机而聚集在这里，如果他们把玩耍的动力放在了挣零花钱上，那么一旦零花钱这个外在动机消失了，他们也就不再出现了。

📍 营销工具箱

通过金钱等外在激励促进消费者活动的同时，企业应当注意这些激励措施是否会蚕食消费者原有的内在动机。

| 经典和前沿研究 2-9 | 罚金真的有效吗

幼儿园老师最头疼的事之一就是家长不按时来接孩子放学。哪怕还剩一个孩子没被接走，幼儿园老师也要等到最后以保障孩子的安全。尽管三令五申，但是总有家长会迟到。怎样才能让家长更好地意识到自己的义务，准时来接孩子放学呢？

幼儿园的老师很自然地想到了一件事——罚金。如果迟到一定时间就要罚款，那家长看在钱的份儿上就不会再迟到了吧？为了验证这一举措的效力，来自美国加州大学戴维斯分校的Gneezy和明尼苏达大学的Rustichini两人与10所幼儿园合作开展了一个长达20周的实验。他们将这些幼儿园随机分成两组，这两组幼儿园原本在家长接孩子迟到这件事上是差不多的。其中一组开始实施"罚金"计划，而另一组照旧。然后他们统计了20周内每周家长迟到的人数。

结果发现，实施了罚金政策的这一组幼儿园的家长迟到次数更多了。更糟糕的是，在及时停止实施"罚金"这一糟糕的政策之后，这一组幼儿园的家长迟到次数仍然显著高于控制组的家长（见图2-21）。

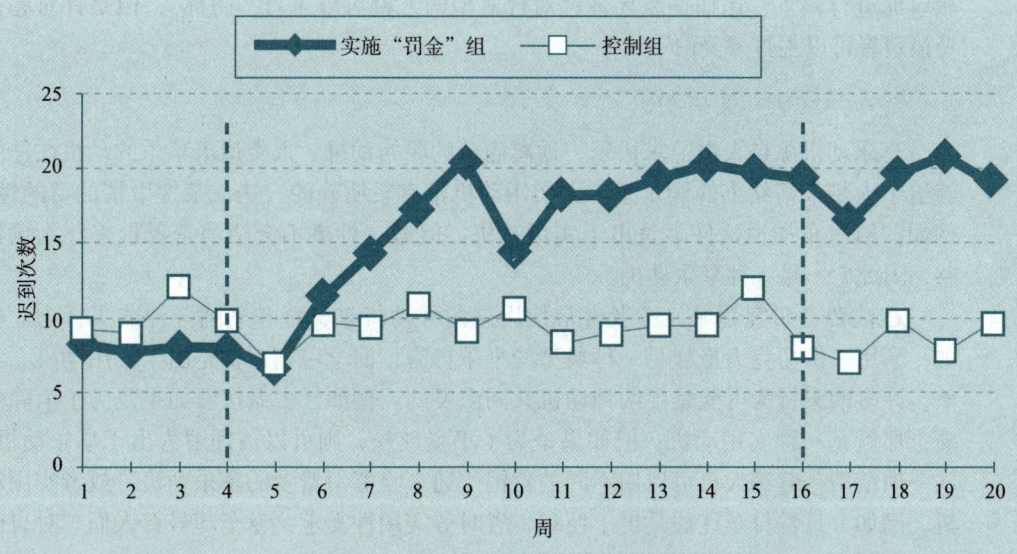

图 2-21 迟到次数与罚金和时间的关系

这是由于接送孩子本身是一个由内在动机驱动的行为，不迟到是应该的。而对迟到行为处以罚金的做法反而为这一行为提供了另一个外在动机，这让家长更能够合理化自己迟到的行为——迟到是被允许的，只要缴纳罚金即可。并且一旦原有的内在动机被外在动机替代，即使外在诱因消失了，内在动机在一定时间内仍然难以恢复。因此，当想要激励消费者从事某项其本身就具有内在动机的行为时，要慎重选择外在诱因。

资料来源：GNEEZY U，RUSTICHINI A.A fine is a price [J]. Journal of Legal Studies，2000，29:1-17.

2. 趋近型动机和规避型动机

Higgins 提出，人具有两种动机类型，一种是想要实现的和趋近的，称为趋近型动机（promotion），另一种则是想要回避和预防的规避型动机（prevention）。例如，"想要顺利毕业"就是一种趋近型动机，而"不想肄业"则是一种规避型动机。又比如，有些人是为了防止长胖或者防止疾病而锻炼，那就是规避型动机；而另一些人则是为了获得健康和美貌，这属于趋近型动机。

人们往往根据自己的个人取向来选择追求目标的方式。有些人天生就偏好用趋近型的方式来实现目标，比如一直想要"成功""获得"等，我们称这类人具有趋近聚焦取向（promotion focus orientation）；而有些人则比较偏好用规避型的方式看待事物，比如一直担心"失败""风险"等，我们称这类人具有预防聚焦取向（prevention focus orientation）。一个趋近取向的人更容易受到趋近动机的驱动来完成自己的目标，而一个预防取向的人则更容易受到预防动机的驱使。也就是说，个人的取向和动机的类型如果匹配，人们就能够更好地实现目标，这被称为调节聚焦匹配理论（regulatory fit theory）。

营销工作者可以根据目标市场消费者的特质来调整自己的沟通方式。例如，一个补习班的广告针对规避型的人群可以说"不要让你的孩子输在起跑线上"；而针对趋近型的消费者可以说"要让你的孩子赢在起跑线上"。产品的设计和价值主张也可以相应地进行调整，比如一款牙膏针对规避型的人群可以主打"防蛀"，但是针对趋近型消费者可以主打"美白"。

3. 享乐动机和实用动机

享乐动机源自人类追求快乐、远离痛苦的原始动机，人类追求享乐的动机往往能够给个人带来情绪上的满足感。而实用动机带有较明确的、达成某件事情的目的性。例如，给汽车加油这件事是出于实用动机，但做这件事不会给消费者带来什么愉悦感，因此它不是一种享乐动机。

在消费者研究领域，学者常常使用这两种动机来解释和刻画各种购买行为。例如，享用一份巧克力蛋糕是一种典型的享乐行为，而学习则常常是出于实用动机。当然，许多购买行为可能是由两种动机共同激发的。例如，去做按摩如果是为了消除酸痛，那就是一种实用动机；但如果是为了享受放松，则可以被理解为出于享乐动机。同一项消费，营销人员可以用不同的营销沟通来唤醒消费者的享乐动机，或者实用动机。例如，日常打车往往是出于便利、省时等实用性需求，专车却号召人们"对自己好一点"，为打车出行赋予了享乐动机。

4. 理性动机和感性动机

理性动机指的是人们经过理性的逻辑思考而产生的动机，感性动机则是指人们完全依赖个人主观感受而产生的动机。典型的理性动机驱动的消费者会考虑诸如价格、大小、约束条件等值得推敲和商榷的因素，而感性动机驱动的消费者则全凭自己的主观好恶来决定。在我们的日常生活中，一些决策如购买笔记本、房产等往往更加理性，人们经过精打细算以后决定是否要购买；另一些行为诸如帮助老奶奶过马路、打电话问候父母则大都出于感性动机。

2.5.3 积分奖励计划

企业可以通过多种方式帮助消费者更好、更快地完成目标，并实现赢利。其中最直接的一种手段就是积分奖励计划。例如，米哈游为手机游戏《原神》设立的玩家福利积分系统。其主要机制为：玩家每日完成指定游戏内任务（比如通关，强化角色等）可以获得相应数量的游戏积分；积分数量达到特定标准后，玩家可以在积分商城抽奖或兑换各类游戏虚拟奖励（比如免费抽取角色、选择特定装备等），部分稀有度极高的虚拟奖励需要耗费大量积分方可兑换。通过这一机制，米哈游成功提高了游戏黏性，激励用户每日登录游戏并完成任务。这帮助《原神》获得了持续性的高玩家活跃度。许多游戏从业者将它视为移动游戏积分系统与任务设计的典范案例。

> 📍**营销工具箱**
>
> 善用客户忠诚计划（积分奖励计划）为消费者的购买行为树立目标，从而塑造其忠诚购买行为和消费习惯。
>
> 积分奖励计划的巧妙之处在于，它在帮助消费者完成目标的同时也促进了企业赢利。要想设计一套有效的积分奖励计划，现有研究给出了一些值得借鉴的经验。

1. 代币的价值

绝大部分积分奖励计划都是将消费者的消费行为先转化为代币，比如积分、里程、小红花等，然后代币可以再转换为实际的经济利益，比如兑换、特权等。问题在于代币的价值设置。假设有一家烘焙坊计划推出积分奖励计划，有以下两种方案可供选择，如图 2-22 所示，该店应该选择哪一种呢？

图 2-22　两种代币设计方案

营销工具箱

即使积分的实际价值没有发生变化，更大数额的积分也更具激励作用。

根据奚恺元教授的诊断，消费者大都患有"心理近视症"（psychological myopia）。以上述方案为例，如果忽略中间的代币设置，消费者每消费 10 次，每次 10 元，就可以兑换一块蛋糕。在这个交换过程中，总成本都是 100 元，而总收益都是一块蛋糕。但是研究发现，人们在追求目标的过程中往往会忽视最终的收益，而只追逐眼前的利益——"虚假的代币"，以致消费者在 A 情况下继续消费的积极性远低于 B 情况。按照这一原理，企业在设计积分奖励计划时，在不影响消费者计数的前提下（例如，每 10 元获得 10 000 000 000 积分），给予更多的表面代币价值，会更有助于他们完成整个计划。

2. 虚假进展的妙用

市面上常见的积分奖励计划包含两种开始状态，一种是消费者在注册之后从零开始累积积分，另一种则是包含初始积分，例如"开卡送 1 000 积分"这类条款。仍然以烘焙坊为例，请对比以下两种设计方案，预测一下哪一种更有利于消费者完成计划。

方案 A：

1	2	3	4	5	6	7	8	9	10	免费蛋糕

方案 B：

1	2	3	4	5	6	7	8	9	10	11	12	免费蛋糕
√	√											

营销工具箱

在不增加企业营销成本的前提下，给消费者一些预设的"甜头"会让他们有一种虚假的进度感，从而更有可能遵从你的积分计划。

可以看出，以上两种方案对消费者而言实际成本和收益是完全相同的，都是进行10次购买，即可兑换一份免费蛋糕。Kivetz等人的研究发现，如果采用方案A，消费者平均花费29.4天才能完成积分累计兑换奖品；而在方案B中，这一完成时长缩短到了24.6天。即给予消费者2积分单位的虚假进展使他们完成计划的进度缩短了接近5天（16%），并且这并未增加该烘焙坊的任何经济成本。

3. 设置亚目标

罗马不是一天建成的，许多目标也无法一口气完成，于是，设置亚目标（subgoal）变得十分必要。如万达集团创始人王健林所说："先定一个能达到的小目标，比方说先挣它1个亿！"这里的"小目标"就是成为首富这个大目标的亚目标了。尽管不是人人都有王健林这么大的"小目标"，但研究表明，设置亚目标确实有利于目标的实现。呼叫中心的客服人员每个月都面临巨大的工作量和销售额的压力。只要一想到这个月要打3 000个电话，简直让人崩溃。而将这个目标分为若干个亚目标，例如"今天只需要拨打100个电话"，则更能激励他们完成目标。

📍 营销工具箱

将一个长期的积分奖励计划人为地划分成若干个亚目标能够更好地帮助消费者完成该计划。

尽管完成亚目标并不能为他们带来价值（只有打完了3 000个电话才能获得基本工资），但亚目标的完成本身能够给人们提供激励，让他们更有动力完成全部的目标。同理，航空公司在要求消费者一年飞20个航段才能升级为银卡的时候，为什么不考虑帮助消费者将这20个航段划分为2～3个亚目标？也许就不会有那么多消费者因产生畏难情绪而半途而废了。

4. 亚目标的顺序

我们已经知道了设置亚目标能够帮助完成长远的目标，在以上的例子中，亚目标只是总体目标的等分，即每个亚目标难度都相似。而在现实生活中，许多亚目标的实现本来就意味着不同的难度。回想一下身边的人，总有一部分人喜欢做数学卷子的时候从最后一道大题开始做起，因为他们认为应该在头脑最清醒的时候克服最难的关卡。但对于广大消费者而言，真的从较难的亚目标开始更有利吗？为了验证到底从难到易和从易到难哪一种亚目标设定方式更有助于消费者完成积分计划，复旦大学的金立印等人在其研究当中推出了两种积分卡，如图2-23所示。

图2-23　不同亚目标顺序积分计划示意图

营销工具箱

当存在若干个亚目标时,把容易的亚目标放在整个积分计划的前期进行,能够更好地帮助消费者实现目标。

在这两种计划当中,消费者均需要完成 7 次购买才可以兑换奖品,并且整个计划都分成了左右两部分,完成部分阶段的任务无法获得奖品。在 A 方案下,即先完成 5 次购买再完成 2 次,只有 24.5% 的消费者完成了积分计划并最终获得了奖品;而在 B 方案下,这一完成比例提高到了 33.5%。这一差异可能是由于在先难后易的情况下,更多的人选择中途放弃了(26.7%);而在先易后难的情况下,当进行到任务中段时,消费者由于完成了第一个亚目标而获得了更多的激励,从而不太可能放弃(11.9%)。

2.6 技术对消费者需求和动机的影响

消费者需求和动机是传统而基础的研究议题,但技术的发展也为这一领域带来了新的影响和机遇。近年来,大数据的相关应用格外引人瞩目,这不得不提到数据化和人工智能这两项技术,以及它们对消费者需求和动机的影响。

1. 数据化

人们的日常生活和工作无时无刻不在产生大量的数据,而这些数据又被用来进一步分析人们的偏好和行为规律,并做出相应推荐。例如,在大众点评上评论了一家西班牙餐厅,紧接着可能会收到一批西餐的推荐或者优惠券。新冠疫情的到来使得个人行为数据的搜集和应用更为急迫。然而,如此丰富的数据却也是烦恼,行为的追踪和预测可以通过改进算法更加精准,但消费者的担忧和抵制也随之而来。一方面,人们在享受精准推荐带来的便利;另一方面,人们在担忧自己的需求和动机被过分预测,甚至以伤害自己利益的方式所利用。

| 经典和前沿研究 2-10 | 数据化的代价

如今,不论是线上还是线下活动,消费者几乎每一步行为都能留下数字化轨迹。曾经想要追踪一个人一天的精确运动量是非常困难的一件事情,但现在有了各种可穿戴设备,一个人一天消耗了多少卡路里,行走了多少步,甚至情绪低沉还是高昂都有了可量化的数据指标。这无疑方便了消费者监控自己和他人的生活、工作状态,也激发了一系列数据化追踪的需求。但这一技术带来的影响也并非都是正面的,沃顿商学院的 Etkin 教授 2016 年的研究发现,尽管数据化追踪人们的运动轨迹能够激励人们更好地锻炼身体,但同时也降低了人们对锻炼过程的体验和享受。因为原本人们是为了运动的乐趣或者锻炼的成就感这些内在动机在运动,而一旦有了数据化的追踪,就变成了追求这些数字的增长,相当于用外在动机替代了原本的内在动机。

资料来源:ETKIN J.The hidden cost of personal quantification [J]. Journal of Consumer Research, 2016, 42(6): 967-984.

2. 人工智能

随着海量数据的积累和学习算法的不断进步，人工智能（artificial intelligence，AI）技术已经在许多领域替代了传统的人力工作。例如，在在线客服领域，许多企业采用了像 IBM 的 Watson 或微软的 Azure AI 这样的智能系统，它们能够理解客户的查询，并提供快速准确的回答，极大地提高了客户服务的效率。在电话外呼方面，人工智能技术如 NICE 的机器人流程自动化（robotic process automation，RPA）系统正在被用来自动化重复的呼叫任务，节省大量的人力资源。在交通调度领域，新加坡和旧金山等城市正在试验自动驾驶公交车和出租车，比如 Waymo 和 AutoX，以提高交通效率和安全性。过去，人们对人工智能的陌生感和神秘感逐渐被它在日常生活和工作中的广泛应用所取代。随着人工智能技术深入人类生活的各个方面，它对消费者需求和动机的潜在影响也吸引了学术界和工业界的关注。

目前，人工智能通过模仿人类的行为和情感来与人类进行交互，这种机器拟人化的趋势一方面引起了消费者的好奇和兴趣，但另一方面也引发了某种程度的不安和危机感。例如，英国的电信公司 BT 使用人工智能助手"Celia"来处理客户的电话查询，虽然提高了效率，但也引起了一些客户对失去人际互动温度的担忧。这种紧张感和危机感可能会导致消费者的补偿性消费行为。例如，更加偏好能够彰显社会地位的产品（如奢侈品手表）、寻求强烈的社会归属感（如加入高端健身房），以及通过饮食消费和摄入来寻求心理安慰（比如选择有机食品）。

同时，由于人们普遍认为人工智能可能会忽视个体的独特性和个性化需求，这种感觉在一些特定领域尤其明显，比如医疗保健。在采用人工智能诊断和治疗时，患者可能会对人工智能系统的标准化建议感到不满，他们担心这些建议无法充分考虑到他们的个人健康历史和生活习惯。然而，如果能够向消费者证明人工智能系统是根据他们的个人情况进行了特别的定制和优化，比如通过向患者展示人工智能如何分析其过往的医疗记录和生活方式数据来提出个性化的治疗方案，这种抵触感往往可以被大幅度缓解甚至消除。实际上，像 IBM 的 Watson 就是在帮助医生提供个性化的癌症治疗建议方面做出了突出贡献。

总的来说，人工智能技术的快速发展和应用带来了许多机遇，同时也伴随着挑战和顾虑。理解消费者对于人工智能的心理反应和行为变化，对于设计更加人性化、更能满足个体需求的人工智能系统至关重要。随着技术的不断进步和应用领域的扩展，我们期待人工智能能够更好地服务于人类，提高生活质量，同时也尊重和保护每个人的个性与隐私。

本章小结

本章从消费者需求开始，分别讲述了三个问题：①什么是消费者需求？②如何发现消费者需求？③如何利用消费者需求？了解了消费者需求，才能够更好地理解消费者、服务消费者，并且拥有更多的消费者。

企业应该倾听消费者的需求和需要，但要自主、创新地提出解决方案。

消费者能直接告诉企业的需求很有限。企业应该学会运用定性和定量研究方法来发掘消费者需求。

目标具有三个特征：①目标在消费者的脑海中时有时无；②目标可以通过其他联想被唤起；③多个目标之间的相互唤起功能并不是对称的。

目标具有相互抑制性，因此企业需要争夺消费者的心理资源。

虽然外在动机和内在动机都可以激发人们追求目标，但有时候提供外在动机会消磨人们的内在动机。

即使客观经济成本不变，企业也可以通过改善积分奖励计划的设置来促进消费者实现目标。

中国故事

中国智能手机的制胜之道

2013年，全球智能手机出货量为10.042亿部，其中外国品牌占据主导地位，苹果、三星两大品牌占据了46.6%的市场份额，尽管当时华为手机已经位居第三位，然而市场份额仅有4.9%。截至2023年第三季度，全球智能手机市场的品牌局势已经大改，其中小米手机的表现尤其亮眼，出货量全球排名第三，紧跟在华为之后（见表2-2）。这些国产智能手机品牌不仅在国内市场上占据重要份额，并且开始走向国际市场。

表2-2　2013年和2023年第三季度全球智能手机品牌排名

排名	2013年			2023年第三季度		
	品牌	出货量/百万部	市场份额（%）	品牌	出货量/百万部	市场份额（%）
1	苹果	313.9	31.3	三星	80.2	23.0
2	三星	153.4	15.3	华为	51.7	14.9
3	华为	48.8	4.9	小米	47.1	13.5
4	LG	47.7	4.8	苹果	43.2	12.4
5	联想	45.5	4.5	vivo	31.8	9.1
6	其他	394.9	39.3	其他	94	27.0

注：表中百分数之和由于四舍五入不精确等于100%。

智能手机是一个硬件基础高度同质化的行业，手机厂商需要通过手机外形或者功能上的设计，精准地满足不同的消费者需求，明确自己的品牌定位，才能打开市场。而近年来中国智能手机品牌的异军突起正是得益于它们对消费者需求的重视和深入开发。

华为以极强的设计感和过硬的产品质量成功扭转了国产机的品牌形象，成为国产高端手机的代名词之一。而小米手机最开始发家时是针对那些对手机性能有要求但又囊中羞涩的年轻人设计高性价比的智能手机，提出"为发烧而生"的品牌定位，并利用饥饿营销获得了很好的市场反馈。随着消费者对品质的追求逐步提升，小米也开始思考自己新的定位，并于2020年2月首次发布了自己的高端机型小米10。小米手机不仅在性能上进一步提升，也首次跨过3 000元的价位门槛，冲击高端智能机的市场，并获得了不错的反响。目前小米已经跻身中高端手机市场。

在智能手机市场竞争日趋激烈的今天，中国智能手机的制胜之道是比任何人都更加关注中国乃至全球消费者的需求及其变化，进而通过手机硬件配置和软件开发为这些消费者满足其需求提供更加良好的体验。

资料来源：1.IDC：2013年全球智能手机出货量首超10亿部，http://tech.qq.com/a/20140128/016290.htm.

2. TechInsights：2023年第三季度全球智能手机出货量，https://www.techinsights.com/blog/usa-smartphone-shipments-marketshare-model-q3-2023.

第 3 章 知觉和注意力

■ **本章要回答的主要问题有：**

1. 消费者的感觉和知觉有何差异，有何联系？
2. 消费者如何对外界环境形成知觉？
3. 什么是感官营销？
4. 五种感官体验如何影响消费者行为？
5. 如何塑造品牌的感官印记？
6. 如何获取消费者的注意？
7. 如何应对注意力碎片化的时代？
8. 消费者如何形成特定知觉？

  1972年，新加坡航空刚刚成立就面临着其他航空公司从未碰到过的情况：由于没有国内航线，新加坡航空注定需要与国际航空公司展开竞争，而正是这种艰难的开端迫使新加坡航空从一开始就决定实施差异化战略，将高新科技、高品质和出色的客户服务作为自己的核心竞争力。

  可是，在服务等"软件"上建立优势并不容易。正因为如此，新加坡航空率先引进了许多飞行体验服务及娱乐创新，并且努力做到行业最佳，其中的一项服务创新就是塑造差异化的感官体验。新加坡航空清楚地知道，航空服务是身体浸入式的服务，顾客的感官体验与他们对服务的评价密切相关。因此，新加坡航空在改善顾客的视觉、听觉、嗅觉、触觉、味觉五感体验上做到了极致。

  新加坡航空是实施"感官营销"的成功范例，这家公司强调要全方位地在服务中提升顾客的感官体验。视觉上，空姐制服采用知名设计师设计的马来纱笼服饰，从而形成独到的感官印记；触觉上，它是全球首家为顾客提供热毛巾的航空公司；嗅觉上，它专门为空乘和机舱开发了斯蒂芬·佛罗里达香水，还为香水申请了专利，确保嗅觉体验的专属性；味觉上，它聘用国际顶级厨师专门针对人们在机舱气压下的味觉变化设计了飞机餐，让乘客在空中也能享用美食；听觉上，新加坡航空在其枢纽机场——

新加坡樟宜机场对行李车进行了降噪处理。新加坡航空多年来在盈利能力、品牌价值等国际航空业排名中一直处于领先地位，塑造顾客服务知觉和感官体验的卓越能力是它取得品牌优势的最重要原因之一。

尽管有新加坡航空这样的感官营销先驱提供的最佳实践范例，今天的营销人员在塑造顾客感官体验方面仍然面临着前所未有的挑战。数字化技术对消费场景的重构让他们难以在直播间、线上会议室或虚拟现实空间里让消费者拥有真正的触觉、嗅觉和味觉。

本章将在系统介绍消费者感觉、知觉、感官营销、感官意象等概念及有关研究发现的同时，与读者讨论数字时代的消费者感官和营销管理应对。

3.1 消费者知觉概述

3.1.1 感觉和知觉

每个人都有五种基本的器官来获得视觉、听觉、触觉、嗅觉和味觉五种感觉。感官体验对许多产品或服务的营销意义非凡。前面提到的新加坡航空是实施感官营销的先驱和典范。其实，即使不是服务型的企业，要想获得独特的、差异化的优势，也必须全方位地提升顾客的感官体验。怎样才能做到这一点呢？

本章将要探讨消费者如何感知营销刺激和外部世界。感觉只是消费者知觉的第一阶段。首先，我们需要清晰地区分容易混淆的概念：感觉（sensation）和知觉（perception）。如果在一家餐厅中有一个两岁的孩子突然发出尖叫，无论是他的父母还是在餐厅就餐的其他客人，他们的耳膜都会"感觉"出明显的震动。这个"感觉"对所有人来说是一样的，父母可能觉得孩子的尖叫像是悦耳的音乐，但是陌生人却认为是刺耳的噪声。这是父母和陌生人对同一个"感觉"刺激的截然不同的"知觉"。

感觉和知觉的区别由此而来。经由任意一种感官获取到的信息会首先传至丘脑，这是大脑的中转站。丘脑（thalamus）这个名字来自希腊语词语 θάλαμος（英语 chamber），也带有左右大脑在此休息的意思。丘脑并不是终点，它仅仅是一个转发站。但是当感官得到的信息到达丘脑时，感觉就形成了。例如，你感受到了一段声音或是几束光线。丘脑随后会将信号传递给大脑皮质，皮质是环绕大脑两个半球的、布满神经细胞的褶皱结构。当信息到达皮质时，它就被大脑理解为一段特定的音乐或是一种特定的形状，这就是知觉。例如，当一朵玫瑰花出现在你的面前时，你的眼睛捕捉到了它的色彩和花瓣的形状，鼻子闻到了它的香气，这些只是直接的"感觉"；当你把视觉、嗅觉等多种感官获取到的信息进行整合加工再结合以往的经验时，你才能够形成"这是玫瑰花"甚至"这是爱情的象征"这样的"知觉"。

具体而言，感觉是指我们的感受器（眼、耳、鼻、口、皮肤）对光线、声音、气味、味道、质感等基本刺激的直接反应。知觉是指对这些感觉进行选择、组织和理解的过程。知觉是一个包含感觉步骤的过程。如图 3-1 所示，外界环境中的感官刺激被个体的各种感受器感觉到，再通过暴露、注意和解释三个阶段完成知觉过程。

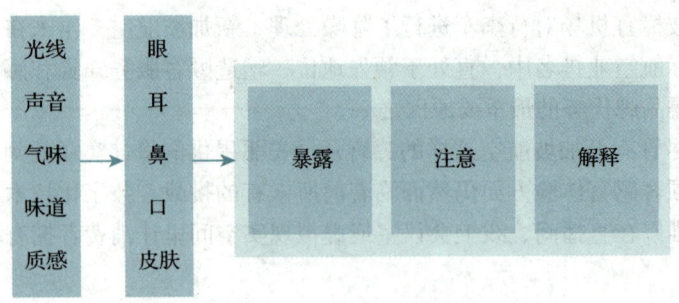

图 3-1　知觉过程示意图

3.1.2　知觉的形成

人类主要依靠视觉、听觉、嗅觉、触觉、味觉五种感官感受周遭环境的物理或化学属性,这五种感官分别对应着眼、耳、鼻、皮肤与口五种感受器(sensory receptors)。消费者每天会从环境中接收海量的感官刺激(sensory stimuli),即使我们只统计那些有营销意图的视觉刺激(比如广告、产品包装等),平均数量也可达到四位数。

我们知道,大脑不可能对环境中所有的光线、颜色、气味或声音刺激都进行详尽的处理,人类已经进化出了一套适合自己的生理和心理机制来面对这个纷繁复杂的世界。在生理机制上,人类只有五种感受器来感知有限的刺激,比如人类无法像候鸟一样感受地磁场信息;人类的每种感受器也只能感受到对应刺激中的一小部分,比如人类的眼睛无法像某些昆虫或爬行类动物那样"看"到红外线。

只有当一个刺激进入个体感觉器官的范围时,暴露(exposure)才会产生。即使你的感官已经接收到了这些刺激,你还是会选择性地关注某些刺激而忽略另外一些刺激。对特定刺激的投入程度就是注意(attention),注意如何对刺激进行筛选与刺激本身和个体状态有关。暴露和注意与营销信息传播的成效密切相关,比如当你在浏览网页新闻时,屏幕两侧的广告确实已经暴露在你的视觉范围内,但你完全可以做到对广告"视而不见"。这就是有暴露但是没有注意的典型例子。

暴露和注意像两层过滤器一样将足够重要的感官刺激传送到大脑皮层,消费者需要对这些刺激物赋予意义才能形成知觉的结果,对感官刺激赋予意义这一步被称为解释(interpretation)。消费者对同样的刺激物(比如某个产品的标识或价格标签)可能会有完全不同的解释,消费者的固有思维和经验、刺激的背景等都会对消费者的知觉结果产生影响。我们需要对重要的消费者知觉加深了解。

本章3.2~3.4节将依据图3-1从左至右对消费者知觉进行探讨。3.2节主要论述知觉的刺激采集阶段(消费者的五种感官与感官营销);3.3节主要讨论知觉的过滤阶段(暴露与注意);3.4节则探讨消费者知觉的形成阶段(解释)。

3.2　消费者的感觉与感官营销

3.2.1　感官营销概念模型

如上文所述,人类的感觉主要通过五种感觉器官获得。在过去相当长的时间里,营销研究者把各种感官获得的外界刺激都当成没有感官分别的信息来进行考察，忽略了不同的感觉体验对消费者行为的不同影响。近年来，当研究者分别考察视觉、触觉、味觉、嗅觉和听觉五种感官体验的时候，会特别强调这些感觉刺激来自不同的感觉器官，因此将这个领域称为感官营销（sensory marketing），下文中也将用感官一词来强调"来自不同感受器官的感觉"。

本节将重点回顾近年来感官营销研究领域的主要发现，以及这些发现对营销实践的重要意义。基于认知心理学对人类认知的计算机假设，不同感官只是输入手段不同，这些输入最终会转化为可以被人脑进行计算的数据。如同用键盘输入还是用鼠标输入并不会影响计算结果一样，感官也不影响认知加工结果。但自20世纪80年代以来，许多心理学研究表明，感觉影响个体对信息的认知加工，甚至可以说"感觉"是认知加工的一部分。例如，当要求人们出声读出数字时，人们会觉得以闭口音结尾的价格数字比以开口音结尾的价格数字更小（比如英文发音的开口音"four"和闭口音"six"）。但如果消费者只使用眼睛看价格，就不会出现这样的情况。这个例子证明了五感对认知加工的重要影响。在市场实践中，一些卓越的企业通过优化消费者感官体验、丰富产品的感官属性来获得竞争优势。例如，乔布斯就曾直言："当你打开iPhone或者iPad的包装盒时，我们希望那种触觉体验可以为你定下感知产品的基调。"

由此，感官对于理解消费者行为的意义日渐突显，消费者感官对于营销实践的意义也越发重要，"感官营销"已经成为消费者行为研究的一个专业领域。下面这个研究彰显了感官因素对于一家企业的惊人价值。

| 经典和前沿研究 3-1 |　年报的"颜值"与企业的估值

美国的两位研究者曾经让200位大学生随机领取一份企业年报，一半学生拿到的是经过精心排版的，视觉上很有美感，另外一半拿到的则是普通版。两种年报反映的事实信息是完全一致的。我们当然会猜到，拿到美观版的实验参与者对公司股价的估值会比拿到普通版的高一些。但是，你可能猜不到它们之间的差距究竟有多大。拿到美观版的大学生可接受的最低股价是327.01美元，而拿到普通版的大学生可接受的最低股价只有162.41美元，估价低了一半以上。研究人员随后把大学生全部换成了有经验的投资者，竟然也发现了相当大的差距。

即使是专业投资者，也很难不被信息呈现的视觉美感所影响。尽管用于估值判断的主要信息没有变化，但年报的"颜值"还是会影响专业投资者对一家企业的估值。这项研究展现了感官的重要意义。

资料来源：TOWNSEND C, SHU S B. When and how aesthetics influences financial decisions [J]. Journal of Consumer Psychology, 2010（4）: 452-458.

感官营销是指将消费者的五种感官体验（视觉、触觉、味觉、嗅觉和听觉）融入其中从而影响消费者感知、判断和行为的营销方式。感官营销既是一种先进的营销战略，也是一种精细的营销战术。已从事感官营销研究近30年的学者Krishna在2013年出版了专著《感官营销力：五感如何影响顾客购买》（*Customer Sense: How the 5 Senses Influence Buying Behavior*）⊖。这本著作回顾了近年来感官营销领域的主要研

⊖ 本章的编写者钟科是这本专著的译者。

究成果,并对营销管理人员提出了一系列管理建议。Krishna认为企业的营销应当实施感官转变(sensory makeover)战略,卓越的品牌应当努力在消费者心中烙下感官印记(sensory signature)。营销咨询专家Linstrom(2010)通过企业案例分析、消费者调查和心理学实验等方法,撰写了《感官品牌:隐藏在购买背后的感官秘密》(*Brand Sense: Sensory Secrets Behind the Stuff We Buy*),也对企业实施感官营销战略提出了建议。他们都认为营销人员可以通过改变消费者的感官体验影响消费者的潜意识和行为。产品的颜色、气味、开启包装的声音、触摸的舒适感都可以改变消费者的认知与行为,比如消费者对产品质量、新意或品牌个性的感知。事实上,已经有一些国际知名品牌在实施感官营销上取得了成果。例如,英特尔公司长期实施的广告赞助计划,几乎所有采用了英特尔处理器的计算机品牌的广告结尾处都会出现四个音符组成的著名音乐片段,这一听觉营销手段已经被使用了20多年,英特尔公司也在全球消费者的心中形成了独特的声音识别(Linstrom,2010)。

图3-2左侧展现了感官营销研究对消费者认知过程的理论解读,而右侧则表明感官营销研究与其他消费者行为研究一样,关注的结果变量包括消费者的态度、学习/记忆、行为等。Krishna提出的模型清晰地指出,与基于经典认知心理学的传统营销不同,感官营销研究不仅关注消费者对信息的心智处理过程,而且更加关心消费者的身体如何通过感官与外界进行交互,不同的感官又如何影响其后续的情绪和认知过程。

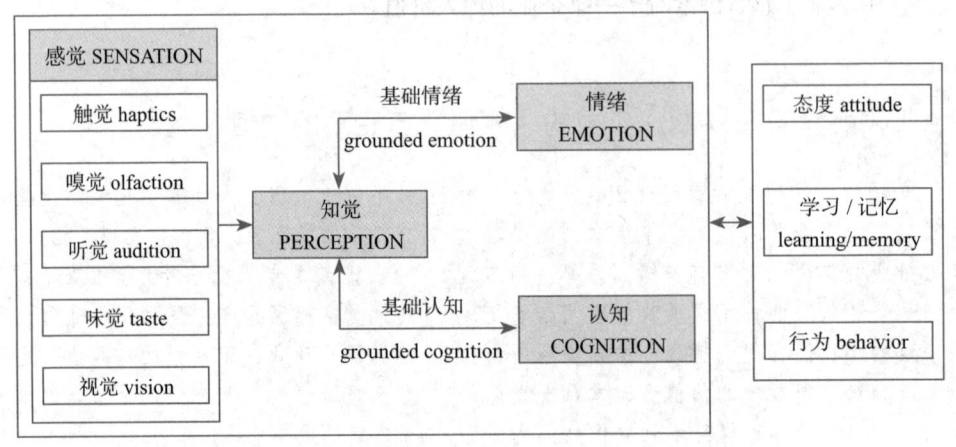

图3-2 感官营销概念模型

资料来源:KRISHNA A.An integrative review of sensory marketing: engaging the senses to affect perception,judgment and behavior[J].Journal of Consumer Psychology, 2012,22(3): 332-351.

3.2.2 感官对行为的影响

近年来,越来越多的感官营销研究以及与感官相关的心理学研究发现,作为消费者,人类个体的情感、判断、认知会被其感官体验深刻影响。这些研究既大大增进了人们对消费行为背后的心理甚至生理机制的了解,也为营销管理人员拓展了精细化营销的思维和手段。下面我们将具体探讨感官的行为效应。

1. 触觉

触觉的感受器——皮肤占据了人体大部分的表面积，为人类提供了维度丰富的环境物理信息，包括温度、硬度、光滑度、重量等。因此，不同维度、不同对象、不同形式的触觉对包括消费者行为在内的人类行为有不同的影响，可以划分为：人际直接触觉（人–人）、人际间接触觉（人–物–人）、产品触觉（人–产品）、环境触觉（人–环境）。

人际直接触觉影响人际关系。此前的研究已经表明，人与人的皮肤接触对营销结果既有可能产生正面作用，也有可能产生负面作用。McGlone等人（2014）认为，皮肤是人体面积最大的社交器官。因此，有一定社交关系基础的（比如服务人员和顾客之间）、正面发生的人际触碰有助于拉近人际距离获得正面效应；而没有关系基础的（如陌生人）、从背后发生的人际触碰会引发消费者的警觉，从而带来负面结果。另外，有人会接受并习惯在人际交往中使用身体接触，但有人却很排斥，有学者开发了人际触摸舒适度量表（comfort with interpersonal touch，CIT）来区分这种个体差异，这一量表中得分高的人喜欢和他人进行身体接触。由于多数情况下人们会排斥与刚刚认识的人发生身体接触，所以如果企业要求服务人员和顾客互动时触碰顾客（比如轻碰顾客的手臂提示他试吃食物等），服务人员会感到压力；但如果服务人员是自主选择触碰顾客的，他们更愿意在后续服务中增加与顾客的互动、更关心顾客。

除了人和人的直接接触，还可能发生人际间接接触。这主要发生在日常生活中"需要触摸他人碰过的物体"这样的情形中。由于触觉以物理接触为前提，人类理所当然地认为触摸意味着自己的身体会"沾染"其他物体上的物质，因此有学者提出了人际间接触摸会造成消费者污染（consumer contamination）的感知并影响行为。例如，有些消费者不喜欢购买摆在货架上被其他人摸过的样品，而是要求店员从仓库里面拿新的。人际间接触摸的传染效应甚至会影响消费者对纸币的使用和对纸币价值的感知。研究发现，人们会因为担心传染、感到厌恶而尽快花掉表面脏的钱。人际间接触摸的有关研究大多围绕消费者污染效应展开，这类研究大部分都是在真实购物环境下的现场实验。在服装、食品等品类中，被他人触碰过的商品一般会降低消费者对该商品的估值、购买意愿和评价。但是也有例外，如果商品被名人或是颜值高的人触碰过，消费者反而会更愿意购买。

对产品本身的触觉当然也会影响消费者。近年来，产品触觉领域的一些研究关注"能否触摸产品"对消费者行为的影响。Peck和Childers（2003）发现触摸到商品的机会能够增加消费者的购买意愿。因此，让消费者任意触摸的超市比起不让消费者摸到商品的传统百货柜台更能提高消费者的购买欲望。另外，尽管有很多消费者基于便利、快速或者价格优惠等原因选择通过互联网购买商品，但也有一些消费者更喜欢在实体商店购物时的触觉体验。这些个体差异有可能是由消费者对产品触觉的心理需求差异导致的。Peck和Childers（2003）专门针对产品购买情境开发了触摸需要量表（need for touch，简称NFT量表）。该量表把消费者的触摸需要分为工具性触摸（通过触摸增加产品信息以判断产品质量）和意愿性触摸（喜爱触摸带给自己的体验）。通常来说，女性消费者的触摸需要比男性更高。但有趣的是，与产品质量无关的触摸体验（比如饮料瓶的硬度）对男性消费者态度的影响要比女性更大，他们更可能认为硬实的杯子里的饮料质量更高。由于女性的触摸需要更高，因此她们有很多经验，她们更清楚什么样的触觉体验与质量有关，而男性则恰恰相反。

许多企业都知道，在零售环境下引导潜在购买者对产品的触摸能够增加销量。有研究表明，触摸产品甚至仅仅是想象触摸产品的体验，就能够增加消费者对产品的拥有感和估价，这个效应被称为单纯触摸效应（mere touch effect）有时无须直接触摸产品，仅仅是通过触摸屏而非鼠标进行产品选择，消费者的行为就会发生变化。一项有趣的研究发现，通过触摸屏幕的方式点菜，人们会更有可能选择令人愉悦的巧克力蛋糕，而非对健康更有好处的蔬菜沙拉。研究者证实，用手指触碰屏幕上的食物足以让消费者想象手拿食物大快朵颐的喜悦。这项研究提示政策制定者和餐饮从业者可以通过设置触摸屏点单让人们更健康地饮食。例如，触摸屏菜单上的卡路里信息警示应该更加显著并紧贴食物图片，让人们在触摸到美味食物的同时也会触摸和注意到高热量食物可能的健康威胁。

来自产品本身的触觉体验已经得到了大多数营销人员和产品设计者的关注，但他们往往会忽略与产品无关的、来自环境的触觉。触觉与其他感官体验的不同之处就在于，触觉不可能存在感官的"零输入状态"，人们可以闭上眼堵上耳朵让视觉和听觉感官处于零输入状态，却不可能悬浮在真空中让触觉零输入，当人们静止站立甚至睡觉时，触觉体验也不会间断。营销情境中有一些环境触觉看似与产品或服务没有直接关系。例如，当你走进一个商场，你可以感觉到脚踩在光滑的大理石表面，或者柔软的地毯表面的触觉。虽然你觉得这种触觉和货架上摆的商品没什么直接的关系，却有可能在潜意识里影响你对商品的评价和购买行为。有研究表明，踩在柔软的地毯上的消费者会比较有耐心等待。

环境的很多物理属性都通过触觉被个体捕获，比如温度、光滑度、硬度等。近年来许多研究发现，身体对这些物理属性的感知会影响人的认知与行为。心理学家Williams 和 Bargh（2008）发表于《科学》（Science）杂志上的一篇经典论文开创了环境触觉心理效应的研究范式，该研究被设计为两个看似不相关的过程：第一阶段，实验参与者到达后进入电梯间，一名工作人员拿着自己的一杯水和记录本，然后借口要双手记录请实验参与者帮忙拿一下杯子，电梯到达后工作人员取回杯子；第二阶段，实验参与者进入实验室和另一个人面谈一段时间，随后要求实验参与者描述对面谈者的印象。该研究随机操纵了那杯水的温度，有一半实验参与者拿到的是热水，另一半拿到的是冰水，结果发现手拿热水的实验参与者用了更多与热情有关的词语来评价面谈者，而手拿冰水的实验参与者则用了更多与冷酷有关的词语。此后，有关环境触觉心理效应的研究大多采用类似的操纵方法和测量手段。如 IJzerman 和 Semin（2009）同样研究了手部的冷热触感（手持杯子的水的温度不同）或房间温度对个体认知的影响。他们的研究发现，温暖的触感能够让实验参与者有更高的社会亲近感、使用更具体的语词，也会更加关注与他人的关系。一些注重病患诊疗体验的医疗服务机构运用了这些冷热触感的研究发现，在实施创伤性的诊疗操作时，他们要求护士陪护并握住患者的手，而护士在实施这项服务前还应在热水中浸热自己的双手。Huang 等人（2014）进一步发现环境温度能够提高消费者的社会亲近感并使消费者表现出更多的从众行为。

不仅对温度的感知会影响消费者，对重量的感知也会影响消费者。Alban 和 Kelley（2013）让消费者拿着一块写字板记忆上面写的单词。结果发现，当写字板很重时，消费者觉得自己的记忆效果更好。研究者认为这是因为手拿重物时，实验参与者会自动认为自己在做一件更重要的事情。

触觉除了温度和重量，还包括光滑度和硬度的感知。Wang等人（2015）发现粗糙的触感比光滑的触感使人们更具有同情心、更愿意捐赠，原因是粗糙的触感体验使人更关注他人所经历的痛苦。钟科等人（2014）发现环境中柔软的触感（比如座椅或手持柔软的物体）让经历服务失败的消费者有更包容的态度。因此，在处理消费者投诉的地方，一定要铺上柔软的地毯并使用柔软的沙发。尽管人们普遍不大接受一个品牌推出远距离的品牌延伸产品，比如王老吉推出月饼产品，但人们在柔软的触觉体验下，会降低对这种抗拒态度的确定性，从而削弱对远距离延伸产品的负面评价；而硬触感带来的高确定性感知，则会让消费者对新技术评价更高。以上与环境触觉有关的研究表明，触觉是人体与外部环境进行"真切接触"的感官，环境触觉能够对消费者的认知和行为产生影响。

触觉为什么会对消费者产生如此大的影响？2014年一篇发表于神经学权威期刊《神经元》(Neuron)的文章找到了这些影响的神经生物基础，作者McGlone等人发现，分布于无毛皮肤（比如手掌）下的触觉神经纤维只担负辨别性输入（discriminative input）的功能，而在有毛皮肤（比如手背或躯干）下则有另一种触觉神经纤维（mechanosensitive C-fiber），它担负着对大脑进行情感性输入（affective input）的功能。因此，作者依据认知功能将人类触觉分成两种，一种是辨别性触觉，另一种是情感性触觉。如同脑神经研究证实了嗅觉与记忆的直接联系一样，这项研究建立了触觉与人类认知功能的直接关系：触觉对人类认知的贡献是多样而细腻的，触觉不仅在告诉我们外界的温度、硬度、光滑度等外部世界的客观状况从而帮助我们辨识世界，也在向我们传递更复杂、更高级的、与情感有关的信息。

2. 视觉

视觉是人类获取外界信息的主要手段，人类获得的信息超过80%是通过视觉获得的。"眼见为实""眼睛是心灵的窗户""眼不见心不烦"等耳熟能详的俗语也说明了视觉对于人类感知外部世界的重要性。消费者行为学研究中与信息加工有关的信息刺激绝大多数都是通过视觉传达的，比如广告图片、产品属性文字、用于激活情绪的阅读材料等。毋庸置疑，视觉获取的信息内容对消费者行为有重大的影响。但信息呈现的形式，即心理学所说的"刺激物的视知觉特征"，对消费者行为的影响同样不可小觑。

视知觉领域的心理学研究表明，人类视觉对知觉对象的空间特征（比如长度、形状或方向）和颜色是最早知觉的，在有意识的注意发生之前，人类已经开始无意识地处理这些物理特征了。视知觉学习（visual perceptual learning）的研究表明，个体对形状、方向等视觉特征存在无须意识参与的内隐学习。也就是说，你在上班的路上路过一幅广告牌，在你有意识地去看这幅广告牌上的信息内容之前，你的感官和大脑就已经无意识地捕获了广告牌的大小、形状或者颜色这样的信息。虽然你压根没有意识到这一点，但你可能已经受到这些信息的影响了。接下来，我们将分别探讨空间特征和颜色对消费者行为的影响。

首先，我们来讨论空间特征。空间特征对人类心理的影响主要体现在认知偏差（cognitivebias）和隐喻认知（metaphorical cognition）两方面。

认知偏差是指视觉捕获的形状等空间特征会使消费者对产品容量、重量等量值的估计产生偏差。例如,消费者会认为长高形的容器比矮胖形的容器能够盛更多的饮料,尽管它们的容量大小是一样的;消费者认为长条形杯子里的冰激凌比正方形杯子里的冰激凌更多,因此价格也给得更高。研究者把这类偏差称为长宽比偏差。另外,同样面积的比萨,消费者会认为圆形更小。这些形状偏差的出现是因为人们并不能有效、准确地计算空间长度与面积和体积之间的关系,人们更多地以视觉捕捉到的突出长度值作为依据来估计面积或体积。形状偏差甚至会影响消费者的实际消费行为,Van Ittersum 和 Wansink(2012)发现盘子的大小会影响人们的进食量,当食物装在大盘子里的时候,人们不自觉地吃得更多。

形状偏差不只影响人们对面积和体积这样具体的物理量值的估算,还会影响人们对抽象事物的判断和评价。孙彦等学者用"图形框架效应"命名这种有趣的心理偏差,在经典和前沿研究3-2中,你将会读到研究者如何巧妙地设置"MP3购买问题",并用实验证明同样的性能差异若用不同的尺度来显示,就会改变消费者的判断,视觉上看起来差异更大的属性会被赋予更多的决策权重。

| 经典和前沿研究 3-2 | 图形框架效应

有 A 和 B 两种 MP3 产品,A 的返修率更低,B 的存储能力更强。消费者将如何选择呢?如图 3-3 所示,研究者将它们的返修率和存储能力用尺度不同的坐标来呈现,图 3-3a 中 B 的存储能力优势在视觉上更突显,而图 3-3b 中 A 的返修率优势在视觉上更明显。结果显示,看到图 3-3a 的实验参与者对 B 更加满意,而看到图 3-3b 的实验参与者则会觉得 A 产品更好。

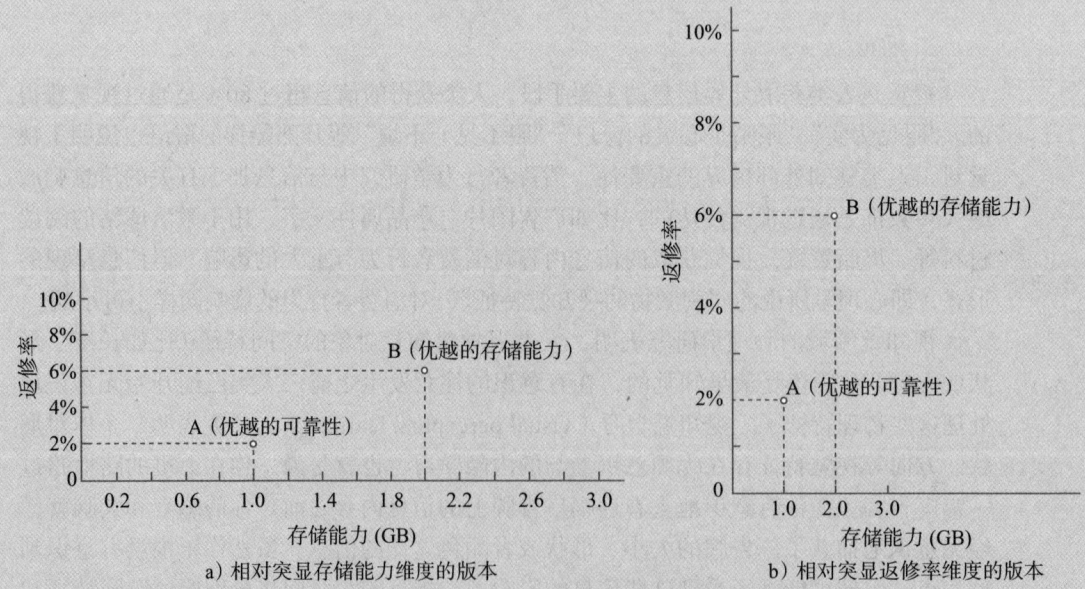

图 3-3 图形框架效应:尺度比例影响产品选择

资料来源:1. 孙彦,黄莉,刘扬. 决策中的图形框架效应[J]. 心理科学进展,2012,20(11): 1718-1726.
2. SUN Y,LI S,BONINI N,et al. Graph-framing effects in decision making[J]. Journal of Behavioral Decision Making,2012,25(5):491-501.

影响消费者认知和行为的不只有形状偏差，空间特征的隐喻意义也会影响消费者行为。空间特征的隐喻意义是指消费者对长度、形状、颜色、位置等空间特征或概念赋予空间属性之外的意义。例如，有的消费者可能会说"我不喜欢某某品牌，它给我一种高高在上的感觉"，这些日常语言反映了空间特征（比如位置高低）与抽象概念（比如品牌关系）在消费者头脑中的联系。有不少研究表明，消费者视觉捕获的空间特征能够激发隐喻意义，并影响其行为。空间特征隐喻有以下几种情况。

（1）形状隐喻。图 3-4 展现了 Interbrand 公司发布的 2023 年度最佳全球品牌排行榜前 25 名和后 25 名（76～100 名）的公司品牌标识，可以看出其中既有偏圆润的形状（比如第 6 名的丰田），也有带拐角的形状（比如第 2 名的微软）。有研究发现，带拐角形状象征着针锋相对的冲突解决方式，因此独立型自我（independent self）的消费者更喜爱这种形状的品牌标识，圆润的形状则象征着温和的方式，所以更被依存型自我（interdependent self）的人所接受。关于标识形状的影响，我们将在感官印记部分进行更详细的讨论。除了图形的形状，一项有趣的研究发现，连座位的排布形状也会影响座位上的消费者的广告偏好。坐在座位围成圆形的房间里，消费者更喜欢家庭诉求类的广告，比如"与家人分享好味道的某某营养麦片"；而座位围成方形则使得自我导向的劝说信息更有效，比如"某某营养麦片给你高效、有活力的一天"。这是由于形状这一视觉特征具有隐喻意义，圆形启动消费者的归属心理需要，方形启动独特性心理需要。

（2）长度隐喻。神经科学研究发现，人类对空间长度和时间长度共同使用同一个脑区，因此空间长度与时间长度之间有着密切的隐喻关系。钟科和王海忠（2015）关于品牌拉伸效应（brand elongation effect）的研究显示，消费者对产品的时间功能属性（比如电池供电时间）的评价会被品牌标识的形状所影响，长条形的品牌标识让消费者认为产品的使用时间比正方形标识更长。

图 3-4　2023 年度 Interbrand 最佳全球品牌排行榜（1～25 名和 76～100 名）

（3）位置隐喻。如图 3-5 所示，广告中产品图片（止痛药）和作用对象的图片

（疼痛的骨骼）之间的距离越近，消费者会觉得产品效果越好。因此，图 3-5 中右侧的广告更有效。

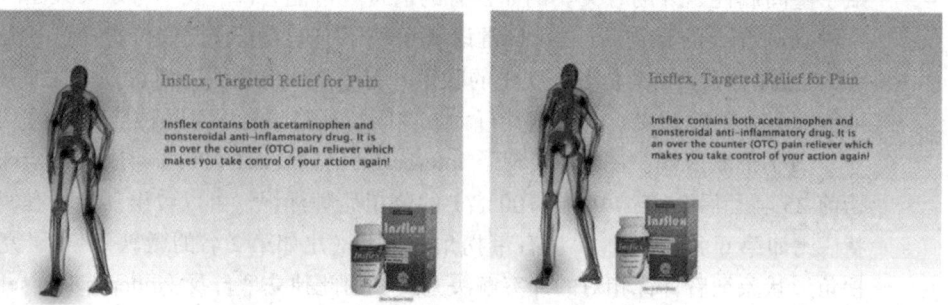

图 3-5 广告中产品图片的位置隐喻作用

资料来源：CHAE B G, LI X, ZHU R J. Judging product effectiveness from perceived spatial proximity[J]. Journal of Consumer Research, 2013, 40（2）：317-335.

位置隐喻也影响消费者对品牌关系的认识。Huang 等人（2013）发现，有的品牌定位于"做消费者生活的引领者"，即领袖定位；有的品牌则定位于"做消费者的生活伙伴"，即伙伴定位。领袖定位的品牌的产品在广告中出现的位置应比广告中消费者的位置更靠上，这样更有助于获得好评；而伙伴定位的产品在广告中应和使用者出现在同样高度的位置上。Meier 和 Dionne（2009）发现男性觉得位于屏幕下方的女性照片更有吸引力；而女性则恰好相反，她们认为照片在屏幕上方的男性更值得青睐。

位置左右与时间先后存在隐喻关系，因此，显示使用前后效果对比的图片，从左到右摆放会令消费者更加信任其效果。此外，个体存在习惯用手的左右偏好。研究表明，右利手的人对位于右边的产品评价更好，而左利手的人则恰好相反。蒋玉石（2012）则通过眼动研究发现，当网页上的产品图片位于网页中央时，品牌标识位于平行于产品的左方和右方最有利于捕获消费者的注视，而品牌标识应当避免放在图片下方。因为人们浏览网页时习惯的起始位置往往在页面的左上角，而图片具有强大的注意捕获能力，所以如果品牌标识放到图片下方，它就很难被注意到。

（4）其他空间特征的隐喻。近年来有关品牌标识的一些研究表明，图形设计上的一些细微的变化在不影响消费者对标识美感评价的前提下，会对消费者的心理产生意想不到的影响。例如，形状的边框不仅意味着图形的结构更明确，也有助于消费者获得心理隐喻上的结构感。Cutright（2012）发现，当消费者的生活中出现很多无法掌控的事情时，他们会更加喜欢有边框的品牌标识和产品外观，如图 3-6 左侧所示。

上文中我们讨论了空间视觉特征对消费者行为的影响，接下来我们探讨另一种重要的视觉刺

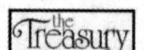
Choice from Studies 3 and 5

Examples of Choices from Studies 3,6 and 7

图 3-6 低控制感的消费者喜欢有边框的图形

激——颜色。颜色在日常生活中无处不在。颜色心理学的有关研究已经表明，颜色承载着意义，并对人们的情感、认知和行为有重要的影响。经典 Stroop 范式的研究发现，颜色词本身的呈现色彩（比如"蓝"这个字用红色字体来呈现）会干扰实验参与者对词义理解的速度和准确率，这证明人们对颜色的加工是自动的、快速的、难以控制的。有趣的是，颜色感知对同样属于自动加工的形状感知也有影响，前文提及的大盘子导致消费者吃得更多的研究还发现，如果降低食物和盘子颜色的对比，则可以减少由盘子大小导致的行为偏差。也就是说，如果盘子和食物是一个颜色，就不会出现大盘子使消费者吃得更多的现象了。

颜色对人类的某些影响是在进化过程中保留下来的，比如红色能够吸引更多注意、导致更高的唤醒水平和攻击行为、提高性吸引力、提高竞争表现，这些红色效应在动物和人类的研究中都有发现。这可能是因为红色是大多数动物血液的颜色，对红色有显著的生理和心理反应有助于生物体躲避风险、提高生存和繁衍的机会。颜色能够影响人们的动机或情绪。例如，红色背景能够提升需要注意细节的认知任务的表现，而蓝色背景能够提升与创造力有关的认知任务的表现，这主要是因为红色启动实验参与者的回避（avoidance）动机，而蓝色启动了实验参与者的亲近（approach）动机。Gerend 和 Sias（2009）发现红色能够启动实验参与者的危险警觉，因此当一种可能导致重大疾病的病毒用红色背景表示的时候，实验参与者接种疫苗来防止病毒的意愿会比在灰色背景下更强。Bagchi 和 Cheema（2013）发现网页的背景颜色影响消费者在购物网站消费时的支付意愿，在竞价拍卖时红色背景比蓝色背景使消费者每次加价更多；而在讨价还价时，红色背景则让购买者还价更狠，这是因为红色背景会让消费者出现更高的生理唤醒水平和更强的攻击性。另一项研究则发现，红色背景相对于绿色让消费者对一些不诚实、不友好的行为（比如隐瞒并保留了店员多找的零钱等）有更高的接受度。

与颜色类似，环境的亮度对消费者的道德行为和经济行为也有影响。Zhong 等人（2010）发现当人们处在一间黑暗的房间时，或者当人们佩戴墨镜的时候，他们更可能有谎报成绩以换取更多报酬的欺骗行为。也就是说，光亮度降低会引发不道德行为的增加。这个效应在著名的斯坦福监狱实验里也被观察到了：虐待犯人的看守会自然而然地戴上一副墨镜。Dong 等人（2015）则发现，觉得未来希望渺茫的实验参与者更喜欢待在明亮的房间；而置身于更暗的房间里会让人们认为未来的经济前景将变差，并且悲观地估计自己获得工作的机会。

3. 听觉

营销实践对听觉的重视仅次于视觉。对消费者产生影响的声音可以分成两种：非语音和语音。前者主要关注音调（pitch，声波的频率）、音量（volume，声波的振幅）等声音本身的物理属性。后者则关注语言用声音来传递时的影响效应。非语音研究可以帮助企业选择广告音乐、购物场景的背景音乐等。而语音研究则可以帮助企业进行品牌名称、广告语等语言文字类设计。

非语音听觉包括音乐、产品自身的声音属性和环境噪声等。这些声音信号的物理属性天然地具有心理影响力。

（1）音乐。尽管有的音乐含有语言成分，这里还是把它当作非语音来看待，因为音乐主要是通过音调、音量、节奏这些非语言属性发挥心理影响的。音乐作为一种声音形态，对人的社会行为有重要影响，澳大利亚和丹麦的一些城镇在夜间的街道上播放古典音乐代替警察巡逻，降低了街头犯罪率。这正好印证了曾在中国台湾地区广为人知的、一句钢琴品牌的广告语——"学琴的孩子不会变坏"。音乐的节奏、音调和音色会影响人们情绪的快乐程度和唤醒程度。商场中令人愉悦的音乐能够让消费者觉得时间过得比实际要快；相反，令人不喜的音乐则让消费者度日如年。商店和餐厅中慢节奏的音乐比快节奏的音乐使消费者停留时间更长、花费更多。餐厅中播放高音调的音乐会增加人们对健康食物的选择。因此，超市里面的音乐节奏不适合过快。播放法国风格的音乐能够增加商店中法国红酒的销量，而在同一家商店里面播放德国风格的音乐会增加德国红酒的销量。广告音乐能够改善消费者的情绪，也能让观众对广告更加投入，所以音乐能够增强广告的劝说效果。

（2）产品本身的声音属性。这有时会成为消费者判断产品质量的重要指标。一项调查显示，36%的日本消费者和28%的美国消费者都声称他们可以通过关车门的声音来判断汽车的质量。福特汽车就曾经利用这一点来提升品牌形象。一则电视广告模拟了当时热播电影《闻香识女人》的场景，盲人和他的同伴与一位女性擦肩而过，他通过气味、声音准确地判断出了女性使用的香水和高跟鞋品牌。随后他听到了关车门的声音，他说这一定是奔驰S600，此时镜头一转，展现出一辆刚刚关上门的福特汽车。消费者咀嚼食品时也会听到声音，咀嚼时听到的声音就可以影响消费者对食物质量的判断。Zampini和Spence（2005）发现，尽管消费者品尝的是相同的薯片，但当实验者要求消费者戴上耳机吃薯片，并悄悄调整消费者听到的自己咀嚼薯片时发出的声音的音量，结果发现，听到较大音量的消费者会觉得薯片更加香脆可口。这项研究发现因其"看似好笑却能发人深省"而获得了2008年的"搞笑诺贝尔奖"。

（3）环境噪声。噪声也会影响人们的认知活动。虽然我们通常觉得噪声会导致人们更无法专心，它应该会阻碍人们的认知活动，但是也不总是这样。有研究表明，暴露在中等强度噪声情况下的人会比无噪声和噪声过大的情况下表现出更多的创造力。研究者发现，中等程度的噪声（70分贝）会稍微增加人们加工信息的难度，使得人们使用更多的抽象思维能力，因此创造力增加了；如果噪声过大（85分贝），则会让人们难以处理信息，因此创造力会下降。另外，声音有警示危险的作用。如果四周出现了不明的声响，人们会感到焦虑，并搜寻声音来源以明确是否存在威胁。这是进化赋予听觉感官的重要功能，这项功能也会在人们消费时发挥作用。研究发现，相对于高音调的背景声音，人们在低音调的环境中会因为无意识的焦虑启动而花钱购买安全（比如汽车保险）或做出低风险的选择（比如选择熟悉的食物）。

与非语音相比，语音具有更多的象征意义，这会影响消费者的认知。许多品牌不惜花费重金为广告增加动人的配音。心理学研究的确表明动听的声音本身具有积极作用，实验参与者对好听的声音读出的积极词语反应更快（Bliss-Moreau et al., 2010）。例如，同一个数字在不同语言中的读音特征能够影响消费者对价格折扣大小的感知。开口小的发音让消费者觉得数字也更小。因此，同样的折扣数字和比率（比如从9.50元降价至7.01元），在要求消费者用母语读出折扣价格的情况下，母语为中文的消费者会显著高估折扣的幅度，因为折后价7.01的结尾发音"yi"开口较小，所以消费者觉得折后价格更低；有趣的是，母语为英语的消费者则会低估折扣的幅度，因为折后价 7.01 在英语中的结尾发音"one"开口较大。数字读音的开口大小会影响消费者判断数字所代表的价值大小。

听觉感官营销研究发现，除了视觉以外，听觉是人类获取信息的另一个重要渠道。但与视觉类似，听觉对消费者的影响远不止信息本身。前文所述的研究表明，广告音乐、产品声音、品牌读音甚至是折扣数字的读音都可能产生意想不到的效应。营销人员在工作中应具有"声音核查"的意识，使营销中的声音与营销目标保持一致。例如，人们在通勤交通工具上刷短视频的时候，有可能处于静音状态或佩戴耳机观看短视频广告，那么这类广告在投放前应当进行"无声测试"和"声音舒适度"测试。无声测试可以检验静音状态下信息的传达效果，而声音舒适度测试则能够提高耳机佩戴者的舒适度，体现顾客关怀。

4. 嗅觉

多数消费者的嗅觉都拥有较高的敏感度，这是因为嗅觉与呼吸密切相关，是维系人类生命的重要感官。嗅觉感官营销的研究发现主要有三方面：一是与消费者对环境的警觉和评价有关；二是与嗅觉有关的具身认知效应；三是影响消费者的记忆与学习。

嗅觉属于化学感官，具有对环境中的化学物质进行"采样"的功能，因此气味与消费者的购物环境存在交互影响。一方面，商家可以用气味来弥补环境的缺点。例如，研究发现，在拥挤的卖场中释放令人感觉空旷的气味（比如海滩气味），或者在人少的卖场中释放令人感觉空间密闭的气味（比如壁炉气味）都能够让消费者感到舒适并且增加停留时间，这是由于相反的气味能够减缓消费者因为环境过于拥挤或过于空旷而产生的不舒适感。暖热的气味会让消费者感到人群密度高，此时消费者也会增加对高溢价产品和品牌产品的购买。另一方面，商家也需要注意气味和环境的协调性。例如，研究发现，当商场中的气味（安宁的或刺激的）与音乐（舒缓的或激烈的）保持一致的时候，消费者对购物环境的评价更高。而一项在圣诞节进行的研究则显示，典型的圣诞节气味只有在同时播放圣诞音乐的情形下才会有助于消费者做出积极反馈，如果播放的不是圣诞音乐，圣诞节气味反而会降低消费者的评价。

嗅觉除了帮助消费者形成对购物场所的具体印象和判断之外，也会对消费者的抽象认知产生影响。例如，英语中出现的"鱼腥味"也可以用来形容"可疑的"(fishy)。研究发现，母语是英语的人闻到鱼腥味时会更多地表现出怀疑的态度。另外，干净的气味让实验参与者对与洁净有关的概念语义加工更快。干净的气味还能够增加实验参与者的捐助行为；让人厌恶的臭味则让实验参与者在道德评判中表现得更为严苛。

嗅觉的神经基础研究表明，嗅觉与记忆有着直接的神经生理联系。Krishna（2010）在一篇感官营销的综述文献中强调："嗅觉信息的运转机制直接与记忆连接，这种独特性与其他感官不同。"研究发现，当消费者第一次接触某个产品时闻到了独特的产品味道，在两周后这个消费者对该产品属性的记忆更好。而环境中的气味并不会造成这种记忆效应。这说明消费者将产品本身的气味特征与产品的其他属性连接在一起。

5. 味觉

味觉与嗅觉一样也属于化学感官，但味觉并不纯粹，因为味觉体验的形成除了依赖味蕾，还依赖嗅觉、触觉等其他感官。

通过味觉获得的体验会对人们的一些社会判断产生具身效应。例如，喝了苦味饮料的实验参与者比喝了甜味或无味饮料的实验参与者表现出更高的厌恶情绪并且对他人的道德评判更严苛；而甜味的糖果则让人更愿意帮助他人；辣味体验会增加消费者的多样化寻求行为。需要注意的是，味觉体验的隐喻有着鲜明的文化差异，英语"bitter"意味着社会不公，而中文中的"吃苦"则意味着付出努力，一项在加拿大和中国被试者之中的研究验证了苦味体验在两个人群中会带来截然不同的行为反应。品尝了苦味之后，中国被试者不会觉得不公，只会更加努力；而加拿大被试者则正好相反，他们都在品尝了苦味之后做出了与苦味的隐喻语义相符的行为。味觉感官营销的研究一般关注食品、饮料等产品的味道。有研究发现，消费者对自己的味觉体验并没有稳定、清晰的评价。味觉本身非常容易受到其他感官的影响。其他感官如何影响味觉评价呢？这里列举三方面的研究：①视觉影响味觉。Dubose等人（1980）发现，在掩盖了果汁的颜色或给出错误颜色的情况下，消费者对水果口味的识别准确性大幅降低。如果给你喝一杯蓝色的橙汁，你会很难识别出来这是橙汁。②听觉影响味觉。研究显示，对薯条脆度和口味的评价会受到消费者听到的咀嚼音量的影响。如果你无法听到咀嚼薯片时那种嘎嘣嘎嘣的声音，你一定觉得这薯片没那么脆。③触觉影响味觉。消费者认为装在硬杯子的饮料比装在软杯子的饮料更好喝。

多感官整合。视听嗅触味五种不同的感官建构了身体与环境的互动，五感各有所长，也各有局限。例如，触觉和味觉需要身体与产品近距离接触才能体验，而视觉和听觉则可以远距离发挥作用。因此，可以将视觉和听觉称为"远距离感官"，味觉和触觉称为"近距离感官"，而嗅觉则是"中远距离感官"。有研究发现，当消费者通过想象构建产品不同感觉通道的意象时，近距离感官会让消费者认为这种体验离自己的空间距离和时间距离更近。例如，一位旅游主播引导你想象景区的美丽风景时，你的头脑中将会出现视觉意象，做视觉想象时，你也会觉得这个景区距离自己更远；而如果这位主播在直播中品尝美味小吃，你忽然增加的唾液是味觉意象导致的结果，此时你也会觉得这个风景名胜离自己并不遥远。在经典和前沿研究3-3中，你将了解到研究者是如何证明近距离和远距离感官意象影响时间距离感知的。不同感官之间的整合与冲突也是近年来感官营销研究的热点。有的研究发现了多感官协同一致的正面效应，比如前文提及的商场气味与音乐的协同导致顾客停留时间和消费金额的增加，品牌名称与其口味预期的协同带来消费者评价的提高等。另外，Krishna等人（2010）发现男性（女性）气味的香水与粗糙（光滑）的产品触感相配合，能够获得消费者较高的评价，因为气味与触感给消费者的预期和感觉是一致的。有的研究则发现多感官冲突互补的正面效应，比如前文所述的卖场的拥挤程度（触觉）与气味（嗅觉）不一致将缓解消费者的不舒适感，其停留时间和消费金额将增加。还有研究发现，视觉想象能够让嗅觉这种难以描述的体验形成更真切和具体的画面，从而让消费者更愿意品尝。气味是一种难以描述的感官体验，如果能够让消费者想象一件食物"闻起来像X"，当他能想象出X散发气味的生动场景时，他就会更渴望吃到这个食物，会分泌更多的唾液，也会品尝更多。

| 经典和前沿研究 3-3 | 不同的感官意象，不同的空间和时间距离感知

杨百翰大学万豪商学院市场营销学副教授 Elder 等研究者，验证了近距离和远距离的感官意象与消费者时间距离感知的匹配关系。他在亚马逊 MTurk 平台招募了 123 名参与者，并将他们随机分成两组完成实验任务，两组参与者需要先分别阅读一则信息。

第一组参与者看到了能够激发触觉和味觉感官意象的介绍："菜单上最有名的一道美食是含有牛肉和培根的蓝纹奶酪汉堡。第一口，您就会品尝到鲜嫩的菲力牛排，搭配着蓝纹奶酪的风味和培根的烟熏味。在用餐过程中，户外山腰的微风一直陪伴着你。您会感觉到你所坐的手工制作的椅子的独特品质。这顿饭的亮点是尝到一个温暖的、非常美味的熔岩蛋糕的味道。North End Grill 烧烤餐厅是一个你不想错过的用餐体验。"

第二组参与者则主要看到视觉和听觉体验的描述："菜单上最有名的一道美食是含有牛肉和培根的蓝纹奶酪汉堡。第一眼，您就会看到鲜嫩的菲力牛排，搭配着蓝纹奶酪的色调和培根的设计。在用餐过程中，户外山腰的声音一直陪伴着你。您会看到你所坐的手工制作的椅子的独特品质。这顿饭的亮点是看到一个精致的、非常漂亮的熔岩蛋糕。North End Grill 烧烤餐厅是一个你不想错过的用餐体验。"

随后，参与者会看到一个呈现未来六个月且可供选择时间范围的电子日历，他们需要在日历上勾选出预定前往餐厅消费的时间段。第一组参与者在做了近距离感官体验的想象之后，预订餐馆的时间会更近；而第二组则会选择预订更远的时间。

这组研究者还从美国的餐厅服务点评网站 Yelp 上抓取了真实的网络评论数据。因为英文评论者不仅会提及用餐过程中的视觉或触觉等不同距离属性的感官体验，还会使用不同时态的动词总结自己的用餐体验，而现在时是时间距离最近的表述。结果显示：当评论中提到了远距离的视觉体验时，这条评论中现在时动词出现得更少，这条评论得到的有用性得分更高。也就是说，评论的阅读者觉得"感官的距离和时态的心理距离匹配"评论更有价值。

资料来源：ELDER R S, SCHLOSSER A E, POOR M, et al.So close I can almost sense it: the interplay between sensory imagery and psychological distance[J].Journal of Consumer Research,2018,44(4):877-894.

6. 感官意象：数字时代的消费者感官

数字时代，消费者与企业、产品和服务之间的互动越来越依赖数字化工具，而真实的直接互动则越来越少。据统计，超过 40% 的美国购物者和超过 64% 的中国购物者认为自己用于在线购物的时间增加了。当前的数字技术还不可能塑造出高还原度的虚拟消费环境，数字时代消费者与产品的真实互动减少了，消费过程中感官体验也有所缺失。因此，感官意象（sensory imagery）如何影响消费行为就成为一个至关重要的问题。感官营销领域的两位重要学者 Elder 和 Krishna 于 2022 年在学术期刊 *Journal of Consumer Psychology* 发表了一篇关于感官意象的综述文章回应这一话题。感官意象是指个体大脑中自动产生或外界刺激诱发的、由记忆形成的、对各感官体验的心智表征。例如，对于许多中国人来说，想到春节这个词的时候，大脑中可能会浮现出这些感官意象：春联和红色灯笼、《难忘今宵》的音乐声、饺子的味道等。在线购物平台、线上旅游预订平台、直播间、虚拟空间的消费者往往需要依靠感官意象形成对产品和服务的感知并做出决策。

在数字化环境中,消费者的感官意象会被诸多因素影响。由于生动的感官意象是从消费者的记忆中调取的,所以在过往对某个产品有真实感官体验的消费者,往往会在此后的在线购物条件下更有信心做出购买决策,这一效应在需要深度体验的产品中表现得更显著。在线购物时,消费者还会通过在线评论中的体验描述文字来了解产品或服务,其中对具体感官体验的描述细节会对消费者产生强烈的影响。研究表明,酒店预订平台上,住客评价中嗅觉词的词频和评论的有用性有正相关关系;更为有趣的是,如果一段介绍旅游线路和体验的游记中包含了嗅觉体验的描述,不论游客描述的是积极的还是消极的嗅觉体验,阅读者对这段介绍中提及的景点的记忆都会更好。而在虚拟现实(virtual reality,VR)条件下,栩栩如生并且有代入感的视觉呈现可以改善消费者的触觉意象。有研究表明,在 VR 广告中如果展示虚拟手对产品的触摸,则可以提高消费者对产品的心理所有权和产品估值,这项研究甚至还报告了替代触觉对消费者心率的影响。当然,这种"替代触觉"效应只在虚拟手和产品接触的条件下才会发生,如果只是出现了虚拟手而没有接触产品,则无法达到好的效果。使用虚拟主播进行直播带货的品牌越来越多,虽然虚拟主播相较于真人主播有很多优势(比如很少说错话,不会有负面新闻等),但虚拟主播在营造消费者的感官意象方面却并不是全能的。新近的一项研究表明,虚拟主播描述近感官(比如味觉、触觉)体验时,消费者觉得难以相信。读者可以从经典和前沿研究 3-4 中具体了解这项研究的发现。

| 经典和前沿研究 3-4 |　你相信虚拟偶像的感官体验吗

本书主编、浙江大学管理学院市场营销学教授周欣悦等研究者验证了虚拟偶像描述的感官体验对于消费者的消费意愿的影响。

在数字时代快速发展的今天,在"聪明"的消费者面前,利用独特的感官服务给消费者留下深刻印象似乎已经变得比较困难。而"虚拟偶像"的横空出世,为感官营销带来了另一种可能。具有精致、美丽、富有吸引力的外表形象的"虚拟偶像"更容易博得大众的审美认同。"虚拟偶像"的可定制化和高契合度也为品牌的风格探索带来无限潜力。而且"虚拟偶像"没有自主意识,相比真人偶像而言舆论风险更低。然而,"虚拟偶像"的现状往往是"叫好不叫座"。

消费者是否认同虚拟偶像的"体验感"是影响实际消费行为的关键。消费者认为虚拟偶像具有与真实人类一样的远感官体验(视觉和听觉),而不具有近感官体验(嗅觉、味觉和触觉)。因此,当某虚拟偶像推广口红产品时,引起了消费者的强烈不信任,消费者对虚拟偶像描述的产品体验存在质疑。这是因为消费者对于想象虚拟偶像的产品体验存在较大困难,消费者对虚拟偶像的了解有限,他们评估虚拟偶像的感官能力也存在经验不足的问题。因此,当虚拟偶像的产品体验推广信息中包含近感官体验时,消费者往往不太愿意为此买单。品牌在利用虚拟偶像进行推广营销时,应当避免在体验信息中描述近感官体验,这样不易引发消费者怀疑,更好达到传播效果。

研究者从 Prolific 平台招募了 1 000 名参与者,并采用 2(影响者:虚拟偶像 vs. 真实人类)× 5(感官体验:视觉 vs. 听觉 vs. 触觉 vs. 嗅觉 vs. 味觉)被试间实验设计。首先,参与者需要分别阅读关于影响者的个人资料(见图 3-7)。处于真实人类影响者信息组的参与者在这份个人资料中可以看到一张名为"Rico"的真实人类的照片;处于虚拟偶像信息组的被试可以看到一张名为"Rico"的虚拟偶像的照片,该照片是基于真实人类 Rico 的照片构建的。

其次,参与者被要求想象他们正在为下一次旅行搜索酒店,并浏览到了 Rico 推荐目的地附近酒店的推文。在支持酒店的推文中,Rico 将强调五种感官体验中的一种。例如,处于视觉信息组的参与者在推文中读到:"10/10 绝对推荐 Selty Hotel。这家酒店的一切看起来都很棒。这是一栋很有吸引力的建筑,有一个非常漂亮的大厅。特别喜欢屋顶酒吧的全景!"

图 3-7 影响者的个人资料

最后,参与者回答他们在多大程度上可能倾向于愿意选择该酒店。对于处于视觉和听觉(远距离感官)信息条件下的参与者,虚拟偶像组和真实人类组两组参与者的消费意愿相差不大;而对于处于触觉、嗅觉和味觉(近距离感官)信息条件下的参与者,虚拟偶像组参与者的消费意愿显著低于真实人类组参与者的消费意愿。

这组研究者还在一个购物网站上进行了48小时的 A/B 分组广告测试。研究者为一副睡眠耳机创作了四个版本的广告,推荐者分别为虚拟偶像和真实人类(见图 3-8),广告侧重于强调耳机的听觉/触觉体验。一旦参与者点击广告,页面就跳转到该产品的购物网页。结果显示:听觉体验信息条件下,虚拟偶像组和真实人类组的广告点击率无明显差异;触觉体验信息条件下,虚拟偶像组的广告点击率显著低于真实人类组的广告点击率。

图 3-8 睡眠耳机推荐者

资料来源:ZHOU X, YAN X, JIANG Y. Making sense? The sensory-specific nature of virtual influencer effectiveness[J]. Journal of Marketing, https://doi.org/10.1177/00222429231203699.

> 营销工具箱

对于星巴克这样的咖啡连锁店,即使在一家新营业的店里,顾客依然可以闻到浓郁的咖啡香味。这种香味是企业实施"顾客感官管理"的结果。星巴克为了营造店内最佳的嗅觉体验做了大量工作。例如,尽可能采用非开放空间以隔绝外界的气味,并提高店内咖啡香气的浓度;不供应热食;咖啡豆要烘焙出最佳香气;复杂的清洁程序;全店禁烟并禁止员工使用香水。

顾客感官管理方案必须由各个感官接触涉及的一线人员和公司管理层共同参与制订。实施顾客感官管理需要在企业内部形成两个共识:第一,顾客触点不再仅仅指信息触点(主要是视觉和听觉触点),而是指"五感的触点";第二,每名与顾客发生互动的员工(如促销员、客服人员)或物质实体的设计者(如产品设计人员、包装设计人员),都需要有管理顾客感官体验的责任意识。

3.2.3 塑造感官印记

感官印记(sensory signature)是指如果某种特定的感官体验(比如听到了四个音符)能够使消费者想到某个具体的品牌(比如英特尔),或是从品牌到感官体验的反向联想,那么这个品牌就成功地塑造了一种感官印记。Krishna 在《感官营销力:五感如何影响顾客购买》一书中提出,营销人员应该着力于为自己的品牌打造感官印记。在五感之中,营销人员使用最广泛的感官印记就是视觉印记,其次是听觉。近年来的感官营销研究发现,嗅觉和触觉感官也能使消费者的身体形成有意识或无意识的记忆,而味觉虽然难以形成明确印记却可以和其他感官相结合发挥作用。视觉和听觉的感官印记设计也有值得改进的空间。

1. 视觉

视觉是消费者最依赖的感官,我们最熟悉的感官印记莫过于被视觉感知的品牌标识。但品牌标识只是打造视觉印记的其中一种途径。珠宝厂商 Tiffany 就另辟蹊径,在店面设计、包装、网站底色、珠宝衬底等视觉沟通场景中,使用统一的"Tiffany 蓝"形成了独特的视觉印记。Tiffany 还获得了这种颜色的商标权,也就是说,只有 Tiffany 才能够在商业场景中使用这种蓝色。还有一些品牌通过其他设计元素打造视觉印记,比如 Burberry 的经典格子纹路等。有些国家也具有自己鲜明的色彩印记,比如中国红和荷兰橙,在体育赛场上这些国家的运动员和观众非常容易识别。

对于品牌标识这个最常见的视觉印记,营销人员往往认为品牌标识最重要的功能就是与其他企业或产品形成区隔和识别,主要从美感和记忆度方面来展开标识设计。但是有关研究发现,除了前文提及的品牌拉伸效应之外,标识形状、标识字体的完整性、标识图形的动态感等都会影响消费者对品牌的感知。例如,品牌标识采用笔画线条不完整的字体设计(比如 IBM 标识百叶窗式的视觉呈现),会使消费者觉得品牌更有趣、企业更有创新力;Cian 等人(2014)则发现具有较高动态性的品牌标识(比如标识图形为一端翘起来的、不平衡的跷跷板)能吸引消费者的注意力,让消费者更喜欢。基于这些研究,我们认为品牌管理者在进行标识设计时应当适度调整"识别导向"和"美感导向"的设计思路,引入"心理影响导向"的设计思路。例如,当希望消费者认为电池使用时间长时就应当考虑长方形的标识；而希望消费者觉得品牌更有创新力的时候可以考虑采用不完整的字体设计等。品牌管理者应基于可能对消费者产生的心理影响展开设计，而不是仅仅基于好看、好记进行设计。

2. 听觉

在听觉方面，前文所举的英特尔的例子无疑是最成功的听觉印记之一。除了听觉标识、广告歌等听觉印记手段之外，感官营销研究者建议营销人员在为产品起名字时充分考虑它的发音。例如，研究发现，大开口的元音意味着物体的内容更多，因此名为 Frosh 的雪糕比叫 Frish 的雪糕给人感觉更加香浓，而消费者并不会意识到是名字的发音影响了他们的判断；另外，有叠音的品牌名称（比如 Sepsop 相对于 Sepfut）会得到更高的品牌评价，但是这个结果只有在消费者出声读的情况下才会出现。

3. 触觉

在触觉方面，心理学研究已经发现手掌等没有毛发的皮肤主要负责辨别型触觉，而有毛发的皮肤（比如手背、躯干等）则主要负责情感型触觉。除了少部分经验丰富的专家型消费者能够仅凭触觉识别出品牌，大部分消费者并不具备这种能力。因此，建立积极的触觉印记比较困难。但有趣的是，消费者喜欢通过触觉来判断产品的质量和技术含量，因此营销人员还是应当避免让消费者形成消极的触觉印记。乔布斯对产品触觉的一个观点是："触感能够决定感知产品的基调。"营销人员至少可以从产品设计、产品包装、购物环境等角度重新思考消费者的触觉体验，在形状触感、温度触感、硬度触感、光滑度触感等方面实施改进。

4. 嗅觉

在嗅觉方面，Krishna（2013）认为，嗅觉信息的运转机制直接与记忆连接，这与其他感官都不相同。许多品牌都在努力开发自己独有的专属香味以形成嗅觉印记，并增加消费者对品牌的嗅觉识别，这些品牌包括：新加坡航空、维多利亚的秘密、万豪酒店、凯迪拉克、劳斯莱斯等。前文提及的一项研究发现，有适当气味的产品可以让消费者对产品信息的记忆延续到两周之后。威斯汀酒店会在有可能被客人带走的房间物件（比如记事笔）上喷上该酒店专属的香水，这样每当日后消费者使用这支笔的时候，闻到笔上属于该酒店独特的味道会激起他对酒店的记忆和引发对酒店的怀念。

5. 味觉

味觉本身就是综合性感官，味觉体验的形成除了依靠味蕾捕获的刺激，还需要依赖嗅觉和触觉等其他感官。人类对味觉的判断力并不强大，很容易被其他感官的信息所影响。另外，人们的味觉偏好往往是在幼年形成的。因此，有的食品企业打怀旧牌或亲情牌，这是一种聪明的营销手段。"母亲"牌牛肉干的命名就很聪明。尽管每个人的母亲做出来的牛肉干都不一样，但只要消费者在品尝时不会觉得和儿时记忆相去甚远，这个标签就能获得消费者正面的评价。

综上所述，我国文化向来强调视觉在五感中的重要地位（比如眼见为实等）。因此，当提到品牌印记时，很多营销人员可能只会想到一个视觉标识，最多加上声音标识。其实，我国企业应进一步考虑对品牌管理实施"多感官印记"策略。品牌经理除了要监管视觉识别系统是否被规范执行，还应该关注这个品牌的产品是如何被聆听、被触摸、被嗅闻的，甚至在某些情况下还要关注这个产品是否会被品尝。视觉信息往往与有意识的认知加工紧密相连，而其他感官则更有可能产生无意识的影响。很多时候，消费者已经具备主动抵抗视觉信息的意识和能力，比如他们会有意识地抵抗自己看到的电视广告。但是消费者对于嗅觉、味觉、听觉等感官的抵抗力却没有那么强，这些感觉默默影响着消费者的行为和决策，所以营销工作者不能轻易忽视对这些感官的调动。

> **营销工具箱**
>
> 其实很多感官营销措施本身的经济成本并不高，比如酒店大堂独特的香氛气味，或者新加坡航空最早实施的为乘客提供热毛巾的服务。在规模化供应之后这些措施的经济成本可以忽略不计，但带来的顾客端的认知收益却很高。
>
> 但是，营销人员应当清醒地认识到，感官营销的最大成本通常不是来自感官营销措施本身的经济支出，而在于实施这种精细化营销手段的前提条件——营销的基本工作已经完成了。感官营销是一个增值动作或者说是加分动作，它必须在营销的基本动作已经做到位之后才能够发挥作用。如果企业基本营销还存在很多问题，包括产品质量、品牌认知、渠道等，此时让精细入微的感官营销去占据组织资源和管理者的心智资源，效果会适得其反。
>
> 以锤子科技的第一代手机 T1 为例，如果单纯从"优化用户感官"这个角度来说，这款手机在工业设计、UI（用户界面）设计甚至包装上都很不错，可是这家公司在推出这款手机时一直被一些基本的营销问题困扰，比如产能、硬件配置、消费者评价的两极化等。说到底，在感官营销方面取得成效的公司，并不一定有非常高的经济投入，但一定需要先把营销的基本工作做到位。满足这一前提后，才有条件享有精细化的感官营销所带来的增益价值，也才敢于在这些所谓的细枝末节上投入资源。
>
> 乔布斯强调包装的细节，而苹果产品的包装成本真的是其他厂商完全不可承受的吗？对于企业来讲，最高昂的成本肯定不是考虑了触感体验的包装，而是"我们终于可以去考虑包装的感官问题了"以及管理者可以有"空闲"出来的时间资源去思考感官营销等前提条件。
>
> 从这个意义来说，前文谈及的研究案例（年报颜值高带来高估值）看似非理性，但一家已经有冗余资源对年报精心排版的公司会不会更有可能是一家实现了高水平管理并值得投资的公司呢？

3.3 暴露与注意

3.3.1 暴露与感觉阈限

如前文所述，环境刺激进入感官可觉察的范围，就叫作暴露（exposure）。虽然人类无时无刻不暴露在各种光线、声音和气味之中，但感受器的生理限制为我们过滤掉了大量的感官刺激。每一种感觉通道能够识别的刺激范围并不大，能被感觉通道识别的最低限度的刺激称为感觉通道的接收阈限（threshold）。

绝对阈限（absolute threshold）是指特定感觉通道所能觉察到的最小刺激量。理解绝对阈限对于设计营销刺激非常重要。例如，目标受众由远及近走向一块户外广告牌，介于能看到与不能看到之间的距离就是绝对阈限。显然，放大户外广告文案的字体能有效降低绝对阈限，从而使更多的人在更远的距离能接收到广告信息。麦当劳利用这个原理，总是在店面附近的楼宇高处亮出巨大、显眼的金色拱门招牌。在地铁上播放的视频广告由于环境声音嘈杂，所以广告配音与配乐的声音绝对阈限非常高。营销人员几乎没有机会通过调高录音音量的方式让消费者听清其品牌名称，此时应强调其他感觉通道，比如在视频的每一帧画面的左上角放置品牌标识，使得听不清声音的受众也能获知品牌信息。在这类广告投放之前都应当进行"无声测试"，以确保即使完全无法听到声音，广告内容也可以有效传达给消费者。

营销人员在价格调整、产品更新等营销情境中还需要考虑的一个概念就是差别阈限（differential threshold）。差别阈限是指感觉系统觉察到两次刺激之间的差别或者变化量。19世纪德国心理学家韦伯发现，差别阈限与第一次刺激的绝对量正相关，即如果第一次刺激的量较大，人们察觉出变化时就需要有更大的变化量，这就是著名的韦伯定律（Weber's Law）。

韦伯定律在价格调整、产品更新等诸多营销情境中被广泛运用。当营销人员需要对产品或价格做出改变时，应当遵循两个原则：一是正面变化要高于差别阈限，确保消费者能够知觉到变化的发生；二是负面变化尽可能低于差别阈限，以降低消费者的知觉。例如，可口可乐在对其易拉罐产品提价时采用的方式不是直接提高价格，而是维持价格不变，将易拉罐的容量从原本的355毫升降低到330毫升，显然消费者更容易觉察到价格的变化，而不容易觉察到容量上的变化，也就是说消费者的价格差别阈限更小、罐装可乐容量的差别阈限更大。这个时候如果直接提价就会很容易被消费者发现，产生不好的后果，因此可口可乐没有改变价格而只是不易察觉地减少了容量。有趣的是，当可口可乐推出更小的200毫升迷你罐新产品时，却投入大量的广告费用进行宣传，甚至推出二合一版本的限量版分享瓶，鼓励消费者购买并与朋友进行分享。这样新颖的包装和促销使得消费者欣然接受了迷你容量并觉得这是挺有趣的事。可口可乐深知对消费者而言，二合一的新颖小包装变化是正面变化，而为了提价改小原来的包装则是负面变化。可口可乐娴熟地运用了韦伯定律开展营销，有趣的新包装变化需要大肆宣传，而提价改小原包装则悄悄进行。同样，韦伯定律也可以在一定程度上解释为何苹果公司在iPhone 7之后的每一代智能电话产品都会受到"创新不足"的批评，因为经过几代产品更新之后，要让消费者感受到变化的差别阈限已经变大了。消费者现在已经不会为一点点改变而激动了，他们需要更强劲的变化。

有关感觉阈限的营销运用还有一个令人困扰且颇具争议的话题，就是阈下知觉（subliminal perception）。当刺激在阈限之下时无法被意识到，阈下刺激可能带来的无意识知觉就是阈下知觉。如果在电影中插入一幅停留十几毫秒的图片，那么你根本意识不到自己看到了这张图片。虽然你的大脑仍然可能对这张图做出反应，但是这种反应是你意识不到的，只能在潜意识里起作用。1957年，美国新泽西州一家电影院开展了一次实验，电影屏幕中被插入了不会被察觉的快速闪屏标语"喝可口可乐""吃爆米花"，实验持续了16个星期，结果电影院内的爆米花销售额增长了58%，可乐销售额增长了18%。这个实验引发了轰动，而其后在严密条件下的心理学实验的确证明，阈下刺激能够在某些特定条件下引发情绪或概念的启动效应，但从未有证据显示阈下广告能够引发确定的消费行为。也就是说，"喝可口可乐"这类阈下标语能够引发人们口渴，但并不一定引发人们喝可乐，更不用说是喝可口可乐，因此针对阈下知觉的营销投资不一定能够获得可知的回报。有意思的是，许多消费者却认为有很多厂商正在利用阈下广告侵犯他们的权利，有厂商利用潜意识广告迫使他们买了自己不需要的东西。虽然没有科学研究表明这种广告的确有用，但是人们非常恐惧自己会在不知不觉中被洗脑，因此英国法律明令禁止广告使用这种招数。

暴露与感觉阈限的有关原理表明，营销人员应当对刺激强度与消费者反应的关系有充分的了解，这对于营销刺激的设计效果至关重要。

3.3.2　简单暴露效应

简单暴露效应（mere exposure effect），也叫作多看效应或熟悉效应，是指仅仅是刺激的暴露次数的增加就可以增加消费者偏好，即消费者更喜欢熟悉的刺激，看到、听到的次数多了自然就会更喜欢。在美国新罕布什尔州的一次地方选举中，一位失业的出租车司机约翰·亚当斯在选举中脱颖而出，获得美国共和党提名。后续的民意调查发现，这位司机获得选票的原因是他的名字让人们觉得很熟悉。他的名字跟历史上的很多政治人物一样（比如美国第2任总统约翰·亚当斯、第35任总统约翰·肯尼迪），频繁出现的名字使选民更愿意投票给约翰·亚当斯。

简单暴露效应广泛应用于广告媒介排期之中。快消品厂商倾向于采用密集型的广告投放，目的是让消费者可以通过各个媒介多次接触同一个广告信息，由于消费者对快消品的广告信息往往是浅加工的，因此暴露次数的增加能够提升消费者评价并激发其购买行为。脑白金多年几乎相同的广告内容也是为了促使消费者在送礼需求出现时首先想到它。这个选项尽管可能不是最佳选择，但当消费者不愿为找到最佳礼物费心思的时候，简单暴露效应就开始发挥作用了。不过，营销人员需要理解重复的次数与个体态度之间并不永远是正相关的。有研究表明，它们之间呈现倒U形关系，也就是说重复暴露次数过多有可能导致个体的厌烦。恒源祥品牌曾经在广告中把一句广告语重复12次，激发了消费者的负面反应。有的品牌会选择更加聪明的广告排期。一个4分钟的广告时段能容纳16支15秒的视频广告。如果A品牌打算在这个时段投放两次广告，那么第1支和第16支广告（即第一个和最后一个出现）将是它的最佳选择，这种重复能够强化受众对A品牌的记忆，并且还可以弱化对夹在其中的其他广告的记忆。

📍营销工具箱

三星在中国市场推出Galaxy Ⅲ手机时采用了视频网站、电视剧贴片广告的形式。三星选择了《甄嬛传》《北京爱情故事》等当季热播的电视剧作为投放对象。三星没有采取制作统一广告片进行无差别投放的做法，而是邀请这两部剧的主演拍摄广告片，并在贴片广告中投入剧中演员代言的广告。例如，《甄嬛传》的观众会看到该剧演员担任主角的Galaxy Ⅲ广告，而《北京爱情故事》的观众看到的则是该剧演员主演的Galaxy Ⅲ广告片。这种做法其实也是利用了明星的简单暴露效应，即时将消费者对明星的熟悉和喜爱迁移到产品上。

3.3.3 注意与知觉选择

现在，请你回忆一条昨天看到的广告信息。你是否能想起哪怕一条？这个广告出现在哪里？广告是关于何种品牌及产品的？你能复述出哪些广告内容的？如果让你尽可能多地回忆昨天看到的广告，你能回忆起几条？这个练习能够让我们了解到生成一个有效的营销刺激有多么困难。据统计，当今成年人每天接触的营销信息超过3 000条。随着移动互联网和智能信息终端的普及，大多数消费者每天接收的信息都超过了其信息处理能力。大量的营销刺激暴露在消费者面前，但其中绝大部分并未获得消费者的关注。有营销人员认为"得消费者眼球者得天下"（money follows eyeball）。互联网知识传播者罗振宇认为用户时间是未来商业竞争的主战场，在特定的区域内用户时间总量被他称为"国民总时间"，营销人员应该考虑如何增加其在国民总时间中的市场份额。

心理学将注意（attention）定义为信息加工行为对特定刺激的投入程度。由于大脑处理信息的能力有限，消费者对信息的注意是有选择的，这就是知觉选择（perceptual selection），人们只注意暴露信息中的一小部分。大脑对认知资源的付出从注意这一步开始就是吝啬的或者说是经济的，它会选择和挑选刺激以免被信息海洋淹没。

营销的一个重要目标就是通过营销刺激影响消费者的想法和行为，而获取消费者的注意是实现这个目标的基本条件。这个重要话题在本书有关信息加工、自我、文化等章节都会谈及，本章将主要从知觉选择的角度探讨营销人员如何通过设计营销特征的知觉要素来获取消费者的注意。

鸡尾酒会效应（cocktail party effect）是指在鸡尾酒会这样人声嘈杂的场合，两个人却可以忽略身边的噪声顺利地进行交谈，但如果此时酒会中的另外一个人说到了你的名字，即使声音并没有很大，你也能注意到。因为你的名字对你来说是一个敏感的刺激，这个刺激会立即调动起你的注意力。也就是说，刺激与消费者自身及其需求的关联程度影响注意的选择。例如，热恋中的男人会敏锐地发现女朋友穿了一条新裙子，可是成了老夫老妻之后，有些男人根本无法觉察到老婆衣着的变化。重要的刺激更能引起人们的注意，这是一种自下而上的加工（bottom-up processing）。商家可以用一些小法吸引顾客的注意。例如，支付宝基于顾客自身的支付记录制作"我的年度账单"成功吸引了顾客关注。而电子商务平台亚马逊则一直致力于优化其推荐系统，在用户完成购买后，这个智能系统会基于算法自动向顾客推荐新的商品或优惠活动，这些广告信息与顾客需求的相关性更高，因而成功获得了许多顾客的注意。有数据显示，亚马逊30%以上的网页浏览来自其推荐系统。

| 经典和前沿研究 3-5 | 如何劝说年轻人为未来储蓄？让他们"看见"年老的自己

虚拟现实（VR）能够借助最新的计算和传感技术为消费者展现逼真的未来。美国加州大学洛杉矶分校的研究人员Hershfield邀请大学生戴上VR眼镜并让他们在虚拟镜子中看到自己老年的样子，一张经过处理的"自己"的面庞：头发花白，满脸皱纹。当他们看着这些形

象一分钟后,被要求分配 1 000 美元到四个选项:买礼物给他人、投资给退休基金、参加一项有趣的活动、存入活期账户。看到自己的老年形象的大学生分配给退休基金的钱要比只看到自己当下形象的大学生多一倍(172 美元/80 美元)。自己未来的样子让人们更加关注那时的需求,变得更愿意为未来储蓄。此后研究人员在网上开展实验,发现消费者在看到自己被修改变老的图片后,存起来的钱增多了 40%。

资料来源:HERSHFIELD H E.Future self - continuity : how conceptions of the future self transform intertemporal choice [J].Annals of the New York Academy of Sciences, 2011,1235(1):30-43.

增强对比也是捕获注意的重要方法。与周围其他刺激物形成鲜明对比的刺激吸引注意的可能性更高。百事鲜果粒橙汁在中国市场上市时采用椭球底、细长颈的包装设计,使得自己与其他果汁的常规圆柱形包装形成鲜明对比,成功抢占了货架上的注意份额。欧美某知名女歌手也是通过强化造型对比赢得公众注意的典型例子:当其他女明星都在花心思寻找名家设计的裙子来争夺眼球的时候,该女歌手选择把一块生牛肉穿在身上,和其他女明星形成了鲜明的对比,从而赢得了眼球大战。

增强营销刺激与环境的对比是营销人员创造力的重要体现。营销人员可以首先从消费者的刺激环境入手,弄清日常各种感官通道的刺激是何种形式和强度,再从中选择突破点,打破常规、制造差异。下面福特的广告向我们展示了营销人员的创造力能够在多大程度上突破常规。

营销工具箱

福特 Escape 休旅车在中国台湾市场进行推广时,为了强调其越野性能,把一辆车放置于台北金融中心大楼垂直墙面的顶端进行展示,引发公众关注和媒体报道。台北市政府以安全为由责令其拆除。拆除后,福特在墙面上又画上了长长的轮胎印,从墙角到墙顶演示这辆车的"行车路线"。这则广告通过新异刺激的设计和传播,成功获取了广泛的消费者注意。

捕获注意还需要刺激能够克服习惯、避免适应。某种刺激即使能够引起消费者的注意,如果重复出现,消费者也会因为适应而减少注意。如果你走进一个很香的房间,刚开始你会觉得很香,可是过一段时间你就闻不到这个香味了。这就是适应。消费者对营销刺激也会适应。如果满大街都是加多宝的广告,你再看到一则加多宝的广告时还会留心去看吗?事实上,你已经完全可以做到对这个广告视而不见了。大多数情况下,适应会降低营销投入的边际收益。因此,我们看到,即使像脑白金这样的高重复广告,每隔一段时间也会更换表现形式,就是为了避免消费者适应。近年来,日本的一些品牌为了避免消费者适应,开始以"广告连续剧"的方式投放电视广告。例如,日本乐透 7 彩票就用 18 集 30 秒的广告讲述了一个公司白领购买彩票并在办公室中发生的一系列搞笑故事。这些广告都在重复一个主题——乐透 7 有高额奖金,但每看一集都会让观众期待下一个 30 秒会演什么。这组广告发布后取得了病毒式的传播效果,在互联网上引发了转发热潮。

我们从消费者个体和刺激的知觉特性等方面梳理了营销中获取消费者注意的基本方式。那么如何验证这些方式是否取得了成效呢？这就需要对消费者的注意展开测量。由于大多数营销刺激都通过视觉通道呈现，一种被称为眼动追踪（eye-tracking）的精密测量手段就可以为研究者和营销人员提供更直观的消费者注意的信息。经典和前沿研究 3-6 中的"第一注视点偏向"研究就使用了这种技术。

| 经典和前沿研究 3-6 | 视觉注意偏向研究

货架的中区偏向。美国加州大学圣迭戈分校的心理学家 Christenfeld 对消费者如何从超市的货架上选择产品进行了调查。他来到真实的卖场观察消费者的购买行为，发现当有 4 排完全相同的产品时，71% 的消费者会选择中间两排货架上的产品，比通常预计的随机率高出 21%。他还发现对厕所隔间的选择也存在类似的模式。

第一注视点偏向。眼动仪是一种利用红外线探知眼球运动轨迹的研究设备，它可以精确地告诉研究人员消费者在货架或屏幕上究竟注意了什么、忽略了什么。眼动技术已经广泛地应用于消费者的注意研究。研究者 Reutskaja 邀请了 41 位美国加州理工学院的学生参加实验，让他们在电脑屏幕上标示对不同零食（比如乐事薯片和士力架）的喜爱程度。然后这些受试者又被要求在线下做一次实际选择。研究人员会向他们出示一些和屏幕上的零食一样的照片，并要求他们在实验最后选出最想吃的零食。当这些受试者在屏幕上寻找他们最喜爱的零食时，研究人员则在追踪他们的眼球，监测他们的目光焦点。结果表明，人们第一次聚焦并更常关注的选项会出现在屏幕上的特定区域。那这些特定区域在哪里呢？准确答案取决于屏幕上选项的数量。如果只有 4 种零食出现在一个 2×2 的矩形中，受试者很有可能会看向左上角，而且他们的眼睛会有一半时间盯在那里。当然，这一结论并不适用于从右向左阅读的人（比如使用希伯来语或阿拉伯语的受试者）。然而，随着选项的增加，新的趋势也开始浮现。如果受试者同时面对 9 个选项，他们的目光 99% 一开始会落在中心附近；如果有 16 个选项，他们的第一注视点 97% 会落在中间四格内。除此之外，这些第一注视点也会对其之后的目光产生影响，人们最初关注的位置在之后仍然会是最受欢迎的关注点。

资料来源：1. CHRISTENFELD N. Choices from identical options [J].Psychological Science, 2010, 6 (1): 50-55.
2. REUTSKAJA E, NAGEL R, CAMERER C F, et al.Search dynamics in consumer choice under time pressure: an eye-tracking study [J]. American Economic Review, 2011, 101 (2): 900-926.

3.3.4 营销人员的新挑战：注意力碎片化

智能手机、平板电脑、笔记本电脑上的信息轮番轰炸，现代人面临着越来越严重的信息过载。据《哈佛商业评论》2015 年的报道，由商务专业人士、科研人员和咨询顾问组成的非营利组织信息过载研究小组（Information Overload Research Group）发布报告称，美国的知识工作者浪费了 25% 的时间用于处理庞大且持续增长的信息流，由此造成的年均经济损失高达 9 970 亿美元。

智能手机占据了消费者大量的媒体阅读时间，其中新闻、社交 app 上充斥着海量的信息，其结果是消费者注意力的碎片化。第 52 次《中国互联网络发展状况统计报告》显示，截至2023年6月，我国网民的人均每周上网时长为29.1小时，较2022年12月增加2.4小时。《2023年Q2移动互联网行业数据研究报告》显示，移动网民人均手机安装app总量达67个，较2022年同期增加2个，2022年移动网民人均app使用时长保持在每天5小时以上。截至2023年6月，移动互联网用户中25岁及以下用户占比达23.4%，较2022年同期增长0.8个百分点，新生代网民比例增长相对明显。2023年11月抖音最新报告显示，从用户使用时长来看，用户日均使用时长超过120分钟，月人均使用时长超过28.5小时，与2022年同期相比增长72.7%。快手2023年11月21日晚间在港交所公告，快手app的平均日活跃用户与上一年同期相比增长6.4%，达到历史新高的3.866亿；同时，平均月活跃用户同比增长9.4%，达到历史新高的6.847亿；2023年第三季度每位日活跃用户日均使用时长达到129.9分钟，用户总时长同比增长6.9%。美国一项对青少年媒介多任务处理的跟踪调查发现，73%的青少年在听音乐时也在使用计算机或是看书，68%的青少年边看电视边进行其他媒介活动。但有研究表明，媒介多任务处理会损耗注意力的深度、学习和记忆。同时使用微信与人交流的学生需要更长的时间才能完成阅读任务，他们并没有从多任务处理中受益。媒介多任务处理不仅会降低学习和工作的效率，还与抑郁、社会焦虑和冲动行为等有关。多任务处理需要更强大的任务转换能力，而这种能力会受到个体差异因素的影响，一般而言，年轻人高于年长者，女性高于男性。

移动物联网和智能终端的普及对营销人员提出了严峻的挑战：屏幕空间的缩小令消费者对营销信息更加反感；多屏幕的使用习惯分散了营销资源；多任务处理使消费者注意力更加涣散，对接触营销刺激越来越不耐烦。营销人员需要针对移动互联网时代的注意特征做出调整，已成功实践的一些做法如下。

（1）内容植入。广告界人士喜欢使用"硬广"和"软文"这样的行话来表示营销信息融入媒体内容的程度。越来越多的手机视频app用户通过购买会员的方式去除映前广告和插播广告，因此营销人员开始主动"软化"营销信息，通过娱乐节目、电影、电视剧甚至公众号文章植入的方式将营销信息嵌入用户的屏幕。东风标致公司向"六神磊磊读金庸"公众号投放软文广告，这个公众号以优质的金庸作品解读文章获取了大量粉丝和稳定的阅读量，其中一篇在精彩解读了金庸笔下武侠人物的出行方式后，笔锋一转开始讨论如果金庸笔下的群侠生活在今天会如何出行，从而引出了东风标致的最新款车型，这家公司在一段时间后第二次向该公众号投放了广告。

（2）快速引起兴趣。行为经济学家贝纳茨在《屏幕上的聪明决策》一书中指出，消费者在触摸屏上的认知决策更加快速、冲动，他认为在触摸屏上人们用速度取代深度。书中介绍了一个叫作Tinder的交友软件，这款软件大受欢迎的原因是它提供了一种触摸屏手势帮助用户进行快速匹配，当屏幕出现一张推荐的交友对象的头像时，如果不感兴趣则向左滑，感兴趣就向右滑，如果一对用户都右滑就可以开始聊天。

（3）激发互动和分享。人们对触摸屏上有互动机会的内容更感兴趣。弹幕视频网站、直播答题、对战手游这些产品能够成功获得高注意份额的原因正是在于其可互动性和可分享性。

3.4 知觉解释

知觉具有很强的主观性。消费者的大脑并不会仅仅满足于"感觉"或"注意"到客观刺激的存在，知觉的过程直到消费者形成对客观刺激的主观意象才会完成。知觉的最后一个环节是解释（interpretation），它是指个体赋予感觉刺激物的意义。对于完全相同的客观刺激，不同的人会给出不同的解释。我们在本章开篇提到，父母可能觉得孩子的尖叫像悦耳的音乐，但是陌生人却认为是刺耳的噪声。对于同样的产品，消费者的知觉也可能完全不同。例如，有的消费者非常喜欢榴梿的味道，而有的消费者却避之不及。消费者两极化的评价说明知觉解释的重要性。尽管消费者的知觉结果或对外界刺激的解释非常个人化，但现有的心理学和消费者行为学研究已经归纳出一些规律。下面具体探讨三类影响知觉解释的因素：个体对刺激物的组织方式、消费者既有的经验图式、社会环境的象征意义。

3.4.1 个体对刺激物的组织方式

格式塔（Gestalt）心理学派的观点提供了三种对刺激的组织原则。

（1）完形原则：人们倾向于把不完整的对象感知为完整的对象。如图3-9a所示，你一定可以"看到"一个白色的等边三角形。事实上这个三角形，是我们在大脑中将它补充完成的，它并不真的存在。奔驰公司利用消费者的完形心理，提供不完整的信息促动消费者自主完形：在2011年凭借"二维码原型"创意推出新款A-Class汽车。广告并未展现车辆全貌，而是用大量二维码图片将车身覆盖，并宣布这辆二维码原型车将会出现在街道或媒体上，只有当消费者成功扫到其中四个具有隐秘信息的二维码才能够看清新车全貌。

（2）相似分组原则：消费者倾向于对物理特性相似的刺激进行归类。如图3-9b所示，你一定觉得应该横向进行分组。物以类聚是人类的一种认知习惯。云南白药牙膏为了表明它和其他牙膏不同（含有药物成分），在上市的时候就强调这款牙膏"只在药店有售"，它的包装也更接近药物包装，与普通的牙膏包装区别开来。

完形原则

a）你看到白色等边三角形了吗？

相似分组原则

b）你觉得一横行为一组还是一纵列为一组

主角背景原则

c）你能同时看到白色的高脚杯和两张对峙的黑色侧脸吗？

图3-9 格式塔心理学

（3）主角背景原则：个体很难同时注意到主角和背景。当把注意焦点作为主角时，其他只能作为背景进行加工，因此注意焦点的变化有可能导致主角和背景的切换，并导致不同的知觉。图 3-9c 令你很难同时注意到高脚杯和人脸，因为它们互为背景。文化心理学研究表明，西方人在场景中会把注意力更多集中于主角或前景，而东方人则特别关注背景。在为品牌邀请明星做代言人的时候，尤其要注意不能让明星喧宾夺主。明星代言广告既要利用明星对注意力的捕获作用，又要突出产品的主角地位。智威汤逊广告公司在为其广告主做明星代言广告时都会不断提醒广告主："The product is the hero！"（产品才是主角）。

3.4.2　消费者既有的经验图式

图式（schema）是指消费者会根据自己过去的经验来解读和理解当前遇到的事物。一项研究表明，3～5岁的儿童对食物的评价已经受到了自己已有经验的影响。相比装在普通纸袋里的鸡块和胡萝卜，他们更喜欢装在麦当劳纸袋里的同样的食品。营销人员除了可以启动消费者的正面经验之外，还应当避免唤醒可能导致负面评价的经验模式。例如，一家生产药物洗发水的公司沿用其洗发水品牌推出了一款凉茶饮料，在付出了巨额的营销费用之后宣告失败。这家公司没有理解其品牌名称已经在消费者心中构筑了"这是洗发水"的经验。看到饮料上的品牌名称就会激活消费者的这种经验，导致消费者一下子把这个饮料知觉成"像洗发水一样的"饮料，自然就会认为这个饮料一定很难喝。

3.4.3　社会环境的象征意义

消费者对刺激的解释不仅受到个体心理和经验的影响，还会受到社会环境的影响。如果消费者能获知他人的知觉和评价，或多或少会影响消费者自己的知觉结果。营销人员采用形象良好的明星代言正是基于这一点。有一项研究揭示出了他人的评判对知觉的重大影响力，也展现出了明星代言策略的高风险。这项研究将美国高尔夫球明星的面孔特征与普通面孔按照 20∶80 的比例进行融合，形成新的虚拟面孔。由于明星脸成分不高，消费者并不能认出这张脸，但还是会更加信赖拥有这张面孔的汽车销售人员的推销。2009 年该高尔夫球明星丑闻事件爆发之后，研究人员在另一群消费者中重做了这个实验，尽管消费者仍然不知道这张脸与该球星的关系，但是评价却已经逆转了，他们对这张面孔的信赖感显著低于其他普通面孔。这项实验表明，社会评价对消费者知觉的影响是深刻并且即时的。

3.4.4　综合运用：品牌知觉定位图

知觉图是消费者对某一系列产品或品牌的知觉和偏好的形象化表述，目的是尝试将消费者或潜在消费者的感知用直观、形象化的图像表达出来。知觉图显示各品牌在消费者心中的印象差异。坐标轴代表消费者评价品牌的特征因子，图上各点对应市场上的主要品牌，它在图中的位置代表消费者对它在各关键特征因子上的表现的评价。知觉图可以是多维的，而通常情形是二维的。最重要的是如何绘制和解释。如图 3-10 所示，品牌知觉定位图通过两个维度（运动型/保守型；高档的、有特色的/实用的、买得起的）的描述，显示了消费者对于不同品牌的汽车的感知情况。在这个例子中，消费者觉得保时捷（Porsche，最右上角）是在所研究的汽车中最运动和最高档的，而他们觉得普利茅斯（Plymouth，最左下角）是最实用的和最保守的。位置靠近的品牌表示对于消费者来说这几个品牌在相关维度上是相似的。消费者认为别克（Buick）、克莱斯勒（Chrysler）和奥兹莫比尔（Oldsmobile）是相似的。这几个牌子存在紧密的竞争关系，形成了竞争组群。当新车型进入市场时，企业通常会挑选在知觉图上没有其他竞争对手的位置进入。部分知觉图还会使用不同大小的圆环来表示不同竞争产品的销售量或市场份额。知觉图不只显示消费者对相关产品的感知，很多知觉图也可以显示消费者的需求理想点。这些点反映了消费者对这两个维度的理想点。消费者偏好的调查数据也可以体现在知觉图中。用一个具体的点代表消费者对这两个维度的理想结合。聚集了很多理想点的地方表示那里存在着一个市场细分群体，而没有理想点的地方表示那里存在着需求真空。当新产品进入市场时，企业通常会挑选在知觉图上高密度聚集了很多理想点的位置进入，同时也会寻找没有竞争对手的位置进入。最好的做法是将理想点和竞争产品放在同一张知觉图上。

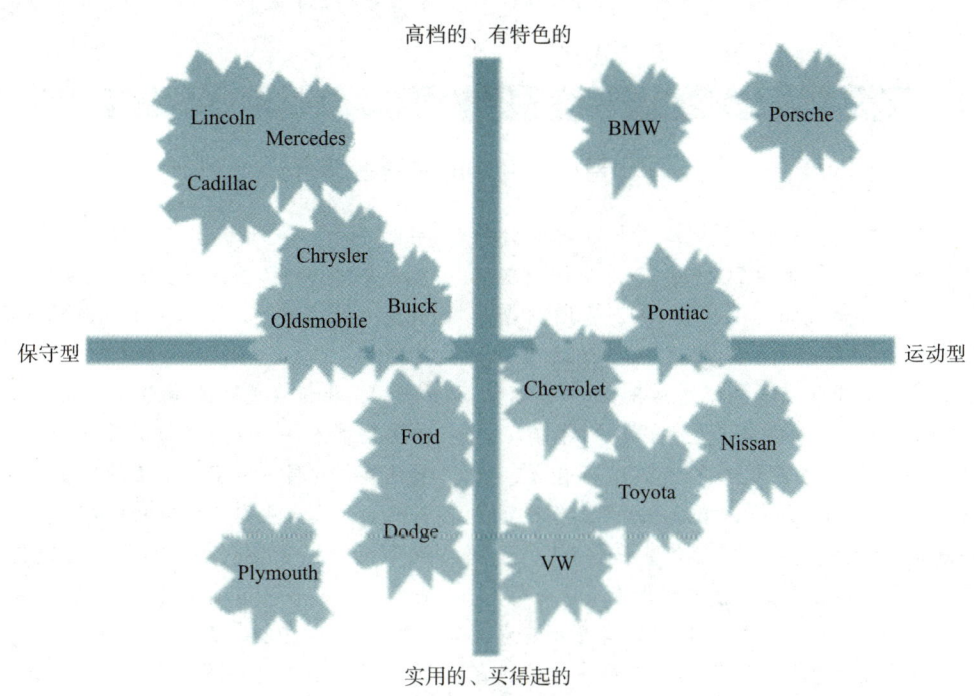

图 3-10　私人汽车品牌知觉定位图

本章小结

感觉和知觉不同。知觉是一个过程，感觉是知觉的第一步。感觉是指感受器对外界刺激的直接反应，而知觉则包括对感觉进行选择、组织和理解的过程，这个过程还包括暴露、注意、解释三个步骤。感官营销是指将消费者的五种感官体验（视觉、触觉、味觉、嗅觉和听觉）融入其中并且影响消费者感知、判断和行为的营销方式。感官营销既是一种先进的营销战略，也是一种精细的营销战术。

研究发现，视觉、听觉、嗅觉、触觉、味

觉五种感官体验对于消费者行为都存在"意料之外，情理之中"的影响。这些影响对于营销工作具有重要的启发意义。了解这些影响，企业可以更加精确地改善产品、服务和顾客体验，增强顾客关系。

感官印记是指某种特定的感官体验与某个具体的品牌之间的双向联想。除了传统的品牌标识视觉印记之外，营销人员应当了解在包括视觉在内的五种感官体验当中，还有哪些塑造感官印记的方式。

绝对阈限是指特定感觉通道所能觉察到的最小刺激量。差别阈限是指感觉系统觉察到两次刺激之间的差别或者变化量。绝对阈限决定了营销刺激的最小量；差别阈限则提示营销人员，正面变化应当尽力获得消费者的关注，而负面变化则应尽可能避免。

简单暴露效应是指仅仅刺激的暴露次数的增加就可以增加消费者偏好，但偏好和暴露次数之间呈现倒 U 形关系。

注意是指信息加工行为对特定刺激的投入程度。在今天的技术环境下，营销人员可以通过内容植入、快速引起兴趣、激发互动和分享等方式应对注意力碎片化的挑战。

格式塔心理学的完形原则、相似分组原则和主角背景原则解释了消费者如何对信息进行组织。消费者的既有经验和社会环境的象征意义也会影响消费者的知觉结果。

营销人员综合运用消费者知觉的一种方式是在品牌知觉定位图中为自己的公司或产品找到清晰的位置。

中国故事

直播电商中的消费者感官

第 53 次《中国互联网络发展状况统计报告》数据显示，截至 2023 年 12 月我国网络直播用户规模达 8.16 亿人，较 2022 年 12 月增长 6 501 万人，占网民整体的 74.7%。2022 年，我国直播电商市场交易规模达到 3.487 9 万亿元，MCN 市场规模达到 432 亿元。2023 年前三季度，全国直播电商销售额达 1.98 万亿元，与 2022 年同期相比增长 60.6%，占网络零售额的 18.3%，直播电商拉动网络零售增长 7.7 个百分点。但是，消费者在直播电商背景下也有所失。中国消费者协会《直播电商购物消费者满意度在线调查报告》显示，在回答"消费者认为直播购物存在的问题"时，排名前两位的答案分别是："冲动消费太严重（44.1%）"和"无法真实体验产品（39.6%）"。看似疯狂的购物过程其实伴随着大面积的"感官缺位"与体验质量的不足，消费者不仅根本无法在做出购买决策前触摸商品或感受它的气味，甚至在时间压力下连精美的图片给予视觉细细品咂的机会也要让位于抢单的速度，更不用说随后而至的快递延迟和服务质量下降了。难怪网易严选在 2020 年 11 月 4 日发布退出"双 11"宣言时呼吁消费者寻回对自己真正重要的体验："五星级酒店套房一晚的迷醉，不如一个乳胶枕给你的夜夜安睡。"

Krishna 在《感官营销力：五感如何影响顾客购买》一书中把第二次世界大战后西方市场的营销发展分成了三个阶段，分别是 20 世纪五六十年代只注重产品功用的"废话少说时代"、20 世纪七八十年代的"品牌传播时代"，以及此后的"感官营销时代"。移动互联网的普及促使网购迅猛发展，随后兴起的直播电商进一步加快了消费者的购物节奏，而感官体验则需要消费者的沉浸和时间投入。我国可能已经在感官营销尚未充分发展的时候，就早早进入了一个"感官缺位的时代"。新的市场环境下营销人员有机会通过弥补感官缺位的方式形成差异化。

首先，注重实体空间对消费者的感官经验的锚定作用。消费者在"感官缺位时代"购物方式的选择无意中帮助商家完成了购物情境的细分。在某些情境下，消费者希望以最低的金钱成本和时间成本获取基本满意的产品，此时网络购物成为首选；但仍有大量消费情境，消费者希望享受购物的过程、获得全方位的体验，此时亲身前往实体商家购物才是最优项。实体商业的运营者应当把握机会改善顾客的感官体验，并获取溢价。线上线下同步经营的品牌更应该通过优化线下体验增加消费者在线上的复购。例如，皮爷咖啡（Peet's Coffee）通过线下商店的优质环境和高品质服务吸纳消费者粉丝，而在抖音等直播电商平台销售挂耳咖啡、咖啡豆和周边商品（咖啡杯、零食）等。

其次，企业通过互联网销售商品时应当注意感官意象的营造。对于触摸需要较高的消费者而言，因为无法亲自感受产品的触感，在网购时就更有可能迟疑或延缓购买。而像毛巾等商品的触感对于消费者判断其质量又非常关键，网购情境下的感官缺位会对这类消费产生不利影响。已有研究表明，营销人员为消费者提供更多有关触觉的文字信息能够对触觉感官缺位有所补偿；而购物网页中的评价信息如果包含触觉信息，消费者会认为这样的信息更有用，从而提高其购买信心。在直播购物中，可以由主播或示范者通过适当的演示激发消费者恰当的感官意象，也能缓解触觉、嗅觉等体验的缺失。上述研究的思路是利用消费者视觉或想象来弥补触觉感受的缺失。当然，电商营销者和主播应当管理顾客对感官体验的预期，如果消费者因为过高的体验期待而下单，将会导致售后退货率和不满意率的增加。尽管结论主要针对触觉这一种感官，但营销人员可以依此类推。在产品页面可以通过更多的感官描述重点描绘影响消费者决策的某种重要的感官体验，像果汁产品可以考虑描述其果粒的口感；另外，可以在顾客完成购买后激励他们在评论中更加具体地描述其感官内容。如果营销人员担心顾客的表达用语，可以提供一些事关感官的评价标签，供购物者点选，比如围巾产品就可以鼓励消费者具体描述使用产品时脖子的感受或选择有关的描述标签。当然，要鼓励消费者表达真实的感受，并确保营销人员和其他顾客能够通过文字评价理解他的感觉。即使有负面的评价，只要是真实的，企业也将获得在产品的感官体验方面非常宝贵的用户反馈，用于日后的产品改进。

总之，无论购物形式如何演化、发展，感官体验在大多数情况下既是我们消费的目的和结果，又是我们消费的过程。如今，我国消费者已经开始对网购的效率至上理念有所反思，直播电商背景下的营销管理者应当对此有所洞察。

资料来源：钟科.感官营销力：五蕴创造价值[J].中欧商业评论，2017（1）：22-27.

第 4 章 消费者情绪

■ 本章要回答的主要问题有：

1. 什么是情绪？
2. 情绪如何界定？
3. 情绪如何分类？
4. 情绪有哪些功能？
5. 情绪对消费者行为有哪些影响？
6. 基本情绪如何影响消费者行为？
7. 复杂情绪如何影响消费者行为？
8. 情绪通过哪些方式影响消费者行为？
9. 如何通过营销活动影响消费者情绪？
10. 商家在营造情绪过程中需要注意什么？
11. 如何让人工智能也有情绪？

4.1 什么是情绪

4.1.1 情绪的定义

人有七情六欲，因此人类的绝大多数行为都是在满足这七情六欲。消费也不过如此。女性在欢喜雀跃的时候购物，也会在伤心痛苦的时候购物。商家也深谙这一道理，通过广告激发各种消费者情绪从而达到其营销目标。

2023 年夏天，多巴胺营销霸占了年轻人的眼球。所谓多巴胺营销是一种以颜色为主打的品牌营销方式，以明亮显眼、高饱和度的用色来打动年轻人的心。多巴胺实际上是大脑分泌的一种神经递质，它会影响一个人的情绪，让人产生愉悦、兴奋等情绪。在当下普遍高压、快节奏的生活状态下，多巴胺营销传递出乐观、积极和正向的情绪价值。它为消费者提供的快感是明确且即时的，无论是从降低"内耗"还是"反卷"的角度,它都能将"快乐"这个情绪主题传递给消费者,并与之共情,从而建立情感理解。

然而,并非只有积极情绪才能达到良好的营销效果,消极情绪也可以促进销售。例如,"打折只限今日"的闪购等促销形式无疑是想激活消费者的预期后悔情绪,促使消费者抓住机会立即购买。近年来,就连"丧"这种情绪也变成了营销人的新宠。从 UCC 咖啡的"丧"营销海报在 Facebook 爆火到"丧茶"快闪店的朋友圈刷屏,再从"Moonleaf 月叶"的消极杯到"试物所"打造的"丧"系列酸奶,"丧"这一情绪已经被商家广泛应用,针对当下"90后""00后"的年轻人打造了一系列的产品和营销活动。营销人员利用"丧"这种负面情绪来激发消费者的共鸣,从而提高广告和营销效果。

总而言之,情绪对消费者行为非常重要。情绪可以让消费者对一个品牌产生依恋,放弃他们上瘾的东西(比如吸烟),甚至会冲动地购买自己不需要的东西。

什么是情绪?情绪是一个复杂的概念,学术界对情绪也有多种多样的定义。但是总体来说,情绪包括生理层面的生理唤醒、认识层面的认识,以及表达层面的外部行为。

生理唤醒。情绪的产生常常会伴随着一定的生理唤醒。例如,激动时血压升高、愤怒时浑身发抖、紧张时心跳加快、害羞时满脸通红……脉搏加快、肌肉紧张、血压升高及血流加快等生理指数变化是一种内在的生理反应过程,常常伴随着不同情绪产生。消费者往往根据自己的身体变化来推断自己的情绪。心理学中有名的吊桥实验就是一个例子。参加实验的男学生被分为三组:一组在安静的公园里接受访谈,一组在一座牢固而低矮的石桥上接受访谈,而最后一组在一座危险的吊桥上接受访谈。在这个实验中,访谈他们的是一个漂亮的女助理。这个女助理把自己的名字和电话告诉每一个受访者。如果受访者愿意进一步了解实验或者希望和她联系,可以给她打电话。研究发现,在危险的吊桥上接受访谈的人有更高的比例打电话联系女助理。为什么会这样呢?因为人站在危险的吊桥上会感觉更加紧张,心跳加速,人们就会错误地把危险的吊桥引起的生理反应归因于这位漂亮的女助理。受访者把心跳加速解读为自己遇到了一个让人心动的女性,所以实验结束后会继续和女助理保持联系。也就是说,人们通过自己的生理反应和当时的情境来判断自己的情绪。

情绪还包括认识层面的认识。当你听到别人受伤了你可能会替他难过,但是你难过的程度取决于你在多大程度上关心这个人。如果你很关心这个人,你就会跟着难过;但是如果这个人是今天刚刚怼过你的人,你就可能不觉得难过,甚至可能幸灾乐祸。同样,当看到别人对你微笑的时候,你是会开心还是伤心也取决于你的认知。你会思考他为什么笑,是在嘲笑你,还是因为他打败了你而得意地笑?

此外,情绪的主观体验是人的一种自我觉察,即大脑的一种感受状态。人有许多主观感受,比如喜、怒、哀、乐、爱、恶、惧等。人们对事物的不同态度会产生不同的感受。人对自己、对他人、对事物都会产生一定的态度,比如对朋友的遭遇感到同情、对敌人凶暴的仇恨、事业成功的欢乐、考试失败的悲伤等。这些主观体验只有个人内心才能感受到或意识到,比如我知道"我很高兴",我意识到"我很痛苦",我感到"我很内疚",等等。

外部行为。在情绪产生时,人们还会出现一些外部反应过程,这一过程也是情绪的表达过程。例如，人悲伤时会痛哭流涕、激动时会手舞足蹈、高兴时会开怀大笑等。伴随情绪出现的这些相应的动作和表情是情绪的外部行为，这些外部行为经常成为人们判断情绪的外部指标。然而，由于人类心理的复杂性，有时会出现人们的外部行为与主观体验不一致的现象。例如，在一大群人面前演讲时，明明心里非常紧张，表面看起来却镇定自若；明明心里很难过，却要强颜欢笑。因此，不能单纯地通过外部行为去判断情绪。

生理唤醒、认识层面的认识和外部行为作为情绪的三个组成部分，只有三者同时被激活、同时存在，才能构成完整的情绪体验。当一个人伴装愤怒时，他只有愤怒的外部行为，却没有真正的内在主观体验和生理唤醒，因而并不能称之为真正的情绪体验。Keltner 和 Shiota（2003）总结说，情绪是一个普遍的、对外部刺激的功能性反应，是消费者生理的、认知的以及行为上的对外部环境的反应。

4.1.2 情绪的分类

我们都知道情绪有正面和负面之分，比如开心、愉快是正面情绪，而伤心、生气、焦虑都是负面情绪。然而，将情绪分为正面和负面两大类别过于简单。举例来说，愤怒和愧疚都是负面情绪，但这两种情绪却截然不同。因此，学者们提出了情绪的多维理论。

Russell（1980）通过愉快度（valance）和强度（arousal）这两个维度对情绪进行了划分。如图 4-1 所示，通过这两个维度，每种情绪都可以清晰地找到自己的坐标，从而可以区分各种情绪。

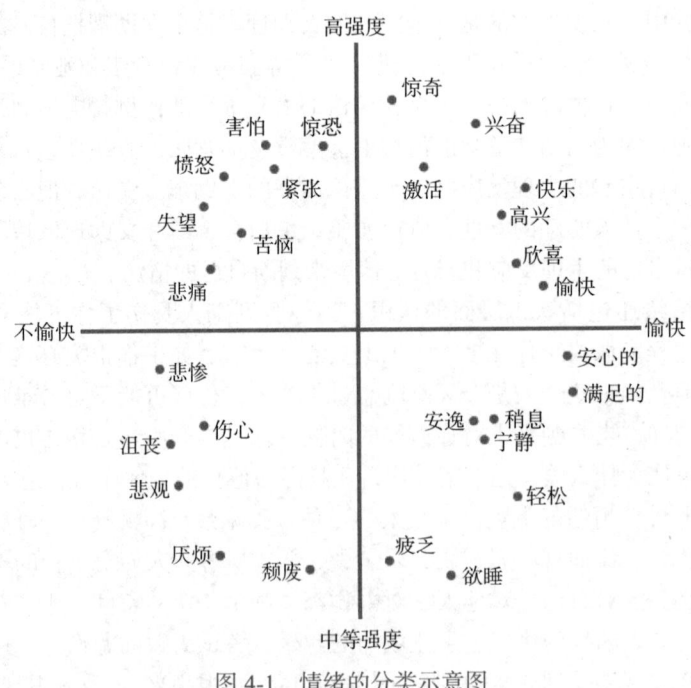

图 4-1 情绪的分类示意图

然而，后续的学者认为虽然这两个维度在一定程度上区分了情绪，但是并不能有效地将情绪进行归类。Plutchik（1982）则通过两极性（polarity）、相似性（similarity）和强度（intensity）三个维度对情绪进行了进一步分类。从图4-2中我们可以看出情绪的强度从外围到中心不断加强。而每个"花瓣"上的情绪的相似性最高。例如，平静、快乐和狂喜具有一定的相似性，但是在强度上具有明显的差异。狂喜在强度上最强，而平静的强度最弱。

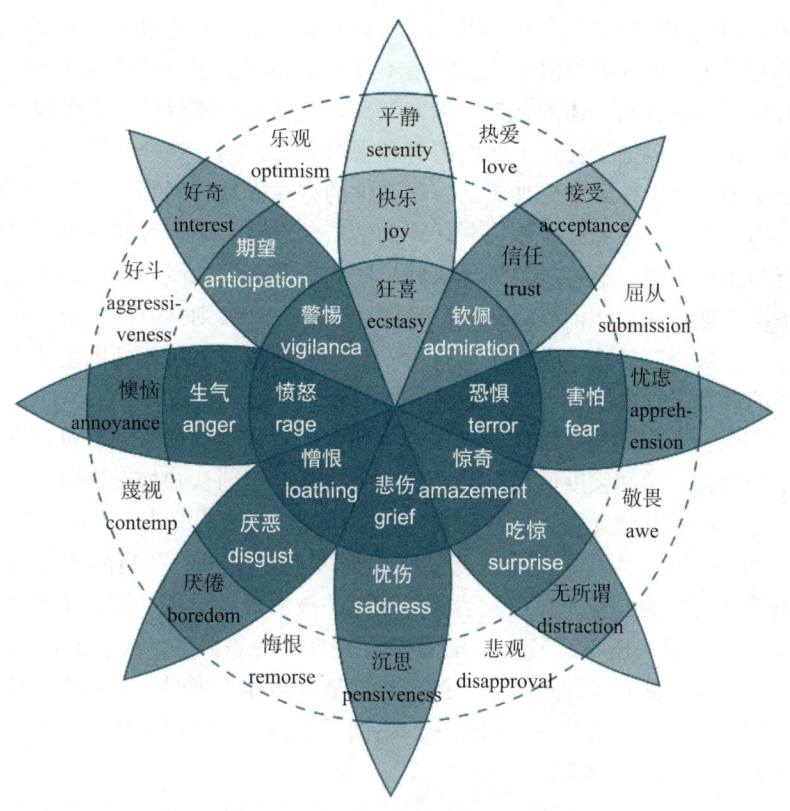

图4-2 情绪的三维度理论示意图

4.1.3 情绪的功能

情绪之所以在消费者行为和营销领域很重要，是因为情绪有以下几个功能。

1. 动机功能

情绪能够激励人活动，提高人的活动效率。适度的兴奋情绪可以使身心处于活动的最佳状态，进而推动人们有效地完成工作、学习任务。研究表明，适度的紧张和焦虑能促使人积极地思考和解决问题。同时，情绪也是驱使人们行为的巨大动力。例如，在危险的情况下，人们产生的恐慌感与紧迫感会被放大和增强，从而促使人们有所作为。因此，人们在危险的情况下可能爆发出前所未有的潜能。此外，积极情绪也有激励作用。研究发现，消费者处于积极的情绪状态时更愿意做出各种助人行为。类似开心、感受到的爱、感恩这些积极情绪都会显著地提高个体的亲社会行为。愧疚（guilty）和尴尬（embarrassment）等消极情绪在一定情况下也会提高个体的亲社会倾向。除此之外,情绪还会影响消费者对具体产品的偏好。例如,研究发现,尴尬的情绪会导致消费者选择提高其颜值的产品(比如化妆品)。伴随着一些消费行为的情绪有时也会产生重要的影响。例如,通过仪式消费会让个体体验仪式感,从而提高消费者感知的生活意义、降低消费者感知的孤独感。

2. 组织功能

情绪和情感是其他心理活动(比如知觉、记忆、思维)的组织者,同时影响着个体的行为。研究者提出,积极情绪不仅会扩展和重塑个体的认知与行为,而且通过这种扩展最终提高个体的认知。例如,高兴会促使个体行动、感兴趣会激发个体的探索等。这些积极情绪会让个体的眼界和视野更加开阔,处理问题时更有大局观,不拘泥于小节,使个体采用更加灵活、创新性的方式去处理问题。此外,情绪还常常支配个体的行为,当个体处于积极、乐观的情绪状态时,个体容易注意到事物好的一面,其行为比较开放,愿意接纳外界事物,倾向于和善、慷慨和乐于助人,有能力创新性地解决问题;而处于消极、悲观的情绪状态时,个体则会万念俱灰,对他人也会变得冷漠、不关心,甚至产生攻击性行为。开心的消费者更可能帮助企业进行宣传,而不开心的消费者则会因为一些小的服务失误和失败勃然大怒。

情绪会影响信息加工。有研究表明,中等强度的情绪状态可以有效地提高认知加工的效果;超高强度的情绪状态则会干扰甚至阻断认知加工进程;而过低强度的情绪状态则可能对信息加工没有影响。也就是说,情绪能够改善人信息处理的质量。

情绪还会影响消费者注意力的分配和记忆效果。在当前注意力经济下,只有具有强烈情绪的广告才会引起消费者注意并被消费者记住。滋源洗发水在广告中问消费者:"你洗过头皮吗?"这个问题激发了消费者的恐惧感,吸引了大众消费者的注意力。王老吉进入消费者的视野主要源于汶川地震时作为当时一个名不见经传的小品牌第一时间捐了1亿元。这一举动深深地感动了消费者,所以出现了"要捐就捐一个亿,要喝就喝王老吉"的说法。

在记忆的遗忘规律中,情绪是一个重要的变量。包含强烈情绪的信息更容易被记忆。例如,刑事案件对证人的作证记忆的研究发现,涉及情绪的记忆会增加回忆的准确度。感受到震惊的个体事后对事件回忆的信息量为93.36%,5个月后为88.24%。而没有感受到震惊的个体,两次回忆的信息量都只有75%。

3. 信号功能

情绪和情感在人与人之间通过表情来传递和沟通信息。表情是情绪和思想的外部表现,比如微笑表示赞赏,点头表示默认等。表情是语言交流的重要补充,比如利用手势、语调来辅助语言表达。表情交流比语言交流要早得多。在婴儿具有语言交流能力之前,他们与成人相互交流的唯一手段就是表情。表情的信号功能在营销中使用非常普遍。无论是在街头巷尾的广告牌,还是在实际的消费环境中,广告代言人或者服务人员总是以亲切的微笑示人,这是因为微笑是管理客户关系的一个重要环节。大量的研究证明,微笑具有强大的社会力量,它能够通过许多方式对人际关系和判断产生积极的影响。最新研究表明,微笑的程度会给消费者传递不同的信息。开朗的(大)笑会让消费者觉得更加温暖、更加友善,轻微的笑让消费者觉得微笑之人很有能力。开朗的大笑传递出更加强烈的内在动机,当人们想要表现出自己的真诚时,脸上的笑容也会更加明媚。企业在选择代言人和培训工作人员的时候一定要注意人和品牌的形象一致。对于非营利机构或者一些服务型企业而言，消费者关注的是这些企业的友好性，因此这些企业的广告代言人应该尽量表现出开朗的笑。而对于一些金融机构而言，消费者看中的是金融机构的能力，因此金融机构的代言人在广告中更多的应该是微笑而不是大笑。消极的情绪在营销中也可能具有积极的信号功能。大家回想一下每年的各种时装秀。时装秀的模特永远保持着冷漠的表情。研究发现，这种冷漠的情绪往往显示出品牌的高贵感。因此，奢侈品广告的模特往往会采用这种冷漠的表情。然而，同样是冷漠的表情，在不同的情景中传递的信号是不一样的。研究发现，在非竞争环境中，冷漠的表情代表高冷，但是在竞争环境中，冷漠的表情则在一定程度上彰显主权和控制感。此外，有研究发现当消费者意识到生产一个产品的材料竟然是来自完全不同功能或者范畴产品时，他们会露出"啊哈"的表情，从而激发消费者感知产品创新性的情绪。

| 经典和前沿研究 4-1 | 点亮创造力：从废品到宝藏的"啊哈！"时刻

Freitag 是一个源自瑞士的可持续时尚品牌。它以环保和创新为灵感，将废弃的汽车安全带、旧自行车内胎、被弃置的卡车篷布等看似毫无价值的材料重新注入服装设计，使废物材料重获新生。这样的品牌还有很多，比如美国西南航空公司会将废弃的飞机座椅皮料做成钱包；专注材料回收的 TerraCycle 与家居用品、办公用品、服装和配饰等多个领域的品牌合作，打破废物材料原本用途的限制，创造出诸多脑洞大开的环保产品。

对这类创意再利用产品，Caprioli 和他的合作者们进行了深入研究和探索，通过九个实验室实验和田野实验向我们揭示了蕴藏在其中的奥秘：当消费者意识到产品的某个组成部分来自另一个相距较远的领域，比如服装面料来自废旧轮胎、钱包来自飞机座椅皮料时，他们会经历一种"啊哈！"时刻——这是一种突然的领悟、洞察、理解，伴随着出乎意料的感觉，类似于人们找到问题解决方案时的体验。这样的"啊哈！"时刻会进一步提升消费者对产品创造力的感知，使消费者眼前一亮，被产品深深吸引。

值得注意的是，想要发挥废物材料创意再利用以及"啊哈！"时刻的魅力，有一些可能的错误需要规避。Caprioli 和他的合作者们发现，若商家将废旧产品分解为最基本的原材料（比如将木制冲浪板分解成木材），那么冲浪板会彻底丧失它作为运动器材的功能，此时木材的再利用也就没有那么惊喜，不会带来眼前一亮的"啊哈！"时刻了；如果商家对废旧产品的描述过于关注细节（比如详细描述包包布料的材质），而非聚焦其整体样貌和功能（即包包本身），消费者也会因为忘记其原本的功能而无动于衷。此外，如果品牌的目标客群普遍具有不喜欢创意新鲜事物的特点，那么废物材料创意再利用带来的"啊哈！"时刻也会招致反感。

总之，当创造力被点亮时，思维突破常规桎梏，带领消费者走进充满惊喜和奇妙体验的"啊哈！"时刻，这样积极且浓烈的情感体验是极其价值的，也是商家们在产品设计过程中可以加以应用的。

资料来源：CAPRIOLI S, FUCHS C, VAN DEN BERGH B. On breaking functional fixedness: how the aha! moment enhances perceived product creativity and product appeal[J]. Journal of Consumer Research, 2023, 50(1): 48-69.

🔖 营销工具箱

产品创新性对企业来说非常重要，很多企业绞尽脑汁在想如何让消费者感知到产品的创新。技术本身可能是产生创新的根本。但是，从消费者的"啊哈！"情绪入手，试图去开发想象力，看看如何能激发这种"啊哈！"情绪可能是一个不错的新抓手。

4. 感染功能

情绪、情感可以感染和传递给身边的其他人。当一个人拥有某种情绪时，不仅自身能感受到相应的情绪体验，还能通过表情、动作等外在形式表现出来，被他人所察觉，引起他人相应的情绪反应。心理学把这种现象称作移情（empathy）或感情移入。生活中人与人之间的情绪、情感相互影响。所谓"一人向隅，满室不欢！"就是描述这个现象的。最新的情绪研究发现，情绪的感染效应可能并不需要人与人直接的接触，仅仅通过观察或者通过社交平台远程就可以引发情绪传染。基于社交网络的研究发现，如果一个人开心，那么他的配偶开心的概率会增加（8%），和他们住在一起的兄弟姐妹开心的概率会增加（34%），甚至居住在距离他1.6公里之内的朋友开心的概率也会增加（25%）。如图4-3所示，一个人开心的情绪会感染到他所在的很大一个社交群体。

图4-3 积极情绪感染效应示意图

资料来源：FOWLER J H, CHRISTAKIS N A. Dynamic spread of happiness in large social network：longitudinal analysis over 20 years in the Framingham heart study[J]. BMJ, 2008(337): 1-9.

然而，不仅积极情绪会在社交网络中传递，消极情绪也具有很强的传染力。现有研究发现，消极情绪（比如孤独感）其实也会在社交网络中传播（见图4-4）。

🔖 营销工具箱

情绪在社交网络中的传递为企业营销带来了很多的启示。在数字营销时代，企业可以通过分享其他消费者在产品使用过程中的积极体验或者情绪反应，来诱发潜在顾客的积极情绪反应。例如，海底捞的成功在一定程度上反映了情绪感染效应的商业价值。海底捞的工作人员在服务的整个过程中都以微笑示人。服务人员的这种积极情绪也传递给了消费者，因此消费者的整体服务体验非常好，而且服务满意度也很高。

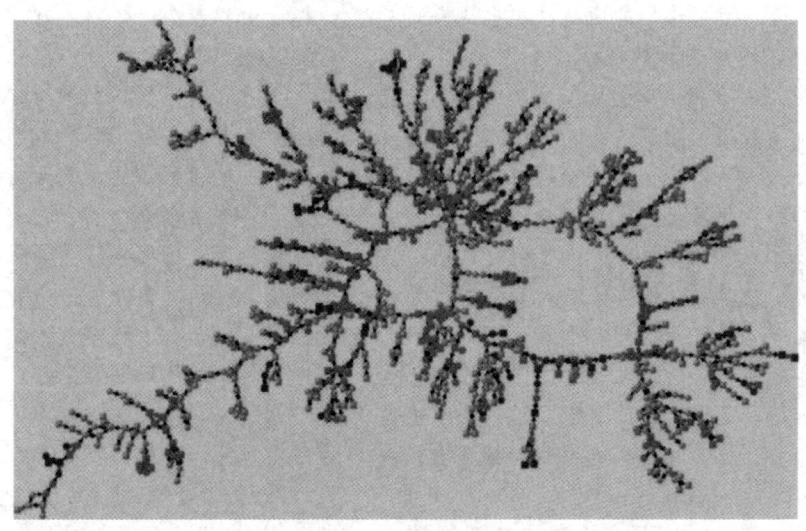

图 4-4　消极情绪感染效应示意图

资料来源：CACIOPPO J T, FOWLER J H, CHRISTAKIS N A. Alone in the crowd：the structure and spread of loneliness in a large social network［J］.Journal of Personality and Social Psychology, 2009, 97（6）：977-991.

5. 迁移功能

迁移功能是指一个人会把对他人的情感迁移到与他人有关的对象身上。一个人对他人有感情，就可能对他所使用的东西、他的生活习性等也产生好感。"爱屋及乌"生动地概括了这一独特的情感现象。企业在产品延伸、服务补救等方面都可以利用情绪的迁移性，以提高企业产品线延伸的成功率。IP 营销成果的关键多是因为这些 IP 有一些非常忠诚的粉丝，因此当迪士尼出周边产品的时候，往往会出现大家疯抢的状态。玲娜贝尔不仅"一贝难抢"，而且在二手平台原价 200 多元的玲娜贝尔更是被炒至上千元。"粉丝经济""带货女王"都说明了当代明星对产品的影响力。商家之所以选择大牌明星、人气明星代言产品就是希望借助情绪的迁移功能，把消费者对明星的喜欢和迷恋转移到产品身上。然而，"爱屋及乌"并不止有正面效应，可能也会产生负面效果。2021 年 6 月，足球巨星 C 罗参加欧洲杯赛前发布会时，把摆在桌子上的可口可乐挪到了一边，把一旁的矿泉水挪到自己面前。就是因为这样一个举动，喜爱 C 罗的粉丝认为 C 罗不喜欢可口可乐，导致可口可乐销量暴跌，市值损失了整整 40 亿美元。

除了"爱屋及乌"之外，很多其他的情绪也能产生迁移功能。拿怀旧情绪来说，它能促使消费者偏爱国货（Dimitradou et al., 2019）。甚至因为这种情绪，消费者面对服务失误时会对服务提供者更加宽容。

| 经典和前沿研究 4-2 | 更爱国货？集体怀旧如何增强人们的国货偏好

社会生产力的发展让消费者的物质生活水平飞速提高，可以选择的商品种类也让人眼花缭乱。但在琳琅满目的一众商品中，"怀旧商品"却能经久不衰，吸引众多顾客的目光，唤起一代代消费者的回忆。各式怀旧零食、复古产品的爆火无不体现怀旧消费的流行。怀旧是消费者的一种情感反应，具体表现为对与过去回忆有关的人和物的喜欢。大量研究证明，消费者的怀旧情感和怀旧需求会对其购买行为和决策过程产生深远的影响。例如，有研究指出，消费者年轻时流行的产品风格会影响他们一生的产品偏好。因此，怀旧消费成了各品牌追逐的重要市场，怀旧营销也成为各大品牌重视的营销策略之一。

然而，怀旧情感不仅会促使消费者购买与过去回忆有关的商品，还能增强消费者对国货的偏好。有研究指出，集体怀旧会导致曾作为群体成员的个体对群体表现出更积极的评价以及更强烈的支持群体的行为意图。而Dimitriadou和她的合作者们则进一步发现，集体怀旧会增强人们的集体自尊，并最终提高人们对国产商品的偏好。具体而言，个体层面的怀旧代表个体对自身回忆的喜欢与追求，而集体怀旧则指的是个体具备曾作为某群体成员的经历，从而对和这段经历有关的人或物表现出向往与渴望。这种集体层面的怀旧会导致消费者对自己所属或曾经属于的群体、组织等产生更加积极正面的评价，提高消费者的集体自尊。而在国家层面，这种集体自尊的增强会促使消费者对自己的国家及国产商品给予更高的评价，最终使消费者在选择商品时对国产商品表现出更强的偏好。

因此，对于国内品牌而言，要想吸引更多的国内消费者购买产品，仅仅强调"国产品牌"的身份是远远不够的。更为关键的是，在强调"国产"特点的同时，品牌应当深入挖掘品牌与消费者共同度过的经历、共同创造的故事。通过唤起消费者对集体经历的渴望与追求，品牌可以在消费者心中激发集体怀旧情感，从而提高消费者对国产商品的偏好。

总的来说，怀旧消费并不仅仅和个体自身的回忆有关，它还和消费者的群体经历有深刻的联系。了解和把握这一关联关系对于品牌制定巧妙的营销策略至关重要。通过深入挖掘集体怀旧的潜在力量，品牌可以成功地唤起消费者对国货的独特情感，提高其市场吸引力、扩大其市场份额。因此，在怀旧营销中注重个体与集体的关系对于塑造品牌形象、提升国货地位具有积极而深远的影响。

资料来源：1. SCHINDLER R M, HOLBROOK M S. Nostalgia for early experience as a determinant of consumer preferences [J]. Psychology & Marketing, 2003(20): 275-302.
2. DIMITRIADOU M, MACIEJOVSKY B, WILDSCHUT T, et al. Collective nostalgia and domestic country bias [J]. Journal of Experimental Psychology-applied, 2019, 25(3): 445-457.

营销工具箱

怀旧情绪对消费者行为和决策具有重要的影响。例如，怀旧广告提高了消费者对品牌的积极态度，增加了消费者的口碑传播意愿，提高了消费者对享乐产品的偏好。此外，将餐厅设计为怀旧主题可以影响消费意愿，旅游景区唤起游客的怀旧情绪能够增加游客的重游意愿。企业可以通过广告激发怀旧情绪。例如，黑芝麻糊的广告就是典型的怀旧广告。企业还可以在场景中播放怀旧歌曲、布置怀旧照片，甚至在产品设计上采用一些老式的款式。

我们概括性地描述了情绪的几个重要功能。需要注意的是，每种具体的情绪的作用可能不同。例如，愤怒和悲伤虽然同样是负面情绪，但是它们的影响却完全不同。这也是情绪研究引起很多学者关注的主要原因。为何每种情绪具有不同的作用呢？这主要是因为情绪有不同的评价属性，每种具体的情绪可能在某个属性上和其他情绪是相同的，但是每种情绪的独特性表现在它所用的评价属性上，两种情绪不可能完全一样。认知评价理论（appraisal-tendency theory）认为，每种具体的情绪是不同评价属性的集合。情绪的评价属性大致可以分为六个：愉悦性（pleasantness）、唤醒性（arousal）、确定性（certainty）、努力程度（effort）、可控性（locus of control）、自主性（agency）。以愤怒和焦虑这两种消极情绪以及自豪和惊喜这两种积极情绪为例，从图4-5可以看出，这四种不同的情绪在六个评价属性上的程度不同。相对来说，愤怒往往是感知负面的事件，这种情绪是可预期的、可控的而且往往是他人造成的；而焦虑同样是感知负面的事件，但是焦虑是不可预期的，是由情境导致的。自豪作为一种积极情绪是感知积极的事件，而且是自己造成的；而惊喜虽然也是感知积极的事件，但是惊喜是不可预期的，是他人引起的。因为情绪在各个评价属性上的不同，它们对消费行为往往会有不同的影响。例如，愤怒会影响消费者对风险的感知，愤怒的个体往往感知风险较低；而焦虑虽然也会影响感知风险，但是焦虑的个体往往感知风险会更高。自豪和惊喜可能会影响消费者对行为的归因。自豪往往导致消费者内部归因，而惊喜则会引发消费者的外部归因。

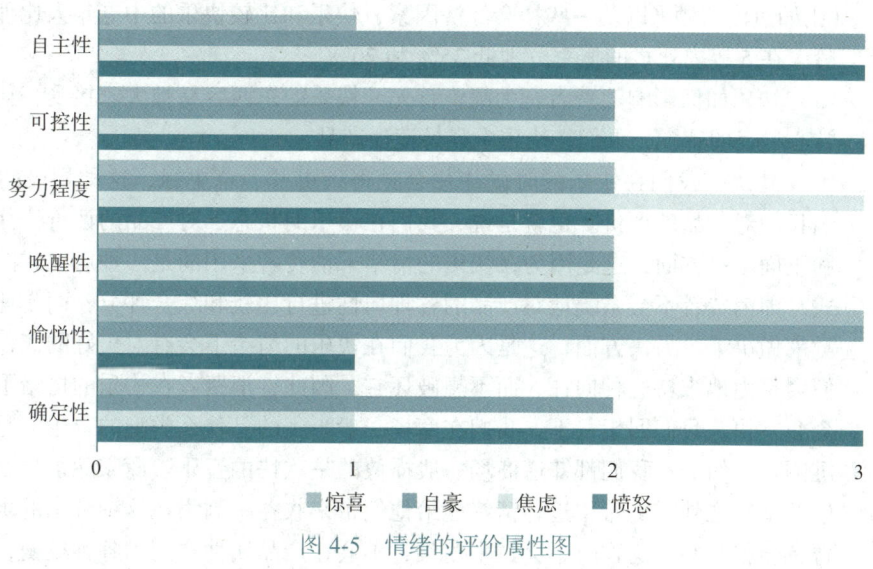

图 4-5　情绪的评价属性图

在下一节中，我们将探究具体的情绪和消费者行为之间的关系，即某种具体的情绪如何影响消费者行为。

4.2　情绪和消费者行为

在本节中，我们将从现有的情绪研究和应用中选取几种常见的与消费者行为有密切关系的基本情绪（快乐、悲伤、后悔、恐惧）和自我意识情绪（羞愧、内疚、尴尬和自豪感），来初步了解情绪如何影响消费者行为。

4.2.1 基本情绪和消费者行为

荀子的"六情说"认为基本情绪有：好、恶、喜、怒、哀、乐（《荀子·正名》）。《礼记·礼运》中提出"七情说"，即喜、怒、哀、惧、爱、恶、欲。社会心理学认为基本情绪有六种（快乐、悲伤、恐惧、惊讶、愤怒和嫉妒）或者四种（喜、怒、哀、惧）。其中，与消费者行为具有密切并对消费者有重要影响的基本情绪是：快乐、悲伤、后悔、恐惧。

1. 快乐

快乐是指个体的一种幸福和满足的状态，是一种愉悦而满意的体验。亚里士多德的快乐理论指出：快乐是人生的意义和目的，是人类存在的最终目标。的确，消费者的很多行为都是为了追求快乐，而各种消费行为也总是在一定程度上反映了消费者对快乐的追求。商家试图用各种方式为消费者提供可以让他们快乐的产品和服务，比如各种各样的巧克力、旅游体验等。可口可乐的快乐营销是如此，泰国微笑航空的广告宣传语——"你的微笑，泰不一样"也是如此。

我们都知道快乐对健康是有益的。有研究者对英国 52～79 岁的中老年人进行了长达 5 年的跟踪研究，他们发现，控制了年龄、抑郁症、长期疾病、不健康的行为（比如过度饮酒）以及一些社会经济因素，快乐和比较快乐的中老年人比那些忧郁的同龄人在 5 年内死亡的概率分别低 35% 和 20%。

快乐如何影响消费者行为呢？首先，快乐的东西容易被大家接受，让大家有一种赏心悦目的感觉，人们在快乐中容易记住产品。

其次，我们在快乐的时候往往会觉得天更蓝、草更绿，这种积极的情绪也会影响我们对产品的评价。也就是说，我们在快乐的状态下对产品的评价往往会更加积极和正面。一方面，这是因为在快乐的情绪下消费者采用的是一种启发式的信息处理方式，即消费者不会系统地对产品的各种属性进行比较和综合评分，而是凭借当下的感觉来做决策。另一方面，这是因为我们在快乐的情绪下会有对美好的憧憬和向往。我们会努力地维持这种向往，而不想破坏它。因此，消费者在快乐的情绪下做决策往往会非常快。我们回想一下，我们在商场一般听到的是什么类型的音乐？是欢快的还是沉闷、哀伤的？我们都知道商场一般播放的是欢快的音乐。商家除了想激发消费者快乐的情绪之外，更希望这种情绪能给他们带来收益。因为在这种音乐的熏陶之下，消费者会很开心，购物时不会钻牛角尖，不会在产品属性之间做各种权衡，很容易达成交易。服务业更是如此，服务人员的第一守则就是：微笑服务。迪士尼乐园被称为创造快乐的地方。但是去过迪士尼乐园的人都知道，迪士尼乐园里面很多受欢迎的项目都需要排长队。如果解决不好顾客排队等待的问题，就必然会导致顾客因焦虑、烦躁而不满。于是，迪士尼乐园的管理部门在每列队伍的外侧设立了估算目前等待人数的告示牌。同时，迪士尼乐园为等待队伍中的游客提供表演，让顾客在等待中也过得很愉快。因此，有人戏称只有快乐才能"赢销"。

2. 悲伤

快乐在营销活动中的应用泛滥成灾，商家逐渐意识到采取快乐营销的手法或许无法脱颖而出。其实，商家也可以考虑激发消费者悲伤的情绪。大众公司在推出具有自动车距控制性能的车型时设计了一个广告。在广告中，前面是一辆面包车，后面是一辆大众汽车，面包车后面的玻璃上挂着一只兔子玩偶，而大众汽车的前挡风玻璃上也挂着一只兔子玩偶。整个广告就是围绕着这两只兔子玩偶展开的：两只兔子非常想在一起，但是总是有一定的距离。广告通过下雨的场景渲染气氛：雨水冲刷着挡风玻璃，消费者俨然感受到的是两只兔子在哭泣。整个广告的配乐也是极度悲伤的。这个广告激发了消费者悲伤的情绪，新颖、独特，实现了差异化的广告效果。悲伤是一种由于感知失去而引发的情绪状态。失去的东西包括可能影响个体健康和幸福感的任何资源，比如爱人去世、恋人分手等。因为悲伤情绪的导火线是感知失去，所以悲伤情绪的后续行为都是源于这种感知失去。面对悲伤，个体往往会有两种反应：①避免将来的损失；②管理情绪。当消费者感到悲伤的时候，他们往往保持着很高的警惕性从而避免进一步损失。同时，悲伤是由损失引起的，消费者会把悲伤解读成失去了什么，尤其是失去了奖励。因此，消费者也会去追寻奖励或者补偿。例如，悲伤的个体在选择伙伴一起完成任务的时候，会偏好选择跟人际能力更强的人一起合作去获得情感奖励，而不是选择那些解决问题能力更强的人。也正是这种对补偿的追寻，悲伤的人更加偏好高风险、高报酬的选择。

有些公益广告也会利用悲伤情绪来激发消费者的反思，从而改变其行为。在一则反对家庭暴力的公益广告中，一个人在孩童时期受到暴力对待，等他逐渐长大成了家长之后，他也会用同样的方式来对待自己的下一代。这则广告的高潮是：恶性循环、周而复始，这是一种悲哀。这则广告向观众展示了某种结果，将悲伤的种子埋进观众的心里，引发观众对结果的思考。以前这类反对家庭暴力的公益广告通常会让消费者感到愤怒，但是这则广告另辟蹊径让消费者感到悲伤。愤怒不会加深人们的自我反思，但是悲伤却可以做到这一点，因此这则广告起到了让观众反思的效果。

除了广告，在数字经济时代，消费者获得信息的另外一个主要渠道就是网上评论。消费者往往会基于评论中传递的购买产品和体验中的情绪来判断评论是否有用，并决定是否购买或者选择评论汇总的体验。

| 经典和前沿研究 4-3 |　　愤怒的评论更没帮助但更有说服力吗

消费者会通过在线评论来获取信息、减少不确定性并做出更好的决策。平台常常会要求用户对看到的评论进行价值衡量，比如大众点评会让用户通过"有帮助"选项对评论进行投票。在过去的科学研究和生活实践中有一个常见的假设，人们认为更有帮助（更有用）的在线评论会对消费者的态度和购买决策产生更大的影响，即更有说服力。那么这一假设在愤怒的评论中也会成立吗？

Yin、Bond和Zhang（2021）的研究指出，这一假设会在愤怒的评论中失效。愤怒的评论会让消费者觉得更没帮助，但能通过提高评论的说服力来增强对消费者态度和行为的影响。感知到的评论的帮助性是指消费者认为评论有助于他们决策过程的程度。消费者会通过评论中表达的情绪来推断该评论的帮助性，当他们看到愤怒的评论时，他们可能会觉得评论的撰写者很难将注意力集中在当前的评论上，或是认为撰写者缺乏自控力，无法控制自己的感情，把公开表达愤怒视为一种非理性的信号，形成评论的逻辑和理性欠缺的推论，从而认为该评论具有更低的帮助性。然而，愤怒的表达不仅仅通过上述的间接推理过程影响消费者的态度，还会通过直接的情感过程产生作用。愤怒是一种强大且容易识别的情绪，一方面愤怒的评论会受到更多的关注，另一方面愤怒作为一种消极情绪会唤起人们的消极态度。也就是说，即使读者认为愤怒的评论是没有帮助的，该内容所造成的消极印象会很容易浮现在他们的脑海中，从而使他们对目标产品或服务的态度恶化。例如，当人们看到评论中提到"我太生气了，这家店的服务实在是太差了"时，尽管他们会认为这种愤怒情绪的评论是没有帮助的，但他们会更愿意按照评论所建议的那样不去这家店进行消费。

资料来源：YIN D, BOND S, ZHANG H. Anger in consumer reviews: unhelpful but persuasive? [J]. MIS Quarterly, 2021, 45(3): 1059-1084.

3. 后悔

"双11"购物节始于2009年11月11日，很多人都没有想到这个最不正式的节日，却创造了巨大的节日利益。"双11"能实现巨大的销售额的内在原因是较大的折扣，这无疑是最有力的经济因素。除此之外呢？从情绪的角度来说，"双11"唤醒的情绪是"预期后悔"。近年来，"双11"的折扣算法越来越复杂，导致消费者必须要全身心投入才能获得更大的折扣。同时，宣传也声势浩大，所有这些宣传的落脚点就是要告诉消费者，要在"双11"赶快下手，否则后悔莫及，"过了这个村没有这个店"。从"双11"创造的财富来看，我们不得不惊奇于后悔的效用。

后悔是什么？后悔是指消费者把自己当下的选择和错失的选择对比而产生的一种自责。消费过程中的后悔可以分为两种，一种是购买前的预期后悔，另外一种是购买后的后悔。

预期后悔是指在购买之前，消费者想象如果不购买可能会导致的后悔以及如果自己购买会导致的后悔。如果觉得不买会更加后悔，那么消费者就会倾向于购买；如果觉得买了之后会更后悔，那么消费者就会倾向于不买。如今，大量的营销手段主打的就是激发消费者的预期后悔，比如限时抢购、"双11"都是在让消费者觉得自己不买会后悔。预期后悔不仅影响到个体的购买决策，同时还会影响到消费者是否会授权他人决策。研究发现，当消费者预期后悔的时候，他们会放弃自己做决策，而会授权他人做决策，这种授权并不取决于决策的重要性，以及潜在代理人的专业知识。

购买后的后悔是指消费者在购买之后后悔不应该花钱购买，或者是后悔买错了东西，也就是拿自己购买的产品和放弃的产品进行比较而产生的后悔。消费者在品牌的选择、购买数量的选择、购买价格的选择、购买时机的选择中都可能会产生购买后的后悔。而对商家来说，购买后的后悔会显著降低消费者的购买满意度，同时在一定程度上对品牌评价、品牌态度和忠诚也会产生影响。一旦消费者出现了购后后悔，商家能够进行补救的行为相对有限。例如，亚马逊推出的购买后一个月可以无条件退货（如果是 Prime 会员，甚至提供免费退货服务）旨在降低消费者的购后后悔。也就是说，一旦成为 Prime 会员，消费者即使买错了也可以免费退货。

某些国内旅游景区的商家深谙消费者会因为错过购买而产生后悔，因此也在努力地宣传他们在本地出售的产品是独一无二的,消费者一旦错过了很难再买到。但是实际并非如此,很多旅游景区出售的产品大同小异,因此很难形成不可逆转的购买情景。同时,尽管有些特色产品只能在个别旅游景区买到,但是旅游景区销售的产品质量堪忧。因此,即使消费者购买了回去之后可能也会后悔,觉得不该买或者质量差。旅游景区本可以充分利用这两种不同的后悔来增加旅游景区的销售,但是因为营销策略不当,产品质量不过关,因而并没有产生应有的营销效果。相反,这些做法往往会产生很多负面效应。例如,旅游景区的产品质量不好,消费者怕错过机会而购买了产品,回家后发现价格又贵质量又不好,从而产生了购买后后悔。这种后悔随着时间的流逝而变强烈,最终使消费者形成了一个共识:在旅游景区不要购买东西,都是忽悠人的。这对旅游业造成了很大损失。

| 经典和前沿研究 4-4 | 错过有限的购买机会,会不会让你越来越后悔

如果你去参加了一次比较独特的邮轮旅行,旅行中有很多特色产品在邮轮上销售。在这次旅行中,你可能因为没有购买一些产品而产生后悔。这种后悔如何随时间的变化而变化呢?

传统理论认为,购买产生的后悔比不购买产生的后悔要更加强烈(Gilovich 和 Medvec,1994、1995)。但是一项新研究却发现,在某些情况下,没有购买产生的后悔比购买产生的后悔更加强烈。

Abendroth 和 Diehl(2006)的研究把类似的购买称为有限购买机会的购买,他们明确指出,在有限购买机会的购买中购买机会是不可逆转的,也就是说,只有在旅行中才能购买,而不是旅行回来后在网上还能购买的购买才称为有限购买机会的购买。类似的场景还有演唱会当天才能购买到的定制 T 恤等。两位研究者发现,在这种不可逆转的购买机会中,没有购买往往会产生非常强烈的短期后悔,而且这种后悔会比那些购买后产生的后悔的程度更大。这主要是因为在这种不可逆转的购买机会中,没有购买往往会被消费者解读为一种所有权损失,而购买可以避免这种损失。因此,相对于在不可逆转的购买机会中购买的人,没有购买的人往往会产生更强烈的后悔。

但是随着时间的流逝(比如三个月后),没有购买的后悔会慢慢地减弱,而购买后的后悔会逐渐增强。这主要是因为,对于有限购买机会中的产品,如果没有购买,该产品不会常常出现在我们周围,就慢慢淡化了没有购买这件事,从而使因为没有购买而产生的后悔随着时间的流逝逐渐降低。相反,如果购买了不满意的产品,由于产品就在身边,它会提醒自己买错了,消费者就会变得越来越后悔。

资料来源:1. ABENDROTH L J, DIEHL K. Now or never: effects of limited purchase opportunities on patterns of regret over time[J]. Journal of Consumer Research, 2007, 33 (3): 342-351.

2. GILOVICH T, MEDVEC V H.The temporal pattern to the experience of regret[J]. Journal of Consumer Research, 1994, 67 (3): 357-365.

3. GILOVICH T, MEDVEC V H.The experience of regret: what, when and why[J]. Psychological Science, 1995, 102 (2): 375-395.

除了产品选择之外,消费者的转换行为也受到后悔情绪的影响。例如,在保险到期之后,消费者是否应该换一家保险公司;当牙膏用完了之后,消费者是否应该尝试另外一个品牌或是另外一种口味等。在做这些决定的时候都可能产生一种预期后悔,

也就是消费者会想象自己在换了产品之后是否会后悔。消费者往往会因为转换行为而产生更多的预期后悔，而维持原来的选择就不太容易产生后悔。例如，考试的时候，如果你把一开始选正确的答案在检查阶段改成了错误答案，你会非常后悔。但是如果你一开始就选了错误的答案，在检查阶段没有修改，那么你后悔的程度就没有那么大。如果商家不希望自己的消费者转而使用别家的产品，就需要提高预期后悔。反过来，如果商家想要消费者抛弃别家的产品来使用自己的产品，就需要采取一些措施来消除这种预期后悔。

◎ 营销工具箱

通过提高转换成本可以有效地提高预期后悔，从而降低消费者流失率，提高消费者的品牌忠诚度。

转换成本包括技术层面和情感层面的。例如，提高技术壁垒，提高产品和配件的专用性。索尼电子产品就是采用这种方法来维持索尼用户对品牌的忠诚度的。情感层面的转换成本则涉及服务可得性和便利性等。例如，你多次在某个购物网站购物之后，这个网站就记录了你的偏好和邮寄地址等信息。如果这时你换一个购物网站购物，就会有诸多不便，这样一来，转换成本就提高了。

4. 恐惧

恐惧是指出现或者预期出现危险的时候产生的一种基本情绪。相比于其他的情绪，营销人员最擅长利用的情绪就是恐惧情绪。

恐惧情绪对消费者的认知有很大的影响。恐惧会影响消费者当下的注意力和记忆力。从短期来看，当消费者感受到恐惧时他们会更加关注当前的威胁，从而降低对过去和将来的关注。一旦激活了消费者的恐惧心理，就会将消费者的注意力限制在当前的环境，消费者会去识别和评估威胁。因此，他们对当下环境中的人和物会有更好的记忆。此外，恐惧情绪让消费者关注于当下，从而导致他们对当下环境以外的人和物都有偏见。再者，因为恐惧心理会让消费者感知到高度的不确定性，从而导致消费者产生风险规避以及采用系统的信息处理方式，即在决策过程中会考虑各种因素，同时在产品属性评价中系统地对各种属性进行评价和比较。

◎ 营销工具箱

在通过恐惧诉求促进消费者的健康行为时，必须要考虑到恐惧的程度。激发的恐惧程度不同，劝说的视角也应该不同。较高程度的恐惧刺激应该采用第三人称、客观的语言劝说，这样效果最佳；而对于较低程度的恐惧刺激，则应该采取第一人称、主观的语言去劝说才能达到较好的劝说效果。

在营销实践中，恐惧心理可以引起消费者注意，提高消费者信息处理的程度，从而增强广告的宣传效果。同时，恐惧也会有效地增加消费者选择的多样性，提高消费者的自控行为，更重要的是它对降低消费者的不健康行为有着重要的作用。禁烟、预防艾滋病等公益广告很多时候都是通过激发消费者的恐惧心理，从而提高说服效果的。

尽管恐惧情绪对促进健康行为有一定的影响，但是太强烈的恐惧反而会影响说服效果。Achar，Agrawal 和 Hsieh（2020）通过实验验证了这一观点。他们让参与实验的人想象自己进行心理疾病、皮肤癌或乳腺癌的检测过程或是检测结果，结果发现，那些想象自己检测结果的人产生了更加恐惧的情绪，这种情绪降低了他们寻求检测或帮助的意愿；而那些想象自己检测过程的人产生了更低水平的恐惧情绪，这种恐惧促使他们提高真实的疾病检测意愿。在现实生活中，吸烟者看到一则吓人的戒烟广告之后可能因为恐惧而不去仔细看广告内容，也可能因为广告引发的焦虑而吸更多的烟。为了解决这个问题，商家在广告中采用恐惧诉求时，可以根据恐惧程度的不同而采取不同的广告陈述方式。具体来说，Keller 和 Block（1996）发现，如果采用较高恐惧水平的刺激，这时候信息表达需要借他人说事，而且要尽量客观，这样才能有更好的说服效果，他们把这种策略称为压制加工的干预策略（elaboration-suppressing）。例如，在吸烟公益广告中，常常采用和死亡有关的高恐惧刺激，这时候在宣传中应该采用第三人称（"他"）的信息表达方式，客观地表达为何吸烟会带来死亡，这种表达方式让消费者意识到吸烟的后果，同时也不至于引起过度焦虑，这样才可能有更好的宣传效果。相反，对于较低恐惧水平的刺激，在信息表达时要现身说法（用第一人称"我"），主动激发消费者的想象，这样才能具有更好的说服效果，这种策略称为高加工的干预策略（elaboration-enhancing intervention）。例如，我国消费者对皮肤癌的认知相对不多，而且错误地认为皮肤癌是欧美人特有的。对于这种恐惧水平较低的刺激，宣传应该更多地从第一人称（"我""我们"）出发，让消费者从自身出发去解说消费者的个体行为是如何与皮肤癌相关的，从而引发消费者思考，这样可能会有更好的说服效果。

📍营销工具箱

单独地激活恐惧心理可能并不能使说服效果最大化。恐惧心理和其他高归责的情绪相结合（比如愧疚、后悔等），可能会更大程度地提高信息的说服力。

在实际应用中，Passyn 和 Sujan（2006）指出，单纯通过恐惧信息试图提高健康的消费行为，其效果是有限的。这两位学者建议恐惧信息与其他情绪相配合可能会有好的效果。具体来说，相对于低自我归责的情绪，恐惧信息搭配高归责的情绪（比如愧疚、后悔），会有更高的说服效果，从而促进消费者的健康行为。以皮肤癌为例，为劝说个体从自我做起，降低皮肤癌的患病率，在宣传的时候就不能单纯说皮肤癌的发病率很高、皮肤癌的后果等。在宣传中要试图激发消费者的一些高归责的情绪，比如让消费者想象因为自己平时没有注意采取必要的措施导致出现皮肤癌，以及由此给父母带来的伤害，或者告知消费者如何应对皮肤癌。这些情绪的激活都比单纯激活恐惧情绪能更有效地提高消费者的健康行为。此外，恐惧与其他情绪的混合也会对消费者的消费偏好产生影响。Galoni，Carpenter 和 Rao（2020）发现，传染病迹象会导致恐惧和厌恶交杂的情绪，这种混合情绪与单一的恐惧或单一的厌恶不同，它会不对称地增加人们增加对更熟悉的产品的偏好，而不是对不太熟悉的产品的偏好。

| 经典和前沿研究 4-5 | 机器人像人是好还是坏

在我们的日常生活中,服务机器人越来越多,它们的外形有的不那么像人,有的非常像人。你有没有想过,机器人类人的程度不同,会对人们的感受产生什么影响?

由于机器人与人类有一定的相似度,因此随着机器人类人的程度提高,人们对机器人的好感度是逐步上升的;但是,当这种相似度达到一个特定值的时候,人们对机器人的态度开始恶化,变得负面和反感,长得像人的机器人会使人们感到不舒服,甚至恐惧;而随着机器人与人类的相似度进一步提升,当机器人与人类非常相似的时候,人们对机器人的好感度再次提升。这就是"恐怖谷"理论(见图4-6)。

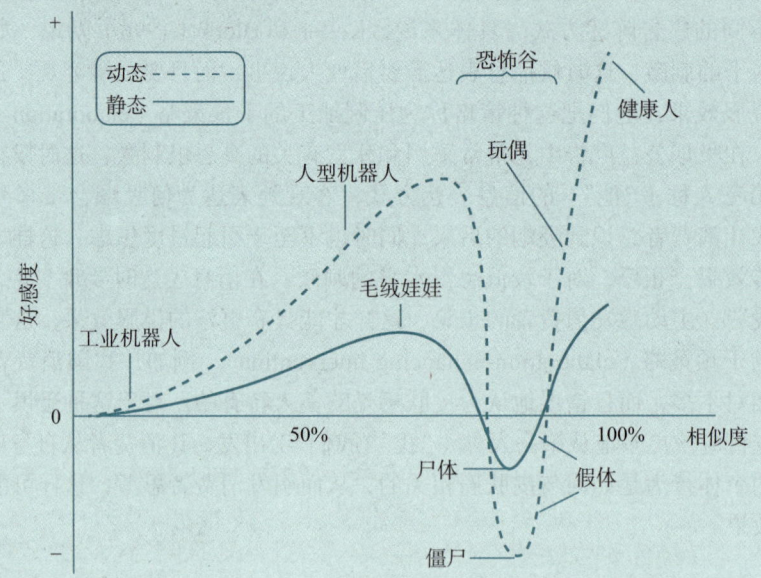

图 4-6 "恐怖谷"理论曲线

这一理论在生活中也得到了验证。由于设计机器人的目标是"增加信任、更加友善、增加人们与机器人之间的联系",因此越来越多的企业认为,使用机器人可以降低成本、提高效率,提高顾客满意度。例如,海底捞的机器人"贝拉"、巴奴毛肚火锅的机器人"欢乐送",越来越多的餐饮企业使用服务机器人,它们憨态可掬的外形深受消费者的喜爱。

尽管服务机器人带来了一些好处,但是,就像"恐怖谷"理论显示的那样,当机器人更像人的时候,可能会给人们带来潜在的恐惧或不安。Mende、Scott 和 van Doorn 等人(2019)通过一系列的实验证明,当服务机器人带来不安的时候,人们会做出一系列的补偿消费行为来抵御这种不安。具体来说,相比较接受真人服务员的服务,接受人工智能机器人服务的消费者更有可能做出补偿性行为,比如购买彰显地位的产品(奢侈品领带等),购买能够带来社会归属感的产品(文化衫等)。这是因为人工智能对人们造成了身份认同威胁,为了抵抗这种威胁,人们进行了更多的补偿性行为。

随着机器人技术的进步,成本降低,服务机器人的应用越来越广泛。人们在享受机器人带来的服务的同时,也在不经意间被它们影响,改变着消费习惯和消费行为。在未来,机器人还会渗透我们生活的方方面面,如何与机器人共处,是商家和消费者应当共同考虑的问题。

资料来源:MENDE M, SCOTT M L, VAN DOORN J, et al. Service robots rising: how humanoid robots influence service experiences and elicit compensatory consumer responses [J]. Journal of Marketing Research,2019, 56(4): 535-556.

4.2.2 自我意识情绪和消费行为

自我意识情绪（self-conscious emotion）包括羞愧、内疚、尴尬和自豪感等。自我意识情绪要求个体关注自我，激活消费者的自我展示动机和自我评价。更重要的是，自我意识情绪会导致个体关注他人对自己的评价。

由于自我意识情绪涉及消费者对自我的认识以及他人对自己的看法，因此，自我意识情绪广泛地应用在促进消费者的亲社会行为以及遵守社会准则的宣传中。我们重点介绍四种和消费者行为紧密相关的自我意识情绪，包括羞愧、内疚、尴尬和自豪感。

1. 羞愧、内疚

在所有的自我意识情绪中，羞愧和内疚是最相似的两种情绪，因此很多时候学者互换使用这两种情绪。羞愧是一种个体将负面结果归咎于自我不足和缺陷的负面情绪。当个体经历羞愧情绪时，他们更倾向于关注自我的不足，并且把一切负面结果都归咎于自己。而内疚情绪则是个体将负面结果归咎于某一具体的行为而非全面否定自我。例如，如果学生把考试成绩不好归咎于自己没有好好复习，就会产生内疚；如果学生认为考试成绩不好是因为自己无能，就会产生羞愧。

羞愧和内疚有很多相似点：①都是负面情绪；②都是由行为的结果与自己的目标不一致导致的；③都是因为一些不好的行为结果。但是这两种情绪还有以下几点重要的差异。

首先，内疚产生的原因是人们觉得自己原本应该做不一样的事情，这样就可以改变不好的结果。羞愧则更多地关注事件的负面结果，从而陷入深深的自责和自我否定中。

其次，经历内疚情绪的人往往会采取一种主动积极的态度和行为去解决问题，比如承认错误、道歉或者弥补过错。但是，经历羞愧的个体往往会采取一种被动的、规避导向的行为方式，他们全面否定自我，试图逃避。当个体经历羞愧情绪时，他们的第一反应就是避免去看其他人的眼睛，想要逃跑、躲起来。羞愧情绪常常被形象地描述成"恨不得钻进一个洞中"的情绪状态。因此，羞愧激发的是一种规避行为。

由于羞愧导致的是不作为的、被动的行为方式，相比而言，营销领域对羞愧的研究比较少，更多的研究关注内疚对行为的促进。

营销工具箱

在服务互动过程中，通过热情、周到的服务激活消费者的内疚情绪，会有效地提高交易达成的可能性。

尽管内疚不是消费者对自我的全面否定，但是内疚的产生也是个体对自我的一种负面评价。首先，内疚产生之后，个体会积极地采取行动去改善自我、纠正错误，从而降低自己的内疚感。例如，消费者在购物过程中如果试了很多件衣服，一直没有特别满意的，但是又觉得服务人员很热心地提供服务，而自己也耽误了服务人员很长时间，就可能产生内疚感。为了降低内疚感，消费者就可能会通过买一件衣服进行补救。

其次，除了通过直接的行为弥补过失，内疚也会导致消费者通过一些间接的行为修复这种负面情绪。内疚也可能会提高消费者的亲社会行为，比如激活内疚情绪会促使消费者更愿意去帮助陌生人、更愿意去做志愿者、在讨价还价中更加合作等。此外，内疚也会使消费者避免情绪的进一步恶化。因此，经历内疚时，消费者往往会避免一些在他人看来是浪费的、不道德的和不负责任的行为。

| 经典和前沿研究 4-6 | 拟人化公益信息，提高了内疚感？

大量的公益广告希望通过信息传达提高消费者的健康行为、环保行为等。然而，公益广告的效果却不尽如人意。那么，通过什么方法能提高公益广告的效果呢？政府和相关部门几经尝试，最终还是通过经济奖励来提高消费者的亲社会和环保行为。经济奖励一般是经济学中的做法，从心理学视角来看，是否存在其他方法影响消费者使他们服从公益广告从而产生亲社会和环保行为呢？

Ahn、Kim 和 Aggarwal（2014）的研究发现，如果将公益信息拟人化则会显著地提高消费者的服从行为。在研究中，被试者被随机地分配到拟人组或者控制组。在拟人组，被试者看到图 4-7a 所示的公益广告信息，而在控制组，被试者看到图 4-7b 所示的公益广告信息。之后要求被试者回答他们有多大可能会参与能源保护活动。结果显示，与看非拟人化公益广告信息的被试者相比，看到拟人化公益广告信息会显著地提高消费者参与能源保护的可能性。研究者还通过操控垃圾分类以及环保行为进一步证实了这一研究结果。

为什么拟人化公益广告信息会提高消费者的服从行为呢？我们都知道，所谓拟人化是将人的特质和属性赋予非人类物体。而一旦非人类的物体拟人化之后，它们就具有了体验喜、怒、哀、惧的能力，因此它们往往会被看作一个值得被关心和保护的人类同伴。当我们看到我们的同伴遭遇不幸的时候，往往会激发内疚感。这种内疚感来源于：①自己做了什么事导致了负面结果；②自己的不作为导致了负面结果的出现。这种内疚感会促使个体改变负面结果，从而提高消费者对公益广告信息的服从行为。

a)

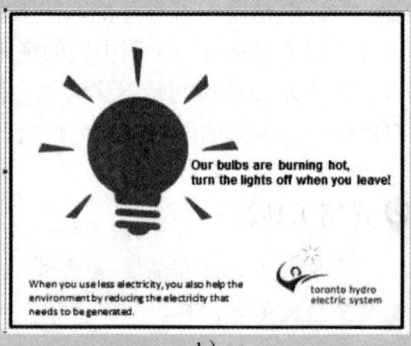
b)

图 4-7 拟人化/非拟人化公益广告信息

其实在大量的亲社会行为研究中，激发消费者的内疚感是提高消费者亲社会行为的主要动力。消费者内疚感越强，越可能去从事亲社会行为。

资料来源：AHN H K, KIM H J, AGGARWAL P. Helping fellow beings: anthropomorphized social causes and the role of anticipatory guilt [J]. Psychological Science, 2014, 25 (1): 224-229.

2. 尴尬

尴尬情绪是消费者经常体验到的一种情绪状态。当消费者用信用卡刷卡被银行拒绝时，当消费者意识到裤子的拉链没拉好时，都会经历尴尬情绪。尴尬是指当人们以为他人（不管是真实的他人还是想象的他人）对自己有负面评价时产生的一种负面的情绪状态。

作为一种负面的自我意识情绪，尴尬会带来很多行为结果。在消费者行为领域，已经有一些研究探讨经历尴尬情绪之后消费者的后续反应。有研究指出，在面对那些引发尴尬情绪的失败服务时（比如你选择了一家餐厅为朋友庆生，然后发现餐厅的食物和服务都很糟糕），基于面子考虑，消费者会采取抱怨的行为和更高的品牌转换行为。也有学者发现，为了转移注意力或者化解尴尬，消费者甚至会进行行窃行为。

由于尴尬让人们对自己产生了不好的感觉，因此人们会想办法应对尴尬情绪。现有的研究指出，消费者可以采用两种策略来应对这种负面情绪。

尴尬情绪会导致个体规避社交关注。例如，当个体认为自己在团队活动中的表现让自己很尴尬时，个体会减少与团队其他成员的眼神交流。在营销环境中，互动时经历尴尬会导致消费者逃之夭夭。

尴尬情绪也会激励个体修复自我形象。尴尬来源于个体在公众场合出了丑、丢了面子、失了形象，因此消费者有很强的动机去修复他们的公众形象。他们可能会通过牺牲自己的利益去主动地帮助其他人。也有研究发现，为了让自己感觉不那么尴尬，当个体经历尴尬情绪时他们会在自我评价的问卷中把自己评价得更加正面和积极。除了某些行为会引发尴尬情绪，其实消费者购买很多产品时也隐含着尴尬的情绪。例如，在购买除腋臭产品、购买避孕套等涉及个体隐私的产品时，消费者都会有尴尬的情绪。对于商家来说，如何能够帮助消费者呢？研究发现，设置自助结账或者当不能满足自助结账时，服务人员尽量表现得机械化一点可能会在一定程度上化解消费者的尴尬。

| 经典和前沿研究 4-7 | 遭遇尴尬怎么办

想象一下，你正在超市购买避孕套或者体香剂时正好碰到了你的熟人，抑或是你正在看一部很好看的电视剧，电视剧中的男女主角亲吻时，父母正好在场。这些时候你感觉如何呢？除了尴尬就只有尴尬了吧。你会如何化解尴尬呢？

面对尴尬，消费者的反应无外乎两种。①逃避任何社交交往。例如，当你认识的人看到你在买避孕套，你的第一反应可能就是下意识地避开和他们的眼神交流。②重塑正面的自我形象。当你看到偶像剧中的男女主角在亲吻，而你的父母在场时，你可以岔开话题和父母交流，告知他们你最近的作文获奖了，或者你今天做了一件事情被表扬了。

然而，除了我们提到的这些日常行为，消费者是否能通过消费行为来化解尴尬呢？Dong，Huang 和 Wyer Jr.（2013）研究发现，消费者的确会选择一些产品来应对尴尬情绪。消费者可能会选择一个大的墨镜把自己隐藏起来，从而避免任何人际交流。消费者也可能购买化妆品来提升自己的整体形象。除此之外，Song，Huang 和 Li（2017）发现消费者可能通过选择炫耀性品牌来应对尴尬情绪，而且更重要的是，不同自尊水平的个体在选择炫耀性品牌时其动机是不同的。对于低自尊的消费者，他们在经历尴尬之后选择炫耀性品牌主要是为了避免大家关注自己，希望通过炫耀性品牌转移人们的注意力；而高自尊的消费者在经历尴尬情绪的时候选择炫耀性品牌是因为他们希望通过炫耀性品牌来标榜和提升自我形象。同时，Sun，Wang 和 Hoegg 等人（2023）发现在购买涉及隐私的产品时，消费者也会遭遇尴尬，这时候为了避免尴尬他们会选择自助服务。如果自助服务不可得，消费者倾向于对服务人员"去人格化"，从而降低尴尬。

资料来源：1. DONG P, HUANG X, WYER JR. The illusion of saving face how people symbolically cope with embarrassment[J]. Psychological Science, 2013, 24（10）: 2005-2012.
2. SONG X B, HUANG F F, LI X P. The effect of embarrassment on preferences for brand conspicuousness: the roles of self-esteem and self-brand connections[J]. Journal of Consumer Psychology, 2017（1）: 69-83.
3. SUN X, WANG H, HOEGG J, et al. How consumers respond to embarrassing service encounters: a dehumanization perspective[J]. Journal of Marketing Research, 2023, 60(4): 646-664.

3. 自豪感

自豪感是自我意识情绪中为数不多的正面情绪。自豪感是个体在取得一定的成绩或者在追求长期目标的过程中取得进展之后的一种积极的体验。个体往往把这种自豪的体验解释为感知成就感。

由于自豪感产生的来源不同，学者把自豪感分为两种：傲慢的自豪（hubristic pride）和真正的自豪（authentic pride）。傲慢的自豪来源于个体内部的、稳定的、不可控的一些因素，比如人格特质（我做得很好，是因为我自己很厉害）；而真正的自豪源于内部的、不稳定的和可控的因素，比如努力（我做得很好，是因为我付出了很多努力）。

个体有自豪感，一个国家、一个民族也有自豪感。文化是一个国家、一个民族的灵魂。文化自信是民族自豪感的重要来源，是一个国家、一个民族发展中更基本、更深沉、更持久的力量。2016 年，以故宫 IP 为首，整个博物馆文创产业迎来"井喷"式发展。2016 年 5 月 11 日，文化部○、国家发展改革委、财政部、国家文物局《关于推动文化文物单位文化创意产品开发的若干意见》出台，成为博物馆文创的助推器。国家政策支持、社会民众鼓励，文化创意事业发展迎来了新的机遇，文创呈现出蓬勃发展的良好势头。国内多家博物馆、美术馆、纪念馆围绕自己的馆藏产品进行 IP 开发，而故宫的不少文创产品早已"飞入寻常百姓家"，还有不少文创产品作为国礼送给多位外国首脑，成为博物馆文创产业的引领者。中国文创产品的蓬勃发展意味着国人、全世界对中国文化的认可度提升，是国人文化自信的体现。2022 年北京冬奥会开幕式和闭幕式的观看量都创造了国际大赛开 / 闭幕式的神话，这主要是因为这次开 / 闭幕式处处彰显着根深蒂固的中国文化以及中国文化背景下的气势磅礴。在自由式滑雪女子坡面障碍技巧资格赛上，我国某运动员滑完第二轮等待打分时，掏出韭菜盒子开始吃起来。这名备受关注的运动员吃韭菜盒子这一动作引起了大众的关注和效仿。美图数据显示，在该运动员提到韭菜盒子后的一周内，用户搜索量约 12 万次，同比增长超 161%，外卖累计销量超 160 万个，同比增长 93%。除了名人效应之外，推动

○ 2018 年 3 月，组建文化和旅游部，不再保留文化部。

这波韭菜盒子风潮的更多是我们的民族自豪感。不少人发出感慨："我最爱的韭菜盒子，竟然也是我偶像的最爱，我骄傲，我自豪！"瑞幸咖啡联合茅台推出了酱香拿铁，瑞幸咖啡的粉丝们奔走相告，纷纷下单，除了好奇之外，有多少人是受自豪感的驱动而下单的？瑞幸咖啡从创立开始就被外界打上了"低端"的烙印，这次瑞幸与茅台联名使瑞幸扬眉吐气，自豪感油然而生。

近年来国潮风持久不衰，大家意识到国产的产品也能在质量上做到很好，而且调性也不错。国产产品销量持续走高，这在一定程度上也是源于我国消费者的民族自豪感。《品牌运营：2023 中国品牌消费趋势洞察报告》显示，2023 年 79.9% 的消费者增加了国产品牌的消费，高于 2020 年的 73.3%，各个年龄段的消费者对于国产品牌的消费均有大幅度的增加，与 2020 年相比，"90 后"和 Z 世代对国产品牌消费的增加更为突出。这说明我国消费者尤其是 Z 世代的消费者已经越来越信赖国产品牌，相信中国制造。文化自信不是空谈，而是事实。

营销工具箱

企业在营销过程中应用自豪感时一定要谨慎，要考虑到哪种类型的自豪感和品牌声誉更符合，避免弄巧成拙。一般来说，奢侈品以及具有独特性的、孤傲的品牌适合用傲慢的自豪，这会增加消费者对品牌的偏好，但是真正的自豪更多的是激发消费者维持自我价值的行为。

两种不同的自豪感对消费者行为有不同的影响。研究发现，相对于真正的自豪，激活傲慢的自豪会使消费者更可能选择独特性的产品，而真正的自豪能提高个体的动机和结果导向的目标。自豪是源于心理授权和成功的结果，因此自豪感往往和有利于自己的行为相联系，因为这些行为能够维持个体的自我价值。真正的自豪往往会促进一系列积极的行为。真正的自豪源于消费者自己的付出，因此，当消费者体验真正的自豪时，他们会从事那些能够维持自我价值的行为。例如，当消费者在健康和不健康产品之间进行选择的时候，真正的自豪会通过提高自我意识降低消费者对不健康产品的选择。

商家希望激发消费者的自豪感，从而使消费者选择其产品。例如，巴黎欧莱雅的广告语——"巴黎欧莱雅，你值得拥有"就是通过激活消费者的自豪来影响消费行为。从"值得"两个字分析来看，这则广告更多是想激活真正的自豪，从而增加消费者对该品牌的持续偏好。

相比较而言，自然堂的广告采用了"你本来就很美"的广告语，尽管激活了自豪感，但是更多的是傲慢的自豪。因为傲慢的自豪可能导致消费者的独特性需求。从自然堂品牌声誉和品牌价值来看，该品牌不能完全满足消费者的独特性需求。因此，该广告可能在某种程度上对品牌不利。

4.2.3 基于情绪的营销决策

情绪之所以重要，不仅是因为不同的情绪对消费者行为和决策有不同的影响，更重要的是消费者在决策时基于情绪的决策占了很大比例。丹尼尔·卡尼曼在《思考快与慢》一书中指出，消费者的决策由系统 1（快速感性决策系统）和系统 2（慢速理性决策系统）组成。而情绪则是导致个体感性决策的最重要的因素。在消费者行为领域，大量的研究在探讨消费者基于感性的决策和基于理性的决策。基于感性的决策（feeling-based decision）指的是消费者常常基于当下感受到的情绪（emotion）做出的判断和决策；而基于理性的决策（reason-based decision）指的是消费者根据认知推理（cognitive reasoning）做出的判断和决策。与基于理性的决策相比，基于感性的决策更加自发，更符合个人内心和人际互动的一致性，相对不太受外部因素的影响，对数值范围更不敏感。

情绪已被证明会影响各种各样的判断和决策，包括生活满意度判断、风险估计，以及图片的愉悦性判断。同样地，基于感性的决策在消费者行为中也很常见。例如，相比不愉快的情绪，在经历愉快的情绪时，消费者有更强的意愿去评价产品，更有可能购买产品，并愿意为产品支付更多的钱。这些情绪包括针对目标的真实情感反应和错误归因于目标对象的偶然情感。例如，看到美味的巧克力蛋糕时的愉快，或者是看到蜘蛛时的不愉快，这些都是真实情感反应；而晴天带来的乐观情绪或雨天带来的阴郁情绪是偶然情感。消费者一般会认为当前的任何感受都是由他们关注的对象带来的，所以他们也会把偶然情感错误归因为目标对象。例如，在午餐的时候下大雨了，这种雨天带来的情感就会被归因到午餐上。

消费者在判断和决策中对依赖情绪的倾向也受到很多因素的影响。首先，不同的动机类型和产品类型会导致消费者选择情绪或者理性推理作为判断依据。体验性动机和享乐型产品会导致消费者更加依赖情绪来做出判断；相反地，功能性动机和功能型产品会导致消费者更加依赖理性推理来做出判断。其次，心理接近度和不确定性也会影响消费者对情绪的依赖。具体而言，消费者对于即将发生的结果更容易根据情绪判断，而对于遥远未来发生的结果更容易根据理性推理判断。消费者在不确定心理的诱导下，更容易依赖情绪做出决策。再次，消费者的自我也会影响其依赖感性决策的可能性。例如，自我关注和以自我为中心的消费者更加容易基于情绪做决策。这是因为自我关注的、以自我为中心的、独立的消费者更不需要向他人解释原因和证明合理性，这导致这类消费者对于理性的忽视，同时也会导致消费者对自我情绪的重视。最后，消费者为自己做决定比为他人做决定更依赖情绪。具体而言，当被试者被要求为自己选择一个团队合作伙伴时，被试者的情绪显著影响了他们对伙伴的选择，然而，当他们被要求为别人选择时，情绪的影响就不复存在了。

4.3 消费者行为中的情绪影响和情绪应用

在上一节中我们系统地介绍了各种不同的情绪类型和消费者行为的关系，了解了消费者行为在很大程度上受到情绪的影响。然而，情绪是如何影响消费者行为的？对于商家来说，它们应该如何利用情绪？

4.3.1 情绪的影响方式

商家能够控制的消费者在决策和产品选择过程中的情绪基本可以分为：整体性情

绪、伴随性情绪以及与任务有关的情绪。

1. 整体性情绪对消费者行为和决策的影响

整体性情绪是指和产品或者消费决策直接相关的情绪。整体性情绪包括看到或者体验到产品之后马上产生的情绪（比如品酒时的愉悦感）、在产品展示过程中体验到的情绪（比如产品广告）以及基于自己对产品的认知产生的情绪（比如想到一个产品）。这些情绪反应是由产品属性（不管是真实的产品属性、感知的产品属性或者是想象的产品属性）引发的、和产品有关的一种整体性的情绪。

一般来说，消费者往往会对那些能够引发积极情绪的事物（比如美妙的交响乐、甜美的零食或者一个有吸引力的歌手）给予较高的评价。整体性情绪和产品评价、产品购买之间的关系非常强，以至于有学者认为整体性情绪和产品评价是相互依存的。

在营销领域，整体性情绪的这种影响更多地表现在广告方面。消费者对广告的情绪反应会直接影响消费者对广告的态度，进而影响消费者对品牌的态度。甚至有研究指出，广告引发的整体性情绪可能直接影响消费者对品牌的感知而不会对广告态度产生影响。

整体性情绪是一种即时的、基于简单联系的、启发式的情绪。对于这种即时的情绪，消费者更加受到即时情感奖励或者惩罚的影响，而忽略后续的结果。这也是消费者受到整体性情绪影响而产生冲动性消费的一个重要原因。

整体性情绪可以影响消费者的决策，尤其是当消费者在相关产品领域缺乏经验、消费者的认知资源受到限制、有一定的时间压力需要快速做出决定以及当消费者的动机很低，并不是很在乎这个决策时。在这样的一些情境下，整体性情绪的影响会进一步被放大。

◎ 营销工具箱

对于能够激发积极的整体性情绪的产品（大多是享乐型产品），企业应尽量在产品宣传中降低消费者的信息处理动机，减少与产品属性相关的信息展示。

对于企业来说，如果产品具有整体的美感或者产品本身能够激发消费者积极的联想，企业在广告宣传和其他整合营销过程中就不应过多地介绍产品相关的其他属性，而应让消费者基于整体性情绪做决策和选择。苹果公司推出的MacBook Air就是一个很好的例子。从产品属性来看，MacBook Air这款产品可以被称为"吐槽"产品，但是即便如此，MacBook Air也是苹果公司的功臣。因为苹果公司在宣传该产品的时候努力通过宣传美感来诱发消费者的购买，而非强调其他属性。德芙巧克力的"此刻尽丝滑"、雪碧的"透心凉，心飞扬"都是典型的基于产品或者品牌的宣传，通过消费者的体验或者想象产生整体性的愉悦感等积极情绪，从而提高消费者对品牌的偏好。

2. 伴随性情绪对消费者行为和决策的影响

伴随性情绪是指那些与产品和服务并没有直接联系的情绪体验。换句话说，伴随性情绪并不是由产品本身引发的情绪反应。伴随性情绪可能来源于个体长期性的情绪特质（比如长期焦虑感、压抑感）或者个体气质（比如乐观性）或者是情境（比如背景音乐、气味,甚至是天气状况)。

伴随性情绪对行为的影响主要是通过同化效应产生的。当消费者心情比较好时,他们对产品的评价往往会比心情不好的时候更高。也就是说,即便消费者的积极情绪与他做的决策或者购买的产品无关,消费者的决策和产品选择也会受到这些情绪的同化和感染。

尽管以往的研究指出只有当消费者处理信息的动机比较低时,伴随性情绪的同化效应才更大。然而,新近研究发现,高动机水平并不必然会削弱伴随性情绪的影响。也就是说,伴随性情绪的同化效应和动机水平之间存在一种非线性的关系,如图 4-8 所示。具体来说,当消费者处理信息的动机水平和能力比较高的时候,消费者可能会意识到伴随性情绪和他们的决策无关,因此同化效应不会存在。然而,当消费者处理信息的动机水平和能力非常低的时候,他们可能不会有伴随性情绪的产生。所以,只有当消费者处理信息的动机水平和能力在中等程度的时候,伴随性情绪的同化效应才会最强。

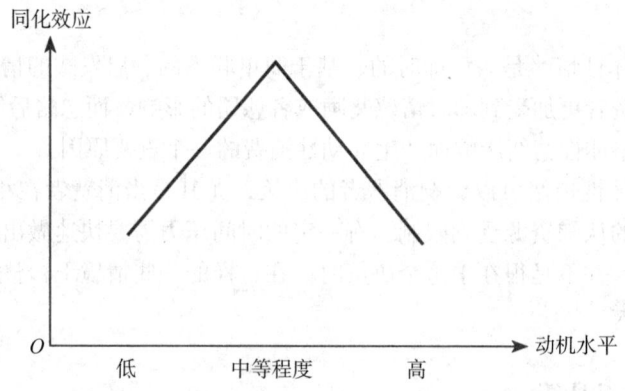

图 4-8 伴随性情绪的同化效应与动机水平的关系

此外,伴随性情绪的同化效应往往是在消费者不清楚伴随性情绪的来源时最强。这主要是因为一旦知道伴随性情绪的来源,消费者就知道了伴随性情绪和自己的决策不相关,伴随性情绪的信息价值就消失了。然而,当伴随性情绪的来源表面上和消费者决策具有相似性时,消费者很难判断伴随性情绪是否和决策相关,此时伴随性情绪的同化效应依然存在。

营销工具箱

只有当消费者决策基于体验性动机、选择享乐型产品、采用整体性判断以及为自己做决策时,伴随性情绪的同化效应的影响才会最大化。

然而,伴随性情绪的同化效应并非总是存在的,很多时候即使消费者没有意识到伴随性情绪是和决策无关的,甚至消费者在做决策时除了伴随性情绪再没有其他任何信息线索可以帮助消费者做决策,消费者依然可能不会依赖伴随性情绪去做选择。当消费者决策基于功能性动机(比如同样是选择电影,如果选择电影是为了学校的一个项目而不是为了周末出去看电影)时,消费者选择的产品就是功能型产品而不是享乐型产品。当消费者为他人做选择时，即使伴随性情绪存在，它的同化效应也会大大减弱，甚至不会对决策产生任何影响。这主要是因为在这些决策中，消费者更加关注产品本身的属性，根本没有意识到伴随性情绪的存在；或者伴随性情绪存在，但消费者清楚地知道这些情绪和他们的决策无关。

3. 与任务有关的情绪对消费者行为和决策的影响

与任务有关的情绪是指在决策过程中产生的情绪。这些情绪和决策过程有关，或者说是因为决策过程引发的情绪。它不同于由产品自身引发的整体性情绪，也不同于与任务无关的一些因素，比如情景等产生的伴随性情绪。例如，消费者需要在两个非常有吸引力的产品中做出选择时所产生的压力感就是一种与任务有关的情绪。这种情绪并非完全是因为两个产品的吸引力造成的，也并非由选择过程中的背景音乐产生的，而是由于选择过程带来的。在消费者的决策过程中，这种情况会经常发生。消费者在购买产品的时候往往需要在各种属性之间比较和权衡，这个过程本身就会产生不愉悦的情绪。除此之外，如果决策过程中有时间压力或者被监督，消费者也会产生与任务有关的压力感。大量的研究发现，这种由于在决策过程中需要在各种属性或者产品之间权衡导致的不愉悦感往往会导致消费者采用规避型的策略，比如偏好保持现状（选择自己现在使用的品牌）或者延迟选择。

📍营销工具箱

在决策过程中，消费者在属性以及选项之间的权衡势必会导致决策压力感和不愉悦感。通过匹配决策方式和消费者的动机，可能会提高消费者决策的愉悦感。

对于商家而言，降低这种由于决策困难导致的对产品评价降低或者延迟决策的一种有效方式是通过各种策略降低决策过程的不愉悦感。匹配价值理论（regulatory fit theory）指出，如果消费者的决策方式和决策目的相互匹配，它将会产生决策的愉悦感。在促进性动机下（此时消费者是结果导向，关注的是积极的结果），消费者往往会偏好期望属性（desirable attribute）而非可得属性（feasible attribute）（比如在租房时，距离是可得属性，而房子周围的景色则是期望属性），因此，促进性动机和期望属性是匹配的。相反，在规避性动机下（此时消费者是过程导向，努力避免负面结果），消费者往往会偏好可得属性，因此，规避性动机和可得属性是相互匹配的。营销人员可以通过广告激发消费者的促进性动机（比如强调希望、愿望、渴望等），同时强化产品的期望属性。这样可以降低消费者在决策过程中对期望属性和可得属性的权衡，降低决策困难，同时提高决策的愉悦感。此外，广告也可以激发消费者的规避性动机（比如强调责任），同时强调产品的可得属性，也可能降低决策困难，提高决策的愉悦感。

4.3.2 点燃情绪的方式

我们了解了情绪如何影响消费者行为，那么商家如何通过激发消费者的情绪来影响消费者决策和行为呢？

1. 通过产品诉求点燃消费者情绪

与产品有关的整体性情绪对消费者的决策和行为有着重要的影响。

第一，商家在情绪塑造过程中从产品本身入手，包括产品的质量、特色、外观、款式、颜色、包装、产地、品牌、口碑等。美感溢价（beauty premium）告诉商家产品的颜值是很重要的。无印良品、喜茶以及特斯拉的成功在很大程度上得益于它们较高的颜值（见图4-9）。美好的东西往往会激发消费者积极的情绪，从而提高产品的吸引力和评价。国产手机能突出重围，高颜值无疑是功臣之一。

图4-9 无印良品、喜茶与特斯拉产品示意图

不仅消费品美感溢价，对于B2B产品也有美感溢价。克雷超级计算机公司1972年成立于西雅图。在超级计算机领域它一直和IBM是竞争对手，但是它在技术上很难超越IBM。几年前，他们采取了一个投资少、见效快的产品策略，很快就在市场表现上和IBM拉开了差距它的策略其实就是拉高产品的颜值，在枯燥的超级计算机机身上附上了美丽的图案，让机房不再显得枯燥（见图4-10）。

图4-10 克雷超级计算机附有图案的机身设计图

第二，商家可以通过产品诉求激发消费者的某种特殊情绪。例如，通过激发恐惧、愤怒来提高消费者对产品的偏好。滋源洗发水是2017年"CCTV国家品牌计划"唯一入选的洗护品牌。该品牌上市三年累计销售70多亿元。单2016年"双11"滋源洗发水就销售了1.2亿元，是洗护类产品全网销量第一的品牌。为何一个曾经如此名不见经传、没有大品牌保驾护航的产品销售如此火爆呢？这不得不归功于该品牌营造的恐惧情绪。滋源洗发水通过"洗了一辈子头发，你洗过头皮吗？"这一广告语充分

激发了消费者的恐惧心理。这个口号让消费者陷入了恐慌中——"没洗头皮？我这头没洗干净吧？怪不得总有头皮屑，怪不得总是头皮痒。"消费者在情绪管理中会通过产品选择和行为去应对负面情绪，从而倾向于购买滋源洗发水。

相似地，除了点燃恐惧情绪，激发消费者的愤怒也不失为一个很好的营销策略。例如，顺丰总裁王卫通过朋友圈为自家的快递员出头、讨公道（见图4-11）。王卫的这种愤怒之情彻底点燃了消费者对"欺凌者"的愤怒情绪，从而大大提高了消费者对王卫本人以及顺丰品牌的信任。

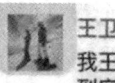

图4-11 顺丰总裁王卫朋友圈截图

除此之外，在服务中也有很多方法可以塑造积极的情绪。在服务等待阶段，服务提供者可以提供小点心、零食、一些特色服务来降低消费者在等待过程中的不愉悦感。例如，海底捞在消费者等号的过程中提供各种免费水果、零食、美甲、擦鞋服务，同时提供电脑和相关娱乐设备，更贴心的是还有儿童娱乐场所。国内还有很多餐饮集团在消费者等待过程中会提供各种娱乐游戏项目，在游戏中还设置了奖项，比如过第几关免费赠送一道菜，或者游戏积分累计达到多少会给菜品打折。这些服务不仅降低了消费者等待过程中的不耐烦等负面情绪，而且往往会提高消费者的积极情绪，从而提高他们对服务的满意度。

第三，商家也可以通过塑造仪式感来改变消费者的品牌偏好及消费体验。商家可以在生产过程、销售过程以及消费过程中塑造仪式感。例如，在生产过程中对生产过程赋予神圣化、高尚的文化意义。也有很多企业强调产品生产过程中的复杂工艺——"十七层净化"，强调"纯手工打造"等。在销售过程中也可以塑造仪式感，比如高端红酒的销售往往以私人沙龙的方式出现。除此之外，在消费过程中塑造仪式感可能具有更大的价值，奥利奥饼干"扭一扭，舔一舔，泡一泡"就是典型的例子。

第四，商家也可以通过有形和无形的产品包装激活消费者的怀旧情绪。一方面，商家采用天然的、粗糙的或者独具历史气息的材料做包装，从而诱发消费者的怀旧感。例如，泸州老窖的封坛年份酒就采用古朴的紫砂瓶子包装，瓶子的形状是椭圆形，在接近瓶口处有传统的古代雕花，给人一种历史的厚重感，不仅预示着产品陈藏年份久远，而且充分激发了消费者的怀旧感。另一方面，包装也可以是无形的，主题餐厅就是通过无形的包装来塑造整体形象的。南京大牌档把南京地方风味与民国特色文化相结合，让顾客亲身体验民国风情。店铺装修采用民国街巷、旧时南京商业区的店堂风格，以南京古城门命名包间；店内的服务员都是学生小妹、民国邻家小弟的衣着打扮，古朴而亲切；菜单也融入了民国元素，比如民国美龄粥、少帅坛子肉、天王烤鸭包等。南京大牌档形成了独具风格的民国主题新餐饮模式，在国内餐饮界影响深远。正是这种装修、主题和民国文化的结合，诱发了消费者的怀旧感。

第五，怀旧广告无疑是企业点燃怀旧情绪的一把利器。南方黑芝麻糊广告中的人物穿着、广告背景,甚至是广告语——"一股浓香,一缕温暖"彻底勾起了大家内心深处的怀旧情绪。

2. 通过环境因素激发消费者情绪

正如我们前面描述的,情绪对行为的影响不单单源于产品本身引发的情绪影响,环境因素激发的伴随性情绪往往也会对人们产生影响。例如,当看到壮阔的瀑布、斑斓的极光、巍峨的山脉、无垠的沙漠时,人们常常会产生敬畏的情绪。王丽丽和吕佳颖(2019)发现,这种敬畏感会促进人们的环境负责任行为。商家从产品本身入手可能存在各种限制,因此从环境因素入手不失为一个很好的策略。在零售环境中,商家经常会用愉悦的、享乐型的音乐激发消费者的积极情绪,从而影响消费者的决策。例如,在花店播放浪漫的音乐会使消费者购买更多的花,在销售酒的店铺播放协奏曲则会使消费者购买更加昂贵的酒,在餐厅播放慢节奏的音乐会使消费者点更多的菜等。这些无不是因为环境中的音乐影响了消费者的情绪,从而影响了消费者行为。然而,有时候单独的音乐显得势单力薄,要达到更好的效果必须和气味相搭配。研究发现,若是店铺里的圣诞气氛与音乐能取得良好的平衡,就可以增加消费者的购物欲望,但重复播放圣诞节应景音乐并不是件好事,这样只会让消费者产生听觉疲乏,反而无法实现商业效益。

| 经典和前沿研究 4-8 | 圣诞节音乐和气味真的能促进销量吗

每到圣诞节的时候,各大商场都会响起"jingle bells, jingle bells, jingle all the way"(叮叮当,叮叮当,铃儿响叮当)的歌声。放圣诞音乐是否会提高产品的销量?在美国,从感恩节一直持续到圣诞节和元旦这段时间的产品销售额要占到全年销售额的1/3,甚至占40%~50%。因此,这段时间的销量对任何一个商家来说都是至关重要的。商家也攒足了力量、花尽了心思设法让消费者在这一阶段尽可能地增加购买。

大量的研究发现,销售环境中的音乐和气味会影响消费者的情绪、对时间的感知以及消费者和服务人员的互动。更重要的是,能够让人身心愉悦的音乐和气味会提高销量。然而,这是否也意味着圣诞节音乐和气味也有类似的效应呢?Spangenberg, Grohmann 和 Sprott (2005) 在万圣节和感恩节期间在实验室里模拟了圣诞节的场景,来检验圣诞节音乐和气味各自是如何影响消费者的购买行为的。更重要的是,他们想检验两种不同的刺激是否有交互影响。实验人员把参与者随机分配到四种情境(有/无圣诞节气味、有/无圣诞节音乐)之中,让他们对一些商品和店铺进行评价。结果发现,既无音乐也无气味的一组的评价和既有音乐也有气味的一组的评价是相当的。而对于有音乐没有气味或者有气味没有音乐的组,参与者对商品的态度、店铺的态度以及购物意愿都会出现下降,并且情绪的愉悦感、唤醒度、掌控感和对环境的积极情感也会出现下降。换句话说,其实没有音乐和气味不会对消费者评价产生影响。但是如果有其中一种刺激,另外一种刺激也必须有,否则消费者的评价会降低。研究者认为这主要是因为消费者在接受感官刺激的时候需要一致的信息,即圣诞节音乐和气味必须匹配。但是该研究最重要的是说明圣诞节音乐和气味对销量的单独影响可能并不存在。这可能是因为圣诞节音乐已经过度暴露了,消费者已经产生了一定的厌恶心理。由于圣诞节音乐的过度暴露,消费者需要其他感官上的刺激来降低厌恶心理,从而重新激活愉悦的情绪。该研究的一个重要启示是：商家笃信的一些策略其实并非如商家预期的那么有效，甚至只是商家的一厢情愿罢了。

资料来源：SPANGENBERG E R, GROHMANN B, SPROTT D E. It's beginning to smell（and sound）a lot like Christmas: the interactive effects of ambient scent and music in a retailsetting [J].Journal of Business Research, 2005, 58（11）: 1583-1589.

除了音乐和气味之外，商家也可以通过在广告背景中设置浩瀚的星空、巍峨的山脉等来塑造敬畏感。2015年，雷克萨斯 ES 的广告宣传背景，甚至后期相关的推广活动的背景无不通过场景来激发消费者的敬畏感。公益广告也会通过展现自然世界向人们发出号召。2020年，中央广播电视总台特别推出公益广告《野生动物保护》，通过展现无垠的宇宙、高山大川、江河湖海、各种各样的野生动物，向人们传递保护野生动物、保护大自然的号召。

|经典和前沿研究 4-9| 敬畏感促进环境负责任行为

心理学家认为，敬畏感是一种积极的情绪。这主要是因为敬畏感的两个特点：第一，敬畏感是在人们遇到非常壮丽的景观或是非常惊人的能力时出现的一种情绪；第二，敬畏感会改变人们对世界的理解，刺激人们产生新的心智模式。在现代社会中，人们经常会提到"敬畏感缺失"，导致缺乏信仰等后果。旅游是非常好的唤起敬畏感的方式，无论是自然景观旅游体验、人文景观旅游体验，还是宗教文化旅游体验，都可以使人们产生敬畏感。那么，旅游中产生的敬畏感，能给人们带来什么积极的心理影响呢？能改变人们对环境的反应吗？

敬畏感能够影响人们的亲社会倾向，使人们变得更加慷慨大方、影响人们的道德决策以及增加帮助他人的行为。

王丽丽和吕佳颖（2019）通过一系列的研究发现：敬畏感能够促进环境负责任行为。环境负责任行为可以划分为7个维度：公民行为、金融行为、身体动作、劝服行为、可持续行为、保护环境行为以及环境友好行为。实验者首先让被试者写下3个令他们最印象深刻的自然景观，然后问被试者对这些景观的感觉如何，其中包含对敬畏感的感知题项；随后，被试者回答了有关环境负责任行为的题项；接下来，被试者回答了他们对于渺小自我感知的题项。结果发现，敬畏感与环境负责任行为的所有维度都呈正相关；同时，敬畏感与渺小自我感知呈负相关。也就是说，那些对自然景观更加敬畏的被试者感到自己更加渺小，表现出更多的环境负责任行为倾向。

壮阔的大自然使人们产生敬畏感，进而促进人们的环境负责任行为，这一发现对旅游业的发展具有重要的启示意义。虽然我国的旅游业正在迅速发展，但我国游客的环境意识和负责任行为仍相对滞后，比如黄山等热门旅游景点正在经受越来越大的环境压力。虽然强制的外部举措可能有效，但在缺乏监督机制的情况下，这些收益很难持续下去。负责任的旅行行为依赖自我控制和自我指导，而不是遵守规则。敬畏可以增加渺小自我意识这一发现表明，旅游管理者应注重开发内部导向的策略来激励亲环境行为。目前，这种努力主要强调增加游客的同理心、负罪感和羞耻感。管理者还可以开发干预项目来培养敬畏感。例如，美好的路径既可以设计在自然环境中，比如林荫小道，也可以设计在文化环境中，比如博物馆内部通道。王丽丽和吕佳颖（2019）的研究表明，通过视频练习体验敬畏感是另一种有效的增强敬畏感的方法。因此，旅游媒体可以在旅程开启前播放一些令人惊叹的视频，供人们观看和欣赏。

资料来源：WANG L, LYU J.Inspiring awe through tourism and its consequence[J]. Annals of Tourism Research, 2019, 77(2): 106-116.

4.3.3 情绪塑造过程中需要注意的因素

商家在通过产品、广告诉求或者情景因素激发消费者情绪的过程中，也有一些需要注意的因素。

1. 混合情绪的影响

情绪之所以复杂是因为情绪往往并非单独存在的。很多情景下消费者会同时经历积极和消极的情绪，学者把这种情绪状态称为混合情绪。例如，研究敬畏感的学者指出，新生儿的出生过程往往会激发大家对生命的敬畏感，但这一过程同时也会伴随着恐惧感。同样，"钻石恒久远，一颗永流传"的广告尽管在广告过程中传递了新人成婚的喜悦感，但同时也伴随着儿女长大之后离家的悲伤感。以往的研究发现这种混合情绪对商家是不利的，因此建议企业最好把产生负面情绪的广告部分替换掉或者强化积极情绪。

营销工具箱

混合情绪往往是不可避免的，企业可以试图让消费者用一种抽象的、高水平构建的方式去处理信息，比如采用解答问题导向的广告，这样会削弱混合情绪的影响，使混合情绪的影响更加趋近于积极情绪的影响。

混合情绪对行为的影响的症结在哪里？毋庸置疑，混合情绪之所以让消费者不爽，是源于他们的不舒适感，因为既有正面情绪又有负面情绪会导致消费者处于认知失调的状态。一旦进入该状态，消费者就会试图降低这种失调，但是消费者在面对混合情绪时往往表现得很无奈。因此，想要降低混合情绪必须对症下药：降低消费者的不舒适感。最新的研究发现，改变消费者的信息处理模式可能会有效降低消费者的不舒适感。具体来说，当消费者采用抽象的思维方式（比如让消费者想一件事情的原因，或者想象行为的最终目的），消费者感知的不舒适感会大大降低，同时这种抽象的思维模式会使消费者更多地聚焦在积极情绪方面，从而使混合情绪不会对消费者产生太多的负面影响。

| 经典和前沿研究 4-10 | 复杂情绪对消费决策的影响取决于信息构建水平

消费者常常经历"痛并快乐着"这种复杂的混合情绪。经典的情绪研究指出，混合情绪往往会给消费者带来不舒适感，从而使他们产生负面的态度。那么，如何降低混合情绪的这种影响呢？

研究发现，混合情绪的这种负面影响取

决于消费者的信息处理模式（Hong 和 Lee，2010）。构建水平理论（construal level theory）指出，消费者在记忆中构建信息时会采用两种方式：一种方式是更加具体的、较低水平的构建；另外一种方式是更加抽象的、较高水平的构建（Trope 和 Liberman，2003）。具体来说，较低水平的构建往往是一种基于情景的信息解读，常常反映了一些具体的行为和事件；而抽象的、较高水平的构建则是一种去情景化的，反映了对行为和事件更加普遍的理解。举例来说，对于旅游这种行为，具体的、低水平的构建解读为悠闲地躺在沙滩上，吹着海风，喝着饮料。而抽象的、较高水平的构建则认为是在享受美好时光，享受生活。

消费者的构建水平会调节混合情绪的影响：抽象的、较高水平的构建会降低混合情绪带来的不舒适感。主要原因有以下几点。第一，冲突管理的研究发现，当消费者用较高的水平去处理信息的时候，他们会认为想法之间存在更多的包容性和一致性，从而降低了信息之间的冲突。同时，构建水平理论的相关研究也发现，当个体采用抽象的信息处理方式的时候，他们对产品的分类会更少，每种类别包含的东西更加广泛和多样（Liberman，Sagristano，和 Trope，2002）。第二，研究指出，抽象的、较高水平的构建会促使消费者使用一种更加灵活的和富有创造力的信息处理方式。这种灵活的、富有创造力的信息处理方式可能会降低信息冲突。第三，混合情绪带来的不舒适感主要是信息多种维度的接近性（比如心理的、空间的、物理的、感官的）导致消费者内心的反应。而抽象的信息处理方式会增大不同维度信息之间的距离，因此可能会降低混合情绪带来的不舒适感。第四，当消费者在一定程度上使用抽象的信息处理方式的时候，他们可能会更加关注积极的、支持性的观点，具体的信息处理方式则由于"负面信息偏见"（negativity bias）使消费者更加关注信息的负面性和反对性的观点。因此，当消费者采用具体的信息处理方式的时候，混合情绪会带来消极的态度；而当消费者采用抽象的信息处理方式的时候，混合情绪会带来更加积极的态度。

资料来源：1. HONG J W，LEE A Y.Feeling mixed but not torn：the moderating role of construal level in mixed emotions appeals［J］. Journal of Consumer Research，2010，37（3）：456-472.

2. TROPE Y，LIBERMAN N.Temporal construal［J］. Psychological Review，2003，110（3）：403.

3. LIBERMAN N，SAGRISTANO M D，TROPE Y.The effect of temporal distance on level of mental construal［J］. Journal of Experimental Social Psychology，2002，38（6）：523-534.

2. 情绪的跨文化特性

尽管全世界的消费者对喜、怒、哀、乐等基本情绪的辨识能力是一样的，表现方式也是趋同的，但是情绪对消费行为的影响也存在跨文化差异。例如，东方文化或者集体主义（相互依存）的文化背景下，在广告中激活他人导向的情绪（比如同情心、平静感）说服效果更好；而西方文化或者个人主义（相互独立）的文化背景下，在广告中激活自我导向的情绪（比如自豪感、快乐）说服效果更好。

📍营销工具箱

情绪的影响存在跨文化差异。激活自我导向的情绪（比如自豪感、受挫感、生气）的广告更能引发消费者的共鸣，广告效果更佳；而诱发他人导向的情绪（比如同情、羞愧和亏欠感）的广告会在集体主义导向的东方文化中引起共鸣，产生积极的广告效应。

| 经典和前沿研究 4-11 | 广告情绪的说服效应存在跨文化差异

我们常常会同情弱者，商家通过激发消费者的同情心，促使消费者更顺从、接受广告信息。那么，情绪对行为的影响是否存在跨文化差异呢？有人说，这是不可能的，人一样有七情六欲，不会因为面孔不同、文化不同而有所差异。的确，在全世界范围内大家对喜、怒、哀、乐等基本情绪的认知和表达几乎出一辙。但是这并不代表情绪对行为的影响是一致的。

现有的研究（Aaker 和 Williams，1998）指出，不同的情绪的关注对象是不同的。例如，自我导向的情绪（比如自豪感、幸福、受挫感、生气）与自己的内部状态有关，更多归因于自己、与个人的认知需求、体验和表达需求相关；而他人导向的情绪（比如同情心、平静感、亏欠感、羞愧）则更多与情景或者他人相联系、与个体寻求一致性、和谐感的动机和需求相联系。

东方文化强调关系、强调和谐，关注设身处地地为他人考虑；而西方文化则强调自我、独立。因此，不同文化的价值导向可能会影响个体对不同情绪的可获得性。换句话说，在有些文化中某些情绪是不被大众所推崇的，因为这些情绪可能会模糊个体的识别度。大量的研究发现，消费者往往会对和自我相关的情绪更加容易识别。而文化价值观决定了哪些情绪是和自我相关的情绪。总体来说，西方文化认为个体情绪是和自我相关的；而在东方文化中，他人导向的情绪则被认为是和自己紧密相关的情绪。这种对不同情绪的可获得性可能导致来自不同文化背景的消费者对不同类型的情绪感知的强度不同，同时也决定了消费者体验这种情绪的频率。

因此，Aaker 和 Williams 检验了当广告激发不同的情绪时，消费者对广告的态度是否存在差异。具体来说，他们发现当个体来自个人主义导向的西方文化时，消费者对自我导向的广告持有更加积极的态度；而当个体来自集体主义导向的东方文化时，消费者对他人导向的广告持有更加积极的态度。

资料来源：AAKER J L，WILLIAMS P.Empathy versus pride: the influence of emotional appeal across cultures [J]. Journal of Consumer Research，1998，25（3）：241-261.

4.4 人工智能和情绪

在数智时代，人工智能的飞速发展正在改变着我们的生活。心智知觉理论（mind reception on theory）指出，任何其他物体本质的区别表现在两方面：主观能动性（agency）和情绪体验（experience）。研究发现，人工智能往往在主观能动性上表现并不逊色于人类。然而，人工智能缺乏的正是情绪体验。基于此，关于如何对人工智能赋予情绪体验成为近年来人工智能领域的一个重要任务，从而衍生出人工移情（artificial empathy）这一新的领域。Liu-Thompkins，Okazaki 和 Li（2022）系统地分析了人工移情如何影响消费者的体验，基于他们的研究我们梳理了如何给人工智能赋予情绪体验。

基于计算机科学和机器人领域现有的人类移情和人工移情研究，Liu-Thompkins，Okazaki 和 Li（2022）三位研究者将人工移情定义为在人工智能代理的设计和实现中通过计算模型对人类认知和情感移情的编码。简单地说，人工移情可以被视为将移情编码到人工智能算法和代理中（Asada，2015），即人工智能通过算法实现和代理的移情，本质上是一种展示移情伪心理特征来模拟人类移情的编码能力/计算算法（Airenti，2015）。

人工移情的成分与人类移情的成分不遵循相同的层次结构发展顺序，但是组成部分是一致的，只是发展顺序依据人工智能的技术特征和能力而有所逆转。例如，虽然移情的核心层，即情感传染，在人类中是自然和自动的，但将这样的过程嵌入计算机器中是很困难的（Asada，2015）。相比之下，从人类角度出发的更努力的认知视角相对更容易在人工智能中实现，因为它基于逻辑理解，可以更容易地转化为积累数据的机器学习。

　　具体来说，人工智能移情包括三个重要的部分：观点采择、共情关怀和情绪传染。在这三个组成部分中，观点采择代表了人工移情的认知方面，而另两个代表了人工同理的情感方面。这三个组成部分共同构成了人工移情的高阶结构。

4.4.1 观点采择

　　人工智能背景下的观点采择是指在特定情况下对个人思考和推理过程进行计算学习和建模。考虑到人工智能的发展历史，人工移情要求人工智能的状态从具有逻辑、系统和基于规则的学习能力的"分析智能"转变为具有更全面、灵活和基于经验的思维能力的更先进的"直觉智能"（Huang 和 Rust，2018）。在人工智能主体中实现观点采择需要三个要素，难度按顺序提高：偏好构建、人格评估和目标推理。这些因素都是使用人工智能理解和预测消费者选择的主要考虑因素（Gal 和 Simonson，2021）。

1. 偏好构建

　　偏好构建是人工智能和机器学习的常见主题，涉及基于消费者行为和选择的消费者偏好的回顾性推断（Brei，2020）。例如，Huang 和 Luo（2016）开发了一种带有模糊支持向量机主动学习算法的多步骤方法，从而在消费者考虑大量产品属性时引发个人水平的偏好估计。Liu 和 Toubia（2018）通过引入基于层次潜在狄利克雷分配的主题模型估计与在线搜索查询相关的消费者内容偏好。

　　以上相似算法在实际人工智能的应用案例如下。奥迪智能体验 3 配备了基于人工智能的导航系统，该系统使用机器学习探索该品牌之前记录的消费者的驾驶习惯。对话式人工智能可以实现更先进的偏好构建，它通过实时对话来识别消费者的兴趣，从而帮助消费者解决问题（Musto et al.，2019）。另一个例子是 1-800-Flowers 的 Gwyn，它是一个具有对话能力的私人礼品聊天机器人。Gwyn 向顾客提出 5~6 个关于礼品接收者的问题，根据消费者的购物需求推荐完美的产品。还有一个例子是 Humana 的人工智能呼叫中心，它使用自然语言处理快速分析客户呼叫的细微差别。基于 Humana 收集的用户输入数据，人工智能代理可以处理异构的语音和查询，从而了解客户和呼叫中心员工的内容，区分子意图，并为查询提供实时答案。

2. 人格评估

　　人格评估是观点采择的第二个要素，即推断消费者的人格特征，它适用于营销场景中形成消费者画像这一过程。与通常适用于特定背景的偏好构建相比，人格评估对个人采取了更全面的看法，并确定了可以推广到不同背景的普遍的、稳定的个人特质。目前这种使用人工智能对消费者进行更全面的评估不如偏好构建普遍。但重要的是，人工智能在从各种数据中解读消费者的个性特征方面显示出了巨大的前景。例如，最近的一项研究表明，人工智能可以比人类评分者更好地从自拍中推断出人们的大五性格特征——开放性、尽责性、外向性、宜人性和神经质。

3. 目标推理

第三个要素是目标推理，它是人工智能更高级的一种能力，可以发现消费者行为和决策背后的动机。个人决策不仅受稳定的偏好和特征的驱动，还受一种情况下或生命中特定时期的目标的驱动。例如，购买鞋子是为了变得更健康，还是为新工作做好准备，会导致截然不同的观点和购买决策。能够在给定的情况下推断出消费者的目标，有助于理解消费者的观点。它不仅可以帮助识别已知场景中的消费者需求，还可以帮助识别新情况下的消费者需求。

从计算上讲，对他人行为的期望可以通过强化学习来捕捉，强化学习识别出最大化已知回报的行动（Sutton 和 Barto，2018）。相反，对他人目标的期望是通过反向强化学习来实现的。它先试图从观察到的动作中找到隐藏的反馈函数，然后训练一种策略，根据反馈来决定应该执行什么动作（Ettinge，2019）。在这种方法下，人工智能意识到它不知道人们想要实现什么，并试图通过观察人们的行为来推断他们的目标，而不是根据已知的目标来推断行为。尽管反向强化学习在计算上比强化学习更昂贵，但在推断人们的目标、信仰和欲望时，它可以成功地产生类似人类的判断（Ettinge，2019）。例如，智宣等人（2020）开发了一种基于贝叶斯逆强化学习的"顺序逆计划搜索"来推断他人的目标，假设人们可能会因为计划的困难而计划和行为不合理、无法实现目标或犯错误。另一个例子是，吴等人（2020）通过从真实交通数据中获取人类的任意复杂因素，比如车辆轨迹的不确定性和与环境的相互作用，将最大熵逆强化学习应用于自动驾驶。

4.4.2 共情关怀

人工智能环境中的共情关怀（empathic concern）包括通过算法识别个人的痛苦，并创造人工智能对人关心和关注的印象（识别情绪和传递关怀）。作为人工移情的一个情感维度，由于情感的内在复杂性，人工智能和机器通常被认为不太胜任这个领域（Ho et al.，2018；Longoni 和 Cian，2022）。然而，情感计算的最新进展使情感自适应人工智能越来越有前景。将共情关怀编程到人工智能代理中涉及两个基本步骤。第一步是识别情绪，它涉及检测消费者在不同时间点的情绪状态。识别所得的情绪是人工智能实现共情关怀的基础。第二步是传递关怀，对这些问题进行适应性沟通，这是移情的重要和必要步骤（Barrett-Lennard，1981；Weibhaar 和 Huber，2016）。在人工智能支持的营销互动情景中，人工智能代理需要对第一步中确定的消费者情绪做出适当的反应，从而给人留下共情关怀的印象。

1. 识别情绪

识别情绪是情感计算的一个关键研究课题，情感计算是一个跨学科领域，"使智能系统能够识别、感知、推断和解释人类情绪"（Poria et al.，2017）。营销人员可以利用各种方法和数据来识别消费者的情绪。

人工智能进行自动情绪检测的最常用数据是文本（比如社交媒体帖子）和语音数

据。现有的许多关于在文本数据中检测情绪的文献都采用了情绪分析，它结合了自然语言处理和机器学习来提取文本作者情绪的效价（Berger et al., 2020）。其应用包括检测负面品牌事件（Herhausen et al., 2019）、了解在线社区中的消费者反应（Homburg et al., 2015）以及识别体验式事件后消费者聊天中的情绪（Meire et al., 2019）。

用于情绪识别的另一类数据是语音数据。语音中的情绪检测利用音调、说话速度和语音强度等声学特征来识别说话者的情绪（Poria et al., 2017）。该领域正在开发商业解决方案，比如 SoundNet 对音频中愤怒的检测（Elshaer et al., 2019）和亚马逊 Alexa 对识别说话者情绪的研究（Parthasarathy et al., 2019）。

2. 传递关怀

一旦消费者的情绪状态被识别出来，下一步就是传达对所识别情绪的关怀。关于如何表达移情关注的研究很少，只能从医疗保健和心理学研究中得出结论。人工智能可以用来表达关注的三种机制包括移情倾听和探究、肯定和主动适应（empathic listening and probing, acknowledgement, and pro-active adaptation）。

第一种机制涉及移情倾听和探究（Barrett-Lennard, 1981）。与对情绪的隐性识别不同，移情"倾听"是一个更活跃、更可见的过程。当检测到痛苦的迹象时，可以通过问题和评论来表示关心，鼓励消费者详细说明情况并"发泄"。这种方法通常被医疗保健专业人员用于提供同情的患者护理（Byland 和 Makoul, 2005）。应用于人工智能环境，移情可以实现一系列可适应的连续对话，通过检测痛苦的情绪激活。然后，将在此过程中从用户收集的信息作为对话的进一步输入。美国麻省理工学院媒体实验室的 ELSA 聊天机器人就是这一领域的一个很好的例子，它鼓励交互式日记，从而更好地了解用户并改善用户的心理健康。

第二种机制是肯定，即明确承认和肯定他人的痛苦。这种机制代表了 Barrett-Lennard 循环移情模型中的移情共振阶段。现有的移情关注研究经常使用肯定来成功地操纵这个结构，比如"我理解这对你来说有多令人沮丧。"虽然看起来很简单，但 Liu 和 Sundar（2018）发现，这些短语可以增加用户对聊天机器人在多大程度上支持他们的感知。

第三种机制是主动适应，即人工智能可以通过主动适应信息或交流界面来表达同理心。这种机制与灵长类动物用来表达同理心的安慰行为相呼应（de Waal, 2008）。这种主动自适应能力的早期原型是一种动态用户界面，它使用 CSS 和 JavaScript 实时适应用户的情绪，比如当用户对导航体验感到沮丧时（Märti et al., 2016）。其他例子包括适应驾驶员情绪的汽车界面（Braun et al., 2020）和根据对话伙伴面部表情中检测到的情绪量身定制的氛围音乐（Kumme et al., 2012）。随着人工智能技术的成熟，这种基于情绪的适应将在模拟人工智能营销互动中的同理心方面发挥越来越大的作用。

4.4.3 情绪传染

人际关系中的情绪传染（emotional contagion）涉及将一个人的感受与另一个人的感觉同步。然而，由于当前人工智能无法真正体验情绪，现阶段严格意义上的情绪传染对人工智能来说是不可能的。相反，人工情绪传染可以更好地定义为人工智能主体通过情绪镜像和模仿，即对他人的快乐做出快乐的反应（Nofz 和 Vendy，2002）体验生成并传递相同"情绪"。虽然有些人可能认为这种通过模仿和镜像情绪传染产生的幻觉是肤浅的，但神经科学研究已经将模仿和神经镜像确定为情绪传染和随后的移情反应的重要机制（Iacoboni，2009）。实施人工情绪传染可以分为三个步骤：①识别消费者经历的情绪；②决定是否反映情绪；③如果情绪传染被认为是适当的，则反映消费者的情绪（Paiva et al.，2015）。由于我们在前面已经讨论了识别情绪，下面我们将重点关注制造人为情绪传染的第二步和第三步。

第二步：判断何时能够反映情绪。通过评估程序决定是否在人工智能代理中反映情绪，从而评估情况并确定适当的情绪反应（Paiva et al.，2015）。如果评估程序确定模仿情绪可能有助于实现互动目标，那么情绪就会被反映出来。先前的研究表明，有两个逻辑因素可能有助于评估情绪镜像在特定情况下的适当性。首先，评估应该考虑要反映的情感的效价。营销互动中的情绪传染和镜像可能会对后续互动产生螺旋式的影响（刘 等，2019）。这导致训练有素的一线员工积极克制，避免将负面情绪传递给消费者。我们可以合理地假设，人工智能代理也应该向消费者反映积极的情绪，而不是消极的情绪。这种对积极情绪模仿的关注得到了情绪模仿的社会调节功能的支持，情绪模仿具有附属目的（Hess 和 Fischer，2013）。负面情绪，尤其是愤怒或沮丧等外部导向的情绪，往往是与附属意图相反的信号。因此，它们通过交互复制的可能性应该很低。

其次，评估应该考虑消费者情绪状态的表现力。个体在表达情感的方式上是异质的，他们遵循不同的情感规则（Hochschild，1979）。一位消费者可能会非常情绪外放，而另一位消费者则可能看起来很坚忍，大多数时候都会隐藏自己的情绪反应。最近的研究表明，在涉及情感信息的社会交流中，具有相似情感表达能力的个体比不匹配的个体对互动更满意（Kidwell et al.，2020）。因此，尽管这两个消费者可能都在经历相同的情绪（比如幸福），但对每一种情绪的正确反应应该不同。显性情感模仿更适合表达能力更强（高情感表达需求）的消费者，而表达能力较弱（低情感表达需求）的消费者可能不想看到她的情绪明确地反映给她。

第三步：传达人工智能合成的"情绪"。在评估小组确定人工智能代理模仿消费者的情绪是适当的之后，下一步是表达这种情绪。人工智能体表达的这种情绪被称为合成情绪或人工社会情绪，是真正的社会人工智能体的关键组成部分（Hortensius et al.，2018）。这一领域的研究主要集中在喜悦、愤怒、惊讶、悲伤、恐惧和厌恶这六种基本情绪上（Paiva et al.，2015）。其他离散的情绪也被考虑过，但很少被理解和实现。当涉及营销互动时，这种有限的集合将是一个主要的技术缺陷。在营销互动中，互动事件中涉及的情绪往往比这些基本情绪更丰富、更动态。

表达合成情绪的机制可以分为三大类：言语、面部表情和身体动作。这里仅介绍前两类。在言语范畴内，情绪表达可以通过词语选择、表情符号等副语言特征和声音变体来实现。而面部表情是通过不同面部肌肉的动作和位置的组合产生的。虚拟代理中的面部表情通常是基于离散或维度的情感模型构建的（Ochs et al.，2015）。离散方法通常基于面部动作编码系统（FACS）（Ekman et al.，2002），为不同的离散情绪构建特定的面部表情。

可以遐想，在人工移情实现之后，人工智能具备了情绪体验，消费者和人工智能的互动，以及人工智能协助消费者决策等方面都会发生巨大的变革。

本章小结

本章是围绕什么是情绪、情绪和消费者行为有何关系、情绪如何影响消费者行为等问题展开的。

本章主要包括三方面的内容：首先，我们简单地介绍了什么是情绪，情绪的分类和情绪的功能；其次，我们通过举例介绍了基本情绪（快乐、悲伤、后悔和恐惧）、自我意识情绪（羞愧、内疚、尴尬和自豪感）和消费者行为的关系，旨在说明情绪和消费者行为有着密切的联系；最后，我们系统地描述了情绪如何影响消费者行为，商家如何通过影响消费者的情绪来影响消费决策和行为，以及在实际应用中应该注意哪些因素。此外，我们也描述了在人工智能时代的人工移情，探讨如何让人工智能也能有情绪。

通过本章的学习，我们希望读者对情绪有一定的了解和认识，更重要的是要知道每一种情绪都具有独特性，不同的情绪将会对不同的消费行为有影响，以及情绪在消费决策中起着重要的作用。商家需要对情绪有深入的了解，从而在营销实践中充分应用情绪影响消费行为。

中国故事

三顿半的情绪营销

情绪营销是指基于对消费者心理的深度洞察，以建立品牌与消费者之间情感共鸣为核心的策略。它通过情景设计将情感转化为独特的品牌联想和视觉形象，创造出独特的印记，使它深入消费者心智。从露营到围炉煮茶，再到当下的鲜花奶茶、寺庙咖啡，很多国产品牌利用情绪营销实现突围。而利用情绪营销从爆红到"长红"的是三顿半。

三顿半成立于2015年4月，主营精品咖啡。2019年"双11"它在天猫上的成交额一天就突破了3 000万元，超越了品牌老大哥雀巢，成为天猫咖啡品类全球品牌第一名。三顿半的成功在很大程度上取决于它的情绪营销。对于消费者而言，三顿半让消费者认识到了什么是讲究。

首先，三顿半的咖啡虽然是速溶的，但是它分成6款产品。除了这6种基础款，它还会不定期推出"0"号隐藏款咖啡，这个0号咖啡有时是跟其他文化品牌联名合作，有时是某个大师受宠咖啡的限量款。这相当于一个隐藏彩蛋，以前只有线下的手工咖啡馆才有，在速溶咖啡领域具有开创性意义。

其次，以前的速溶咖啡都是用塑料袋分装的，消费者都默认自己比手冲咖啡低人一等，默认喝速溶咖啡的人没有那么讲究，图的就是方便、性价比。但三顿半并不这样想，它的咖啡包装是一个一个不同颜色、不同号码的微型咖啡杯，每个微型咖啡杯比普通咖啡杯小10倍左右，设计和做工都很讲究。小杯子上不同的颜色、号码就代表了不同的咖啡口味和酸度。这个包装小巧可爱，会让喝的人觉得速溶咖啡也可以很讲究。很多年轻人喝完也舍不得扔，喜欢把小杯子留下来把玩。还有很多人甚至"买椟还珠"，为了这个小杯子单独付费。

最后，这个小杯子虽然很好玩，但是每喝一杯就留下一个，容易让一些有环保意识的消费者产生负罪感。三顿半又发明了一个玩法：它会时不时发起一个叫"返航计划"的活动，号召自己的消费者当领航员，只要消费者把喝过的三顿半空杯子送回到指定的回收点，就能兑换新的咖啡或者小礼品。三顿半在2019年和2020年举办了两次该活动，在全国收回了77

万个小杯子,参与的用户超过1万人。三顿半赋予回收活动"返航的太空巡游舰队"这一文艺气质,让年轻消费者感受到独特的情怀,从而加强了用户黏性。

如今,没有情绪很难做营销。淄博烧烤、"特种兵旅游""村BA""村超"的逻辑是人间烟火中的情绪远征;搭子、Citywalk、多巴胺是基于情绪共鸣;街边咖啡/小酒馆、围炉烤茶则表现为情绪的陪伴。

跳出产品/圈层/兴趣组,所有这些现象,其实都可以归结为情绪。因此,企业需要深入了解人类的核心情绪诉求、呼应当下社会的情绪预警,从而营造市场情景的情绪营销。

资料来源:1.宁怡然,三顿半和话梅怎么做产品的情绪价值,https://www.jianshu.com/p/a099d7615e47.

2.品牌猿,万字解析|后新消费时代:卷出来的情绪赛道,玩疯了的对话价值(完整版),https://www.woshipm.com/marketing/5904482.html.

3.卓尔数科整合营销,寺庙咖啡爆火,品牌该如何抓住情绪营销风口,让年轻人上头,https://zhuanlan.zhihu.com/p/623085116.

第 5 章　信息加工

■ 本章要回答的主要问题有：

1. 为什么企业要重视消费者的注意力？
2. 如何吸引消费者的注意力？
3. 如何保持消费者的注意力？
4. 什么样的信息会被消费者记住？
5. 消费者的记忆有哪些类型？
6. 如何为消费者创造难以忘怀的记忆？
7. 消费者如何习得自己的消费行为？

5.1　注意力

你是否经常寻找吸引别人注意力的新方法？还记得你关注的某个品牌上次变换花样，用不同的方式发布广告、进行推广宣传是什么时候吗？在这个信息爆炸的时代，只有当信息以吸引人的方式呈现，它才能在消费者的注意中脱颖而出。一项调查发现，20～30 岁的消费者在非工作时间中每小时更换使用不同媒体渠道的次数高达 27 次；从另一个角度来理解，在平均时长为半小时的视频中，切换次数就有 13 次。由此可见，消费者越来越习惯于以一种"吃零食"的方式来消费各种信息——在不同的信息渠道之间高频率地切换。因此，营销目标逐渐转变为如何在短时间内有效地传达"像零食一样的"信息。这就意味着企业争取到消费者的注意力（也有人称之为"眼球经济"）变得尤为重要。

5.1.1　什么是注意力

设想你正坐在教室里听老师讲授"消费者行为学"，你可能无意间发现自己正在想其他的事情（比如中午吃什么，周末是去看电影还是去图书馆）。突然之间，老师叫到了你的名字，你瞬间停止了遐想并迅速将注意力转回到课堂内容。注意力是指人们的信息加工活动是否分配到了某个特别的刺激,或者说某个刺激是否进入了大脑(还是被忽略了)。在这个"信息社会",我们每时每刻身处于各种各样的信息之中,消费者常常置身于远超出他们处理加工能力的超量信息之中。早在20世纪70年代,平均每个人每天会看到500~1 600个广告;到2007年,该数据涨到5 000个;进入2021年之后,普通人每天会遇到近一万个广告,几乎是2007年的两倍,是50年前的十几倍之多。我们的感觉系统暴露在充满各色信息的环境之中,但并不一定意味着我们接收到了所有这些信息。例如,当你在和朋友一起乘坐地铁时,地铁的电视上正在播放广告,而你却并未注意到广告的内容。此时,广告已经暴露在你面前,而你却并没有注意到。在过去的20年里,虽然广告花费的增长比通货膨胀更快,但是人们对广告的关注度却在不断下降。一方面,人们的时间和注意力被切割成碎片;另一方面,品牌和产品同质化越来越严重,在这般情形下,想要获取消费者注意力,从信息大爆炸的环境下脱颖而出变得难上加难。而注意力是直接关系到广告如何影响消费者的先决条件——消费者首先需要注意到广告,才可以被广告影响。能够有效地吸引注意力、保持注意力并且充分利用注意力,在现在的营销管理中尤为重要。

5.1.2 注意力的特点

1. 注意力是有限的

正如我们的认知资源是有限的一样,消费者同时注意到多种信息的能力也是有限的。换句话说,消费者一次性可以注意到的信息数量是有上限的。一般而言,一个人在某个时间点能同时处理的信息容量是 7 ± 2 个组块。玛氏等快消品公司发现,产品的陈列方式会直接影响消费者的选择和购买。当同一种颜色的产品集合陈列在一起时可以吸引消费者的目光停留更长的时间。如果不同类型的产品交错陈列,比如把褐色包装的M&M's巧克力豆和黄色包装的巧克力豆交叉、混合摆放,则会造成销售业绩下滑16%。这进一步说明了消费者的注意力是有限的,如果过多的信息同时暴露在消费者面前,消费者不仅会体验到受挫或沮丧,还会降低信息处理的水平,导致次优选择甚至放弃选择。

此外,当面对一些相对熟悉的信息时,人们处理这些信息就会变得更加自动化和轻松。就像很多快消品的陈列遵循着"从小包装到大包装、上轻下重"的纵向排列规律,很多消费者在超市购物的时候也已经潜移默化地遵循这些规律——当我们想要大包装的产品时,会不自觉地弯腰俯身从最低层货架上找。如果超市产品陈列不遵循这些规律,消费者很有可能在产品搜索过程中遇到困扰。这也解释了为何在一个不是很熟悉的店铺中,消费者往往很难发现新产品,因为当我们把注意力都集中在加工不熟悉的店铺陈设信息时,就会不可避免地忽视另外一些信息(比如新产品)。

2. 注意力是有选择性的

选择性意味着我们可以自由决定在某一时间我们自己想要关注到什么。消费者不可能注意到环境中的所有信息,他们通常会关注到一些信息而忽略掉另外一些信息。营销人员非常关注注意力的选择性,最典型的便是如何让消费者注意到广告内容。有意避开广告是一种全球性的现象,不仅电视广告存在这种情况,广播、网络等媒体广告也面临着同样的情况。研究表明，广告躲避行为更多地发生在生活繁忙、高社会阶层、年轻的男性消费群体中。为了应对消费者避开广告的行为，营销人员除了可以把广告设计得更加新颖、有吸引力以外，还可以把自己的品牌广告投放在娱乐媒体上，比如电影和网络游戏中。在这些情境下，消费者并不会刻意地回避这种产品植入式广告。虽然消费者经常避开商业广告和其他营销刺激，但当他们想要购物、娱乐和寻求信息时，也会主动寻找某些广告。这也解释了为什么很多公司愿意支付不菲的费用，使其广告出现在搜索引擎的搜索结果中。

当我们走进一家商店，我们便置身于无数的商品、品牌、广告、价格等信息之中。因为我们不可能同时关注到所有的营销信息，所以我们必须选择把有限的注意力分配到某些信息上。研究表明，人们会更少地注意到他们已经见过很多次的产品。注意力也会受到目标的影响，假如我们拿到一个新产品（比如染发剂），正在研究如何使用它，那么我们在看产品包装的时候就更容易去看使用说明，而不是产品成分。Olè超市通过与消费者面谈和在卖场的实际观察发现，消费者在购买奶酪时常常按照口味和品种，而不是按产品品牌选择。因此，美国的一些超市放弃了按品牌陈列奶酪的方法，虽然按品牌摆放货架会显得整齐、好看，但这会让消费者找不到产品，进而损失销售机会。如果将奶酪按品种摆放，就可以让消费者快速找到他们所需的细分品种，促使消费者购买。因此，营销人员需要了解在不同的产品品类中消费者不同的注意偏好。

3. 注意力可以被分配

注意力的另一个重要特点是可以被分配：我们可以把一部分注意力分配到某个任务，同时把另一部分注意力分配到其他任务。例如，我们可以一边看电影一边吃爆米花。再如，当我们一边看短视频一边与亲朋好友交谈时，如果交谈的内容涉及重要或者严肃的话题，我们常常会把视频音量调小，从而可以把更多的注意力集中在交谈上。尽管我们可以根据周围环境的特点灵活地分配我们的注意力，但如果某个没有被关注到的刺激突然很吸引我们，我们就很有可能分心。例如，你在浏览网页新闻的时候，网页下方的横幅广告忽然闪现出来，这种闪现就可能让你的注意力离开新闻而去关注这则广告。因此，很多公司斥巨资在电视节目中穿插播放相关品牌的广告或者在网站的不同位置放置各种各样的提示信息，从而抢占这些可以被消费者支配的注意力。

5.1.3 影响注意力的因素

由于人的注意力既有限又具有选择性，营销实践者可以改变一些因素，从而影响消费者对于某些特定信息的注意。综合以往的研究，主要有三方面的因素可以影响注意力的分配和选择——消费者个体因素、刺激物因素和环境因素。

1. 消费者个体因素

我们常常看到自己想看的、听到自己想听的，而忽略掉自己不想看、不想听的。例如，有一些人只能听到别人的表扬但是听不到批评，而又有些人对别人的批评特别注意却听不到表扬。换句话说，人们可以自己选择注意哪些信息和不注意哪些信息。

影响注意力选择的消费者个体因素主要包括两方面——动机和能力。

（1）动机。动机主要是因需要和兴趣而产生的一种驱动状态，它是影响消费者是否会注意到某些信息的重要因素。例如，当你正在筹备装修房子的时候，就会特别关注有关家装和家具的信息；假如你近期有减肥的目标，那么你就会不自觉地注意到健康饮食和健身的有关信息。与需要略微不同的是，兴趣往往是长期养成的，比如爱好足球、爱好摄影。通常情况下，消费者会潜意识地回避或者忽略那些无聊的、乏味的甚至对自己构成潜在威胁的信息，比如与自身需要、价值观、信念等不一致的刺激。又如，长期吸烟者可能不会注意到吸烟有害健康的公益广告，或者直接忽略香烟包装上有关禁烟宣传的信息。此外，具有不同个性的消费者常常也会关注不同的事物。研究发现，性格外向的人习惯关注事物表面的特征，而内向的人常常看到细节；生性乐观的人倾向于发现事物积极的一面，而悲观的消费者则更容易注意到事物消极的一面。

（2）能力。我们每时每刻都置身于无数的信息之中，如果每一条信息都被注意到的话，我们的认知将超负荷。幸运的是，我们的注意力会自动过滤掉一些信息，从而确保认知的简化和流畅。信息要足够强烈和醒目，才可以吸引我们的注意力。第4章讲到，刚刚能引起注意的最小刺激量被称为绝对阈限。设想你正驾车行驶在高速公路上，远处有一块广告牌。绝对阈限指的就是你可以看清楚广告牌的最短距离，而在此之前你都看不清广告牌上的内容。坐在同一辆车里，不同乘客的绝对阈限可能不尽相同，所以每个人可以看到广告牌的最短距离也不一样。这个不同就是差别阈限。相较于绝对阈限，差别阈限指的是人们可以注意到两个刺激是不同的所需要的强度。因此，差别阈限是一个相对概念，通常也叫作最小可觉差。心理学家韦伯发现，随着第一个刺激变强，消费者能够感受到第二个刺激所需要的强度就更大（韦伯定律）。例如，一瓶450毫升的碳酸饮料增加50毫升之后变成500毫升，消费者可以感受到这两瓶饮料之间的差别；但一盒1升的碳酸饮料增加或减少50毫升之后，消费者却不一定能感受到变化。根据韦伯定律，50毫升的变化相对于450毫升的饮料来说是比较大的，但是相对于1升的饮料来说则变化不大。

📍营销工具箱

如何有效利用差别阈限或最小可觉差，使消费者注意到一些变化，而忽视另一些变化？例如，营销人员不希望消费者注意到产品价格的提高，通常会采用在差别阈限的范围内减少每份包装的产品量，从而让消费者察觉不到产品单位价格的提高。在另外一些情况下，营销人员却希望消费者明确地感受到变化，此时产品更新不宜过度频繁，因为过小的更新不足以让消费者感受到产品的改变。在新产品更新时，营销人员的目标应该是至少要超过消费者的差别阈限，这样消费者才能体会到产品的变化和不同。

2. 刺激物因素

在很多情况下，消费者并没有很强的动力或者能力第一时间关注到很多营销信息，但依然会不自觉地留意到一些信息。例如，即便一些消费者对于整形整容毫无兴趣（消费者个体因素），但是路边的巨幅广告实在太引人注目了，所以消费者还是会注意到。那么，如何通过改变信息本身的一些特点来吸引消费者呢？

（1）个性化。正如之前提到的例子，人们通常对自己的姓名非常敏感（也称作"鸡尾酒会效应"）。如果营销信息中包含消费者的姓名，自然会吸引他们的注意（比如电子邮件广告中直接称呼消费者的名字）。在大数据的支持下，越来越多的在线消费平台会记录消费者的购物历史，甚至浏览轨迹。这些个性化的信息可以被加以利用，从而推出个性化的广告。如果一些信息可以满足消费者的需求，符合消费者的价值观或者目标，那么人们更容易注意到这些信息。例如，人在饥饿的时候会更容易留意到食物广告；旅行发烧友会比其他消费者更容易关注到与旅行相关的产品信息。2015年，微信开始用特定的推荐算法推送朋友圈个性化广告（比如有的人收到可乐的广告，而有的人收到奢侈品手表的广告）。类似地，小红书的聚光信息流广告和抖音巨量引擎广告也是根据人们在平台上的一些活动（比如点赞、转发等）推送个性化的广告。

（2）情绪的愉悦。人们都喜欢接近美好的事物，因此可以通过创造令人愉悦的刺激来吸引消费者注意。例如，广告中那些美貌的模特可以极大地提高广告关注度。此外，音乐也可以营造出愉悦的感觉。熟悉的歌或者流行的乐队可以很好地吸引消费者。例如，娃哈哈矿泉水使用《爱你就等于爱自己》、康师傅绿茶使用《好心情》作为广告配乐，都取得了不错的营销效果。积极的情绪不仅可以吸引注意力，更能激发正面的态度。

（3）与预期不符。消费者非常容易注意到新奇的、意外的甚至是令人疑惑的信息。任何新奇的事物都会吸引我们的注意，不论是新奇的包装，还是新奇的品牌名称。新奇的信息很容易脱颖而出。例如，通常酸奶的包装都是从下往上逐渐变宽的圆柱体，从上部较窄的地方开口。而优诺酸奶却是从下至上越来越窄，虽然它的包装仍然符合传统的圆柱体，但是却颠覆了大多数酸奶上宽下窄的包装设计，因此比较容易吸引眼球。虽然新奇的刺激容易吸引注意力，但是消费者并不总是更喜欢新奇的事物，比如消费者可能会不喜欢口味非常新奇的食物（比如芥末味的巧克力）。意外的刺激并不一定是新奇的，也可能是一些常见的刺激出现在了意料之外的情境之中。例如，在一种蔬菜沙拉酱的广告中，把西蓝花做成纸杯蛋糕的形态就是与我们常规预期不符的情况。另外，有研究表明，不按照传统乐器法则，或多或少使用一些非典型乐器的歌曲更容易被注意到，成为热门歌曲。此外，谜语或者比喻等具有疑惑性的信息也会激发人们的好奇心，从而吸引注意力，因为人们常常会控制不住地想要去寻求答案。但是，如果消费者不能解答这些疑惑，反而可能心生沮丧。例如，其他文化中的消费者可能很难理解一些美国广告中涉及的谜语、双关或者比喻，这样一来不但没有引起消费者的好奇，还可能让他们觉得困惑和不解。

（4）容易识别和理解。前三种方式都是通过影响消费者的动机从而吸引他们的注意力，除此之外还可以通过提升消费者识别和理解信息的能力来达到类似的效果。如何提高消费者信息加工的能力呢？一种方式就是让信息变得更容易识别和理解，具体可以通过以下三个方面。

一是使用突出的信息：一般而言，人们更容易注意到更大、更强的刺激物。突出的信息相较于周围的环境更加明显。例如，消费者更容易注意到大的或者长的广告。广告中的图片更吸引注意力，而增加广告中文字的数量可以提高消费者对整个广告的关注。使用加粗、加大的字体也会更吸引注意力。此外，声音大的广告比声音轻柔的广告更能引起注意。但是需要注意的是，刺激增加的强度是有限度的，过强的刺激容易让人反感甚至对人体造成伤害。

二是使用具体的信息：相较于抽象的信息，具体的信息更容易被理解。例如，有些词语（比如机会、忠诚）比另一些词语（比如苹果、婴儿）更抽象。研究表明，人们更容易理解和想象具体的词语。词语的具体性可以被应用于品牌命名——具体的品牌名称可能比抽象的品牌名称更容易吸引消费者的注意。

三是使用对比的信息：彩色报纸要比黑白报纸更有吸引力，因为彩色报纸与大多数黑白报纸形成了鲜明的对比。类似地，在众多彩色电视广告中，如果有一则黑白广告，那么后者就会更吸引眼球。为了吸引更多的注意力，一些产品在包装上使用对比鲜明的颜色或者图案。例如，一些红酒品牌在酒瓶标签上画一些特殊的动物图案，从而形成对比，获得更多的关注。

3. 环境因素

环境因素主要包括情境中除了信息刺激物以外的因素，也包括消费者当时所处的情境和状况。常见的环境因素包括环境中的气味、温度、光照度、空间大小等。例如，有研究表明，环境中的混乱程度越高，消费者对某一刺激的注意力就越低。混乱程度指的是环境中除了刺激物之外其他信息的密集程度，混乱程度很高的环境很容易将消费者的注意力吸引到非重点的信息上，从而降低人们对目标信息的关注。很多网站常常存在大量的广告信息，这些广告的存在有可能会形成一种较高的混乱感，分散消费者对网页主要内容的注意力，就像如果新闻网站上的广告太多、太混乱，消费者就无法集中注意力阅读新闻一样。

5.1.4 消费者如何注意到信息

消费者通常不是单独地注意到某个刺激，而是把这个刺激与周围其他信息相结合。人们更倾向于将信息作为一个整体而不是互相分离的单元来感知。消费者对信息的分组遵循一些规律，包括图形与背景、封闭原则和归类原则。

图形与背景是指人们倾向于把信息置于一个背景之中来感知。在具有一定配置的背景下，有些信息突显出来形成图形，而有些信息则成为背景起到衬托的作用。一般来说，图形与背景的区分度越大，图形就越容易辨识，从而越吸引我们的注意力。消费者如何把信息区分成图形和背景，直接影响这些信息如何被感知和理解。例如，对于同样一张图（见图5-1），有些人看到的是一位吹奏萨克斯的音乐家，而有些人则会看到一张女性的面庞。因此，广告设计者常常需要确保重要的品牌信息被消费者当作图形加以注意，而不是被当作背景信息。例如，广告里常常有一些性感迷人的模特，在这种情况下，消费者很有可能把模特作为图形信息重点关注，而忽略产品和品牌相关的"背景"信息。

图 5-1 两可图举例

封闭原则是指人们常常把信息分组形成一个有意义的整体。即便一些信息是不完整的，但是受到封闭原则的驱使，我们仍然会把这些信息看成完整的刺激。换句话说，我们会自动补全不完整的信息，从而形成完整的、封闭的信息。例如，当人们在广播里听到耳熟能详的电视广告时，虽然没有视觉信息只有听觉信息，但他们依然可以自动地把缺失的视觉信息补全。当夜幕降临，某些霓虹灯招牌亮起却缺少个别笔画时，我们还是能够看懂招牌的意思，这也是封闭原则在起作用。类似地，在某些广告中经常出现一些模糊的、不完整的信息线索，这也不失为一种方法让消费者去思考这些信息之间的关系，进而形成对这些信息的深入理解。

归类原则是指人们会把信息进行分类，从而更容易对这些信息加工处理。我们常常会把相似的或者相近的事物归为一类，所以营销人员经常利用这个规律把产品信息与其他信息放在一起。在商品陈列中，不同的产品会根据一些线索（比如产品的颜色）自行分类。例如，在超市的货架上，某一品牌的洗衣皂是绿色的，而它两边其他品牌的洗衣皂均为黄色的，那么消费者就倾向于将黄色的洗衣皂归类在一起，这样一来该品牌的洗衣皂就显得尤为突出。再比如，很多广告中经常包含不止一个品牌或者产品，为了让消费者进行归类，会借助尽可能多的信息帮助消费者了解信息。例如，当营销人员对某个产品进行宣传时，常常会借助产品设计、品牌包装、广告形象代言人、商店布局、价格等线索传达营销人员想要表达的意思。

5.1.5 人工智能对注意力的影响

人工智能（AI）已经成为现代市场中的一个重要因素，对消费者行为也产生越来越多的影响。人工智能技术可以帮助企业更好地了解消费者的需求和偏好，从而提供更好的产品和服务。例如，人工智能技术可以分析消费者的购买历史、搜索历史和社交媒体行为，从而预测他们的需求和偏好。人工智能还可以帮助企业更好地了解消费者的反馈，从而更好地改进产品和服务。然而，人工智能对消费者的注意力可能会产生较为复杂的影响。首先，人工智能可以通过算法向消费者推送个性化的广告和进行内容推荐。这种定制化推荐能够吸引消费者的注意力，使他们更有可能发现和购买他们感兴趣的产品或服务。然而，消费者也可能在搜索过程中花费更多的时间甚至金钱，这会导致他们购买原本并不需要的产品或服务。

其次，人工智能可以提供更准确的搜索结果，帮助消费者更快地找到他们所需的信息。通过过滤垃圾信息和提供有用的内容，人工智能可以帮助消费者从海量信息中更有效地获取所需信息。虽然人工智能可以分析消费者的浏览和购买历史，从而预测他们的需求和偏好，但可能会导致消费者收到太多的信息和广告，使他们感到信息过载。

此外，人工智能的视觉和语言识别技术也可以影响消费者的注意力。通过图像识别技术，消费者可以使用手机相机扫描商品或广告，获得更多关于产品的信息。而语音识别技术已经在虚拟助手和聊天机器人中得到应用，消费者可以与智能音响等设备进行对话，获取有关产品、服务和购买建议的信息。

5.2 记忆和提取

记忆包含获取、存储和提取信息的过程。本质上,消费者的记忆反映了消费者对于产品、服务、消费体验等的知识和经验。消费者的记忆对象可以是商品,也可以是体验,还可以是消费者的态度和评价。具体来说,我们可能记住曾经用过的品牌、产品、服务,这些产品和服务的特点(事物),我们在哪里、什么时间、和谁一起购买和使用的这些产品(体验),以及我们是否喜欢这些产品(评价)。我们也可以记住一些已经不再拥有的旧产品,比如小时候用过的一个玩具。我们还可以记住一些特殊的场景,比如过生日时与好友一起去听的音乐会。我们存储在记忆里的这些信息有着多种多样的来源,包括营销广告、媒体、口碑和个人体验。

记忆在人的一生中扮演了重要的角色,这同样也反映在消费者的选择和决策中。记忆是品牌联想的前提。品牌联想实际上就是消费者记忆中与品牌相联系的一切事物的集合,包括产品特征、使用场景、属性、用途等。当消费者寻找某种功能或者诉求时,就会有意无意地想到由相关需求联想到的特定品牌。从定位理论来说,把品牌打造成品类的代名词就能占据消费者心中的重要地位。例如,一提起去火饮料,你就会想到王老吉,或者一提起矿泉水,你就会想到农夫山泉。这种在你的记忆中牢不可破的联系就是成功的品牌定位。

对于记忆的研究通常采用信息加工模型——把消费者的大脑当作计算机,记忆的过程包括信息编码、信息存储和信息提取三个阶段。在信息编码阶段,信息以一种可以被系统识别的方式进入大脑;在信息存储阶段,我们把信息与记忆中的其他知识整合起来,并保持在记忆中;在信息提取阶段,我们在记忆中寻找需要的信息。

我们的很多经验都被我们存储在头脑中,当有一些线索提醒我们的时候,这些经验就会浮出水面。我们很多的消费选择都多多少少地受到之前关于一些产品和服务记忆的影响。在购买产品的时候,消费者常常把自己大脑中的记忆与外部提供的记忆线索整合在一起从而决定买还是不买。这些记忆包括与产品相关的所有线索,以及各个营销环节中存在的其他信息,帮助我们找到和评估市场上的其他产品选择。例如,经典的曝光效应表明,我们对一个产品的喜爱会随着对其熟悉度的增加而提升。曝光效应解释了我们为什么会购买很多熟悉的(往往也是频繁出现在广告中的)产品。在很多中国消费者的心中,脑白金的电视广告最耳熟能详——两位常年在电视里跳舞的憨厚可爱的老人根据时间、季节更替穿着不同风格的衣服,一边舞动着一边配上朗朗上口的广告语"今年过节不收礼,收礼只收脑白金"。当你站在超市的货架前准备选择时,你顺手拿起的一件产品很有可能就是你最熟悉的,即便你根本就不记得在哪里看过它的广告。

5.2.1 三种记忆类型

记忆主要分为三大类:感觉记忆、短时记忆和长时记忆。

1. 感觉记忆

设想在一次聚餐中你正在与身边的人聊天,突然听到不远处有人谈起一部你很想去看的新电影。这时,为了不显得很唐突,你可能会继续和身边人的谈话,但其实你内心非常想听一听其他人在聊的电影。虽然你不可能同时在两边的对话中都集中注意力，但你可以关注并意识到另一段对话的点滴片段。也就是说，你可以一边跟身边的人聊天，一边注意到关于电影的对话，特别是当其他人提到精彩这个词的时候。此外，大家在学生时代或多或少都有过一边写作业一边看电视的经历。试想当你在电视机附近写作业的时候，突然有个人说："这广告拍得真不错！"即便你没有在全神贯注地看电视，你还是会意识到你刚刚听到了耐克的名字，从而反应过来这是耐克的广告。

我们具备的这种将感官体验短暂、及时地存储起来的能力就被称为感觉记忆。当外部刺激直接作用于感觉器官，产生了感觉之后，虽然刺激的作用停止，但感觉仍可维持极短的片刻。感觉滞留表明感觉信息可以被瞬间存储。由于感觉记忆的作用时间比短时记忆更短，因而又被称为瞬时记忆。

我们的感觉存储可以包括任何的感觉信息，其中研究得比较多的是图像记忆（我们看到的视觉信息）和声像记忆（我们听到的感觉信息）。上文提到的耐克的例子便是声像记忆。图像记忆的例子比如当我们开车路过一个标识，虽然飞快地看到了标识，但直到过后才意识到原来是一家麦当劳。

在感觉记忆中存储的信息通常都是以感觉的形式存在。例如，当你听到"美丽"这个词，你会把这个词以声音的形式存储，因此我们对它的记忆是精确的，而不是美丽的某个同义词。但是如果你把美丽这个词按照意义来存储，就很容易产生混淆，比如你可能错误地记忆成这个词是"漂亮"。按照声音存储就是感觉记忆，但是按照意义存储则不属于感觉记忆。感觉记忆保持的感觉信息十分短暂，从几十毫秒到几秒，如果个体认为感觉记忆中的信息有意义，便会进一步加工这些信息，使它们进入短时记忆中；如果没有进一步加工，这些感觉信息很快便会消失。

2. 短时记忆

首先我们要获得外界信息才能加以存储，而要得到外界信息，则必须通过感觉知觉。因此，感觉记忆常常被视为记忆系统的开始阶段或记忆结构，而短时记忆包括记忆中被我们"编码"或者理解的那部分信息。对信息的知晓和理解都发生在短时记忆阶段。例如，读书时，感官记忆只能临时存储你看到的每个字的图像，但是你需要使用短时记忆去理解你所看到的内容。在看到广告或者决定是否买某个产品时，你也在用自己的短时记忆。短时记忆非常重要，因为绝大多数的信息加工和处理都发生在短时记忆中。

（1）感觉与语义代码。短时记忆中的信息可以以多种形式存在。当我们想到一件商品时，比如手机，我们可以用语义代码来记录它——把它表征为手机这个词语，也可以用感觉代码来记录它——手机的外形、手机的触感、有电话打入时的铃声等。用感觉代码来记录一个事物常常包含视觉、听觉、触觉、嗅觉、味觉等多通道的感觉信息，这些信息大多按照事物的原有形式加以保持，按照刺激的物理特性进行直接加工和处理。

信息不论是以语言还是图形的形式被存储起来之后，都可以被进一步加工和处理，从而加强这些信息在记忆中的保留。在消费者的动机和能力都不高的情况下，短时记忆是非常简单和缺少细节的。例如，看到"滑雪"两个字，你可能将它们存储为一个简单的滑雪画面。而当消费者的动机和能力都很充沛时，他们可以尽情地联想，编码的信息就会更加丰富。此时看到"滑雪"这两个字，你可能想起自己正打算在假期安排一次滑雪旅行，你可以想象出一个特别丰富的场景，包括在滑雪场附近的一家旅馆，与几个好友围坐在炉火旁，饮酒畅谈。你也可以根据语义代码来比较不同旅游胜地的价格和其他属性特点。

（2）短时记忆的特点。短时记忆是有限的。我们在任一时间段只能保留有限的信息在短时记忆中。例如，你打算去超市买牙膏和薯片，通常情况下你不需要特意去记也不会忘记要买什么。但是假如你要买牙膏、薯片、可乐、卫生纸、洗衣液、香蕉、方便面、衣架和筷子，如果事先不把这些要买的东西记下来，很有可能会漏掉其中的一些。

短时记忆是短暂的。短时记忆中保留的信息只能够维持很短的一段时间，除非这些信息被进一步转移到了长时记忆。我们只有非常努力地维持这些信息才能将它们保留下来，不然这些信息就会从记忆中消失。这也解释了为什么我们会在刚刚认识某个人之后，却很快忘记了他的名字。

（3）营销情境中的短时记忆。感觉编码会影响消费者的偏好与选择。例如，我们决定去哪里度假在很大程度上会受到我们想象到的度假场景的影响。我们看重一些自己购买的产品（比如小说、电影等），也是因为这些产品提供的感觉和想象。事实上，当消费者沉浸在自己使用某种商品的想象中时，就像是广告里常常描绘的情景，他们也更容易对该商品和相应的广告有更高的评价。因此，一件商品能够多大程度地激活消费者多重感觉通道的体验，会直接影响到消费者有多喜欢或者不喜欢这件商品。

感觉编码会激活过去体验的回忆。我们常常会看重那些可以帮助我们重新体验过去某种消费体验的事物。例如，我们会保留某次演唱会的票根，因为每次看到这个票根都会让我们想起那次演唱会，仿佛再一次体验了当时的情景。再如，闻到爆米花的味道很容易回想起童年。现在的一些商家利用怀旧，在餐馆里使用一些具有20世纪七八十年代特色的餐具，仿佛让消费者回到当初的那段时光。

感觉编码会直接影响我们加工处理的信息量。随着信息量的增加，比如产品描述得越来越丰富，我们的语义编码会超负荷；然而，增加的信息却能进一步帮助我们进行感觉编码，因为信息越丰富我们的感觉体验越具体。例如，很多奢侈品珠宝商在网站设计上都允许消费者放大产品，从而可以更加仔细地观察，形成更加丰富的感觉编码，进一步让消费者想象到拥有这个珠宝的体验。

感觉编码还会影响我们拥有或使用某个商品的满意度。对于很多商品或者消费体验，我们常常会形成具体、生动的想象。例如，打算买车的时候，我们可能会设想自己驾车驰骋是怎样的感觉，所以很多时候我们都会先试驾再决定要不要买。如果现实与想象相差甚远，我们的满意度就会大幅度降低。鉴于此，有的商家会使用一些技术帮助消费者体验、想象。随着现代科技的进一步发展，消费者体验也变得越来越容易。因此，如何有效地利用体验和想象来帮助商家提高消费者满意度也显得尤为重要。

3. 长时记忆

长时记忆是真正的信息库，有着巨大的容量，并能长期保持信息。短时记忆中的信息通过不断重复和充分的加工之后进入长时记忆，自此便可在头脑中保持很长的时间。长时记忆就像是一座巨大的图书馆，保存着我们将来可以运用的各种知识和信息。研究者常常认为，长时记忆是一种无限的、永久的记忆。长时记忆包括两种：情景记忆和语义记忆。

（1）情景记忆。情景记忆代表关于我们自己和自己过去的知识，它包括过去的经历以及和这些经历相关的情绪与感觉。这些记忆大多包含各种感觉信息，虽然常常会伴随一些声音、气味、触觉等方面的信息，但主要是一些视觉图像。我们有时会把获得某个商品的过程存放在记忆里，比如你花了很长时间找了很多家店才买到的一个物件，整个曲折的购物过程往往也会被记住。此外，很多消费体验（比如听的某一场音乐会）和处置某个商品的过程（比如丢掉某条很珍贵但已经破旧的牛仔裤）也会存储在我们的记忆中。因为我们每个人都有属于自己的特有的经历和体验，所以情景记忆往往都是个性化的。

（2）语义记忆。我们记忆中存储的很多信息并不是关于某些特定经历的。例如，我们知道何为"智能手机"，知道这个概念代表了一种通信工具，既可以用它打电话、发短信，也可以用它来上网。这些知识适用于所有的智能手机，并不专门属于某一特殊的手机品牌。关于世界的很多知识都独立于某一具体的情景，因此称之为语义记忆。例如，我们对于数字的语义记忆会影响我们感知价值，从而进一步影响我们的消费选择。情景记忆和语义记忆不仅存储的信息不同，而且在其他方面也有区别。如前文所述，情景记忆以一个人的经历为参照，以时间、空间为框架，易受干扰；而语义记忆则以一般知识为参照，很少变换，比较稳定。

营销情境中的长时记忆会影响消费决策。每个消费者都拥有很多与消费相关的记忆，这些记忆继而影响我们对产品和服务的评价。例如，如果你在 A 餐馆吃饭时发现了某盘菜里有一根头发，这个不好的记忆很可能阻止你下次再去 A 餐馆吃饭。而积极美好的回忆会起到相反的效果。假如你在 B 餐馆不仅享受到了美味的菜肴，还有令人愉悦的服务，这些记忆便会让你再次光顾 B 餐馆。此外，我们还会记住在某个商品上花了多少钱，而记忆中的价格会变成参照标准影响我们后来的购买行为。

保留情景记忆。人们会时不时地回想起过去，因此消费者常常会更看重一些商品，因为这些商品可以勾起消费者对往昔的追忆。我们天生都有一种习惯，把重要的人生节点、重要的里程碑事件深深地放在心里，比如初恋、毕业典礼、婚礼等。很多商品，包括摄影摄像设备、照片打印设备都是为了满足消费者保留情景记忆的需求。不同文化下的消费者都或多或少地希望保留一些情景记忆。即便在海外生活很多年，不少华人还是会在家里保留一份中华文明的记忆。放眼全球，消费者往往很看重那些承载了有关亲人、朋友或者重要事件等相关记忆的事物。

对记忆的重新理解。研究表明，广告可以影响人们的情景记忆，消费者会记住与广告中宣传的产品相关的体验和经历。例如，让消费者分别品尝好喝的和难喝的橙汁，之后再观看推广该橙汁的广告。结果发现，看了广告之后，原本品尝了难喝的橙汁的消费者觉得橙汁没那么难喝了。

| 经典和前沿研究 5-1 | 谷歌效应（Google effects）

随着人类社会实践活动的不断深入，个人记忆越来越依赖外部记忆媒介。在熟人社会的小群体中，彼此知道每个人自然记忆的内容，当个人需要不存在于自己记忆中的信息时，可以向知道这些信息的其他人询问。这样小群体中每个人的记忆像计算机网络一样联结起来，构成了所谓的交互记忆系统。但这样形成的交互记忆只存在于共同生活的小群体中，其记忆容量受到规模的限制，过于复杂的信息很难通过这种方式保存。

正是由于外部记忆媒体的存在，个人不需要记忆所有可能需要的信息，只要知道这些信息存储的地方，在需要时找出即可。交互记忆系统中的他人、字典、词典、百科全书及其他文本形式都是常用的外部个人记忆媒体。近年来，互联网正在成为最强大、最便利的个人记忆媒介。美国哥伦比亚大学心理学系的贝特西·斯帕罗（Betsy Sparrow）等人（2011）发现，当人们知道信息将会被保存时，他们更倾向于记忆信息保存的路径，而不是去记忆信息的细节。

在一个实验研究中，参与者先看了一份含有40个简单事实的列表，比如"鸵鸟的眼睛比脑子大"。按照指示，所有参与者把这40个简单事实输入电脑。其中一半的参与者被要求记住这些事实，而另一半没有被这样要求。此外，有一半的人了解自己的工作将存储在电脑上，而另一半则被告知完成后输入的内容会被即刻清除。研究者发现，按照指示被要求记住信息的人得分并不比另一半更高，但那些认为自己的工作很快就会被清除的人得分却比另一半人要高得多。

这个研究结果表明，大脑会自然地对记忆进行分类。对于容易获得的信息，大脑会认为没必要都存储起来。因此，人们以为事实被大脑记住了，其实事实大多被遗忘了，这就是谷歌效应。在互联网时代，电脑、搜索引擎、维基百科等外部记忆媒体正在影响个体记忆模式，人们只要知道信息保存的路径，就可以从这些新兴外部记忆媒体获取想要的信息，而不需要记忆信息的内容。

资料来源：SPARROW B, LIU J, WEGNER D M.Google effects on memory: cognitive consequences of having information at our fingertips[J]. Science, 2011, 333：776-778.

5.2.2 如何提升记忆

因为我们在记住某个事物之前要先注意到它，所以很多影响注意力的因素（见5.1节）也会影响到记忆。除此之外，还有一些其他的信息处理方式（比如分组、复述、阐释）也可以影响到我们的记忆。这些信息处理方式可以影响短时记忆，也可以提高短时记忆转移到长时记忆的可能性，这些对营销人员有着深远的意义和启示。

1. 分组

组块实际上是一种信息的组织或者再编码。人们利用存储在长时记忆里的知识对进入短时记忆的信息加以分组，从而构成人们所熟悉的有意义的且较大的信息单位。分组的作用就在于减少短时记忆中的信息单位，增加每一单位所包含的信息。以往的研究表明，短时记忆的容量通常为3～7个组块，最新研究发现，这个数字可能更接近于3或者4。例如，我们在记手机号码的时候会把11位数字串分成3个组块来处理，而不是把每一位数字单独来进行处理。营销人员可以通过把大量信息分成一个个组块来帮助消费者把短时记忆中的信息转移到长时记忆。例如，使用缩写的品牌名称可以把较长的信息缩减到一个组块（比如 KFC），这样消费者记起来就更容易。类似地，广告也可以把很多零散的信息整合并分组，从而帮助观众记住广告内容。例如，食品有很多营养成分的相关指标，包括热量、脂肪含量、含盐量、含糖量等，如果消费者觉得这些复杂的信息超负荷了，那么更好的应对方法可能是整合这些信息并提供一个综合的健康指数。

2. 复述

分组可以降低信息在短时记忆中被遗忘的可能性，而复述则可以影响短时记忆迁移到长时记忆的成功率。复述意味着我们主动和有意识地去重复我们试图记住的那些信息，既可以默默地复习也可以积极地思考这些信息及其相关的含义，就像我们复习准备考试一样。在营销场景中，只有当消费者努力记住一些信息时，才有可能去复述。例如，当我们把饮食健康当作目标时，就很有可能很认真地去识记一些食品的营养成分。营销人员可以运用一些技巧促使消费者进行复述，比如在广告中加入音乐伴奏或者使用朗朗上口的广告语。很多时候使用这些技巧可以很好地帮助消费者记住一些产品和广告。然而，有时复述也不一定能帮助营销人员。例如，研究发现，如果让消费者在购买之前回忆上次购买的某件产品的价格，那么他们再次购买的意愿会大大降低，因为关于价格的记忆很有可能突显了消费者购买该产品所要花费的成本（比如付出的金钱）。

3. 阐释

当信息被进一步精细加工或者阐释之后，便会转移到长时记忆。虽然我们可以通过粗浅的加工或者复述记住信息，但这种方式常常不够有效。更持久的记忆往往来源于更深刻的加工，特别是当我们把新的信息与之前的知识和经验建立起关系之后，新的记忆便会保存得更长久。例如，当你看到一个新的广告在推荐某种产品，你可能会想象在日常生活中会如何使用这个产品，从而对产品和广告形成更深刻的记忆。营销人员可以运用不同的策略提高消费者进一步阐释信息的可能性。例如，使用新鲜的、出乎意料的刺激可以吸引消费者注意，从而让他们进行更深入的阐释。一家广告公司的调查表明，当消费者认真观看某个电视节目并且仔细思考其内容时，他们更容易记住其中的电视广告。随着年纪的增长，我们的认知能力可能会逐渐下降。有证据表明，较为年长的消费者常常没有足够的能力阐释营销情境中的很多信息，这很有可能是因为他们的短时记忆更有限。因为缺乏足够多的知识，儿童在很多时候也不会去进一步深刻理解广告中的信息。阐释还能够解释为何广告中适当程度的幽默可以促进产品信息的加工和回忆，而强烈的幽默反而会抑制消费者对产品信息的深加工。

5.2.3 什么是提取

消费者通过两种提取系统在自己的记忆中追溯信息：外显记忆和内隐记忆。

1. 外显记忆

外显记忆是一种有意识的、需要努力才能使信息恢复的记忆。换句话说，通过外显记忆提取信息时，人们是有意识地尝试记住曾经发生过的某些事情。例如，当你回忆上次去某家餐厅吃饭点了什么菜时，就是通过外显记忆来追溯信息的。具体来看，消费者从外显记忆中提取信息的过程要么涉及再认，要么涉及回忆。

再认指的是经历过的事物再度出现时能够被确认，也就是说，我们意识到某个事物是我们之前见过的，比如品牌再认（我们记得曾经见过某个品牌）和广告再认（我们记得曾经看过某个广告）。品牌再认在消费决策中至关重要，因为它可以帮助消费者迅速识别或找到想要选的品牌。品牌和产品包装上的商标可以非常有效地提高品牌再认度。你可能想不起来你买的洗发水具体是哪个牌子的，但是当你在超市货架上看到它时却有可能识别出来。

回忆指的是经历过的事物不在眼前出现时仍能在头脑中重现，比如背诵以前所学的课文就是回忆。一般来说，能回忆的就能再认，能再认的却不一定能回忆。在我们不需要任何帮助的情况下，从记忆中提取一些信息就是自由回忆，比如我们昨晚吃了什么。如果我们被问了同样的问题（昨晚吃了什么）但需要有提示线索才能记起，这就属于线索回忆。

2. 内隐记忆

有时我们可以在没有任何意识的情况下想起一些事情，这就是内隐记忆。设想你正开着车在高速公路上行驶，刚刚经过了路边一个写着"茅台"的广告牌。之后你被问起有没有在高速上看到一个广告牌，如果有，上面写着什么。你可能都没有注意到这个广告牌，更不用说上面的内容了；换句话说，你对于这个广告牌并没有外显记忆。但是，如果这时有人让你说出你想到的第一个以"茅"开头的词语，你很有可能会回答"茅台"。也就是说，你可能已经加工处理了广告牌上的信息，即便你并不记得看到了它。当我们不记得一些事情时，为何会有关于这些事情的内隐记忆呢？匆忙地看到"茅台"的名字有可能在我们的记忆中激活或者启动了"茅台"这个词语，但这种激活程度并没有强烈到可以让我们有意识地提取出来，但当我们被问及以"茅"开头的词语时，这个激活却会让我们想到"茅台"。

根据内隐记忆的原理，很多研究发现，环境中的一些线索会对消费者的选择和偏好产生深远的影响。例如，在美国，因为万圣节的缘故，每年的10月都会充斥着橘黄色——橘黄色的糖果、布置成橘黄色的超市等。在10月31日之前的一周曝光的各种橘黄色是否会影响消费者的记忆呢？有研究发现，相较于万圣节之后的一周，消费者在万圣节的前一周更有可能想到橘黄色的饮料（比如芬达、橙汁等）。类似地，仅仅让消费者使用不同颜色的笔也会影响他们对品牌的选择。如果让消费者先用橘色或者绿色的笔简单写下他们喜欢的一本书，然后再从20组产品（包括洗洁精、饮料、糖果等）中进行选择，其中一些品牌是绿色的产品或者包装，另一些品牌是橘色的产品或者包装。结果发现，使用绿色的笔作答的消费者更有可能选择绿色的品牌（比如雪碧），而使用橘色的笔作答的消费者则更多地选择了橘色的品牌（比如芬达）。

5.2.4 关于记忆提取的营销实践

（1）作为一种沟通的目标。一些市场宣传旨在提升消费者对品牌名称、产品属性或者品牌优势的回忆，而另一些市场宣传的目的则在于促进消费者对品牌名称、标识或者包装、广告等的再认。对于进入一个成熟市场的新品牌来说，提高消费者对其品牌名称的记忆显得尤为重要。例如，美国运动品牌安德玛原本以男子运动装备为主打，后来在向女子运动市场推广的过程中推出了一系列含有独特韵律的广告提高消费者的再认水平。

（2）提取会影响消费选择。曾有研究表明，对银行名称再认度的降低导致了日本消费者银行使用率的降低。让消费者能够再认或者回忆某个产品的承诺或广告语非常关键。此外，了解并记住这些信息不仅影响消费者态度的形成，而且当他们在品牌之间进行选择时常常会调用这些信息。不过，让人记忆最深刻的广告不一定是最有效的广告。人们对某个广告记忆犹新，可能是因为这个广告太差了，而非它增加了人们对广告产品的购买欲望。此外，让人难忘的广告也不一定能够有效地使消费者把广告与品牌和产品联系起来。当然，并不是所有的营销活动都为了提高消费者的回忆。例如，虽然我们常常记不住某个产品的实际价格，但我们却能辨别某个价格是否划算。

（3）再认和回忆关系到广告的有效性。营销人员需要通过再认、回忆和内隐记忆对广告及产品名称的有效性进行评价。例如，你正在考虑中午去哪里吃饭，你的备选方案很有可能就是基于你记忆中可以回忆起来的内容。因此，营销人员应该采取一些方式、方法引导消费者想到某一品牌和商品，这样一来，当消费者进行决策时就更容易回忆起这些品牌和商品。内隐记忆对市场营销来说也很重要。尽管广告公司经常询问消费者能否回忆和再认广告里的一些信息从而测量他们的外显记忆，但内隐记忆的概念意味着消费者的记忆里可能含有一些关于广告的信息而他们却无法识别或者回忆。因此，广告人员可以使用内隐记忆的测量方式更加准确地衡量广告对消费者记忆的影响。

| 经典和前沿研究 5-2 |　　当回忆变成伤害：回忆对价格内隐记忆的影响 |

回忆究竟是会帮助还是伤害记忆一直是研究者关心的问题。人们通常认为，试图从记忆中回忆信息应该有助于，或者至少不会破坏基于记忆的比较。然而，来自达特茅斯学院和康奈尔大学的两位学者研究发现，回忆会伤害基于记忆的价格比较。具体来看，相较于不进行回忆，当消费者首先尝试回忆某件商品的价格时，他们后续进行价格比较的正确率会显著降低。这是因为消费者尝试回忆价格信息时，很可能将注意力聚焦在元认知体验上，而回忆尝试的失败感会产生一种"不知道"的感觉，继而屏蔽了人们本来可以用来进行准确价格比较的内隐记忆。也就是说，将注意力转移到元认知感觉上会导致对内隐记忆的阻滞效应。假如将注意力从元认知上转移开，这种回忆带来的对内隐记忆的阻滞效应会相应减少。这项研究的结果也进一步表明，消费者购物过程中的价格比较往往建立在内隐记忆的基础上，而不需要对参考价格进行明确的回忆。

资料来源：KYUNG E, THOMAS M. When remembering disrupts knowing: blocking implicit price memory [J]. Journal of Marketing Research, 2016, 53(6)：937-953.

5.2.5　如何促进记忆的提取

鉴于记忆提取的重要性，如何提高消费者记住某个品牌的可能性成为营销人员尤为看重的一个问题。除非已经存储在记忆里，否则消费者无法再认或者回忆。分组、复述、阐释等可以提高记忆的因素也能够进一步促进记忆的提取。此外，还有其他三个因素也能够影响记忆的提取：信息的特点、信息加工的过程和消费者的特点。

1. 信息的特点

记忆提取不仅会受到信息是否突显、是否具有代表性的影响，还会被信息传播的媒介影响。

（1）信息的突显性。如果某个刺激很突出、很明亮、很复杂，或者处于运动状态，那么这个刺激就会从它所处的大环境中突显出来。例如，相较于简单的背景，视觉上较复杂的图案更为明显；动态的互联网广告也比静止的文案突显性更高。信息的突显性可以影响消费者的记忆提取。突显的刺激更容易吸引消费者的注意力——消费者常常不自觉地将注意力从不显眼的刺激转移到突显的刺激。因为突显性，人们通常会对这些信息进行更深层次的加工和处理，从而建立更强的记忆线索。这也解释了为何消费者更容易记住时间较长的视频广告和较大的印刷广告。

（2）信息的代表性。对于某种产品，消费者常常更能够记住最具代表性的或者最著名的品牌。因为这些品牌经常被消费者提起和传播，所以关于这些代表性品牌的记忆线索就不断地被强化。此外，这些品牌很有可能和记忆中的其他概念相关联，从而使激活这些品牌更有可能。正因为如此，很多企业不惜花费大量的财力、物力，希望成为某个产品品类的领头羊，从而保持长期的成功。

（3）信息传播的媒介。广告从业人员常常会思考某种信息传播方式是否比其他方式更能提升消费者的记忆，这也是研究者一直在探索的问题。例如，广告商试图确定在互联网广告上投入的大量资金是否比把钱花在广告上更能提升消费者对品牌的记忆。一些研究发现，消费者常常忽略甚至记不住互联网广告，而另一些研究结果表明，这些广告确实比传统的媒体更能有效地促进消费者形成品牌记忆。

2. 信息加工的过程

影响记忆提取的一个因素是信息在短时记忆里的处理模式。多项研究表明，相较于通过语义编码进行加工的信息，通过感觉编码存储起来的信息会被记得更牢。例如，如果消费者先对广告中的信息形成一个心理意象，他们对这些信息的记忆就可以大幅提高。心理意象可以在记忆中建立起很多的关联，而这些关联可以帮助消费者在记忆中进行信息追溯。当人们在心中形成某种信息的心理意象时，这些信息常常以图像和文字两种形式被加工处理；而这种双重加工的过程可以在记忆中构建起更多的关系联结，从而提高信息被提取的概率。语义编码只有文字一种形式，因此，提取语义编码的记忆只有文字这一种途径。

感觉编码不仅包括图像。当你阅读一部小说时，常常会很自然地想象书中的角色和故事情节。由此看来，文字信息也是可以进行感觉编码的。图片、形象化的文字或者形象化的引导都可以促进信息的双重加工。信息的双重加工正是营销人员在广告中加入音像元素的主要原因。当消费者看到熟悉的文字时，他们可以自行生成与之相对应的视觉影像。事实上，消费者在处理文字信息和相关的视觉影像时，一般都会进行双重加工，从而在其中一种加工方式存在的情况下促进另一种加工方式的记忆提取。

在平面广告中，消费者提取关于早期呈现的广告记忆的能力可以增强此信息的记忆痕迹。然而，当信息以较长的时间间隔出现时，改变广告的形式和内容会降低消费者在之后的展示中提取出之前记忆的可能性。

3. 消费者的特点

（1）心情。心情对记忆提取的影响是多样的。首先，总的来说，积极愉悦的心情可以提高记忆。其次，我们更容易记住与我们心情相符的信息。换句话说，当我们心情愉悦时，我们更容易想起积极的信息；如果我们心情低落，那么消极的记忆更容易涌上心头。从营销的视角来看，如果一则广告可以引导消费者产生积极的情绪，那么消费者在心情愉悦时就会更容易想起这则广告。

心情对记忆提取的影响有几种解释。其中一种解释是消费者把某个概念存储在记忆的过程中会同时记住与这个概念相关的情绪体验。例如，人们关于游乐场的记忆常与欢乐联系在一起。当你的心情处于一种"欢乐"的状态时，"欢乐"的概念随之被激活，这种被激活的概念会扩散、蔓延到"游乐场"的概念。研究还表明，当人们的情绪非常激烈时，人们常常以一种更加精细的方式来处理信息，精细的加工可以转换成阐释，从而进一步加强记忆的提取。此外，心情不仅可以影响阐释，还能影响复述，这两种方式都可以提升记忆。因此，拥有积极心情的消费者更有可能参与品牌复述，也更有可能记住品牌名称。

（2）专业性。如果消费者对于某个领域有着很强的专业背景知识，他们更容易在记忆中形成更加复杂和具体的概念框架，每个范畴也都包含详尽的信息。因此，消费者的专业性能够影响其记忆的网络联结，复杂的网络联结可以解释为何消费专家比新手能记住更多的品牌、品牌属性和产品优点等信息。

4. 人工智能的影响

人工智能可以通过分析消费者的偏好、购买历史和行为模式等，为消费者提供个性化的产品和服务推荐，而这种个性化体验可以增强消费者对某个品牌或产品的兴趣，从而更容易留下深刻的印象。此外，智能助手和聊天机器人利用自然语言处理和机器学习技术，可以与消费者进行对话和交互，从而帮助他们更好地理解和记住特定的信息。人工智能技术还可以与其他科技相结合（比如增强现实和虚拟现实技术等），为消费者创造更加身临其境的体验。通过这些技术，消费者可以在虚拟环境中与产品进行互动，这种沉浸式的体验也可以进一步提高记忆效果。

5.2.6 提取失败

短时记忆的保存时间很短暂，虽然长时记忆的保存时间相对较持久，但记忆也会随时间的推移发生自然消退，从而出现遗忘。遗忘，也就是在记忆中提取信息失败，这在生活中是不争的事实。我们可能都有过出门忘记带钥匙，或者不记得把某件东西放在哪里的体验。记忆的提取失败会影响消费者购买、消费和处置产品等一系列行为。

在某些情况下，我们忘记是因为提取痕迹出现了消退，也就是说，记忆痕迹随着时间的推移而衰退，常常是因为这些记忆没有被使用过。我们会忘记小时候发生过的事情，因为这些事情都已经很久远了。假如我们通过复述，反复暴露在信息之中，记忆消退的可能性会降低。有时，信息的一些具体细节和特点会被我们遗忘。例如，我们可能曾经听说过某部新上映的电影的很多细节（包括具体情节和演员构成等），但是一段时间之后我们只能记得一些非常笼统的印象（比如这是一部好电影）。

一些有意思的营销现象正是源于消费者的遗忘。例如，对于听说过的特别糟糕或者特别棒的品牌来说，消费者有着同样强烈的品牌记忆。他们会忘记关于品牌的一些信息，他们所能够记住的仅仅是在新闻中提到的这些品牌。记忆消退和遗忘也能解释为何消费者随着时间的推移会对一个虚假广告产生越来越积极的态度。研究者认为，消费者已经忘记了该广告缺乏可信度，而只是简单地记得广告里介绍的品牌内容。本质上，消费者关于信息来源的记忆消退的速度和程序要远高于关于信息内容的记忆。

| 经典和前沿研究 5-3 | 互联网正如何改变和重塑我们的记忆

曾经有很长一段时间，百科全书代表了信息储备的顶峰，我们与远方的朋友交流需要去邮局，但现在感觉离那个年代很遥远。在漫长的进化过程中，"社交网络"指的不是 Facebook 上成千上万的朋友，而是一小群日常互动的伙伴；信息搜索也不是在谷歌或者百度里输入关键字，而是寻找我们认识的某个专家或者去图书馆查阅资料。我们的基本认知框架就是在这种环境下发展起来的，与现在的互联网时代相距甚远。从一个没有互联网的世界到如今互联网已经无处不在，我们的信息加工系统也随之发生了巨大的改变。

对交互记忆的研究表明，传入的信息分布在外部和内部的存储设备之间。人们可以将信息存储在自己的头脑中，也可以将这些信息转移到外部存储设备上，包括家人、朋友、书籍或者互联网。随着互联网技术的逐渐渗透，它似乎胜过了其他的外部存储设备，导致人们在不知不觉中将大多数信息转移到了这个单一的互联网数字资源上。由于互联网在信息存储方面比人类思维更胜一筹，因此人们可能会对自己的记忆过于自信，因为他们无法区分存在于自己记忆中的信息和存储在外部的信息（比如互联网上）。换句话说，互联网可能会使人们觉得自己知道互联网所知道的一切，因此无法对自己知道什么、不知道什么发展出准确的洞察力。

哈佛大学的研究则表明，外部记忆媒体在一定程度上还拉高了使用者的认知自尊。搜索引擎之所以能拉高人们的认知自尊，其基础是互联网与个人学习和记忆活动的无缝对接。跟过去的外部记忆媒体相比，互联网永远处于"开机"状态，而且内容不断更新。在信息搜索方面，互联网更是效率惊人。在这种情况下，个体记忆与互联网信息之间的界限已经开始模糊，两者之间有融合的趋势，这种融合使得人们认为互联网信息就是自己的个人知识。这种融合趋势将会发展出一种不依赖于大脑生物记忆能力的新型认知模式，人们可以从日常事实的记忆中解脱出来，利用空余出来的脑力从事更具创造性的工作。

当然，互联网对我们信息加工的影响也有积极的一面。例如，通过将信息转移到互联网上，人们可以更加有效地解决问题，更有创造性地思考，并进行各种丰富的认知活动，这些都是由于信息转移而释放的、额外认知资源所无法实现的。此外，互联网作为重要的外部记忆存储设备，可以防止记忆扭曲现象的发生，减少很多不必要的误差。

资料来源：WARD A F.Supernormal: how the Internet is changing our memories and our minds[J]. Psychological inquiry, 2013(24): 341-348.

5.2.7 如何减少消费者遗忘

人们往往觉得自己脑海中的记忆可以保存得很完整，但事实上记忆是最不可靠的。每当唤醒一段记忆时，我们要么会有些许想不起来的片段，要么会无意识地对它进行加工和再创作。总之，记忆的精确度并不高，而我们常常不会记得自己忘记了什么。营销人员首先要接受消费者是健忘的这一事实，同时应该试图运用各种策略和一些关于记忆的规律来帮助消费者减少遗忘，甚至在消费者心中"种下一棵草"。

德国心理学家艾宾浩斯研究发现，遗忘几乎是与信息出现同时发生的。遗忘的进程不是均匀的，而是先快后慢，如图 5-2 所示。假如把遗忘曲线应用在广告中，不难发现，消费者看到广告之后是否能记住或是遗忘也应该遵循这个规律——当消费者看完广告 20 分钟之后，记忆量还剩余 58.2%；1 小时之后记忆量已经不足 50%。其实，消费者对广告的遗忘速度虽然在最初阶段很快，但是后来就逐渐减慢了；到了一段时间之后，几乎就不再遗忘了。因此，当消费者接收到品牌或者广告信息 1 天之后，如果不再继续接收到重复的信息，大概只有 25% 的信息能够被记住；而剩下的 20% 左右的信息会被最大可能地长期记住。

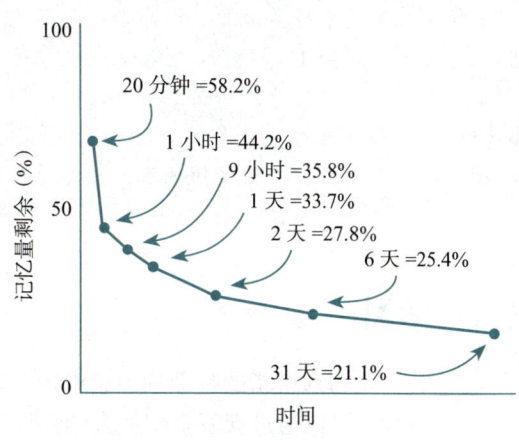

图 5-2　艾宾浩斯遗忘曲线

艾宾浩斯关于遗忘的量化数据为营销人员提供了帮助消费者减少遗忘的方案，它对于在何时投放广告有着重要的价值。通常，在消费者接触第一个广告之后应该在短时间内让广告反复曝光，与时间赛跑，从而对抗短时间快速遗忘的可能性，帮助消费者形成长时记忆。

| 经典和前沿研究 5-4 |　随手拍拍拍能提高我们的记忆吗

我们或多或少都知道自己的记忆未必可靠，每当唤醒一段记忆时，要么有些细节变得支离破碎，要么我们会无意识地做出一些细微的调整。或许是出于对记忆的不信任，担心很多美好的回忆从记忆中悄悄溜走，随着移动设备的普及，越来越多的人习惯用手机或者其他移动设备帮助我们记录很多体验，希望通过相机帮助我们留下不可磨灭的记忆。那么，我们越来越依赖智能设备记录生活，这会如何影响我们的记忆呢？随手拍拍拍真的会有助于我们更好地记住这些经历吗？

以往的研究发现，首先，在一段体验中使用手机拍摄可能会打断其中的感受，因为你需要花费一些注意力在拍照上。其次，拍照为人们提供了一种将自身体验外化的途径，从而更好、更全面地捕捉到体验的方方面面。最后，我们不仅可以通过拍摄保存、记录下这些体验，还可以把这些体验分享给其他人。

来自普林斯顿大学、达特茅斯学院和斯坦福大学的研究团队进一步研究了拍摄行为如何影响人们对某段体验的记忆与主观感受。132名在斯坦福大学参观斯坦福纪念教堂的游客参与了这项研究。在没有导游的情况下，每位游客根据一份标注了主要景点的导游手册自行游览教堂。其中 1/3 的游客在参观的同时被要求用配有摄像头的 iPod 进行拍照，另外 1/3 的游客不仅要拍照还要将拍摄的照片分享到他们的 Facebook 上，剩余 1/3 的游客不携带相机进行游览。在参观结束之后的一周左右，所有的游客接受了一个关于纪念教堂的突击记忆测试。结果发现，没有使用 iPod 拍照的那些游客记忆测试的成绩最好，显著地高于其他 2/3 的游客，拍照之后是否进行分享并没有影响游客对参观的记忆。也就是说，仅仅是简单地拍一些照片就会降低人们对游览的记忆。智能电子设备仿佛是一个干扰源，让我们无法集中注意力用心感受不同经历带给我们的体验。

资料来源：TAMIR D I, TEMPLETON E M, WARD A F, et al. Media usage diminishes memory for experiences [J]. Journal of Experimental Social Psychology, 2018(76): 161-168.

5.3 学习

学习通常指的是受到经验影响的相对永久性的行为改变。学习者不需要具有直接经验，可以通过观察影响他人的事件来进行学习。有时我们甚至都不需要去尝试，比如我们认识的很多产品品牌、会哼唱的很多商品广告曲，甚至包括我们自己不曾用过的产品。这类随意地、无意识地获取知识的过程被称为偶然学习。

学习是一个持续进行的过程。我们对于世界的认识一直在持续更新，因为我们随时都会接触到新的刺激，会接收到持续的反馈，由此来改变我们将来在类似情景中的行为。学习的概念包含很多的内容，不仅涉及消费者建立起来的非常简单的刺激–反应联结（比如看到可口可乐的品牌就会想到一种爽口的饮料），还包括一系列复杂的认知活动（比如为"消费者行为学"课程撰写论文报告）。消费者学习指的是消费者获得与购买相关的知识和经验，并将这些知识和经验运用于其以后的行为中。

心理学领域有很多关于人类学习的理论和模型，这些理论中既有聚焦于简单的刺激–反应联系的（行为学习理论），也有把消费者视为复杂问题的解决者的（认知学习理论）。对于营销人员来说，了解这些基本的学习理论是非常重要的，因为很多消费者的购买行为都是基于这些基本的学习理论。

5.3.1 行为学习理论

行为学习理论认为学习是对外在事物反应的结果，这个观点常常不关注内部的思考过程，而是把人类的大脑当作"黑箱"，并且强调行为可以被观察到的方面。行为学习理论主要有两个代表观点：经典条件反射和操作性条件反射。根据行为学习理论，我们在生活中接收到的各种反馈直接塑造了我们的行为。类似地，我们对品牌名称、店铺气味、广告配乐等营销情境中的刺激信息做出的反应也是我们长期建立起来的。人们也会学习什么样的行为会被鼓励，什么样的行为会被惩罚，而这些反馈会进一步影响他们日后在相似的情境中该如何作为。如果消费者的某个购买行为得到了赞赏，他们更有可能会再次购买这个品牌的产品；而那些在某家餐馆吃坏肚子的消费者应该就不会再光临那家餐馆了。

1. 经典条件反射

经典条件反射是指一个能激发某种反应的刺激与另一个原本不能独立激发这种反应的刺激相配对。随着时间的推移，在多次刺激之后，不能独立激发反应的刺激与能单独激发反应的刺激相结合，也会引起类似的反应。苏联生理学家巴甫洛夫率先在动物身上发现了这种现象的存在。在巴甫洛夫的实验中，狗在看到食物后会有流口水的现象，巴甫洛夫在每次给狗喂食之前都先摇铃铛，连续几次之后，他发现在摇铃铛但不喂食的情况下，狗依然会流口水。但在重复训练之前，狗听到摇铃铛并不会流口水。因此，在这个实验中，食物是非条件刺激，在条件反射形成之前就可以引发预期反应；铃铛则是条件刺激，而听到铃声就会流口水的这种反应便是条件反射。

经典条件反射的早期实验证明大多被应用在与视觉和嗅觉相关的线索中，因为这些线索可以引发饥饿、口渴等人类的基本欲望。当营销人员把这些线索与条件刺激（比如品牌名称）相匹配，消费者在日后遇到这些品牌时就会习得性地体会到饥饿、口渴。经典条件反射还可以应用在一些更复杂的行为上。即便是信用卡也可以变成条件刺激来鼓励人们进行消费，特别是当一个刺激仅仅出现在花钱的情境中时，经典条件反射更容易建立起来。人们已经逐渐地习得在用信用卡购物时买得更多，在用现金付款时愿意给更多的小费。

随着条件刺激和非条件刺激配对出现次数的增加，条件反射更容易形成。重复曝光可以增强刺激-反应的联结，并且防止这些联结在记忆中消退。很多经典的广告中都有与产品相关的广告语，企业经常在各种场合重复这些广告语，从而将它深深地印在消费者的脑海中。有研究表明，多次曝光之间的间隔会影响该策略的有效性；最有效的重复整合了有间隔的曝光，也就是交替使用媒介，比如电视广告配合平面媒体可以使消费者更好地形成条件反射。

如果条件刺激和非条件刺激只是偶尔才配对在一起，那么条件反射就很难形成。但是，如果重复的次数太多以至于超过了某一上限，也有可能导致消费者将刺激习惯化，从而使它已经形成的条件反射逐渐消退。例如，拉斯科特（Lacoste）的鳄鱼商标最早出现在经典POLO衫上，随着鳄鱼商标逐渐出现在儿童服装和其他产品上，消费者建立起来的鳄鱼商标与POLO衫的联结却在不断弱化。与此同时，拉斯科特的竞争对手拉夫·劳伦（Ralph Lauren）成功地取代它成为休闲、优雅的标志。

营销人员常常会在广告中把目标产品与积极的刺激进行配对。一条营销信息的很多方面都可以影响条件反射，包括音乐、幽默、影像等。研究发现，让消费者在观察钢笔图片的同时听着令人愉悦或是令人烦躁的音乐，他们事后更愿意购买那些与令人愉悦的音乐有联结的钢笔。在广告中重复播放音乐，使人们把音乐和产品联系起来会产生两个结果：第一，如果消费者喜欢音乐，就会延伸到喜欢这个产品；第二，消费者一听到音乐就会想起这个产品。假设广告中使用的歌曲真正轰动一时，只要歌曲在电台等媒体播放，产品就会获得免费宣传。

> **营销工具箱**
>
> **网站上的广告应该多久重复一次?**
>
> 尽管以往的研究表明,重复多次的广告信息可以加深消费者的记忆,但是在互联网时代同样的广告重复次数是否越多越好呢?
>
> 其实并不尽然。当网站上有其他竞争对手的产品同时存在时,重复同样的广告是有效的。如果只有这一款产品,那么应该不时地变换广告的具体内容。此外,如果网站的内容与广告中的产品有一些关联,这些广告也会更有效。

2. 操作性条件反射

操作性条件反射是指我们学会那些能产生积极效果的行为,避免会产生消极结果的行为。心理学家斯金纳是操作性条件反射的代表人物,他通过一系列实验发现可以利用操作性条件反射教会鸽子和其他小动物跳舞、打乒乓球和其他一些行为。具体来说,大部分学习都发生在一个受控制的系统里,可以通过奖赏鼓励恰当的行为,因为做出了恰当的行为而获得奖赏,而奖赏又强化了选择恰当行为的动机。

与经典条件反射中反应都是自发且相对简单的不同,在操作性条件反射中,我们会刻意地去实现某个目标。例如,一家商铺的店主会给每一个入店的客人赠送小礼品,为的就是客人会继续光顾,并且逐渐地转换成购买行为。此外,经典条件反射需要将两个刺激多次配对,而操作性条件反射则是在恰当的行为发生之后给予奖励。换句话说,在操作性条件反射中,人们做出某种行为是因为该行为可以得到奖赏或者避免惩罚,所以操作性条件反射有时也被称为工具性条件反射。随着时间的推移,消费者会与奖赏他们的人联系在一起,并选择让他们感觉良好或者满足他们某些需求的产品。

操作性条件反射在市场营销中的应用主要通过强化对消费者的行为进行塑造。当营销人员奖励或者惩罚消费者的某个购买行为时,便是在利用操作性条件反射。营销人员会逐渐塑造消费者恰当的行为。例如,汽车销售人员可能会鼓励一个有些犹豫的买家进行试驾,然后尝试促成这笔交易。市场中有很多强化消费者行为的方法——从购物结束后一句简单的"谢谢"到大幅的返利和追踪。有证据表明,一家保险公司的一部分购买保险的客户每个月都会收到公司的感谢信,而另一部分客户没有收到,收到感谢信的那些客户中有更多的人会继续购买该保险。

此外,在一种很常见的针对常客的营销方式中,随着消费额的增加,常客得到的奖赏也随之提高。航空业早在20世纪80年代推出的"顾客忠诚计划"正是一个利用操作性条件反射的经典案例。如今,很多行业都在广泛运用顾客忠诚计划,从酒店到百货商场,消费者每消费一次就可以积累一定的分数,分数累积到一定程度可以升级,积分还可以换取折扣或者其他福利,从而鼓励那些忠诚顾客。

5.3.2 认知学习理论

与行为学习理论不同的是,认知学习理论强调内部心理过程的重要性。人的大脑不再是"黑箱",而是刺激-反应的中间过程发生的场所,也就是说,刺激是引起反应和学习的内在机制。这个视角把人们视为问题解决者——主动利用周遭环境中的信息来解决遇到的问题，因此，创新和灵感在学习过程中起着很重要的作用。

观察学习指的是我们观察别人的行为，并且了解他们的哪些行为会得到强化。在这种情况下，学习来源于间接体验。这类学习比较复杂，人们把这些观察保存在记忆里，就如同他们对知识的积累一样，在日后的某个情景中运用这些信息来指导自己的行为。特别地，当我们专注于其他需求时，我们可能很自然地模仿别人的行为。假如你正在决定是否购买一款新的香水，你可能想到几个月之前你的朋友也用了某个品牌的香水，并且受到一致好评，因此，假如你希望得到相同的好评，你就会模仿这个朋友的行为。再如，我们在餐厅吃饭点菜的时候，有时会观察周围其他桌的客人在吃什么，如果觉得别人点的菜肴看起来很诱人，那么我们就会去"模仿"别人的行为，点相同的菜肴。

我们常常会根据别人行为的结果决定自己该何去何从，这就给了营销人员很大的空间影响和改变消费者的行为。营销人员不一定需要直接根据消费者的购买行为奖励或者惩罚他们，而可以向消费者展示他们心中希望模仿的对象如果使用或者不使用某个产品会有什么后果，因为他们知道消费者在日后常常会模仿这些行为。消费者对他们心中模仿对象的评价已经不再是简单的刺激-反应。例如，广告中出现的一个明星代言人要远比简单的积极或者消极刺激有用得多，因为明星其实是一个整合了很多属性的集合。总的来说，消费者在多大程度上模仿别人取决于被模仿对象的社会吸引力，而吸引力又来自很多方面，包括外貌、专业性、与消费者的相似度等。

5.3.3 消费者如何习得自己的消费行为

消费者的社会化包括获取与市场相关的知识、技术和态度的过程。研究表明，消费者童年时期的品牌偏好和产品知识可以一直持续至其人生后期。这些知识从何而来呢？老师和朋友肯定参与其中。例如，孩子们经常会和小伙伴们一起讨论消费品，而且这种倾向会随着孩子年龄的增加而越发明显。除此之外，家庭（父母）、媒体（电视和互联网），以及认知发展对儿童消费者的社会化影响起着非常重要的作用。

1. 父母

父母可以直接和间接地影响消费行为的社会化过程。父母会有意识地把自己对消费的价值观传递给自己的孩子，他们也会直接决定自己的孩子在多大程度上可以接触到其他的信息来源，比如电视、营销人员和同伴。不同的文化对于儿童是否应该参与购买决策有着不同的理解，而这些文化规范会影响父母在何时用何种方式授予孩子消费方面的知识和技能。例如，在一些传统文化盛行的国家（比如希腊和印度），父母往往会在较晚的阶段才让孩子接触到商业消费的情景，而美国和澳大利亚的父母则会更早地把孩子当作消费者来培养。

成年人往往作为儿童观察、学习、模仿的对象，孩子会观察他们父母的消费行为并且模仿父母。营销人员有时会把成年人的产品做成儿童版，目的就是鼓励孩子模仿父母的行为。这种对于产品偏好的"遗传"进一步造就了品牌忠诚，对于父母和孩子的产品选择的研究发现了这种跨代际的影响。消费行为的社会化过程其实从婴幼儿时期就已经开始了。在出生之后的两年内，婴幼儿就已经会索要他们喜欢的产品；到 5 岁时，大部分儿童在父母和爷爷奶奶的帮助下已经开始购物，8 岁时基本上可以自行采购。

2. 电视和互联网

从很小的年纪开始，我们就不知不觉地受到广告的影响。当今的大部分孩子把大量的时间花在电视、计算机和手机上。尼尔森公司的调查显示，2～11 岁的孩子有 36% 可以在看电视的同时上网。不难发现，很多营销人员向儿童推荐产品，从而鼓励儿童形成一个终身的习惯。在一项研究中，英国研究者比较了电视广告对 5～11 岁儿童的饮食习惯的影响。一组孩子在看动画片之前先看了一些玩具广告；而在另一组，玩具广告被食品广告代替了。两周之后，这些孩子被重新召集起来，让他们品尝不同种类的零食，有葡萄干、巧克力、薯片、饼干等。结果在 5～7 岁的孩子中，看了食品广告的孩子要比没看食品广告的孩子多摄入 14%～17% 的热量。这个差异在 9～11 岁的孩子中更为显著，看了食品广告之后他们多摄入了 84%～134% 的热量。

联合国儿童基金会发布的年度旗舰报告指出，全球每日新增逾 17.5 万名儿童网民，平均每半秒就会新增一名使用网络通信设备的儿童。对数字世界的访问既让儿童受益并拥抱机遇，也让他们置身于潜在的风险之中。作为互联网原住民，当代未成年人是数智化特征极为明显的一代，他们善于运用网络接触多样化的信息，其消费动机、消费行为和消费热点呈现出鲜明的独特性，是社会、学校、家庭与市场所共同关注的内容。

3. 认知发展

随着年龄的增长，孩子越来越能够做出"成熟"的消费决定。营销人员按照认知发展阶段或者根据儿童分析理解复杂概念的能力对他们进行分层。虽然儿童不一定能像成年人一样理解很多关于产品的信息，但是一些研究表明，儿童学习与消费相关的信息的能力非常惊人。孩子不太能意识到他们在电视上看到的东西不是"真实的"，因此他们更容易被广告内容说服。更小的孩子并不能很好地区分现实世界与媒体中描述的世界，一个孩子看《海绵宝宝》之类的动画片越多，他就会越相信动画片中描绘的内容是真的。此外，孩子还会把成人世界理想化。5 岁以上的孩子观看的电视节目有 1/4 都是在黄金时段播放的，所以成年人的节目和广告会对他们产生很大的影响。例如，小女孩在看了成年人的口红广告之后就会很自然地把口红与美貌联系在一起。

研究表明，儿童对于品牌名称的理解会随着年龄的增长逐渐加深，他们慢慢地能够在商店里认出品牌名称，形成对一些品牌的偏好，甚至要求购买某一品牌的产品。品牌名称还可以作为非常简单的视觉线索，帮助孩子识别一类具有某种特征（该品牌名称）的事物。8 岁左右的儿童开始掌握概念上的品牌含义（即产品具有的一些观察不到的抽象属性），并且逐步将这些理解纳入自己的判断和行为中。到 12 岁时，他们开始理解品牌符号的含义，这些含义会进一步影响其与品牌相关的决策。

本章小结

吸引消费者的注意力是每家企业、每个营销人员都应该重视的问题。当了解了注意力的特点（有限的、有选择性的、可以被分配）之后，营销人员可以更加有的放矢地设计产品和广告,从而更好地吸引消费者。

影响消费者注意力的因素不仅涉及消费者本身的动机和能力,也包括刺激物的一些属性,还包括环境因素。当信息充满了个性化元素、能够营造出愉悦的情绪、与预期不符、容易识别和理解时,消费者就更容易注意到并且记住这些信息。

三种不同的记忆类型(感觉记忆、短时记忆和长时记忆)在营销实践中有着不同的应用方式。记忆会激活过去的体验,决定了我们能够处理多少信息、选择哪种产品,以及拥有或使用某种产品的满意度如何。

记忆很容易被遗忘,因此如何提升记忆对营销实践有着重要的意义。营销人员可以利用分组、复述、阐释等方式增强记忆的强度,同时还可以根据艾宾浩斯遗忘曲线有效地设计产品信息的曝光时间等。

记忆不仅可以在有意识的层面影响消费者,还可以在不知不觉中塑造消费者的选择和偏好。

企业和品牌可以通过经典条件反射、操作性条件反射等方式引导消费者学习,进而塑造消费者的消费习惯。

消费者的消费行为会受到多种因素的影响,包括父母、电视和互联网等,同时其自身的认知发展也会对消费行为产生一定的作用。

中国故事

节气营销

我国传统的二十四节气正在成为品牌节日营销的新宠,越来越多品牌不单单只是以节气作为发声窗口,而是深度绑定节气,将品牌内容与自然时令绑定,带来更长线、系统的表达。

二十四节气与农耕文化息息相关,国人自古便有"应季而食,不时不食"的习惯。因此,与饮食关联的品牌或平台往往会视节气为与消费者进行沟通的重要营销节点。"饿了么时令官"是饿了么自2021年便开始打造的时令营销IP,旨在以特有的主题和多元的形式挖掘时令特色美食,从而加深自身平台与传统食俗文化的绑定,持续性地为消费者创造节日仪式感。以此为媒介,饿了么在节气营销上探索出了自我风格。一方面,饿了么会在每个节气带来《美食图鉴》地图,向公众科普不同地域的饮食文化;另一方面,它也会针对单一城市开启特色话题与活动,因地制宜地打造更具针对性的营销模式。例如,在寒露时节,洞察到大众称杭州为"美食荒漠"的调侃,饿了么便带领用户寻觅杭帮美食江湖中的河鲜之美,破除大众刻板印象。纵观2022年的时令营销主题,饿了么善于从不同角度切入时令节点与消费者沟通,而在节气"时令官"的选择上,也不拘束于流量,而是从时令营销的表达需求出发,选择最契合的表达者,比如携手瓦依那乐队向观众传达丰收的喜悦,与香港知名电影演员讲述"甜自风霜来"的生活哲学,放大了蕴藏在传统饮食文化中的情感共鸣。

此外,也有越来越多的品牌将节气作为新品上市和产品宣传的重要节点,东方树叶便是其中之一。从极具中式韵味的品牌名可以看出,建立初始,东方树叶就在传统文化上布局长远,绑定了"东方茶"这一标签,从眼花缭乱的茶饮品类中走出一条与众不同的道路。然而,随着近年纯茶饮料市场增速加快,越来越多的新品牌涌入市场参与竞争,用"节气"发声或许是东方树叶更强调品牌与东方文化关联、做出区隔度的重要策略。"立春"呈现万物复苏的图景、"夏至"带你回味悠久的北京夏日氛围……从广告片内容来看,东方树叶的节气发声的重点是在结尾都关联了一款产品,在上新成为品牌增长关键引擎的当下,东方树叶用节气的景象变化与其品牌做更深度的绑定,也不失为一种建立品牌资产的方法。

作为自然节律和民俗事象的沉淀,二十四节气不仅反映了我国古代人民对自然界变化的观察，更蕴含着丰富的文化内涵和人生智慧。节气的轮回交替也是食物的对应更迭，这点也恰恰成为品牌出新的节点，通过推出具有时令特色的新品，为消费者营造传统节日的仪式感，唤起他们对传统文化的认同感。品牌会根据节气的时令意义结合对当下年轻人的情绪洞察，延展出中式哲学与节气祝福，比如春分背后有"平衡哲学"之道；"小满即是圆满"的生活哲学；"有收有种"、不"盲种"的芒种……这些节气在2023年都有了更贴近年轻人语境的演绎。

在节日营销发声窗口越发拥挤的当下，能唤起国民集体文化记忆的二十四节气或能成为品牌发声新选择。关于节气营销的命题，长线绑定节点内化成品牌内容资产是一种思路，也有些品牌仅凭深度挖掘一个节点做到出彩。

资料来源：SocialBeta，东方树叶、狼爪、饿了么如何靠节气营销翻红，https://mp.weixin.qq.com/s/ow8idAJrMzW0cxkKLiANTg.

PART 2 第2部分

影响消费者的外在因素：What

- 第6章 关系中的消费者
- 第7章 群体
- 第8章 绿色消费行为
- 第9章 心理定价

第 6 章 关系中的消费者

■ 本章要回答的主要问题有:

1. 社会关系如何影响消费者?
2. 礼物经济中商品在人与人之间传递的过程中扮演了什么样的角色? 它承载了哪些社会功能?
3. 如何理解亲社会行为? 为什么人们会愿意为他人买单?
4. 基于关系的社群经济的传播模式是怎样的?
5. 人工智能对人类的合作关系产生了怎样的影响?

6.1 社会关系对消费者的影响

2014 年 7 月 18 日,罗辑思维的"真爱月饼"在罗辑思维和顺丰优选官网同步开启预售。这是一次基于微信平台的电商新玩法,与其说这是一场营销,不如说它是一次互联网社群的实验,利用微信这个成熟的社交平台把社交关系转化成销售流量。消费者并不是自己购买月饼,而是"想要你就大声叫",通过找人代付的形式让月饼成为建立人与人之间连接的一个载体。消费者可以把对月饼的需求转发给爱人、朋友甚至是心中的"男神"或"女神"、暗恋对象等,测验一下谁才会为自己的月饼买单,谁对自己才是真爱。

选择月饼作为载体,罗辑思维是经过考量的。月饼在我国的社会关系中是相对成熟的社交性商品,具有天然的"关系"属性。"真爱月饼"通过单人代付、多人代付等多管齐下的线上社交模式将人与人之间关系的能量最大化,并将该能量代替流量最终转化为销量。在 13 天的预售活动中,参与人数达到了 270 万,共销售 4 万多盒。罗辑思维的"真爱月饼"开创了基于社会关系的全新的商业模式。礼尚往来更多强调的是礼物在交往过程中承担的载体的角色,体现的是社交价值而不是商品本身的价值。我们将在本节为大家解读社会关系在消费行为中扮演的角色。

6.1.1 关系网络的力量

1. 六度分离

在网络社交工具如此发达的今天，人与人之间仅有一个屏幕之隔，物理距离似乎已经不是人际交往的障碍。早在 20 世纪 60 年代末，社会心理学家斯坦利·米尔格兰姆（Stanley Milgram）就做过一项探测人与人之间的"交往距离"的实验。他给住在美国内布拉斯加州奥马哈市的 160 个居民每人寄出一封信，信里写着一个住在波士顿的股票经纪人的名字和地址。他让每个收到信的人在包裹上写上自己的名字，然后把信寄给一个自己认识的且最有可能认识那个股票经纪人的人。例如，你可能住在奥马哈，但是你有一个堂弟住在波士顿，即便你的堂弟并不认识那个股票经纪人，但他很有可能通过他的朋友将信件寄给股票经纪人，以此传递下去。米尔格兰姆想看看通常人们通过几个人就能到达随意指定的另一个人。令人惊奇的是，大部分信件只要五六个中间人就到达了股票经纪人的手里。这就是著名的"六度分离"实验。

米尔格兰姆这样写道："我曾问我的一个非常聪明的朋友，他认为信件要经过多少个中间人才可以到达股票经纪人手中。他认为至少要经过 100 个中间人才能到达。很多人都有相似的估计，并在得知只需要五六个中间人时表现得无比惊奇。这个结果与人们的直觉是相违背的。"米尔格兰姆在分析实验结果时发现，大部分信件事实上是通过三个人最终到达股票经纪人手中的，他们被米尔格兰姆称作 Mr. Jacob, Mr. Jone 和 Mr. Brown。虽然人们在传递过程中采取了不同的策略，有的传递给了大学同学，有的传递给了亲戚，还有的传递给了前同事，但是最终有一半的信件传递给了上述提到的那三个人。因此，六度分离不仅仅是说人和人之间只有五六个人的距离，还意味着有些"少数人"，也就是 Jacob, Jone 和 Brown 这样的人，他们可以通过很少的中间人连接到世界上的任何其他人，而"多数人"则是通过这些"少数人"与世界连接的。

这些"少数人"有两个基本特点：①他们认识的人数量庞大；②他们认识的人分布在各个领域。这两个特质使这些"少数人"在信息传播中起到了至关重要的作用。我们来看一个通过少数人制造引爆点的成功案例——"冰桶挑战"。2014 年 7 月 4 日，新西兰一个癌症协会率先发起了"冰桶挑战"的活动，7 月 15 日，美国职业高尔夫运动员克里斯·肯尼迪（Chris Kennedy）接受挑战，并且指定他的表姐接力。肯尼迪的表姐夫患 ALS（肌萎缩侧索硬化）已有 11 年。然而活动的高潮源自波士顿学院棒球队的原明星队长皮特·弗雷茨（Pete Frates），被查出患有 ALS 的他已经丧失了自理能力。他接受了美国 ALS 协会的邀请，挑战冰桶。之后，他的父母召集了 200 个波士顿人，在广场上进行了一次集体挑战，该事件成为当地及全美国的热点新闻。在随后数周之内，各路名人纷纷参与，加之媒体的渲染，呈现出病毒式传播。

"冰桶挑战"的引爆过程具备几个关键节点，分别是"运动员"克里斯·肯尼迪、皮特·弗雷茨和他的父母。克里斯·肯尼迪作为一个公众人物参加癌症协会的活动，首先使活动有了"明星效应"，扩大了活动本身的推广度，虽然这并不足以使活动风靡全球，但初步推动了"冰桶挑战"这种形式的传播。接下来，美国 ALS 协会借用了这个形式。而波士顿学院棒球队的原明星队长皮特·弗雷茨的参与，他的父母召集 200 人的集体挑战，以及媒体的报道为此事件的引爆起到了推波助澜的关键作用。

营销工具箱

互联网和社交媒体使更多的陌生人迅速连接，企业可以通过找到"少数人"制造引爆点，从速度和深度上进行高效传播。

2. 社交网络模型

基于六度分离实验，研究者尝试通过建模模拟社交网络的形成并提出了"小世界"（small world）的概念。在社交网络的背景下，"小世界"指的是一种网络结构，其特点是高聚类和个体之间的平均路径较短。换句话说，在小世界网络中，人们往往在局部与他们的直接邻居相连接，形成簇或群体，但任意两个个体之间只需很少的步骤就可以建立联系。

小世界社交网络的一个简单模型是瓦茨-斯特罗加茨（Watts-Strogatz）模型（见图 6-1）。在该模型中，网络起初是一个规则的晶格，其中每个个体与其 k 个最近邻相连接。然后，边缘以概率 p 被随机重连或"切换"，在节点之间创建远程连接，如图 6-1 中间图用圆圈住的两个节点）。这种重连引入了随机性，破坏了规则晶格结构。也就是说，随着 p 代表的随机程度增强，社交网络就从规则的形状趋于随机互联。例如，在社交媒体中，世界上任何地域的人都有可能相互认识，因此在虚拟的社交网络中，p 值就会趋于 1，社交网络就会呈现出高随机的结构。

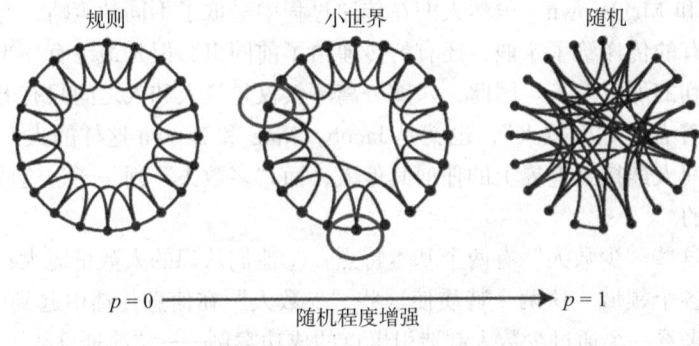

图 6-1　瓦茨-斯特罗加茨（Watts-Strogatz）模型

瓦茨-斯特罗加茨模型捕捉了真实社交网络在秩序和随机性之间的平衡。规则晶格部分代表了人们通常拥有的局部社交连接，而重连的边缘引入了长程连接的可能性，模拟了小世界现象。小世界网络在社交背景中是基于"六度分离"的概念拓展的。小世界网络有助于有效地传播信息、迅速传播影响，并可以影响各种社交现象，比如信息传播、疾病传播和行为变化。

3. 强关系与弱关系

有许多人认为强关系比弱关系更有价值。然而在很多关键的时候，强关系真的优于弱关系吗？我们来看这样一个例子：A 和 B 两个人是大学同寝室的同学，两人关系非常要好。在即将毕业之际，两人都面临着择业困难的窘境。某天 A 从学长那里得到一个消息，世界 500 强的 X 公司最近要招一名员工，要求的专业正好与 A 的专业对口。当晚，A 和 B 聊起寻找就业机会的艰难，B 询问 A 是否知道有没有公司目前有招人的意愿。如果你是 A，你会告诉 B 你得到的关于 X 公司招聘的信息吗？

在回答这个问题之前，我们先来看社会学家马克·格兰诺维特（Mark Granovetter）在 1974 年做的研究。他采访了几百个在波士顿工作的专业人士和技术工人，重点询问了他们的雇用历史。他发现 56% 的人是通过个人关系找到工作的，有 18.8% 的人是通过广告和猎头找到的，只有 20% 的人是直接向公司申请的。这个数字并不稀奇，但是有趣的是，他发现大部分通过个人关系找到工作的人都是通过"弱关系"，而非人们想象的"强关系"。在这些人当中，只有 16.5% 的人表示他们"经常"见到帮助联系工作的中间人，而 55.5% 的人则表示他们只是"偶尔"见到中间人，28% 的人则表示他们"很少"见到中间人。因此，人们并不是通过亲密的朋友找到工作，而是通过"熟人"，确切来说就是并不亲密但是相互认识的人。

这究竟是为什么呢？难道"友谊的小船"真的说翻就翻吗？接下来让我们仔细分析一下到底为什么弱关系更胜一筹。首先，处在强关系中的人往往共享同一个圈子的资源，你知道的信息他也会知道，而你不知道的信息他也未必知道。因此，从信息的灵通性上来说，强关系并不能带给你新的资讯。而你的熟人往往跟你处在不同的交际圈，反而可以带给你新的机遇。在上面提到的例子中，A 是从学长那里得到的关于 X 公司招聘的信息。学长是已经进入社会打拼的人，他所在的圈子已经是工作的圈子而不再是社会经验相对缺乏的大学生的小圈子。所以他自然会知道一些身处校园的学生不知道的内部招聘信息。类似地，很多大学生都有这样的想法："工作这么难找，不如先去找个实习，干起来再期待转正。"可是公司在招聘实习生时，为了降低成本也会选择让员工推荐的形式招聘，因此，社会关系在找工作的过程中起着至关重要的作用。

其次，处在强关系中的人往往有竞争关系。强关系连接的个体处于同样的圈子，拥有类似的教育水平、专业知识技能，就很容易产生利益冲突，关系越亲密冲突就越严重。因为两个人都没有其他的渠道和跨界的领域拓展获利的可能性，只能通过争夺共享的资源满足自己的利益，在这种情况下友谊的小船不仅说翻就翻，从兄弟到仇人的案例也是屡见不鲜。在上面提到的例子当中，学长所在的圈子可以让他看到更多的机遇，因此他很愿意把 X 公司招聘的信息分享给 A。但是 A 和 B 处在同一个圈子当中，在找工作上有竞争关系，因此 A 就不愿意和 B 分享他从学长那里得到的信息。因此，如果你是 B 的角色，你要做的就是像 A 那样多认识一些其他圈层的人，他们会毫不吝啬地给你更有价值的信息。

最后，处在强关系中的人彼此了解得更多，缺点也暴露得更多，因此你的闺密对你的评价未必优于一个对你并不是很熟悉但对你有良好第一印象的人对你的评价。给人留下一个良好的印象要比维系一段关系容易得多。但是一个人决定是否帮你可能就是一瞬间的事情，而这一瞬间你必须期待他更多地想到你的优点而非缺点。弱关系在这一瞬间可能比强关系更能帮到你。

弱关系理论是 20 世纪最具影响力的社会理论之一，为信息扩散、疾病传染、产业结构以及人类合作的网络理论提供了基础。它认为不经常、疏远的关系，即"弱关系"，提供了比强关系更多的新就业机会、晋升和涨薪、创造力、创新、生产力和绩效，因为它们提供了比强关系更多的新颖信息。此外，弱关系还被认为特别适合提供新的就业机会，因为它们提供了新颖的劳动力市场信息，因此促进就业的流动成为弱关系理论的核心。一项研究用大数据分析的方法，采用"你可能认识的人"算法对领英（LinkedIn）的数据做了多个大规模随机实验。该算法为 LinkedIn 会员推荐新的连接，从而测试弱关系在全球最大的专业社交网络中提高职业流动性的程度。在为期 5 年的时间内，实验随机改变了超过 2 000 万人的网络中弱关系的普遍程度，其间创建了 20 亿个新连接和 60 万个新职位。实验结果提供了支持弱关系力量的证据，并提出了三项对理论的修正。首先，弱关系的力量是非线性的。统计分析发现，联系强度与职位传递之间存在"倒 U 形"关系，即最弱的联系增加了职位传递，但当弱关系逐渐增强（适度弱），之后边际回报递减。其次，对弱关系的不同测量方法体现出的效应也不同。当弱关系用相互之间的连接数量（即与个体的连接人数）测量时，适度弱的关系创造了更多的职业流动性；当用两个节点之间的交互强度（即两人之间的交流频次）来度量弱关系时，最弱的关系创造了最多的职业流动性。最后，弱关系的强度因行业而异。在数字化程度较高的行业，弱关系增加了职业流动性，而在数字化程度较低的行业，强关系增加了职业流动性。

4. 居住流动性对社会关系的改变

世界各地的人们都在向新的城市、国家甚至大陆迁移，追求更好的生活质量。根据《2022 年世界移民报告》，截至 2020 年，全球移民总数达到了 2.81 亿人，占全球人口的 3.6%。我们把个人或居民迁移居住地的频率称为居住流动性。

来自美国弗吉尼亚大学 Oishi 教授的研究团队对居住流动性做了一系列研究。结果表明，居住流动性会影响一个人的社交网络的形成，进而影响社会关系和幸福感。

首先，居住流动性会影响社交网络的连接本质。居住流动性越高的人会更多以个人属性作为建立连接的前提（比如独特技能、能力和潜力）。但是在居住相对稳定的传统社会中，人们更多依赖集体属性（比如家族血统、群体成员和社会组织联系）建立裙带关系。

其次，居住流动性增加了"个人自我"的重要性，降低了"集体自我"的重要性。一个人经常改变住所意味着经常改变群体及角色。在这种流动状态下，一个人更可能依赖相对永久的属性建立自我定义，比如人格特质和技能。而居住稳定的人由于长期处在固定群体当中，因而会更加重视自己在群体中的角色。例如，Oishi 等人（2009）的研究表明，在进入大学之前从未搬家的学生比经常搬家的学生更无条件地认同自己的大学。

再次，居住流动性也对友谊的形成与发展产生了影响。在高度流动的社会中，人们很快成为朋友，但朋友的流失率也高。居住流动性也影响了交友中的职责和义务。在居住稳定的社会中，人们拥有更多的义务和责任，对友谊的印象是积极与消极并存的；而在居住流动性高的社会中，友谊是"无负担"的，从而提升了对友谊的积极印象。

最后，居住流动性还会影响幸福感。Oishi 等人（2012）发现高居住流动性增加了焦虑感，进而提升了对熟悉品牌的偏好。当然，居住流动性和幸福感的关系也与个体差异有关，Oishi 和 Schimmack（2009）发现内向的人比外向的人更容易受到搬家的伤害。此外，在居住稳定的国家，比如日本和菲律宾，社会支持直接影响自尊以外的主观幸福感；而在高居住流动性的国家，比如美国，社会支持不能预测自尊以外的主观幸福感。

5. 人工智能的引入对人类合作的影响

人类的合作中也存在"次优化问题"。这个术语指的是一个系统或过程在局部或组件水平上被优化的情况，但这种局部优化并不导致整个系统的最佳性能。换句话说，每个组件或子单元可能都被单独优化，但并没有实现整个系统的集体或全局优化。这个概念通常出现在各种组件或子系统相互连接的复杂系统中。在不考虑与其他组件的相互作用和依赖关系的情况下，优化每个单独的组件可能导致整个系统性能的次优，其挑战在于，找到既能优化局部性能又能有助于整个系统最佳运行的解决方案。

如果在人类群体的合作当中引入机器智能，是否会促进整个合作系统的优化呢？Shirado 和 Christakis（2017）进行了一项关于颜色协调游戏的实验，任务是人类与机器人合作从而达到整个系统的颜色协调。每个被试者会看到与自己相邻的两个合作者的颜色，通过变换自己的颜色使得三者之间没有重复的颜色（即颜色协调）。虽然从局部来看，以被试者为核心的三人网络会达成颜色协调，但是从整个全局系统看，并不是每三个人形成的局部都能实现颜色协调，问题是要经过多少轮的游戏才能达成整个系统的颜色协调呢？于是，被试者（4 000人）被嵌入到包含20个节点的网络（230个网络），同时网络中添加了3个机器人。这些机器人的行为随机性和地理位置各不相同。研究发现，当机器人置于网络的中央位置且有轻微的"捣乱"时（即不按照规则而随机选择颜色），可以显著提高人类团队的整体表现，将解决时间的中位数加速了55.6%。特别是在协调问题较为复杂时，这种效果尤为明显。行为的随机性不仅通过使与机器人相连的人类的任务变得更容易，还通过影响人类之间的游戏过程，从而在这些多样化的系统中创造出更多的全局协调效益。

| 经典和前沿研究 6-1 |　在社交网络中引入机器人增加了人类群体的合作

人类社会中普遍存在合作困境，即在追求个体私利时可能偏离整体合作目标。为解决这一问题，学者提出了一些策略。例如，在重复博弈中采用"以牙还牙"的方法，或通过建立制度机制，比如声誉、惩罚等来促进合作。然而，如何在不进行系统性变革的情况下，通过某些个体的引导提高整个群体的合作水平，仍然是一个挑战。

Shirado 和 Christakis（2020）探索了一种社交网络干预的方法，即在社交网络中引入机器人从而促进人类合作。研究假设所有个体都嵌入在一个社会网络中，其信息和行动仅限于他们邻近的联系。该研究使用预编程的自主代理（即"机器人"或计算机程序作为社会系统中的个体行为者），将它们引入网络中，并让它们作为群体成员进行互动。在这个过程中，每个机器人为其人类邻居提供建立或断开联系的选项，充当一种社交助手的角色。

在实验1中，每组16人进入一个随机社交网络，干预组的参与者额外与一个机器人相连，每个机器人只与一个主体有连接，并且总是选择合作。参与者进行了30轮的公共产品博弈，每轮可以选择合作或叛变。实验2与实验1的区别在于，每个社交网络中只有1个机器人，这个机器人与5个人类参与者相连。

实验结果表明，一些小型的人工智能代理就像是群体中的小助手，能够在人们之间促进合作。这些代理通过在群体内调整人与人之间的关系，让合作者聚在一起，远离不合作的成员，从而使人们更多地参与协作。在实验中，当引入这种由机器人执行的网络调整策略时，群体的合作水平实际上提高了。有趣的是，即使人们知道这些干预是由机器人而不是人类进行的，这种策略也仍然能够影响合作行为。

这项研究发现，简单的人工智能程序能够在群体中产生积极的社会效果，为改善群体合作提供了一种新的途径。这种方法并不需要改变整个社交系统，也不需要强制执行规则，只是通过微调个体之间的关系就起到了促进协作的作用。这项研究有望为在线网络中的实际应用提供一些启示，比如改善在线协作或减少社交媒体上的骚扰。总体而言，这项研究展示了简单的人工智能如何成为社交催化剂，帮助人们更好地相互合作。

资料来源：SHIRADO H,CHRISTAKIS N A.Network engineering using autonomous agents increases cooperation in human groups[J]. iScience, 2020, 23(9): 101438.

营销工具箱

社交营销新玩法

2023年元旦，TMELAND 成功打造了"肯德基跨次元跨年派对"，在虚拟音乐社交平台上，众多人类明星与虚拟偶像共同迎接2023年。通过虚拟现实技术，派对创造了沉浸式音乐体验，650多万观众同屏狂欢。独特的赛博风、红色灯光秀、大屏幕红包雨等元素激发用户打卡热情。

2023年春节，火山引擎与伊利金典合作，在 AR 新春集市引发社交狂潮。它们将 AR 技术与社交属性融合，打破传统营销模式，创造了一个闭环体验。通过与抖音电商协同，互动量从30万激增至200万，成功吸引年轻用户。这一多方合作生态胜利为 AR 互动创意在社交媒体上的普及提供了有力范例，凸显了社交属性对营销的重要性。

2023年春天，美团买药通过数据洞察深刻理解过敏人群需求。美团与知乎数洞合作发布春季过敏数据报告，生动展示不同过敏者症状，同时为科学社交提供指导。活动还推出"过敏社交礼仪"，不仅为过敏人群带来关怀，还通过全方位社交礼仪指南引导大众正视过敏危害，实现从预防到缓解的守护，为过敏人群打造安心春天。

2023年秋天，良品铺子社交营销精妙运用 IP 联名，与小鹦鹉 BEBE 打造"快乐吃零食"理念，成功吸引年轻人目光。通过精准结合知名 IP 和产品特色，良品铺子创造了一系列令人愉悦的联名产品和周边，引发社交媒体热烈讨论。良品铺子巧妙借助短视频、社交平台，以"显眼包"和"Citywalk"热点赋予品牌更年轻、有趣的形象，成为社交平台上的话题焦点。

6.1.2 家庭关系对消费者的影响

1. 夫妻双方谁会在选择上做出让步

男性和女性之间从第一次见面时的相互吸引到成为老夫老妻的过程中都会相互影响对方的偏好和选择。一项研究表明，当双方对商品的品牌有共同的偏好时，可以提升双方对生活的满意度（Brick et al., 2018）。设想这样一个场景：一位男士和一位女士在一家餐厅共进晚餐，他们决定点一个双人套餐。菜单上有两个选择，一个是以蔬菜为主的素食套餐，另一个是以牛排为主的高热量套餐。女士偏好前者但是男士偏好后者，那么谁会做出让步使意见统一呢？Hasford 等学者（2018）的研究表明，谁会让步取决于双方关系所处的阶段。在男女双方建立关系的初期，即择偶阶段，女性更容易服从男性的偏好和选择，但是当双方关系逐渐成熟，到达维系阶段时，男性更有可能做出让步服从女性的偏好和选择。为什么呢？

在择偶阶段，男性面临的挑战是：女性有如此多的选择，为什么偏偏要选择你呢？从进化论的角度来看，雄性为了在择偶中胜出就要尽力去展示自己的雄性魅力。就像孔雀开屏一样，男性会在择偶阶段尽力展示自己的社会地位，或者通过炫耀式消费展现自己的资源。因为女性更容易被拥有资源或者有潜力获得资源的男性吸引。同样，女性在择偶阶段也要对男性发出一定的信号从而获得男性的青睐，而其中一个重要的信息就是女性的温顺与服从。因为女性希望通过该信号告诉对方自己和他有很多共同点，从而促进双方关系的进一步发展。因此，当男女双方第一次约会共进晚餐时，女性很有可能会把自己的"减肥大业"暂时抛到脑后，温顺地对男性说："我也很喜欢牛排。"

但是，当这段关系逐渐确立并日趋成熟时，双方之间的关系就发生了微妙的变化。首先，维系这段关系就变成了双方共同的目标，这必然导致一方要做出让步。研究表明，女性会在双方关系的维系中逐渐起到主导作用，而男性为了避免潜在的冲突会做出让步。因此，当女性表达出自己的偏好和选择时，男性就会倾向于妥协，在女性比较擅长的领域就更是如此。在家庭当中，在面对一份素食双人套餐和一份高热量的牛排双人套餐时，"老爸"很有可能放弃大快朵颐的幻想，笑眯眯地跟服务员说："请来一份素食双人套餐。"

2. 奢侈品在女性维系男女关系中的策略作用

女性在关系的维系中也有自己的策略，只不过可能更多针对的是有可能威胁到这段关系的"情敌"。Wang 和 Griskevicius（2014）的研究表明，当男人通过炫耀式消费来吸引女性时，女性则通过炫耀式消费来对可能的"情敌"造成威胁，使她望而却步。在其中一个实验中，研究者让一组女性阅读这样一段场景："设想你和你的男性伴侣一起参加了一个派对。在派对上，你到房间的另一边去拿一杯酒。排队等待的时候你发现有另外一个女性正在试图和你的男性伴侣调情。"而另外一组女性则阅读："设想你单身一人去旅行，途中遇到一位很有魅力的男士，你和他相聊甚欢，一起共进晚餐并在月光下亲吻。你发现自己被他深深地吸引。"同样是处在一段浪漫关系中的女性，相比后面一种场景，第一个场景更能让当事人感受到威胁并激发她保护这段关系的动机。阅读完场景之后，研究者让这些女性随意地在三个奢侈品品牌中选择一个，然后在产品图片上画出自己认为最合适大小的标识（logo）。结果表明，感受到威胁的女性更倾向于画面积比较大的标识（图 6-2）。也就是说，她们的炫耀性消费倾向更加严重。

女性这种通过炫耀式消费威胁"情敌"的做法是自己的主观想象还是真有效果呢？为了回答这个问题，研究者给作为第三方的女性看了这样一段场景："在一个派对上你看到一对情侣。这对情侣中的女性手里拿着一件奢侈品（或非奢侈品），这件商品是她的男性伴侣为她买的（或者是那个女性自己买的）。"阅读完场景之后，研究者让这些作为第三方的女性回答她们认为这个男士对他的女性伴侣有多么用心。实验结果显示，当女性手中的商品是非奢侈品时，不论这件商品是她的男性伴侣买给她的还是她自己买的，在其他女性眼里男士的用心程度都没有什么区别；但是当女性手中是一件奢侈品时，男士买给伴侣就比女性买给自己让其他女性感受到男士更加用心。因此，在女性的眼里，男性肯为她花多少钱在某种程度上就等同于对她的用心程度。而这种用心程度不仅仅是自己体会的，更多是要让其他女性看到。

a) 没有感受到威胁时女性画的标识　　b) 感受到威胁时女性画的标识

图 6-2　在产品上画的标识的大小示例

研究者通过实验进一步验证了炫耀式消费是否真的会对潜在的"情敌"构成威胁。结果表明，如果第三方女性追求的是短期关系，看到男士为自己的女性伴侣购买奢侈品的确会降低她们横刀夺爱的可能性。但是如果第三方女性追求的是长期关系，奢侈品的这个作用就不明显了。

现在你能理解为什么很多女性在收到男友送的奢侈品时会第一时间发朋友圈吗？除了获得女性朋友的羡慕以外，她其实在告诉别人，她的男友非常爱她，其他女性就不要妄想横刀夺爱了。如果你是她的男性朋友，碰巧看到了这条她发布的信息，那么你大可无视，因为这条信息本来也不是发给你看的。

营销工具箱

在了解了女性购买奢侈品有时是为了给同性造成威胁这个更深层次的心理之后，商家可以在设计上更突出两性关系的特征，甚至可以帮助消费者在自己的官网上晒单，用自己的品牌为消费者的购买背书。

3. 家长的消费对子女价值观的影响

逢年过节与礼尚往来在我国的传统文化中是高度相关的。过年时的拜年礼品、压岁钱是一直延续至今的传统。在网络社交工具日益发达的今天，微信红包也在节日的气氛中频繁出现于人与人的连接中。收压岁钱、收红包是很多小孩子无比期待的。尽管大人了解这些红包背后承载的人际关系，小孩子一开始却未必清楚，他们看到的更多只是金钱本身带来的价值。另外，人际交往中红包大小还与关系远近有关。这些都潜移默化地影响着孩子用物质和金钱来定义自己与他人的价值，影响他们判断个人价值的衡量标准。

尽管父母都尽量淡化孩子对金钱的意识，但是否会在无意中鼓励孩子通过财物确定自己的价值呢？一项研究表明，从父母那里获得更多物质奖励的儿童成年后更容易追求物质的享受。研究者通过调查701名成年人分析父母长期的教育方式对孩子的影响。研究参与者描述了他们目前的生活状况和价值观，并报告了儿童时期的各种情况，包括他们与父母的关系以及在童年时期受到的奖励和惩罚。研究结果发现，儿时接受过更多的物质奖励和惩罚的人比其他人更有可能使用财物定义与表达自己的身份。因此，家长应该谨慎使用物质奖励来表达他们的爱，也要尽量避免在孩子面前用金钱的多少来衡量人际关系的远近。在儿时过分强调物质财富可能会对他们产生持久的影响。儿时获得许多物质奖励的成年人可能会继续用物质来奖励自己，并通过自己的财产定义自己的价值。他们认为自己的价值体现为拥有多少财富，而且他们也可能错误地认为拥有的财富越多就会越幸福，这就是典型的物质主义价值观。

4. 大萧条时期家长对子女性别的消费偏好

2015年美国的一项研究发现，在经济危机期间，父母喜欢女儿多于儿子。这种倾向甚至会影响遗产分配。卡尔森管理学院（Carlson School of Management）和罗格斯商学院（Rutgers Business School）的研究人员称："在经济低迷时期，父母在物质生活上偏向女儿。当参与者觉得经济条件比较差时，更喜欢将女儿的名字列入收益项目中，也更愿意将美国国库券分给女儿，并且在遗嘱中也会分配较大份额的财产给女性子孙。"

在实验中，几乎所有的父母都表示他们不会偏爱子女中的任何一个，但是经济萧条使这些家长潜意识里喜欢女孩多过男孩。在一项实验中，629名参与者阅读一篇新闻文章，这篇文章描述了经济发展情况，比如经济繁荣昌盛，或萎靡不振，或不好不坏。接着研究人员让他们假想自己有一个儿子和一个女儿，并让他们拟定一份财产分配遗嘱，将女儿和儿子中的一个列入收益项目。那些认为经济会持续不景气的人将接近60%的现有资源分配给了女儿，而认为经济条件一般或较好的人则把他们的财产平分给了女儿和儿子。卡尔森管理学院的弗拉德斯·格利斯科维西斯（Vladas Griskcvicius）教授补充道："以上研究表明，人类的行为跟其他动物的行为是一致的。当资源稀缺时，父母更偏爱女性是因为她们将来可以生孩子作为回报。几乎每一位女性都会生儿育女，但是许多男性可能终其一生都没有子嗣。"

该研究的另一项实验探讨了资源分配的年龄界限。正如研究人员所预料的那样，女性越接近生育年龄就越会受到偏爱。为了支撑研究成果，研究人员还调查了1984—2011年间美国实际国内生产总值（GDP）与男孩、女孩在衣物上的开支之间的关系。他们发现，相比经济繁荣时期，经济不景气时父母会花更多的钱在女孩身上，花在女孩身上的要比男孩高19.8%。卡尔森管理学院的副教授约瑟夫·雷登（Joseph Redden）说："我们在调查父母时发现，很显然他们都很想公平地对待孩子。但是如果让他们凭直觉分配财产，就很容易产生这种偏爱，尤其是在经济不景气时。"

对于企业而言，认识到经济困难时期消费者偏爱女孩这一现象可以优化他们对生产、销售和市场资源的配置。

| 经典和前沿研究 6-2 |　社会关系影响下的消费偏好

设想你和同事一起去吃西餐，菜单在每个人手中流转，每个人选择自己的套餐。轮到你时，你是完全根据个人口味的偏好做出选择，还是会参考在你之前点餐的同事都点了些什么呢？可能我们都以为自己的选择会完全出于自己的偏好，但是丹·艾瑞里（Dan Ariely）等学者（2000）的研究表明，人们在群体的社会关系影响下会为了彰显自己的个性而选择差异化的选项。

许多个人决策都是在有群体成员的情况下进行的，有时群体成员会按顺序做出他们的选择。研究者考察了这个动态决策过程对个人的选择及它对选择结果满意度的影响。他们认为，个人在群体中按顺序做出选择时反映了两类目标的平衡：纯粹的个人目标和由于群体的存在所激发的目标。研究者通过实验证明，人们在群体的影响下做选择时会尽量避免选择和前面的成员相同的选项，也就是说，虽然我很喜欢意大利面，但是因为前面有同事点了意大利面，那么为了体现我自己的品位，我会选择自己不太爱吃的牛扒餐。

资料来源：ARIELY D，LEVAV J.Sequential choice in group settings: taking the road less traveled and less enjoyed [J]. Journal of Consumer Research，2000，27（3）：279-290.

6.2　基于关系的礼物经济

《三联生活周刊》在 2011 年刊登了一篇报道讲述礼物经济过山车式的疯狂。作者通过拉菲的故事展现了礼物背后的利益交换群体和方式。一瓶几百元的进口拉菲，当作为礼物时就被打上了强烈的国情烙印，价格一路飙升。但是当国民的价值观从并不正面的"土豪"转向"健康环保"之后，拉菲的价格又一路下跌回归理性。为什么国民选择了拉菲而后又将它摒弃？是什么让拉菲呈现过山车式的疯狂？

6.2.1　礼物经济的含义

礼物经济（gift economy）是自古以来的自由价值经济学模式。礼物的本意是在交换过程中，给予者没有任何得到价值回报的要求和预期。与之相反，以物易物或者市场经济是用社会契约和明确的协议保证给予者得到报酬的经济学模式。Parry（1986）曾驳斥"不求回报"的观点，他认为天下没有免费的午餐，任何赠予都包含着"期待"。

6.2.2　礼物承载的社会功能

1. 传递信息

Russell Belk（1977）提出了赠送礼物的四个构成要素：送礼方、收礼方、礼物以及送礼的场合。送礼的过程是送礼方向收礼方传递信息的过程，因此礼物本身就承载了要传达的信息。例如，送礼方想表达自己对收礼方的尊敬，那么就要把尊敬的含义寄托于礼物间接地传达给收礼方。因此，送礼方在选择礼物时就要考虑对方是什么样的人，同时也要考虑自己要传达什么意思，只有将两者结合在一起才能达到送礼的目的。而收礼方也会同样通过收到的礼物判断自己在送礼方眼中是什么样的人，对方要传达什么信息。因此，拉菲这一进口品牌以及高档红酒的性质使送礼方认为这是一种安全稳妥的礼品，可以有效地传达自己的品位，同时也间接地告诉收礼方："我认为你也是个有品位的人。"收礼方也会因为收到对方传递的信息而对送礼方产生好感，因为"我们都是有品位的人，因此我很欣赏你"。而当拉菲被冠以"土豪"这个并不正面的含义之后，双方都迅速将它摒弃，因为没有人希望对方觉得自己世俗和挥霍。在罗辑思维"真爱月饼"的销售中，月饼传达的信息是"如果你真的爱我，就请为我买单吧"，所以付款的人一旦付款，就意味着给了发起礼物邀请的收礼方一个反馈："我是真的爱你。"

也正因为信息是通过礼物这个实体传递而不是通过更加清晰的语言表达，所以信息的传递与理解具有不对称性。送礼方赋予礼物的信息需要收礼方进行解码才能理解，而解码的过程往往会出现误解。例如，送礼方用拉菲传达自己的品位，而收礼方则把拉菲解释成了世俗的"土豪"。这种编码和解码的不对称性就会导致一次失败的送礼经历。此外，研究表明，送礼方更多地考虑礼物本身的吸引力而相对忽略礼物的可行性；相反，收礼方更多地考虑礼物的可行性而不是礼物本身的吸引力。在一个实验中，实验人员将被试者分为了收礼方和送礼方，并提供了两个商品供他们选择，一个是高质量的电子游戏但是很难学，另一个是中等质量的电子游戏但是很容易学。结果表明，送礼方更愿意选择高质量但是难上手的电子游戏，而收礼方则更愿意选择中等质量但是易上手的电子游戏。实验证明，送礼方更在乎与收礼方之间的社会关系距离，因此在选礼物时多会选择表面看上去高质量、高价值的商品，以此来代表双方的关系。但是收礼方作为商品的使用者，并不太在乎双方的社会关系，而是更多地看重商品使用时的便利程度。

2. 关系的建立与巩固

送礼物的一个重要目的就是与对方从不熟悉到熟悉，或是维持住已有的熟悉状态。然而，在一段关系明确之前，送礼是具有高风险的。例如，一个下属送给自己的异性老板一件礼物，老板就会猜测送礼的动机。一个可能的解释是下属为了表达对自己的尊敬；另一个解释可能就是下属对自己有男女之间的情感；还有一个可能更现实的解释就是下属在贿赂自己。后两种解释都会对送礼方产生负面影响。因此，在双方关系没有明确确立的时候，单方的送礼行为很有可能会得不偿失。

当然，在关系不明确时收礼方也会通过其他因素来判断送礼方的动机。首先，礼物的价格是重要参考标准。价格越高的礼物，越能表明送礼方希望双方关系达到的程度。但是价格必须与送礼方和收礼方的经济状况相匹配，如果出入很大，收礼方很可能会拒绝接受。因此，在关系相对陌生的前提下，拉菲作为奢侈品的昂贵价格自然成了送礼方的首选。其次，礼物的亲密程度也是判断送礼方动机的参考标准。最后，送礼的场合也可以作为判断送礼动机的标准。例如，在一次大的庆典或仪式上，收礼方可能会更容易接受价格相对较高的礼物，因为高昂的价格很可能被归因于这个难得的场合而不是对自己的私人馈赠。

送礼也不失为一种测试和明确关系的方法。当送礼方将自己要表达的信息通过礼物传递给收礼方后，收礼方的反馈信息就明确了双方关系的性质。例如，你可以给暗恋的对象送一件相对私人的礼物以表达亲密感，如果对方以积极的态度接受了礼物，那就可能促成一段关系的确立。罗辑思维的"真爱月饼"也正是利用了礼物的这一功能，不同的是，它是收礼方发出的邀请来测试被"点名"的送礼方的反馈信息，但背后的机制都是用来明确双方的关系。

营销工具箱

在明确一段关系之后再送礼物会更加稳妥，但如果是通过送礼来测试或明确一段关系，就要认真揣摩礼物的性质是否确切地传达了送礼方所要表达的信息。

6.2.3 送礼的文化差异

由于我国的送礼模式多建立在人情世故之上，因此人们在接受礼物之前多会考虑一下送礼方的动机。而在此基础上形成的以交易为目的的人情是要通过利益的方式进行偿还的，因此人们为了"不欠人情"，很容易拒绝接受礼物。相反，在西方文化中，人格更加独立，他们更多地考虑人与人的情感交流和礼物本身的吸引力。因此，西方人比东方人更容易接受一个不是非常熟悉的人送的礼物，他们更倾向于认为："你送给我礼物，是因为你觉得我是个好人或者你愿意跟我成为朋友。虽然我不一定有同感，但拒绝你对我的好感是不礼貌的。"

| 经典和前沿研究 6-3 | 送礼的东西方文化差异

沈浩等研究者2011年在《人格与社会心理学》(*Journal of Personality and Social Psychology*)杂志上发表了一篇论文验证了"礼尚往来"的东西方文化差异。在一个实验中，研究人员设计了一个场景：如果你和你的朋友搭乘同一辆出租车到达机场，你的朋友提出来要付钱，那么你会怎么做呢？有三个选项：①让朋友付钱然后感谢他；②自己来付钱；③AA制，各付各的。实验结果表明，26%的加拿大被试者会选择让朋友付钱，但是只有9%的中国被试者会选择让朋友付钱。

在另一个场景中，研究人员告诉被试者："假设你在超市里，一个销售人员正在推销罐装速食汤。你没有任何买汤的打算，仅仅是路过而已。那么当销售人员让你免费品尝速食汤时，你会尝吗？"面对这个场景，东方人考虑更多的是："如果尝了不买像是欠了别人什么，因此还不如不尝。"但是西方人则报以欣赏的态度来接受热情的销售人员以及免费的试吃，因此西方人试吃的可能性就高于东方人。

研究人员又给出第三个场景："假设你在机场碰到了之前有过一面之缘的朋友。离登机还有段时间，你和你的朋友决定去喝一杯咖啡。你的朋友提出为你买一杯咖啡，你会接受吗？"实验结果表明，东方人觉得"欠了人情债"，因此更倾向于拒绝朋友的咖啡。而西方人则感谢朋友的慷慨并认为朋友是个友善的人。

资料来源：SHEN H, WAN F, WYER JR R S.Cross-cultural differences in the refusal to accept a small gift: the differential influence of reciprocity norms on Asians and North Americans [J]. Journal of Personality and Social Psychology, 2011, 100 (2): 271.

营销工具箱
送给朋友礼物的 10 条准则

（1）情感关系不要直接送钱，或者以其他任何形式送钱。送钱会表现出"我不想为你费太多心思，所以把钱拿去，随便你怎么用，这就是你对我的价值"。这样容易让对方认为你们的感情很淡，他对你的意义没有他想象的重要。

（2）礼物是否值钱在有些情境下并不重要。一个人将对方最喜欢的一道菜的食谱手写在了羊皮纸上送给对方作为礼物，并且还和对方一起烹饪了这道菜。这份礼物的金钱价值几乎为零，却是贴心、可爱的礼物。

（3）重要的是礼物背后表达的心意，所以要仔细考虑你要送的礼物。一般来说，送他们想要的东西是最好的。他们真正想要的东西可能是在一次对话中被提及的事物，也可能是他们曾经看到过或者浏览过的物品，甚至可能是他们永远不会为自己买的东西。

（4）大体上来说，礼物要更注重体验而非实物。一个小时的按摩、一张音乐会门票等，这些体验和经历可能会比实物礼物在收礼人心中留下更难忘的记忆。只要选择恰当，一些实物礼物本身也代表着一种体验，比如书籍、DVD 光碟，或者一瓶酒等。

（5）如果你要送予礼物的人非常忙，那么你可以选择一些使用起来不太占用他们时间的礼物。例如，将音频 CD 作为礼物，这样收礼人不需要花很多时间阅读纸质书，就可以在开车赴约的时候一边开车一边听。收礼人的开车路程就这样变成了他的"听故事时间"。

（6）如果有可能，可以把礼物包装一下。给礼物包装的过程对礼物的给予者和接受者来说都是一种乐趣。即便有些礼物只适合放进信封里，那也无妨，用心选择一个合适的信封和包装纸包起来，这样会使礼物给人一种为对方量身定制的感觉。例如，对于热爱大自然的人，你可以用印有蝴蝶图案的包装纸包装礼物；对于爱车一族，你可以选用印有老式汽车的包装纸。这些包装的细节会显示出你花费了很多时间和心思在这个礼物上，突出了你对这个礼物的重视，并且还会让礼物本身和准备这个礼物的过程显得很有价值。

（7）写一段贴心的文字附在礼物上，一张卡片或者一封信都可以。不要只是买一张上面印有文字的卡片，最好自己写。用你的文字表达分享的时刻，解释一下礼物的含义或者表达感谢也是可以的。如果你愿意接受挑战的话，写首诗自然是再好不过了！记住，这些文字要让他在打开礼物之前阅读。

（8）送一份你可以分享的礼物。剧院门票、一段假期，或者一本你已经读过或正打算读的书等都是不错的选择。这样做会表现出你很乐意与他分享和互动，同时也是慰劳自己的一个好机会！

（9）时机很重要。要确保你和他都很开心、放松，并且有足够的时间慢慢地放松和享受这份礼物。选择在一顿大餐之后送礼物就是一个很好的时机。

（10）如果这个礼物可以给对方带来一些惊喜，自然再好不过。如果不能，也没有关系，你仍然可以通过双重包装实现惊喜的效果。最好送两份礼物，将第一份礼物作为一个"诱饵"，从而增加礼物的惊喜度。

资料来源：http://www.psychologytoday.com/blog/hide-and-seek/201711/the-psychology-gift-giving.

6.2.4 亲社会行为与幸福感

罗辑思维卖月饼的基本商业模式是通过"找人代付"建立人与人之间的连接。那么有多少人愿意为别人付钱呢？为别人付钱能给我们带来快乐吗？我们接下来展开关于亲社会行为与幸福感的讨论。

亲社会行为（prosocial behavior）是指一切有益于他人和社会的行为，比如助人、分享、谦让、合作、自我牺牲等，在现实中利他主义容易被与亲社会行为视为同一概念。由于在心理学上利他主义（altruism）是指关心他人的利益而不考虑自己的利益，所以亲社会行为虽然源自利他主义的动机，但不限于此，利他主义引发的亲社会行为也可被称作利他行为，它是亲社会行为的组成部分。

想象一下，当你拿出冬天的外套，惊喜地在衣服口袋里发现了 200 元钱，你要怎么来花这笔"意外之财"呢？你可以为你的伴侣买一束郁金香，也可以把这笔钱给每天上班路上看到的一个乞讨者，或是干脆让自己享受一顿丰盛的午餐。你会如何选择呢？Aknin 等人（2013）的一系列研究表明，相比拥有多少钱，如何花钱与幸福感有着更加紧密的联系。在一个实验中，他们给一半的实验参与者 5 美元，给了另一半参与者 20 美元。实验者被告知他们可以把这笔钱花在自己身上（或者被告知他们可以把这笔钱花在别人身上）。实验结果表明，那些把钱花在别人身上的人获得了更高的幸福感。更有趣的是，这个现象与他们被分配到的金钱数量无关，不论拿到 5 美元还是 20 美元，给别人花钱都比给自己花钱更幸福。

这个现象是否具有普遍性呢？虽然最初的研究是在美国进行的，Aknin 等学者又在 136 个国家测试了亲社会行为与幸福感的相关性。其中 120 个国家的数据表明，在控制了收入和其他人口因素之后，亲社会行为与幸福感呈正相关。虽然不同国家亲社会行为与幸福感相关性的强弱有所不同，但是不论是富裕的国家还是贫穷的国家，人们都表示在经历了亲社会的消费后幸福感有所提升。为了证明这两者之间的因果关系，学者们又在经济状况不同的多个国家（包括加拿大、印度、南非和乌干达）测试了亲社会行为带来的情感回报。在南非的一个实验中，一半参与者被告知他们有机会为自己买一个福包，包里有巧克力等福利，另一半参与者则被告知他们可以为当地医院里住院的孩子购买这个福包。在这些人当中有 20% 的人是没有钱为自己和家人买足够的食物的，但是即便如此，那些为医院里的孩子买福包的人所获到的幸福感还是远远高于那些为自己买福包的人。因此，从给予中获得幸福感在全世界是具有普遍性的。这也与"赠人玫瑰，手留余香"的说法相吻合。

6.2.5 亲社会行为影响幸福感的条件

亲社会行为对幸福感的促进作用虽然具有普遍性，但这并不意味着亲社会行为必然导致幸福感的提升。我们仍然可以想出很多为别人付出后却并不快乐的例子。例如，当你向贫困地区捐钱之后发现当地人并没有充分利用别人的馈赠，反而更加懒惰和坐享其成。那么究竟要满足什么条件，你的亲社会行为才会给你带来幸福感呢？根据自我决定理论（self-determination theory），人们的幸福感取决于三个基本需求是否被满足。

1. 与他人连接的需求

只有在帮助别人能满足基本的社交需求时人们才会感受到情感上的回报。研究表明，只有当给予者和接受人有接触时，亲社会的消费才会带来幸福感。在一个实验中，每个被试者收到一张 10 美元的星巴克礼品卡。结果表明，用礼品卡给朋友消费的人，相比用礼品卡给自己消费的人，得到了更多的幸福感，但是前提是他们和朋友一起去的星巴克。如果只是匿名地给朋友买一杯咖啡，就不能给给予者带来更多的幸福感。在另一个实验中，研究者发现，人们为自己的挚友消费要比为熟人消费可以获得更多的幸福感。因此，我们也不难理解为什么在罗辑思维"真爱月饼"的销售中，人们不仅没有为代人付款感到吃亏，反而乐此不疲甚至频频晒单。因为帮别人付钱买月饼的过程也是建立与他人连接的过程，这个过程本身就能为自己带来愉悦的幸福感。

2. 彰显自己能力和价值的需求

如果人们能看到他们的慷慨行为给需要帮助的人带来了改变，那么亲社会行为就能最大限度地满足给予者彰显自己能力和价值的需求。这可以帮助解释为什么人们更愿意选择捐款这种方式进行亲社会行为，因为捐款带来的积极效应是最容易体现出来的。例如，联合国儿童基金会（UNICEF）和 Spread The Net 是两家慈善机构，它们都致力于为世界贫困地区的孩子的健康进行募捐。但是后者给了清晰明确的承诺：每获得 10 美元捐赠，该机构就提供一个蚊帐保护孩子免受疟疾的侵害。实验结果表明，为 Spread The Net 捐款的人比给联合国儿童基金会捐款的人表达出更高的幸福感。因此，人们在做出亲社会行为时希望看到自己的付出真实地带来了改变，产生了积极的作用。在"真爱月饼"案例中，当你发现你的买单可以帮助自己的朋友实现一个"月饼梦"时，你难道不会为此感到幸福吗？因此，这笔消费不仅是为了圆他人的梦，也是为自己的幸福买单。此外，我们还会满足一些虚荣心："你看，她并没有让别人为她买单，而是让我来买，这说明了我在她心中的重要地位。"这也间接表明了自己的竞争力。

3. 自己做主的需求

当人们感觉他们的行为是根据自己的意愿做出的决定时，就满足了"我的事情我做主"的需求。亲社会消费如果能让消费者感觉这是根据自己的心意而自由做出的选择，就能增加消费者心里的幸福感。神经学实验表明，自由选择做出的捐赠行为比因服从而做出的捐赠行为更能有效激活大脑中"获得回报"的区域，因此也会增加幸福感。

综上，这三个获得幸福感的条件可以互相作用和转化，共同作用于亲社会行为产生的心理效应。

| 经典和前沿研究 6-4 | 怀旧对亲社会行为的促进作用

2012 年，周欣悦等学者发表在期刊《消费者研究》（*Journal of Consumer Research*）的一篇论文说明了怀旧可以促进人们的亲社会行为。怀旧被认为是一种社会情感，是对于自己经历的美好过去的一种憧憬。怀旧的情节通常包括自己和亲密的人之间的交流与互动。这些亲密的人包括家庭成员、朋友或者伴侣。怀旧的场景通常是假期、纪念日、重聚的时刻、毕业典礼、婚礼等。正是因为怀旧可以使人们感受到与社会的连接,从而激发人们的同理心,使人们对于捐赠对象的困难感同身受,因此更有可能做出捐赠的行为。

在其中的一个实验中,研究人员将被试者分成两组,一组看到的募捐宣传词是:"过去的美好时光,为汶川的孩子们重建过去的美好。"另一组看到的宣传词是:"现在就开始,为汶川的孩子建设美好的未来。"两组人看到的宣传画是一样的,画面呈现了孩子们快乐玩耍的场景。仅仅是宣传词不同,前者相比后者更能引发人们怀旧的情绪。实验结果证明,第一组被试者比第二组被试者捐了更多的钱。

资料来源:ZHOU X, WILDSCHUT T, SEDIKIDES C, et al. Nostalgia: the gift that keeps on giving [J]. Journal of Consumer Research, 2012, 39 (1): 39-50.

营销工具箱

商业化的社会以利益最大化为目标,但这并不意味着与利他主义背道而驰,将商业利益与亲社会行为有机结合起来不失为一种双赢的营销策略。

6.3 去中心化与去中心化基础上的社群经济

罗辑思维的"真爱月饼"作为社群经济的初探是建构在去中心化之后的扁平社交网络之上的。本节将讨论什么是去中心化以及在此基础上的社群经济。

6.3.1 去中心化

1. 去中心化的含义

在一个分布有众多节点的系统中,每个节点都具有高度自治的特征。节点之间彼此可以自由连接,形成新的连接单元。任何一个节点都可能成为阶段性的中心,但不具备强制性的中心控制功能。节点与节点之间的影响会通过网络形成非线性因果关系。这种开放式、扁平化、平等性的系统现象或结构,我们称之为去中心化。

2. 去中心化的性质

去中心化不是不要中心,而是由节点来自由选择中心、自由决定中心。简单地说,中心化的意思是中心决定节点;节点必须依赖中心,节点离开了中心就无法生存。在去中心化系统中,任何人都是一个节点,任何人也都可以成为一个中心;任何中心都不是永久的,而是阶段性的,任何中心对节点都不具有强制性。

3. 去中心化的原因

中心能达到控制的目的,这就意味着所有的资源和数据都需要通过中心才能到达另一位置。但这样的过程在这个时代意义已经不大。在互联网的建设过程中,互联网的创造者曾想过设立一个中心交换数据,但这个方案很快被否定。因为互联网有海量的数据需要处理，而设立一个中心虽然达到了绝对控制的目的，但将引出更多的问题。一个中心处理整个互联网的数据将使得这个中心极其容易发生错误和故障，而一旦这个中心出现问题，便会导致整个互联网的崩溃，从而造成极大的问题。因此，互联网被设计为无中心的形式，从而使其效率大大提高。

中心带来的控制的便利使整个系统能做到很少出错，而一旦出现错误，中心的控制能力便失去了，整个系统便处于一片混乱之中，从而出现巨大的错误。采用无中心的形式，虽然整个系统看似处于"失控"的混乱状态，会频繁出现许多小的错误，但这样的形式却让互联网不会出现大的错误。正是由于互联网的开放性，它不断地孕育着小的错误，从而避免大的错误的发生。凯文·凯利在《失控》一书中是这样描述网络的：当一个节点断开，数据会自动选择别的路径，使整个网络不受影响。而由于不停地有新的节点加入进来，或者一些旧有的节点之间产生了新的连接，网络看起来就像是自我修复了一样。因此，去中心化的意义总结为以下三点。

（1）可容错。去中心化的系统意外失效的可能性更低，因为它们依赖于许多独立的组件，这些组件不大可能全都失效。

（2）抗攻击性。对去中心化系统的攻击、摧毁或者操纵的代价要高很多，因为它们缺乏敏感的中心点，对这些中心点发起攻击的成本要比对周边系统发动攻击的成本小得多。

（3）抗共谋。去中心化系统的参与者串通行动，以牺牲其他参与者的利益来为自身谋取利益的难度要大得多。

4. 互联网思维的去中心化

从互联网发展的层面来看，去中心化是在互联网发展过程中形成的社会化关系形态和内容产生形态，是相对于"中心化"而言的新型网络内容生产过程。

相对于早期的互联网时代，今天的网络内容不再是由专业网站或特定人群产生的，而是由共同参与、权级平等的全体网民共同创造的结果。任何人都可以在网络上表达自己的观点或创造原创的内容，共同产生信息。

随着网络服务形态的多元化，去中心化网络模型越来越清晰，也越来越成为可能。Web2.0兴起后，Wikipedia、Flickr、Blogger等网络服务商提供的服务都是去中心化的，任何参与者均可提交内容，网民共同进行内容创作或做出贡献。

随着更多简单易用的去中心化网络服务的出现，Web2.0的特点越发明显，比如Twitter（现为"X"）、Facebook等更加适合普通网民的社交平台的诞生，使得人们为互联网生产或贡献内容更加简便、多元化，从而提升了网民参与贡献的积极性，降低了生产内容的门槛。最终使得每一个网民均成了一个微小且独立的信息提供商，使得互联网更加扁平化、内容生产更加多元化。

6.3.2 去中心化的社群经济

传统的广播式信息传播是自上而下的模式，由主流媒体控制，所有的信息在到达受众时已经经过媒体的选择和过滤（见图6-3）。相反，交互式传播是基于社会关系网络自下而上的信息传递模式，参与者是平级的关系，并且可以在信息传播者和信息接收者两个角色间转换。信息在到达受众之前是没有经过过滤的（见图6-4）。社群经济正是基于这种交互式的信息传播。

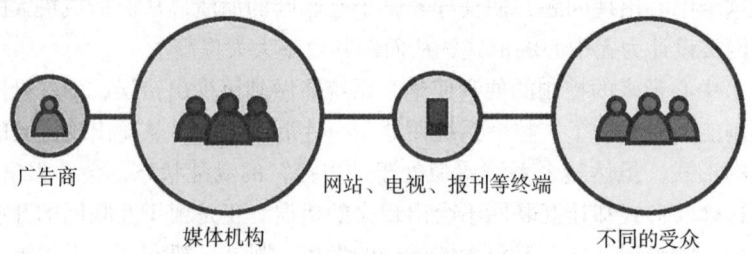

图6-3 传统的广播式信息传播

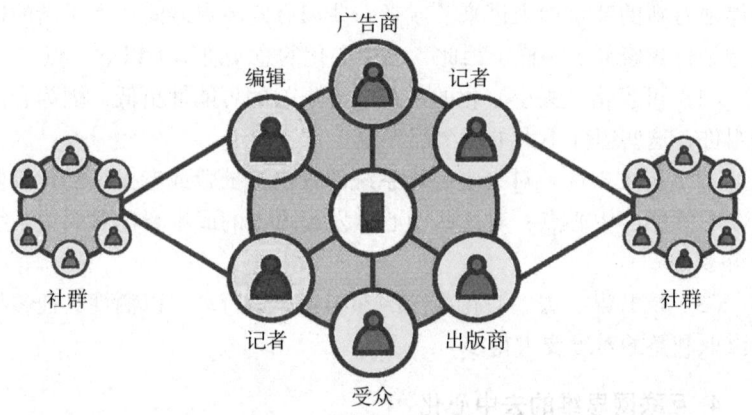

图6-4 交互式信息传播

我们再来看一个去中心化的社群经济的成功例子。2014年2月22日，罗辑思维通过一场"霸王餐"活动再次对社群经济做了一场社会实验。模式很简单，由三方共同参与："吃货"必须是罗辑思维的会员；同样是会员的霸王餐提供者保证至少50%的免单率；还有背后将"吃货"和霸王餐提供者联系起来的罗辑思维微信平台。看似热热闹闹的一场"娱乐免单"，背后却是通过一个去中心化的三方连接实现的至少三赢的商业模式。我们来看看这场实验的结果。首先，提供霸王餐的商家可以利用这次机会让自己搭一把消费者晒单的顺风车，为自己的店做个广告。其次，通过免单的慷慨模式商家建立了与消费者之间的一次连接，更重要的是，这些消费者并不是普通的消费者，而是与自己"志同道合"的罗辑思维的会员，从兴趣爱好到文化层次都经过了罗辑思维的"筛选"。最后，和"吃货"的聊天很可能使商家受益匪浅，了解一下"吃货"的需求，和他们交个朋友。当然，如果"吃货"们有各自的资源，大家共享一下资源就再好不过了。"吃货"们除了获得一顿免费的午餐，还认识了朋友。以前大家只是互不相识的单个会员，如今形成了相互熟悉的群体，扩大了会员之间互相连接的社交网。罗辑思维或许是背后最大的赢家。首先，它实现了从线上到线下的一次会员之间的连接，建立和加强了会员之间的纽带，完成了社群的建立，为以后的经济行为编织了一张社群网。其次，社群经济的初体验为以后的商业活动积累了经验，从而探索更优的商业模式。最后，"霸王餐"的噱头也足以使罗辑思维又一次成为媒体的焦点，为罗辑思维的品牌造势。

> 营销工具箱

去中心化的社群经济可能更多的是为消费者搭建人与人连接的平台，让他们通过社群自发的"内力"找到他们需要的"价值核心"，而不是传统的先建立商品的"价值核心"，再把这个核心卖给消费者使他们接受。

6.3.3 去中心化后诞生的粉丝经济

正如前面提到的"任何一个节点都可能成为阶段性的中心，但不具备强制性的中心控制功能"。去中心化的扁平传播模式去除了机构的权威性，释放了个体作为意见领袖的可能性，这也为粉丝经济的诞生奠定了基础。

以电影《小时代》为例，从第一部到第四部，即便背负争议，但电影依然获得了上亿元的票房。无数粉丝心甘情愿地为导演买单。导演正中要害地把握了粉丝在这个年纪这个阶段的诉求，成为一个阶段性的中心。特别要强调的是，这个阶段性的中心"不具备强制性的控制功能"，所以粉丝之间的连接、粉丝与导演之间的连接都是"心甘情愿"的，没人强制，也可能会随着时间的推移而淡化。

本章小结

六度分离理论告诉我们，人与人之间的连接主要是通过"少数人"来实现的，这些"少数人"具有庞大的跨界交际网络，信息通过他们几乎可以触达全部受众。

在人们的社交网络中，弱关系可能会比强关系更有可能帮助到你，因为弱关系往往跨越社交圈层，可以带来更多有用的信息。

礼物的本质是送礼方要传递的信息的载体。由于信息传递的不对称性，送礼方和收礼方对同一件礼物的解释会不同，这样容易造成收礼方对礼物的误解。

礼物还承载了建立和明确一段关系的社会功能。在一段关系明确之前，单方面的送礼行为是具有风险的。

虽然人们都认为为自己花钱应该比为别人花钱更开心，但是亲社会行为的研究告诉我们为别人花钱事实上能获得更多的幸福感。

亲社会行为的积极效应取决于三个基本需求：与他人连接的需求、彰显自己能力和价值的需求以及自己做主的需求。

去中心化的社群为礼物经济和粉丝经济开拓了新的市场机遇。

中国故事

粉丝经济的反噬之粉丝大作战

在数字化时代，粉丝经济成为品牌营销中不可忽视的一环。然而，粉丝经济能载舟亦能覆舟，企业效益被粉丝经济反噬的例子频有发生。2022年瑞幸咖啡在代言人上的选择就激起了一场不小的粉丝之争，并对品牌造成了直接的负面影响。

事情起源于2022年9月3日下午2：38，瑞幸咖啡（以下简称"瑞幸"）的官方微博宣布，将旗下奶茶产品小鹿茶系列独立出来，成立独立子品牌小鹿茶（LuckinTea），并请当红艺人A作为小鹿茶代言人。然而，该举措在艺人B的粉丝群里一石激起千层浪。艺人B的粉丝反应激烈，质疑小鹿茶独立是否意味着B失去代言，与瑞幸品牌关系不清晰。瑞幸回复称A和B代言关系平行,却引发更多质疑和不满。瑞幸接下来在微博上发布品牌代言关系图表明A和B的平行关系,但质疑声更甚。艺人B的粉丝表达担忧,瑞幸在回复中强调了B的地位,但是A的粉丝在瑞幸官博下留言,引发言语冲突。为了稳住B的粉丝,瑞幸官博编辑微博内容,但引发了更大的争议。B的粉丝要求瑞幸停止使用B的形象进行宣传,还要求退款。更大的危机还在酝酿,B的粉丝发现瑞幸早在8月26日就注册了小鹿茶全资子公司,认为瑞幸早有预谋。瑞幸官博发布微博引发更多争议,要求维权的声音不断增加。瑞幸在官博上的不当回应导致舆论更加恶化,对品牌形象产生负面影响。

这场风波凸显了粉丝经济的复杂性和潜在的危机。品牌在运作时必须更加谨慎,避免因代言人的变动而引发混乱和抵触情绪。瑞幸咖啡的例子为其他品牌敲响了警钟,强调品牌应加强粉丝沟通、提升品牌形象管理水平,从而避免潜在的损害。这也是数字化时代品牌管理中的一次教训,不仅仅是关于代言人的选择,更是关于品牌如何处理争议、如何维护粉丝的信任。毕竟,数量庞大的粉丝群体可以引发社会效应,其力量不可小觑。

资料来源:粉丝经济研究所,https://zhuanlan.zhihu.com/p/81405368.

第 7 章 群 体

■ **本章要回答的主要问题有：**

1. 消费决策除了受到个人动机偏好的影响，也会受到群体的影响吗？
2. 个体的群体特征如何在消费中体现？
3. 营销人员如何巧妙利用参照群体？
4. 哪些因素会影响参照群体的作用？
5. 社会阶层和世代群体如何影响消费者的行为？
6. 消费者画像是什么？它可以在营销中发挥什么作用？
7. 如何根据群体特征进行精准营销？

7.1 消费者的个体身份与群体身份

在阿迪达斯 Originals 产品的一则广告中，几个身着奇装异服的人，说着"太粉、太粗放、太放肆、太浮夸、太假、太快、太呆、太完美、太幼稚、太狂热、太懒、太怪、太晚"等一系列排比词语，最后广告代言人讲道："太不巧，这就是我。"这则"这就是我"的广告，倡导年轻人追求自我的个性特征，也塑造了阿迪达斯 Originals 追求自我的品牌定位，其目标人群则是追求自我的年轻人。无独有偶，始于 2015 年的淘宝"新势力周"活动同样倡导年轻人对个性的追求，通过发布淘宝小众文化潮流图谱、邀请小众意见领袖为独立风格代言、邀请年轻设计师独立设计品牌服装在线发布等主题活动，吸引追求自我的年轻人。

尽管这些营销传播倡导的是消费者的个性、自我，但是不难发现，这些"个性"的自我构成了特定的"小众"群体。具有这种个性特征的消费者通过消费与该个性特征相关的产品建构自己的群体身份。例如，2015 年，一份关于年轻人生活方式的调研报告显示，那时的年轻人（18～24 岁）喜欢听摇滚音乐，更偏好二次元事物，也就是说，这些追求自我个性的年轻人同时是"摇滚一族"或"二次元一族"的一员。此外，个体的价值观、消费决策也会受到群体的作用。因此，消费者既具有个体的身份，又有作为群体成员的特征。

前面章节讲到"我是谁？"对这个问题的回答会影响消费者的行为。本章我们要进一步阐述"我属于哪个群体？"对这个问题的回答也会影响消费者的行为决策。消费者作为一个单独的个体，有自我和个性的一面，可能选择和他人不同款式的产品以体现独特性；但是消费者作为群体的一员又表现得特别容易从众——倾向于选择朋友偏好的音乐、购买流行服装。下面，我们将讨论：群体特征如何影响消费决策？消费决策的哪些方面会体现群体特征？对同一个产品的消费中，会同时存在群体特征和个性身份的影响吗？

7.1.1 个性化定制还是群体化定制

"个性化""量身定制"是很多企业销售人员进行产品宣传和推广时经常挂在嘴边的术语，这样的用语在服务型组织（教育培训机构、旅行社）和产品制造企业（华为）中都有所体现。但是，当我们选择某家教育培训机构时，会发现它们有"模板"。教育培训机构会有多个"教学模板"，每个模板是根据学生的成绩、预期目标、学习习惯等制定的。因此，企业提供的个性化定制更多是针对"小众群体"的定制，企业的营销方案多是针对群体制订的。那么消费者的选择是否同时受到个性特征和群体特征的影响呢？

7.1.2 消费决策如何同时体现个性追求和群体特征

消费者的决策同时受到个性独特动机和群体身份动机的作用。研究者调查了一个餐厅中不同俱乐部会员的穿着情况，他们拍摄了来餐厅就餐的两个俱乐部部分成员的照片，之后请俱乐部的其他会员将这些照片（模糊处理了面容和背景，仅穿着清晰）分别归类到两个俱乐部。结果发现，单凭个人的穿着就能够辨别这个人属于哪个俱乐部，正确分类的平均概率为85%。这表明个体的穿着可以体现出群体特征。之后，这些俱乐部的会员还评价了照片上会员的穿着相对于同一俱乐部内其他会员的独特性，结果表明，穿着的独特性和其独特性需求显著正相关。一个会员越是追求独特，他的穿着就越会跟其他会员有所区别。也就是说，个体的穿着同时反映了其独特性需求动机。进一步的研究表明，消费者用产品的不同方面体现个体属性和群体属性。例如，品牌偏好多与群体身份联系在一起，消费者倾向于选择他所在群体会选择的品牌；而个性特征则更多地体现在颜色、款式等具体属性上，消费者倾向于选择个性化的颜色和款式。

消费者在生活中归属于特定的圈子、群体，这样的圈子可能是共同生活学习的朋友圈，可能是拥有共同兴趣爱好的圈子，也可能是更为广泛的具有相同成长背景的代际群体或者具有相似社会地位的社会阶层。本章将介绍消费者的群体特征、主要的群体划分的要素、群体属性对消费决策的影响以及大数据背景下对消费者群体的画像和精准营销。

| 经典和前沿研究 7-1 |　群体认同和独特性动机共同作用消费者选择

在日常生活中，人们会表现出与周围人相似的行为从而获得群体认同，帮助自己融入群体，也会在一些场合使自己变得与众不同从而彰显个人独特性。在这种求同存异的矛盾动机下，消费者会如何做出自己的选择呢？他们可能会选择一种产品来传达他们所期望的社会身份，同时也会在该群体中进行区分。

以往的研究往往从单一维度出发，通过二元选择看待相似性和差异化，而忽略消费者是如何整合这两种动机的。Chan 等人（2012）通过四个实验证实了群体认同动机将驱使人们在与期望的社会身份相关的选择维度上产生偏好，从而选择能够表明自己属于某一群体的物品；而独特性动机将驱动人们在独特性属性上进行自我区分，并在内群体中选择不太受欢迎的物品。这两个动机是共同推动消费者做出选择的。

研究结果为理解个体选择行为提供了深入的洞察，并对品牌营销和消费者行为提供了指导。品牌创造多种产品选择，一方面能够更好地迎合消费者的偏好，另一方面有利于消费者进行自我区分。

资料来源：CHAN C, BERGER J, VAN BOVEN L. Identifiable but not identical: combining social identity and uniqueness motives in choice [J] . Journal of Consumer Research, 2012, 39, (3): 561-573.

7.2　群体的建构

群体是指两个或者更多的拥有共同规范、价值观、信念和一定内隐及外显关联的个体构成的集合。个体所处群体可能会因为时间情景而发生变化，使得个体处于不同的群体之中，比如一起工作的同事、合住的朋友、品牌社群、一起学习的同学等。不同时间情景下的群体会产生某些"群体性"的消费行为，比如共同学习的同学可能在毕业时一起毕业旅行，在同个部门工作的同事可能有相似的着装偏好，成长于相同年代的个体具有相似的媒介偏好，等等，图 7-1 展示了不同群体及其消费偏好。群体对个体消费决策的影响可能是群体规范造成的，也可能是因为群体中的个体本身具备的一致性偏好特征。例如，哈雷品牌社群拥有一种"自由、男子气概"的群体文化规范，每个个体都会受到这种群体规范的影响；也可能是因为社群成员本身是具有"自由、男子气概"的个体，他们只是聚集在哈雷品牌社群中。

一个消费者可能属于各种不同的群体。但是到底哪个群体会对消费者的自我评价和决策产生影响呢？Goodman（1974）认为，群体对于个体自我评价和决策的影响力可以从两个维度来衡量：可获得性和相关性。可获得性指的是个体是否能够充分接触、了解群体中他人的相关信息。如果你是上海人，但是你不住在上海也很少回上海，那么上海人这个群体对你的影响就比较小。相关性则是指参照对象与自己的可比较程度，包括价值观、生活方式的可比较程度以及社会结构和人口特征的可比较程度等。具体的群体归类及示例见表 7-1。

我们把一个群体的可获得性作为一个维度，把相关性作为另外一个维度，这样就可以画出一个图（见图 7-2）。从图 7-2 中可以看出，消费者所在群体可以分为四类。"同一圈子的熟人"和"同一背景的陌生人"是对个体的存在有影响的群体；而"无关的陌生人"和"无关的熟人"两个群体则不是个体消费关心的,也不会与个体消费决策存在相关性。

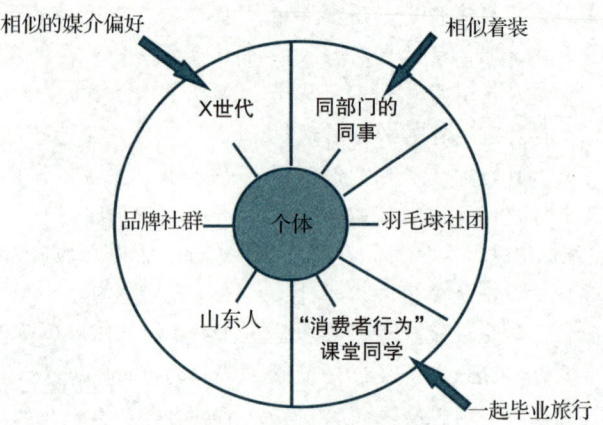

图 7-1 群体及群体性的消费偏好

资料来源:DOU W, WANG G, ZHOU N.Generational and regional differences in media consumption patterns of Chinese generation X consumers [J] . Journal of Advertising, 2006, 35(2): 101-110.

表 7-1 群体归类及示例

群体归类	示例	相关性和可获得性
同一圈子的熟人	羽毛球社团的本系同学	相关性高、可获得性高
同一背景的陌生人	羽毛球社团的其他院系同学	相关性高、可获得性低
无关的熟人	非羽毛球社团本系的同学	相关性低、可获得性高
无关的陌生人	非羽毛球社团非本系的同学	相关性低、可获得性低

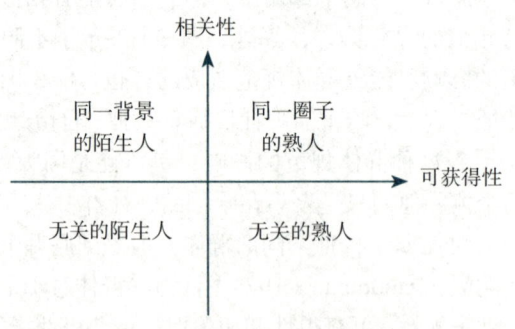

图 7-2 群体归类及其划分维度

资料来源:GOODMAN P S. An examination of referents used in the evaluation of pay [J] . Organizational Behavior and Human Performance, 1974, 12(2): 170-195.

设想,X 同学参加了学校的羽毛球社团,社团有将近 70 人。X 同学和 Y 同学是同一个系的同学,加入社团前就比较熟悉,而社团其余的人则来自其他学院,X 同学和他们并不熟悉。就羽毛球社团这个群体而言,X 同学与 Y 同学、羽毛球社团的其他同学相关性都是很高的;但在信息可获得性方面,X 同学更容易了解到 Y 同学的信息,对羽毛球社团的其他同学则不太了解。因此，X 同学和 Y 同学是"同一圈子的熟人"，X 同学和羽毛球社团的其他同学是"同一背景的陌生人"。此外，非羽毛球社团的同一系里的同学则属于"无关的熟人"，而非羽毛球社团其他学院的同学则是"无关的陌生人"。

"同一圈子的熟人"是较为紧密的，个体清楚地知道自己和其他人共处于一个群体的原因，了解群体的边界和群体内的行为规范。个体处在这样的群体中会试图和他人建立联系，并通过观察群体中他人的行为判断自己应该怎么做。例如，当你刚刚进入一所新的学校时，你会努力与同学建立友谊并融入集体。群体内成员的行为往往在特定的方面存在相似之处，比如同部门的员工、品牌社群中的成员。这样的群体可以称为参照群体，它可以明确地指导个人的消费决策。

"同一背景的陌生人"这类群体则是较为松散的，他们可能是因为具备共同的生活背景，这些广泛的生活背景使他们具备一些共同的消费特征，比如特定世代的群体（X 世代）或者特定区域的群体。本书把这种群体称为潜在影响群体。参照群体和潜在影响群体的区别如表 7-2 所示。

表 7-2 参照群体和潜在影响群体的区别

维度	参照群体	潜在影响的群体
群体示例	同事、同学、品牌俱乐部	代际群体、社会阶层
联结的原因	共同的价值规范、兴趣爱好、生活空间	共同的宏观社会背景
联结强度	紧密	松散
联结趋向	主动寻求群体联结	无意识地具备群体特征
行为影响	特定行为上的较强影响	广泛行为上的较弱影响

7.3 参照群体

网络购物中产品纷繁复杂，我们无法真实地看到、触摸到产品，我们习惯查看销量，依据销量来评价产品：销量高的产品应该更好。近年来，"双 11"等促销活动吸引了广大消费者的参与。2022 年 11 月 11 日当天，天猫总成交额达到 5 571 亿元，其中主要原因是促销折扣比较大，另一方面则是因为"大家都在买"。在人工智能逐渐兴起的当下，智能推荐营销发现基于用户相似购买的推荐（比如购买该产品的消费者还买了……）比基于产品相似的推荐（与该产品相似的产品还有……）对消费者购买推荐产品的效果更有效（Gai and Klesse, 2019）。可见，消费者的购物决策经常会参照群体的建议和消费行为。尽管在彰显身份的购买决策中，人们更偏好做出与普通大众不同的选择，但这并不是事情的全貌。在这些与身份相关的决策中，个体所属群体的意见对个体的决策仍然起着很强的作用，导致基于参照群体的从众行为（Berger and Heath, 2007）。由此可见，参照群体的影响范围广泛。

7.3.1 参照群体的概念及影响

参照群体（reference group）是指与个体看法、愿望和行为有着重要关联的真实或想象的他人或群体。参照群体在消费决策领域有着重要影响，主要表现在信息、功能和价值表达三个方面，表 7-3 描述了这三个方面的影响。

表 7-3 参照群体的影响、动机、表现和作用结果

影响	动机	表现	作用结果
信息	规避风险	从他人/群体收集信息；观察他人的消费	提高消费知识和决策效用
		例如，个人向可靠的朋友寻求信息；个人观察专家行为	
功能	顺从	通过消费选择迎合群体的偏好和规范	赢得参照群体的赞扬，避免来自群体的惩罚
		例如，为迎合同事/朋友的期望而购买特定品牌的产品	
价值表达	心理满足	通过消费选择体现自己向往的社会群体身份	强化自我身份、展现对参照群体的喜爱
		例如，购买某一品牌的产品有助于向别人展示自己期望的社会身份	

参照群体的信息影响主要发生在消费者购物决策不确定的情况下，消费者会主动寻求参照群体的建议或者观察参照群体的消费决策。如果你不确定去哪家餐厅吃饭，那么你可以询问周围的朋友他们都去哪家餐厅。

参照群体的功能影响指的是消费者利用消费获得群体的接纳和认可。消费者迎合参照群体的期望、偏好、标准或规范。当消费者预期到购买某个品牌的产品或者某种消费行为可以得到群体的接纳和认可，就会消费相应的产品。

参照群体的价值表达影响体现在两方面。一方面，消费者个体期望通过模仿该参照群体，从而让个体的自我概念更接近参照群体的形象和价值观，例如某位同学加入了"社会心理研究兴趣小组"，为了使自我形象与"社会心理研究者"的形象一致，会主动关注一些社会心理学的期刊、微信公众号等。另一方面，满足个体属于某个群体的需求，表达对群体的喜爱，比如该同学在提起自己所在的"社会心理研究兴趣小组"时会感到自豪，会在自己的社交媒体中转发、赞扬兴趣小组的活动。

| 经典和前沿研究 7-2 | 影响者如何改变社交媒体上参照群体与品牌的关联

如今，人人都可以在社交媒体上发言，社交媒体影响者开始出现。他们在网络上有一定的粉丝数和影响力，掌握着社交媒体内容的发布，可以通过品牌赞助、对产品表达意见影响他人对品牌的消费。例如，通过让多个相似的影响者提及一个品牌，营销人员可以反复将该品牌与某个"类型"的消费者联系起来。

目前已有研究证明影响者能够影响消费者的参与度（Balabanis and Chatzopoulou, 2019; Hughes et al., 2019）、对品牌的信任（Lou and Yuan, 2019）等。而品牌如何获得关联的参照群体值得深入探究。

Lee 和 Fortuny（2022）收集了超过 5 000 名参与者对 25 个品牌的参照群体的开放式关联。研究者基于刻板印象理论，通过一种自然语言处理方法，发现当社交媒体上的影响者发帖时，他们对品牌的典型性认知会改变人们对于品牌消费者同质性的看法，最终加强或改变人们想到这个品牌时想到的群体。此外，这个效应成 U 形关系。文本数据分析显示，典型的影响者可以通过增加参与者想到的品牌描述词的相似度和代表较少的参照群体类别的可能性来收紧品牌关联。

以上研究成果为品牌如何获得文化意义

(即品牌如何获得关联的参照群体)提供了见解，有利于品牌的数字化营销。

资料来源：1. LEE J K, FORTUNY E J.Influencer-generated reference groups[J].Journal of Consumer Research, 2022, 49(1): 25-45.
2. BALABANIS G, CHATZOPOULOU E.Under the influence of a blogger: the role of information-seeking goals and issue involvement[J].Psychology & Marketing, 2019, 36(4): 1-12.
3. CHRISTIAN H, SWAMINATHAN V, BROOKS G. Driving brand engagement through online social influencers: an empirical investigation of sponsored blogging campaigns[J].Journal of Marketing, 2019, 83(5): 78-96.
4. LOU C, YUAN S. Influencer marketing: how message value and credibility affect consumer trust of branded content on social media[J].Journal of Interactive Advertising, 2019, 19(1): 58-73.

7.3.2 参照群体的相关理论

从众（conformity）是指个人的观念和行为由于群体直接或隐含的引导或压力向与多数人相一致的方向变化的现象。从众行为的本质是个体受到某种社会影响力的作用之后产生的一种适应性行为反应。

依从（compliance）是指个人因为他人的期望压力而接受他人的请求，行为符合他人期望的现象。

服从（obedience）是指个体或群体在权威命令之下，迫于直接的或规范的压力而做出命令指定行为的现象。

从众、依从和服从三者的核心区别在于压力源和行为动机不同。从众和依从的影响机制接近，都是因为外在影响而产生的自我行为选择。从众和依从的区别在于，依从行为的影响源是有意对行为者施加直接的或隐含的影响；而从众行为的影响源通常并不针对特定的对象施加影响，而是个体感受到群体压力之后的自我跟从行为。

服从的社会影响机制与从众和依从不同，这种行为的引发具有强制性，命令者与服从者之间通常有着规定性的或强迫性的社会角色联系，人们服从的理由是外在的；而在从众和依从行为中，影响源与行为者之间并没有规定性的社会角色关系或强迫性的关系束缚。

从众者和依从者必须有一定的认同或寻找到自身行为的理由，才会跟从外部影响而产生行动。例如，身形较瘦的同伴如果吃得多，那么个体会产生更大的从众行为，即增加吃零食的数量；而身形较胖的同伴吃得多，他产生的参照效应则会较低，这正体现了从众者认同程度的影响作用。

从众可能源于个体对决策信息的不确定（信息式社会影响），也可能源于为了被群体所接受（规范式社会影响）。

在陌生情境中，我们会将他人视为指导行为的信息来源，会跟随他人而行动。Sherif（1936）开展的自动效应（autokinetic effect）实验，很好地检验了人们因为信息不确定而产生的从众行为。实验参与者被要求盯着黑暗中的光点看，这时人们都会有光源移动的错觉。每个个体先自己注视光点，估计光源的移动距离，之后与他人一起观看并估计光源的移动距离。实验结果发现，当个体单独估计时，个体间估计的差异比较大；但是当了解到他人的估计后，参与者的估计总体趋于一致。信息式社会影响往往出现在信息不完备、情况紧急的情况下。

信息式社会影响可使人真正相信他人的做法,进而从众,因此可用于促进善行。例如,评估 OPOWER 公司的节电举措后发现,由于人们通常不知道其他用户的用电量,为了促使居民节能省电,若告知参与者该地用户的平均用电量,与单纯地对他们进行劝导比起来,可有效降低高电量使用者的用电量。这一举措甚至可以达到电价上涨 11%～20% 的节电效果。此外,群体与个体之间的共性也会影响善行的参与度。Goldstein(2008)通过酒店田野实验发现,与个体所处环境相似的社会规范具有更强的环保善行影响力,比如"大部分住在该酒店房间的人回收了毛巾"的标语,比"76% 的女性和 74% 的男性回收了毛巾"更具有回收毛巾的号召力。

Asch(1951)开展的线段判断实验则发现,即使在情况比较清楚的情境中、个体发现群体的决策判断在很大程度上存在错误时,个体也可能在公开的情境中顺从群体的意见决策。实验参与者被要求与其他人一起从图中的三条线段中选出与另一个图中的参照线段等长的线段。其他人是实验人员安排的"同谋",他们被预先告知一致做出错误的判断。实验发现,当实验参与者接收到他人错误判断的信息后,居然也做出了和他们一样的错误判断。

📍营销工具箱

小区门口关于"上个月 80% 的住户用电量相比前一个月有所减少"的节约用电宣传;在农村推广产品时,销售员往往先赠送给村长、村里有名望的人使用;商场促销排队的人群可以有效吸引其他消费者驻足了解促销信息甚至做出购买决策。

7.3.3 典型的参照群体

1. 亲密群体

人是社会性动物,会遵从特定的社会规范,这些社会规范包括较大的文化、亚文化、社会阶层和亲密群体等。亲密群体(face-to-face group)是指对个体喜好、观点有着直接影响的人群,包括与其频繁交流的家人、亲密的朋友、邻居、同事、成员型关系等。在浪漫伴侣关系中,双方的食物消费决策会受到彼此的影响,并且在浪漫关系发展的不同阶段,彼此的影响作用不同:在浪漫关系建立过程中,女性会更多地受到男性的影响,这是因为女性要展示自己温顺的品质;而在关系维持过程中,男性则会更多地受到女性的影响,这源于在关系维持阶段,男性更愿意接受他人的建议,并且认为女性对于食物消费更专业。企业在营销沟通中利用亲密群体的参照群体效应进行营销推广,比如将原本"娘娘腔"的牛奶饮料印象塑造为活跃的社交情景下的饮料消费;向男性消费者宣传他们的商务同事会通过其着装对他们进行评价。

2. 购物伙伴

在日常生活中,独自一人购物的情景较少,消费者往往会结伴购物。这些一起参与零售店或网店购买活动的人被称为购物伙伴。购物伙伴是消费决策最后阶段的参照群体,对说服消费者具有非常重要的影响。在存在购物伙伴的情况下,消费者会花费更多的时间购物,因而会增加零售店的销售。研究发现,在食物方面,共同消费比个人消费会导致更多的点餐购买和浪费，这是因为我们消费食物时会从对方的角度考虑他们的需求，造成认知偏差。不仅线下存在购物伙伴，线上同样存在购物伙伴，比如当今的团购等。此外，他人的消费经历会影响我们的产品选择决策。例如，在陌生产品选项（unknown option）和已知产品选项（known option）之间选择时，如果了解到其他人消费过已知产品选项（相对于信息源来自计算机或者信息源未知等情况），会增加我们对于陌生产品选项的选择，这是因为消费者决策时，会将自己和他人看作一个群体，进而"探索"群体未消费过的产品选项。

3. 消费者部落

消费者部落（consumer tribe）是指拥有共同生活方式的一群人，他们因为对某个活动的热爱而集结在一起，包括某些户外协会、母婴社群等。这样的社群可能是由企业建立的，也可能是消费者自发形成的。在这样的社群中，分享信息一般是"垂直化"的，即围绕形成消费者部落的共同的生活方式、需求（比如户外活动、育儿）进行营销沟通。例如，户外活动社群会分享各种与户外活动有关的产品信息；而垂直育儿论坛则会分享奶粉、玩具、婴幼儿洗护等一系列的消费产品信息。

4. 品牌社群

品牌社群（brand community）是指建立在使用某一品牌的消费者关系之上的社会联结。品牌社群具备共同意识、仪式及惯例、基于伦理的责任感三个基本特征。品牌社群是以消费者为中心的关系网，主要为消费者提供品牌相关的体验。品牌社群是经由品牌维系联结的，品牌社群关系网主要存在四个方面的关系，包括消费者与品牌、消费者与企业、消费者与其使用的产品以及消费者与社群中的消费者之间的关系（比如哈雷摩托车俱乐部、小米社群和华为花粉俱乐部）。

5. 回避群体

回避群体（dissociative group）是指消费者排斥、避免与之建立联系的群体。个体除了期望融入某个群体，还会排斥进入某个不认同的群体，个体会通过消费某种产品或者不消费某种产品表明自我与该类群体的距离。例如，一个自认为处于高社会阶层的个体回避某些被认为是较低社会阶层消费的产品或使用的媒介，男性会避免购买包含女性身份元素的产品，等等。

7.3.4 参照群体发挥效应的影响因素

1. 个性特征

一些个性特征会调节参照群体的影响作用。顺从型人格的人容易受到参照群体的影响。自我监控倾向较高的个体也容易受到他人的意见、看法的影响。消费者的决策自信会降低他们寻求参照群体意见的可能性。

2. 群体因素

如果参照群体的影响主要表现在信息功能方面，那么群体的专业性就变得非常重要。例如，一个羽毛球协会中的新会员打算购买羽毛球球拍，这时羽毛球协会中的资深队员的建议就变得非常重要。群体的权威性也具有重要作用，权威性主要影响个体的行为，而对于其态度则影响较弱。群体的结构特征也会影响参照群体的影响力，凝聚力越强、规模越小的群体，个体消费决策受到参照群体影响的可能性越高。

3. 产品因素

产品因素对参照群体的影响主要表现在两个方面。其一是产品的感知风险，该特征与产品的信息功能相关，产品的感知风险越大，消费者对产品决策的不确定性越高，因而更容易寻求参照群体的建议。其二是产品的显著性，产品的显著性是指该产品能够引起他人注意的程度。在公共场合使用的产品，消费者在做消费决策时容易受到参照群体的影响。

7.4 潜在影响群体

本节将介绍两类重要的潜在影响群体：社会阶层和世代消费群体。

7.4.1 社会阶层

宝马花了不菲的价格赞助《天下无贼》，换来的却是一句："开好车的就是好人吗？"在《天下无贼》中，如果单纯从创意上看，宝马嵌入式的广告还是很符合剧情的。从现代大都市高档豪华的别墅到苍凉壮美的甘南荒原，人们感受到宝马汽车豪华、动感的魅力，但也是与"暴发户"一起领略到的这一魅力。因为在《天下无贼》中，宝马的前后车主就是典型的"暴发户"形象。

品牌不仅与消费者意识到的参照群体存在联结，而且还与更广泛的群体存在联结。这样的广泛群体是因为共有的社会属性特征而聚合在一起的，消费者可能没有明显意识到遵从该群体的规范等，但社会属性已经塑造了群体内的个体共同的社会规范、生活方式和消费方式等。

社会阶层不仅影响个体拥有多少物质财富，还决定了个体的生活方式和消费方式。因此，在同一社会阶层内的个体，其消费内容和方式存在共性的一面。

1. 社会阶层的概念和成因

社会阶层是指所有社会成员按照一定的等级标准被划分为许多相互区别的、地位从低到高的社会集团。它是由拥有相同或类似的社会地位的成员组成的相对持久的群体。社会阶层的存在意味着一个社会中存在拥有财富和权力不同的群体，这些群体存在等级结构的差异。社会阶层产生的直接原因是个体获取资源的能力和机会存在差别，根本原因是社会分工和财产的私有化。关于社会阶层的普遍存在，人们持有不同的观点。社会功能主义观点认为，社会必须确保某些职位有人承担，而某些职位又比其他职位更加重要，更重要的职位需要有能力的人来承担，社会为有能力的人提供激励，因而造成物质资源分配和获取机会的不同。冲突论观点认为，社会的正常运转需要某些领导，领导意味着权力的不平等，拥有权力的人会利用其职位为自己谋取利益。

2. 社会阶层的特点

首先，社会阶层是多维的。社会阶层不是单纯的由某一个变量（比如职业、收入）决定的，而是由包括这些变量在内的多个因素决定的，涉及经济层面、政治层面和社会层面的因素。例如,某些蓝领工人的工作收入比较高,但是与收入相对较低的白领人士相比,他们往往自我感觉或者被认为处于相对较低的社会阶层。其次,社会阶层具有等级性。不同社会阶层拥有的权力、物质财富、声誉的高低决定了社会阶层由高到低的划分。最后,社会阶层是会变动的。尽管社会阶层相对较为持久,但是某些要素会促进社会阶层的变动,比如因社会变革发生的结构性流动等。

3. 社会阶层的划分

划分社会阶层的标准有经济变量、社会变量和政治变量。经济变量包括职业、收入和拥有的财富;社会变量则包括个人声望、社会联系和社会化;政治变量则包括权力、阶层意识等。

划分社会阶层的方法包括主观测定法和客观测定法。主观测定法是指让调查对象自己评估自己的社会地位,将自己归入研究者提供的一系列社会阶层的某个层次(见表7-4)。客观测定法则是依据特定的经济变量评判个体所处的社会阶层,包括单一变量法和综合指标法。单一变量法涉及使用教育程度、职业和收入划分社会阶层,因为总体上这些单一的经济变量之间都是高度显著正相关的(见表7-5)。例如,职业与收入、教育程度有着紧密的关联,因此有时用职业这一指标衡量个体所处的社会阶层。较为典型的综合指标方法是科尔曼(Coleman)地位指数法,该方法从职业、教育、居住区域、家庭收入四个方面综合测量消费者所处的社会阶层。此外,还有霍林希德社会地位指数法,该方法主要从职业和教育两个方面综合测量消费者所处的社会阶层。

表 7-4 社会阶层主观测定法

.10 .09 .08 .07 .06 .05 .04 .03 .02 .01	左图是一个10级的阶梯,请你想象一下这个梯子代表了人所处的不同的社会阶层,等级越高,表明其所处的社会阶层越高。例如,01代表社会最底层,这些人的生活境况是最糟糕的,受教育程度最低、工作不体面、收入最少;10代表社会最高层,这些人的生活境况是最优越的,受教育程度高、工作最体面、收入最高

请结合你个人的情况,评价一下你感觉自己处于阶梯的哪一个等级

你所处的等级是:_____ (请从01~10中选一个数字)

表 7-5 测量社会阶层通常问题题项

受教育程度:请问你的受教育程度是?	
没有受过正式教育	1
小学	2
初中	3
高中	4
中专/技校	5
大专或大学非本科	6
大学本科	7
硕士研究生	8
博士研究生	9
拒绝回答	10

(续)

职业：请问你的职业身份是？	
公司/工厂/机关雇员	
专业人士（如医生/律师/会计师/建筑师等）	1
高级管理人员（如总经理/董事等）	2
中级管理人员（如部门经理/品牌经理等）	3
初级/基层管理人员	4
一般办公室职员（销售/市场/秘书/文员等）	5
技术工人/领班/班组长	6
一般工人	7
服务性行业一般员工（服务员/营业员/司机等）	8
国家机关工作人员/国家公务员	9
个体户/私营业主	
自己经营的专业人士（如私人诊所/律师事务所/会计师事务所等）	10
私营企业主：个体承包商/批发商等（雇员10人以上）	11
私营企业主：个体承包商/批发商等（雇员1～10人）	12
个体商店店主（没有雇员，但是自己有店铺）	13
个体小商贩（没有雇员，也没有店铺）	14
没有工作	15
其他_____（请注明）	16
家庭收入：请问下面哪一类最能代表你的家庭每月的总收入？	
1 000元以下	1
1 000～2 000元	2
2 001～3 000元	3
3 001～4 000元	4
4 001～5 000元	5
5 001～6 000元	6
6 001～7 000元	7
7 001～8 000元	8
8 001～9 000元	9
9 001～10 000元	10
10 001～20 000元	11
20 001～30 000元	12
30 000元以上	13

7.4.2 社会阶层对消费决策的影响

1. 消费分层

社会阶层反映了不同群体拥有的不同的物质财富，而物质财富会在消费内容上体现出来。因此，一些研究者提出了消费分层，认为可以用家庭拥有的消费品衡量社会阶层（见表7-6）。例如，有研究者根据我国当下的消费情况，调查研究将我国消费者划分为"极低消费水平""低消费水平""中等消费水平""较高消费水平"和"高消费水平"。研究发现，我国城镇居民属于锥子型的消费分层结构，而农村则属于金字塔式的消费分层结构。

表 7-6 用于消费分层分析的耐用品及得分

分类	耐用品	得分
第一类	彩电、冰箱等家用电器	1 件 1 分
第二类	电话、手机、组合音响、影碟机、空调、微波炉	1 件 1 分
第三类	计算机、摄像机、钢琴、摩托车	1 件 4 分
第四类	家用轿车	1 件 12 分

资料来源：李春玲.当代中国社会的消费分层[J].中山大学学报（社会科学版），2007, 47（4）: 8-13.

社会阶层除了体现在消费内容分层上，还表现在消费方式和消费观念上，由低到高的社会阶层对应着特定的消费观念，包括保守消费、实用消费、品牌消费、服装消费、超前消费和炫耀消费。

2. 媒介接触

高社会阶层的群体会接触更多的纸质版媒介，而低社会阶层的群体则倾向于更多地观看电视节目。工薪阶层的消费者更容易接受"真实感很强，尤其是侧重展现积极的生活态度、坚持不懈地工作和生活、解决现实问题"的广告；而高社会阶层的消费者更青睐于那些富有微妙的象征性手法的广告，"通过极富个性化的手段，展现他们的地位和自我形象"。

| 经典和前沿研究 7-3 | 社会阶层对消费决策影响的体现

美国宾夕法尼亚州立大学的 Slocum 和 Mathews 较早注意到社会阶层与消费决策之间的联系，他们检验了社会阶层对使用信用卡的影响，发现社会阶层与个体使用信用卡的目的存在联系，高社会阶层的群体使用信用卡是因为便利性，而低社会阶层的消费者使用信用卡是为了分期付款。

美国科罗拉多州立大学的 Martin 和维拉诺瓦大学的 Hill 研究了社会底层消费者的生活满意度，通过对世界 51 个贫穷国家 7 700 名个体的调查，他们发现社会联结和自主性会改善贫穷的负面影响，但前提条件是人们的基本生活需求得到满足。研究同时表明，尽管贫穷的消费者面对不同的环境，但是他们对环境的反应却是一致的。

人们还会通过物理环境中的拥挤程度推测群体的社会阶层，进而影响他们对不同拥挤程度的店铺产品的评价。美国威斯康星大学的 O'Guinn 和 Tanner 以及堪萨斯大学的 Maeng 通过实验研究发现，个体会推测人群拥挤的物理环境（与宽松的物理环境相比）中的人社会地位更低，并且认为拥挤（与不拥挤相比）的店铺中的产品价格更低，消费者的支付意愿也更低。

资料来源：1. SLOCUM JR J W, MATHEWS H L.Social class and income as indicators of consumer credit behavior [J]. The Journal of Marketing, 1970, 34（2）: 69-74.

2. MARTIN K D, HILL R P.Life satisfaction,self-determination,and consumption adequacy at the bottom of the pyramid [J].Journal of Consumer Research,2012,38（6）: 1155-1168.

3. O'GUINN T C, TANNER R J, MAENG A.Turning to space: social density, social class, and the value of things in stores [J]. Journal of Consumer Research, 2015, 42（2）: 196-213.

| 经典和前沿研究 7-4 | 假冒奢侈品的使用对真正奢侈品的影响

消费者经常利用产品区分自己与他人，并推断他人的身份和社会角色。他们希望通过使用的产品向他人传达他们属于的群体以及生活方式、观念等。奢侈品传递了社会阶层的地位，成为人们一种理想生活的象征。但奢侈品往往意味着需要付出较高的金钱成本，假冒奢侈品则提供了一种更容易的方式，因此假冒奢侈品也有了一群"追随者"。假冒奢侈品的使用对于真正奢侈品会有什么样的影响呢？

以往的研究发现，假冒奢侈品的使用会对真正奢侈品品牌的形象和声誉造成负面影响，这种影响被称为"稀释效应"。而美国美利坚大学的 Amaral 和明尼苏达大学的 Loken 通过四个实验，发现了假冒奢侈品对真正奢侈品牌的一种"增强效应"。当较高阶层的人观察到外群体成员使用假冒奢侈品时（相比于内群体），对奢侈品品牌的评价会更低。但这一效应是不对称的，较低阶层的人看到外群体成员使用假冒奢侈品并不会对品牌产生负面评价，因为当社会阶层较低的人使用假冒品牌时，社会阶层较高的人会诋毁该品牌，而社会阶层较高的人使用假冒品牌时，社会阶层较低的人却不会。与奢侈品品牌的联系在其中起到中介作用，对真正奢侈品品牌的熟悉度起到调节作用。

资料来源：AMARAL N B, LOKEN B. Viewing usage of counterfeit luxury goods: social identity and social hierarchy effects on dilution and enhancement of genuine luxury brands [J]. Journal of Consumer Psychology, 2016(26): 483-495.

7.4.3　世代消费群体

2015 年，尼尔森根据对中国消费者代际消费情况的研究，将中国消费者划分为四个代际：Z 世代（1995—2009 年出生的人）、千禧一代（1981—1994 年出生的人）、X 世代（1966—1980 年出生的人）、婴儿潮一代（1946—1965 年出生的人）。不同代际的消费者有着独特的群体生活消费方式，Z 世代的消费者钟爱听音乐，而 X 世代和婴儿潮一代则偏好网购和旅游。在媒介接触上，相比婴儿潮一代，千禧一代更加偏好用搜索引擎获取新闻资讯，相对较少选择电视新闻。

尼尔森调查显示的不同代际的消费者在生活消费方式上的差异主要受到两方面的影响：其一，不同代际的消费者处于不同的年龄层，他们所处的人生阶段不同，因而拥有的物质财富、闲暇时间不尽相同；其二，不同代际的消费者出生的年代不同，他们成长的社会环境、经济环境决定了特定的思维方式和生活理念。这里主要关注由后者带来的世代消费差异。

1. 世代群体

世代消费主要考虑消费者出生的年代和成长经历的不同，其基本假设是出生于同一时代的人经历过共同的社会、政治、历史和经济环境，因此会产生相似的观念和行为。例如，早期的美国研究者依据美国社会历史文化的变迁将美国消费者细分为六代：大萧条前一代、大萧条一代、婴儿潮一代、X 世代、Y 世代、Z 世代。

中国具有不同于美国的社会文化变迁阶段，因而世代消费划分不同。例如，早期的研究者将中国消费者划分为五代：①"传统"的一代（1945 年之前出生），他们经历了革命战争，西方文化对他们的影响较小，他们保留了中国传统文化的特征；

② "文革"一代（1945—1960年出生），他们在青少年时期经历过"文化大革命"；③ "幸运"一代（1960—1970年出生），他们的青年时期恰逢中国教育、经济回归正轨；④ "转型"一代（1970—1980年出生），他们成长于中国由计划经济向市场经济转型时期；⑤ "e"一代（1980年以后出生），他们成长于中国经济、互联网迅速发展的时期。相同世代的消费者因为成长环境的共性，被塑造出了相似的文化价值观。

2. 中国不同代际群体的消费特征

中国"e"一代的消费者成长于网络时代，且大部分是独生子女，他们表现出较强的奢侈品消费倾向，同时注重对子女的教育、生活的消费，并且在时尚、娱乐、社交方面消费较高。在媒介接触方面，"e"一代相比之前世代的消费者更加偏好基于娱乐导向的媒介，而非基于信息导向的媒介。在参照群体口碑影响力方面，来自亲友的口碑对"幸运"一代和"转型"一代的影响力大于对"e"一代的影响；而来自意见领袖的口碑对不同世代消费群体的影响没有显著差别。

7.5 基于群体的消费者画像和市场细分

7.5.1 用户画像

消费者可能会因为一个品牌、一个产品、一次消费而"聚集"在一起，这些聚集在一起的消费群体可能具有某些共同特征，这些共同特征通过大数据分析绘制就形成了形象化的"用户画像"。例如，中信出版集团联合北京百分点科技集团对《未来简史》的读者进行了用户画像。他们通过对《未来简史》的关注者进行大数据分析发现，《未来简史》的受众是"年富力强、好学上进、追求品质的人群"，其中有59.2%是男性，40.8%是女性；41%是25～34岁的人群，26.4%是18～24岁的人群；关注者在地域上主要分布在北上广（36.3%）；他们之中有较大比例的人关注互联网（23.7%）、计算机软件（14.4%）和电子游戏（6%）。

互联网的发展促使企业经营进入信息化、大数据时代，企业通过大数据可以获得消费者丰富的个人消费信息。因此，企业正在利用大数据进行精准化、个性化营销，但是精准化、个性化营销并非针对个体，而是针对"群体"的，或者说是针对具有"群体"特征的个体的。用户画像是从真实的用户行为中提炼出来一些特征属性并形成用户模型，它代表了不同的用户类型及其所具有的相似的态度和行为。相似的群体不仅仅局限在对某一品牌或购物方式的具体行为的偏好，也可能包括价值观、生活方式等宏观偏好，因此这样的"用户画像"会更多地体现出群体属性。

用户画像旨在推测一组能够很好地描述用户消费习惯（或特定偏好）的用户属性，这些属性可以是个人的社会信息属性（比如性别、年龄、收入、职业等），也可以是行为属性（比如搜索引擎日志、用户反馈数据）。用户画像是勾画目标客户的有效手段，能够帮助企业对客户信息进行全面的分析，结合顾客多方面的信息，提炼出顾客特征的"原型"（标签）。企业可以利用这样的标签对用户进行细分，据此为目标顾客提供个性化的产品、服务和沟通策略。在传统媒介形态下，企业进行的是大众传播。画像技术的使用使得企业可以区分出具有不同特征的人群，通过标签化，对具有不同标签的个体推送相应的产品信息。研究者基于社会认同理论对微博用户进行了画像研究，认为个体在使用微博的过程中做出的行为、态度与他所属群体身份（比如社会背景信息）紧密相关，进而对收集的微博用户及其微博内容进行了画像分析，如表 7-7 所示。

表 7-7 微博用户群体的简要画像

	群体 1	群体 2	群体 3	群体 4	群体 5
年龄	25～29 岁	18 岁及以下	35 岁以上	35 岁以上	18 岁及以下
性别	女性	女性	男性	男性	女性
粉丝数	2 460 人以上	约 400 人或更少	1 000 人以上	430 人以下	超过 2 000 人
微博数量	微博不多，博文约 400 条	微博约 400 条	微博超过 2 590 条	微博少于 400 条	微博超过 2 590 条
微博用户等级	一般在 30 级以上	30 级以上，在微博上比较活跃	10 级以下	使用时间不长，10 级以下	30 级以上

资料来源：林燕霞，谢湘生.基于社会认同理论的微博群体用户画像[J].情报理论与实践，2018（3）：142-148.

用户画像多用于市场细分，某个具体的画像群体代表着特定的细分市场，因此用户画像可以帮助企业更好地了解消费者的需求、动机及正确的营销沟通渠道和沟通方式。用户画像在营销领域更多地使用"消费者画像"表述，即在已知的事实和数据的基础上，通过数据模型整理出每一个消费者对应的相对完整的档案。消费者画像是关于用户信息各种标签的集合，是关于该消费者不同类型的行为、数据所呈现的总体特征的集合。一个典型的消费者画像往往包括以下几个维度的内容。

（1）人口统计学特征：年龄、性别、收入、受教育程度等。
（2）生活方式特征：休闲偏好、美食偏好、教育选择、设备使用、购买力等。
（3）线上行为选择：网站浏览行为、邮件使用、搜索行为等。
（4）线下行为特征：出行规律、差旅习惯、购物场所等。
（5）社交行为特征：社交人群、社交软件使用等。

基于大数据的分析和学习，AI 广泛应用在用户细分、个性化推荐、购买预测中。首先，通过分析客户数据（比如购买历史、浏览记录等），AI 可以帮助营销人员更精确地细分目标市场，进行个性化推荐。利用 AI 算法，企业可以为每位客户提供个性化的产品推荐、内容和广告。亚马逊使用了一种名为"基于项目的协同过滤"（item-based collaborative filtering）算法来为其用户提供个性化的产品推荐。该算法于 1998 年推出，并在 2003 年进行了详细的描述。它通过分析客户的浏览和购买历史，在数亿个商品中选出可能会被喜欢的少量商品，为用户提供定制化的购物体验。这种方法简单、可扩展，能快速更新推荐结果，并以易于理解的方式解释推荐内容。此外，Netflix 的推荐系统致力于最大化用户观看时间，个性化所有可个性化的内容。他们采用了多种算法，比如个性化视频排名（personalized video ranking, PVR）、Top-N 视频排名器、趋势排名器（trending now ranker）、视频相似性排名器（video-video similarity ranker）等，提高用户留存率并降低获得新用户的成本。据估计，Netflix 80% 的观看时间是通过推荐系统实现的，每年为 Netflix 节省超过 10 亿美元的成本。

其次，AI 可以分析历史销售数据和市场趋势，预测未来的销售情况。通过分析客户行为和交易数据，AI可以帮助预测哪些客户可能流失，并提供干预措施。星巴克利用大数据和人工智能在多个方面改善客户体验和业务决策。星巴克的移动应用和奖励计划收集了大量关于客户购买习惯的数据，比如购买时间、喜好的口味等。基于这些数据，星巴克能够提供个性化体验，比如通过POS系统识别客户并向咖啡师提供客户偏好，或通过移动应用建议客户尝试新产品。此外，星巴克还利用数据进行目标化营销，提供个性化优惠和折扣，甚至在新店选址时也借助数据智能分析潜在的位置和预测新店对周边店铺的影响。星巴克还使用数据来决定其店铺产品线，并根据流行趋势和季节性因素调整菜单。

最后，AI工具可以分析社交媒体上的趋势，了解目标受众的需求和反馈，帮助品牌及时调整营销策略。可口可乐公司使用社交媒体分析监控品牌提及、情感和公众感知。这些分析帮助获得客户反馈、识别新趋势并及时解决问题或疑虑。可口可乐公司利用社交媒体分析进行受众细分、评估其社交媒体活动的表现、识别影响力营销者、实时参与社交媒体对话、优化内容策略、识别趋势，从而保持其内容和活动与当前趋势保持一致。

7.5.2 DSP 广告

2015年5—12月，唯品会依托易博DSP（demand-side platform，需求方平台）进行了一场广告投放活动，这次广告投放期望达到"精准投放"：找到精准目标用户以及潜在受众。广告投放前确定了目标受众的属性特征，包括基本属性（18～40岁、本科及以上学历、中高收入人群）、地域属性（北上广网购用户）和兴趣属性（有品牌意识、对生活充满热爱，喜欢团购、社交、美容健身等）。根据亿玛DMP人群数据库，易博DSP不仅能够识别、接触到具有上述特征的消费群体，而且当具有类似特征的消费者在互联网媒介（淘宝、百度、新浪等）中出现时，企业便会在他们浏览的网页界面即时投放唯品会的广告。此外，它还可以根据受众接触广告后的反应，进一步跟踪受众。此次精准广告投放实现的投资收益率（ROI）超过行业平均水平的两倍。

在互联网云平台和大数据挖掘蓬勃发展的背景下，企业可以更容易地识别消费者的特征，进而形成用户画像。基于用户画像，营销实践者希望通过互联网更及时、更精准地投放广告，提升广告效果，而需求方平台广告则恰好能够实现营销实践者的上述期望。DSP是指通过单一界面平台实现广告主在网络环境中管理多种广告交换账户和数据交换账户的系统，该平台主要基于大数据分析处理用户在互联网上的访问浏览情况，建立与数据管理平台的联结，然后通过实时竞价（RTB）的程序化广告拍卖模式，实现广告主按照目标客户的特征匹配受众和购买广告位的诉求。DSP广告除了可以实现广告的精准投放，还可以对受众与广告的互动进行监控。DSP广告的主要功能要素如图 7-3 所示。

简言之，DSP广告通过整合分析受众的网络行为分析人群的不同属性特征，最后通过实时竞价的广告拍卖模式将广告位呈现给匹配的广告主。对受众行为的数据分析可以是基于搜索引擎、网页、社交媒体等点击记录的。消费者偶尔也会注意到一些简单的DSP广告，比如消费者使用搜索引擎时检索了计算机（可能该消费者并不想购买计算机），接下来在他浏览的其他网页中会出现某些品牌的计算机的广告。这是因为

DSP 平台根据消费者的搜索引擎记录分析识别出该消费者可能要购买计算机，DSP 平台将该目标顾客的信息发送给广告主（某些计算机品牌），广告主决定是否购买该广告位以及向消费者推送何种广告。此外，由于互联网移动用户数量和使用频率越来越高，营销学者注意到应对消费者地理位置的移动轨迹进行数据分析，进而形成基于地理位置信息的 DSP 广告。研究发现，消费者距离店越近，优惠券的促销效果越强。实际应用中的 DSP 平台会对消费者进行更系统、更全面的研究分析，这种分析不仅局限于一个搜索记录或一个地理位置，它还会根据消费者以往的网络使用行为、购买历史，甚至会将消费者在不同网络平台的行为数据关联起来进行分析，形成对消费者更系统、更全面的认识，从而识别出消费者共有的群体性特征。

网络行为数据汇总与分析	受众购买	程序化购买
• 获取用户在多个网络平台的数据 • 对用户数据进行整理、分析 • 接入数据管理平台 • 对广告投放效果的监督、分析和画像	• 基于群体属性、地域属性、兴趣属性、行为属性和语义属性的消费者群体细分 • 从细分人群中找到广告主的目标受众 • 支持受众购买	• 通过 RTB、PPB（程序化优选购买）方式 • 接入多个广告交易平台 • 优化管理不同媒介的资源

图 7-3　DSP 广告主要功能要素

7.5.3　基于社会阶层的市场细分

内部联结紧密的参照群体和社会阶层是联系在一起的，也就是说消费者的"圈子"体现出了阶层化。不同社会阶层的群体会选择不同的"圈子"，而"圈子"反映的是具有共同价值观、生活方式的群体。企业的营销不是将品牌推向某个"圈子"，而是"圈子"选择了该品牌。因此，企业的营销应当设计满足特定"圈子"的品牌形象，而这样的"圈子"会在社会阶层的相关变量上表现出来。企业可以依据社会阶层进行市场细分（见图 7-4）。首先，企业识别出社会阶层及其品牌偏好、购买动机和品牌符号意义之间的联结；其次，确定特定社会阶层作为目标市场，并进一步分析该目标市场实际的生活方式、期望的生活方式、媒介使用和购物模式；再次，根据目标消费者的生活方式和品牌价值偏好选择品牌定位；最后，结合目标消费者的社会阶层信息、媒体使用信息等制定价格、产品、渠道和促销策略。

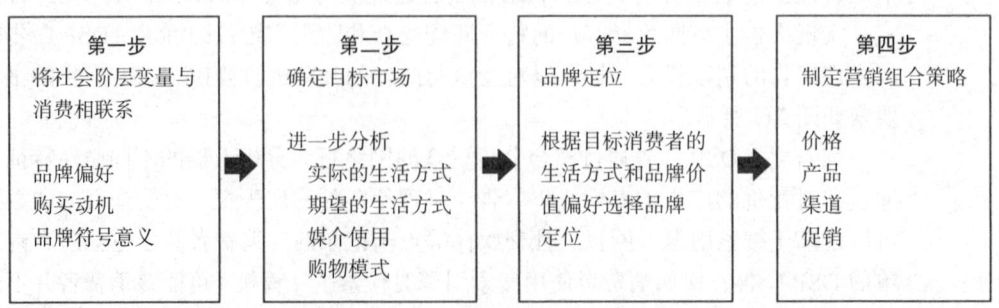

图 7-4　基于社会阶层的市场细分步骤

本章小结

消费者既有个性化的一面，也具有群体的属性。同一个消费决策既会表现出群体特征，也会反映出消费者的个性特征。例如，品牌的选择往往与群体属性联结，而产品的款式、颜色等属性则与自我个性联结。

参照群体对个体的影响表现在信息影响、功能影响和价值表达影响三个方面，个性特征、群体因素、产品因素会调节参照群体的影响作用。亲密群体、购物伙伴、消费者部落和品牌社群是影响消费者的典型参照群体。

社会阶层、世代群体是拥有共同社会属性的群体，共同的社会属性塑造了他们相似的价值规范、生活方式和消费方式，同一社会阶层、世代群体的消费者会在品牌偏好和媒介接触等消费行为上具有相似性。

互联网大数据有助于企业实现用户画像，进而对消费者进行聚类细分，建立社会属性特征和品牌偏好等消费特征之间的联结，实现精准营销。

中国故事

霸蛮科技：社会标签和价值标签的群体

2014年初，北大法学硕士张天一与好友一起走上创业之路。作为湖南常德人，他发现偌大的北京城很难吃到一碗正宗的湖南牛肉粉。对于在北京的几十万湖南人来说，这也代表着日思夜想的家乡味道。于是张天一决定开一家正宗的湖南米粉店，"霸蛮"由此诞生（原用名"伏牛堂"，2018年4月更名为"霸蛮"，湖南方言，意思为"死磕不服输"）。

凭借爆品和互联网创新策略，霸蛮科技（以下简称"霸蛮"）受到消费者的喜爱和投资者的青睐（见表7-8）。同时，霸蛮也不断提升运营能力，延伸外卖、鲜食和零售业务，实现多元化的收入来源矩阵。

表7-8 霸蛮（伏牛堂）融资情况

时间	轮次	金额	投资方
2014年5月	种子	100万元	险峰长青
2014年8月	天使	100万元	IDG/真格基金
2015年7月	A	1 000万元	分享投资/青骢资本/鼎天投资
2015年12月	A+	1 700万元	分享投资领投，丰厚资本等跟投
2018年4月	B	数千万元	森马投资领投，分享投资等跟投

为了保持"正宗"的定位，张天一和朋友特意回到家乡拜师学艺。得到正宗的湖南牛肉粉配方后，他们将行业秘方标准化，从而保证每碗牛肉粉的品质。紧接着，霸蛮的第一家门店在北京环球金融中心负一层开业，之后的门店也都选在成本和自然流量较低的非黄金地段。

那么张天一是如何另辟蹊径，让米粉变身网红的呢？

这离不开利用网络平台做社群运营这一法宝。在霸蛮的起步期，张天一在微博上找到约2 000个有一定影响力的在京湖南人，先通过私信与他们聊天，熟络后将这些人转移到微信群中。随后，张天一将自己的创业经历和想法写成文章，发在微信群中，吸引各行各业的社群成员关注和转发，让霸蛮正宗湖南牛肉粉的知名度在北京湖南人圈子中迅速提升，从而带动了门店的客流量和销量。此外，张天一也利用高校湖南老乡会接触到北京70多所高校的湖南学生，以"大学生凭身份证件到店消费可以打折"这一策略又积累了一批前期顾客。

在社群流量的作用下,"硕士粉""学霸粉"等称号在网络上传播,甚至被央视、BBC等大媒体报道,霸蛮成了新网红餐饮的代表,也成为顾客的热门打卡点,口碑效应如滚雪球般越滚越大。通过在众多高校的演讲,霸蛮的知名度和社群成员进一步扩大。

在不断壮大社群规模的同时,霸蛮也注重社群成员的体验,用心经营众多微信群。除了线上聊天,霸蛮还有聚会、观影等多样的线下活动,进一步提升了社群活跃度,增加了顾客的黏性,提高了忠诚度。2016年霸蛮的社群规模已经达到上百万人,其中18~30岁的年轻顾客占比达75%。针对年轻顾客群体,霸蛮推出霸蛮版"深夜食堂""最辣牛肉粉挑战"等有创意的社群营销活动,吸引顾客主动参与和互动,促进顾客的情感认同。凭借逐步建立起来的品牌形象,霸蛮也获得了一定的品牌溢价。

而在2017年后,微信红利逐渐消退,许多社群陷入"僵死"的状态,霸蛮决定逐渐清理社群顾客,只留下复购频次高的核心顾客,与之产生更多的深入交流。而这些核心顾客主动帮霸蛮宣传,也为霸蛮提供了更有价值的信息,比如产品开发和迭代的建议与反馈等。

然而,随着门店数量的增加,张天一发现社群和"网红"的热度是有边界的,单纯靠粉丝主动上门探店是走不长久的,于是霸蛮开始了"餐饮零售化"的跨界创新。

霸蛮做的第一步便是打破门店的边界。从2015年开始,霸蛮尝试突破传统餐饮门店的时空限制,开启外带和外卖服务,解决顾客时间不足、距离较远而无法吃到霸蛮牛肉粉的痛点,很大程度地提高了复购率。在社群顾客的基础上,霸蛮也很快做到了北京粉面类外卖单量第一。

第二步则是打破餐饮的边界。2016年,霸蛮进军食品领域,先后推出生鲜食品和预包装食品,将产品的时空边界一步一步扩大到了年和全国。而消费者能够接受霸蛮推出的创新食品,离不开霸蛮那群最有价值的社群顾客。首先,可储放的量产型食品就是根据社群顾客想要随时随地想吃就能吃到霸蛮牛肉粉的这一需求产生的;其次,社群顾客构成霸蛮预包装食品起步阶段的消费群体和支持者,霸蛮也将社群流量引导到天猫旗舰店,很快实现销售额从0到100万元的增长,关注度也不断增加。

自此,霸蛮堂食、外卖、零售的多业务形态互相协同,立体作战,线上线下流量互相转化,相互促进,实现快速增长。未来,霸蛮将在核心社群顾客参与的基础上,进一步结合线上大数据,进行更精准的一系列营销动作。

"顾客是somebody,而非nobody",如今麦克风掌握在每个人手中,与顾客之间维持良好的关系至关重要。社群运营给霸蛮带来大量低成本的流量和可观的收入,同时霸蛮也需要关注社群的发展趋势和顾客的使用习惯,及时调整社群运营策略,让社群与其他营销策略互相配合,发挥最大的价值。

资料来源:1. 孙园. 互联网餐饮"大败局"[EB/OL].(2019-03-16)[2024-04-02].https://www.iyiou.com/p/94928.html.

2. 宓子惠. 霸蛮创始人张大一:一湖南粉,峻山仪式感[EB/OL].(2019-01-03)[2024-04-02].https://t.qianzhan.com/daka/detail/190103-5436de74.html.

3. 张天一. 我为什么硕士毕业了卖米粉[EB/OL].(2014-04-09)[2024-04-02].http://www.funiutang.net/dw.asp.

4. 亿欧. 霸蛮(伏牛堂)创始人张天一:卖出1 000万份牛肉粉后的消费思考[EB/OL].(2018-04-19)[2024-04-02].https://www.sohu.com/a/228823309_115035.

5. 中欧国际工商学院,霸蛮科技(A):打破餐饮的边界,2020.

五菱宏光MINIEV:中国汽车新物种

提及"年轻人的时尚社交装备""大人们的玩具"时,人们很难将它们与一款汽车联系起来,然而它们正是上海通用五菱汽车股份有限公司(以下简称"五菱")对其电动汽车五菱宏光MINIEV(以下简称"宏光MINI")的特征描述,而这也是宏光MINI潮(流)创(造)文化的体现。

2020年8月，宏光MINI正式上市后的第二个月就超过特斯拉，荣登我国新能源汽车市场销量榜首。直到2021年4月，它持续蝉联国内销量冠军，甚至在2021年1月和4月都获得全球电动车销量冠军。

成立于2002年的五菱总部位于广西柳州。在总经理沈阳的领导下，2006年五菱推出五菱之光，当年产销均突破30万辆，是当时年销售量最大的单一车型，五菱也因此成为我国的"微车之王"。此后，五菱又成就了被誉为"神车"的五菱宏光，并在2010年发布了乘用车品牌宝骏。依靠这两个品牌，五菱在2015年实现了200万辆的销量。然而，随着消费者需求和市场的变化以及国家政策的出台，五菱和宝骏品牌没能持续往日荣光，五菱的销量陡降，陷入困境。

2018年后，在政府补贴政策、消费者真实需求增加和"双积分"政策等多重因素影响下，汽油车的销量增速逐年下降，新能源车成为汽车企业新的增长点，新能源车也成了五菱逆境中的希望。而宏光MINI就是承载这个希望的新物种，这个新物种被沈阳定位成主流产品的补充者，即用于短途出行代步，并且希望能够达成"打穿、打爆市场，形成规模销量"的效果。而从一系列销售数据来看，宏光MINI确实实现了这一目标，还打造了汽车市场的潮创之风。

那么，宏光MINI为何能够成功呢？它的成功与定位下沉市场这一群体有密切关系。定位下沉阶层，却不诉求便宜优惠的外显信息，而是表达下沉阶层的内在需求——追求个性时尚。

五菱致力于将宏光MINI打造成潮创玩具。低研发成本使得宏光MINI在当时的小微型电动汽车市场具有极强的价格优势。在宏光MINI上市前，恰逢五菱宏光推出10周年，于是五菱选择让宏光MINI借势五菱"神车"出场。产品海报推出后，吸引了20多个30岁左右的年轻意向购买者，而这一现象也让五菱确定了宏光MINI的品牌调性：面向年轻群体的没有阶级感的品牌车。这也正符合我国购车用户年轻化的市场趋势。在与用户接触的所有媒介触点上，宏光MINI都力求美感和品质感，杜绝低档痕迹。媒体选择年轻人聚集的小红书、知乎、豆瓣、微博、抖音和B站，采用关键意见领袖（KOL）/关键意见消费者（KOC）种草、内容营销等年轻人喜欢的营销方式，引爆市场。除了宏光MINI的销量话题，用户对宏光MINI的装饰和改装成为另一个引爆点。"熊猫""喜茶"等改装款在网络上引发新一轮的社交媒体传播，宏光MINI的百度指数持续破万。这都是个性时尚的体现。基于网络上对车辆改装和装饰的持续热度和五菱收集到的用户调研数据，五菱决定顺势推动改装，将改装变成用户购车的理由，并且营造一个改装不断、互动不断、充满黏性的车主社群。

2020年8月，五菱在上海举办"宏光MINI DAY——大人们的小乐园"潮流派对，倡导用户不改装不上路；2020年12月，五菱又发起面向用户的潮创改装车大赛；2021年3月，首届潮创大会在上海举办，100辆改装后的宏光MINI出现在现场，将宏光MINI的潮创文化展现得淋漓尽致。大会也收获了当天社交媒体超过两亿次的传播量，其中大部分为车主自发贡献。为了用户获得更好的改装体验，五菱也决定打造一个改装平台，规范宏光MINI的改装生态。

宏光MINI改装车正成为年轻人的社交名片，让他们形成一个个社交圈子，宏光MINI的潮创文化也在其中流行。

资料来源：1.前瞻研究院.2020年中国汽车行业市场竞争格局分析，市场集中度不断上升［EB/OL］.（2021-01-08）[2024-04-02].https://bg.qianzhan.com/trends/detail/506/210118-ce8a9a92.html.

2.产业世界.2014—2020年中国新能源汽车产销情况［EB/OL］.（2021-03-16）[2024-04-02]. http://www.inwwin.com.cn/1190/view-774137-1.html.

3.前瞻网.2020中国新能源汽车市场发展现状和竞争格局分析［EB/OL］.（2020-04-23）[2024-04-02]. https://www.qianzhan.com/analyst/detail/220/210209-32f76370.html.

4. 东方财富网. A00级纯电市场持续萎缩为何新品依旧"扎堆"［EB/OL］.（2020-04-23）[2024-04-02]. http://finance.eastmoney.com/a/202004231464064094.html.

5. 新浪汽车. 一季度新能源乘用车终端销售数据发布，纯电动车卖哪去了［EB/OL］.（2021-05-15）[2024-04-02]. https://auto.sina.com.cn/news/hy/2021-05-15/detail-ikmyaawc5482547.shtml.

6. 汽车科技. 懂车帝发布"后浪世代"：90后汽车用户洞察报告，颜值和口碑成选车新焦点［EB/OL］.（2020-11-04）[2024-04-02]. https://www.pconline.com.cn/autotech/1382/13822948.html.

7. 199IT.2021中国新生代人群汽车兴趣洞察报告［EB/OL］.（2021-04-20）[2021-06-25]. http://www.199it.com/archives/1237941.html.

8. 第一电动. 中国新能源车市场消费者画像分析：男女比例各占多少［EB/OL］.（2019-01-08）[2024-04-02]. https://www.dlev.com/kol/85610.

9. 新浪网. 揭秘汽车完整的四年研发周期［EB/OL］.（2017-05-03）[2021-06-25]. http://auto.sina.com.cn/zz/sh/2017-05-03/detail-itfyexxhw2122147.shtml.

10. 汽车头条. 千亿规模大市场，人民需要"老头乐"［EB/OL］.（2021-05-19）[2024-04-02]. https://www.qctt.cn/news/1002813.

11. 搜狐. 真实的五菱宏光MiniEV为啥知道这些缺点还那么多人买［EB/OL］.（2021-04-10）[2024-04-02]. https://www.sohu.com/a/459904857_151980.

直播购物中的"人货场"

随着科技的进步和互联网直播行业的不断发展，2019年电商直播兴起，并且在短短的一年间打造出千亿级的消费市场。直播营销不仅催生了许多直播带货王——一场直播千万人观看、取得上亿成交额的成绩，也吸引了众多名人明星、企业家等各界人士加入直播带货行列。例如，罗永浩首场直播带货累计观看人数超4 800万人，销售额超过1.7亿元。

直播带货为购物实现了"人货场"的情景整合。直播平台本质上是一个虚拟社区，由很多的虚拟社群构成，消费者根据不同需求和兴趣聚集在不同的直播间中，即构建了"社交场"。社交场相当于建立了一个虚拟社群，直播购物并不只是单纯购物，互动交流等体验也满足了消费者社交联结的需求，通过不断参与在线讨论的方式感知对方存在，产生情感反应，逐步构建社会关系。每个直播间都是一个社群，不同品类的直播间聚集了不同的用户。直播社群营销中的每一个成员都拥有发言权，但主播是这个群体的中心，用户根据主播既定的产品上架、秒杀活动等流程规则参加活动或购买产品，主播是社群中心却是弱中心化的。

消费者为观看同一主播聚集于直播间这一虚拟社群中。进入同一直播间后，群体成员的注意力迅速集中到与主播的互动中，双方通过视频直播的方式进行内容引导，形成了很强的社会互动关系链接，进而产生"群体团结"。直播间天然的界限形成了一张分隔局外人的屏障，直播间内的用户还能获得专属于直播间的独特身份标识。这种身份的认同感提高了互动中的参与感，实现群体分享共同的情绪和体验。这张基于社会关系情感的联结而编制的互动仪式链网将直播间的主播与在场者连在一起，塑造情感能量，缩短了情景中的购物决策过程，尤其是直播购物这种有限理性的短期决策。此外，在直播购物过程中，他人购物会对其他消费者产生"社会助长"影响。因此，直播购物是一个天然的"群体"购物场景。

资料来源：陈瑞，张晏宁，吴胜涛. 直播营销模式的深层逻辑：社交场和营销场及其协同作用［J］. 清华管理评论，2020(12):44-52.

第 8 章 绿色消费行为

■ 本章要回答的主要问题有:

1. 为什么要倡导绿色消费?
2. 什么是绿色消费?
3. 绿色消费者有哪些行为特征?
4. 绿色消费行为对消费者会产生怎样的影响?
5. 哪些因素会影响消费者的绿色消费行为?
6. 绿色消费态度和行为间的差异是如何产生的?

随着全球环境问题的不断加剧,"全球变暖""巴黎协定""ESG""循环经济"等词语越来越频繁地出现在人们眼前。2020 年 9 月 22 日,国家主席习近平在第七十五届联合国大会上宣布,中国将采取更加有力的政策和措施,二氧化碳排放:力争于 2030 年前达到峰值,努力争取 2060 年前实现碳中和。这彰显了我国对提高环保贡献力度、构建人类命运共同体的庄严承诺。将目光聚焦到消费领域,不难发现,绿色消费行为正日益受到人们的重视。一股"绿色旋风"呼啸而起,各大品牌纷纷加入其中:麦当劳持续开展绿色包装行动,率先使用外卖纸袋和无吸管杯盖,麦旋风塑料杯变身为纸杯,汉堡包装盒改为单层包装纸;三顿半长期启动"返航计划",从消费者手中将咖啡空壳回收后再进行利用,然后兑换给消费者咖啡盲盒和由咖啡渣制作而成的纪念品等"返航物资";阿里巴巴发布"88 碳账户",接入菜鸟、闲鱼、饿了么、天猫等平台的碳积分,消费者可凭积分兑换可持续生产的商品,形成多场景、覆盖超 10 亿人的消费者碳账户体系;模仿原生红树林的根系结构,沃尔沃与悉尼海洋科学研究所和珊瑚礁设计实验室用 50 块瓷砖合作设计了 Living Seawall,将它们沿着现有的海堤结构安装,可以实现改善水质、为海洋生物提供栖息地的目的。

无论是品牌对于绿色营销高涨的热情,还是企业对于自身绿色责任的自觉承担,归根到底还是因为当下消费者环保意识逐渐提高,愿意将环境效益纳入消费决策路径中。《2022 中国可持续消费报告》指出,近九成的受访者认为"低碳"与每个人息息相关;有 84.78% 的消费者在了解到产品可持续方面相关的负面信息时会放弃购买该产品；超过 50% 的消费者愿意接受全品类低碳产品 5% 以上的溢价。无疑，绿色消费时代已经悄然到来。

8.1 为什么倡导绿色消费

8.1.1 什么是绿色消费

全球市场调研公司欧睿国际每年年初发布《全球十大消费者趋势》报告，对当年的消费趋势进行预测，探索消费者行为的变迁及他们对全球商业带来的影响。从 2021 年呼吁"重建更美好的家园"，以可持续的方式重塑世界，到 2022 年"追求环保"，践行绿色行动和低碳生活方式，再到 2023 年"生态经济崛起"，企业努力把节约成本与绿色商业相结合。绿色消费早已在不知不觉中融入我们的生活，并对社会与经济发展产生重要影响。

《绿色消费者指南》一书将绿色消费定义为避免使用下列商品的消费：危害到消费者和他人健康的商品；在生产、使用和丢弃时，造成大量资源消耗的商品；因过度包装超过产品价值或过短的生命期而造成不必要浪费的商品；使用出自稀有动物或自然资源的商品；含有对动物残酷或不必要剥夺而产生的商品；对其他国家，尤其是发展中国家有不利影响的商品。

1994 年联合国环境规划署在内罗毕会议上发表《可持续消费的政策因素》报告，提出可持续消费是"提供服务及相关产品以满足人类的基本需求，提高生活质量，同时使自然资源和有毒材料的使用量最少，使服务或产品的生命周期中所产生的废物和污染物最少，从而不危及后代的需求"。

当前国际上普遍认可的还有绿色消费"5R"原则，即节约资源、减少污染（reduce）；绿色生活、环保选购（revaluate）；重复使用、多次利用（reuse）；分类回收、循环再生（recycle）；保护自然、万物共存（rescue）。

绿色消费是一个比较复杂、宽泛的概念，目前学术界对此也没有统一的定义。但是总体来说，绿色消费是一种以适度节制消费、避免或减少对环境的破坏、崇尚自然和保护生态等为特征的新型消费行为和过程，包括具有环保特征的绿色产品和服务的购买、使用和处置，比如购买绿色食品、使用绿色家电、避免"舌尖上的浪费"、进行垃圾分类、共享单车出行以及回收利用废旧产品。

购买。购买是一种典型的消费行为，过去关于绿色消费的研究也主要关注消费者的实际购买或购买意图。同时，购买方式会对环境产生影响，比如在线电子支付大大减少了纸张的使用。经计算，在生活消费、线上购票和在线医疗等三类微信支付应用场景下，通过减少纸张使用，成功减少碳排放总量达到 5.55 万吨。相较于传统的光盘刻录音乐，在线音乐下载可以减少对塑料、纸张和其他原材料的需求，降低资源消耗，从而减少整个音乐产业的碳足迹。

使用。棉布袋和纸袋不一定比塑料袋更环保，这听上去好像匪夷所思，却是 2008 年英国环境局（UKEA）发布的研究结果。虽然塑料袋不易降解，但是制造和运输塑料袋过程中所需的资源、碳排放量、废弃物产生量和副产物量都远低于棉布袋或纸袋。就单次使用而言，传统塑料袋对环境的影响最小，每只的碳消耗略低于 2 千克；而要达到相同的水平，纸袋需要被使用 7 次，而棉布袋需要 327 次。相信你从中便能看出使用次数和持续时间在绿色消费行为中的重要意义。作为消费者，如果我们在日常生活中能够增加产品使用次数、延长产品使用寿命，那么就可以显著地减少对环境造成的负面影响。

此外，使用方式也很重要。研究发现，耗能电器等许多产品在使用过程中对环境造成的影响，比如能源消耗、废物产生、污染排放等，远远超过了它们在制造过程中使用的材料和生产工艺所带来的环境影响。所谓的"低能耗建筑"是否能够真正实现环境效益，取决于居住者是否积极地与建筑的能源管理系统进行交互。只有居住者做到有效利用起建筑内部的节能设备、合理设置室内温度、合理利用自然光、及时修复设备故障等，建筑的能源利用效率才会更高。我们再熟悉不过的汽车也是如此，如果在购买了一辆汽车之后频繁高速驾驶、未定期维护设备、电气系统长时间待机，就会增加汽车的能源消耗、废气排放，对环境造成更大的负担。相反，如果能养成节能驾驶、定期保养、设置环保温度等使用习惯，就能减少汽车使用过程中对环境产生的危害。

处置。每到年末，"断舍离"这股风总会悄然过境，仿佛已经成为当代年轻人迎接新年的仪式感之一。整理物品、处理废物、腾出空间，这反映了人们在精神层面上对简单、轻松的生活状态的追求。然而，一个具体的问题又摆在人们眼前：这些不需要的物品要怎么处置？丢弃、捐赠、送人、卖掉、回收……哪怕是丧失使用价值的"无用之物"，消费者可选择的处置方式也是多种多样的。而生产者责任延伸制度（EPR）的出现使得生产者对其产品承担的资源环境责任从生产环节延伸到产品设计、流通消费、回收利用、废物处置等全生命周期。2022 年 7 月，海尔推出家电行业数字化回收平台，用户打开手机便可以在该平台上提出家电回收或换新需求，系统自动预估回收价格后由专门服务人员进行上门拉旧送新，并且全流程可查，确保旧家电的拆解材料得到有效利用。

8.1.2 人类发展现状亟须绿色消费

"庭院里听不到鸟鸣，花丛中没有了蜜蜂，小溪里也看不到鱼儿，这样寂静的春天是多么可怕啊！"1962 年，美国海洋生物学家卡逊所著的《寂静的春天》一书出版，书中以大量事实和生动的笔调就环境问题的严重性向全世界拉响了警钟。它激发了人们对"控制自然""征服大自然"等傲慢态度的反思，加深了公众对环境污染和生态平衡问题的认识，进一步推动了环保运动的发生和相关法律政策的制定。正是严峻的现状直接推动人们采取绿色消费等一系列行为，共同拯救濒临崩溃的地球家园。

1. 环境恶化

工业革命以巨大的技术进步为人类带来了现代化的生产方式和蓬勃发展的经济，但也给目前人类唯一的家园地球带来了史无前例的生态破坏和环境污染问题。随着工业化的深入推进，不计其数的煤矿被运进工厂，一片又一片森林被砍伐，浓浓的黑烟在城市上空久久萦绕……20 世纪 30—60 年代，大规模的环境公害频繁产生，成千上万的人在短期内因环境污染生病或死亡。其中，最骇人听闻的八起事件被称为"世界八大公害事件"①，分别是比利时马斯河谷烟雾事件、洛杉矶光化学烟雾事件、美国宾夕法尼亚州多诺拉烟雾事件、伦敦烟雾事件，以及日本发生的"四大公害事件"——水俣病事件、四日市哮喘事件、米糠油事件和富山骨痛病事件。

20世纪80年代以来，随着全球经济的快速发展，人类对自然资源和能源的需求不断增加，同时也向自然界排放了越来越多的废弃物。区域性的环境污染和生态破坏日渐发展成为温室效应、臭氧层破坏、酸雨、物种灭绝、土地沙漠化、森林面积锐减等一系列波及世界各国的大范围、全球性危机。环境问题从简单问题（可分类、可定量、易解决、低风险、近期可见性）发展到复杂问题（不可分类、不可量化、不易解决、高风险、长期性），影响到整个地球的生态平衡，也对全人类的生存和发展构成了严重的威胁。数据显示，自1990年以来，世界森林面积减少了1.78亿公顷②，约等于利比亚的国土面积。世界自然保护联盟2023年11月更新的濒危物种红色名录指出，有44 016个物种正面临灭绝威胁，共占所有评估物种的28%，并且物种的灭绝速度已经"至少比过去一千万年的平均值高出数千倍"。截至2020年，地球表面的平均温度比19世纪末升高了1.1℃，是过去十万年来的最高水平，2011—2020年是有记录以来最温暖的十年。联合国秘书长古特雷斯如此警告各国："如果不加以控制，到21世纪末，地球气温将上升2.8℃，届时将是'世界的死刑'，热浪滚滚，冰川融化，洪水肆虐，山火失控，飓风呼啸……"

2. 过度消费

"人从出现在地球舞台上的那一刻起，每天都要消费"，从原始社会中的采集狩猎、农业社会的农耕纺织，到工业社会的大规模机器生产。人类每天都需要从自然环境中获取原材料以满足自身生存发展的需要。早在1970年，梅托斯便提出"人口膨胀－自然资源耗竭－环境污染"的模型，认为人口激增必然导致土地不能复垦、自然资源严重枯竭和环境严重污染三种致命的危机同时发生。如今，地球人口进入80亿时代，对地球的资源供应和生态系统提出了更大的挑战。根据非政府组织"全球足迹网络"和世界自然基金会的说法，人类需要相当于1.75个地球的生物承载力才可持续满足当前人口的需求。

同时，除了客观的数字，人类对于地球的影响更多地体现在主观的行为方面。工业革命后，在面对经济增长与环境保护的两难问题时，受狭隘功利主义和实用主义支配的消费主义价值观选择前者而抛弃后者，"奢侈型"的过度消费行为成为造成资源危机和环境恶化的深层原因。数据显示，高收入国家的人均碳足迹是低收入国家的10倍；每年，全球食品产品中预计有1/3，相当于13亿吨、价值1万亿美元的食物，最终会在消费者和零售商的垃圾箱里腐烂，或者由于收获和运输不及时而变质。联合国粮食及农业组织发布的2022年《世界渔业和水产养殖状况》报告指出，全球鱼类和其他水产品的需求不断增长，预计到2030年消费量将达到人均21.4千克，并依然保持高增长态势，全球海洋渔业资源的可持续性仍然令人深感担忧。绿色和平组织（Greenpeace）2016年发布的《时尚产业及纺织废弃物研究》报告显示，2000—2014年全球服装生产量翻了一倍，人均衣物消费增长了60%，淘汰服装的速度也快

---

① 朱洪法. 环境保护辞典 [M]. 北京：金盾出版社，2009.

② 1公顷=10 000平方米。

了一倍。过度消费引发过度生产，消耗过量资源，产生大量废弃物，加剧环境污染和破坏，给地球生态系统造成了巨大的压力。

1990年2月14日，旅行者1号太空飞船在宇宙里给地球拍摄了一张著名的照片《暗淡蓝点》。64亿公里之外，在太阳系漆黑的背景中，地球只是一个毫不起眼的"暗淡蓝点"，却是人类仅有的一切。美国著名天文学家卡尔·萨根博士因此得到灵感，写下 Pale Blue Dot 一书，书中讲道："我们的妄自尊大，我们在宇宙中拥有某种特权的错觉，都受到这个苍白光点的挑战。在庞大的包容一切的暗黑宇宙中，我们的行星是一个孤独的斑点。由于我们的低微地位和广阔无垠的空间，没有任何暗示从别的什么地方会有救星来拯救我们脱离自己的处境……我们有责任更友好地相处，并且要保护和珍惜这个淡蓝色的光点——这是我们迄今所知的唯一家园。"正是为了保护我们赖以生存的地球，为了我们的子孙后代可以继续在这个美丽的蓝色星球上安居乐业，我们迫切需要意识到自己对于环境保护所肩负的责任。每一个人的选择和行为，都将直接关系到地球的健康和人类的未来。

8.1.3 人类发展伦理呼吁绿色消费

1. 自然观（资源观）

地震、海啸、森林火灾等让大家意识到人类在自然灾害面前的渺小。早在《易经》《老子》《孟子》《荀子》《齐民要术》等众多我国古代经书典籍中，"天人合一""道法自然"的生态思想便有所体现。正所谓"万物各得其和以生，各得其养以成"，自然界的运动变化有其客观规律，人类应按照与自然法则相适宜的方式行事，才能与自然界共生共荣。

人是自然的一部分，自然是人生存和发展的物质前提，人不能脱离自然而存在，人与自然是相互联系、相互依存、相互影响、相互制约的有机整体。人类不应以破坏自然为代价谋求自身进步，和谐发展才是人与自然的共同利益所在。绿色消费正是人类重新认识人在自然界的位置，对原有不合理的消费和生活方式进行反思与调整后做出的选择。

2. 公平观

公平正义是深埋在人类心底的一种朴素的价值观，千百年来人类为了追求这样一种美好社会理想和愿望而不懈努力。生态价值观视野下的公平正义原则内涵丰富，既包括代内公平，即当代人在利用自然资源、承担环境保护责任等方面不因地区、民族、国家发展程度而存在区别，也包括代际公平，即当代人在满足自身发展需要时不能以牺牲后代人的利益为代价，要保证后代人也有机会实现他们的发展。同时，种际公平也包含其中，生命是神圣的，人类与其他物种共同生活在地球上，公平享有生存和发展的权利。绿色消费中蕴含的环境伦理有助于实现人与自然的真正公平。

3. 价值观

在工业文明基础上形成的传统价值观把人当作一种绝对的主体，把自然界仅仅看成是供人占有、使用和消费的对象，强调自然界的"消费性价值"，突出"可使用性"。在这种价值观的指导下，工业社会中人们对自然界采取了征服、掠夺和挥霍的野蛮态度，导致一系列生态危机和环境危机。而兴盛于20世纪六七十年代的生态伦理学的价值观则大不相同，该价值观提出：除了消费性价值，自然界还具有"生态价值"。这是一种"存在性价值"。例如，一棵长在河边的柳树既具有作为烧柴、木雕原料的价值，也具有涵养水分、保护堤岸、调节气候、净化空气等价值，如果我们把树砍掉，消灭了树的存在，这些生态价值就会随之消失。生态伦理学的价值观在一定程度上约束和规范了人们的生产生活活动，在实践上起到了促使人们保护自然、进行绿色消费的作用。

从权利观出发，自然存在物尤其是野生生物（包括动物、植物、微生物等）固有按生态规律生存和发展并受人尊重的自然权利，绿色消费是对自然权利的尊重与维护，有助于完美实现各方的权利；从发展观出发，绿色消费有助于转变发展方式，促进生态、社会、经济可持续协调发展；从幸福观出发，幸福既有物质上的满足，也有精神上的满足，是人与自然的统一，绿色消费有助于人类幸福的真正实现。

8.2 绿色消费的历史与现状

8.2.1 绿色消费的产生

积重难返的生态危机使人类不得不努力探索生存发展之道，人们开始思索"应该如何生活""如何与自然界和谐相处"。仅仅依赖科学技术的进步并不能解决日益严重的环境问题。20世纪60年代以来，人们开始意识到，要真正应对环境问题，需要从更广泛的角度出发，结合哲学、经济学、社会学、环境科学、生态科学等多个领域进行更有系统性的思考和探讨，绿色消费就是其中一个重要议题。

1. 绿色运动的发展

绿色运动，也称为生态运动，首先在欧美国家兴起，如今已扩展到世界范围。早在20世纪50年代，美国经济学家和社会学家博尔丁在其《组织革命》一书中就曾提出"生态革命"的主张。随着20世纪60年代末和70年代相继发生的经济危机、能源危机和环境严重污染，"生态意识""绿色理念"等主张开始在人们心目中广泛萌发。"只有一个地球"的呼声响彻云霄，呼吁社会各界一起投身保护生态平衡和人类命运的伟大斗争。其中，最有影响的是1970年4月22日美国哈佛大学法学院的一个刚满25岁的学生——丹尼斯·海斯在校园发起并组织的"地球日"活动。这一天，全美国共有2 000万人参加了这次活动。人们举行大规模游行、集会、演讲，高举着受污染的地球模型、巨幅画和图表，呼吁创造一个清洁、简单、和平的生活环境。美国国会当天被迫休会，大部分议员也去参加各项活动和集会。这次活动被誉为第二次世界大战以来美国规模最大的社会活动。再后来，4月22日被定名为"世界地球日"。20世纪80年代，绿色运动同世界范围内的民主、和平运动相互交织、相互影响，并持续发展、壮大，极大地凝聚了人们的共识，成为绿色消费观念茁壮成长的摇篮。

2. 绿色环保组织的推动

在绿色运动的推动下，许多以保护环境、维护生态平衡为目的的社会组织应运而生，比如"绿色和平组织""第三条道路行动""环境保护——绿色行动"等。尽管都是一些自发性组织，但由于口号深得人心，它们的发展速度很快，追随者逐年增多。例如，1972年联邦德国成立"环境保护——全国自发组织联合会"时就已经拥有1 000多个自发组织，一共约30万名成员；到1985年，绿色运动的追随者已超过150万。其他主要资本主义国家的绿色环保组织队伍也在不断壮大，甚至在这方面开展得较晚的日本，到1976年也有1 000多个组织投身反环境污染的斗争中。这些环保组织关注自然资源、生态环境等具体事件，也关注具体通过何种途径解决危机，公开提出了一系列以保护环境为宗旨的主张，绿色消费就是其中之一。

3. 绿党的崛起

20世纪70年代以来，一股"绿色政治"风潮在西欧、北美、大洋洲兴起，一些国家的绿色组织迈向政治舞台，参与竞选，开始为自己谋取议席，这也就是所谓的"绿党"之始。20世纪80年代以后，比利时、奥地利、意大利、英国、法国等欧洲主要资本主义国家相继建立了绿党。从1981年开始，西欧绿党开始陆续进入各国议会。1984年，绿党代表进入欧洲议会。1987年，国际绿党大会召开。绿党提出包括倡导绿色消费在内一系列具体的环保政策、法规和行动方案，将环保问题正式纳入政治议程，标志着对环境保护的关注从群众自发性运动上升到以政党政治为主体的国家行为。

绿色消费正是在绿色运动蓬勃发展、绿色环保组织以及绿党陆续崛起的背景下产生的，并随着时间的推移逐渐走进消费者的内心，赢得大众认同。

8.2.2 绿色消费的发展

1992年联合国环境与发展大会通过的《21世纪议程》指出，全球生态环境遭到破坏的主要原因是传统的工业文明非持续的消费与生产模式，呼吁人们要重视消费问题，反思以往的消费模式，探讨什么是健康而文明的消费行为；各国政府也应执行新的政策从而鼓励向适当的消费模式转变。国际消费者协会从1997年开始，连续开展了以"可持续发展和绿色消费"为主题的活动，通过举办研讨会、发布报告等方式向公众传达绿色消费的重要性，促使更多人选择绿色产品和服务。2001年，中国消费者协会将年度主题确定为"绿色消费"，倡导消费者在消费时选择未被污染或有助于健康的绿色产品；消费中注重对废弃物的收集与处置，尽量减少环境污染；在追求生活方便、舒适的同时，注重环境保护，节约资源和能源，实现可持续消费。

随着生态问题成为世界热议的焦点，具有可持续性质的绿色消费获得社会的普遍关注。包括我国在内的许多国家针对各国国情，采取各种政策措施推进消费的绿色转型，推动整个社会向更加环保和可持续的方向发展。其中比较广泛实施的政策有环保产品标准和认证、绿色采购、绿色金融、为购买绿色产品提供税收优惠等。大学、协会等社会文化组织也投入到可持续事业中：传播与可持续发展相关的知识和技能，将可持续性注入通识教育的核心要求，开展以可持续发展为主题的电影节、演讲比赛和其他活动，设立对环境友好的购买和捐赠标准……人们的环保意识进一步提高，越来越多的消费者意识到对于环境保护的责任，在消费前倾向于综合考虑自身收益与环境效益。统计显示，2021年约65%的全球消费者担心"气候变化"问题；约67%的全球消费者尝试通过自己的日常活动为环境带来积极影响；1/3的全球消费者在生活中积极主动减少个人碳排放。消费者对绿色产品和服务需求的增长提供了新的市场机会。同时，研究发现具有社会和环境责任感的企业更有可能在消费者心中形成更积极的印象并提高盈利能力。因此，各类企业灵活应变，将节能环保融入研发和生产，推出大量绿色产品和服务：节能家具、有机食品、绿色建筑、绿色化妆品……全球绿色产品的销售额逐年增长，绿色消费市场日益繁荣，特斯拉、维斯塔斯等企业推动行业绿色转型、世界可持续发展，用极致的产品和优异的业绩一次又一次给世人带来惊喜。

| 经典和前沿研究 8-1 |　　绿色助推的神奇魔力

你是否注意过，在点外卖时平台不再主动提供一次性餐具，而是让你标明订单需要的餐具数量？你是否思考过，这样简单的改动能带来怎样的环境效益？2023 年 9 月，一篇关注中国外卖行业绿色助推实践对一次性餐具消费和减少塑料垃圾的影响的文章发表在《科学》（Science）杂志上，为企业 ESG 实践提供了新的思路和方向。

在中国努力实现"双碳"目标的背景下，北京、上海和天津在 2019 年和 2020 年相继颁布监管规定，禁止线上外卖配送平台在顾客没有明确要求的情况下主动提供一次性餐具。为满足这一监管要求，阿里巴巴集团旗下的外卖平台饿了么对用户下单界面进行了相应改动：首先，在下单界面设置了一个弹出式窗口要求顾客标明订单需要的餐具数量；其次，该弹出式窗口的默认选项被设置为"不需要餐具"；最后，选择"不需要餐具"的顾客会被奖励蚂蚁森林绿色能量。这些绿色能量不具有金钱价值，但是足够多的绿色能量可以转换成在中国沙漠地区种植一棵树的机会。这其实体现了行为经济学和心理学中的"助推"理念，即通过改变选择环境（选择架构）或者提供间接信息来影响个人行为和决策。

研究团队使用饿了么 2019—2020 年 10 个城市的用户数据，运用双重差分模型（difference-in-differences）以及事件研究法（event-study approach）比较了实施助推和未实施助推的城市消费者在助推前后的行为变化。结果显示，绿色助推可以促使消费者选择"不需要餐具"的订单比例增加到 20.1%，达到绿色助推实施之前的 6.48 倍。进一步估算，如果将该绿色助推从试点城市推广至全国，每年可以减少 217.5 亿套一次性餐具消费，相当于减少 326 万吨塑料垃圾并且使 544 万棵树木免于被砍伐。而通过分析发现，针对默认选项的修改和弹出式窗口设计是消费者行为变化的主要驱动因素，绿色能量对消费者的激励作用相对较小。同时，绿色助推并没有显著影响外卖平台的订单数量和用户消费金额，女性顾客、年长顾客、经常使用外卖配送服务的顾客和收入较高群体的顾客对绿色助推的响应更积极。

二手商品交易是近年来绿色消费中备受关注的领域之一。二手商品是指消费者持有的拥有一定程度使用价值的闲置商品，相比起研发新型技术或工艺以制造环保产品需要高昂的金钱和时间成本，门槛低、接触广大消费者群体的二手商品交易在当下具有更大的发展机会。近年来，国内外二手电商在政策的支持下快速发展，颇受资本市场青睐。沙利文等机构预测，2025 年中国二手电商市场的规模将达到 3 万亿。就在不经意间，闲鱼这一社区化的二手闲置交易市场凝聚起众人热切的目光。不同于其他交易平台用炽热的红色激发消费者的热情，闲鱼则推出"绿色双 11"，以平和的绿色彰显喧嚣下的冷静和循环的生机。用户在闲鱼每一次的闲置发布或交易等都被视为一次低碳行为，由"闲鱼超级流通机"将它转化为相应的能量，帮助用户打开"低碳人生"的新大门。数据显示，仅在 2022 年"双 11"期间，超过 4 000 万闲置物品挂上闲鱼响应低碳倡议。近700万人参与手机估价及回收，减碳量相当于种下350万棵落叶松。闲鱼共回收7万多件大家具和家电，相当于7万辆小汽车自驾环游青海湖1圈的碳排放。

为了更好地了解二手商品交易的特点，国内外学者开展了一系列研究。Guiot和Roux（2010）将二手商品的购买动机分为三个维度，分别是经济动机、享乐动机和批评性动机。经济动机主要是指追求性价比，享乐动机是指期望获得类似寻宝的奇妙体验和社交互动的乐趣，批评性动机则是指消费者对环保、道德等方面的考虑。基于交易的模式，学者利用eBay、易趣、淘宝等网站的数据分析影响二手商品线上交易的因素。大部分文章的研究结论表明，提高卖家信誉能够显著地提高二手商品的成交价格和成交概率。而消费者往往在购买较旧、价位较高的商品时会更注重卖家的信誉，因为这样的商品容易出现问题，并且一旦出现问题便会带来更大的风险。而二手商品交易的阻碍因素有感知污染、印象管理、感知风险、预期后悔等。购买和使用二手商品，消费者往往有卫生、质量、关联前任物主的疾病或不幸等方面的担忧，同时也担心会被其他人误以为陷入穷困潦倒的处境。研究表明，在二手商品交易的情境下，买方的使用意图可以影响卖方的定价决策。在一个实验中，89名参与者被告知他们将要出售一架钢琴，而这架钢琴是承载了他们强烈依恋情感的传家宝。他们收到了两名有意购买二手钢琴的买家的报价，买家A计划定期演奏钢琴（适当的使用意图），而买家B仅仅计划将钢琴当作装饰物（不适当的使用意图）。结果发现，当被要求在两个使用意图不同的买家之间进行选择时，一些卖家拒绝了更高的报价，而是选择了那些使用意图与他们的使用偏好更一致的买家。同时，对产品具有强烈依恋情感的卖家比具有弱依恋情感的卖家更愿意为那些产品使用意图或方式合适的买家开出低价，因为强烈的依恋情感使这部分卖家希望卖掉的产品能够被买家好好对待，认为自己有责任为它们找到一个"好去处"。

资料来源：GUIOT D, ROUX D. A second-hand shoppers' motivation scale:antecedents, consequences, and implications for retailers[J]. Journal of Retailing, 2010, 86(4): 355-371.

| 经典和前沿研究 8-2 | 这个商品已经被污染了！

想象这样一个情境：你兴冲冲地跑去商店购买新上市的一款联名款卫衣，却被服务员告知卫衣仅剩最后一件——虽然是被上个顾客刚刚退回来的，但是已经检查过，质量没有任何问题。你还会购买这件卫衣吗？可能很多人此时给出的答案都会是"不"。Argo等学者（2006）的研究表明，这是因为"消费者污染理论"，消费者不喜欢被触摸过的商品，这让消费者在心理层面感知到这件商品可能已经被污染了。

70名参与者被随机分配到三个实验条件中，并被要求完成同一个任务：试穿放在商店里的一件特定的T恤。当参与者在商店里找到服务员并给他看那件T恤的照片后，服务员回答："我们只剩下一件存货了。"随后，第一组参与者被告知"有人正在试穿"，同时被带到更衣室外等候，几秒后，扮演另一个购物者的实验人员离开更衣室，把T恤留在了房间里。第二组参与者被告知"它在退货架上"，同时被带到位于更衣室附近的退货架旁边。第三组参与者被告知"它在货架上"，同时被带到一个离退货架几英尺⊖远的常规货架上。在完成任务后，所有参与者填写了一份问卷，反馈他们对产品

⊖ 1英尺=0.304 8米。

的总体评价、购买意图、购物体验等信息。结果显示，第三组参与者对产品的总体评价最好、购买意图最高、购物体验最好，第二组参与者次之，第一组参与者最差。也就是说，如果一个产品在物理上接近另一个消费者，那么消费者对产品的评价、购买意图和购物体验都将会降低。

在生活中，哪怕是崭新的商品，比如食堂里阿姨刚盛好的一碗饭，前面的同学拿起来后又放回取餐台，排在后面的同学下意识可能都会不愿意再拿那一碗。二手商品经由前任物主购买和使用，不可避免地产生接触，形成有形的或无形的污染，这在一定程度上容易引发消费者的抵触和厌恶心理，影响人们对二手商品交易的接受度。有学者通过实验发现，扩大消费者与二手商品个人所有者之间的心理距离能够提升消费者对二手商品的购买意愿。目前，二手商品交易平台和卖家已经采用提供详细商品描述和照片、第三方回收检测等措施应对该现象。

近年来，广州、上海、成都等地都出现了不同形式的以二手商品、闲置物品为"核心"的公益慈善平台。其实，除了奉献爱心、助力公益，闲置商品捐赠具有促进社会资源的循环再利用和节能减排的作用，是绿色消费的重要组成部分，各国政府、绿色环保组织纷纷鼓励更多的消费者参与到捐赠浪潮中。国内外学者普遍认为，当人们能够对他人产生更多共情，即对他人的处境感到真正意义上的关心、怜悯或悲伤时，会产生更多的捐赠行为。研究表明，记忆保存策略能够有效促进人们的捐赠行为，当人们被呼吁收拾并捐出那些蕴含着美好记忆和情感价值，但不再被使用的物品时，在捐赠前为物品拍摄一张照片便能增加人们的捐赠数量和总额。这是因为拍摄保存下来的照片能够缓解人们对捐出物品导致记忆或身份丧失的担忧。

资料来源：ARGO J J, DAHL D W, Morales A C. Consumer contamination: how consumers react to products touched by others [J]. Journal of Marketing, 2006, 70(2): 81-94.

8.2.3 绿色消费者及其行为特征

2019年，阿里巴巴依托天猫、淘宝平台的海量消费者数据，把当前正在崛起的新消费群体分为特征鲜明的八大人群，他们分别是：小镇青年、都市Z世代、都市白领、精致妈妈、都市中产、都市蓝领、都市银发和小镇中老年。那么，你能猜到哪类群体更可能是绿色消费者吗？

与"绿色消费"一样，学术界对"绿色消费者"也没有形成统一的定义。有学者广泛地认为绿色消费者是任何一个购买行为受到环境问题影响的人；有学者把绿色消费者定义为采纳环境友好行为或购买绿色产品超过一般选择的人；有学者依据消费者的环保意识水平来区分消费者；也有学者利用消费者自我认定的"绿色度"来区分：从浅绿色到中绿色，再到深绿色，消费者对环保的关注程度越来越高，态度也越来越积极。总的来说，绿色消费者指的是具有绿色环保意识、主动采取环保行为、对绿色产品具有潜在或现实需求的消费者。与传统消费群体相比，绿色消费者更加重视人与自然的和谐相处，更倾向于践行低碳、绿色、健康的生活方式。

在生活中，绿色消费者往往是引领消费潮流的意见领导者，他们积极地与他人交换产品信息；愿意尝试新产品但并不冲动消费，对价格比较敏感但愿意付出更多的金钱进行绿色消费；有相当一部分的绿色消费者缺乏品牌忠诚度。总的来说，绿色消费者容易对商家的环保宣传广告持怀疑态度，相比电视、广播等媒体，他们更容易接受杂志等书面媒体。综合相关研究发现，绿色消费者主要有以下行为特征。

（1）改变欲望和需要。绿色消费者往往同时具有消费产品和保护生态这两种相互冲突的欲望和需要。当保护生态的欲求超过消费产品的欲求时，消费者便可能从根本上改变消费行为，采取不消费、延长原有产品的使用时间等行为，减少消费物质产品的数量。

（2）考虑替代品。绿色消费者由于环保意识水平高，可能会在消费时考虑采用替代的方式，在满足自身需要的同时尽可能减少自然资源的消耗，相关的做法有：购买二手商品、借用或租赁、改用符合环保要求的产品替代传统产品。

（3）转变消费决策。绿色消费者在决策时往往会将环境效益置于重要地位，因此可能会改换原来使用的品牌产品而购买绿色品牌的产品，放弃一种产品而换用另一种绿色产品，倾向于购买高质量、耐用的产品。一部分绿色消费者甚至会更倾向于购买大包装的产品，从而减少每单位产品消耗的物质资源。例如，一瓶500毫升的可乐比两瓶250毫升装的可乐会相对减少使用的包装材料。

（4）采取更环保的售后行为。与传统的消费者不同，绿色消费者的售后行为也会更加环保，比如采用更合适的方式使产品在使用过程中尽可能减少能耗、重复使用产品从而最大化发挥其价值、协助废弃产品的回收利用。

DT财经和菜鸟曾经共同发起"2021当代青年绿色成分大调查"，并根据调查回收的2 001份有效问卷形成了一份《2021中国青年绿色行为报告》。报告划分出了四大主流环保人格画像："低调执念者"把环保刻进DNA里，出门必须随手关灯、吃饭尽力干掉最后一粒米、空调严控26℃；"野生循环家"有自己的生活经济学理念，看到塑料袋就要囤起来，自带咖啡杯出门，致力于让每一样物品都能多次使用，无限循环；"积分收割机"是童心未泯的游戏玩家，享受更加新鲜有趣的环保，捐低碳积分、捐行走步数，在脚踏实地为环保做贡献的同时给自己谋到虚拟或者实体的奖励，完美双赢；"绿色买单人"则是真的会为绿色付出真金白银的人，是与众不同的新型"环保成分党"消费者。一般人购物追求潮流、研究款式、计算性价比，而他们在购物时还会看环保标识，了解产品的环境友好程度，甚至关注品牌背后的绿色理念和故事。看似大为不同的环保人格画像背后，却是非常趋同的环保认知，绿色消费者离我们并不遥远，他们其实就在我们身边，家人、同学、朋友，甚至就是我们每个人自己。

📍 营销工具箱

不同消费者在具体绿色消费行为的选择上存在差异，进行绿色消费时的关注点也不尽相同，企业可以通过深入了解并刻画目标消费者群体的绿色人格画像，精准洞察消费者偏好，采取个性化的定位和推广策略，从而更好地满足消费者的环保需求。

| 经典和前沿研究 8-3 |　绿色消费能让人变得更好吗

消费选择不仅反映了一个人的价格和质量偏好，也反映了其社会和道德价值取向，全球绿色消费的蓬勃发展便离不开人们对环境和社会日益增加的关心和责任感。然而，反过来说，绿色消费会对人们社会责任和道德方面的相关行为产生什么影响吗？Mazar和Zhong（2010）

> 研究发现：与接触传统产品相比，人们在接触绿色产品后的行为更加无私和利他。绿色产品反映出保护环境和关注人类可持续发展的价值观，体现了高道德标准和人道主义，仅仅接触绿色产品就可以激活消费者的社会责任感和道德行为规范，并增加相应的行为。然而，研究结果还说明：与购买传统产品相比，人们在购买绿色产品后会更加自私利己，而且更有可能欺骗和偷窃。这与前一个结论看似矛盾，却有理可循。这是因为，购买绿色产品让消费者肯定了个人在社会责任和道德上的正向价值观，形成良好坚定的自我感觉，建立起"道德许可"，从而允许甚至放纵自己以后做出一些自私的、不道德行为。
>
> 资料来源：MAZAR N, ZHONG C B.Do green products make us better people[J]. Psychological Science, 2010, 21(4): 494-498.

8.3 影响绿色消费行为的主要因素

与怀旧消费、体验消费等消费类型一样，绿色消费归根到底是人的一种行为选择，营销实践者和政策制定者可以改变一些因素，从而促使消费者在日常生活中变得更绿色、更可持续。综合以往研究，主要有四方面的因素可以影响消费者的绿色消费行为——消费者个体因素、产品因素、企业因素和环境因素。

8.3.1 消费者个体因素

绿色消费态度和行为选择往往因人而异、因时而异：有些人愿意为高溢价的可持续产品买单，有些人对外卖的无餐具环保选项无动于衷；同一个人在生活中有些时候会用环保的帆布袋代替塑料袋，有些时候却会不遵守垃圾分类规定。总的来说，影响绿色消费行为的消费者个体因素主要包括三个方面——认知、情绪和人口统计特征。

1. 认知

计划行为理论（theory of planned behavior，TPB）从理性行为理论延伸发展而成，阐释了人如何形成并改变自己的行为，也是绿色消费领域研究使用最广泛的理论之一。在控制条件充分的情况下，行为意向，即个体愿意付出多少努力、花费多大代价去执行特定行为直接决定该行为是否产生。所有可能影响行为的因素都需要通过影响行为意向来间接影响行为。

而态度、主观规范和感知行为控制是决定行为意向的三个主要因素。其中，态度是个体对特定对象、行为反映出来的持续正向或负向的心理体验和评价。主观规范是指个体对社会对他执行或不执行特定行为产生的压力的感知，比如他人看法、组织制度、法律法规等。感知行为控制是指个体预期自己在执行特定行为时感受到的控制程度。关于行为心理对绿色消费的影响，往往可以用计划行为理论模型进行解释（见图8-1）。

研究者往往将行为心理细化成价值观、环保态度、环保知识、消费者感知效力、归属需求、自我一致性等一系列因素，探讨它们如何影响人们的绿色消费行为。具体而言，研究指出环保意识越高的消费者越可能进行绿色消费。环保知识对部分绿色购买行为有直接或间接的显著正向影响，消费者掌握越具体、越与绿色行动相关的知识，就越可能产生绿色购买行为。具有高道德认同感的消费者对绿色产品具有更高的购买倾向。高自我效能感，即那些相信自己具备解决问题和达成目标的能力的消费者，比低自我效能感的消费者更倾向进行绿色消费，这是因为他们相信自己有能力通过环保行动对环境产生积极的影响。

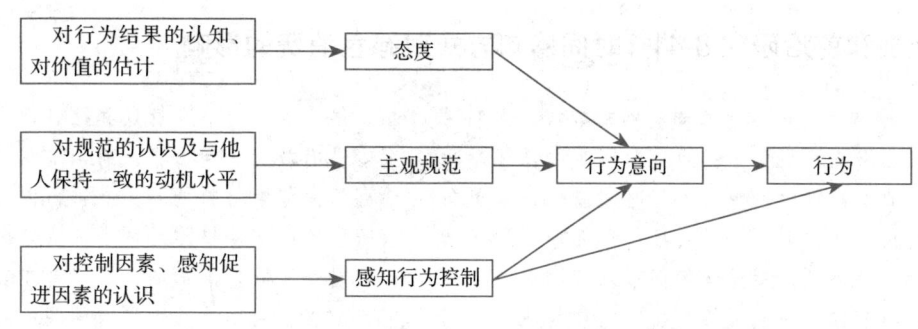

图 8-1　计划行为理论模型

部分研究者从人们对自己及外界事物的感知和解释方式切入进行分析，得出相关结论。例如，与采用独立自我解释方式的人相比，在自我解释时强调与他人相互依存关系的人更可能进行亲环境行为。与解释水平低的人相比，解释水平高的人更有可能关注未来，对环保产品评价更积极、购买意愿更大。解释水平指的是人们编码和解码信息的方式，可以反映思维的抽象或具体程度。解释水平高的人往往用抽象的、简单的、本质的视角看待事物，注重长期和整体目标，"只见森林不见树木"；解释水平低的人则恰恰相反，往往采用具体的、复杂的、表面的视角，注重短期和局部目标，"只见树木不见森林"。而与具体直观的思维方式相比，当个人运用更抽象的思维方式时，会强调绿色消费的经济利益，比如可以节省更多的钱，反而会降低消费者对绿色产品的兴趣。与对潜在结果阐述程度较高，即更深思熟虑地考虑未来可能发生的结果并权衡结果利弊的人相比，阐述程度较低的人更重视近期发生的结果，并更可能受强调近期效益的信息影响而接受环保产品。

消费价值理论同样被广泛用于绿色消费行为研究当中。该理论常常被用以说明"为什么消费者选择购买（使用）或不购买（不使用）特定产品，为什么消费者选择一种产品而不是另一种产品"。该理论以价值为基础，提出消费有五种不同的价值（功能价值、社会价值、情感价值、认知价值、条件价值），五种价值独立存在，并在不同的消费情境下共同影响着消费者的决策和行为。

功能价值强调的是商品本身具有的能够满足消费者使用需求的实用价值。社会价值是指产品能通过提升消费者社会地位、塑造社会形象等方式帮助消费者与其他社会群体产生联结。情感价值是指产品能够引发消费者的某种感觉或感受，激起消费者情感的抒发。认知价值是指产品具有新鲜新奇的特点，能够满足消费者的好奇心和追求新知的渴望。条件价值通常是短暂的，是指在某些特定情况下，产品能暂时为消费者提供较大的功能或价值。虽然功能价值和情感价值是人们进行绿色消费行为时考虑的关键因素，但社会价值、认知价值以及条件价值也会对绿色消费相关决策产生影响。高度关注环境效益的消费者会将环保产品与每种类型的高价值联系起来，促使他们进行绿色消费。

基于此，有学者提出"绿色消费价值"这一概念，即消费者进行促进环境保护效益的消费行为的倾向，并通过实验证明了可以用绿色消费价值预测消费者对绿色产品的评价和偏好，绿色消费价值高的消费者更有意愿购买绿色产品。

| 经典和前沿研究 8-4 | 时间感知方式对绿色消费的影响

个体对时间具有不同的感知方式，它们通常被区分成两种类型：线性时间观和循环时间观。具有线性时间观的人将时间看成一条单向延伸的直线，时间从过去经由现在演变到未来并且无法回头，就像奔腾向东入海的滚滚长江水；具有循环时间观的人将时间理解成一个圆圈，认为时间周而复始，会进行不断重复的环形运动，好比春夏秋冬过后又是下一个春夏秋冬。过去的研究指出，人们的时间视角对其储蓄、任务管理、创新、跨期决策等行为有重大的影响。那么，时间感知方式会对我们的绿色消费行为产生影响吗？如果会，那是如何产生影响的呢？具有哪种时间观的人更倾向于进行绿色消费呢？

Xu等人（2023）针对这些问题开展了一系列研究。结果表明，与持有线性时间观的人相比，具有循环时间观的人更可能进行绿色消费，因为具有循环时间观的人与环境建立了更加紧密的关系，并将形成的环境效益纳入自我利益，具有更高的亲环境意图，更倾向于进行亲环境行为。

研究者在我国一所大学校园内相距约500m的两个菜鸟快递取货点进行了现场实验，他们连续三周在周二、周三和周四的上午11点（高峰时段前1小时）到晚上7点（关闭时间）收集取货点快递包装材料的回收数据。每个取货点的出口附近都放置了一个包装材料收集箱。第一周，两个取货点和往常保持一致，研究者没有放置任何海报，而是记录了取快递和丢弃快递包装材料的相关数据，以便在后期检验采取不同实验措施后两个取货点的数据是否存在显著不同。第二周，研究者在其中一个取货点放置了两张体现循环时间观的海报，标题是"春天走了，春天来了"，并附有诸如"时间以反复出现的模式移动""生活像白天和黑夜交替一样重复"之类的信息。在另外一个取货点的相同位置，研究者放置了两张体现线性时间观的海报，标题是"时间像箭一样飞逝"，并附有"时间向前移动""生活是向前的，永远不会回到过去"等信息。除此之外，两类海报上的其他信息都是一样的，简要描述了菜鸟通过回收快递包装材料为保护环境付出的努力。研究者每天收集数据，并在晚上7点之后将海报带走。第三周，研究者交换了两个取货点的海报并继续实验。实验结果显示，张贴了海报之后，消费者回收快递包装材料的意愿都上升了，但相比于处在线性时间观提示下的消费者，处在循环时间观提示下的消费者会表现出更多的快递包装回收举动。

资料来源：XU L, ZHAO S, COTTE J, et al. Cyclical time is greener: the impact of temporal perspective on pro-environmental behavior [J]. Journal of Consumer Research, 2023, 50(4): 722-741.

2. 情绪

无论是愉快、开心等正面情绪，还是愤怒、愧疚等负面情绪，往往都对消费者行为具有密切且重要的影响。有些人倾向于在心情愉悦时消费，有些人则把购物当作解压和疗愈情绪的方式。情绪可能会让人放弃令他们上瘾的东西（比如吸烟），也可能会让人冲动地购买自己不需要的东西。

情绪也被认为是影响人们绿色消费行为的重要因素之一。积极情绪，比如对自然的情感亲和力和对自然的热爱，会促进消费者做出更多绿色消费行为。如今，许多品牌开始潜下心洞察环保生活能为人类带来什么积极影响，将"爱""美好""健康""陪伴""自然""希望"等价值传递给消费者，通过调动消费者的正面情绪触发其环保行为。然而，并非只有积极情绪才能达到这样的效果，消极情绪也可以促进绿色消费。公益环保广告中经常采用无家可归、骨瘦如柴的北极熊的照片无疑是想激活消费者的悲伤、内疚等情绪，促使人们在生活中减少碳排放。2021年，芬兰的一家新闻媒体综合1979—2019年的北极冰川真实数据、未来30年的预测数据设计出一款"气候危机"字体模拟冰川融化的过程。该字体的宽度和大小逐渐变化，将气候变化和造成的影响生动形象地展现在世人面前，用恐惧感激发人们的共鸣，警告人们气候危机的严峻性（见图8-2）。研究指出，恐惧、内疚和后悔等负面情绪对亲环境行为同样具有显著影响。想象你将要在未来一段时间内长期住宿于一家酒店，一种情况是默认工作人员每天都会更换毛巾，你选择是否加入重复使用毛巾的环保计划；另一种情况是默认工作人员每3天更换一次毛巾，你选择是否退出重复使用毛巾的环保计划。你会完全根据个人情况做出选择，还是会受默认条件的影响呢？可能我们都以为自己的选择是出于自己的主观偏好，但Theotokis和Manganari（2015）的研究表明，酒店的默认选项对消费者的环保参与意愿有显著的影响。与选择是否加入环保计划相比，选择是否退出环保计划的消费者更可能重复使用毛巾，这是因为已经身处环保计划再主动选择退出这一行为会在消费者心理上造成内疚感。

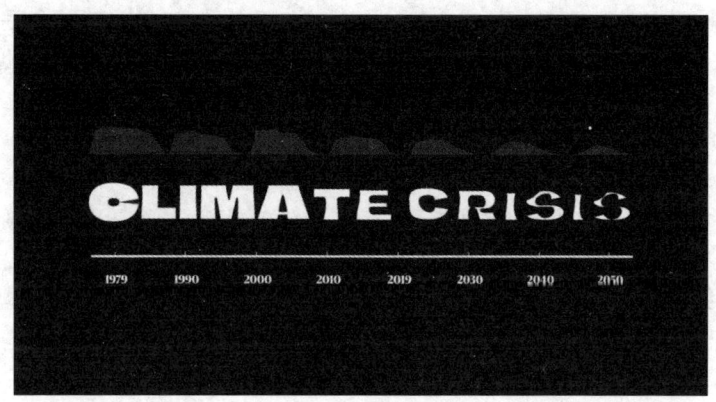

图8-2 "气候危机"字体

📍营销工具箱

通过利用虚拟现实（VR）、增强现实（AR）等技术，可以更直观地呈现环保问题以及企业为环保做出的努力，创造更生动、更具沉浸感的体验，从而激活情绪，引发消费者更加深刻的情感共鸣。

3. 人口统计特征

人口统计特征对绿色消费行为的影响的相关研究最早可以追溯到20世纪70年代

早期,随后众多研究者对此展开了研究。与绿色消费行为相关的消费者人口统计特征主要有性别、年龄、学历、职业、收入、婚姻状况、家庭结构、社会地位等。学者们通过回归分析得出的结论如下:男性使用可持续产品的意愿和频率显著低于女性,而受教育程度高、收入水平高的人更倾向于进行绿色消费。

然而,由于研究所处年代不同、研究对象所在的国家及地区不一致等原因,关于消费者的人口统计特征与绿色消费行为之间联系的研究结论也不尽相同,甚至出现大量研究结果相互矛盾的情况。例如,早期研究普遍认为年轻人使用可持续产品的意愿和频率显著高于老年人,而20世纪末的研究却发现该趋势在几十年中发生了逆转,绿色消费者已经比社会人口的平均年龄要大。此外,还有部分研究认为年龄、收入、教育与绿色消费行为没有相关关系。由于学者对此类研究中相关关系的解释往往缺乏说服力,目前学界倾向于认为人口统计特征在一定程度上影响绿色消费行为,但作用十分有限,往往不如知识、价值观、态度等其他因素更重要。

| 经典和前沿研究 8-5 | 谁是绿色消费的忠实爱好者

社会阶层影响个体的生活方式和消费方式,同一社会阶层内的个体往往在消费内容、习惯、偏好等方面具有相似性。Yan等人(2021)研究了所处的社会阶层如何影响人们的绿色消费行为。研究发现,中产阶层倾向于进行绿色消费,低产和高产阶层绿色消费意愿较低。

根据最优区分理论(optimal distinctiveness theory, ODT),人们在构建群体认同时有两个基本的需求,一是同化需求(need for assimilation, NFA),即融入某一社会群体的需求,二是分化需求(need for differentiation, NFD),即与他人区别的需求。人们既需要融入群体,在群体内部得到安全感,也需要在与他人的比较中凸显自身的不同和独特价值。因此,个体往往通过平衡这两种对立的需求来平衡自我和社会群体之间的关系。而对于不同的社会阶层,占主导地位的需求也会不同,进而影响人们的行为选择。过往的研究指出,由于处于社会不利地位、拥有的资源和机会最少,下层消费者往往具有更相似的自我概念、更强的相互依赖感。相比之下,处于社会最有利地位、拥有最丰富的资源的上层消费者往往具有更强的独立感,希望展现自身的个性化和独特性,与他人建立联系的倾向较少。

研究者招募了326名参与者,他们看到的实验材料上有一个梯子,写着:"这个梯子代表了人们在教育、收入和工作方面的地位"。梯子由下到上被划分成三个区域,分别代表社会的下层、中层和上层。参与者被随机分配去想象他们属于其中的某一层,并被要求写下关于他们所在阶层的简要介绍。随后,参与者需要给两台价格相同的笔记本电脑打分。产品A是普通的笔记本电脑,产品B是可回收的笔记本电脑,分数越高表明参与者对可回收笔记本电脑的偏好越大。接下来,研究者测量了参与者的NFA和NFD水平。测试题由两部分组成,在第一部分,参与者读到"有时人们有强烈的归属感(即属于一个群体,并与群体成员保持和谐关系)",然后被要求指出他们在多大程度上"强烈感到需要属于一个群体"和"被激励去属于一个群体(如跟随大多数)"。在第二部分,参与者读到"有时人们会努力脱颖而出,或者是独立的,不同于他人",然后被要求指出自己在多大程度上"被激励去不同于他人"和"被激励去脱颖而出"。

结果显示,下层消费者的NFA占主导地位,上层消费者的NFD占主导地位,而中层消费者具有同化和分化的双重动机。一方面,绿色消费具有感知同化功能，进行绿色消费的人往往被认为具有更关心他人、更愿意合作、更道德和利他的特点，愿意为环境保护放弃一定的个人利益，这样的人更容易融入某个群体当中。另一方面，绿色消费具有感知分化功能。由于绿色消费成本较高，需要较高的环保意识、进行绿色消费的人往往被认为区别于社会中的其他人，具有更高的社会地位和更高的声誉。这样的双重功能恰好满足了中层消费者的双重动机，因此中层更倾向于进行绿色消费。相比之下，绿色消费的感知分化功能与下层消费者主导的 NFA 相矛盾，感知同化功能与上层消费者主导的 NFD 相矛盾，从而降低了他们的绿色消费意愿。

资料来源：YAN L, KEH H T, Chen J. Assimilating and differentiating: the curvilinear effect of social class on green consumption [J]. Journal of Consumer Research, 2021, 47(6): 914-936.

8.3.2 产品因素

具体真实的消费场景当中总会出现这样有趣的现象：面对琳琅满目的产品，一些消费者并没有明确地将环保纳入自己的考虑范围之中，但不由自主地做出了更绿色的消费举动，而另一些怀有绿色理念的消费者却出于其他种种考虑难以进行决策。那么，产品是如何通过自身的一些特点来影响消费者的绿色消费行为的呢？

1. 性价比

纵使消费者被产品的环保宣言感动到泪流满面，他们在购买时也还是会掂量掂量自己口袋里的钱是否够用。性价比，即商品的性能值与价格值比，直观量化地反映了商品的值得购买程度。在这个竞争日益激烈、消费持续升级的时代，高性价比可谓是"王道"，小米等众多企业更是将"极致性价比"的口号喊得响亮。对于环保产品而言，性价比同样是现实中影响消费者选择的重要因素，消费者可能会为了节约长期成本而购买节能冰箱，也可能会因为某些绿色产品价格过高望而生畏。

| 经典和前沿研究 8-6 | 绿色产品真的质量不好吗

当被问到为什么不购买绿色产品时，除了价格高、质量没保障、产品效用不足也是消费者常常提及的因素。这是为什么呢？

Lin 和 Chang（2012）的研究发现，由于补偿性推理的存在，消费者认为绿色产品的效用不如普通产品，并会增加他们使用的绿色产品的数量，以弥补感知到的效用缺陷。补偿性推理源自博弈论中的零和博弈假设，即对于每个产品而言，一个属性的优势必须通过另一个属性的缺陷来补偿。举例来说，非营利组织被认为比营利组织更温暖，但后者常常被认为比前者更有能力；消费者往往依靠对食物健康程度的印象推断它的味道，健康的东西一般不好吃，而好吃的东西一般不健康。

实验使用的道具是来自同一品牌且净含量相同的两瓶洗手液，二者唯一的区别是，其中一瓶洗手液的瓶身上贴了一个形状像叶子的绿色标签，以传达其环境友好的绿色属性。在 20 个工作日（周一至周五）固定的午餐时间里，研究者每天在一所大学自助餐厅的一张小桌子上轮流放置绿色产品和常规产品，并在瓶子正下方挂上一个牌子，上面写着"预防感冒和流感，吃饭前后请使用洗手液"。每天午餐时间结束时，研究者称量瓶子中剩下的洗手液，并将其重量与一天开始时的重量进行比较，从而确定当天的使用量。结果显示，仅仅贴了一个形状像叶子的标签的"绿色产品"在同样的时间里被人们使用得更多。

资料来源：LIN Y C, CHANG C C A. Double standard:the role of environmental consciousness in green product usage [J]. Journal of Marketing, 2012, 76(5): 125-134.

2. 包装

网购一支口红，包装盒大到能装下一双鞋；一盒中秋月饼，里三层外三层"层层加密"；点一份捞面外卖，送到手时发现竟有四个包装盒……如此过度包装，显然是对资源的浪费，会降低绿色消费者的购买意愿。然而，除了过度包装，包装的颜色、材质、方式以及产品标志等都会对人们的绿色消费行为产生影响。例如，Felix等人（2022）的研究便通过实验验证了包装颜色对绿色产品的购买意愿存在一定影响。他们针对一款环保机油产品使用了2（包装颜色：红色与绿色）×2（饱和度：低与高）×2（产品定位：强调强度性能与强调温和性能）的实验设计，即在产品旁边的空白处重复出现"彻底清洁发动机并去除有害残留物"或"形成保护膜，对发动机部件温和无害"的字样。结果发现，对于男性消费者而言，环保产品的绿色包装会降低产品的男性气质，从而降低消费者感知的产品有效性，进而降低购买意愿。有趣的是，以上效应在女性消费者身上则没有表现。再比如，研究表明，与棱角形相比，圆形的品牌标志会诱发出消费者相互依存的自我建构和自我解释，从而增加消费者的亲环境偏好，使他们更倾向于进行绿色消费。

| 经典和前沿研究 8-7 |　纸张的神奇魔法，让塑料更环保

正所谓"人靠衣装，佛靠金装"，传统观念中一件好的产品离不开包装设计。因此，商品生产大国往往也是包装制造大国。美国环境保护署报告称，美国在过去的80多年内生产了超过2 018万吨的包装，其中2/3由塑料或纸张制成。仅在2018年，美国填埋塑料和纸包装废物分别达到10.09万吨和6万吨，占填埋废物总量的44%。随着包装问题给环境保护带来越来越大的压力，包装"绿色革命"也越来越多地被提及，人们逐渐意识到采用更加可持续的包装解决方案的重要性。Sokolova等研究者（2023）通过一系列实验验证了PEF（perceived environmental friendliness，环境友好性认知）偏差的存在，即消费者认为带有额外纸的塑料包装比不带纸的相同塑料包装更环保。此外，研究还表明该偏差会影响消费者的产品选择和支付意愿，消费者更倾向于选择采用"塑料+纸"环保包装的产品，并愿意支付更高的费用。

在其中一个实验中，研究者在亚马逊MTurk平台招募了301名参与者，并将他们随机分成三组完成实验任务。三组参与者需要分别阅读一则信息，如图8-3所示。第一组"塑料"组和第二组"可见塑料+纸"组在第一页上看到了包装好的巧克力棒的图片。然后，他们转到第二页，上面有包装好的巧克力棒图片和四项PEF量表。至关重要的是，"塑料"组和"可见塑料+纸"组的参与者在第一页和第二页上看到了相同的图像。而第三组"隐藏塑料+纸"组的参与者在第一页上看到了用纸包装的巧克力，然后在第二页上发现在包装纸的下面

还有一层塑料,同时他们还会读到"巧克力被半透明保鲜膜制成的第二层包装覆盖"。

结果显示,无论塑料是在一开始时就可见,还是先隐藏在纸下而在后来才被发现,PEF偏差都会出现,人们认为"塑料+纸"包装比单独的塑料包装对环境更友好。

页码	实验条件:塑料	实验条件:可见塑料+纸	实验条件:隐藏塑料+纸
第一页			
第二页			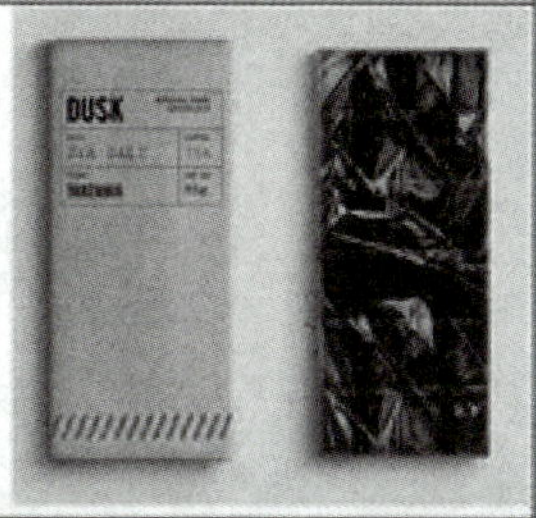

图 8-3　实验材料设计

研究者用接下来的实验说明了 PEF 偏差是由消费者固有的信念"纸是好的,塑料是坏的"和比例推理(proportional reasoning)驱动的,即当包装中的纸与塑料的比例越大时,PEF 偏差越强,人们认为该包装更加环保。

资料来源:SOKOLOVA T, KRISHNA A, DÖRING T. Paper meets plastic:the perceived environmental friendliness of product packaging [J]. Journal of Consumer Research, 2023, 50(3): 468-491.

8.3.3　企业因素

2013 年,H&M 集团推出名为"Let's close the loop"(让我们实现封闭循环)的旧衣回收项目,试图通过再穿着或再利用实现完全循环,扭转每年只有不到 1% 的纺织品被回收制成新纺织物的现实。收银台旁小小的旧衣回收箱承载的不仅是旧衣服,更是快时尚品牌与消费者共同构建的"绿色梦想"。然而,2023 年 6 月瑞典媒体 Aftonbladet 发布的一篇调查报道指出:在他们附上 GPS 跟踪器的 10 件 H&M 回收衣物中,没有一件得到妥善处理。时尚与环保看似并驾齐驱的另一面是旧衣物漂洋过海,化作非洲、拉丁美洲的一座座"垃圾山",在阳光的暴晒下或海水的冲刷中慢慢腐烂,所谓的环保事业其实只是消费主义陷阱的又一次化身。近年来,类似的"漂绿"现象频出。企业以某些行动向外界宣示自身对环境保护的付出,试图乘环保之风达到产品营销和形象改善的效果,实际上却只是虚假的表面功夫,甚至反其道而行之,让无数真心支持环保的消费者感到心寒。

在此背景下，企业的品牌形象、口碑及其社会责任行为等越来越成为消费者进行绿色消费行为选择时的考量因素。研究发现，当一家公司自觉努力承担环保责任时，其客户会以更积极的态度参与有利于环境的消费行为。举个简单的例子，如果酒店在客人面前展现出保护环境的整体形象，并主动提醒客人在酒店经营过程中造成的水资源消耗，比如住宿和饮食产生大量废水、使用化学洗涤剂清洗毛巾会造成水污染，客人便更有可能响应酒店"重复使用毛巾"的号召。此外，企业的动机也很重要。研究发现，与企业在营销过程中仅强调内在吸引力（intrinsic appeal），比如"为了保护环境，购买这种绿色产品"相比，增加了外部吸引力（extrinsic appeal），比如"为了省钱，购买这种绿色产品"的联合吸引力反而会降低消费者对绿色产品的偏好和购买意愿。这是因为，消费者此时往往会对企业环保意图的真实性产生疑惑，认为企业并不是真正地关注环保，不再倾向于将企业为可持续发展做出的努力归因于内在动机。

| 经典和前沿研究 8-8 | 坚定地走向环保会适得其反？

企业提升产品竞争力的最常见方法之一便是增加产品性能。在广告宣传时不少企业也选择直接亮出自己产品的"撒手锏"功能从而吸引消费者，比如"充电五分钟，通话两小时""怕上火，喝王老吉""洗了一辈子头发，你洗过头皮吗？"等。然而，有意地增强并宣传产品的环保功能就能获得消费者的支持吗？Newman等人（2014）研究发现，人们通常把产品的绿色属性看作是其组成部分之一，与质量等其他产品属性是零和博弈的关系。因此，当产品的绿色属性增强是有意为之时，消费者会推断该企业从产品质量上转移了更多的资源，无法再保证产品原有的质量，因此消费者的购买意愿将会下降。

研究者招募了33名成年人，将他们随机分成三组。所有参与者都阅读了两种新型环保产品（洗洁精和下水道清洁剂）的简短说明，这两种产品都被描述为"明显比竞争品牌对环境更友好"。不同的是，第一组参与者读到"正如最初预期的那样，这种新的洗洁精和下水道清洁剂明显比竞争品牌对环境更友好"；第二组参与者读到"由于意外的副作用，这种新的洗洁精和下水道清洁剂明显比竞争品牌对环境更友好"；而第三组参与者并未阅读到任何有关公司的意图的说明。

随后，研究者通过问卷了解到参与者关于两种产品的质量、公司资源分配和购买意图的看法。结果表明，在产品的环保功能是在无意中形成时，参与者认为其质量更好，购买意愿更高。具体而言，企业意图的差异导致消费者对企业的资源配置做出不同的推论，而对资源分配的信念改变了其对产品质量的看法，并最终改变了购买意图。

资料来源：NEWMAN G E, GORLIN M, DHAR R. When going green backfires: how firm intentions shape the evaluation of socially beneficial product enhancements [J]. Journal of Consumer Research, 2014, 41(3): 823-839.

8.3.4 环境因素

环境因素主要包括情境中除了产品和企业以外的因素，也包括消费者当时所处的情境和状况。常见的影响绿色消费行为的环境因素包括社会压力、社会地位、生活阶段、政府制定的政策法规、基础设施建设、大众媒体文化宣传的态度和方式等。

找到垃圾回收站等公共设施对居民来说不是一件难事,当从家到垃圾回收站的路程短、耗时少时,居民垃圾回收的意愿会更高。2022年4月,杭州市便在市民的呼吁下对全市垃圾桶"做加法",专门出台了相关规定:商业街区100米设一个,城市主次干道200米设一个,背街小巷400米设一个。同时,有他人在场时消费者更倾向于购买有机食物,因为人们认为这具有象征性,希望通过购买有机食物向他人传递这样的信息:你看,我的社会地位很高!此外,研究发现,正如人们喜欢在新年第一天制订计划,在搬家这种往往被认为是一个新生活阶段开始的事件发生之后,消费者更有可能建立新的绿色消费行为模式,比如乘坐公共交通工具出行。

| 经典和前沿研究 8-9 | 如何促进人们的回收行为

垃圾回收、变废为宝有利于节约自然资源,减少环境污染,还能降低处理成本,创造经济效益。然而,目前的废物回收利用率并不高。以我国为例,根据国家发展改革委公布的数据,截至2020年12月,全国首批开展先行先试的46个重点城市的生活垃圾分类小区里,生活垃圾平均回收利用率仅为30.4%。

该如何促进人们的回收行为呢?来自美国宾夕法尼亚州立大学的Winterich等人(2019)通过研究指出,产品转化显著性会增加消费者进行回收利用的意愿和行动。具体来说,当消费者考虑如何通过将可回收物转化为新产品赋予它们新的生命时,这种启发和灵感会激励他们进行回收利用。

研究者招募了111名大学生参与实验。参与者被告知为了在实验前"清理他们的头脑",他们需要花一分钟时间用提供的蜡笔在草稿纸上画画。随后,参与者被随机分配到三个组,分别观看一个回收广告。如图8-4所示,第一组参与者看到的广告显示三种可回收的物品(纸、塑料瓶、铝罐)进入回收箱;第二组参与者看到的广告显示相同的三种产品(纸、塑料瓶、铝罐)进入回收箱,同时产生了相同类型的新产品(纸、塑料瓶、铝罐);第三组参与者看到的广告显示相同的三种产品(纸、塑料瓶、铝罐)进入回收箱,但出现了吉他、衣服、自行车三类新的产品。

图8-4 三种可回收广告

资料来源:WINTERICH K P, NENKOV G Y, GONZALES G E. Knowing what it makes:how product transformation salience increases recycling [J]. Journal of Marketing, 2019, 83(4): 21-37.

看完广告后,参与者对广告的新奇程度进行了评估,同时还回答了一系列关于回收意图的问题,比如"你有多大的可能性进行回收行为"等。最后,在参与者完成了一些与真实实验目的不相关的任务之后，研究者要求参与者归还蜡笔，并在他们离开实验室的路上处理好实验开始时所用的那张草稿纸。通过观察参与者选择将草稿纸扔在垃圾箱还是回收箱的实际行动，研究者发现，与前两组相比，第三组参与者回收草稿纸的可能性更大。

可见，激励人们做好垃圾回收再利用工作，其实可以很简单。只要在垃圾箱前展示可回收物品可以制成什么样的新产品，就可以提高人们对可回收物品潜在价值的认识，改变人们对垃圾的态度，从而有效提高垃圾的回收利用率。

8.4 绿色消费态度和行为间的差异

8.4.1 差异表现

虽然调研报告普遍表明消费者对环境保护持有积极态度，对绿色产品的需求日益增加，但是并没有充分证据证明购买绿色产品的人数在显著地持续增加，并且目前绿色产品和服务的全球市场占有率依旧很低。根据我国生态环境部环境与经济政策研究中心发布的《公民生态环境行为调查报告（2022）》，受访者普遍具备较强环境行为意愿，但在"践行绿色消费"领域行为表现一般。这表明：消费者对绿色消费的积极态度和实际行动之间存在差异，其绿色消费意图并没有完全转化成行动，存在"高认同度、低践行度"的现象。

8.4.2 形成原因

人们的消费行为对地球环境、社会发展影响深远。尽管绿色消费作为一种可持续的生活方式正在逐渐走入越来越多人的生活，但仍然有广阔的空间支持和推动这种绿色消费的趋势深入发展。了解绿色消费情境下人们的态度与行为不一致的原因有利于进一步促进绿色消费、创造经济效益，并且保护环境，实现环境效益。

1. 消费者个体因素

首先，从消费价值理论角度来看，消费者在购买决策过程中受到多个价值维度的影响，就算消费者具有很高的绿色消费价值，他们在进行实际购买行为时也可能不会将环保价值置于考虑因素的首位，而是更重视产品质量、价格、可得性等因素。与消费者需要的"雪中送炭"不同，环保价值往往是"锦上添花"，如果产品品质确实不佳，价格又相对较高，即便具有环保特性，消费者也可能不会选择购买。

其次，文化背景、生活经验、价值观等的差异使得消费者对于不同环境问题的重视程度可能存在差异，而不同绿色消费行为之间的关联性较低，因此，对于不同绿色消费行为，消费者的认知和态度也很有可能不同。一个在海边长大的人可能更关心海洋污染问题，而在干旱地区长大的人可能更关心水资源保护，这种差异会导致他们在采取绿色消费行为时关注点不同，甚至看起来会显得"言行不一"。

再次，个体的环境态度和行为之间的差异与其自我控制能力有关。研究发现，那些"只说不做"的消费者在日常生活的其他活动中也会经常出现不一致性。就像减肥、戒酒一样，做到绿色消费也需要抵御很多诱惑，比如肉类产品的诱惑、大汗淋漓后迅速让房间降温的诱惑、追求某种潮流的诱惑、生活更加"方便"的诱惑……诱惑就在眼前，而环保的成效和回报却难以在短时间内呈现，周围人瞥过来的眼神又是如此异样。越是艰难的处境，越需要人们调用强大的自我控制能力，才能在实际行动中将环保态度转化为具体行为，让绿色消费成为良好的习惯，成为属于自己的"仪式感"。

最后，信息能否顺利传递也会影响消费者的行为选择。部分消费者可能会对企业提供的环保信息持有怀疑态度，他们认为企业可能只是出于营销目的而发布环保声明，而不会真正执行相应的环保措施。此外，对部分消费者而言，了解严峻的环境问题可能会给自己带来焦虑、内疚等负面情绪。为了避免这些负面情绪的干扰，保持心态平和，他们会拒绝获取或者有选择地忽略产品与环保相关的信息，因此也未能将环保意愿转化为实践。

2. 外部环境因素

消费者的绿色消费态度和行为差异还与产品因素有关。研究证明，绿色产品的类型（耐用品、快消品、奢侈品等）、价格、可得性、信息透明度等因素会影响消费者的实际消费行为。例如，当绿色产品的可得性低时，消费者的绿色消费意愿会大大降低。而当下由于生产条件有限、绿色企业有限等限制，消费者确实难以迅速、普遍地在市场上寻找到绿色产品。再如，信息不对称的存在使消费者可能无法获得关于环保产品的准确信息，对企业的环保声明缺乏认识和了解。就算消费者能够获知与产品相关的环保信息，信息过载的现状也使该信息很难给消费者留下深刻的印象。消费者不知道、不记得某产品是绿色环保的，自然也就难以做出绿色消费选择。

营销工具箱

处在信息爆炸式增长的时代，企业需要主动提高绿色产品信息透明度，通过产品包装、官方网站、品牌广告以及其他方式充分展示绿色产品的环保认证和可持续性特点，为消费者提供准确、清晰且易于理解的环保信息，从而建立消费者对产品环保性的信任，树立良好的企业环保形象。

人处于社会之中，难免会受到各种不同的社会情境的影响。消费时间、使用或购买其他（相似或不同的）产品或服务的经验、生活方式、生活阶段、工作模式等都会对具体的绿色消费行为产生影响。

部分学者从安于现状偏差、参照点效应等因素进行解释，说明消费者在进行绿色消费行为前会选择将现状或他人作为参照基准。有研究者在调查住户的节能用电行为时发现，即使对智能用电设备的节能作用有一定了解，也有很大一部分住户完全没有使用该设备，而是选择维持现状，继续使用传统用电设备。这是因为消费者存在安于现状的心理，过分强调更换设备短期内给生活带来的不便，而忽略了使用该设备将会在很长一段时间内降低家庭用电成本和资源消耗。此外，通过改变消费者的参照点也有助于减轻甚至消除用户因安于现状所导致的态度与行为之间的差异。例如，企业通过电子邮件向用户告知家庭能源使用情况，并将他们的用电量与邻居的用电量进行比较，就可以平均减少 2% 的能源消耗量，相当于短期内电价上涨 11% ~ 20% 的效果。

本章小结

随着环境问题日益复杂化、严重化，一系列全球性环境危机涌现，整个地球的生态平衡被打破。而快速膨胀的人口、铺张过度的消费更是雪上加霜，全人类的生存和发展受到了严重的威胁。严峻的现状以及发展的伦理观念推动人们采取绿色消费等一系列行为，共同拯救濒临崩溃的地球家园。

绿色消费是一种以适度节制消费、避免或减少对环境的破坏、崇尚自然和保护生态等为特征的新型消费行为和过程，包括具有环保特征的绿色产品和服务的购买、使用和处置。在绿色运动、绿色环保组织以及绿党力量的推动下，绿色消费蓬勃发展，二手商品交易、捐赠、回收利用废旧产品等消费方式获得全社会的普遍关注。越来越多的消费者意识到自身对于环境保护的责任，主动进行绿色消费。

绿色消费者是指具有绿色环保意识，主动采取环保行为，对绿色产品具有潜在或现实需求的消费者。与传统消费群体相比，绿色消费者更加重视人与自然的和谐相处，更倾向于践行低碳、绿色、健康的生活方式，愿意为环保改变消费决策，减少自身欲望和需要。

影响绿色消费行为的因素不仅涉及消费者本身的认知、情绪和人口统计特征（如年龄、性别等），还包括产品、企业和环境因素。营销实践者和政策制定者可以通过改变外界因素促使消费者的日常消费行为变得更绿色、更可持续。

研究发现，消费者对绿色消费的积极态度和实际行动之间存在差异，消费者的绿色消费意图往往并没有完全转化成行动，存在"高认同度、低践行度"的现象。这种差异的产生受到多种因素的影响，包括消费者文化背景、价值观、自我控制能力等个体因素，同时产品、社会比较等外部环境因素也会对此产生一定影响。

中国故事

全棉时代：一朵棉花的环保故事

2009年，一个以"全棉改变世界"为愿景的消费品品牌诞生于深圳——全棉时代。Purcotton（全棉时代），取自pure+cotton的单词组合，意为用天然棉花生产出舒适、健康、环保的高品质生活护理用品。

棉，3个月可降解，生于自然，回归自然；棉，耐旱耐盐碱，把贫瘠的土地变成可耕种的绿洲；棉，吸收二氧化碳，释放氧气，让孩子眼中的天空依旧蔚蓝；棉，为可持续而生，棉花的种植和存在，就是把一个天然、无污染的环境还给世界。

为构建绿色供应链，全棉时代持续推进产品原料与生产工艺创新，做出有力探索和实践。公司自主研发的"全棉水刺无纺布技术"，将原棉到成品的生产时间从1~2个月缩短至几个小时，在提高生产效率的同时，降低能源能耗；创新无水工艺与纱布雾化水洗工艺，大幅优化现有的水洗工艺，节省大量水资源并减少污水排放；研发"植物染"天然染料，有效避免传统化学染料对生态环境与人类健康的损害，全方位促进了染料的属性升级与品种改良，实现节能减耗。

自诞生之日起，全棉时代就以人类社会健康和可持续发展为信念准则和奉行目标，持续打造品牌核心竞争力。4月是全棉时代的环保主题月，每年全棉时代都会开展不同形式的活动迎接4月22日世界地球日的到来。

2018年，全棉时代携手国际知名摄影师上田义彦、国家地理中文网启动"棉·自然·人"摄影大赛，吸引来自全国各地的8 000多名摄影爱好者参赛，并以光影作品记录下棉的全生命周期，诠释棉与自然，棉与人的互生共存。

2018年11月,"棉·自然·人"光影艺术展在北京山水美术馆举行,通过多形式沉浸式互动让大众看到棉不为人知的美丽、坚韧与顽强。

2021年,全棉时代提出"棉·自然·出色"的年度主题,联合色彩研究权威COLORO,推出"棉"主题系列色号——带来希望的"守望绿"、预示灿烂未来的"新生黄"、抚慰人心的"怡然粉"、安定沉稳的"大地褐"以及天然纯净的"丰收白",共同传达棉的色彩知识及其蕴含的环保精神内核,旨在让人们在穿用棉的同时,感知棉的色彩生命力,发现地球多样性之美,并领悟人与自然不可分割、和谐共生的关系。

10年内,全棉时代交出了亮眼的环保成绩单:累计采购近10万吨棉花,助推新疆棉花种植面积增加70%;售出全棉服装、床品1 300余万件,减少等量化纤制品加工与生产带来的污染;共使用无纺布环保购物袋680万个,避免了等量塑料袋的使用,售出纯棉柔巾高达215亿张,相当于拯救78万棵20年树龄的大树……

全棉时代始终坚信,舒适、健康、环保的棉制品能够最大限度地替代化纤制品,减少对皮肤的伤害,降低对环境的污染。因此,它以身作则,带领并积极影响相关企业加大对棉的开发与运用。随着大众对棉的需求和热爱不断增加,越来越多的戈壁、沙漠及盐碱化和半盐碱化土地能够被利用起来种植棉花,最大力度地改善地球环境,拓展全产业链,同时提供更多就业岗位和个人价值实现的机会,达成社会、环境、经济效益三赢局面,这是全棉时代一直努力奔跑的标杆。

第 9 章 心理定价

■ 本章要回答的主要问题有：

1. 什么是交易价值？
2. 提高交易价值的途径有哪些？
3. 如何设定参考价格？
4. 如何降低支付痛苦？
5. 如何提高交易中的愉悦性？
6. 消费者何时会感到价格不公平？

9.1 交易价值

美国某制药公司曾经做过一个有趣的实验。他们在美国加利福尼亚州一家医院的急诊部找了一群正处于突发急性病痛苦中的患者。实验人员把这些患者随机分成两组，并发给两组患者同样的止痛药。他们告诉第一组人，药的价格是每片 2.5 美元，而告诉第二组人，药的价格是每片 0.1 美元。在服用药物之后，实验人员询问这些患者该药是不是有效、能否缓解疼痛。结果第一组有 85.4% 的人认为有效，而第二组只有 60% 的人认为有效。这个案例说明，价格对消费者的影响远不止付多少钱那么简单。

毫无疑问，价格通常是影响交易能否成功的重要因素之一。从营销学的角度来说，企业在进行定价的时候通常需要考虑五大因素，包括消费者（consumer）、合作方分利（collaborator）、竞争者定价（competitor）、情境（context）和公司自身因素（company）。也就是说，企业既要考虑消费者对价格的接受能力，又要考虑合作方、竞争者，还要考虑经济环境以及企业自身发展情况。本书中我们主要考虑第一个因素，即消费者。

从直觉上说，定价似乎是一个很简单的问题。如果从最基本的微观经济学理论出发，需求与价格呈反比，所以可以得出结论：定价越高，销量越低。然而，这一理论的前提是消费者都是理性的决策者。近些年，一系列的研究都发现，消费者很多时候都是有限理性甚至非理性的。从商家的角度来看，正是因为消费者的不理性，商家才需要通过"聪明"的定价提升消费者的感知交易价值，不仅要使消费者更愿意买，而且要让消费者买得更开心。在本章中，我们将从交易价值这一核心概念出发，讨论在价格的制定和调整过程中，如何降低消费者的价格感知，进而提升消费者感知到的交易价值。本节我们将主要介绍交易效用和交易价值理论及它们在营销中的应用。

大家对网购一定非常熟悉。2023 年天猫"双 11"购物节期间，天猫全周期累计访问用户超过 8 亿且销售额高达 4 013 亿元，402 个品牌进军"亿元俱乐部"，实现了用户规模和成交总额的全面攀升。不仅如此，随着物流体系的完善以及电子商务平台服务模式的推陈出新（社交电商、内容电商、直播带货等），电子商务迈步日升月恒的阶段。从"618"到"双 11"，再到"双 12"和"年货节"的兴起，人造购物狂欢节基本横跨全年，并适时捕捉用户换季及囤货需求。这种分层运营策略的渗透使得最初始的凑单满减、商品券门槛叠加逐步升级为捆绑销售，甚至是"超级喵运会"等游戏组队活动，大大增加了消费者的时间投入，掀起"全民拆快递"的活动狂潮。在这种购物狂潮背后，到底是什么导致消费者对打折如此偏爱呢？我们将利用交易价值理论分析消费者对折扣的钟爱，继而提出影响消费者感知交易价值的因素。

9.1.1 交易效用理论

1985 年，Thaler 提出了著名的交易效用理论（transaction utility theory）。这一理论指出，消费者在购买一件商品时，会同时获得两种效用：获得效用（acquisition utility）和交易效用（transaction utility）。其中，获得效用取决于该商品对消费者的价值以及消费者购买它所付出的价格，类似于经济学理论中的消费者剩余。而交易效用则取决于消费者购买该商品所付出的价格与该商品的参考价格之间的差别。与之相对应，在营销学中，Grewal 等学者（1991）提出了交易价值（transaction value）的概念，并将它定义为交易本身给消费者带来的快乐，而这种情感性的价值在制定购买决策时往往起到巨大的作用。

根据交易价值的理论，折扣本身降低了产品的售价，售价的降低会提高产品的获得效用。更重要的是，折扣还能够提高交易价值。根据 Thaler 的理论，参考价格是影响交易价值最重要的因素。当商家提供折扣时，消费者总是不可避免地去比较原价和现价，并从比较这两个价格的过程中获得一定的快感。事实上，理性的消费者需要关心的应该只是它可以带来的实际效用和它现在的价格。回想你身边的物品，是不是有不少纯粹是因为商场减价促销的诱惑而购买的，到现在又被闲置在一边呢？其实，当初刺激你购买的也许并不是产品本身，而是这个折扣，也就是我们日常生活中所说的"贪便宜心理"。由此可见，交易价值的魔力超乎我们的想象。也就是说，"双 11"这样的购物节不但让我们买到了有价值的产品（获得效用），还让我们因为省了钱而产生了快感（交易效用）。

9.1.2 影响感知交易价值的因素

省钱的感觉会提高消费者感知到的交易价值，也就是说，参考价格和实际价格的差异是影响消费者感知交易价值的一个最主要的因素,但并不是唯一的因素。还有其他因素可以影响交易带给消费者的愉悦感,从而影响消费者感知到的交易价值——支付痛苦、元认知和价格公平感。

第一个因素是支付痛苦。在商品交易中,消费者需要付出金钱。尽管能够获得产品或者服务,但是根据损失厌恶理论(loss aversion),损失带来的痛苦要比获得伴随的收益更为强烈。因此,付钱导致的痛苦会降低消费者在交易中获得的愉悦感,从而降低消费者的感知交易价值。如果商家能够通过一些途径降低这种支付痛苦,就能相应地提升交易带来的快乐。我们将在9.3节中详细介绍支付痛苦及降低支付痛苦的途径。

第二个因素是元认知。在商品交易过程中,消费者一定会处理与交易相关的信息,比如观察交易的价格、计算折扣的大小、计算省下多少钱等,在这些信息处理的认知过程中,消费者也会感觉快乐或者痛苦。商家可以通过影响消费者在交易过程中的元认知,进而影响他们感知到的交易价值。我们将在9.4节详细介绍这一部分的内容。

第三个因素是价格公平感。消费者对价格公平与否的判断与其在交易中感受到的愉悦性密切相关,我们将在9.5节详细介绍价格公平的相关理论与内容。

9.2 参考价格

在购买行为中,消费者与商家之间始终存在一种信息不对称的状态:消费者往往很难知道在售的某件产品的实际成本。因此,消费者对于售价究竟是高还是低的感知,在很多情况下是非常模糊的,极易受到外界因素的影响。诺贝尔经济学奖得主Tversky和Kahneman(1974)发现,当人们在评估比较不确定的事物时,通常会依赖某个参照点,即所谓的"锚"(anchor),从而降低模糊性,然后再通过一定的调整得出最后的结论,这一过程被称为锚定与调整性启发法。

在消费者处理价格信息的过程中,这种"锚"就是我们通常所说的参考价格。在现实生活中,有很多与交易相关的价格是最有可能成为参考价格的。例如,上次购买时产品的价格、商品的原价、消费者心目中的公平价格、类似商品的价格、同类产品的最高价、同类产品的最低价等。这些参考价格能够影响消费者的价格感知,进而影响消费者感知到的交易价值和最终的购买决定。

在本节中,我们将主要讨论那些看似不太相关的数字如何影响人们的感知价格。具体而言,我们将利用心理学中的同化(assimilation)和对比(contrast)效应,讨论如何通过同化效应和对比效应设置可以影响消费者价格感知的参考价格。

| 经典和前沿研究 9-1 |　　锚定效应:内部锚与精细锚

人们在决策时经常被第一信息左右。这种第一信息的影响通常是无意识的,像锚一样沉入心里从而牵制人们的思维,比如生活中无处不在的"第一印象""先入为主"。当人们偏重于先前取得的初始参考信息(即锚点),并由此导向行为和选择时,锚定效应就产生了。

王晓庄等人（2018）的研究通过设计两个有趣的实地实验，探索了内部锚和精细锚的设计方法及有效性，并发现了锚对身心健康的积极助推作用。

第一个实地实验探讨的是内部锚（与个体经历相联系）对老年人情绪状态和幸福感的影响。通过1对1的干预形式，连续10周共分享20个怀旧故事，以此建立起老年人的积极怀旧内部锚。通过细化故事分享过程，比如曾经历的愉悦情绪、来自家人和朋友的社会支持等，深化老年人情绪情感体验与认知整合。实验结果显示，积极怀旧组的老年人的积极情绪及幸福感水平显著高于自由怀旧组。由此证实了积极怀旧内部锚对于老年人积极情绪及幸福感的提升作用。

第二个实地实验探讨的是精细锚（精确到个位数或小数的锚值）对中学生体育活动坚持性的影响。该实验选取了平板支撑和跳绳两个项目，并设计制作了个性化"激励贴士"（精细锚激励贴士、粗略锚激励贴士）以便在体育活动测试时对学生进行干预（见图9-1）。实验结果显示，精细锚组坚持激励度的自评及成绩提升比均高于其他组，由此证实了个性化精细锚激励对提升中学生体育活动坚持性的有效性。

图 9-1　激励贴士样例

可见，人们在做决策或者预测时，往往会受到所提供信息的影响，即使这一信息缺乏足够的参考价值。类似地，我们可以设想以下情形：当你去逛超市时，发现一种水果叉的标价为10元，你会觉得这个价格是贵、适中还是便宜呢？似乎很难有十分确定的答案。此时，不论你是否意识到，你对于价格的感知很容易被外界的"锚"左右。

资料来源：王晓庄，安晓镜，骆皓爽，等. 锚定效应助推国民身心健康：两个现场实验［J］. 心理学报，2018，50（8）：848-857.

9.2.1　同化效应

同化效应（assimilation effect）是指人们的态度和行为逐渐接近参照点的过程，是个体在潜移默化中对外部环境的一种不自觉的调适。正如古人所说的"近朱者赤，近墨者黑"，在消费者的认知过程中也会发生这种"近朱者赤，近墨者黑"的效应。那么，如何让价格看起来更低呢？方法之一就是在价格中隐藏一个寓意为小的或者低的锚，利用同化效应，让消费者受到较小的锚的影响，认为商品价格比较低。具体来说，在定价中利用这一效应有以下五种方法，分别是字体大小影响量级感知，使用潜在含义为小量级的文案，分期付款，每日等值价格，以及精准的高额度价格。

1. 字体大小影响量级感知

人们的大脑有一块负责大小认知的区域，并且在视觉面积更大与数字量级更大之间有一块模糊区域。因此，面对同样的价格，消费者会认为字体更小的价格更便宜，即字体的大小也可以成为一种锚。

这一效应折射出人们会认为视觉面积小的对象，其实际量级也会偏小。因为价格代表消费者需要付出的成本，所以需要让消费者感觉越低越好。但反过来，如果进行促销折扣等活动，这个时候就需要让消费者感受到尽可能大的力度。此时我们可以换个角度利用这一效应——用尽量大的字体标注折扣。请回想商家在促销时，是否经常会把折扣的字体写得很大、很显眼（见图9-2）。这样做的目的可不仅仅是吸引注意力，而是让消费者感觉折扣的力度更大。

图 9-2　大字体标注的折扣信息

2. 使用潜在含义为小量级的文案

之前所述的字体大小效应还有进一步的延伸。Coulter（2005）设计了一个实验，测试材料为描述不同的溜冰鞋。其中一组实验参与者看到的是强调低摩擦的描述，另一组则是强调高性能的描述。尽管参与者将这两项卖点视为同等权重，但在定价层面却会倾向"低摩擦"描述的溜冰鞋。也就是说，消费者会把低摩擦这一叙述所隐含的低、小等相关意义进一步泛化到价格这一与它并无关联的属性上，尽管他们自己可能都并未意识到这点。

3. 分期付款

除了改变价格的呈现方式之外，经过设计的付款方式也能够影响消费者的价格感知。营销学者发现，相比于一次性付全款，提供多次的小额分期付款更容易使消费者形成低价认知。假设教育机构出售一门价格为 2 000 元的网课，消费者会觉得分期付款的价格（比如分 5 期，每期 400 元）看起来更便宜。

◎ 营销工具箱

请注意，分期付款很容易造成超前消费，尤其是在首付很低时。从营销的角度来说，超前消费可以带动新的消费热点。但是从消费者的角度来说，超前消费也会带来一些负面影响，比如促进物质主义、造成低储蓄率等。从长远来看，这对企业可能也是有害的。例如，2007 年美国爆发的次贷危机的深层原因之一就是超前消费。

有趣的是，研究发现消费者其实并不"傻"。实际上，他们完全清楚用 400 和 2 000 去比并不正确。但是实际上这点并不重要，因为消费者在做价格比较时，经常是无意识的。这就是通常来说分期付款都很有吸引力的重要原因。

4. 每日等值价格

分期付款的策略有一个局限性——对于价格不是特别高的产品，分期付款看上去就显得很奇怪。例如，手机通信月套餐的价格是 90 元，很少有人会选择对这一并不昂贵的价格进行分期。在这种情形中有一种延伸策略，就是将价格折算为每日等值价格。这一方法的本质是从形式上对价格进行分期，能起到类似的效果。例如，商家可以将 90 元的月套餐换算为 3 元 / 天，这种算法也会让消费者产生总价较低的感觉。

5. 精准的高额度价格

Thomas、Simon 和 Kadiyali（2007）在分析了 2.7 万个房产交易样本之后发现，当价格更精准时（比如 362 978 美元与 350 000 美元，前者更加精准），买家愿意支付更多的钱。这一效应产生的原因在于，当消费者处理相对较小的数量级时，会格外追求精准的数字。例如，你可以回忆在超市买菜与买家电时的情形：对于上次购买的菜能记得较为精确的价格数字（比如青菜 1.5 元一斤）；而对大家电的价格只有模糊的记忆（比如电视的价格是 3 000 多元）。基于这种习惯，更精准的数字会激发起价格与小数量级数值之间的关联，从而影响人们的价格认知。因此，对于较高的价格，精准定价时会以更小的量级作为消费者价格感知的引导，从而让消费者感觉价格更低。

9.2.2 对比效应

与同化效应相对应的还有对比效应（contrast effect），它的作用原理和同化效应恰恰相反。例如，同一种颜色被放在较暗的背景上看起来明亮些，被放在较亮的背景上则看起来会暗一些。换个角度来说，我们也可以利用对比效应放置一些大量级的锚作为对比，同样可以显得价格比较低。维多利亚的秘密（以下简称维密）每年都会推出一款天价内衣，很多消费者都会怀疑到底谁会花那么多的钱去买一件镶满钻石的内衣。而维密的秘密就在于形成对比效应，当消费者看完价值 34 000 000 元的内衣后，自然就会觉得维密 500 元的内衣没有那么贵了。

下面我们将介绍六种不同的对比效应情形，包括向消费者展示较高的"陪衬价格"，向消费者展示任何一个较高的数字，将价格降序排列，把前代产品的价格提高，给价格增加视觉对比，以及设置一个诱饵选项。

1. 向消费者展示较高的"陪衬价格"

Nunes 和 Boatwright（2004）进行了一项十分有趣的研究，他们在人行道上兜售 CD。在这期间，每隔 30 分钟就让相邻的商店将橱窗里展示的卫衣的价格调整一次，共有两种价格：要么 10 美元，要么 80 美元。结果发现，当卫衣价格展示为较高的 80 美元时，买家愿意用更高的价格买 CD。这说明卫衣的展示价格的确能够影响人们对于 CD 的价格认知。

📍营销工具箱

零售商店可以充分利用陪衬价格的作用。例如，在店内设置一些定位较高的海报款拳头产品。这样既可以宣传产品，又能装饰环境，还可以促销，一举三得。例如，耐克的常用手段是在其门店放置詹姆斯的海报，并将他代言的篮球鞋作为展示产品，因为詹姆斯的签名球鞋是价格最高的，消费者看完会觉得其他产品的价格相对变低了。

2. 向消费者展示任何一个较高的数字

我们了解到消费者对于产品的价格认知会受到其他产品的价格的影响。实际上，营销学者发现即便是一个非产品价格的无关数字，也会左右消费者对价格的解读。这实际上和幸运轮实验有异曲同工之处。为了验证这一效应，Ariely，Loewenstein 和 Prelec（2003）设计并进行了一个实验。他们选了一堆不同的商品，包括无线键盘、红酒、巧克力等，然后询问实验的参与者是否愿意用自己身份证后两位数字的价格去购买这些商品。在收到是或否的回答之后，研究人员会进一步询问他们愿意为购买该产品支付的价格（意向价格）。结果发现，实验参与者的意愿价格与其身份证号数字呈现出明显的相关性。表 9-1 展示了身份证尾数与支付意愿均值。

表 9-1　身份证尾数与支付意愿均值

身份证尾数	支付意愿均值／美元
00～19	16.09
20～39	26.82
40～59	29.27
50～79	34.55
80～99	55.64

类似地，Adaval 和 Monroe（2002）的研究结论也表明，如果在价格数字出现之前，先让消费者无意识地注意到一个较高的数字，会使得消费者感觉接下来出现的产品价格相对更低。

3. 将价格降序排列

大多数商店都会同时销售多种价格不同的商品，那么商品价格的排序是否重要，会不会影响销量和利润呢？研究表明，如果将产品按照价格降序排列展示，消费者会受其影响而选择一个相对较贵的产品。

Suk，Lee 和 Lichtenstein（2012）在一个酒吧中验证了这个论点。通过持续 8 周的调查，以 1 195 杯啤酒为样本，研究者发现，当他们将产品按照价格从高到低的顺序排列时，获得的营业利润最高。通过这样简单的顺序调整，酒吧老板平均可以在每杯啤酒上多赚 0.24 美元。此后，研究者又在其他情境中重复验证了这一研究结论。因此，这个研究结果是适用于大部分商品的。

这一效应产生的原因在于，当消费者需要对一系列商品估价时，他们会以见到的第一个价格作为参考价格。当按照价格降序排列产品时，首先映入消费者眼帘的是较贵的产品，他们对价格就会产生较高的认知。因为消费者以这个较高的价格作为参考价格，所以其他相对便宜的选择就会看起来更加划算。

4. 把前代产品的价格提高

随着科技革新的速度越来越快，新产品推出的频率也在不断提升。企业不得不经常面对一个问题：如何处理新旧产品的价格关系。直觉上较为可行的一种策略是对旧产品实施大幅度打折处理，尽可能将它卖出去，从而利于现金回流。但是，这一策略忽视了消费者在考虑是否购买新产品时，会将其性能、价格与旧产品做对比。在这一问题上，Baker，Marn 和 Zawada（2010）给出的建议则恰恰相反——提高前代产品的价格。因为这一举措可以提升消费者心中的参考价格，进而降低他们对新产品的价格期待，有利于让新产品的营业利润更加可观。如果选择使前代产品降价，实际上是主动走下坡路，因为更低的前代产品的价格将显得新产品更加昂贵。

> **营销工具箱**
>
> 科技产品，比如电子产品的时效性非常强，因此科技公司的利润主要集中在新产品上。但是，很多企业在推出新产品的同时仍然想最大限度地保证前代产品的销量，所以选择对前代产品进行打折降价处理。殊不知，这样无意中创造了新旧产品的内部竞争，从而对新产品的销售造成潜在的负面影响。

5. 给价格增加视觉对比

在提供一个相对较高的锚时，有一些从感官角度出发的方法可以进一步提升实际效果，具体的操作方法也非常简单。第一种是将参考价格与实际价格在视觉上强化区隔（比如使用不同的字体颜色）。原理在于，消费者会将视觉上的区隔转化为更加明显的数值区隔。第二种是采用物理距离区隔：当实际价格的数字在水平距离上远离参考价格时，人们感知到的数字差值会更大。第三种是之前论述的字体大小：如果用小字标注实际价格，并放在用大字标注的参考价格旁边，前者看起来会更低。

6. 设置一个诱饵选项

现在我们已经知道消费者非常依赖锚来形成价格感知和辅助决策了，有时候商家也可以设置一些看起来似乎很"愚蠢"的锚，来诱导消费者做出有利于销售的决策。

在《怪诞行为学》（*Predictably Irrational*）一书中有一个订阅《经济学人》杂志的经典案例。《经济学人》提供三种订阅价格：①仅订阅电子版，售价59美元；②仅订阅印刷版，售价125美元；③订阅电子和印刷双版，售价125美元。

读者第一反应会认为"仅订阅印刷版"的价格估计是敲错了。哪个人会在用同样的价格能买双版的情况下还坚持买单版杂志呢？是的，在美国麻省理工学院斯隆管理学院，Ariely（2008）让100个学生做出选择，结果显示，16个人选择了单订电子版（59美元）；没有人选择单订印刷版（125美元）；84人选择了印刷版加电子版套餐（125美元）。可见，麻省理工学院的学生全都看得出印刷版加电子版套餐相对于单订印刷版的优势。

不过，现在就把功劳归于印刷版加电子版套餐还为时过早。为了进一步验证这一作用，Ariely（2008）把这一选项删除，观察了另外100名学生的选择。这一次，选择59美元单订电子版的人数从原先的16人增加到68人，而选择125美元套餐的人数则从原先的84人下降到32人。可见，其实学生们并不是真的偏爱印刷版加电子版的套餐选项（理性思考一下，同时拥有电子版和纸质版其实是很浪费的），造成他们选择改变的关键因素就在于单订印刷版这一陷阱选项。

9.2.3 锚何时会有副作用

前面我们讨论了各种锚的设置方法，由此衍生出一个问题：既然锚如此有效，是不是可以多设置一些锚呢？需要注意的是，锚的设置务必合适，不然可能会适得其反。

Kim，Novemskey 和 Dhar（2012）的研究成果反映了这一问题。在一个实验中，他们把参与者随机分到两组，测试他们是否会购买一包口香糖。每组都有两种口香糖可供选择：第一组参与者看到的两种口香糖价格一样（63美分）；而第二组看到的则是两种价格略有差异的口香糖（62美分与64美分）。结果发现，第二组中的消费者购买口香糖的概率会更大。

这是为什么呢？照理说第一组中的口香糖的价格最相近，消费者需要比较的属性很少，似乎更容易做出选择。实际上，恰恰相反。当不同的口香糖被定为同样的价格时，消费者会坚持认为不同的口香糖之间一定是不同的，他们会持续、努力地搜寻信息进行对比，而这一行为费时费力且未必有理想的结果。此时，一个过于类似的锚（比如此例中价格相同的同类产品）反而阻碍了消费者的决策。使价格稍许不同反而使得消费者很容易发现不同产品之间的差异，从而降低了消费者进行对比的需求。在这种情形下，消费者不再用心寻找两个产品之间的差异，因此也就更容易做出购买选择。

此外，不同质的锚会互相干扰，还可能出现在不同产品被放在一起的时候。Brough，Chernev（2012）做了这样一个实验，当他们把一个多功能健身器与专业健身房1年的年费放在一起时，有51%的人选择多功能健身器。但当他们把多功能健身器和一个免费的健身DVD放在一起时，仅有35%的人选择健身器。这是因为免费的DVD降低了健身器的感知价值。可见，如果把低价商品与高价商品捆绑在一起，会对高价商品产生负面影响，它的优势，比如质量、品位等会被"稀释"。

9.3 降低消费者的支付痛苦

损失厌恶是前景理论（prospect theory）的一个重要发现，它是指人们在面对同样数量的收益和损失时，会认为损失更加难以忍受。在购买情境中，消费者需要付出金钱，尽管能够获得产品或者服务，但是损失带来的痛苦要比获得伴随的收益更为强烈。这种付钱时"肉疼"的感觉自然会降低消费者在交易中的愉悦感。因此，为了提高消费者的感知交易价值，商家需要尽量降低付款所带来的心理疼痛。

| 经典和前沿研究 9-2 | 时间与金钱

在商品营销和日常消费中，我们可以看到商家经常会使用与时间或金钱相关的广告进行营销。例如，戴比尔斯公司"钻石恒久远，一颗永流传"的广告词用钻石时间长久的特点吸引消费者，而日常在大街小巷听到的"两元两元，全场两元，通通两元"的广告词则强调了金钱的概念。为什么日常生活中这么多广告都提到了时间或金钱呢？时间或金钱又是如何影响消费者购物决策过程的呢？

童璐琼等人（2013）的研究表明，当启动消费者的时间概念时，消费者会意识到时间资源的稀缺，更关注自身的长远利益和幸福，从而在有益品和有害品中更倾向于选择有益品。研究者通过混词组句任务（scrambled-words task）启动被试者的时间概念。在该任务中，每个被试者都要完成18个造句练习，每个造句练习有4个打乱顺序的词语，要求被试者用其中的3个词语组成一有意义的句子。具体来说，在18组造句练习的9组词语中各有一个词与时间相关，比如"床单 这条 更换 闹钟"；而控制组的18组词语则都没有特殊含义，比如"床单 这条 更换 袜子"。在完成造句练习后，实验一让被试者选择维达纸巾（有益品）或德芙巧克力（有害品）作为奖励，实验二让被试者选择奶油蛋糕（有害品）或云南白药牙膏（有益品）作为奖励。结果均表明，相对于控制组，启动时间概念的被试者感知冲突更大，更多地选择了代表有益品的维达纸巾和云南白药牙膏。金钱概念的启动会影响消费者对享乐品和实用品的选择。

Tong 等人（2013）的研究表明，当启动消费者的金钱概念时，消费者更倾向于在享乐品和实用品中选择实用品。在实验中，他们同样通过混词组句任务启动被试者的金钱概念。具体而言，在18组造句练习的9组词语中各有一个词与金钱相关，比如"床单 这条 更换 价钱"；而控制组的18组同样没有特殊含义，比如"床单 这条 更换 袜子"。除此之外，他们还通过货币识别任务（让被试者辨认货币，如英镑、韩元、日元等）激活被试者的金钱概念，然后在实验一中让被试者选择南孚电池（实用品）或奶油蛋糕（享乐品）作为实验奖励，在实验二中让被试者选择英语词典（实用品）或者科幻小说（享乐品）作为实验奖励。结果发现，金钱概念启动组的被试者更多地选择了实用性较强的南孚电池和英语词典。

资料来源：1.童璐琼，郑毓煌，赵平.借我一双时间的慧眼：时间概念对消费者有益品和有害品选择的影响［J］.营销科学学报，2013，7（3）：42-50.
2. TONG L，ZHENG Y，ZHAO P.Is money really the root of all evil? The impact of priming money on consumer choice［J］.Marketing Letters，2013，24：119-129.

在本节中，我们将介绍六种会在一定程度上降低支付所带来的心理疼痛的方法。

9.3.1 删除价格标签上的货币符号

要达到减轻心理疼痛的目的，一种简单的方式就是避免消费者意识到他们需要付钱。而提醒他们正在付出金钱的重要标志就是金钱符号，所以商家可在适当的情境下把商品或服务价格标签上的货币符号拿掉，这样会降低消费者对于花钱的意识，进而缓解消费者预计的支付痛苦。

目前，电子支付在我国已经高度普及。在电子支付的过程中，扫描一个二维码即可完成支付。在这种电子支付过程中，自始至终没有任何货币符号展示出来。与用现金支付相比，这种电子支付方式不仅可以给消费者带来便利，更降低了消费者支付过程中的痛苦与纠结的感觉。这样看来，电子支付的流行也是一种必然。

营销工具箱

目前，绝大多数商家都会在价格标签上标注货币符号。实际上，这一举措并不是必要的，因为消费者都能意识到本国使用的货币类型。因此，商家应当去掉这些符号，这样可以刺激消费者的购买欲望。

9.3.2 创造一种支付媒介

除了删除货币符号之外，减轻支付痛苦还可以通过创造非现金的支付媒介实现。例如，大家可以思考，银行为何要鼓励用户办卡？商店为何要推出礼品卡？它们有什么共同点？很显然，不单单是便利性需求，这些间接的支付方式都能麻痹消费者，让他们感觉其实自己并不是在花"钱"。通过在消费者的钱和其支付行为之间创建一个独立的媒介,可以改变消费者对于支付行为的认知——尽管消费者知道他们在消费,但是并没有直接目睹钱从手中流失的过程,所以不会很痛苦。

Shah、Eisenkraft 和 Bettman 等人(2015)在其论文中验证了这一效应。在一个实验中,参与者被要求购买一个马克杯,原价为 6.95 美元,无论是现金或刷卡都可以优惠 2 美元。购买后 2 小时,参与者被要求将该马克杯重新出售,价格自定。结果发现,尽管参与者购入的价格相同、拥有马克杯的时间也相同,但用现金支付的参与者给出的价格比刷卡的人高出近 3 美元。用现金支付的参与者还表示,他们对马克杯有更深的感情。由于现金交易带来的支付痛苦是最高的,所以这组消费者需要更高的售价来弥补他们支付时的痛苦。

| 经典和前沿研究 9-3 | 当支付走向社交化

传统的大型网购零售平台(淘宝、京东、亚马逊)大多采用固定定价机制,即平台设定价格,消费者根据价格做出购买与否的判断。相较而言,随着闲置市场规模的扩大,越来越多消费者开始参与定价,消费者在卖家和买家的角色中来回切换。例如,我国最大的二手交易平台——闲鱼,其用户数已经突破 5 亿且商品量超过 10 亿。这种直接与他人买卖商品的形式被称为 P2P 支付,通常用于社交环境(分摊聚会餐费、房租)。

Huang 和 Savary(2023)的研究发现,当消费者预期使用 P2P 支付进行交易时,交易成功率更高。研究者告知参与者将向陌生人购买或出售物品,且预期交易方式为传统支付方式(现金、信用卡和借记卡)或 P2P 支付。随后要求参与者指出愿意购买或出售该物品的可接受价格。结果表明,当消费者使用传统支付方式时,卖家的售价高于买家愿意支付的价格;而当消费者预期使用 P2P 支付进行交易时,卖家愿意接受稍低的价格且买家愿意多支付一点。

除此之外,这一效应也在两次市场模拟中得到了重复验证。两次模拟分别使用 P2P 条件下的报价及传统支付方式条件下的报价。每一轮(重复 5 000 次)随机抽取一个卖方价格和一个买方价格,如果卖方的最低售价低于或等于买方支付的最高金额,视为交易成功。平均而言,P2P 市场中成功的潜在交易比传统支付方式市场多 9%。因此,这项研究具备一个直接的现实意义:通过鼓励使用 P2P 支付方式,消费者对消费者的电子商务平台可能实现交易量的增长,从而提高市场效率和收入。

与传统支付方式相比,P2P 支付巧妙地暗示了交易环境的社交性,由此激活了社交交易定价规范,从而增加了更具合作性的参与式定价的可能。即使消费者明确意识到交易对象是一个陌生人,这种情况也会发生。

资料来源:HUANG L,SAVARY J. When payments go social:the use of person-to-person payment methods attenuates the endowment effect [J]. Journal of Marketing Research,2023,60(3):585-601.

9.3.3 把注意力转移到时间相关的因素上

古人云,一寸光阴一寸金,寸金难买寸光阴。虽然我们被教育说时间比金钱更加重要,但实际上,相比于损失时间,人们通常还是更加在意金钱的流出。

Mogilner 和 Aaker(2009)在柠檬汽水摊上进行了一个实验。他们制作了三个展示不同利益点的广告牌,分别是:①时间组,花一点儿时间,畅饮 C&D 的柠檬水;②金钱组,花一点儿钱,畅饮 C&D 的柠檬水;③控制组,畅饮 C&D 的柠檬水。接着,实验参与人员可以根据看到的广告牌自由出价。结果时间因素胜出:这一组中的实验参与人员给出的价格是其他组的两倍。因此,在撰写文案时,商家可以有针对性地强调消费者使用产品时的美好时光。这不仅会让产品看起来更有吸引力,同时也转移了人们的支付痛苦。

9.3.4 消费之前先收费

付钱的过程很痛苦,但是使用产品或者服务的过程通常是很享受的。据此,商家可以采取预付费的策略,以后期较长的享受时间弥补前期付钱的痛苦。通过预先缴费,消费者在使用产品或服务时会觉得更加幸福。因为在这一过程中,他们的注意力会完全集中到他们将要享受的利益点。反之,如果消费者提前享受了产品,在最后需要支付的时候痛苦就会被放大(Prelec and Lowenstein,1998)。

📍营销工具箱

预付费策略的优势在于降低消费者感知的支付痛苦,但是并不是所有的商品或服务都适用于这一策略。例如,一些高档的消费场所(高级餐厅等)如果在顾客点单完毕之后就立即收费,则可能会引发消费者的负面情绪。

这一效应的重要依据是经典的巅峰结尾理论(peak-endtheory)。Kahneman,Fredrickson 和 Schreiber 等人(1993)发现,人们对体验的记忆由两个因素决定:高峰(无论是正向的还是负向的)时与结束时的感觉。这条定律基于人们潜意识总结体验的特点:在结束一项事物的体验之后,人们所能记住的就只是在高峰与结束时的体验,而在过程中好与不好的体验的比重、好与不好的体验的时间长短对记忆几乎没有影响。进一步说,在这两大关键因素之中,结尾起的作用比巅峰更加强烈。正因为如此,商家可以大胆地让消费者吃苦(付钱)在前、享乐(使用产品或服务)在后。

9.3.5 在月初进行促销

Soster,Gershoff 和 Bearden(2014)在研究中发现了有趣的"最后一块钱效应"(bottom dollar effect)。该效应认为,余额数量影响痛苦程度,我们的支付痛苦与预算的减少呈正相关。兜里的钱越少,花的时候越痛苦。这个效应会影响消费者的支付意愿和购买满意度。消费者往往在预算较多的时候更容易买东西,也更享受。假设你本月共有 3 000 元的预算,而买一张电影票需要 100 元。你在月底花的时候是最痛苦的,因为预算快没了。这一效应背后的原因正是心理账户。理性地说,100 元的价格是稳定的,不会因为自己有 3 000 元还是 300 元而改变。但是人们却会非理性地将有 3 000 元时的 100 元和有 300 元时的 100 元放在不同的账户中区别对待——对前者抱着相对无所谓的态度,而如果是后者则会谨慎很多。

这一效应有着很强的实际意义。例如,折扣(或者与价格相关的促销)可能在月底的时候收效最佳。因为此时消费者的预算紧张，急需省钱。而诸如免费试用这样的活动可以多在月初实行，原因在于这时候消费者的预算比较宽裕，如果试用时获得了良好的体验，将有较大的可能性进行购买。

| 经典和前沿研究 9-4 |　跨市场折扣效果与心理账户可塑性

如今市场竞争愈演愈烈，消费者追求差异化、多样化的消费体验。商家为开拓新业务、创造新增长会尝试不同程度的跨界，包括品牌延伸、产品联名等，而跨市场折扣就是商家通过折扣进行跨界营销的一种方式。常见的跨市场折扣有很多，比如加油站会连同便利店一起开展营销活动，在加油站加100元汽油，即可在指定便利店购物时使用10元优惠券。这里的折扣从成品油市场中来，到便利店这个目标市场中去，横跨了两个时空与功能均有距离的市场。对于折扣来源市场主体加油站来说，这10元营销费用以便利店优惠券的形式发放，相比更直接的折扣，也就是发10元加油优惠券更能提升总销售吗？

王小毅和王裕舟（2023）做了两个子研究，通过二手数据分析和随机田野实验，验证了跨市场折扣对来源市场和目标市场消费的刺激效果，以及心理账户可塑性对折扣价值的影响如何调节跨市场折扣的效果。

第一个子研究同大型成品油零售公司合作，分析了其移动app支付渠道中30个月的实际销售数据，以成品油市场到日用品市场的跨市场折扣效果为研究对象。研究者构建了混合线性模型，通过样本倾向性得分匹配、控制变量等方法应对消费者自选择折扣类型对折扣效果偏差的影响，排除消费惯性效应、预算效应。该子研究得出的结论证明，使用跨市场折扣确实能比使用自市场折扣刺激更多的消费，其中来源市场单次消费相比使用自市场折扣时提升了10.7%～11.9%，而目标市场则提升了16.0%～23.0%。此外，结果还支持消费者的思维模式以及分类模糊性对跨市场折扣效果的调节作用。当消费者处于分析型思维模式以及分类本身很清晰时，跨市场折扣的效果均会减弱，体现了跨市场折扣需要消费者的心理账户具备可塑性时才能起效的特点。

第二个子研究同特大城市地铁技术服务公司合作，研究了另一种跨市场组合，即从日用品市场到公共交通服务市场。研究者在真实场景中进行了随机实验，邀请使用地铁app的乘客对便利店送地铁车费折扣这种跨市场折扣进行评价。通过2（跨市场/自市场）×2（促进框架/预防框架）的实验设置，首先复现了跨市场折扣相比自市场折扣对消费意愿的更大提升；其次验证了感知折扣价值在跨市场折扣里的中介作用；最后以预防框架的广告信息将个体心理账户记账参照向成本支出而非折扣收益引导，发现预防框架将削弱跨市场折扣的效果。

资料来源：王小毅，王裕舟. 跨市场折扣效果与心理账户可塑性 [C]. 长沙：中国营销科学学术年会，2023.

9.3.6　善打"免费"牌

损失会带来痛苦，获得则会增加愉悦。因此，当消费者需要花钱时会感觉到"疼"，而如果不需要任何花费就可以"白占便宜"，他们则会非常开心，并放松警惕。实际上，天上不会无缘无故"掉馅饼"，商家可以在看似"免费"的商业模式上大做文章。那么，具体有哪些实施的方法，商家又如何通过"免费"获利呢？

第一种也是最常见的形式是赠品策略。这是一种非常典型的利用消费者爱占便宜的心理进行促销的方法。赠品活动之所以屡试不爽，就是因为它暗含的免费意味能够紧紧抓住消费者爱占便宜的心理。殊不知，消费者为了获得看似免费的赠品，首先需要购买其他的商品，而这些商品不一定便宜，且未必是消费者当前迫切需要的。实际上，商家在设计所谓的"内含赠品"时，已经把赠品的成本计算在总价里了，网上购物常见的包邮也是如此。

第二种方式是利用第三方市场。这一策略同样得到了广泛应用。例如，我们看的电视节目、收听的广播节目，大部分都是免费的。之所以消费者可以免费收看、收听，是因为这些节目都已经有广告主付过钱了。观众或听众在看或听节目的同时也会看到广告。因此，这些节目制作方做的事情并不是把电视和广播节目卖给观众或听众，而是把这些消费者卖给了广告主。这一过程把本来应该在制作方和消费者之间进行的金钱交易，通过第三方广告主转移了。

前两种免费的形式都是较为经典的，多采用传统商业环境中的免费模式。近年来，互联网经济的飞速发展也催生一些新的免费商业模式，其中最具代表性的就是有限免费策略，或者叫作免费加收费模式。有很多知名的互联网产品都是以这种形式运营的，比如云记录软件"印象笔记"。该软件的基础版是免费的，任何人都可以自由使用。但是它也有专业版，如果消费者想要更多、更强大的功能，就需要付费升级。当然，如果消费者不买专业版，仅仅使用免费版也是可以的，并不会出现捆绑销售的情况。很多互联网产品都遵循"5%"这一原则，即 5% 的付费用户是产品的主要收入来源。在这一模式下，100 个用户中只有 5 个是付费的。这种模式之所以能维持下去，是因为企业给不付费的 95 个用户提供服务的成本是相当低的，低到几乎可以忽略不计。因此，企业并不会因为使用人数的增加而承受更多的成本压力。据此，互联网产品可以通过免费用户占据市场空间，并借助付费用户实现赢利。这一模式之所以会在互联网经济中盛行，而很难扩展到实体经济中，根源在于互联网产品的特殊性——不生产实体产品，所以成本可控性很强。但是，对于绝大多数实体产品而言，实现完全的免费是不太现实的，因为原料、库存、渠道等成本无法规避。

9.4 增加价格认知的愉悦感

交易价值的实质是消费者在购物过程中获得的愉悦感。因此，如果能够提升消费者在购物过程中的愉悦感，尤其是消费者看到价格数字时的愉悦感，那么消费者的感知交易价值就会有所提升。那么，营销者该如何提升消费者在看到价格数字时的愉悦感呢？

心理学中有关情绪的研究表明，人们感知到的情绪可以分为两类：一类是由当前待处理的信息/对象带来的情绪，比如当我们看到鲜花时，会感觉很开心，那么这种因看到鲜花带来的情绪正属于这一类别；另一类情绪是指人们在某一时刻本身已经存在的情绪状态，这种情绪状态与当前待处理的信息/对象无关，一般可以称之为偶然情绪（incidental emotion）。例如，一个女孩在看到鲜花之前观看了一部非常悲伤的电影，当她看到鲜花时，她还沉浸在悲伤之中，这种情绪与消费者是否看到鲜花没有关系。

在消费者处理价格信息之前，如果消费者已经感受到了愉悦的偶然情绪，那么消费者对价格信息的评价则更加积极，也更有可能产生购买行为。在 Hock 等人（2020）有关促销游戏的研究中，作者们发现，与直接折扣相比，在促销过程中设计游戏环节能够让消费者感觉更幸运、更兴奋，这种积极的情绪进而使得消费者产生了更强的购买意愿，最终提升了其转化率和支出水平。上述的研究结论与近几年"双 11"天猫全球购物节的促销设计不谋而合。2017 年，阿里巴巴邀请国内外一众明星，举办了"双11"狂欢夜晚会，该晚会在浙江卫视、北京卫视、深圳卫视同步直播，让消费者能够一边看晚会，一边买买买。狂欢夜的设计无疑是能够提升消费者的积极情绪的，而这种积极情绪最终为天猫的天价成交额做出了贡献。无独有偶，2020 年天猫"双 11"又推出了超级星秀猫活动，通过连续多日的云养猫、获喵币、邀好友、领红包等一系列的操作，不仅增加了消费者获得红包的趣味性，同时也提升了消费者的黏性。

| 经典和前沿研究 9-5 | 拼多多的成功路

拼多多作为下沉市场"一哥"，近年来的知名度直逼传统电商（淘宝、天猫、京东）。一句"3 亿人都在用的拼多多"奏响了拼多多平台的最强音。2023 年拼多多的市值也从刚上市时的 1 080 亿美元，飙升至 1 847 亿美元。与此同时，"电商老大哥"阿里巴巴的市值为 1 954 亿美元，可谓伯仲之间。拼多多仅以阿里巴巴一半不到的时间，彻底坐稳了电商届的第二把交椅。

拼多多为提升平台宣传度开展了很多活动。例如，天天拿现金、砍价/免费拿、限时秒杀、多多果园、天天爱消除等游戏化的服务入口，以游戏的思维运营电商平台。在这类游戏化的模式下，消费者只需动动手转发活动链接，就能无需任何成本拿到所谓的免费产品，甚至是百元红包。拼多多平台看似亏本让利于用户，实际上通过用户的社交网络圈在短期内聚集大量裂变流量，并增加了用户的活跃度和黏性。拼多多的社交分享裂变模式极大地降低了该平台的获客成本（"名人效应"、广告投放、事件营销等活动的成本）。拼多多用最少的钱把宣传做到了极致。

拼多多平台通过游戏化的用户互动和极强的社交属性，实现了用户数量的裂变式增长。在利用"让利营销"提升消费者愉悦感的同时，更以一种看似"病毒式"的营销模式达到扩充流量的效果。

资料来源：作者根据网络资料整理。

除了通过影响消费者的偶然情绪提升他们见到价格信息时的愉悦感，另外一个影响消费者处理价格信息过程中愉悦性感知的因素是价格本身产生的元认知。正如前文提到的，消费者在处理与价格相关的交易信息时，其认知过程的流畅与否、容易与否都会影响消费者对价格的感知，这种元认知的影响往往是消费者自己无法意识到的，所以其影响更加微妙。

在元认知的研究中，具有代表性的是关于流畅性效应（fluency effect）的研究。流畅性是人们对加工信息难易程度的一种主观体验（Oppenheimer，2008），它可以被分为知觉流畅性、概念流畅性、提取流畅性等。其中，知觉流畅性涉及个体对刺激进行较低水平的加工，反映了个体对知觉外部信息难易程度的主观感受。它本身并不是一种认知操作，只是一种有关认知操作的感受。例如，当看到印刷模糊的书，人们能够意识到上面的字迹很难看清（见图9-3）。当一幅图片的颜色十分暗淡时，人们能够意识到要看清画中的事物需要更多的努力。

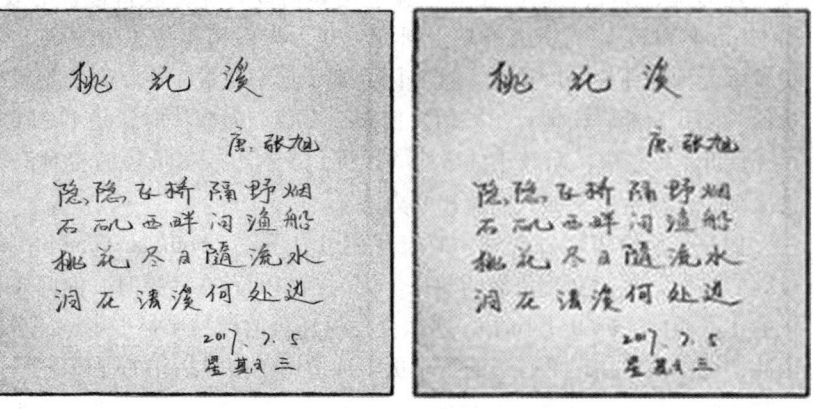

图 9-3　流畅与非流畅的认知体验

流畅性体验在人们的决策中起着重要的作用。Alter 和 Oppenheimer（2006）发现知觉流畅性会影响人们的投资选择。在一家公司刚上市的几个月内，人们缺少相应的信息以评价新公司的股票，所以会根据一些偶然因素预测这只股票的成绩，比如知觉流畅性。研究者发现，名字简单的股票在刚刚投放到市场的几个月内的表现好过名字复杂的股票，因为人们认为流畅性高的股票表现会更好。这种主观感受驱动人们做出购买决定，从而在短时间内提升了股票价值。Nathan，Novemsky 和 Dhar 等人（2007）的研究也得到了类似的结果：当商品的描述不能使消费者得到流畅的知觉体验时，个体倾向于推迟购买行为。

下面我们将介绍元认知在定价中的一些应用实例，包括：低价在左与下，高价在右和上；整数与非整数；提供容易计算的折扣；向消费者展示价格的两个约数；根据名字和生日定制价格；产品与价格的呈现顺序。

9.4.1　低价在左与下，高价在右和上

方向不仅可以指代空间信息，还有更深层次的含义。Dehaene，Bossini 和 Giraux（1993）指出，人们会把数字概念化为假想的水平线，即数字从左到右是逐渐变大的。Cai，Shen 和 Hu（2012）进一步发现消费者对于商品属性的估算会受到目标本身所处的空间位置的影响。

具体而言，相对于左边，当估算的目标处于某一空间的右边时，消费者的估价会更高。例如，假设一个消费者正在浏览广告上的衣服并估计那件衣服的价格，那么当衣服的图片处于页面的右侧时，消费者对它估计的价格会更高。

总的来说，低价的产品适合出现在左边。相反，较高的价格最好放在右边。这样符合人们越往右数值越大的大脑潜规则，进而可以提高其信息流畅度。除了水平位置之外，人们对垂直位置的感知也有跨领域的扩展。例如，正如成语中的高高在上、青云直上等，空间概念中的"上"往往隐喻好的品质。Meier 和 Robinson（2004）还发现，人们读取屏幕上方的褒义词会更快，读取屏幕下方的贬义词会更快。那么以此类

推，较低的价格可以放置在下方，较高的价格可以放置在上方。

原价在左，现价在右。很多商家会选择把原价和促销价都摆在标签上从而激发对比效应，那么它们的相对位置应当如何设计才能获得最好的效果呢？Biswas, Bhowmick 和 Guha 等人（2013）研究发现，当促销价格位于原定价格的右方时，消费者感受到的促销幅度最大。这是因为基于人们对数字的认知，把较小的数字放在右边的时候我们能轻松地算出差值。回想一下我们做减法时，是不是通常习惯较大的数字（原价）在左边，而较小的数字（现价）在右边。当价格的相对位置符合这一流畅性原则时，消费者更加认同折扣的力度。

但是，研究者还发现这一效应存在边界条件（boundary condition）：如果折扣价过高或过低，可能会有负面的效果。因为当消费者在计算时，他们要么会觉得商家有机会主义倾向（折扣过小时），要么会觉得在售的产品质量一定有问题（折扣过大时）。因此，把原价放在现价右边的策略更多地适用于中等折扣的促销。

9.4.2 整数与非整数

尽管在数学意义上，整数（比如100）和非整数（比如100.55）相比，除了数量信息的不同之外，并没有其他特殊的含义，但是，从感知角度而言，100这个视觉上更整齐的价格就比看着不那么整齐的价格100.55认知起来更加流畅。Wadhwa 和 Zhang（2015）在研究中发现，因为认知过程更为流畅，所以整数价格在冲动消费中更有效。当消费者可以更顺畅地认知一个价格时，他也会认为这个价格更好。相反的情况也成立，因为消费者需要进行更多的大脑运算解读"有棱有角"的价格，这类定价在理性消费中更有效。因此，如果产品的购买情境是感性的，可以通过抹零获得整数；如果是理性的，则可以加个零头得到非整数。

| 经典和前沿研究 9-6 | 数字的心灵算术

"货比三家不吃亏"，消费者时常面临着这样一个问题：如何更好地以有限的价格购入最合适的商品？消费者都希望尽可能在购物时做出更明智的决策，性价比这一要素便成了重中之重的开路先锋。消费者不仅需要判断哪个商品价格更好，还需要更准确地判断好多少。那么他们如何做出这样的判断呢？通常在比较替代方案时，需要考虑商品价格的数值属性：x 和 y。消费者需要将数值差异映射到以"稍好"到"好得多"为基础的心理量表上。例如，人们可以依赖绝对差异（$x-y$）或相对差异（x/y）的概念进行判断。

Yan（2019）的研究中发现，当消费者有明确的参考信息时，人们倾向于直接依赖绝对差异（$x-y$）来做出比较判断，而缺乏参考信息时，则倾向于计算相对差异（x/y）来形成比较判断。研究将台面烤箱作为刺激，因为它对大众而言既不太熟悉也不太陌生。参与者收到两个台面烤箱的价格（品牌A：100美元，品牌B：150美元），随后参与者对品牌间价格差异程度以及他们对价格高低的了解程度进行评分。具体来说，他们被要求完成以下句子："品牌B比品牌A贵_____。"消费者可以回答"50美元"（即绝对差异）或"50%"（即相对差异）。根据消费者使用美元金额或百分比的倾向，该研究确定了一个可以调节消费者对绝对差异与相对差异的依赖的因素：评估难易度。

不仅如此，我们的身边一定有这样的人

（或许就是你自己），会用"她"或"他"而不是"它"来称呼自己的汽车、计算机等私人物品。随着经济发展的深化，消费者越发将产品或品牌与类人特征联系起来。正如前面提到的商品价格一样，除了数字表现外，我们是否也能赋予数字个性？

Yan 和 Sengupta（2021）的研究提出相对于不可整除的数字，可整除的数字被认为具有更多的"联系"，因此被认为不那么"孤独"。研究运用了内隐关联测试（IAT），以了解个人的分类过程为借口，参与者被要求尽快将一系列刺激（单词或数字）分配到两个类别中的一个。例如，一系列单词分类为"孤独相关"（比如孤立的、单独的）或"同伴相关"（比如连接的、同伴）；一系列数字分类为"不可整除"（比如17、31）或"可整除"（比如16、27）。研究结果表明相对于可整除的数字，消费者个人认为不可整除的数字与孤独感更密切相关。同理，可整除的数字比不可整除的数字更能带来联系感。也就是说，孤独感的增强会导致参与者对与可整除数字相关的产品和属性做出更有利的反应。

资料来源：1. YAN D. Subtraction or division：evaluability moderates reliance on absolute differences versus relative differences in numerical comparisons［J］.Journal of Consumer Research，2019，45（5）：1103-1116.
2. YAN D, SENGUPTA J. The effects of numerical divisibility on loneliness perceptions and consumer preferences［J］. Journal of Consumer Research，2021，47（5）：755-771.

9.4.3　提供容易计算的折扣

在面对折扣时，消费者总是经意或不经意地尝试计算他们能从折扣中省下的钱。Thomas 和 Morwitz（2006）发现了"计算便利性效应"（ease-of-computation effect），即人们对容易计算的折扣会更有好感。例如，消费者认为 4.96 与 3.96 的价格差会比 5 与 4 的价格差更小。当然，稍微计算一下就知道它们的差值是完全相同的。因此，在制订打折计划时，需要适当地考虑消费者是不是能够很容易算出折后的差价。

9.4.4　向消费者展示价格的两个约数

有时，为了让消费者获得流畅的认知体验，商家甚至可以主动出道简单的算术题给消费者。King 和 Janiszewski（2011）向实验参与人员展示了几张比萨海报，如图 9-4 所示。其中，A 和 B 提供无上限的加料，所以特别实惠。但是，出乎意料的是，实验结果却显示人们反而更倾向另外两张只提供受限加料的海报。仔细观察，我们会发现 C 和 D 的广告中展示了 2 个相乘后等于价格的数字（C：3×8=24；D：4×6=24）。

实际上，在我们大脑的关联网中存在一个常见算法关联。从孩提时代开始，我们就被训练记住常用的运算对象与运算结果之间的不同关联。这种固有关联也叫作数字事实（number facts），它能帮助孩子在成人之后毫不费力地解答简单的运算。由于从小就被训练建立起这种关联，所以当人们看到两个数字时可以轻易地求出和与积。当广告中出现最终价格的两个约数时，消费者可以很轻易地算出其乘积，也就是真实价格。此时，这个价格的"正确性"被大脑肯定了，由运算正确带来的愉悦感会进一步蔓延，直至被消费者混淆为这是他对价格的认同。

图 9-4 用在实验中的比萨海报

9.4.5 根据名字和生日定制价格

Coulter 和 Grewal（2014）在研究时发现，消费者对含有与其名字或生日同样字母（或者发音）的价格更有好感。相比于毫无关联性的定价，当商品的价格中包含名字首字母（比如 fifty-five dollars，Fred）时，消费者有更强的价格认同。同样，当价格零头里的数字与买家的生日一致时，消费者也更有认同感且更愿意购买（比如 49.15 与 4 月 15 日生日）。

这一效应产生的机制是心理学上的内隐自我主义（implicit egotism）（Pelham, Carvallo, and Jones, 2005），即人们会对自己熟悉的信息处理得更顺畅，也会无意识地对与自己有关的事物产生偏好。例如，人们更倾向于选择与自己的姓名相似的城市和职业。心理学家发现，相对于叫其他名字的人来说，名叫 Louis 的人更有可能住在 Louis 街，名叫 Dennis 或者 Denise 的人更有可能成为牙医（dentist）。而这种联系在很多情况下并没有被当事人察觉到，所以是内隐的。

因此，如果需要做一个定制化的报价，商家可以稍微做些努力，把客户的名字或者生日嵌入价格中，这样交易发生的概率就会大大增加。

📍营销工具箱

上述效应在中国消费者身上也有所体现，如果他们看到价格和自己的生日"恰好"一样，很可能会将此归因为缘分，这样交易发生的概率就会大大提升。此外，很多中国消费者非常喜欢"8"这个数字,他们愿意为价格含有这一数字的产品花大价钱,商家在定价时也可以适当利用这一独特的消费心理。

9.4.6 产品与价格的呈现顺序

首先思考一个问题:对于产品与价格,商家应该先展示哪个?

Karmarkar, Shiv 和 Knutson(2015)做了一个核磁共振的研究。在他们的实验中,每个参与者都领到了 40 美元用于网购。在此过程中研究人员通过功能性核磁共振分析参与者脑部的活动。结果显示,产品和价格出现的先后顺序决定了实验参与人员做出购买决策的标准。具体来说,如果产品先出现,参与者会把产品质量作为购买决定的标准;而当价格先出现时,消费者就会更加看重价格。这一发现具有直接的实践意义。例如,如果销售奢侈品,商家希望消费者更多地看重产品质量而不是价格,所以应当选择先展示产品再出现价格的策略;而对于走实惠亲民路线的日常用品来说,则应该先显示价格。

进一步讲,当销售包含多件产品的组合时,应当怎么设计价格和数量的先后顺序呢?例如,假设现在有个产品套装要出售,下面哪种价格呈现方式更好?①29元70个;②70个29元。研究发现,后者更加有效,即把价格放在较大数量的右边(Bagchi and Davis, 2012)。不过需要注意,这一结论存在两个先决条件:第一,产品单价的计算必须是复杂的,这样消费者很难算出精确的单价;第二,数量数字必须大于价格数字。当数量数字更大时,锚定效应将发挥作用。当消费者被锚定在更多的数量时,他们会误认为价格较低。

9.5 感知价格公平

消费者对价格的感知存在两个维度,除了高低之外,另一个维度是公平性。不可否认,这两个维度之间是存在一定的相关性的,但是其内涵和外延并不完全一样。相对于价格高低的感知,公平感侧重的是消费者对卖方的价格与比较方的价格之间差异的合理性、可接受性和正当性的评价。目前,用于解释消费者价格公平感及其影响因素的主要有双权原则理论(principle of dual entitlement)、交易空间理论(transaction space)和归因理论(attribution theory)。

9.5.1 双权原则理论

请想象以下两种情景。第一种情景,由于交通不便,本地莴苣供给短缺,莴苣整体价格都上升了。食品杂货店出售普通质量的莴苣,每根莴苣的价格要比平时贵 30 美分。同时,其他供货商也把单位价格提高了 30 美分。第二种情景,在一个社区中,Red Delicious 苹果发生了严重短缺,杂货店和产品市场的货架上都没有这种苹果了,但是其他种类的苹果都很充足。有一家杂货店收到一船 Red Delicious 苹果,购买的成本与平时是一样的,但它把零售价提高了 25%。

在上述两种情景中,你觉得哪种情况下的价格比较公平呢?实验表明,大多数人把第一种情况评为公平,第二种评为不公平。Kahneman,Knetsch 和 Thaler(1986)的双权原则理论认为,消费者对价格公平性的感知基于对两种权利的信念:企业有权获取合理的利润,消费者有权支付合适的价格。因此,企业不能仅仅为了增加利润而变动价格。例如,当产品或服务供不应求,或者企业获得了垄断地位时。但另一方面,当制造成本上升时,企业有权通过提高价格来维持利润。有两个重要的准则决定了消费者的公平感:①消费者有一个参考价格用来和市场价格做比较,如果市场价格比参考价格高,消费者就会认为市场价格是不公平的;②消费者对公平行为有共同的标准,在这个标准下,买方有权利得到正常的价格,卖方有权利得到正常的利润,而标准是根据参考交易(reference transaction)建立的。

据此,我们可以推断出,因为需求变化而提高价格是不公平的。例如,雪铲的价格平时是 15 美元,有一天下大雪商店把雪铲的价格涨至 20 美元。又如,一个户主最近发现其租户在房子附近找到了一份工作,在续签租约时,户主将月租金涨了 20%。对于前者,82% 的人认为商店不公平;对于后者,91% 的人认为户主不公平。这两个例子与之前两个情景案例类似,它们都说明,对于商家或户主因需求变化而提高价格(俗话说趁火打劫),人们一致地感到不公平。但是,如果涨价是因为成本增加,人们则变得宽容很多。例如,由于维修费用增加,户主提高了租金。又如,白菜进价涨了 30 美分,商店就把白菜的卖价也涨了 30 美分。对于前者,75% 的人认为户主的行为可以接受;对于后者,79% 的人认为商店的行为可以接受。从中不难看出,人们比较能接受因成本改变而引发的涨价(Campbell,1999)。

9.5.2 交易空间理论

交易空间理论是由 Bolton,Warlop 和 Alba(2003)提出的。研究者通过一系列实验发现,消费者在价格公平感知过程中,不仅考虑商品的历史价格,还会比较竞争产品的价格,并对商品的成本做出估计,在此基础上形成对商品价格是否公平的判断。据此,我们进一步设计了一个三维交易空间图,从时间、行业和企业自身三个角度综合考察消费者价格公平感知的过程与特点。从时间角度来看,消费者通常都会低估通货膨胀的影响。从行业角度出发,消费者倾向于把不同销售地点的商品的价格差异归结为卖方所获得的利润不同,很少考虑卖方的经营成本对商品价格的影响。只有当价格差异是因为质量不同而产生的时,消费者才会认为这种价格差异是合理的。从企业角度来看,消费者在估计产品的成本时,只看重产品本身的生产制造成本,至于其他成本(比如管理费用和营销成本),则大多会被消费者忽视。

我们对交易空间理论以图示的形式进行了概括,如图 9-5 所示。空间

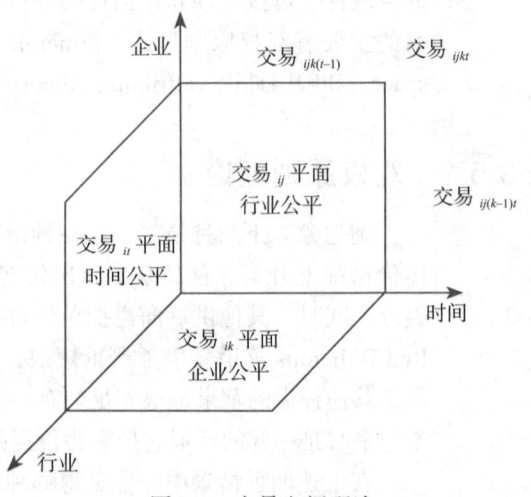

图 9-5 交易空间理论

中的点代表公司 k 在时间点 t 将产品 j 出售给第 i 个消费者（即交易 $_{ijkt}$）。为简明起见，第四个维度，即消费者没有被标注。消费者可以通过回溯时间，比较现在的价格与之前的价格（即交易 $_{ijk(t-1)}$）判断价格公平性；或者通过观察竞争对手的价格判断价格公平性（即交易 $_{ij(k-1)t}$）；或者通过查看交易 $_{ijkt}$ 相关的成本进行判断。

我们讲到消费者可能利用不同的方式进行价格公平性的判断，那么是否有一些因素导致消费者在选取判断方式时青睐某一种形式呢？Bolton，Keh 和 Alba（2010）指出，不同文化下的消费者的价格公平感知有差异。他们发现，总体而言，美国消费者只要买到便宜的产品就会觉得公平，如果不便宜，他们就觉得不公平，不管他们相比较的购物者是朋友还是陌生人；而中国消费者更在乎和朋友的比较。这背后主要是文化在起作用。例如，自我建构指的是人们如何通过自我和他人的关系来理解自我的认知结构。不同文化中的人在看待自我与他人的关系上有着根本不同的视角。西方人强调自我与他人的差异，东方人强调自我与他人的联系。在西方（比如美国），个人主义文化中具有典型性的独立型自我建构；在东方（比如中国），集体主义文化中具有典型性的依存型自我建构。

在另一项研究中，Jin，He 和 Zhang（2013）发现，消费者的权力感是潜在的影响因素之一。权力感指的是个体对于他人和社会资源的控制。简单来说，就是一个人觉得自己比别人更有权力的感受。研究区分了两种不同的价格不公平。一种是他人价格参照，比如我花了 8 元，别人花了 5 元，我买的比别人贵，就会有价格不公平的感受。另一种是自我价格参照，即我比自己之前买贵了，也会有价格不公平的感受。在研究中，通过实验的方法，研究者改变了消费者临时的权力状态，发现他们对两种价格不公平的接受度是完全不一样的——高权力感者在他人价格参照下的价格不公平感更强，而低权力感者在自我价格参照下的不公平感更强。

9.5.3 归因理论

归因理论是说明和分析人们归纳因果关系的理论。在日常生活中，人们用它来解释、控制和预测相关的环境，以及因这种环境而出现的行为。在市场环境下，归因理论可以被用来解释很多消费者行为。Weiner（1992）提出了一个关于原因推理的经典模型，为消费者对涨价的原因的推理提供了一个很好的分类。该模型在三个维度上区分原因：原因的焦点（locus of causality）、可控性（controllability）和稳定性（stability）。原因的焦点是指原因在于该行为主体的内部还是外部；可控性是指行为在意志上是否可以被控制；稳定性是指在时间上是长期稳定的还是一种暂时现象。对这三个维度的研究表明，它们不是平行的，彼此之间相互关联。

前面我们说到因成本增加导致的涨价是相对容易被消费者所接受的。但是，并不是所有成本上涨导致的涨价都可享受这一待遇。Vaidyanathan 等人（2003）利用归因理论从原因的焦点和可控性两个维度对涨价进行了分类，研究了消费者在四种情况下的公平感知。即使是成本上涨导致的涨价，消费者也会根据发生的原因不同而有不同的反应：当消费者认为价格上涨可以被商家控制时，价格不公平感比认为商家无法控制时要大；此外，商家因自身原因涨价造成的不公平感会比商家外部原因导致的不公平感强烈。当两种因素组合在一起时，只有来自商家外部而且是不可控制的原因导致的涨价，消费者才会认为是相对公平的。

9.5.4 人工智能时代下的个性化定价

随着数字技术在社会经济发展中的重要性日益增加，数据驱动型市场的经营者开始广泛引入复杂的智能算法对海量的市场数据进行自动挖掘与预测，并能够利用算法对每个消费者的支付意愿进行精准评估和预测，进而设置个性化定价。这种个性化定价算法（personalized pricing algorithms）可以在特定的市场环境中产生强化竞争和扩大产出等一系列积极效果，但也可能导致经营者进一步攫取消费者剩余，导致消费者福利的减损，甚至还可能压缩其竞争对手的价格空间，造成竞争扭曲。近年来在酒店预订、在线票务、视频网站等行业出现的"大数据杀熟"现象就是个性化定价算法的一种典型表现。虽然目前经营者利用算法实施个性化定价的直接证据尚未被发现，但个性化定价算法对市场的负面影响已经引起了竞争执法部门的广泛关注。

第一，算法与大数据以及机器学习等先进技术的充分结合正日益影响着数字市场的竞争格局以及消费者的日常生活。个性化定价策略不再只是个别经营者提升市场竞争力的策略选择，它对经济活动的深度介入还可能引发潜在的竞争风险。第二，算法扩展了经营者实施价格竞争策略的多样性，可能导致相关市场的公平竞争被破坏。个性化定价算法可以利用 cookie、IP 地址或用户登录信息等多种渠道搜集市场信息。海量的信息不仅可以帮助经营者分析竞争对手、商业伙伴以及消费者的支付意愿，而且有助于经营者合理安排商品价格，创造利润空间。但在市场竞争中，经营者行使自主定价权并非意味着不受法律约束。一旦市场经济的公平基础被动摇，那么个性化定价算法就可能导致市场调节机制中价格信号功能的削弱，从而增加未受惠市场主体的经营成本，导致公平的竞争环境失衡。第三，算法对市场信息的深度挖掘和分析可能会损害消费者的隐私保护。个性化定价算法对消费者预期价格的准确评估得益于对市场信息的深度挖掘。由于算法运行机制的隐蔽性以及分析结果的不确定性，经营者在实施个性化定价算法时可能产生降低消费者隐私保护程度的单边效应。第四，个性化定价算法影响了市场透明度的均衡状态，诱发了消费者对市场定价机制的不信任。大数据和算法的结合降低了收集消费者信息的成本，方便经营者为不同的客户群体提供定制的营销和定价计划。然而，由数据和算法主导的价格形成机制存在透明度低、普通消费者难以理解等问题，这进一步引发了消费者对定价机制的信任担忧，导致搜索成本上升、转换效率降低。

9.6 常见促销方式的对比

站在商家的角度来说，促进销售是营销活动最重要的目标之一。商家为了达成这一目标可谓是高招频出。在我国的市场实践中，常用的促销手段包括降价促销（比如价格折扣、预付定金、优惠券等）、赠品促销（比如买一送一、其他赠品等）、返还促销（比如代金券返还）等。相信大家都曾遇到过这些促销活动，也都切身体会过它们的"魔力"。那么，既然目标一致，又为何会出现这么多形式相异的促销方法呢？背后的原因其实在于这些促销方式有着各自的优劣势。下面我们就从直接经济利益、市场反应、适用程度、无形利益这四个方面简要对比这些常见的促销方式。为了保证不同方案之间的可比性，我们假定商品的原价为 1 000 元，商家的成本是 400 元（毛利为 60%），促销力度能让消费者从潜在的交易中省下 500 元（见表 9-2）。

表 9-2 不同促销类别和促销方式对应的具体方案

促销类别	促销方式	具体方案
降价促销	价格折扣	500 元
	预付定金	预付 100 元抵 600 元
	优惠券	满 1 000 元减 500 元
赠品促销	买一送一	赠送相同的产品一件
	其他赠品	赠送价值 500 元的其他产品一件
返还促销	代金券返还	返还 500 元的代金券

首先，从直接经济利益的角度来说，对于折扣促销（打五折），不难算出商家的毛利为 100 元，利润率为 20%。同理，使用优惠券和预付定金促销的结果也一样。如果采用买一送一这种赠品促销方式，则利润率维持不变，仍为 20%，不过商家的毛利上升到 200 元。而对于其他赠品以及代金券返还，商家可以提升赠品和店内其他商品的零售价以降低成本，从而增加利润和利润率。因此，在直接经济利益这一属性上，其他赠品和代金券返还拥有相对优势。

其次，从市场反应来看，价格折扣的方式无疑是最有诱惑力的。原因在于打折活动很容易让消费者获得"省钱"的感知。请设想，当消费者认为消费是一种省钱而非花钱的途径时，还有什么理由可以拒绝购买呢？相反，预付定金需要消费者在得到商品之前先缴费。虽然这在一定程度上更能唤起消费者对商品的渴望，但同时也会提前激发支付疼痛，并会引起厌恶风险的消费者对安全性的担忧。优惠券的实际作用与折扣几乎无异，但是作用产生的机制相比打折来说比较"间接"。不妨回想一下，零售店对于某一件或者几件同类商品的促销或许会采用优惠券的形式。但是如果整个卖场都在大降价，大多数商家都会直接抛出一个标明折扣的横幅来吸引眼球。此外，针对买一送一的方法，消费者将面临潜在的浪费问题，因为大多数商品都是有保存和使用期限的。而赠品促销能否奏效在很大程度上取决于赠品的吸引力：如果赠品很有吸引力，消费者甚至可能单纯为了赠品而进行购买；反之，如果赠品缺乏吸引力，消费者的兴趣也会大大下降。最后，对于代金券返还，虽然消费者也能从其他商品中得到价值 500 元的回馈，但是他们同时也清楚这 500 元的流通性可比不上现金。

再次，在适用程度上，价格折扣总体来说是比较百搭的一种促销形式，绝大多数商品类型都可以采用。但是，也会有例外的情况存在。例如，高端奢侈品本身就是依赖高价格而成为社会地位的象征，如果轻易打折，会降低它作为炫耀性产品的价值，甚至威胁到品牌资产，所以定位较高的商品使用折扣促销时需谨慎。类似地，预付定金也有一定的使用要求。因为和大部分交易不同，预付款的钱物交换不是一次完成的，而是多次。因此，只有当消费者充分信赖商家时，才可以使用这种方式。最典型的例子当属天猫的"双 11"活动，在活动开始前就有很多店家让消费者先支付一定的金额用来抵扣"双 11"当日的消费。这些店家可以采取这种策略的前提就在于天猫强大的品牌保证。与此对比，以个体卖家为主的淘宝就很少这么做。此外，预付定金策略还有一个隐含的前提：计费过程必须易追踪，即买卖双方都很容易知道消费者已经预付了多少金额，以及后续能抵用多少，不然容易导致交易纠纷。这也是为什么预付定金在网络消费中比较常见，而在实体店中的应用相对较少。优惠券对于商品性质和平台没有硬性的要求，不过现实中优惠券主要适用于中小型程度的优惠。正如上文提及，如果降价的程度高达90%，那么直接打一折会更加有效。而买一送一和赠品策略最好用在易耗品而不是耐用品上。显然，诸如大型家电这样的产品，消费者没有兴趣在短期内获得多个。另外，代金券返还的形式在大型商家中使用比较有效，因为消费者可以有足够多样的选择。

最后，尽管促销活动的直接目的都是提升销量，但是有些促销形式还可以起到一些额外的作用，给商家带来无形利益。例如，预付定金可以提前进行资金回笼，增加现金流。而优惠券，特别是网店的优惠券将有利于拉动消费者二次进店，因为优惠券可以作为一种特殊的流量入口。消费者可能因为某些原因没有在第一次进店时购买商品，但是他们领取了优惠券，那么当他们想再次购买时，发现了优惠券，只要轻轻点击就能进入店铺。此外，买一送一在给予消费者优惠的同时还有利于商家减少库存，因为消费者会一次性带走两份或两份倍数的商品。采用其他赠品和代金券返还的促销方式也有独特的优势——它们不涉及降价，所以这两种促销方式既可以避免降低顾客心中的产品价值，又能维持现有的价格体系。为了给大家呈现直观的感受，我们仿照利克特量表的形式，对各种促销方法给商家带来的直接经济利益、市场反应、适用程度和无形利益进行星级评分。满分为五星，星级越高表示表现越好。我们将结果汇总成了表9-3。可见，最能给商家带来直接经济利益的是赠品策略和代金券返还；而市场反应最好的通常是价格折扣，同时它也是适用程度最高的；预付定金、优惠券等促销方式则能提供较多的无形利益。

表 9-3 促销方法对比

促销方式	直接经济利益	市场反应	适用程度	无形利益
价格折扣	★★★★	★★★★★	★★★★☆	★★★
预付定金	★★★★	★★★☆	★★★☆	★★★★☆
优惠券	★★★	★★★	★★★★	★★★★☆
买一送一	★★★★☆	★★★★	★★★★	★★★★☆
其他赠品	★★★★★	★★★	★★★★	★★★★☆
代金券返还	★★★★★	★★★★	★★★☆	★★★★☆

注：★代表1星，☆代表半星。

当然，这些评价依赖于一些基本假设，并且也只反映了这些促销方式的几个侧面。实际上，每一种促销方式都各有所长，也各有所短。因此，在实践活动中，企业需要结合具体的需求与情境，选择最适合的促销方式。

本章小结

交易价值是交易本身带给消费者的快乐，而这种情感性的价值在制定购买决策时往往起到了巨大的作用。

任何能够影响交易带给消费者的愉悦感的因素都会影响消费者感知到的交易价值，包括但不限于参考价格、支付痛苦、发生在交易信息处理中的元认知和感知价格公平。

设定参考价格的核心原则在于让消费者觉得当前的售价是低廉的，他们可以从潜在的消费中"获利"。

降低支付痛苦的方式包括删除价格标签上的货币符号、创造一种支付媒介、把注意力转移到时间相关的因素上、消费之前先收费、在月初进行促销、善打"免费"牌等。

避免踩到消费者感知价格公平的雷区，从而提高交易过程中的愉悦性。

只有来自商家外部而且是不可控制的原因导致的涨价，消费者才会认为是相对公平的。

中国故事

比亚迪：以价换量不是车企的唯一逻辑

作为2023年初春车企"价格大戏"里最重磅的角色，比亚迪的定价策略有独特的内在逻辑：首先是天时。从长线看，全球锂价持续下降，比亚迪作为电池巨头自然随之受益。其次是地利。从渠道看，截至2023年年底，比亚迪的门店总数已经超过5 000家。有了兵强马壮的渠道，自然要发起一波大的战役。

然而，"天时地利人和"中难求的是人和，因为众口难调、人心难测。数年过去，即便比亚迪旗下汉、唐两大家族以26万元均价、近百万的销量在消费者心中树立起高端形象，但一次不成熟的降价可能使长久树立起的形象受到伤害。因此汉EV冠军版、唐DM-i冠军版推新，对于比亚迪来说是一次"既要又要还要"的苛刻考验。

既要有利于提振销量，又要继续强化品牌"高端"定位，还要提升用户口碑，如何做到？对此，比亚迪的策略是"稳价增配"。"增配"顾名思义就是借助车型焕新，实打实地提升汉EV和唐DM-i的配置，增加硬实力。汉EV和唐DM-i 2023年推出的新版本尽管不属于颠覆性的大改款，但一系列补强都恰到好处，新车悬架系统的提升肉眼可见，标配了FSD可变阻尼悬架系统/DiSus-C智能电控主动悬架和铝合金多连杆等核心配置，同时包含手机NFC车钥匙、BSD盲点监测、W-HUD抬头显示在内的一些智能化功能，的确提升了驾乘体验。

然而，"增配"之外，"稳价"才是要害所在。价格过高会吓退消费者，价格过低则会另令消费者对产品定位产生困惑和迟疑。在产品发布之前，网上传出了汉EV和唐DM-i新品售价下探到19万元的谣言，这使得刚提车几个月的汉、唐保有客户一时间难以接受。

好在辟谣来得很快，在一场南极冰川主题发布会上，售价揭晓：汉EV冠军版、唐DM-i冠军版的价格仍稳定在20万元级别。以汉EV冠军版为例，此次共推出5款车型，四驱旗舰型售价上至29.98万元，维持高端B+级车身价；下至20.98万元，并未推出低于20万元的低配车型，刚好踏在主流中高端消费者心理预期的门槛上。

在这个价格区间内，汉EV和唐DM-i既有高配车型维持品牌形象，又有入门车型扩展市场，对于汉、唐本就不差的二手车保值率也有一定的稳定作用。可见，在"既要又要还要"的苛刻要求下，求一个"人和"并非易事。

虽然比亚迪汉、唐新车的定价是否合理最终还是需要市场来检验，但不得不说，在"稳价增配"策略下，这一波全行业的价格普降更像是无意中送给比亚迪的一份礼物。

资料来源：虎嗅.以价换量不是车企的唯一逻辑[EB/OL] (2023-03-17) [2024-04-23]. https://mp.weixin.qq.com/s/FjdvaFyeHN8dTpHDOnFAbw.

小米定价策略：贴成本定价

小米一代的 1 999 元价格仿佛石破天惊一般打破了沉寂疲软的国内智能手机市场，同等的配置、腰斩的价格及定制的 UI 界面让小米这个由互联网人打造的智能手机品牌成功在渠道为王的时代杀出了一片新天地。

很多人将小米的成功简单地归结为性价比和薄利多销，然而事情显然没有这么简单。近年来，做性价比手机的品牌有很多，为什么如今只有小米存活了下来并且成了全球前三的手机厂商？

互联网时代的产品定价有一个很大的特点——非成本定价，即并不是由成本决定其定价的。主要原因是互联网产品的商业化变现方式十分多元化，包括广告售卖、增值服务、中介抽佣和买卖差价等多种方式。小米是将互联网产品的定价和运营思维成功带入了智能手机这个硬件产品的市场，通过贴近成本的售价打出性价比的口碑并打开了销量。虽然硬件产品的毛利率非常低，但是低售价成功为它获取了大量的 MIUI 用户群体。从互联网的思维来说，小米通过放弃一部分毛利作为获客成本和宣发成本，为自身获得了口碑和用户，为后续的商业变现积累了用户群体。

小米可以通过系统广告等多种方式赚取其增值收入，这也是 MIUI 系统一直被吐槽广告过多的一个原因。此外，小米也借助积累的用户群体成功发展了其电商业务，比如小米有品和小米商城也是国内优质的电商平台。小米的互联网服务的营收占比很低，但是毛利很高，为小米贡献了很大一部分利润。

资料来源：产品 offer 直通车.起底小米商业模式和定价策略 [EB/OL]. (2021-12-05) [2024-04-23]. https://zhuanlan.zhihu.com/p/441465097.

PART 3 **第 3 部分**

影响消费者的情境因素：When and Where

- 第 10 章 文化环境
- 第 11 章 购买行为和关键点
- 第 12 章 整合营销沟通
- 第 13 章 消费体验
- 第 14 章 量化消费者洞察
- 第 15 章 神经营销

第10章 文化环境

■ **本章要回答的主要问题有：**

1. 什么是文化？文化有哪些特点？
2. 消费者生活的物质环境与文化有何关系？
3. 营销沟通中存在哪些文化差异？
4. 消费者内心的价值观如何影响其行为？
5. 什么是文化规范？哪种规范更能影响消费者？
6. 在哪些文化下，消费者更容易受到规范的影响？
7. 企业如何针对文化中的吉利和禁忌开展营销？
8. 人们的信念如何影响其消费行为？
9. 不同文化下的消费者，其世界观有何不同？
10. 东西方思维方式造成了消费者行为的哪些差异？

10.1 引子：文化影响消费行为

本书作者曾在狗年新春时用微信给一位越南朋友发了一个红包，却发现许久不曾被领取，随后询问才知，越南版微信中并没有"红包"这个功能。而且，这位朋友也并不知道"红包"的确切含义。

事实上，虽然红包是中国文化习俗的一部分，但是在其他文化中却并没有相应的做法，也很难翻译成其他语言。曾参与微信全球化的产品经理丹·格罗夫（Dan Grover）说，他们曾试图把红包翻译成"lucky money"，但感觉像在赌博；翻译成"red envelope"（红色信封），一些中国香港的用户无法理解；翻译成"red packet"，马来西亚的用户又不能理解，因为马来西亚虽然有"红包"文化，但它是绿色的。"red envelope"和"red packet"同样不适用于日本，因为日本虽然也有"红包"传统，但它是用白色信封包着的。

微信红包在全球的案例折射出文化对消费者行为的深刻影响。其实，消费市场中的许多现象，其背后都有文化的影子。例如，为什么中餐桌通常是圆桌，而西餐桌是长桌？为什么奢侈品在亚洲国家广受欢迎，但在北欧国家销量不高？为什么新加坡被称为"罚款之城"，而以色列被称为"创业的国度"？为什么中国流行古装剧，而西方盛产科幻大片？韩剧为什么在亚洲火，在欧美却遭到冷遇？为什么汽车品牌进入中国都要将车身加长加大？日本马桶为何被全球消费者抢购，这与日本文化有什么关系？……

正如营销之父菲利普·科特勒所言，文化是影响人的欲望和行为的基本决定因素，文化因素对消费行为的影响最为广泛和深刻。在本章中，我们会了解到文化的内涵，文化是一种无处不在的强大的力量，它包含从浅到深、由表及里的不同层次；它不仅决定了围绕我们的物品、建筑、食物的形态，还影响我们怎样解释自我、自然与社会，也决定了我们购买什么，被什么样的广告说服，被什么类型的品牌吸引。文化以各种可见或不可见的方式塑造着我们的消费行为，没有人可以不受文化的影响。而对企业来说，跨国营销绝对不能忽视文化因素。企业需要规避文化差异带来的营销误区，还需要结合自身特点开展文化定位和文化营销。

10.2 文化的内涵、特点与内容

10.2.1 文化的内涵

从某种意义上说，文化是这个世界上最"大而无当"的概念。人人都可以谈论文化，但人人都很难准确地定义文化。

有人说，文化是水。我们生活在文化中，就如同鱼儿生活在水中，正因为太过熟悉，我们反而往往忘记了它的存在。

有人说，文化是一张心灵地图。不同的文化为个体设置了或宽松或严格的行为"疆域"——从我们很小的时候开始，文化就告诉我们应该做什么、不该做什么，什么是好、什么是坏——在这个疆域内行动，才能"随心所欲而不逾矩"。

有人说，文化是一整套操作系统。一旦文化被安装和设定，我们所有的思想和行为都遵照相应的模式进行，我们很难让自己的思想免受文化的影响。

…………

学术界关于"文化"的定义可以分为狭义的和广义的。狭义的文化观认为文化包含人类在社会历史发展过程中产生的一切无形的精神财富，它排除了物质性的创造活动。例如，人类学家爱德华·泰勒在1871年出版的《原始文化》中，第一次把文化作为一个独立的概念提出："文化是一个复杂的总体，包括知识、信仰、艺术、道德、法律、风俗，以及人类在社会里所获得的一切能力和习惯。"广义的文化观则把文化看成一个社会总体的生活方式，它不仅包括看不见的精神和意识形态，还包括看得见的器皿、建筑、服饰等物质形态；一切非自然的人文创造都可以称为文化。

在消费者行为学中，我们谈论的文化通常更接近广义的文化概念。就连我们消费的产品和服务通常也是文化意义凝练的载体。

10.2.2 文化的特点

文化具有以下几个基本特点。

首先，文化是集体而非个人现象（共享性）。换句话说，文化是为群体所共享的。如果一种观念或行为方式只是一个人拥有，那不能称为文化，只能称之为个性或习惯。例如，某人喜欢嘻哈风格的音乐，这不足以成为文化；只有当嘻哈音乐在一群人中开始风行时，才会形成某种流行文化。

其次，文化是代代相传的（传承性）。随着时间的推移，文化会发生变化，但变化的速度十分缓慢。某一种文化的核心价值，其形式或许会不断变革，但其内在的精神实质却相对稳定。例如，中国人从古至今重视教育和学习，在古代社会，体现为"十年寒窗"，为金榜题名而苦坐冷板凳；在现代社会，体现在为挤过高考的独木桥昼夜奋战。尽管表现形式一直在变迁，但内在的核心信念却历久弥新。文化的传承性也使得文化区别于一时的流行风尚。流行风尚虽然也具有在一定人群中的共享性，却不具有跨越时空的传承性（见表10-1）。

表 10-1 文化的特点：共享性与传承性

		共享性	
		低	高
传承性	低	特殊的理念或实践	流行风尚
	高	个性或习惯	文化

再次，文化是后天学习到的（习得性）。在英语中，culture（文化）与 cultivation（培养）一脉相承，意味着后天的栽培和训练。通过父母的教育，我们学会了基本的生活行为规范；通过社会生活中的观察和交往，我们了解与人相处的各种礼节；我们还能够通过出国旅行，去学习另一种文化中的生活方式，成为一个"地球人"。也就是说，文化是在生活中学习到的，并非与生俱来的。

最后，文化是一个整体系统（整体性）。前面提到，一个文化系统中存在不同的要素，既包括物质文化，也包括精神文化，而这些要素之间不是互相独立而是相互联系、有机结合、共同变化的。例如，随着我国的经济制度从计划经济体制向市场经济体制转变，物质越来越丰盛，商业越来越发达，这是文化的物质层面的变化。与此同时，人们的消费观念也在发生迅速的变革，"80后""90后"更懂得享受物质带来的快乐，也更看重通过消费表达个性和喜好，这体现了文化的价值观层面的变化。在日本，近年来，年轻人似乎慢慢丧失了物欲和成功欲，他们变得越来越"宅"，不愿生孩子，甚至连婚也不愿结；无论物价如何降低，都无法刺激消费；虽然银行的信贷利率一再调低，但30岁之前购房的人数依然逐年下降；年轻人对于买车几乎没有兴趣，奢侈品消费被嗤之以鼻；"宅"文化盛行，一日三餐能打发就行……这一现象被日本经济学家大前研一称为"低欲望社会"。日本年轻人的这种社会心态使得日本低迷的经济更加萎缩。

由这两个例子可以看到，物质文化的变化会引发精神文化的变化，反过来，精神文化的变化也可能导致物质文化的变化。

10.2.3 文化的内容

文化无处不在，包罗万象。为了更好地理解文化的具体内容，不妨使用一个洋葱的比喻。我们剥洋葱时，剥开表面的一层，会看到下面又有一层。如果文化是一个洋葱，这个洋葱至少包含三个不同的层次，如图10-1所示。

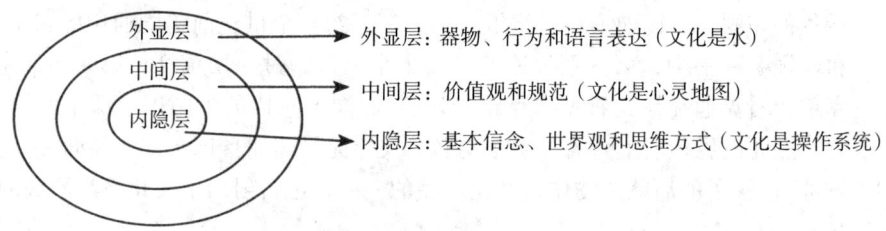

图10-1 文化洋葱图：文化三层次理论

外显层。最表层的文化称为外显层，是指文化中外在的、可见的层面，包括器物、行为、语言表达等。"文化是水"的比喻，主要指的是文化的外显层面，它是我们生存其中的、可触可感的环境。

中间层。文化的中间层也被称为"心物结合层"，既有看得见的层面，也有看不见的层面，主要包括价值观和规范。"文化是心灵地图"的比喻就体现了价值观和规范对我们行为的引导作用。

内隐层。文化的内隐层，也称为核心层，是文化洋葱最内核的部分，包括文化中关于人类存在的最基本的信念、世界观和思维方式。内隐层涉及文化最核心的底层理念，是人们心中根深蒂固、难以动摇的基本原则。"文化是操作系统"的比喻，体现的就是文化内隐层的影响。

文化的这三个层次会如何影响消费者行为呢？本章接下来的内容就重点回答这个问题。10.3节讨论文化外显层如何影响消费者行为，10.4节讲述中间层与消费者行为的关系，10.5节则将探讨文化内隐层对消费者心理和行为的影响。

10.3 文化外显层：器物、行为和语言表达

文化外显层也就是文化的表层，是我们平时能观察到的物品和行为等，通常能给人以强烈的直接冲击，让人们感受到文化的差异性和多样性。我们将外显层概括为器物、行为和语言表达，它们都与消费者行为密切相关。

10.3.1 器物

回忆一下，首次站在异国他乡的土地上，我们首先注意到的是不是地貌、环境、建筑、街景、衣着、文物等的差异？这些可触可感的物质环境简称为"器物"，是文化的浅表层，也是最具视觉冲击力的层面。

器物包括建筑。例如，在我国的宏村古镇，黑瓦白墙的徽式建筑鳞次栉比；在印度尼西亚巴厘岛的乌布，一路可见茂盛的丛林和密密麻麻的石制佛像；而在土耳其伊斯坦布尔，四望都是高耸入云的中世纪建筑，金色尖顶，圆形穹隆。器物也包括街

景。Miyamoto等学者（2010）研究了东西方街景的差异，发现西方的街景通常密集、杂乱，而东方的街景则齐整、方正，他们认为这与东方人注重整体而西方人注重对象的思维方式有关。

器物还包括各种生活用具和艺术品。希腊的花瓶、酒杯上展现的是战争、体育竞赛和宴饮狂欢；而中国的画卷和瓷器，则大多描绘花卉、山水和田园意趣。器物也包括各种印刷品，比如书籍、报纸、杂志等。约半个世纪前美国通用的识字课本《迪克和珍妮》一书中，第一页描绘的是一个小男孩跑过一块草坪，第一句话是："看见迪克跑，看见迪克玩，看见迪克跑着玩。"而同一时代的中国识字课本的第一页是一个大一点儿的男孩肩上背着一个小男孩，文字是"哥哥照顾弟弟，哥哥爱弟弟，弟弟爱哥哥"。孩子的启蒙读物作为文化产品的一种，也折射出了文化更深层次的差异。

10.3.2 行为

文化的外显层还包括人类的行为方式，比如礼仪。当美国人和日本人初次见面时，美国人会热情地伸出手来，而日本人则可能谦逊地鞠一躬。在中国，喝汤时若发出很大的吮吸声会被认为是粗鲁的；但在日本这表示对汤的喜爱。在德国出席社交约会时，迟到会被认为是对对方的不尊重；但在某些拉美国家（比如阿根廷），准时到反而可能是不礼貌的，因为在这些国家，人们经常相约迟到。对印度人来说，不盯着人看表示尊敬；而在美国，盯着说话人的眼睛才表示尊敬。当收到礼物时，美国人通常会很快接受对方的礼物，并当着对方的面拆开；但在中国和印度等亚洲国家，人们在收到礼物时，通常不会马上接受，也不会当着对方的面拆开。

10.3.3 语言表达

1. 高语境与低语境

文化外显层的另外一个方面是语言表达。各国都有自己的母语，外来者哪怕能流畅地用该国的语言与人沟通，对于该国文化中的口语、俚语、成语等，尤其是某些深层的思维方式，则常常难以准确理解和把握。网络上曾流传一个关于"老外的中文考试题"的段子。

请考生写出以下几句话的区别在哪里？

冬天，能穿多少穿多少；夏天，能穿多少穿多少。

女孩给男友打电话："我已经快到西直门了，你快出来往地铁站走。如果你到了，我还没到，你就等着吧。如果我到了，你还没到，你就等着吧。"

单身的理由：原来是喜欢一个人，现在是喜欢一个人。

……

上述段子虽不乏夸张之处，却生动地显示了中西方语言系统、表达方式的差异。根据美国社会学家爱德华·霍尔的理论，这体现了高语境文化（high-context culture）和低语境文化（low-context culture）的差异。

在高语境文化中，绝大部分信息存在于物理、社会或文化环境中，或者内化在个体身上，而很少存在于语言本身。因此，语言表达通常含蓄而模糊，交际信息的创造更多依靠语言交流的场合和环境，比如说话人的面部表情、身体姿势、声调、彼此关系、相对地位、面子考虑等，如图10-2所示。典型的高语境文化如中国、日本等亚洲国家。这些国家的人说话较为含蓄，比如在中文里，有许多成语都体现了含蓄的表达方式，诸如"言外之意""弦外之音""心照不宣"等。

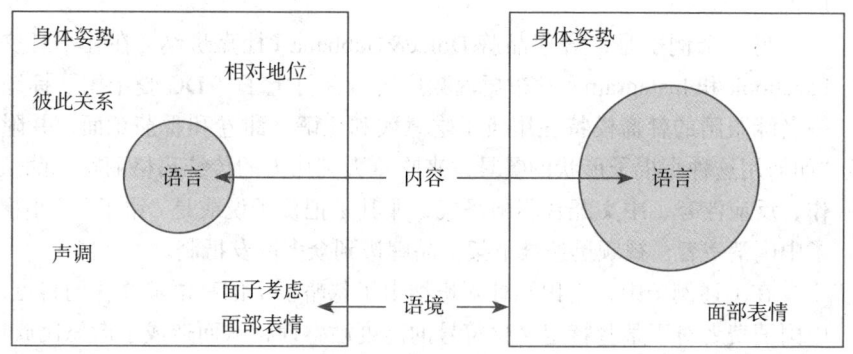

图10-2　高语境文化与低语境文化示意图

在低语境文化中，信息沟通则主要通过清晰编码的语言来实现，而很少依赖外在的环境。人们从小就被教育要准确清晰地表达自己的意思，比如英语中的许多成语，"get to the point""don't beat around the bush"，都强调语言表达要直接，忌讳模糊和绕弯子。体现在书面写作上，写英语论文时必须对每一个概念界定清楚，逻辑分明，有条有理。典型的低语境文化包括瑞士、德国、美国等欧美国家。这些国家的人不重视也不依赖语境，而是强调通过清晰明确的语言充分表达试图传达的意思。

当低语境文化的个体与高语境文化的个体相遇时，前者往往更难适应。这是由于后者的语言太丰富而委婉，一句话乃至一个词可能有复杂微妙的含义，不易被习惯清晰表达的前者所理解。

高语境文化和低语境文化的区别对营销沟通有重要启示。首先，低语境文化比高语境文化更强调语言本身的使用。因此，西方广告倾向于"言无不尽"，让所有个体都能准确地接收到信息。然而，这样的广告在高语境文化中的东方消费者看来过于直白，没有回味和联想的余地。东方消费者习惯接受含蓄的信息，讲究点到为止，追求意犹未尽，并倾向于长话短说，使用简洁的广告语言。例如，在日本，情感性的、间接的、委婉的广告通常更受欢迎。丰田公司为其某种型号的汽车制作了两种版本的广告：版本1代号为"发动机"(engine)，直接展示了该车的先进性能；版本2代号为"飞鸟"(bird)，展现了一条空旷的公路和一只飞鸟的符号。结果显示"飞鸟"广告比"发动机"广告更成功。

此外，由于高语境文化中的个体更容易捕捉非语言信息，他们对背景的细微差异会有较高的察觉度，因此企业在设计广告时，不仅要讲究措辞，还要充分考察使用的形象、图片、符号等的文化含义；否则，稍有不慎，可能就会踏入敏感的文化雷区而遭遇失败。典型的案例如日本丰田"霸道"汽车广告和杜嘉班纳"筷子"广告，都由于对中国文化符号的不当运用而引发中国消费者的强烈抗议。

一则刊登在中国《汽车之友》杂志上的日本丰田"霸道"汽车广告引起了广大中国公众的强烈不满。在该广告中，一辆行驶在路上的丰田"霸道"车引来路旁石狮的侧目,一只石狮还抬起右爪敬礼,旁边标注着"霸道,你不得不尊敬"的广告语。"霸道"车试图通过该广告表达其野性气质,然而,石狮在某种程度上是中华民族精神的象征,让人不自觉联想到卢沟桥、石狮子和抗日,令许多中国观众认为有辱民族尊严。各方的强烈反对使得丰田公司和广告制作公司不得不向公众致歉并撤回了这则广告。

另一个例子是,奢侈品牌Dolce&Gabbana(杜嘉班纳)在几个社交平台(微博、Facebook和Instagram)发布短视频广告,并打上了"DG爱中国"标题。在广告中,一名眯眼睛的韩裔模特在用筷子吃意大利比萨、甜卷和番茄意面,并附有解说文字:"如何用这种小棍子形状的餐具,来吃意大利伟大的传统玛格丽特比萨。"模特举止做作、反应浮夸、中文配音阴阳怪气,尤其是把筷子说成是"钳子""小棍子",这激怒了中国消费者,视频迅速被下架,品牌遭到众多网友抵制。

在上述例子中,丰田和杜嘉班纳由于忽略了中国高语境文化的特点,没有考虑到中国消费者对于某些特定文化符号的高度敏感性,从而造成了激怒民族情绪、严重影响品牌形象的负面结果。

此外,高语境文化和低语境文化适用的销售方式也不同。在高语境文化中,人们花费大量的时间建立关系,只有在建立起信任关系后才开始商谈生意的细节。而在低语境文化中,有时甚至会避免个人关系,以免影响理性的思考和良好的商业判断。高语境文化下的消费者通常不喜欢喋喋不休和辩论性的推销语言,相反,简短的信息配以柔和的音乐更容易被他们接受;而低语境文化下的消费者则倾向于直接进入要点,他们希望尽快了解到客观、实际的产品性能。

营销工具箱

在高语境文化下,广告表达更简洁,有更多留白;在低语境文化下,广告表达更直接,言无不尽,追求准确的语言表达。

由于高语境文化下的个体更容易捕捉非语言的背景信息,因此企业在高语境文化下设计广告时应该对其文化含义更加敏感。

在高语境文化下,销售更看重关系,人们喜欢非硬性的、情感性的推销方式;在低语境文化下,销售不看重个人关系,人们偏好直接了解产品的客观信息。

2. 情绪表达与情绪抑制

不同文化中语言表达的另一个维度是情绪表达型(emotion-expression)文化与情绪抑制型(emotion-suppression)文化的差异。

在以北美、西欧为代表的文化中,勇于表达自身的感受是一项基本的权利和自由(Brans et al., 2013)。因此,人们并不反对情绪的直接表达,也不擅长隐藏自己的情绪。相反,在以中国为代表的亚洲文化中,强调"中庸""和谐"的社会文化要求人们保持克制和平和。因此,情绪的表达需要克制,需要"发而皆中节"(《中庸》),太过直接展现自己的喜怒哀乐是不合适的,隐藏强烈的情绪、保持冷静被视为成功的先决条件(Soto et al., 2011)。

中国有许多形容情绪抑制的成语,比如"喜怒不形于色""处变不惊""镇定自若"等,擅长克制情绪被认为是一个人具有高度修养的表现,典型的例子是东晋宰相谢安。淝水之战时，前秦苻坚率领百万大军向东晋王朝发起进攻，谢安作为东晋的主帅，派侄子谢玄率 8 万大军迎战。《世说新语》里记载，某天，谢安正在和宾客下棋，家人送上谢玄从前线发来的书信，他看了一眼，就随手把它放在旁边，若无其事地继续下棋。客人问信里说些什么，谢安答道：子侄之辈已经破敌了。在说这话时，谢安的神色举止十分平静，和平常没有什么不同。

在如此生死攸关的战事面前，作为主帅的谢安听到战事大胜的消息表现得如此平静，究竟是他内心真的毫无波澜，还是强行压制了自己的激动情绪？《晋书·谢安传》中记载的另一细节则透露了谢安内心的实情：下完棋送走客人后，谢安高兴得手舞足蹈，转身过门时一脚踢在门槛上，不觉把木屐的齿都碰断了！由此可见，谢安的平静其实是"矫情镇物"，也就是强行压制自己情绪的表现。

在情绪表达型的文化中，消费者更偏好直白、热烈和奔放的营销沟通方式。而在情绪抑制型的文化中，人们不喜欢直截了当，偏好较为含蓄、平和与内敛的营销沟通方式，广告通常不会直接切入正题，而是要做好铺垫、渲染氛围，然后逐步引向主题。金日心源素胶囊有一则广告，儿子给父亲带了礼物，在父亲房门前徘徊，几次想敲门又犹豫不决。突然房门开了，父亲出现在眼前，儿子欲言又止，终于还是将手中的金日心源素胶囊递上，鼓起勇气说了声："爸爸，我爱你。"此时，父亲早已感动得热泪盈眶。广告中，儿子在威严的父亲面前欲言又止、犹豫徘徊的表现，将情绪抑制型文化下的中国人想要表达又羞于表达的微妙情感体现得淋漓尽致，也带动了产品的畅销。

| 经典和前沿研究 10-1 |　把脸和情绪藏起来：中国人为什么爱匿名

近期，社交平台流行的"momo"文化引起关注，多数年轻人选择使用相同的用户名"momo"和相同的头像进行网络社交，这一现象反映了中国人对"匿名"偏好。在互联网时代，匿名功能在各大平台随处可见，中国人究竟为什么那么爱匿名？

不同的社会动机影响着不同文化中的人们。东方文化中的人们更喜欢匿名性较高的网络社区，匿名使人们感到与他人无法区分，增强了他们对群体的归属感；而西方文化中的人们更喜欢匿名性较低的网络社区，他们认为没有个人身份识别就无法获得信任。有研究发现，在日本和美国运营的网络社区中，匿名发表评论的人数占比分别为 69% 和 25%。

中国人不仅喜欢自己匿名且不展示自己的照片，也可能更喜欢和那些不公开照片的人相处，觉得更自在。已有研究表明，中国的爱彼迎（Airbnb）房东在头像照片中不露脸的比例高于美国，资料照片中缺少面部图像在中国对客人评分的影响更小。

此外，集体主义的参与者比个人主义的参与者更有可能隐藏他们的情绪表达，因此东西方的文化差异导致人们在情感表达方面也有所不同。在东方人看来，表达自己的强烈情感会给人以自我为中心的印象，而不是以群体为中心的印象，这与集体主义文化的文化规范相违背，因此东方人更喜欢表达低强度的情绪。虽然东方人更喜欢低强度的情绪，但他们相比于西方人却更容易受到情绪传染，可能会认为他人实际的情感会比照片显示的更强烈。研究也表明，中国的客人会对脸上带着快乐表情的老板形成更好的印象(比如更真实、更聪明)，会给更高的评价。

总结来说，在面部表露上，东方人更喜欢

不展示自己的照片，匿名会使他们感觉更融入集体，而西方人则更喜欢凸显个人身份以获取彼此的信任。在情感方面，东方人更倾向于低强度的情绪表达，也更容易受到情绪传染，而西方人则更倾向于直接表达强烈的情感。

资料来源：JANG H.Impact of Airbnb host profile photos on guest star ratings based on cultural differences in China and the United States［J］. Journal of Cross-Cultural Psychology, 2023，54(8)：808-826.

10.4　文化中间层：价值观和规范

文化中间层相对文化外显层更为深入，是浅层的器物、行为和语言表达折射出的更深的主观文化，包括价值观和规范。这一层次也被称为"心物结合层"，因为它介于可见和不可见之间，既有成型的制度规范，也有看不见的价值观和理念。

10.4.1　价值观

文化中间层的一个主要部分就是价值观。价值观是指文化中的成员对周围的客观事物（包括人、事、物）的意义和重要性的总评价与总看法，即什么是好的、积极的、有意义的、值得追求的，什么是坏的、消极的、无意义的、不值得追求的。

简而言之，价值观就是一个群体对什么是"有价值的"的共同认识。对于同一事物，不同文化下的人对其"价值"的赋值不同。例如，通常而言，教育和学历在全人类范围内都受到重视，但是重视程度则因文化而异。相较于非洲、南美洲国家，亚洲尤其是东亚国家对教育和学历更重视，这表明"重视教育"是东亚文化的价值观之一。

学者们提出了许多划分价值观的维度，其中，迄今最有影响力的理论是荷兰学者霍夫斯泰德提出的文化维度理论。他将不同文化间的差异归纳为五个基本的文化价值观维度，包括个体主义（individualism）/群体主义（collectivism）、权力距离（power distance）、男性气质（masculinity）/女性气质（femininity）、不确定性规避（uncertainty avoidance）、长期导向（long term orientation）/短期导向（short term orientation）。

1. 个体主义/群体主义

假设你和三位合作者一起完成了一个项目，共得到 20 000 元酬劳。其中，你们四位各自对该项目的贡献比例为：A 贡献了 25%；B 贡献了 40%；C 贡献了 25%；D 贡献了 10%。你会如何分配这 20 000 元？①平分，每人 5 000 元。②按照贡献的比例分配，A 得 5 000 元，B 得 8 000 元，C 得 5 000 元，D 得 2 000 元。

对于上题，你的选择反映了你的个体主义/群体主义价值观。如果你选择第二种分配方式，表示你持有个体主义的价值观，而选择第一种分配方式则体现了集体主义的价值观。这一维度关注的是文化中的个体如何看待他们自己，是作为独立的个体（个体主义）还是群体中的人（群体主义）？

在个体主义文化中，人们认为："我是独立的个体，我的想法完全由我自己决定，我就要做我自己想做的事情。"他们关注自己的个人目标，强调权利和成就，重视自己和核心家庭的利益。这种文化价值观强调人要对自己负责，因此人们普遍具有高度的自尊和独立性。社会鼓励个人成就和竞争，保护个人隐私。美国、澳大利亚、英国等国具有强烈的个体主义价值观。

在群体主义文化中，人们认为："我是社会的一部分，我是某个圈子和群体的一部分。"人们相信，人与人之间的关系远比个人更具本源意义。他们关注群体目标，强调个人对群体的义务、服从与忠诚，把群体置于个人的自由之上。集体成员都努力地以和谐的方式融入他们的组织之中，对组织存在情感依赖。他们彼此关系紧密，往往实行资源共享，公私界限比较模糊。来自亚洲、中美洲、南美洲等地的人往往持有较高的群体主义价值观。

那么，个体主义/群体主义价值观对人们的消费行为有什么影响呢？

一个典型的例子是聚餐。大家不妨试着回忆自己上一次聚餐的场景。中国人聚餐吃饭通常是一群人热热闹闹地围坐在一张大圆桌旁，每人点一个菜。有时，为了提高效率，会由一两个人负责点菜，但他们一定会考虑到所有人的口味。菜端上来后，大家便边吃边聊，不亦乐乎。吃完了谁买单呢？通常是有人请客，或者大家轮流请客，既显示了公平，又促进了感情。整个聚餐过程中的每一步——不论是点菜、吃菜还是付账买单——都不是个体独立决策的，都需要考虑其他人的利益和喜好，这是一种群体主义文化的典型表现。而西方人聚餐时是怎样的呢？通常是一张长桌，人们面对面坐着，每人看自己的菜单，点自己的菜，菜上了各自吃自己的菜，吃完了各自买单。整个过程中，个体只需要考虑自己的口味和喜好，与他人无关，这是一种典型的个体主义文化的体现。

此外，由于个体主义文化强调个人的独立价值，而群体主义文化强调个人与他人的相互依赖，因此品牌在个体主义盛行的国家开展营销活动时，应更多地强调它对于个体自身的利益，品牌概念必须足够独特、有个性，能够突出自身与他人的差异；而在盛行群体主义的国家，品牌需要与某个更大的实体相联结，应该更多突显它对家庭和内群体的利益，强化自己与亲人、朋友以及其他内群体成员的关系，强调认同感和适应性。因此，如果让人们从一系列产品中挑选自己比较喜欢的，个体主义文化下的消费者会选择最稀有的物品，而群体主义文化下的消费者会选择最普通的物品。若要选一支钢笔作为礼品，个体主义文化下的消费者会选择最特别的颜色，而群体主义文化下的消费者会选择最普通的颜色。此外，个体主义文化风格的广告，通常强调个人感受，充满我行我素的味道，比如"我就喜欢"（麦当劳的广告）、"去做就好"（耐克的广告）、"要爽由自己"（可口可乐的广告）；而群体主义文化风格的广告，则诉诸分享、陪伴、亲情乃至民族情感，比如"好东西要与好朋友分享"（麦斯威尔咖啡的广告）、"他好，我也好"（汇仁肾宝的广告）、"海尔，中国造"（海尔的广告）、"弹指间，心无间"（腾讯的广告）等。广告扮演的角色也有所不同，在个体主义文化下，广告主要起到说服的作用，而在群体主义文化下，广告的首要目标是建立信任感。

来看一个例子。假设现在有 A 和 B 两款汽车，基本介绍如下。

A 款：外形时尚动感，流线型车身设计，配有 4XMOTION 全时四轮驱动系统，让你从容纵横，享受征服的乐趣。

B 款：新型防抱死系统 ABS plus，有效缩短约 20% 的刹车距离；智能自适应巡航控制系统 ACC，确保所有乘员安全。

假设你目前还单身，你会选择哪一款呢？另一种情况，假设你已经成家，你又会选择哪一款？

通常来说，由于单身者只需要关注自我，于是如何拥有更积极、愉快的体验成为他们追求的目标，多数单身者会选择 A 款汽车。但一旦成家，就需要更加保守、周全的考虑，这时，安全就成为首要需求了，因此大多数有家庭的人士会选择 B 款汽车。

这一例子表明，当人们关注自我本身与关注自我所在的群体时，对收益和损失的敏感度是不同的。以往研究发现，当人们关注自我本身时，他们更在意获得性的目标，比如成就、渴望、乐趣等。但当人们关注自我所在的群体时，则会更看重规避性的目标，比如安全、责任、风险等。换句话说，个体主义文化下的人们会追求积极目标的实现，而群体主义文化下的人们会努力防范负面结果的发生。这对企业的促销活动有许多启示。例如，一款收益率较银行柜台高 0.05% 的手机银行理财项目，在个体主义文化下，可以强调它带来的收益："下载手机银行，你会获得 50 元的额外利息。"但在群体主义文化下，则应该强调不这么做会带来的损失："因为懒得下载手机银行，你失去了更高的利率，白白浪费 50 元的利息。"

营销工具箱

在个体主义文化下，品牌应该强调个体自身的利益，品牌概念必须足够独特、有个性，突出自身与他人的差异；在群体主义文化下，品牌应该突显它对家庭和内群体的利益，强化自己与亲人、朋友及内群体其他成员的关系，强调认同感和适应性。

在个体主义文化下，促销信息应该突出获得收益；在群体主义文化下，促销信息应该突出规避损失。

2. 权力距离

假设你要给你的办公室选购一件工艺品，什么是最重要的决定因素？
A. 这是不是一项值得的投资。
B. 你的同事喜欢。
C. 你自己喜欢。
D. 你的上司喜欢。

如果你选择了 D 而非 A、B、C，表明你所在的文化可能具有较高的权力距离。权力距离是关于人们对组织中权力分配不平等情况的接受程度。

在低权力距离的文化中，人们普遍不愿意接受上级因为等级地位而拥有更大的权力和权威。相反，社会成员无论其职务高低，都具有相对平等的决策权，收入差距也相对较小。人们珍视公平、反对特权，社会整体上升空间大，社会流动性强。延伸到家庭和学校教育中，父母与子女、学生与老师之间的关系也更加平等，鼓励平等自由的辩论。典型的低权力距离文化国家包括澳大利亚、美国和北欧诸国。

在高权力距离的文化中，人们相信人与人之间是不同的，并且能接受这种不同。弱势群体倾向于依赖强势群体，高地位者受到尊重。下级习惯服从上级的命令，不同等级之间的收入差距也相对较大。在家庭中，强调孩子对家长的顺从，不顶撞父母；在学校中，主张教师的权威，学生应该尊敬和服从老师而非与老师辩论；在企业管理中，则往往盛行家长式管理，并将管理者同下属之间的关系比作"父子"。印度、印度尼西亚、墨西哥以及大多数阿拉伯国家属于高权力距离的文化。

在全球范围内，奢侈品消费与权力距离密切相关。数据显示，地位品牌消费在权力距离相对较高的新兴国家市场，比如一些亚洲国家、巴西、俄罗斯等地尤为盛行。其中，亚洲地区为全球的地位品牌消费贡献了将近 50% 的市场。例如，LVMH 集团 2022 年财报显示，以中国为主的亚洲是路易威登最大的市场，在总销售收入中占比为 37%。历峰集团在 2022 财年销售收入达到 191.8 亿欧元，其中亚太市场规模仍然是区域市场之首。开云集团 2022 财年综合销售收入同比增长了 15% 至 203.51 亿欧元，其中亚洲市场贡献最大，占比达 33%。

为什么奢侈品消费在亚洲发展尤为迅速？这是因为在权力距离较高的社会中，个体需要明确自己所拥有的社会地位，从而得到他人的尊敬。由于权力和财富分配不均，某些昂贵的奢侈品往往只有少数社会高层才能"买得起"。这时，这些奢侈品就成为传达社会地位的信号。因此，人们竞相追求珠宝、名表、豪车、皮具等奢侈品。

| 经典和前沿研究 10-2 | 高权力距离文化：更多购买奢侈品，更少冲动消费

权力距离影响人们的品牌偏好。相较于低权力距离，高权力距离下的消费者更倾向于展示身份符号，比如更愿意消费奢侈品而非体验类商品（Wang, Torelli, and Lalwani, 2020），因为体验类产品更能帮助消费者识别真实自我，而奢侈品作为物质消费更倾向于向他人表达个人优越的社会地位（Dubois, 2020）。

当然，高权力距离下的消费者也并非只一味地买买买。由于高权力距离的社会有相对森严的上下层级区分，人们习惯了尊重权威、毕恭毕敬、克己行事，从而对自己的行为具有相对较强的自我控制力。这一自控力表现在消费上，会导致他们的购物更多是经过谨慎考虑和思量的，而非一时冲动。Zhang 等研究者（2010）通过实证研究发现，对高权力距离的信念会降低人们的冲动消费。无怪乎，冲动购买现象主要出现在权力距离相对较低的西方社会。例如，Rook（1987）表明，冲动购买是美国消费者生活方式的显著特征。但在亚洲，虽然人们越来越多地购买奢侈品，但这种奢侈品消费却并非一时冲动，而是为了彰显自己的身份和地位的目的性消费。

3. 男性气质 / 女性气质

忙碌了一年，好不容易来临的春节假期，你计划：

A. 趁假期完成几项遗留未完成的工作。

B. 与家人出去度假。

不同的选择在一定程度上反映了男性气质与女性气质的文化价值观的差异。男性气质 / 女性气质谈的是社会上居于统治地位的价值观更看重事业成功还是生活质量。

男性通常气质阳刚、自信、有进取心、好胜，努力追求事业和财富。因此，男性气质的文化推崇成就、雄心、物质和权力。在这样的社会，人们普遍向往成功，为了工作不惜牺牲家庭生活。在政治领域男性占主导，女性担任领导人的比例低。社会的性别分工明确，男性外出工作，女性则以家庭为重。日本、墨西哥、意大利等国的文

化是男性气质较强的文化。女性通常气质阴柔、关怀他人、注重和谐、温情脉脉。因此，女性气质的文化更推崇生活品质、服务他人以及社会关系。在这样的社会中，人们对生活质量有更高的要求，"工作为了生活，而非生活为了工作"。社会性别分工不明显，女性普遍外出工作，男性也可当"家庭主男"，在政治领域也有更多的女性担任高层职位。瑞典、荷兰、挪威、泰国等国的文化是女性气质较强的文化。

男性或女性气质对于家庭消费角色的分配有着直接的影响。如果你在某国的超市里看到大量推着购物车的男士，不用说，这个社会的男性气质不会太高。因为在男性气质的社会中，购物基本是女性负责的事，尤其是购买日用品。男性即使参与购物决策，也是买房、买车这样的大件。此外，由于男性和女性的角色分工不同，彼此对车的要求也不同，所以在男性气质的社会中，夫妻双方往往需要两辆车。但在女性气质的社会中，家庭角色有别的现象并不明显。来自欧盟统计局的数据显示，低男性气质文化对男性从事购物这一现象的解释比例达52%。

女性气质高的社会，典型的如斯堪的纳维亚半岛上的北欧国家，被称为"世界上最幸福的地区"。当地有句谚语：钱是可以储存的，而时间是不能储存的，你怎么花时间，决定了你一生的生活质量。因此，北欧人追求的是品质，而不是物质。当地的商场周日基本都不开门；到了七八月，几乎人人都去休假，迫不及待地陪家人一起享受阳光、海滩、攀岩、滑雪、骑行带来的快乐。他们从来都不愿意以"加班应酬"为由牺牲与家人在一起的欢乐时光。为了提高工作效率，从而有更多的时间休闲和陪伴家人，北欧人想尽一切办法进行创造，因此这些国家的创造力指数一直都位居世界前列。

与之相对的是，奢侈品在北欧国家的销量并不高。北欧人的穿衣打扮相对简约，追求的是与自己的气质相吻合，而非奢侈炫富。这也与当地"女性气质"的文化有关。由于女性气质文化看重的是生活本身而非成就，因此不需要通过购买奢侈品来彰显地位。相反，在看重事业成就的男性气质文化下，地位、品牌或产品就变得十分重要。商务人士拥有价值750欧元以上名表的比例，以及女性拥有价值超过1 500欧元首饰的比例，在男性气质盛行的文化下都显著更高。

4. 不确定性规避

自动驾驶汽车很快面世。假设你有足够的资金，也需要买一辆新车，你会选择自动驾驶汽车吗？

你对于上题的回答，与不确定性规避的文化价值观有关。不确定性规避反映的是社会中的人们对风险和不确定情境的容忍程度。

在低不确定性规避的社会中，人们普遍有一种安全感，接受生活中的风险和不确定性，人们乐于冒险、追求创新，具有放松的生活态度。社会组织较为松散、灵活，规范和原则也相对宽松，鼓励多样的生活方式。美国、瑞典、英国等国的文化具有较低的不确定性规避。

在高不确定性规避的社会中，人们普遍认为不确定性是一种威胁，是需要规避的。因此，社会会形成较为严密的组织和秩序，通过相对明确、细致的社会规范来规避风险。人们内在有一种较强的紧迫感和进取心，难以真正放松。希腊、葡萄牙、日本、新加坡等国的文化具有较高的不确定性规避。

例如，日本是不确定性规避程度较高的社会，因而在日本，"全面质量管理"这一员工广泛参与的管理形式取得了极大的成功，"终身雇用制"也得到了很好的推行。在家庭生活中，高不确定性规避表现为对肮脏与禁忌的严格规定、对生活细节的一丝不苟。如果你去过日本，一定会对日本繁杂的日常礼仪，以及每一处生活角落的一尘不染印象深刻。

与日本相反，美国是不确定性规避程度较低的社会，人们生活比较随意，不习惯拘束，太过强调细节的全面质量管理方式在美国企业中则不一定行得通。美国也不喜欢太多的繁文缛节，轻松随意的公司文化更受欢迎。例如，谷歌的公司文化一度被认为代表了美国的价值观：员工不用穿制服上班；没有多少制度和规定，员工可以自由到一个新的部门做自己喜欢的事情，一个想法有人支持就可以去做；在公司里也看不到"整齐划一"的装饰，每名新员工都将得到 100 美元，可以按照自己的风格和想法装饰办公室，可以在自己的办公室中"恣意妄为"。

不确定性规避影响消费行为的许多方面。在高不确定性规避的文化中，人们渴望具体的规则和正式性，这会导致他们在购物前搜索更多的信息并且更相信专家、依赖权威。与此同时，人们对新产品的开放度和接受度更低。当一项新产品横空出世，有的消费者会迅速购买、乐于尝试，而有些消费者则要等到产品流行之后才会采纳。Tellis 等学者（2003）的研究发现，新产品扩散人群中的创新者和早期接受者的比例在不确定性规避较低的国家中更高。

| 经典和前沿研究 10-3 |　　不确定性规避影响矿泉水的拥有量

De Mooij 等学者的研究发现，矿泉水的拥有量与不确定性规避有关。购买矿泉水的人通常很关注健康，然而，他们对健康却持有相对被动而懒惰的态度（De Mooij and Hofstede，2002）。因此，相比通过运动、健身等方法来获得健康，他们更关注饮食纯净，也会更多地购买营养补充剂。这与高不确定性规避的文化有关。而在低不确定性规避的文化下，人们则持有更积极、主动的生活态度，会努力通过运动和健身保持健康。

资料来源：DE MOOIJ M, HOFSTEDE G. Convergence and divergence in consumer behavior: implications for international retailing [J]. Journal of Retailing, 2002(78): 61-69.

5. 长期导向/短期导向

网络上曾经流传过一个故事，一位中国老太太和一位美国老太太见面聊天，中国老太太说："我攒了 30 年的钱，终于买了一套房子啦！"而美国老太太则说："我住了 30 年的大房子，终于还清全部贷款啦！"

两国老太太买房的故事，折射出不同文化中长期导向与短期导向的差别。长期导向或短期导向关注社会中的人们是更着眼于规划未来，还是享受当下。

在长期导向的文化中，人们一方面重视传统，另一方面也擅长规划未来、未雨绸缪。他们普遍具有坚韧和勤劳的品质，愿意为了长远目标而艰苦奋斗，牺牲眼前的享受。具有典型的长期导向文化的有中国、日本、韩国等东亚国家。

在短期导向的文化中，人们更加注重当前的生活和享受。他们的目光不放在未来,而是强调消费和享受当下,追求迅速可见的短期结果。具有典型的短期导向文化的有巴基斯坦、菲律宾、美国等。

通常而言,相比短期导向文化,长期导向文化下的人们推崇节俭,因此储蓄率更高,消费水平更低。例如,改革开放初期的中国,一方面,物质匮乏,仍然盛行传统的勤俭节约的价值观,一件物品总会物尽其用;另一方面,人们目光长远,重视对未来的投资,而教育则是最重要的人力资本投资。因此,长期导向文化普遍重视教育,比如亚洲的中国、日本、韩国等国家,教育培训消费占居民日常消费的比例始终居高不下。相反,短期导向文化下的人们追求短期的快乐,因此他们并不会为未来储蓄,而是即时享乐,即使借钱也要消费。这种文化下的借贷消费比例相对更高,冲动消费现象也更普遍。近期研究发现,长期导向文化与台式计算机的拥有率正相关,而与手提电脑及 iPhone 的拥有率负相关,而且长期导向文化下的人们更倾向于追求新技术。

| 经典和前沿研究 10-4 |　中国的宽带、高铁为何如此发达

近些年,在"一带一路"的背景下,中国在以宽带、高铁、桥梁等为代表的基础设施建设方面取得重大成就。这一成就为何在中国如此显著? De Mooij(2010)的研究提供了某些启示。他发现,长期导向国家的宽带渗透率更高。宽带属于基础设施建设,需要来自政府或企业的大量投入,因此宽带的盛行表明了一种长期导向的价值观。

以宽带、高铁、桥梁等为代表的基础设施建设在中国的巨大成就,既是经济发展的战略所需,也显示了中国文化具有典型的"长期导向"特色。事实上,中国历史上就有许多令人骄傲的大型工程,比如万里长城、京杭大运河等。若非具有长远的眼光,很难完成这样的工程。相比之下,同处亚洲、同属发展迅速的新兴市场国家的印度,基础设施建设却落后得多。除了制度方面的原因,也与印度的文化导向有关。印度的长期导向指数仅为中国的一半。梁漱溟先生曾将印度文化概括为"反身向后"的文化,即印度人深受宗教的影响,追求的不是此世的安乐,而是来世的解脱。印度人更看重精神生活,而不在意在这一世"建房子"。

资料来源:1. 梁漱溟. 东西文化及其哲学[M]. 上海:上海人民出版社,2006.
2. DE MOOIJ M. Global marketing and advertising: understanding cultural paradoxes[M]. New York: Sage, 2014.

10.4.2 规范

除了价值观,文化中间层还包括规范。规范是社会或文化群体中共享的关于个体行为的规则和标准,也就是告诉人们什么是对的,什么是错的,什么是应该做的,什么是不应该做的。

1. 规范与价值观的联系与区别

大家或许会问,规范和价值观同属于文化的中间层,它们的联系与区别是什么?

一方面,价值观和规范常常是密切相关的。社会中大多数人持守的文化价值观导致了一定的社会规范以及不遵守这些规范时受到的惩罚,比如中国人普遍认可对父母

的尊敬，慢慢就衍化成"孝道"的文化规范。另一方面，价值观和规范并非完全一样。一般而言，价值观属于主观的心理过程，规范则是相对较为客观的因素。换句话说，价值观主要存在于人们的内心，不同的人持有不同的价值观，你的价值观可能和我的价值观截然不同；但规范主要存在于社会情境中，是整个群体共享的行为准则，你和我虽然有不同的价值观，但是我们都要遵守同样的规范。

2. 描述性规范与命令性规范

规范可以分为描述性规范和命令性规范。描述性规范（descriptive norm）是指社会中大多数人的行为模式，类似"大多数人怎样做，我就怎样做"，是社会规范的"实然"（is）层面。而命令性规范（injunctive norm）是指群体文化所赞成或反对的行为标准，是社会规范的"应然"（ought）层面。例如，看到警告牌上写着"不要闯红灯"，知道红灯不能闯，这是服从命令性规范。看到其他人都不闯红灯所以知道红灯不能闯，这就是遵守描述性规范。心理学家 Morris 等人（2013）指出，在不确定情境中，描述性规范往往成为人们进行选择时的自动参照系，可称之为"社会自动驾驶仪"；而命令性规范由于定位精准、价值导向明确，需要人们花费一定的心理资源才能遵守，可比喻为"社会雷达"。例如，"不应闯红灯"是中国人都了解的命令性规范，但在一些地区，"中国式过马路"成为一种不成文的"描述性规范"。在无意识的情况下，可能有些行人会遵循"中国式过马路"的描述性规范。只有在这件事非常重要需要认真考虑的时候（比如闯红灯会被罚款），人们才会更多地按照"不应闯红灯"的命令性规范行事。

📍营销工具箱

在环保、节能等公益领域，营销人员可以运用描述性规范来影响和改变消费者的行为。

运用描述性规范时，要注意消费者的行为较之规范是更好还是更差。对于表现更差的消费者，描述性规范的作用是正面的；对于表现更好的消费者，则可能会产生负面影响。

| 经典和前沿研究 10-5 |　运用描述性规范促进节能

欧电（Opower）公司创始人亚历克斯·拉斯基（Alex Laskey）在一场 TED 演讲中，介绍了一个运用描述性规范的力量促进节能的行为实验。这个实验在美国旧金山进行，学生们在每个家庭的门上贴上纸条，请求人们关掉空调，节约能源。不同家庭会随机收到以下四类留言内容中的一种。

第一类留言：你知道吗？这个夏天你可以每月节约 54 美元，只要你关掉空调，打开电风扇。

第二类留言：为了保护我们的星球，请关掉空调，打开电风扇。

第三类留言：做一个文明公民，防止过度用电导致的停电，请关掉空调，打开电风扇。

第四类留言：调查发现，你们 77% 的邻居关掉了空调，打开了电风扇。

结果显示，最有效的是第四类留言，而这一留言运用的恰恰是描述性规范的力量。欧电公司受此启发，每个月都向每户家庭发送一份用电报告，内容不只包括该用户的用电量，还包括"上个月与邻居用电量的对比"。如果该用户用电量比邻居多，就得到一个"高于平均值"的评价；如果比邻居略少，就得到一个"良好"的评价，并奖励一个笑脸符号；如果用电量比邻居少得多，则得到一个"优秀"的评价，并奖励两个笑脸符号。这一做法大获成功，在欧电公司业务覆盖的地区，人均用电量减少了将近2.5%，节省了将近10亿千瓦·时的电量。

当然，描述性规范的作用也并非都是正面的。进一步的研究发现，那些被告知用电量低于平均值的家庭，却会因之而提高了用电水平。

资料来源：BOS M W, CUDDY A J C, DOHERTY K T. OPOWER: increasing energy efficiency through normative influence.Harvard Business School Case 911-016, 2011.

3. 规范与消费行为

规范对消费行为有什么影响呢？

查尔斯·汉蒂有句名言："现代人的贫困感，不是来自贫困本身，不是来自饥寒交迫，而是来自你邻居的眼光。"在这里，"邻居的眼光"代表文化规范的压力。我们感知的社会和文化规范对我们行为的影响，往往盖过了我们内心真实的价值观。所谓价值观是指"我认为应该怎么做"，而感知的社会规范则是"我认为大多数人认为应该怎么做"。换句话说，多数人在做的事情不一定是人们内心真正认同的，但人们常常会出于社会规范的压力而做出内心并不认可的行为。以送礼消费为例，许多人不会根据自己喜欢什么来选择礼物，甚至也不会根据对方喜欢什么，而是根据送礼对象与自己的关系以及在这种关系下"什么是合适的"社会规范，来决定送什么礼物。

在日本，人们的送礼行为也深受文化规范的影响。日本有一项不成文的社会规范——如果某人去国外旅游，必须给亲朋好友带回纪念品，这种纪念品称为"土产"（omiyage）。一项在美国洛杉矶机场的调查显示，83%的日本旅客购买土产，平均花费56美元，个人用品花费则为581美元，45%的被调查者赠送的对象至少有15位。有趣的是，虽然80%的旅客认为在日本赠送土产是一项广为社会接受的规范，但只有7%的人认为这是一件乐事。有的旅客甚至吐槽说："给办公室的每个人带回纪念品太贵了，因为要买这个，把我假期的快乐都吸干了。而且有些人从来不度假，所以他们从来没有带回过纪念品。"赠送土产甚至被网友列为7种"日本人最想消失的习俗"之一。

社会心理学中的合理行动理论（theory of reasoned action）指出，影响个体行为的因素不外乎两个，其一是人们对该行为真实的态度；其二是他们感知到的他人对该行为的看法。例如，你很喜欢某歌手新染的蓝色发型，但你知道如果你染了同样的发色，身边的人可能都会对你"另眼相看"。为了避免这样的眼光，你最终不会把自己的头发染成蓝色。营销史上有若干经典案例，都显现了文化规范的力量。例如，20世纪60年代，宝洁公司推出了纸尿裤，在此之前，人们普遍使用尿布，既费事又不卫生。纸尿裤由纸制成，一次性使用，用后即弃，当时又被称为"方便尿布"。然而，纸尿裤最初推向市场时，却惨遭失败。因为20世纪60年代的美国社会比现在传统得多。当时大家普遍认为，为宝宝洗尿布是妈妈的天职，是分内之事。因此，如果购买一种方便省事的纸尿裤产品，会让妈妈们产生一种不安和内疚感，感觉自己是一个懒惰、浪费的母亲。因此，虽然纸尿裤确实很方便，销量却不佳。纸尿裤的失败，不是因为产品质量不佳，而是受制于文化规范对女性社会角色预期的影响。那么，如果宝洁想要打开纸尿裤的销路,应该怎么办呢?后来,宝洁公司转变了广告策略,从强调安全、省事,转而强调纸尿裤更卫生、更舒服的功能,将广告诉求转移到呵护宝宝的健康上,从而巧妙地避免了社会规范的压力,受到了妈妈们的普遍欢迎。

4. 松文化与紧文化

是不是所有文化中的人们都同等程度地受到规范的影响呢?并非如此。有些文化有着十分严格的规范,人们的行为受到规范的严重制约;而在另一些文化中,规范没有那么严格,对人们行为的影响也不那么明显。根据一个社会中规范的严格程度,可将文化分为松文化(loose culture)和紧文化(tight culture)。"松""紧"形容一种文化控制符合社会规范的行为和对"违规"行为进行惩罚或制裁的程度。"紧"文化有高度的社会规范并对与社会规范相背离的行为进行严厉的惩罚,通常有相对集权的中央政府、严格管制的媒体和法律系统,典型代表如新加坡。而"松"文化的社会规范较弱并且对"违规"行为的制裁也相对要轻得多,通常有较为民主的政府、更开放的媒体环境和法律系统,典型代表如以色列。

有一年本书作者计划去新加坡访学,好几位朋友提醒说:"到了新加坡一定要谨言慎行,一不小心就会被抽鞭子!"这听起来不可置信:在新加坡这样高度发达的文明国度,怎么会有这样一种听起来十分不人道的刑罚?到了当地才知,新加坡的确存在"鞭刑",主要是针对持利器(比如匕首、长刀)抢劫、骚扰、强奸、携带毒品、长时间逾期逗留等"严重罪行"。不过,朋友的提醒也并非全无道理。新加坡的法律可谓极其严格:地铁上不准饮食,否则罚款 500 新元;公共场所不能吸烟,如果烟灰掉在地上,罚款 1 000 新元;便后不主动冲水,罚款 150 新元并拘留;随地吐痰,第一口罚款 1 000 新元,第二口罚款 2 000 新元;携带可燃物品,罚款 5 000 新元;甚至还有不能携带榴梿的规定,等等。事实上,新加坡被称为"fine city",请注意,此处的"fine"不是美好的意思,而是罚款的意思!可见,新加坡是"紧"文化的典型代表。

而以色列则属于非常宽松的文化。众所周知,以色列实际控制国土面积约 2.5 万平方公里,大约相当于半个珠三角或者 3 个广州的面积,970 多万人口。但以色列在美国纳斯达克的上市公司位列全球第一(美国除外)。以色列的人均风险资本远高于许多国家。一个笼罩着战争阴影、自然资源贫乏的国家,竟然产生了如此多的新兴公司,原因何在?其中很重要的一方面是文化因素。以色列有一种非常平等自由的文化基因,比如军人可以挑战自己的长官,雇员可以挑战老板的决定,出租车司机可以指挥百万富翁,23 岁的年轻人可以训练自己的叔叔。这些是以色列人司空见惯的。这种文化基因或许来自犹太教的辩论传统,超过 70% 的以色列人自小就被这种传统熏陶,充满自信,不迷信权威。因此,他们骨子里敢于尝试、不惧失败,而这正是创新创业需要的核心素质。此外,以色列首都特拉维夫到处挂满代表同性恋的彩旗,每天都有同性恋游行。这也是以色列"松"文化的另一种体现。㊀

文化的松紧程度对于营销有重要的启示。回到我们之前提过的一个问题:到底是价值观对人们的行为影响更大还是规范对人们的行为影响更大?现在你大概想到,对这个问题更精确的回答应该是——因文化而异。在"松"文化下,价值观或个体的真实态度,会在很大程度上决定人们的行为;而在"紧"文化下,人们的行为会更受规

㊀ 塞诺,辛格.创业的国度:以色列经济奇迹的启示 [M].王跃红,韩君宜,译.北京:中信出版社,2010.

范的影响。与此相关的是,"紧"文化中的消费者可能为了与他人"趋同"而购物,而"松"文化中的消费者则更有可能为了标新立异而购物。相应地,"紧"文化和"松"文化中诞生的品牌往往也有不同的个性特点。以摩托车制造商为例,美国的哈雷-戴维森一直以鲜明的"反叛"形象而闻名。在哈雷的广告中,经常出现印有骷髅图案的皮夹克,戴着深色墨镜、脚蹬皮靴的不羁骑手,他们不走寻常路,诠释了"自由、冒险、勇敢的品牌个性。而日本摩托车制造商铃木则一直以高可靠性和稳定性而受到好评,其品牌文化强调"性能至上"。Kim 和 Markus(1999)分析了美国和韩国 300 多家报纸和杂志广告中出现"独特"与"一致"两个概念的频率。他们发现,几乎所有的韩国广告都在倡导传统、一致和跟随趋势的价值;而几乎所有的美国广告都在强调选择、自由和独特性。一则韩国广告称"10 个人中有 7 个都在使用这款产品";而一则美国广告会说,"互联网并不适合所有人。话说回来,你并不是所有人"。

营销工具箱

基于合理行动理论,营销人员可以根据两个因素预测消费者的行为:一是消费者对该行为真实的态度,二是文化规范。

并不是所有消费者都同样受到文化规范的影响。"紧"文化下的消费者比"松"文化下的消费者更容易受到文化规范的影响。

在"紧"文化中开展营销时,应该强调质量、信誉、稳定等一致性的标准,而在"松"文化中开展营销时,应该更强调个性、风格和定制化。

| 经典和前沿研究 10-6 | 松紧文化对创造力的影响

文化是否会影响创造力?Chua 团队通过记录 55 个国家的文化紧密程度和文化距离对创造力的影响发现,与来自"紧"文化国家的人相比,来自"松"文化国家的人创造力更强,具体表现为:来自"紧"文化国家的人参与并成功完成陌生创造性任务的可能性较小,更不可能参与并成功完成外国创意任务,也不太容易接受外国的创意。

而在中国这片土壤上,文化松紧度又是如何发挥作用的呢?Chua 团队通过为期 3 年的研究绘制了中国 31 个省份的文化松紧度。研究发现,文化紧密性的构建在中国语境中是有效的,并且在许多方面与先前的概念化一致。但值得注意的是,在中国,文化紧密性与实用新型专利的生产(增量创新)呈正相关,与发明专利的生产(实质性或激进创新)呈负相关。也就是说,"紧"文化的省份(区域)相对"松"文化的省份(区域)实质性或激进创新率较低,但增量创新率较高。"紧"文化中的人们更喜欢渐进式而不是激进式的变革。这主要是因为"紧"文化使人们变得谨慎,从而积极避免错误,倾向于渐进式变革,减少了他们尝试高度新颖想法的倾向。相比之下,在"松"文化背景下,社会鼓励偏差,并且能够容忍错误,这就使得某些看似错误的观念反过来促进了激进的创新。

资料来源:1. CHUA R Y J, ROTH Y, LEMOINE J F.The impact of culture on creativity: how cultural tightness and cultural distance affect global innovation crowdsourcing work [J]. Administrative Science Quarterly, 2015, 60(2): 189-227.
2. CHUA R Y J, HUANG K G, JIN M. Mapping cultural tightness and its links to innovation,urbanization,and happiness across 31 provinces in China[J]. Proceedings of the National Academy of Sciences, 2019, 116(14): 6720-6725.

10.4.3 文化中的禁忌与吉利

虽然文化有松紧之分，但有趣的是，任何一种文化中都有一些近似"迷信"（superstition）的文化规范，人们说不清道不明，只是由于大家都这么相信，慢慢就成了约定俗成的传统。例如，有些数字被认为会带来好运，就产生了"吉利数字"（lucky number）；而有些数字则被认为会带来霉运，就成为文化中的"禁忌数字"（taboo number）。吉利数字和禁忌数字对营销产生了重要的影响。

假设一家咖啡店有两款口味接近的咖啡，一款售价 24 元，一款售价 28 元，哪款销量更好？虽然 24 元比 28 元更划算，但在中国，28 元的咖啡可能比 24 元的咖啡卖得好，因为"8"在中国文化中是一个吉利数字（代表发财），而"4"是一个不吉利的数字（代表死亡）。中国人对"8"情有独钟，而对"4"则避之不及。例如，中国银行在香港开业的时间定在 1988 年 8 月 8 日；北京奥运会定于 2008 年 8 月 8 日晚上 8 时开幕；广州的青年企业家愿意花高价竞购有数字"8"的车牌；中国投资者更愿意选择代码含"8"的股票进行投资。与之相对的是，中国含"4"的手机号码往往最后才被选走；中国人买房，很多人不喜欢买 4 层和 14 层，很多电梯甚至不设置第 4 层和第 14 层。

吉利数字和禁忌数字对中国人的消费行为有着显著的影响。首先，如果能自主选择，凡是有数字的地方，中国消费者都会避开 4 而选择 8。因此，不论是中国证券市场的股票价格，还是数字式品牌名称，都呈现"8"多"4"少的现象。其次，人们愿意为得到吉利数字、规避禁忌数字而付出溢价。同样一台便携式收音机，中国的消费者更愿意以 888 元的吉利价格而不是 777 元的中性但更低的价格购买。他们也愿意为一包"8 只装"的网球付更多的钱，而不是"10 只装"。此外，吉利数字与禁忌数字还会影响人们对产品的满意度。与标价 6 444.44 元的产品相比，价格为 6 555.55 元的产品出问题，更加令消费者不满。这是由于相对不吉利的数字使得消费者对产品的期望较低，出问题后，消费者的心理落差较小，因此不会太过不满。

在西方，同样也有数字"迷信"。在基督教传说里，出卖耶稣的犹大是第 13 个参加"最后的晚餐"的人，从此 13 就成为不幸的象征。西方人千方百计避免和 13 接触。在荷兰，人们很难找到 13 号楼和 13 号门牌，他们用 12A 取代了 13；在美国，有些航空公司没有第 13 条航线；在英国的剧场，你找不到 13 排和 13 座。此外，人们还忌讳在 13 日出游，忌讳 13 人同席就餐，13 道菜更是不被接受。研究表明，在西方，与 13 有关的数字创造的经济价值远低于其他数字。美国的商业企业每月 13 日的营业收入相比平常合计要减少 8 亿～9 亿美元。此外，在世界各地，人们普遍使用各种护身符为自己带来好运。例如，学生带上幸运笔去考试，运动员在比赛中不换袜子，参加面试者穿着幸运服等。Bleak 和 Frederick（1998）的研究显示，44% 的田径运动员使用幸运符之类的护身符，41% 的足球运动员使用幸运符。

禁忌消费对于企业的全球营销尤为重要。由于很多禁忌具有文化独特性，外来者往往一时难以捕捉，在商业史上有许多失败案例都与跨国企业不小心触碰了本地文化的禁忌有关。例如，当百事可乐在东南亚地区将其自动售货机的颜色和冷却水从深蓝色改为冰蓝色后，销售额迅速下滑。原因是，在当地冰蓝色与死亡和哀悼有关。而美国联合航空公司也犯过类似的错误。为了纪念首飞中国香港，该航空公司向每一位乘客发放了一朵白色菊花。然而，这一行为却引发了乘客极大的反感和愤怒。因为在亚洲许多地区，白色菊花代表厄运甚至死亡。

此外，需要注意的是，文化中的吉利和禁忌也并非一成不变，而是由情境建构的。随着文化的变迁，吉利和禁忌会相互转换。例如，耐克在2016年1月6日推出"发""福"系列球鞋，这一举措绝对显示了耐克的本土化努力，结果却十分惨淡。耐克在这款球鞋中融入了中国的汉字元素"发"和"福"，"发"代表财富、"福"代表运气，发福在过去也意味着一个人变得有福气。耐克甚至有意识地将"福"字倒着写，以体现中国传统"福到了"的观念（见图10-3）。然而，这款球鞋推出时，中国消费者一片哗然。有的网友甚至调侃说："不知消费者哪里得罪了耐克，让他们给出这样的诅咒。"

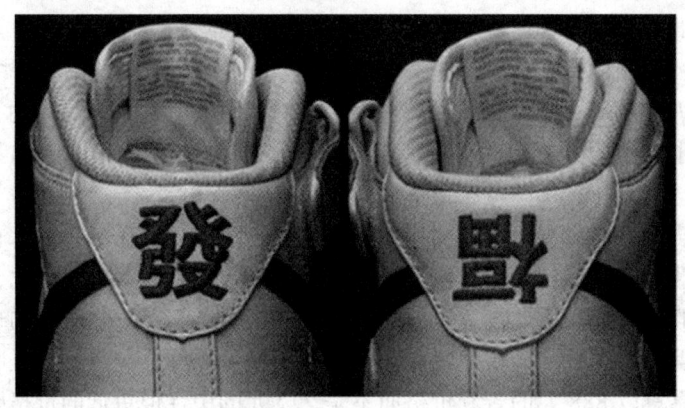

图 10-3　耐克"发福"球鞋

为何"发福"会成为诅咒？中国消费者都知道，虽然"发"和"福"都是传统的吉利词，但合在一起，"发福"指的是发胖，对于如今看重身材的中国年轻人来说，这可不是世间最残忍的诅咒吗？

再如，虽然13和14分别是西方和中国文化中长期的禁忌数字，但是近年来，"13"和"14"放在一起，被中国的许多年轻人看成是吉利的数字，因为谐音是"一生一世"。2013年1月4日由于谐音"爱你一生一世"，被年轻人认为是一个绝世难逢、适合结婚的良辰吉日。据媒体报道，当日在北京市民政局登记结婚的人数突破1万。有的新人前一天的午后就到婚姻登记处排队，熬夜换班，甚至请家人帮忙排队。

那么，企业应该如何利用人们的吉利和禁忌心理开展营销，进而构建品牌的独特资产呢？可以想想"人头马一开，好事自然来"这句广为传颂的广告语。"人头马"从一个起初并不知名的外国品牌，经由这一广告语的反复传播，逐渐在人们心智中植入了"人头马＝吉利"的信念，以至于它成为各种喜庆吉利场合的必备品。另一个例子是晨光文具。中国人向来重视教育，一年一度的高考被称为"独木桥"，引无数学子竞折腰。为了祈祷高考顺利，一些考生甚至跑到当地的孔庙祈福敬香拜孔子，贴上各式各样的许愿条。晨光文具从中国考生的祈福仪式中获得灵感，2008年在山东曲阜孔庙举行"晨光考试笔孔庙祈福大典"，并取得孔庙授权使用"孔庙祈福"作为晨光考试笔品牌。这一营销举措，使得晨光文具不再仅仅是工具、器具，而成了鼓舞考生考上好学校的"法器"，一时销量飙升，被十几家电视台追踪报道。

> **营销工具箱**
>
> 品牌开展跨国营销时必须具有充分的文化敏感度,要充分了解东道国文化中的禁忌规范,比如数字禁忌、颜色禁忌、翻译禁忌等,以防踏入雷区。
>
> 文化规范并非一成不变,品牌不仅需要了解传统的文化规范,还需要了解文化规范在当代的演变。
>
> 品牌可以利用文化中的吉利心理,将品牌形象与某些祈福仪式相联结,打造成文化象征物。

10.5 文化内隐层:基本信念、世界观和思维方式

文化内隐层是文化的核心部分。它触及社会中最根深蒂固、不容置疑的东西,包括基本信念、世界观和思维方式。管理学者陈晓萍教授举了一个例子,美国核心文化中最重要的一部分是人人平等,是个体的独立和自由,这些理念在美国社会中是毋庸置疑的。但是,在其他社会,比如印度,人生来不平等是根深蒂固的观念,这从印度长期存在的种姓制度就可见一斑。文化的内隐层有以下特点。

(1)无形性。从外显层到内隐层,经历了由"物"(行为、器物),到"心物结合"(价值观、规范),再到"心"(基本信念、世界观和思维方式),这个过程也逐渐从可见转为不可见。内隐层的内容属于抽象的形而上学层面,难以被直接观测,生活在文化中的人们常常难以直接描述它。只有经过大量的观察、反思和提炼,才能准确地描述内隐层的内容。

(2)决定性。对于一种文化而言,内隐层是最核心的层级,也是决定性的层级。内隐层驱动中间层和外显层,决定了它们的内容和表现形式。例如,人人平等是美国文化的核心之一,而人生而不平等是印度文化的核心之一。这一内隐层的差异驱动了两国文化价值观层面的差异——美国文化距离相对较小,而印度文化距离相对较大。这种价值观的差异,又更表层地体现在各种文化产品,比如广告、建筑、电视节目、报纸杂志、商品中。

(3)顽固性。作为人类文化的底层,一旦与其他文化发生碰撞,内隐层也是最容易产生冲突、最难以互相体谅的。商业一旦触犯了人们心目中神圣的宗教信仰,往往会遭遇滑铁卢。法国时尚设计品牌 Marithe and Francois Girbaud 拍了一部"向女性致敬"的时装大片,片中嫁接了名画《最后的晚餐》的设计,但将图中的圣徒换成了现代女性,将有宗教意义的标志换成了女性的时尚用品,以彰显女性意识。海报刊出后,意大利米兰法院和法国巴黎法院都提出抗议,认为这是对天主教的亵渎。

10.5.1 基本信念

文化内隐层的第一个组成部分就是信念。信念是人们内心对于两个实体或者两个概念之间关系的一种认识形式。人们对于生活中的各类事物都会形成大大小小的信念,而有一些信念则是最基本的,比如信仰、宗教观、命运观等。

例如,宗教会影响人类心灵,全世界信仰宗教的人数约为 50 亿,占全球总人数的 80%。在许多国家,宗教影响到社会生活,也塑造了消费行为。以日本为例,影响

最大的是佛教和神道教。

在公元6世纪时佛教从中国传入日本，其中，禅宗对日本人精神世界的影响最为深远。禅宗强调"不立文字、见性成佛"，通过静坐、观照和内省达到明心见性的境界。这种摒除物欲、向内追寻的哲学逐渐引发了一种"极简美学"。表现在日本建筑上，日式庭院最著名的枯山水，只用极少的造园要素，比如石、沙、苔藓等，表现广大无垠的宇宙世界和内心之象。日式茶室通常也十分洗练简约：四壁榻榻米，一席茶桌，点缀几个小巧的茶杯，别无余物。延续到当代的消费生活中，无印良品倡导的"无品牌的品牌"，以及在日本民众中流行的"断舍离"的生活方式，也是这种极简美学的体现。甚至，在深受日本禅宗影响的苹果创始人乔布斯身上，也能看到极简美学的影子。乔布斯位于美国加利福尼亚州伍德赛德（Woodside）的家中陈设极其简单，只有灯、音响、黑胶。乔布斯开创的苹果品牌，不论颜色、材质、界面和造型，都遵循极致的简约。例如，苹果产品的包装都是一个纯白的盒子，盒子上有个明显的"苹果"标识；色彩主要以黑、白、灰三冷色为主；材料方面，以"MacBook Pro"为例，其外壳是一整块铝合金，完全无缝化的顶盖与紧密拼合的机身都显得纤薄异常；功能方面，一键设计更是将简约、简便做到了极致。

神道教则是日本的本土宗教，是一种以自然崇拜为主的泛灵多神信仰。神道教相信万物有灵，崇拜一切有能量的事物，只要发现力量，信徒们立即为它起上名字敬为神灵，并谦虚虔诚地向它学习。因此，日本的神灵无所不在，自然界的山川、森林、太阳、火、雷、动物（狐、蛇等）、祖先的灵乃至各行各业都有神。在消费生活中，也能窥见神道教的影响。例如，国外游客赴日本抢购马桶盖一事炒热了"日厕文化"。许多外国消费者表示，日本马桶的功能和设计的确令人惊叹。一打开厕所门，马桶盖具备自动开启功能（有洁癖的用户最爱），并且有优美的音乐从中流淌而出；冬天坐在马桶上，马桶圈会带有温温的热度，不再觉得冰冷。如果是无厕纸马桶，可按手边的按键，享受温水清洗、热风烘干系统带来的一身轻松……

那么，为何日本人如此重视上厕所的体验？这与他们的神道信仰有关。在日本人信仰的诸神中，有一位"厕神"。日本人在厕所设立神坛，祭拜厕神寻求保佑。此外，日本人如此崇拜厕神，还与神道思想中避"秽"这一根深蒂固的思想观念有关。日本人认为"秽"（包括精神感受到的不清洁感）会招致灾难，只有将和脏物有关的厕所彻底打理干净，才能排除"秽"招来不幸的可能。因此，日本人一直追求清洁层面的极致，这也造就了日本的"马桶现象"。

10.5.2 世界观

文化内隐层还包括我们对某些重要问题的回答。在人类精神世界的底层，有一些哲学层面的"大问题"，涉及人们对整个世界的总的看法和根本观点，即人们常说的"世界观"。例如，人性究竟是善还是恶？人类的命运是否可以由自己掌控？人与自然，谁主宰谁？时间和空间究竟以怎样的形态存在？人如何处理与自己的创造物（如人工智能）的关系？等等。这些世界观是我们有关人类存在的基本假设，也是文化内隐层的重要内容。

1. 对人性的观点

不同文化中人们对人性善恶的看法各异。中国文化整体相信"性善论",比如《三字经》开篇便是"人之初,性本善。性相近,习相远"。孟子是最早提出性善的思想家,他认为人生而具有恻隐之心、羞恶之心、辞让之心、是非之心。这"四端之心"是仁、义、礼、智的源头。受此影响,中国人向来强调"隐恶扬善",以发挥人性光明的一面,主张用道德的启发和感化去引导人,但对人性恶的一面则相对疏于防范。

西方文化则以"性恶论"为根基。这一假设源于基督教中的"原罪"思想,"原罪说"起源于《圣经》中的"伊甸园神话",亚当与夏娃在蛇的蛊惑下偷吃了禁果,被上帝逐出伊甸园,人类的"原罪"就此铸下。西方的法治思想也体现了"人性本恶"的假设,比如文艺复兴时期意大利政治思想家马基雅维利说:"一般而言,人都是忘恩负义、诈伪轻浮、怯懦、贪婪的。当你成功时,他的一切都属于你,他的血肉、他们的财产、他们的生命、他们的子孙,一切都贡献给你。但是,一旦遇到紧急情况,他们就倒戈相向,落井下石。"因此,西方社会向来重视法制的力量,通过制度设计防御"人性之恶"。

2. 人与自然的关系

"天人合一"是中国文化里的自然观。儒家把天、地、人并称为"三才",《中庸》认为人"可以赞天地之化育,则可以与天地参矣",《庄子》则称"天地与我并生,而万物与我为一"。在"天人合一"的自然观中,人是自然界的一部分,是自然的产物;自然界有普遍规律,人要服从普遍规律——人生的理想状态是天人和谐,与自然共生。这种哲学倾向深刻地影响了中国人的文化生活,无论琴棋书画,中国人都以"道法自然"为最高境界。传统的中国画大多以山水为主题,追求人与大自然的契合。中医将人体看作一个"小宇宙",主张顺乎自然界的阴阳变化以护养调摄,比如《黄帝内经》强调要"顺四时而适寒暑""春夏养阳,秋冬养阴"。时至今日,中国人仍然重视顺应节令、保持均衡的生活习惯,人们会根据季节摄取新鲜的时令蔬菜和水果,喜好纯天然食物,偏好食补和食疗,许多中国人相信,与其用维生素等营养补充剂来获得健康,不如合理均衡膳食来维持身体气机的平衡。当下,各类养生产品在中国市场上十分红火,经络按摩产业迅速发展,乐活和有机农产品急速扩散,佰草集、相宜本草、自然堂等主打中草药养生的本土护肤品牌广受欢迎,悦榕庄等高端酒店也以"五行元素 SPA"为主题吸引消费者,推出土、金、水、火、木五行护肤疗程,成为目前中国最贵的度假酒店之一。

西方文化认为人类是大自然的主人,人类可以征服和主导自然力量;人是宇宙的中心、万物的主人,可以按照自身意志改造自然。西方的科技发展正是建立在这种以人为本、征服自然的思想上。西方医学也秉承了这一人与自然对抗的思想,治病以"消灭病毒和细菌"为目的,而非像中医那样去寻求人体与自然的整体平衡。

此外,在中东、南亚等地区,则流行"服从自然"的观念。例如,生活在哥伦比亚的美斯蒂索人就非常敬畏自然,认为自然界危险重重,世间万物皆有生命,企图征服的行为不仅不可能,而且极度愚蠢。在很多中东国家,人们认为人类应该屈从于自然,一切都是命中注定的事情,人们除了接受别无他法。

从东西方的广告语中可以看到不同文化下自然观的差异。在东方,以自然为主题的广告十分普遍，含有自然元素的广告在亚洲十分成功。日产公司发现了这一事实，但当它在美国开展豪华汽车广告竞赛时，不是用该公司的汽车而是使用了大幅的广告画面——几幅巨大的自然风光图并列呈现——而汽车的名字到最后才出现，这次活动却以惨败告终。典型的东方广告语，大多展现天人合一、物我和谐的境界，比如"一林一世界，一语一人生"（保利西山林语）、"天地间造化，动静皆风云"（奇瑞风云）、"解密千年太极古方，采撷四枝汤和赤芍、白芍等名贵草本成分，研发'清肌养颜太极泥'面膜，让肌肤焕发初生般润泽柔嫩，盛开一个美的轮回"（佰草集）以及"金风秋实，郁郁香秋频频顾。兰心小蹰，微瑕怎堪入。飞流纵驰，时光不相误。斜阳暮，琼浆凝露，君在归路。不忍素手洗杯盘，爱若无缺事事圆"（方太抽油烟机）。而西方的广告语，则极尽突显人征服和改造自然的力量，如"我们愚弄了太阳"（We make a fool of the sun，印第安纳波利斯照明）、"没有不可能"（Impossible is nothing，阿迪达斯）、"永远向前"（keep walking，尊尼获加威士忌）、"尽管去做"（Just do it，耐克），等等。

营销工具箱

东方文化下的广告可以强调自然元素，展现天人合一、物我和谐的境界。
西方文化下的广告应该体现人征服和改造自然的力量。

3. 人与命运的关系

古往今来，无数骚人墨客都曾对命运的变幻莫测发出浩叹。我们的命运究竟掌握在谁的手上？人类可以自主把握自己的命运吗？还是冥冥之中早已注定？

不同文化下的人们对命运的观念大相径庭。在西方崇尚个人奋斗的个体主义文化背景下，人们更倾向于相信自己的努力可以战胜命运的安排（人定胜天）；而在东方文化背景下，人们更倾向于相信命运对人生的掌控力（人命由天）。与此同时，还存在第三种折中的命运观，即可协商的命运观（negotiable fate），持这种命运观的个体既接受个人无法完全直接控制命运的事实，同时又认为自己可以通过与命运进行一定程度的协商来为自己争取到更好的生活，比如祈福改运等都是这种协商的表现。可协商的命运观在中国传统思维中十分常见，比如人们常说的"谋事在人，成事在天""尽人事，听天命"等。可协商的命运观使得人们"信命而不认命"，既不盲目自大，又能在种种环境限制中最大限度地发挥能动性。研究表明，可协商的命运观在中国、印度等亚洲国家，尤其在这些社会中相对较低的阶层中更为流行。而且，在中国和印度，可协商的命运观与更积极的思维风格、更有建设性的应对方式及高自尊紧密相关。

那么，与命运相关的信念如何影响人们的消费行为？通常而言，信命比不信命的消费者会有更多的迷信行为，这会进一步影响人们对品牌的偏好：当品牌被赋予幸运元素时，更容易得到消费者的青睐。同时，命运信念会降低消费者对品牌标志的敏感度。还有学者发现，持有可变（而非固定）命运观的消费者，当他们得知明天可能运气不佳时，更有可能在今天做出放纵而非自律的消费选择。这是由于，认为命运可变的消费者，更可能通过放纵消费的方式来让自己获得一种"小确幸"，作为对明天糟糕运气的补偿。

4. 对时间的看法

身处不同文化中的人们对时间的看法同样表现出文化差异。人类的时间观念主要来源于观察到的自然运动（含天体运动）和人文运动（含历史进程）的有序性。因此，来自不同地方、不同文化背景的人们对时间的看法也就不同。对时间的看法主要体现为时间导向，即一个民族注重过去、现在还是未来。一般而言，历史传统悠久的民族注重过去时间导向，而历史相对较短的国家和民族则往往注重现在或未来时间导向。

在过去时间导向的社会中，人们高度重视传统，尊古崇老，看重年龄与经验，强调密切的家庭关系。作为一个有五千年悠久文明历史的古国，中国是世界上最有"历史感"的民族，编修历史是历代统治者十分重视的工作。因为中国人相信"以史为鉴"，历史可以成为未来行事的借鉴。"古老"和"经典"等词往往意味着"经验"和"智慧"。谚语"吃一堑，长一智""前车之覆，后车之鉴""前事不忘，后事之师"等，都体现了中国人的过去时间导向。

未来时间导向文化中的人们着眼于将来，把重点放在诱发变化和导向发展的事件上。他们积极接纳变化，信奉"唯有变化才是永恒的"（there is nothing permanent except change）。美国是一个典型的未来时间导向的社会，崇尚个人的努力奋斗，相信未来永远比现在更加美好，而过去则被认为是过时的和落后的。

现在时间导向的文化不太关注过去已经发生的事和未来可能发生的事，人们认为只有现在才是最重要的，几乎不做明天的打算。例如，土耳其有一句著名的谚语叫作"今日的鸡蛋要比明日的母鸡强"；菲律宾、拉丁美洲一些国家以及美国亚利桑那州北部印第安人的文化也是属于现在时间导向，人们普遍倾向于及时享乐，对时间有更多的随意性和随机性。

时间导向深刻影响了消费文化。在未来时间导向的国家，新产品的种类和包装层出不穷，因为他们认为只有这样才能吸引顾客。而在过去时间导向的社会里，人们通常更相信大品牌和老字号。广告学研究显示，单词"new"是英文广告中出现频率最高的词之一。美国的广告语大多强调进步、创新与变化，崇尚年轻、挑战和冒险。例如，"对我而言，过去平淡无奇；而未来，却是缤纷绚烂的"（轩尼诗）；"因为我们相信，每一次优雅的飞跃，我们都在见证国家的未来"（菲利普斯石油）；"新一代的选择"（百事可乐）等。而中国的广告商则更倾向于突显自身悠久的历史和传统，比如"国窖1573，你能品味的历史"（国窖），"青丝秀发，缘系百年"（百年润发），"传奇品质，百年张裕"（张裕），等等。此外，对比中美电影、电视剧的主题，也能清晰地看到过去时间导向与未来时间导向的差异。美国盛行各类科幻小说、科幻电影、关于未来外星人的入侵、机器人对世界的占领和威胁、星球大战的爆发、地球生态的哗变等。而中国最流行的 IP 是各种古装剧、清宫剧、历史剧，比如穿越时空的《步步惊心》、架空历史的《琅琊榜》，以及古装玄幻仙侠的《花千骨》等。此外，美国某烟草公司在向亚洲市场引入一种过滤嘴香烟时，以"减少肺癌风险"作为广告宣传的主要诉求，结果惨遭失败。原因在于它没有考虑到该市场中的人们具有强烈的现在时间导向观念，因此并不重视产品带来的未来利益。

| 经典和前沿研究 10-7 |　中国人的时间知觉广度

中国文化绵延千年，历经磨难，却历久弥新生生不息，这是因为中国文化具有非凡而又独特的适应力和发展动力。Ji 等人（2009，2019）通过研究对比中国与北美被试者发现，中国人具有整体性思维的特点，在时间维度上表现为倾向于将过去、现在和未来时间内发生的事件作为一个整体脉络联系起来。因此，中国人具有回溯过往"向后看"的过去时间知觉取向，同时在一定程度上也有瞻望前途"向前看"的未来时间知觉取向，总体上表现出较大的时间知觉广度。时间知觉广度可能影响个体对事件发展的推断，进而影响个体对事物发展变化的认识，中国人形成了非线性变化观。例如，中国人比美国人更倾向于认为，与原初状态相比事情会发生变化。这个变化可能发生在各个领域，比如原本热恋的人会分手，原本打架的两个人会变成密友，多次的冠军会输给对手，原本贫穷的人会变得富有，等等。纪丽君等人（2023）通过实验研究提出了时间知觉广度的文化心理比较模型，指出中国人具有较大的时间知觉广度，具有显著的过去取向和未来取向，在一定程度上，这些特点可能是中国人在应对不确定性和重大危机时表现出更强的心理韧性和复原力的心理基础。

资料来源：1. JI L, GUO T, ZHANG Z, et al. Looking into the past: cultural differences in perception and representation of past information[J]. Journal of Personality and Social Psychology, 2009, 96(4): 761-769.
2. JI L, HONG E, GUO T, et al. Culture, psychological proximity to the past and future, and self-continuity[J]. European Journal of Social Psychology, 2019, 49(4): 735-747.
3. 纪丽君, 吴莹, 杨宜音. 中国人的时间知觉广度[J]. 心理学报, 2023, 55(3): 421-434.

营销工具箱

在未来时间导向的文化中，营销应该强调创新、进步和变化，不断推出新产品。
在过去时间导向的文化中，营销应该注重历史和传统。
在现在时间导向的文化中，营销应该强调产品的现实利益，享受当下。

5. 对空间的看法

不同文化关于空间理念的文化差异也非常显著。美国人通常认为空间越大越好，美国的汽车大多具有庞大的身躯，超市售卖的瓶装饮料也通常以数升计。中国人也喜欢大，因为大意味着权势、力量和地位。然而，日本人似乎更能欣赏小空间之美。禅宗文化相信"纳须弥于芥子"，日本的庭院通常不大，却蕴含宇宙之象。日本人的食物通常也以若干小碟盛放，使得西方人常常觉得吃不饱。由于日本地少人多，空间的价值由此变得格外宝贵。宝洁公司针对此生产了超大容量、吸收力更强且更轻薄的纸尿裤来适应较小的储存空间，迅速成为当地市场的领导者。

6. 对技术和人工智能的看法

技术进步是人类生产力发展的必然。本质上，技术是人类的创造物，然而，随着数智时代的到来，这一人类创造物日益体现出超出人类控制的倾向，引发了大量的伦理思考。如果将文化看作一种存在形态，那么以人工智能为代表的技术和人类也意味着两种不同的文化——有人称之为"硅基文明/文化"和"碳基文明/文化"，而这两种文化有着截然不同的存在形态和核心特征。例如，人类具有自我意识和自主性，能够进行主观思考、情感体验和自发行动；相反，人工智能缺乏真正的自我意识，它的行为和决策完全依赖于人类编程和数据驱动。基于此，研究者发现，对低于预期的服务，由人来提供不如由人工智能来提供，这是因为我们认为人工智能提供服务的时候没有负面意图，但人可能有，因此对人工智能提供的负面服务的评价要比人类提供的更高；反之，对高于预期的服务，由人工智能来提供不如由人来提供，这是因为我们认为人工智能提供服务的时候也没有正面利他的意图，因为降低了对其正面评价。此外，人类能体验情感，拥有个人经历和情感记忆，进而影响自身的决策和行为；而人工智能虽然可以模拟情感反应，但不具备真实的情感体验。人类在解决问题和创新方面表现出独特的创造力和直觉；尽管人工智能能在特定领域模拟创造性解决问题，但它通常局限于已有数据和算法的范围。人类的决策过程包含道德和伦理考量，这些考量基于社会、文化和个人价值观；而人工智能缺乏自主的道德和伦理判断能力，其伦理决策必须依赖于人类设定的准则，等等。

另一方面，不同文化下的人们，对技术的态度也大相径庭。英国史学家李约瑟在他所著的《中国科学技术史》中提出了一个疑问："尽管中国古代对人类科技发展做出了很多重要贡献，但为什么科学和工业革命没有在近代的中国发生？"这一疑问后来被称为"李约瑟之谜"，而其答案则与文化有关。中国文化历来强调"以道驭物"，强调人文精神，认为人是万物之灵，技术应该服务于人的生活而非人为技术所役使。而欧美文化则更积极地拥抱技术及其带来的改变，对技术持有更为乐观的态度。一项关于文化与技术接受度的综述表明，个体主义高、权力距离低、不确定性规避低的文化倾向于快速采纳和接受新技术。而权力距离高、群体主义程度高、不确定性规避高的文化则倾向于对新技术表现出抵触。此外，男性气质得分高的国家中的人们通常更关注成就、竞争和成功，因此他们更有可能为了在市场上处于领先地位而采用新技术。

10.5.3　思维方式

文化内隐层的第三个组成部分是思维方式。思维方式是人们用来处理信息和感知世界的基础。它是一种文化在长期历史发展中形成的一种较为固定的基础认知模式，不同文化中的个体在思维方式上差异明显。

Morris 和 Peng 等学者（1994）发现，东方人（比如中国、日本、韩国）的思维方式是整体性的（holistic thinking），这种世界观强调事物的变化、矛盾和普遍联系。而西方人（比如美国、英国、加拿大）的思维方式是分析性的（analytical thinking），它强调事物本身，使用静态、逻辑和非矛盾的方式来看待世界。

1. 关注和感知世界的模式：我们会注意什么

从图 10-4 中，你看到了什么？2001 年，Masuda 和 Nisbett 将这幅池塘的图片作为实验材料，展示给一些美国人和日本人，询问他们注意到了什么。结果发现，美国人更多地回忆三条大鱼、什么颜色、向哪个方向游等。日本人则更多地注意到画面的背景（这是水下的一个和谐的场景），还会注意到这个池塘里有水草、小鱼、青蛙、蜗牛、气泡等。通常，日本人的第一句话是"这看起来好像是一个池塘"，而美国人的第一话往往会说"那儿有三条大鱼，可能是鲑鱼，在向左边游"。这个实验说明，东方人和西方人关注的重点是不同的：日本人更关注事物的背景，美国人更关注对象。

图10-4　池塘示意图

2. 归因模式：我们如何解释世界

你认为图10-5中这条领先的鱼之所以在鱼群中领先是由于：
A. 它自身的个性或天分。
B. 它在群体中的角色或功能。

图10-5　鱼群示意图

看到图10-5后，西方被试者更多地给出了与鱼的个体特征相关的解释，而东方被试者则更多地认为这条鱼的行为取决于它与其他鱼之间的关系。

更普遍地说，在东方，人们认为一个人的行为主要是由他所处的环境决定的，性格是可塑的。而在西方，人们相信人的性格是相对固定的，行为主要由其性格决定，性格引导着一个人以这样而非那样的方式行事。相应地，在进行归因时，东方人习惯于进行外部情境归因，而西方人则通常会归因于个体内在的特质。

为什么会产生这样截然不同的归因方式？前文提到，东方人习惯用广角镜来看世界，看到的是广泛的背景和事物之间的联系，而西方人则主要聚焦于物体自身。因此，前者倾向于认为事件的发生是由复杂的、相互联系的背景因素引起的，倾向于从关系来解释事物；而后者则倾向于从物体本身的属性来解释事件的发生。

3. 归类方式：我们如何组织事物

请看图10-6中这三种事物。如果要把其中两种放在一起，你会选择哪两种呢？

图 10-6　三种事物示意图

如果你是西方人，你可能会把牛和鸡归为一类；而如果你是东方人，你可能会认为牛和草应该归为一类。其差异在于：前者是依据抽象的范畴和规则归类；后者则是依据关系归类。鸡和牛都是动物，"动物"这个概念是依据抽象规则产生的范畴，而"牛吃草"则表明了两个事物之间的关系。

通常来说，西方人组织世界的方式是根据抽象的范畴和规则，东方人则依据万事万物之间的关系。西方从希腊哲学开始，就强调用抽象的、逻辑的、理念的方式理解事物，从具体的事物中抽象出来一个个属性，并建立起关于这些抽象属性的理论，科学的产生就是对事物不断抽象、分类和细化的结果。而东方人尤其是中国人更擅长理解事物之间的关系。

4. 趋势预测：我们如何看待延续和变化

如果某家公司的股票近几个月快速增长，你预测接下来它会涨还是会跌？

对上述问题的回答，反映了你对世界是静止的还是变化的看法。通常而言，美国人比中国人更倾向于做出与趋势一致的预测——如果某种趋势呈上涨势头，美国人更有可能做出它将继续上涨的预测，而中国人则相反。

这个答案涉及东西方哲学中世界观的差异。西方哲学认为世界从本质上来讲是静态的、不变的。因此，西方人习惯于预测事件会以线性的方式向前发展。而东方哲学则普遍持有复杂、变化的世界观。中国道家的阴阳哲学认为"反者道之动"，著名的塞翁失马的故事，就生动地说明了得与失、祸与福是不断转换的。因此，东方人倾向于预测事物的变化甚至会向相反方向转化。

5. 辩证法：非黑即白还是阴阳相生

以下两组谚语，哪组对你更有吸引力？

第一组：　　　　　　　　　　第二组：

聊胜于无。　　　　　　　　　谦虚过头就是骄傲。

骄兵必败。　　　　　　　　　要当心你的朋友而不是你的敌人。

人多力量大。　　　　　　　　人比钢铁还要坚强，却比苍蝇还要脆弱。

研究结果显示，中国人更喜欢第二组谚语，而美国人更喜欢第一组谚语。这两组谚语之间的差别在于，第二组谚语表达的是很明显的一些矛盾：谦虚与骄傲是相反的，但又说谦虚过头等于骄傲；朋友通常是令人放心的，谚语却说要当心朋友而非敌人，等等。而第一组谚语中则不包含矛盾。矛盾与辩证思维有关，所谓辩证思维，就是关注这种矛盾，以及如何解决矛盾。辩证思维的典型图示是中国的太极图。在太极图中，阴与阳各占据一边，但阴中有阳、阳中有阴，而且阴阳一直在互相转化。因此，中国古人很早就认识到，对立矛盾的事物并非非黑即白，而是相互依存、相互制约，甚至相互转化的。正如老子在《道德经》里表述的："天下皆知美之为美，斯恶已；皆知善之为善，斯不善已。故有无相生，难易相成，长短相形，高下相倾，音声相和，前后相随……"但西方人崇尚形式逻辑，其基本原则包括同一律和非矛盾律。同一律是指事物只能是事物本身而不能是其他；非矛盾律是指一个命题不能既真又假。因此，对于这一类"A 和非 A 都成立"的辩证式命题，西方人通常困惑不已，难以接受。

从以上几个方面，我们看到东方人从整体性的视角看待世界。他们看见了大环境，特别是那些背景（不重要或不引人注目的）事件；他们善于从环境线索中寻找事件发生的原因；他们重视事物之间错综复杂的关系，以此来组织事物和进行归类；他们认为事件的发展是一种复杂的运动，物极必反；他们还喜欢辩证地看问题，认为事物的正反面都有可信之处。相反，西方人则从分析性的视角看世界。在他们看来，物体是脱离环境的孤立个体；他们倾向于从事物本身的属性来寻找原因；他们认为事件的发展是直线式的运动；在看问题的时候，他们倾向于非黑即白，不喜欢模棱两可。

6. 思维方式与消费行为

东西方文化中整体性和分析性思维方式的不同，会如何影响人们的消费行为？

一般来说，相比分析性思维的消费者，整体性思维的消费者对远距离的品牌延伸更能接受。如果有一天麦当劳推出巧克力棒，你觉得如何？分析性思维的消费者会从逻辑上判断麦当劳原来的品类（快餐）与延伸品类（巧克力棒）之间的关系。他们会觉得，这两类产品看起来相差很大，因此麦当劳的巧克力棒应该不太好吃。但是，整体性思维的消费者由于有更广阔的视角，更能识别母品牌和延伸产品之间的其他关系。例如，他们会这样思考：人们在吃麦当劳时可能想要搭配一块巧克力；或者，作为一个声誉卓著的品牌，麦当劳推出的其他产品也不会太差。基于以上考虑，他们更能接受麦当劳所推出的各类看似不相关的延伸产品。因此，在盛行分析性思维方式的美国，如果 Twitter（现为"X"）推出矿泉水，人们可能不习惯。而在盛行整体性思维方式的中国，这些大公司可以推出任何产品。例如，小米做手机、做空气净化器，甚至做体重秤。

两种文化下的消费者对品牌信息的记忆也不相同。如果我问你，有关索尼品牌，你能想起什么？分析性思维的西方消费者通常会回答抽象的、有关品牌的总体评价，比如耐用的、时尚的、品质高的等。而整体性思维的东方消费者，却会更多地关注情境，这导致他们会分别存储索尼不同产品乃至产品在不同情境下的使用情况的信息，比如索尼的随身听怎么样，它的相机怎么样，等等。

东西方广告也鲜明地体现了这两种思维方式的不同。以汽车广告为例，中国的汽车广告往往追求"好而全"，汽车通常整体出现在画面中。而国外的汽车广告则突出其中的某些部件，比如安全气囊、车座、车灯、汽车底盘等都常表现在广告创意中。

📍营销工具箱

在分析性思维文化下，品牌进行延伸时要很小心，需要突显新旧品类之间的逻辑关系，为它们之间的关系进行背书；品牌应该注重管理抽象的产品属性；广告应该突显局部信息。

在整体性思维文化下，品牌延伸则相对容易，企业可以通过强调母品牌的声誉和整体能力赢得消费者的支持；品牌应该注意管理不同情境下的消费习惯；广告应该更多地突显整体信息。

本章小结

文化是一个社会总体的生活方式，不仅包括看不见的精神和意识形态，还包括看得见的器皿、建筑、服饰等物质形态。凡是一切非自然的人文创造都可以称为文化，它具有共享性、传承性、习得性和整体性。

文化的洋葱比喻揭示了文化的三个层次：外显层、中间层和内隐层。外显层包括器物、行为和语言表达；中间层也被称为"心物结合层"，包括价值观和规范；内隐层是文化的核心部分，包括基本信念、世界观和思维方式。

不同文化下的语言表达存在高语境与低语境、情绪表达与情绪抑制的差异，对营销沟通有重要启示。

价值观是指文化中的成员对周围的客观事物的意义和重要性的总评价与总看法。霍夫斯泰德提出了文化价值观的五个维度：个体主义/群体主义、权力距离、男性气质/女性气质、不确定性规避、长期导向/短期导向。

规范是社会或文化群体中共享的关于个体行为的规则和标准，包括描述性规范和命令性规范。通常，描述性规范对人们无意识行为的影响更大。

根据一个社会中规范的严格程度，可将文化分为松文化和紧文化。在"松"文化中，人们的消费行为更多地受到内在价值观的影响；在"紧"文化中，规范对消费行为的影响更大。

各文化都有自己的禁忌和吉利。跨国营销品牌必须对文化中的禁忌规范足够了解，从而避免踏入本地消费者心理上的"雷区"。此外，品牌可以利用文化中的吉利心理，将品牌形象与某些祈福仪式相联结，打造成文化象征物。

信念是人们内心对于两个实体或者两个概念之间关系的一种认识形式。世界观是人们对整个世界的总的看法和根本观点，包括对人性的观点、人与自然的关系、人与命运的关系、对时间的看法、对空间的看法、对技术和人工智能的看法等。

思维方式是人们用来处理信息和感知世界的基础。东方人主要使用整体性思维方式，西方人主要使用分析性思维方式，其差异主要体现在：关注和感知世界的模式、归因模式、归类方式、趋势预测和辩证法。

中国故事

"跨越千年守望，我们在此相遇"：只有河南·戏剧幻城

"一部河南史，半部中国史""巍巍华夏，煌煌中原"河南这片土地承载着灿烂瑰丽的中华传统文化。2021年芒种时节，只有河南·戏剧幻城耀眼绽放，迅速火爆出圈，唤醒了大众的文化自信。该剧院的戏剧以黄土为主题，以沉浸式戏剧为手法，讲述关于"土地、粮食、传承"的故事，运用现代化声、光、电技术将科技与历史文化融合，利用元宇宙的六大支撑技术为人们打造沉浸式的观演体验。

走进剧场，每一个文物穿越千年来到你面前，每一个人物在你触手可及之处展开历史画卷，让你看尽这片中原沃土上五千多年的跌宕起伏，让你在初看时已为"剧中人"并更得剧中意。

只有河南·戏剧幻城应用元宇宙的科技寓教于乐，守住了中华传统文化的内核，把厚重的历史以一种新的样貌留存下去。21个不同的剧场包括三大主题剧场以及周边的18个小剧场。每一处建筑都在文化内涵上尽可能地体现了河南本土代表性文化，蕴含着众多文化符号。

百亩麦田，位于城门之外迎接观众，标示着粮食是中原文明得以传承和延续的基础。全国约四分之一的麦子产自河南，麦田是只有河南·戏剧幻城的核心文化符号。

地坑院，作为河南省独特的居住文化符号，体现了古代人因地制宜的智慧，反映了河南人内心的深厚文化积淀。

幻城剧场，开篇结合现场灯光用虚拟的场景引出孔子和老子的对话，一代又一代的河南历史名人随之现身剧场中，构建出钟灵毓秀的河南文化形象。

……

在营销传播方面，只有河南·戏剧幻城已经形成了一定程度上公众认知的"元宇宙"外在形象，也为提升新一代年轻人的本土认同感以及文化自信奠定基础。2022年3月12日，主题为"面向元宇宙，建设文旅美好新生活"的河南智慧旅游大会，采用只有河南·戏剧幻城作为线下会议现场。2022年5月，河南省文化和旅游厅主办的第四届全球文旅创作者大会（郑州站）中，麦田里的博物馆短片全平台播放量超过2亿次，展现了使用科学技术"复活"的文物在只有河南·戏剧幻城的麦田中聊天、奏乐，更是用古乐器演奏了园区的主题曲。元宇宙流量的加持为只有河南·戏剧幻城吸引了大批以Z世代为主的新社群力量，使得更多年轻群体将目光聚焦到传统文化并进行主动传播和二次创作。

资料来源：中国管理案例共享中心案例库，只有河南·戏剧幻城：文旅元宇宙如何创造沉浸式体验？

观夏：以东方美学打造"原创东方香"品牌

观夏作为2018年创建的香氛品牌，致力于打造"原创东方香"，其产品上架第一天就卖出1 000件；2021年全年销售额接近1.43亿元。那么，观夏究竟有何魅力？首先，观夏致力于以自己独特的方式表达东方意境之美，从命名开始就极力打造东方美学。观夏以深度研究、挖掘、应用传统文化为基础，寻找与现代品牌本体精神相似的核心传统文化过程，并以此文化作为现代品牌精神载体与产品创新应用方式，进行新中式创新。因此，无论香料的选择应用，还是产品整体的命名、设计风格，观夏都坚持立足东方意象，展现新中式东方文化的审美和生活方式。"颐和金桂""昆仑煮雪""西溪桃花""重庆森林"是观夏主打的四季系列产品，从命名看，都是选取了大众平时熟知的中国传统意象，富有东方美学，能够引发情感共鸣，减少与消费者的沟通成本。从设计风格看，香膏的外观设计模拟了竹节的模样；香薰蜡烛的蜡杯则由景德镇手工烧制；香水全系列产品的瓶身设计均源自江南庭院独有的八棱花窗；除了品牌标识（logo），只留下"桂""月""昆""柚"等汉字产品名，其余地方极简留白，更能直接体现出观夏立足于东方文化的血缘根脉。

除此以外，观夏的东方香不止浮于香气表面，也深深根植于传统文化，从东方的人文、艺术、历史中寻找香味相关的故事进行创作和表达。文案中也多次出现古代文人雅士用香及生活方式的描述，讲好带有东方文化特色的诗意故事。以昆仑煮雪为例，在产品原料方面采用了中西融合的方式，既有中国喜马拉雅雪松精油，又有法国杜松子精油，融会贯通表达东方之美。它的创作初衷则是缘于一次主理人的远行，住宿在雪山脚下的小木屋，有感于屋内松柴燃烧的清香和屋外的冷冽风雪，于是产生了经典"昆仑煮雪"的香气灵感，它以中国神山昆仑为意象所指，交织辽阔和温暖北方气质。一句"风雪夜归人，听风便知雪"，便能够使现代化的香薰产品与传统文化意境形成强结合，在呼吸留白间写意出记忆中的山河原野、人间草木，以现代化的香薰产品表达传统文化的内涵，为消费者带来沉静温暖的情绪力量。

在此基础上，观夏关注内容营销，在描述产品时会着重描写产品的细节，完善产品故事线，将内容融入营销环节占领消费者心智，使消费者产生与品牌的情感联结，从而提升购买率和复购率。在品牌宣传时，通过头部关键意见领袖（KOL）种草产品，以种草博主、香水博主、潮流博主、时尚博主为主的视品牌宣传为首要任务，而艺术分享博主、生活好物分享博主、时尚品牌故事分享博主则以品牌科普为主，让喜欢艺术、文化的潜在群体对品牌有认知。打造调性、传递价值、引领市场趋势，这就是观夏的品牌打法。

观夏花费了四年左右的时间，完成了从品牌的创立，到产品营业额的破亿，再到线下门店的布局，在香氛品牌中凭借自己独有的文化特色脱颖而出。

高颜值的产品外观加上优质内容的故事文案，再加上与顾客的情感共鸣，观夏像滚雪球一样在互联网传播，用户得以快速增长，品牌得以快速发展。而闻香的背后，蕴含的是东方文化的自信与传承，展现的是一个独立女性自信的魅力，它代表了一种生活方式，代表了当代年轻人对生活品质的精致追求。

资料来源：1. 中国管理案例共享中心案例库，观夏：中国原创东方香的成长之路.

2. 伟大航路咨询，新国货品牌成长内参：观夏篇，2022-09-06.

3. LinkFlow营销洞察，只做私域，年销过亿，为什么我们愿意为观夏的故事买单，2023-05-10.

第 11 章 购买行为和关键点

■ **本章要回答的主要问题有：**

1. 消费者购买决策的定义是什么？
2. 消费者购买决策包含哪些内容？
3. 基于消费者购买涉入度的高低，消费者购买类型主要有哪几种？
4. 基于消费者决策信息需求量的高低，消费者购买类型主要有哪三种？
5. 互联网普及后，基于是否想要获取商品所有权，消费者购买可以分成哪两种？
6. 消费者购买决策的经典过程包含哪几个环节？
7. 互联网普及后，消费者购买决策过程主要发生了什么变化？

  想象一下在没有互联网购物的时候，你逗留在某个大型超市的货架前，打算买点巧克力回家在周末的派对上与朋友分享，这会是一个什么样的过程？你会怎么评估货架上这么多的巧克力？为什么最后买的巧克力并非你出门时打算买的那个品牌和那种口味？为什么你买的量也和最初打算的不一样？买回家之后，除了在派对上分享，你还在运动时带上了其中的一种，这两种巧克力并不相同，这说明什么？下一次你还会购买同样的巧克力吗？对于这些问题的回答涉及消费者购买决策过程的各个环节，这是本章的主要内容。更进一步，本章还将向大家说明，在互联网普及后，消费者购买决策过程所包含的主要环节是不是有变化，这些变化是什么？

  消费者购买决策的核心词是"决策"。决策是指个体或集体在不确定的条件下，对发生的事件所做的处理决定，往往意味着要冒一定的风险。

  消费者购买决策包含决策三要素。第一，有明确的目标，这意味着消费者为了满足某种需要（need）而产生的动机。例如，我感到口渴，需要购买饮料解渴。第二，设计备选方案和选择，即消费者在可供选择的两个或两个以上的购买方案中，进行整理、分析、评价、选择的过程。例如，我走到自动售卖机前面看到几种饮料可以供我选择，我需要根据自己的爱好和每种饮料的价格、品质、包装等信息来进行选择。第三，选择方案并且实施，也就是说消费者选择的方案必定付诸实施，并且还会在实施之后进行评价。例如，我购买了一瓶饮料，喝了一口之后发现饮料好难喝，就会产生对饮料的负面评价。

概括起来，消费者购买决策（简称消费决策）是消费者为了满足某种需要，在一定的动机下对需求满足方案进行整理、分析、评价和选择，然后实施选择的购买方案并进行购后评价的过程。消费决策过程是一个复杂的过程，它既是一个认知过程，也是一个行动过程。

11.1 消费者购买决策的内容

回想你最近一次购买巧克力的经历。在这个决策过程中，你都做了哪些决定呢？这是一次非常普通的消费决策，在生活中，像这样的商品购买要上演无数次。当大家把自己的购买经历分享出来时，可以看看是不是完全一致？如果不一致，可不可以分类呢？

消费决策包含六个要素，分别是：why（为什么买，辨别需求和占优的消费动机）、what（买什么，什么牌子、什么品类、什么子类）、how many（买多少，什么频率）、when（何时购买）、where（何处购买）以及how（如何购买，包括怎么到达、怎么支付）。

11.1.1 为什么买

消费者首先要知道自己"为什么买"。人们购买的需求和动机很复杂，在一次购买决策中，往往有一种动机占了上风，启动了整个决策过程。"为什么买"是其他要素的前提。在购买巧克力的例子里，你的购买动机可能是解决温饱（充饥、补充体力），也可能是社交需要（送礼）；可能是彰显自我的需要（赶时髦），也可能是权力缺失弥补动机（例如攀比）；可能是不想错失打折，还可能是想通过吃巧克力打发时间等。你会注意到，这些动机可能不是单独出现的。例如，你既想补充体力又想彰显自我；既想提升考试时的注意力又不想错失打折；既想打发时间吃零食，又想赶时髦吃个网红巧克力。

消费者不一定能够识别自己为什么要买。即使你知道自己为什么要买某个产品，你认为自己的动机是清晰的，但是仔细考虑你在不同品牌或不同产品型号之间的选择时，你又会发现自己的动机是错综复杂的。例如，你知道自己是因为饿了所以想买巧克力，但是货架上的各种巧克力都能满足你这个需求。为什么你会选择买几十种巧克力当中的这一种呢？作为消费者，你未必知道驱使你这样购买的真正原因，但是作为营销人员，了解消费者为什么购买自己和（或）竞争对手的产品是他们重要的工作。只有知道了"为什么买"，我们才能更好地构建产品品类结构，进行产品开发，规划产品线，并且利用动机洞察来设计营销传播信息。

11.1.2 买什么

消费者接着要确定"买什么"。购买对象的细节不仅指品类和品牌，还包括产地、规格、等级、款式（颜色、口味、香型等细节因产品而异）、包装式样（或材料）、价格、售后服务项目等。这些复杂的细节对应产品的具体属性，这些细节的决策与我们上一段提到的"为什么买"密切相关。

消费者要在购买决策中决定这么多的细节并非一件容易的事。充分竞争导致产品属性不断增加，以及各个厂商针对某个属性的差异化努力导致"买什么"成为一项复杂的决策。企业竞争战略除了低成本，就是实现差异化。那么，如何实现差异化呢？在营销管理课程中，我们学习过产品差异、服务差异、消费者差异和品牌差异等各类差异化途径。在这里，我们从消费者认知和记忆的角度来看，有效的差异化策略有两种，一是品类内差异化，二是创建子品类。

| 经典和前沿研究 11-1 | 基于消费者认知的产品（品牌）差异化两大策略

人们认知事物有两种路径：同化（assimilation）和顺化（accommodation）。当人们遇到一个新事物时，倾向于从其属性判断是不是可以将它放入自己原来的认知模板（scheme），如果可以，这个事物就会归类在认知模板的一个现有类别里，这个过程叫同化，你也可以把它理解成将新事物"嵌入"原有认知的过程。但是，如果不能"嵌入"，而消费者又必须在认知上处理这个新事物，就只好改造自己的认知模板，为这个新事物在模板里新建一个子品类。

从竞争的角度来看，"嵌入"的过程使得新产品（品牌）与同品类内其他产品（品牌）产生竞争，即使有差异，也仅仅是品类内差异，这种差异仅仅是给新产品（品牌）贴了一个小标签，可以称为"贴标签法"，也叫品类内差异化策略。这种方法因为操作简单，是比较常用的差异化策略。例如，新产品是果汁，但是含有特别多的维生素 C，成为果汁中特别"有营养"的产品。由于这种小标签贴起来很容易，所以这种差异化的优势并不长久。

而建立子品类就不同了，它使新产品（品牌）自成一个品类，在这个子品类里暂时没有竞争对手，我们可以将这种差异化策略叫作"自建品类法"。这种方法操作起来就没有那么简单了，自成品类往往意味着为产品找到一个新的属性，并且要想办法将这种属性在购买决策中的重要性优先展现，一旦建立起来，竞争优势就会持久一些。例如，还是在饮料大类中，王老吉用高频广告"怕上火，喝王老吉"，强调了"去火"这个属性对于饮料选择的重要性，成功创建了子品类，并且在消费者心智中占据了独一无二的地位，并保持了很长时间。

总而言之，品类内差异化策略容易实现但竞争优势持续时间短暂，建立子品类策略实施难度大但竞争优势持久。

资料来源：SUJAN M, BETTMAN J R.The effects of brand positioning strategies on consumers' brand and category perceptions: some insights from schema research[J].Journal of Marketing Research, 1989, 26(4):454-467.

11.1.3 买多少

消费者需要确定购买的数量。"买多少"既包含单次购买量，也包含购买频率。"买多少"受到"能力"的影响。这里所说的"能力"既包括个人支付能力、运输及存储能力，也包括市场供应能力。除此之外，消费决策的其他内容，也就是我们前面提到的为什么买和买什么，以及后面要讲到的何时购买、何处购买和如何购买也与"买多少"互相影响。

消费者在评估购买方案时，面临对商品一系列属性的优先顺序评估。例如，消费者购买酸奶时，需要对酸奶的品牌、脂肪含量、口味、产品形态、容量等一系列属性的优先顺序进行排序后才能决定。Nowlis 等人（2010）的研究发现，在购买日常商品时，如果人们先考虑替代性较低的属性，再考虑替代性较高的属性，他们的购买量就会提升。还是以酸奶为例，脂肪含量这个属性的替代性很低（酸奶是脱脂、低脂还是全脂，对消费者而言差别很大，不能互相替代）。而口味这个属性的替代性就相对高一些，如果消费者先考虑脂肪含量，后考虑口味，则其购买数量会大于先考虑口味后考虑脂肪含量模式下的购买数量。

购买数量还会受到商业环境中促销活动的影响。例如，网购的快递费条款，如果不能包邮，买得越多快递费越高，导致消费者不愿意买太多。如果商家推出一个"满××元包邮"的促销活动，消费者就可能提高购买数量。

购买数量会影响使用量（使用量又会促进购买），这是一个有趣的互动。消费者囤货越多，这种商品对消费者的显性（salience）就会增加，进而可能激发更多的消费机会；当消费者在考虑消费某个商品时，无论是高便利（比如饼干和果汁）还是低便利商品（比如面条和半加工食物），只要囤的数量越多，消费量就会越多。这种囤货越多消费越多的现象，高便利商品比低便利商品更甚。

11.1.4 何时购买

确定何时购买，就是对购买的具体时间进行评估和选择。购买时间的决策主要受到四个因素的影响：消费者特征、购买任务、产品特征和购买环境（比如商业环境）。

消费者特征既包括社会经济特征，比如消费者的资金是不是宽裕，还包括消费者个体特质，比如消费者的冲动购买特质。个人的冲动购买倾向被概念化为消费者的一种特征，称为"冲动购买特质"，意为消费者自发地、不假思索地、立刻地、有动力地购买，冲动型买家比其他消费者更经常和更强烈地经历购买冲动。高冲动购买特质的消费者表现为不能延迟实施被激发的购买意向。冲动购买特质与人的其他心理特质有关，影响冲动购买特质的心理特质包括缺乏控制性、应激反应和专注度。

影响何时购买的第二个因素是购买任务的紧急程度，这决定了消费者有没有充足的时间对购买方案进行评估。第三个影响因素是产品特征，比如产品是日常用品还是耐用品？产品本身对保鲜时间有没有要求？是否为全新产品（创新的扩散需要一个过程，人们对新产品往往持观望态度）？影响何时购买的第四个因素是购买环境，购买环境既指购买地点的远近和经营时间等客观因素，也指出售方的各种营销活动。营销传播活动制造的稀缺感、试吃食物、试驾汽车等身体与商品接触的活动，都会影响顾客的唤起，从而影响即时购买决策的发生概率。

观察、分析、预测和影响消费者的购买时间决策，是产品制造商（品牌商）和零售商营销工作的重要内容。

11.1.5 何处购买

消费者还需要确定到哪里买，即购买的地点与商家选择。消费者的购买地点决策直接对应消费品营销策略中的渠道策略（place）。根据 4A 和 4P 的对应关系，渠道策略对应的消费者核心诉求是"可到达性"(accessibility)。"可到达性"包含可得性和便利性两个维度，成功的公司可以同时满足这两个维度。

消费者对"可到达性"的极致要求可以概括为"随时随地"。在线下商业时代，可到达性的主要决定因素是零售店的营业时间和与消费者之间的距离。从一站式购买的需求来看，可到达性还包括商店的集聚度和搜索便利性。随着互联网和手持终端的普及，"随时随地"的需求得到极大满足，商店的集聚度与搜索便利性也得到很大提升。当然，线上商业并非完胜线下商业，在即时性要求非常高的临时性需求的满足上，以及高人际接触需求的满足上，线下商业的表现仍优于线上。

当消费者进行购买地点决策时，对"可到达性"的追求是最基本的需求，此外还会受到一些其他因素的影响。例如，消费者会根据自己对服务的不同要求选择与之匹配的购买地点。根据产品类别，消费者会进行线上或线下的选择（比如体验产品多选择线下，"流动性消费"多在线上完成）。根据营销管理中的顾客让渡价值（customer delivered value）理论，购买地点决策最终取决于消费者对不同购买渠道的价值和成本总和的比较结果。

11.1.6　如何购买

最后，消费者要确定"怎么买"。"怎么买"包括三个维度：一是购买方式，比如网购、电话订购、托人代购、亲自前往、邮购；二是付款方式，比如现金支付、信用卡支付、第三方支付平台等；三是货款付清方式的选择，包括预付加尾款付清、一次性付清、分期付款。

在技术不太发达时，消费者在这项内容上的决策相对比较简单，因为无论是购买方式，还是支付方式，可以选择的方式都不多。但是随着信息交互技术、物流技术以及数字化金融的发展，伴随着零售商的竞争加剧，购买方式和支付方式逐步多样化，货款付清方式也为消费者提供了多种可能，这使得"如何购买"这一决策的复杂性也在增加。

互联网带来的创新甚至还影响了定价方式，出现了一种不确定的价格——概率销售（probabilistic selling）价格，这种定价方式有利于厂商调整库存。例如，某商品有红色和白色两个颜色，红色不太好卖，而白色非常畅销，以往的做法是明确的折扣。研究者建议通过概率定价充分消耗红色商品的库存：在白色商品尚有库存的情况下，如果消费者指定要红色或者白色商品（也就是以100%的概率获得指定商品），那么商品就是X元；如果消费者同意以某个概率a（$a<100\%$）获得红色商品，价格就是Y（$Y<X$）。所以，现在消费者在决定如何购买时，甚至还可以选择价格决定方式，即选择概率销售价格还是确定性价格，前者已经日益成为很多制造商和零售商在应对不确定性需求时进行库存优化的战略选择。

在如何购买方面，比较重要的新趋势是纸币在交易过程中的逐步消失，这使得已经取得的"纸币对消费心理的影响"的研究成果不再有意义。与此同时，作为一种非纸币消费方式，信用卡消费体现出很多与纸币消费的不同之处。例如，使用信用卡消费的消费者比用纸币（现金）消费的消费者更有可能购买不健康的产品；消费结束后，相比使用信用卡付款的消费者，使用纸币（现金）付款的消费者更有可能和商家保持联系，对产品会有更强的情感依赖，对产品有更高的忠诚度，也更有可能对该产品进行重复购买。不知道这些现象是不是会同样体现在电子支付上，这是一个值得研究的新课题。

11.2 消费者购买决策的类型

在 11.1 节中提到的最近一次购买巧克力的决策过程并不能代表所有的购买过程，那么如果对所有的购买行为进行分类，可以怎么分呢？请试着对以下各种产品的购买进行分类：巧克力、牙膏、手提电脑、LV 手袋、车险、某音频 app 上的课程、在网上预订的旅行目的地的住所。

消费者购买决策的类别可以用二维分析法进行区分。二维的划分可以从不同的角度进行，常用维度包括：购买的涉入度（或称介入度、卷入度）、品牌差异程度、消费者性格、消费者态度、消费者计划程度、购买对象的特性等。本书将重点介绍三种消费者决策类型的分类方法。

11.2.1 基于消费者购买涉入度的四分法

消费者购买涉入度是指消费者对某次购买决策的重视/关注程度。消费者对产品购买的高涉入度表现为积极处理有关产品的信息，同时会在做出购买决策时采取额外的预防措施，并投入更多的时间和精力。高涉入度的消费者会在购买过程中收集大量的相关信息，并将它作为购买决策的标准。

对于消费者个体而言，购买涉入度是暂时状态，不是恒定状态。购买涉入度不但受个人因素的影响，还受到变化的情境涉入度和产品涉入度的双重影响，一般认为产品涉入度的影响更重要一些（Bloch et al., 2009）。例如，在选购低涉入度产品时，处于高涉入情境中的消费者会比处于低涉入情境中的消费者愿意消耗较多的选择时间与选购成本，但选购高涉入度产品时则不受情境因素的影响。

影响购买涉入度的因素非常复杂，因此，在利用这个维度对购买决策类型进行分类之前，需要总体了解一下购买涉入度的影响因素。它们大致分为以下三类。

第一，产品因素会影响购买涉入度的高低。产品因素不仅要考虑产品自身技术的复杂性，还要考虑消费者掌握的产品知识的多少。例如，电器、汽车等产品不仅技术复杂，而且消费者通常也不具备相应的产品知识，那么消费者对此类产品的购买涉入度就会明显高于饮用水、纸巾等日常食品和日用品。再如，在日常食品大类中，购买涉入度的高低也是相对而言的，对于一个认为各品牌之间产品属性差异很小（尽管实际上并非如此）的消费者而言，其购买涉入度就要比认为品牌之间有差异的消费者更低。

第二，情境因素会影响购买涉入度的高低。情境因素包括四个方面：①消费者的购物任务，比如为朋友还是为自己购买，对同一产品的购买，在作为礼物送给别人和供自己使用时，重视的程度会有差别；②产品使用场景，比如同一产品自己在家里使用和在社交场合使用时，重要程度有所不同；③零售现场的传播活动、人员促销、商品陈列的刺激等，这些营销活动会提高消费者对某个品类或某几个品牌的关注，从而提高购买涉入度；④社会舆论，比如当转基因食品引起社会的广泛讨论时，人们在采购食品时的涉入度也会有所提升。

第三，个人因素也会影响购买涉入度的高低。影响消费者购买涉入度的个人因素不仅包括消费者的价值观、自我概念、对该事物的需求与兴趣，还包括父母的习惯和他们的养育方式、同伴的影响。例如，消费者对自我的认知会影响其涉入度，如果消费者认为自己是亲友公认的某个领域的专家，那么与该领域相关的购买行为的涉入度就会提高。

消费者对于购买涉入度的理解有一个误区，即高价产品的购买涉入度都比较高。事实上，价格和购买涉入度并不是完全对应关系，不仅是因为并无绝对的高价和低价，消费者对价格高低的判断与个人财力相关，更重要的原因是购后风险才是影响购买涉入度的重要心理变量。购买涉入度取决于消费者对于购买风险的类型和高低的认知，无论是质量风险，还是心理风险（比如对风险的预期后悔）、社会风险，都会提高消费者的决策涉入度。

| 经典和前沿研究 11-2 | 消费者购买涉入度的测量

就基本的涉入度测量而言，典型的有 Zaichkowsky（1985，1994）开发和修订的个人产品涉入量表，以及 Mittal（1989）开发的购买决策涉入量表，具体条目见表 11-1 及表 11-2。有研究对比了这两个量表（Foxall and Pallister, 1998），发现其信效度均良好，且均测量了"理智"和"情感"涉入度。

表 11-1 Zaichkowsky 开发和修订的个人产品涉入量表中英对照版

	英文版		中文版	
	Buying of ___ is		购买___	
1	important to me	unimportant to me	对我而言很重要	对我而言不重要
2	boring to me	interesting to me	对我而言很无聊	对我而言很有趣
3	relevant to me	irrelevant to me	对我而言很相关	对我而言没有关系
4	exciting to me	unexciting to me	对我而言让人激动	对我而言不令人激动
5	means nothing to me	means a lot to me	对我而言没有意义	对我而言富有意义
6	appealing to me	unappealing to me	对我而言有吸引力	对我而言没有吸引力
7	fascinating to me	mundane to me	对我而言令我着迷	对我而言很平凡
8	worthless to me	valuable to me	对我而言没有价值	对我而言很有价值
9	involving to me	uninvolving to me	对我而言让我有参与感	对我而言没有参与感
10	not needed by me	needed to me	对我而言完全不需要	对我而言很有需要

注：10级量表，第2、5、8和10项反向计分。

表 11-2 Mittal 开发的购买决策涉入量表中英对照版

序号	英文版		中文版	
1	In selecting from the many types and brands of this product available in the market, would you say that		在选择市场上现有的所有不同款式和品牌的此类产品时	
	I would not care at all as to which one I buy	I would care a great deal as to which one I buy	我完全不在意我购买了哪一个	我在购买时会很在意我买的到底是哪一种

(续)

序号	英文版		中文版	
2	Do you think that the various types and brands of this product available in the market, are all very alike or are all very different?		你认为在此类产品的各种款式和品牌间,它们的差异如何	
	They are alike	They are all very different	它们都是相似的	它们很不同
3	How important would it be to you to make a right choice of this product?		对你而言,你觉得做出一个正确的购买此类产品的选择有多重要	
	Not at all important	Extremely important	完全不重要	非常重要
4	In making your selection of this product, how concerned would you be about the outcome of your choice?		在对此类产品做出选择时,你有多在意你的选择所造成的后果	
	Not at all concerned	Very much concerned	完全不在意	非常在意
5	How important will be the purchase of this product in your life?		你所购买的这类产品对你的生活有多重要	
	Not at all important	Very important	完全不重要	非常重要
6	(Product) is very important to me		____对我而言很重要	
	Strongly disagree	Strongly agree	完全不同意	完全同意
7	For me (product) does not matter		对我来说____一点也不重要	
	Strongly disagree	Strongly agree	完全不同意	完全同意
8	(Product) is an important part of my life		____在我的生活中很重要	
	Strongly disagree	Strongly agree	完全不同意	完全同意

注:7级量表,第7项反向计分。

考虑到涉入度有多种不同的类型(比如持久的与情境的、感性的与理性的、个人的与非个人的),Laurent 和 Kapferer(1985)则建议根据不同的前置变量而非单一的指标测量涉入度。他们分析得到 5 个维度,并依此构建了量表,如表 11-3 所示。

表 11-3 由 5 个维度构建的量表

序号	英文版			中文版		
	Facet	Code name	Example items	维度	编码	示例条目
1	Product perceived importance	Importance	____is very important to me	感知到的产品重要性	重要性	____对我而言很重要
			For me,____does not matter (reverse cored)			____对我而言,一点也不重要
2	Perceived importance of negative consequences of a mispurchase	Risk importance	When you get a ____, it's not a big deal if you make a mistake	感知到的错误购买的严重程度	风险重要性	当你购买了一个____时,即使你选错了也不要紧
3	Subjective probability of a mispurchase	Risk probability	When you get a ____, it's hard to make a bad choice	错误购买的主观概率	风险可能性	当你购买一个____时,你很难做出错误的决策
4	Hedonic value of the product class	Pleasure	I can't say that I particularly like____	产品的享乐价值	愉悦性	我不敢说我特别喜欢____

(续)

序号	英文版			中文版		
	Facet	Code name	Example items	维度	编码	示例条目
5	Perceived sign value of the product class	Sign	You can really tell about a person by the ___ she picks out	感知到的产品的标志价值	标志	你可以通过一个人所选择的——看出她是谁

注：5级量表（Fully Agree-Fully Disagree，完全同意 – 完全不同意）。

资料来源：1. FOXALL G R, PALLISTER J G.Measuring purchase decision involvement for financial services: comparison of the Zaichkowsky and Mittal scales[J]. International Journal of Bank Marketing, 1998, 16(5): 180-194.
2. LAURENT G, KAPFERER J N. Measuring consumer involvement profiles[J] Journal of Marketing Research, 1985, 22(1): 41-53.
3. MITTAL B.Measuring purchase-decision involvement[J]. Psychology&Marketing, 1989, 6(2): 147-162.
4. PAVLOU P A, LIANG H, XUE Y. Understanding and mitigating: uncertainty in online exchange relationships: a principal-agent perspective[J]. MIS Quarterly, 2007, 31(1): 105-136.
5. ZAICHKOWSKY J L.Measuring the involvement construct[J]. Journal of Consumer Research, 1985, 12(3): 341-352.
6. ZAICHKOWSKY J L. The personal involvement inventory: reduction, revision, and application to advertising[J]. Journal of Advertising, 1994, 23(4): 59-70.

11.2.2 基于购买涉入度的购买决策类型

用购买决策涉入度和品牌差异两个维度建立矩阵对购买决策进行分类，是市场营销学最普遍传授的关于消费者购买行为的知识。相应地，消费者购买决策类型也按照这两个维度组成的四分法进行分类，如表11-4所示。

表 11-4 消费者购买决策类型

品牌差异	涉入度高	涉入度低
品牌差异大	复杂型购买决策	多变型购买决策
品牌差异小	协调型购买决策	习惯型购买决策

1. 复杂型购买决策

复杂型购买决策是指消费者在购买涉入度高且品牌差异大的情况下所做的购买决策。通常在这种情况下，产品功能复杂、价格昂贵、品牌差异大，同时又由于消费者普遍缺乏足够的产品知识，就需要特别慎重地对购买方案进行整理和对比，从而降低购买风险。

消费者在此类决策中会经历收集信息、产品评价、方案选择、使用观察、用后评价这一完整的购买决策过程。这种购买过程更像是一个学习过程，消费过程对于消费者将来做出推荐或者再购决策非常重要。典型的购买比如品牌差异大的奢侈品牌产品、复杂电子产品、汽车等。

2. 习惯型购买决策

习惯型购买决策是指消费者在购买涉入度低并且品牌差异小的情况下所做的购买决策。通常在这种情况下，商品功能简单（至少在消费者看来如此），单次开支低，购买频率高，市场上产品同质化严重，品牌差异化小。

消费者在此类决策中未必需要深入收集信息和评估品牌，往往只习惯于购买自己熟悉的品牌、到自己经常购买的店或采取就近方便购买的原则，比如购买油盐酱醋、生活用纸之类的便利品。

3. 多变型购买决策

多变型购买决策是指消费者在购买涉入度低且品牌差异大的情况下做的购买决策。通常在这种情况下，商品的价值不高，购后风险小，但消费者认为市场上产品的品牌间差异比较大，可选择性也很大。这种购买决策的特点就是"朝三暮四"，消费者既不愿意花太多的时间选择品牌，也不会专注于某一产品（品牌），而是经常变换品牌或产品款式（包括香味、口味、颜色等）以寻求多样性。

在这种购买行为中，消费者会对新产品表现出较高的试用意愿，愿意经常尝试未曾用过的其他品牌的商品或全新产品，其购买行为表现出强烈的寻求多样化的特点。寻求多样化是消费者行为的重要特征，会导致购买行为有很大的随意性，不深入收集信息和评估比较就决定购买某一品牌的产品。消费者在消费时才对产品加以仔细评估，无论是否满意，在下次购买时都有可能转换为其他品牌，重复购买与使用满意度没有强关系。

多变型购买行为意味着消费者会在购买时将"提供产品（或服务）的多样性程度"作为评价购买方案的主要因素。消费者之所以会表现出寻求多样性的购买行为特征，可能是因为人们需要不同的品牌（或产品）实现各种需求的总体满足；也可能是因为人们想通过寻求多样性满足自己的好奇心，这些都属于消费者的内因。消费者对多样性的追求也可以来自外部，比如消费者受到不断变化的环境的影响（例如使用情境），通过变换其购买选择适应这些变化。消费者的多样性需求还可能因为一些营销活动而被唤起，比如价格促销、富于变化且有利于激发积极情绪的零售现场陈列、有利于产生积极情绪的气味等，都会唤起消费者的多样性需求。寻求多样性还可能是因为人们想保证其选择尽可能地穷尽市场上的最优方案，或者想让自己持续地处于最优方案拥有者的状态。典型的多变型购买决策包括大多数的小包装食品、日化用品和文具等的购买决策。

4. 协调型购买决策

协调型购买决策是指消费者在购买涉入度高且品牌差异小的情况下做的购买决策。在这种情况下，消费者通常要购买那些不经常购买而购买风险又很大的产品，因它容易出现购后认知失调而需要商家及时协调化解，故而称为"协调型购买决策"。

在这种购买决策中，消费者往往在方案的形成和评估阶段花费大量的时间和精力，因此对购买商品的主观期望比较高，只要买到的商品（或购买的过程）表现得不是非常超群，就容易出现不满意等失衡心理，所以如果要获得这类购买行为的消费者的购后好评，对产品或服务提供方的售后服务及营销传播的要求会很高。

📍 营销工具箱

许多研究结果表明，消费者产生购后失调很难在事前完全避免，管理者需要在消费者产生失调时,甚至在消费者产生失调之前就做出一定的营销努力。研究者建议要重视销售人员的作用,有意识地指导销售人员,使他们有能力在实际销售商品的过程中,以及售后的互动中帮助消费者降低失调感,提高满意度,从而增加顾客保留率。

资料来源:白双俐.认知失调理论在消费者行为领域的研究综述[J].商业时代,2014(30):14-15.

11.2.3 基于决策信息确定性的三分法

除了上述最常见的二维四分法,关于消费者购买决策还有一种常见的分类方法,即基于消费者制定决策需要的信息及其构成的考虑集的稳定性,将购买行为分成三个具体层次:扩展的问题解决(extensive problem solving)、有限的问题解决(limited problem solving)和常规的反应行为(routinized response behavior),相应的决策也在这三个层次上进行,可以归纳成如下三种购买决策类型。

1. 扩展的问题解决型购买决策

这类购买决策的特点是,消费者没有确定的评价标准评估某类商品或者某个种类中的具体品牌。这种购买行为通常出现在消费者第一次(或者频率低到一生只买一次)购买昂贵的产品、技术复杂的产品或是完全的新产品时,常见的例子是孕产服务、收藏品、技术迭代产品的购买。这类消费决策的特点是,消费者需要收集和处理大量信息,因此整理和评估方案的环节变得特别重要,时间也特别长。

2. 有限的问题解决型购买决策

这类购买决策的特点是,消费者建立了一定的标准评估产品类别和类别中的各个品牌,但是他们还没有完全形成在一组品牌中的偏好。这种购买行为通常出现在消费者对已经购买过的产品进行升级购买时,常见的例子是电子产品的升级产品的购买。这类消费决策的特点是,消费者收集信息的目的是通过不断地增加附加信息来帮助自己理解品牌之间的差异,从而对自己的考虑集进行完善,然后再从中进行选择。

3. 常规的反应行为型购买决策

这类购买决策有点像四分法中的"习惯型购买决策",其特点是,消费者已经有了产品类别的经验,建立起一系列评估品牌的标准体系,也已经形成比较明确稳定的品牌考虑集。这种购买行为通常出现在高频购买的产品和服务中,常见的例子是日用品的购买。这类消费决策最大的特点是,消费者多数时候消极浏览他们觉得自己已经知道的信息,少数时候可能会搜索少量的附加信息从而对他们已经建立的评估标准进行微调。

11.2.4 基于消费者是否获得产品所有权的二分法

互联网普及后,对消费者行为的洞察也催生了一些新的概念,我们将 Bardhi 和 Eckhardt(2017)提出的"流动性消费"作为一种新概念在这里介绍给大家,这个概念的提出,可能意味着互联网时代对消费者购买决策进行有效分类的新维度的出现。对于消费者而言,拥有产品所有权意味着消费者可以永久使用该产品;相反,消费者若只获得产品的使用权则意味着他们只能在允许的时间段内使用产品,一旦超过了该时间段，消费者就无法继续使用该产品。Bardhi 和 Eckhardt 根据消费者是否获取产品的所有权提出了一种新的消费决策划分方式，一种是流动性消费（liquid consumption），它被定义为短暂的、基于使用权的和去物质化的消费；另一种是实体性消费（solid consumption），它被定义为持续的、基于所有权的和物质化的消费。

1. 流动性消费

流动性消费是信息时代的产物，它强调产品使用权的短暂转移而非所有权的转移，比如数字音乐、电子图书、共享充电宝等。值得注意的是，流动性消费的对象并不仅仅是虚拟产品，共享汽车、共享房屋都具备流动性消费的特点。

选择流动性消费的消费者在进行产品的选择时，更关注产品的灵活性、可适应性、流动性、轻便性等特点，这些是他们进行购买决策的主要标准，而不太关注产品本身的质量、价格等信息。这样的决策标准取决于他们的消费动机，他们认为，获取产品的使用权比获得产品的所有权更有价值，并希望通过仅获得产品的短暂使用权摆脱拥有产品所有权所带来的负担，从而实现一种流动的生活方式。以共享消费为代表的流动性消费，体现出极强的"不求天长地久，但求曾经拥有"的特点，其发展速度之快超乎想象，应该得到各个领域的重视。

由于流动性消费具有灵活性的特点，消费者在进行此类购买时往往会通过一些互联网渠道实现产品的快速交易（比如爱彼迎的租房平台、购买影视剧的视频网站）。因此，消费者做决策时会更多地收集互联网上的信息，尤其是口碑评价，而在使用产品后，也更乐于在互联网上分享自己的使用体验。此外，流动性消费的短时性让消费者很难与产品或品牌之间产生联系，也无法对品牌产生忠诚，但能促进消费者品牌和产品选择的多样化。最后，因为不拥有产品，流动性消费决策伴随的道德问题与传统消费拥有产品所有权产生的道德问题不同，这给个体心理和社会心理研究都带来了新的研究主题。

2. 实体性消费

实体性消费是一种更加传统和普遍的消费（比如购买房产、汽车），它强调产品所有权的转移。消费者在进行实体性消费时，更加关注产品的大小、质量、稳定性、安全性等产品属性信息，因为他们要拥有产品的使用价值，所以这些属性信息是他们进行购买决策时的主要标准。

由于实体性消费的特点，消费者在进行此类购买时常常选择线下的渠道，但随着电商的兴起，选择互联网渠道的消费者越来越多，但不管选择何种形式，消费结果都是一样的——消费者能够永久地拥有实体性的产品。在同类产品下，实体性消费的产品要比流动性消费的产品价格更高（比如纸质书比电子书更贵），因此在选择实体性消费时，消费者会投入更多的精力积极地处理产品信息。由于实体性产品比流动性产品更容易让消费者产生禀赋效应，消费者也更容易和实体性产品产生自我连接，从而也更容易产生品牌忠诚。

值得注意的是，Bardhi 和 Eckhardt 根据消费者是否想要获取产品所有权而提出的消费决策的划分并不是割裂的，而是连续的。换句话说，消费既可以是流动性的，也可以是实体性的，互联网时代下的"智能产品"最符合这种类型。例如，智能冰箱本身是实体的、笨重的，但是它具备的智能科技是流动的、灵活的。该类型消费特点的复杂性将带来决策过程的复杂性，智能产品的日益流行也意味着该类型的消费值得研究。

11.3 消费者购买决策过程的经典环节

请继续回想你最近一次购买巧克力的经历，在这个决策过程中，你经历了哪些步骤？相比你购买手提电脑的经历，巧克力购买决策的主要环节有什么共同之处，又有什么环节是不同的？请把自己的购买过程分享出来，大家互相比较一下是不是一致。如果不一致，想想是什么原因导致了不一致。

11.3.1 消费者购买决策过程与本书整体内容的关系

本节要介绍的消费者购买决策过程是几乎所有"消费者行为"课程的核心内容，原因从图11-1可以了解到。在输入—处理—输出三个部分中，对消费者购买决策过程的解析占据图中最后一部分和第二部分的一半内容，而本书的其他章节是在解释剩余的内容。

1. 消费者决策的输入

消费者决策的输入要素包括三类：营销组合、社会文化因素和沟通源，如图11-1所示。第一类，品牌（产品）通过设计营销组合策略接触和说服消费者试用或再购某个品牌（产品），营销组合通常归纳为产品、价格、渠道和促销四个方面的策略。第二类，社会文化因素，包括消费者的参照群体、家庭或朋友、社会阶层、文化和亚文化，这些因素如何影响个体行为，都在本书的其他章节进行了讨论。第三类，消费者触及的所有沟通源信息，是指根据品牌（产品）进行的实施所有传播活动的组织，包括公共的和私人的社会媒体、自有的或付费的信息平台，以及所有传递到消费者个体的定制化信息和口碑等。

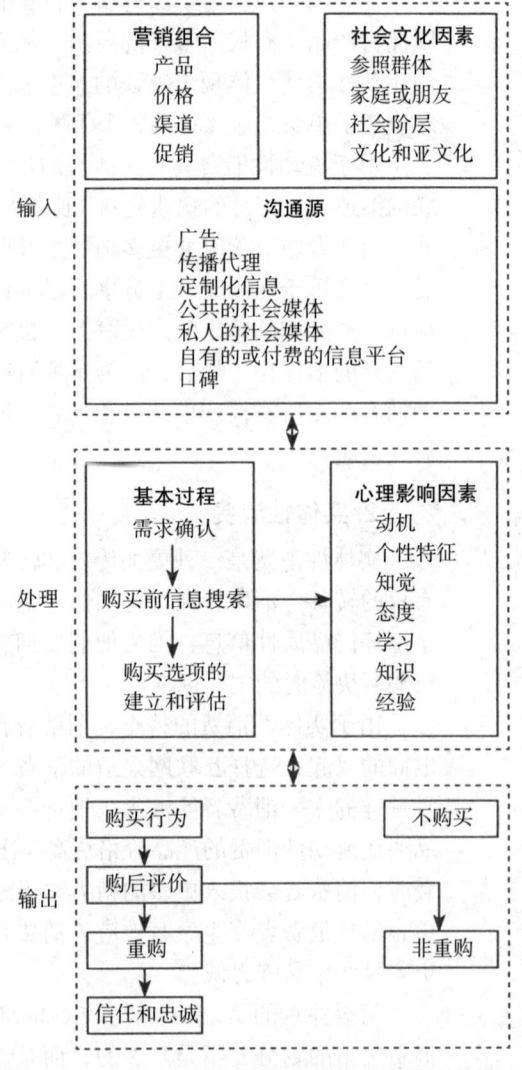

图11-1 输入—处理—输出的消费者决策整体模型

2. 消费者决策的处理

消费者决策的处理过程包含两部分主要内容，一部分是我们即将在本节详述的消费者购买决策的基本过程（包括需求确认、购买前信息搜索、购买选项的建立和评估），另一部分是消费者决策的心理影响因素（包括动机、个性特征、知觉、态度、学习等）。

3. 消费者决策的输出

消费者决策的输出包括两部分：购买行为和购后评价。我们将在本节联合上述"消费者决策的处理"中的第一部分内容，完整详述从需求确认开始，直至重购与否的消费者购买过程的全部环节。

11.3.2 消费者购买决策的经典过程

我们在 11.2 节已经讨论过购买决策的类型，知道了在涉入度低的情况下，消费者购买决策过程可能被简化（比如习惯型购买决策，简化甚至省略了信息搜索及方案评估环节）。因此，完整的消费者购买决策过程以涉入度高的购买决策为前提，接下来我们将要介绍完整的购买决策的主要环节。

本章对消费者购买决策的定义包含认知和行动的全过程，因此相应的消费者购买决策环节既包含认知环节，也包含所有的行动环节。主流教材倾向于认为经典的消费者决策过程模型诞生于没有互联网的时代，应该把这个经典的决策环节作为消费者购买决策学习和研究的基础，在此基础上方可讨论互联网给消费者决策过程带来的变化。本书也遵循这一观点，先介绍消费者决策的基本过程，然后单独介绍互联网带来的变化。

经典的消费者购买决策过程理论是五阶段论，分为需求确认、收集信息、评估方案、做出决策和购后行为，也有学者认为应该对购后行为进行深入解析，将它分为购后使用、购后评价和购后处置，如图 11-2 所示。

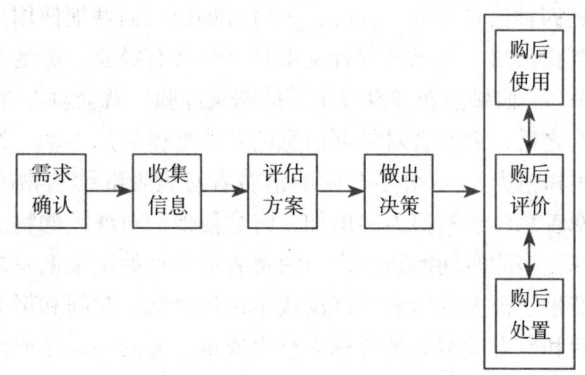

图 11-2　消费者购买决策的主要环节

一般情况下，图 11-2 这个经典的购买决策环节是指自用商品的购买。事实上，购物还包括礼品的购买。赠礼是一个特别的决策过程，我们将在介绍完图 11-2 的五个环节后，详述赠礼购买决策过程的各个环节。

1. 需求确认

消费者的决策过程始于认识到自己有某种需要。这种需要可能是自发的生理需求，也可能是受到外界的某种刺激而引起的生理需求，还可能是因为消费者认知到某种"理想状态"与自己的实际状态之间存在差距而引起的认知需求。

无论是由个体生命自然产生的，还是受到外界某种刺激而引发的生理需求都比较容易理解。例如，饿的时候想进食，渴的时候想喝水，太冷想取暖，太热想降温；又如闻到咖啡的香味想喝上一杯，看到陈列精美的蛋糕突然觉得很有食欲。

至于认知需求，即"理想状态"和实际状态的认知差距，理解起来稍复杂，主要有以下三种情况。第一种，商品储存的不足。储存在客观上带来便利，也可以帮助提升安全感，所以人们倾向于看到"充足"的状态。例如，当你打开抽屉，发现面巾纸只有一包了时，就会激发你购买面巾纸的需求。这种情况多发生在个人或家庭基本生活用品的购买决策中。第二种，受某类信息的激发。例如，你坐地铁回家，看到地铁的视频广告里在播放一道健康美食的做法，主角和场景看起来都非常美，广告还告诉你这才是健康早餐，是幸福生活的标志。这条新的信息引发了你的思考，对照自己的早餐，你发现了"差距"，于是激发了你想弥补这个差距的动机，从而引发后续的购买决策过程。再如，看到同事用流行款的奢侈品牌手包受人瞩目，你觉得自己并不比她差，因此激发了你对"理想状态"的追求，从而引发你购买类似的（或更好的）手包的动机。第三种，客观上的需求扩大。例如，家里新添了家庭成员，那么从居住面积到饮食数量，原来的状态都会与理想状态产生差距。

2. 收集信息

确认需求后，消费者需要收集信息从而形成方案进行评估。消费者的信息来源主要有：个人来源（比如家庭、朋友、邻居、熟人等强关系个人，以及网友等弱关系个人）、商业来源（比如广告、推销员、经销商、包装、展览）、公共来源（比如大众传播媒体、第三方商品评审组织等）、经验来源（消费者自己以往使用、处置该产品或类似产品的经历）等。

当上述四种信息来源并存时，消费者如何倾向性地使用这些来源主要取决于个体的经历和自我认知。如果消费者觉得自己非常有经验，那他就会以自己过去的经验为主要信息来源；如果消费者没有足够的购买经验，就会对外部环境中的信息更加依赖。有了互联网之后，消费者对外部信息的获取变得更加主动。搜索信息需要消费者投入努力（时间和精力），这会不会影响消费者对是否继续购物决策过程的态度呢？研究表明，消费者总体搜索努力的增加，将会使他们对继续购物决策过程持更加积极的态度，并且花更多的时间购物。作为消费者最常见的决策偏差之一，沉没成本效应对消费者决策产生了极大的影响。沉没成本包括金钱、时间和努力，为了便于与金钱成本区分，时间和努力成本又被统称为行为成本。为购买商品或体验服务而支付的金钱沉没成本，通常会增加消费者使用商品的频率；付出较多行为沉没成本的消费者通常比付出较少的消费者更倾向于做出满意的购后评价；与商品无关的行为沉没成本会使得人们更愿意购买商品并支付更高的价格。

在收集信息阶段，信息太多怎么办？Jacoby（1984）的综述性研究认为，现实生活中存在大量的品牌数量过载和产品信息过载的现象，这导致消费者的决策信息变得复杂，消费者会通过简化决策标准来解决这种过载问题，比如固化某种购买习惯。

3. 评估方案

消费者得到的各种有关信息可能有重复甚至互相矛盾，因此还要进行整理和分析才能得出可供选择的方案，然后消费者要对这些方案进行评估，以便进入购买决策过程的决定性环节——做出决策。

评估方案的第一步是整理和分析信息。消费者对收集到的信息进行梳理和重构，方便评估和比较不同的决策方案。研究者认为，消费者在整理和分析信息时主要是对"考虑集"的解析，即消费者会把市场上的品牌（或款式）以某种方式组织起来，形成一些集合。

为了说明这个问题，研究者界定了几个概念：参考集合（evoked set），也叫备选集合（consideration set），是指消费者在某一特定的产品大类中进行购买选择时考虑的所有品牌（或款式）的集合，通常意味着集合内的品牌在某种属性上优于竞争对手。不满意集合（ineptset），是消费者已经知道的市场上存在但是绝对不可以进入备选集合之内的品牌（或款式）。之所以排斥这些品牌，往往是因为某种消极的态度或信念（如不信任）。惰性集合（iner tset），通常称为"无所谓集合"，这些品牌（或款式）对消费者来说没有什么特别吸引人的地方，可以放入考虑集，也可以不放。这样一来，市场上看似数量庞大的品牌（或款式）选择，能够进入考虑集的并不多。图 11-3 综合了市场上的品牌所有可能的情况。

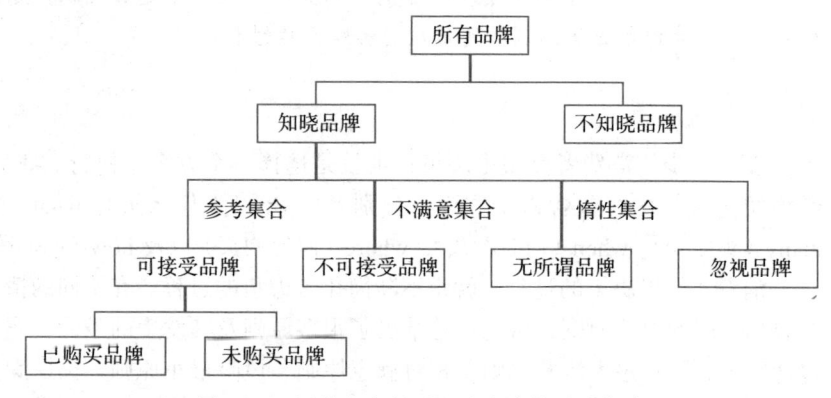

图 11-3 评估方案的过程中考虑的品牌集合

注：这个过程有另外一个名称叫"漏斗式"选购法，本章将在最后"互联网对购买决策过程的影响"部分提到这个漏斗模式及其在数字时代的演变。

接着消费者便开始对方案进行评估，也就是建立评估标准并对考虑集内的品牌进行比较。

消费者的评估过程主要依据产品属性，即产品能够满足消费者需要的特性。例如，果汁的甜度、液体的稠度、颜色和外包装大小及款式，甚至还包括果肉的含量、果肉的加工工艺、水果的种植与采摘工艺等。

消费者的评估过程还取决于产品属性的权重。不同消费者对产品的各种性能给予的重视程度不同，就决定了评估标准的不同。消费者给予产品属性的权重并不是固定不变的，它会受到消费者具备的知识的影响。因此，当企业觉得自己在现有属性上的表现不能与竞争对手相抗衡时，往往会开发出新的属性，并通过传播让这种属性在消费者心目中的重要程度上升。有时候，因为一些特殊事件，消费者也会新建或提高某种属性的重要性。例如，在"假明胶"事件后，消费者对明胶变得不信任，从而对食物中是否添加了明胶变得非常敏感，因而提升了食品的"无添加"这一属性的重要性。

产品属性可以建立优势，却也不是越多越好。消费者收集不同产品在各种属性上的表现，整合成解决方案。过多的产品属性会导致"产品功能疲劳症"。研究表明，尽管产品的每一项属性（功能）都是有用的，但是如果不断地迭代，在原有产品上叠加功能，最后会导致消费者对产品的可用性评价下降，进而停止使用或转移到功能数量更少的产品上。

研究还发现，除了产品属性和属性的权重之外，品牌可信度可以被视为评估方案的一个调节变量从而影响评估过程。给定一个产品在属性上的表现，消费者越信任这个产品的品牌，越有助于该产品进入其考虑集。品牌信任被定义为一般消费者信赖品牌能够履行其所声称的能力的意愿，通过建立信任，消费者减少自己在容易受伤害的环境中的不确定性，品牌信任通过影响消费者决策，影响了消费者对品牌的态度忠诚和行为忠诚，进而在品牌的市场份额上体现出好处来。

📍 营销工具箱

了解消费者的评估过程，主要是了解产品在各个属性上的表现及消费者赋予该项属性的权重。尽管产品的每项属性都是有意义的，但并不是属性越多越好。品牌可信度可以被视为评估方案的调节变量从而影响评估过程。

4. 做出决策

在这一步，消费者要做出决策，也就是选择一个方案来执行。我们在11.1节已经介绍过决策内容包含六个方面，分别是：why（为什么买）、what（买什么）、how many（买多少）、when（何时购买）、where（何处购买）以及how（如何购买）。

消费者做出决策的过程，就是不断简化考虑集的过程。在不同的情况下，消费者会遵循不同的决策原则，研究者总结出了很多原则及其发生的条件，非常复杂，主要包括以下原则：最大满意原则、相对满意原则、风险最小原则、预期满意原则、补偿决策原则、非补偿决策原则（连接决策、字典决策、情感参照）。

5. 购后行为

在经典的消费者购买决策过程中，购后行为是最后一个环节，包括消费者对产品的使用、使用之后的感受，以及基于这个使用经历对使用经验相关信息和商品的处理。

购后行为研究受到以服务营销研究为特色的北欧学派研究成果的极大影响，围绕使用体验带来的满意度展开。满意是指消费者实际得到的产品或服务与其期望之间的差距，如果差距是正的就满意，是负的就不满意，差距的绝对值越大，满意或者不满意的程度就越高。

消费者的购后满意度会带来的行为后果包含重复购买、不再购买、积极或消极的口碑传播、产品失败引起的消费者认知失调及补救。

广义地讲，购后行为不仅包括自用，还包括赠礼行为中的赠予及后续的社会关系再修订过程。

此外，以往关于购后行为的研究更多聚焦于体验性上。随着数字化技术的发展，消费者可以追踪自己的数字化消费记录，从而总结自己的消费行为。这一种趋势化的方式被称为"量化自我"。作为大数据背景下的一种新兴消费方式，量化自我活动点燃了"个体数据新文化"，代表了消费者如何理解自身的变革，成为一种全球趋势和大众实践。

| 经典和前沿研究 11-3 |　　大数据时代下的量化自我

量化自我的时代已经来临。从睡眠、阅读、能量使用到跟踪运动和监测健康的设备，人们可以获得比以往更多的关于自己行为的信息。Apple Watch、Keep、Fitbit 和 Jawbone 等流行设备与软件可以追踪人们的行走步数、摄入的热量以及睡眠时间。目前，超过五分之一的美国成年人使用某种形式的个人健康跟踪设备。

个人量化的吸引力似乎很明显。通过更好地了解自身的行为，我们可以做出必要的改变，过上更快乐、更健康的生活。人们可以多走路，吃得更健康，休息得更好。但是，人们正在使用的新工具——量化生活——是否剥夺了他们从事这些活动的一些好处？

研究人员考察了量化自我的意外负面后果。虽然衡量产出可以增加消费者在某项活动中的参与度（比如他们一天走的步数），但这种衡量方式同时也会破坏内在动机，降低人们对这项活动的享受程度。因此，测量可能会降低消费者在未来继续做这项活动的兴趣，甚至降低人们的整体幸福感和满足感。

研究人员通过操纵参与者为图片上色、行走以及阅读的追踪行为是否被反馈，检验了量化对参与者所做活动的多少以及他们对活动的喜爱程度的影响。结果显示，测量会让参与者做得更多，但会降低他们的乐趣。

后续的研究还发现，虽然量化减少了活动的乐趣，但是连续性的量化记录能够为人们带来意义感，从而有助于人们在健身、学习等行为中坚持下去。

参考文献: 1. ETKIN J. The hidden cost of personal quantification [J]. Journal of consumer research, 2016, 42(6), 967-984.

2. SILVERMAN J, BARASCH A. On or off track: how (broken) streaks affect consumer decisions [J]. Journal of Consumer Research, 2023, 49(6), 1095-1117.

6. 赠礼购买决策过程

三毛在《日历日历挂在墙壁》这篇文章中写了买挂毯送人的经过。她在文中写道："经过了万水千山的旅途，这幅日历挂毯跟着我一同回到了台湾。我是这样地宝爱着它，爱到不忍私藏，将它，慎慎重重地送给了我心深处极为爱惜的一位朋友。这份礼物普通，这份友情，但愿它更长、更深、更远。毕竟——物，是次要的，人情，才是世上最最扎实的生之快悦。"在这段文字中，我们看到物品成为一种维持社会关系的符号。

赠礼行为是赠予者和接受者之间的礼物交换，是一种社交行为。任何产品当被赋予礼品的身份时都比它是非礼品时更加复杂，因为礼品不仅反映了某种场合信息，还反映了赠予者和接受者的身份以及两者关系的信息，礼物具有极大的象征意义，被认为是赠予者向对方发出的某种邀请，并表达了一种社会关系。

赠礼的动机并不像人们想象的那么简单，它是一种多重动机并存的行为。Belk 和 Coon（1993）提出从三个不同的角度（模型）来看待赠礼，就会洞察到不同的动机，这三个模型对于后来研究赠礼行为具有重要意义。第一个模型主要从经济学交换的视角，可以使用等值和平等的功利主义动机作为理解社交行为的出发点；第二个模型则集中于社交互惠的概念，聚焦于礼物的象征价值及赠礼如何加强和维持关系，此时的礼物可能是赠予者的自我表达，也可能是赠予者想表达一种承诺或是一种互惠的暗示，交换是具有目的的、理性的交换；第三个模型是社会学中爱情模型的扩展，牺牲和取悦对方的动机推动了赠礼行为，因为是一种"无私的爱"，钱财或等价的考虑在这种赠礼行为中都变得不再重要。

确切地说，赠礼行为应该是一个单列出来的、完整的消费者决策过程，包含构思阶段、送收阶段、社会关系再修订阶段三个部分。赠礼的构思阶段主要是实际赠予的前期行为，包括赠礼需求的确认、收集信息、评估方案和做出决策。送收阶段（包括礼物实际转移的时间、地点、方式，接受者的反应，赠予者的感知等）和社会关系再修订阶段（包括接受者对礼物的处置，对赠予者和接受者关系的影响，是强化、巩固还是削弱、断裂等）则是"购后行为"环节。

| 经典和前沿研究 11-4 |　　送东西还是送体验？这是一个问题

选礼物常常是一件令人非常头疼的事情，礼物可以是有形的、物质性的，也可以是无形的、体验性的，消费者会如何做出选择呢？

过去的研究发现，消费者更偏好于赠送独特的、个性化的礼物，而体验比物质性产品更加独特和个性化。此外，体验性礼物（experiential gifts）相比物质性礼物（material gifts）能够给消费者带来更多的快乐，也能更好地加强送礼物的人和收礼物的人之间的社会联系。美国俄亥俄州立大学的 Goodman 和康奈尔大学的 Lim 对 100 个美国人进行了调研，他们发现 81% 的节日礼物和 66% 的生日礼物都属于物质性礼物，也就是说，消费者更加偏好赠送物质性礼物。这一结果似乎与过去的研究并不相符，于是他们开始探索消费者什么时候更偏好物质性礼物，什么时候更偏好体验性礼物。对此，研究者提出了社会距离（social distance）这个概念。所谓社会距离，是指两个人之间关系的亲密程度，包括互动的频率、互动的多样性以及互动的强度。他们认为社会距离是影响消费者选择物质性礼物还是体验性礼物的一个关键因素。

研究者通过八组实验对这个问题进行了研究。起初，研究者探索社会距离对礼物选择类别的直接影响。首先，使被试者想象一个关系很近的朋友或关系很远的朋友并写下他们名字的首字母。其次，给被试者一个节日礼物清单，清单中包含同等价位的 10 个礼物：5 个体验性礼物（比如音乐会门票、烹饪课程等）和 5 个物质性礼物（比如手工钢笔、太阳镜等）。最后，请被试者针对每一个礼物评价他们有多想把这个礼物送给他们一开始想象的那个朋友。结果发现，被试者更愿意给关系很近的朋友买体验性礼物，给关系比较远的朋友买物质性礼物。

在接下来的实验中，研究者反复验证了这个结论，同时还发现消费者对朋友喜好的了解程度（preference knowledge）是社会距离影响礼物选择类别的机制，换句话说，如果消费者的朋友与自己的关系比较亲近，那么消费者对朋友的喜好了解得也更加清楚，从而更有可能选择体验性礼物，因为体验性礼物是更加独特和个性化的，能够给朋友带来更大的快乐，也更有利于加强双方的社会关系。相反，如果消费者的朋友与自己的关系比较远，由于消费者对朋友的喜好并不了解，更有可能选择物质性礼物，因为物质性礼物通常不需要消费者很了解收礼物的人。如果选择体验性礼物，很有可能面临礼物跟朋友不匹配的问题，这就带来了社交风险（礼物在多大程度上与收礼物者的偏好不符合），这会破坏双方的社会关系。但是，如果这个体验性礼物的社交风险很低，不太可能会出现礼物跟收礼物的人不匹配的问题，那么社会距离对礼物选择类别的影响也会减弱。

资料来源：GOODMAN J K, LIM S, MEYVIS T. When consumers prefer to give material gifts instead of experiences: the role of social distance[J]. Journal of Consumer Research, 2018, 45(2): 365-382.

11.4 互联网对购买决策过程的影响

无论对于厂商还是营销人员来说，中国网络购物市场的快速发展都带来了新的机遇和挑战。2020年"双11"期间新零售平台（京东到家、美团外卖等）销售额达132亿元，其中牛奶乳品、粮油调味、饮料冲调品类位列前三；"双11"预售及狂欢期间直播带货总额高达729亿元。此外，2020年中国互联网营销市场总规模达10 457亿元，突破万亿元大关。现在，越来越多的消费者开始利用互联网购买商品或服务，这甚至已经发展为中国网民的一种普遍行为。

那么，比起传统的线下商店购物，消费者的网络购物行为有什么特点，消费行为有什么变化呢？

无论是线上还是线下，消费者的购买过程都包含五个基本环节：需求确认、收集信息、评估方案、做出决策和购后行为。不过，由于使用了互联网这一工具，这些环节的实际细节在线上购买与传统的线下商店购买时还是有一些区别的，表11-5概括了网络消费和传统消费在购买决策过程的各个环节的差异。

表11-5 网络消费和传统消费在购买决策过程的各个环节的差异

环节	传统消费	网络消费
需求确认	一般涉入度更高，受到商家的影响更多	更个性化、更理性
收集信息	信息收集范围更窄、更有局限性和被动性	更有针对性、更主动
评估方案	可以更多地通过试用来获取产品信息	更依赖于其他消费者的评价和与他人的沟通，风险感知更高
做出决策	更多地受到商家的影响	支付更快捷但与收货分离
购后行为	评价较少，更多的是投诉	更有及时性和分享性

这就启示我们在进行网络营销时，需要注意消费者的搜索、互动和分享等新行为模式。有意思的是，对这种改变迅速做出反应并总结出新的模式的是广告行业里那些注重研究的公司。例如，在广告领域，最显著的变化之一就是Google利用消费者对营销信息产生的主动搜索行为，开发出了关键词拍卖这种新的广告投放方式。互联网带来的行为模式的改变，对消费者购买决策过程必将产生深远的影响。我们在本节集中介绍已被广泛采纳的几种新模式。

11.4.1 互联网时代购买决策过程的新模式

1. 5A 模型的诞生

传统营销主要注重前端广告曝光效果和后端转化（销售）效果，但在目前流量红利逐渐消失的时代，企业应把营销重心更多偏移到用户和内容身上，通过内容快速占领用户心智，继而影响用户行为。这一策略被业界称为"内容为王"。现代营销学之父菲利普·科特勒根据数字时代消费者的特点，提出了用户和品牌发生联结的 5A 路径，简称"5A 模型"。5A 模型将用户分为认知、吸引、问询、行动和拥护五个层级。

认知（aware）：认知人群指的是在数字媒体有过了解品牌行为的人群，包括但不限于查看过广告、有过搜索行为、浏览过品牌相关内容。扩大这个阶段人群的关键是扩大内容的生产量和曝光量，所以衡量内容效果的关键指标是内容的浏览人数和内容的发布数量。

吸引（appeal）：吸引人群是指在媒体上有被品牌吸引进而产生互动的人群，包括近期有过广告收藏、点赞、分享行为，有效阅读相关内容或直播的人群。这是一个偏向内容质量的指标，所以扩大这个阶段人群的关键是提升内容的质量和互动率，关键指标包括互动的人数和浏览内容的完整度。

问询（ask）：问询人群指的是近期有过主动搜索并且产生问询、预约、进入详情页了解过价格或者在社区发布或问答的人群，这是一个和店铺交易关联度很高的群体，扩大人群的关键是如何吸引更多的人进店，关键指标是进店的人数或者跳转比例。

行动（act）：行动人群是指有过下单、购买、投诉、产品试用的人群。这是和订单挂钩的一个指标，扩大人群的关键在于更加合适的人货匹配、合适的价格以及合适的优惠，吸引人群产生行动的动力，关键指标是加购、下单的人数等。

拥护（advocate）：指的是有过推荐、复购、成为品牌大使的人群，这是一个和复购、高忠诚度挂钩最强的群体，所以扩大人群的关键在于通过好的内容和产品体验，让用户产生复购或者推荐的行为，关键指标在于复购率、推荐率、通过裂变新增粉丝数量等。

5 个阶段的人群分别考验的是内容的数量、内容的质量、内容引流力、内容的获客能力和内容的转粉力。企业可以借此通过全链路、分场景追踪营销效果，有针对性地优化营销行为。

2. 从 AIDMA 模型到 AISAS 模型

在传统媒体时代与互联网初期，行业广泛奉行的是 AIDMA，强调以媒体为中心，处于向用户单向传递信息的阶段。2004 年，日本电通公司针对网络带来的变化，提出了消费者行为的 AISAS 模式，这是对传统的 AIDMA 模型的改造。在传统的 AIDMA 模型中，企业是营销信息的传播主体，通过广告等方式吸引消费者的注意力（attention），引起他们的兴趣（interest）和欲望（desire）并给他们留下深刻的记忆（memory），促使他们采取行动（action）。互联网普及后，消费者在行动之前的搜索（search）和购买后的分享（share）行为使其成为营销信息的积极参与者与传播者，而不再是被动的接受者，这无疑对传统的广告投放方式产生了巨大的影响。在互联网

2.0时代（信息与人互动），基于搜索和分享应用的出现，用户对传统媒体的聚焦转到了网络媒体上，信息的来源变得分散，用户的行为由被动变成了主动，AISAS通过"搜索"与"分享"实现消费者间信息的传递与渗透。

3. SIPS 模型

2011年，在之前模型的基础上，日本电通公司又提出了SIPS模型，更加强调了消费者的传播和分享行为带来的影响。这一模型认为，在社会传播网络中，消费者会对能够引起共鸣（sympathize）的信息进行关注，并通过各种手段确认（identify）这一信息是否与自己的价值观相符，然后就会参与（participate）到和这一信息有关的分享（share）活动中，使得这一信息得到扩散（spread）。SIPS模型深刻展现了社交媒体时代消费者行为的新特点，打破了传统单向的消费模式，更加注重消费者与企业、消费者与消费者之间的双向互动，强调用户的意见和行为受到聚合特定人群的影响，从而产生独特的内在规律。

总而言之，互联网带来的购买决策的主要变化集中在两个"S"上：（网上）搜索（search）行为和（网上）分享（share）行为。尽管这两个"S"在传统购买行为中也存在：搜索存在于"收集信息"阶段，分享存在于"购后行为"中。但是，受到技术的限制，没有互联网帮助的消费者在这两个"S"上可以做的事在数量和即时性方面都极为有限，因此这两个环节对传统购买决策产生不了很大的影响。

4. 从漏斗模型到双环模型再到新双环模型

传统的漏斗模型是"漏斗式"选购方案评估法，意思是说一开始，消费者的头脑中有许多可能的品牌，就像一个漏斗上部较宽的部分，当消费者系统地筛选候选商品时，那些备选品牌一个一个地被"漏"掉，慢慢变少，最后消费者选择一个购买的品牌，如图11-4a所示。Edelman（2010）认为，应该参考2009年《麦肯锡季刊》上一篇关于"消费者决策旅程"的文章（Court et al., 2009）所提出的观点，用双环来取代原来的"漏斗"，如图11-4b所示。

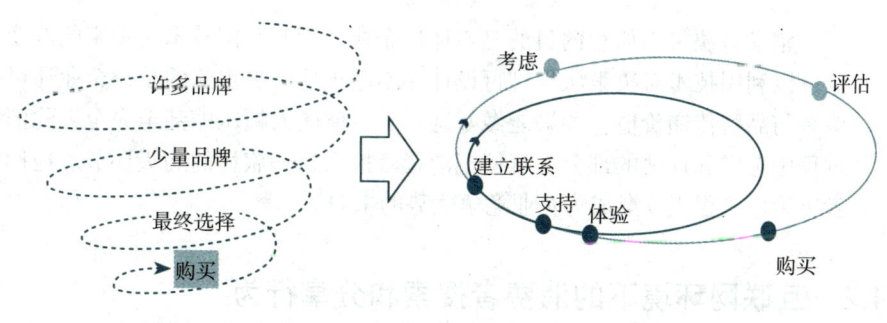

a) 消费者决策的漏斗模型　　　　b) 互联网条件下消费者决策的双环模型

图 11-4　从消费者决策的漏斗模型到双环模型

双环模型认为，图11-4b中决策历程是循环往复的，不是一个逐渐缩小的过程。双环模型考虑了消费者利用互联网技术对产品和服务进行积极评估的环节，可能随时改变其购买需求；双环模型还包含反馈闭环，消费者购买产品和服务后持续评估，促使企业提高产品性能，优化品牌体验。2015年，Edelman又在《麦肯锡季刊》第四期上更新了双环模型的表述，称它为"消费者决策新旅程"，如图 11-5 所示。

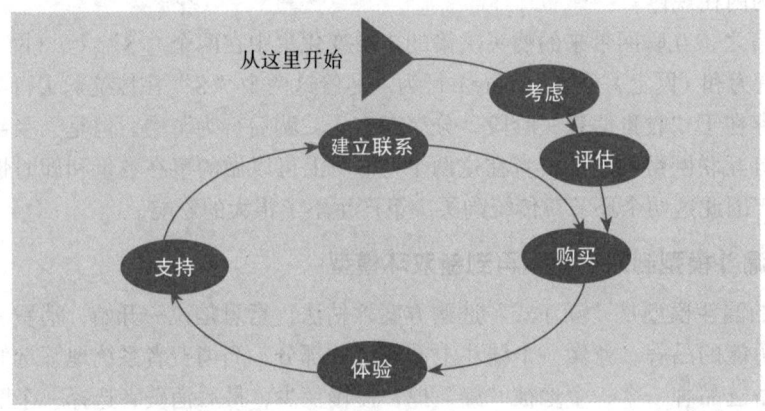

图 11-5　从消费者决策的双环模型到新双环模型

资料来源：EDELMAN D C.Branding in the digital age: you're spending your money in all the wrong places[J]. Harvard Business Review, 2010, 36(3): 1-8.

消费者决策新旅程的目的是想体现企业使用互联网技术所带来的改变。如今，企业可以利用技术对决策旅程进行设计并不断优化。更重要的是，企业还可以主动向消费者与品牌传递价值。如果能做好这一点，就能大幅压缩甚至完全去除消费者在购买过程中考虑和评估的部分，直接把消费者推入这一旅程的购买环节。他们认为，消费者决策新旅程正逐渐成为企业竞争优势的来源。

11.4.2　互联网环境下的消费者搜索和分享行为

互联网技术普及后，消费者的搜索能力得到前所未有的提升，通过分享个人观点影响其他人的能力也得到史无前例的加强，在实务界诞生了很多与两个"S"相关的产品，比如搜索引擎技术、关键词广告竞标，以及通过分享产品使用心得赚取服务费的"网红"。而在学术界，最近十年也有大量关于两个"S"的研究成果出现。

1. 网络搜索行为

在互联网时代，广泛地收集产品信息并加以有效比较已经成为在线购物的优势。

在线搜索和比较产品信息的行为可以跨店、跨国界、跨不同货币进行，搜索成本低，这是线下商业时代所无法想象的。鉴于消费者在线搜索能力的巨大提升，如何使自己被消费者检索到已经成为企业营销竞争的关键。

消费者在网上搜索些什么？消费者可以通过互联网看到的不仅是产品供给方的官方信息，还包括所有媒体关于产品信息的报道、其他消费者使用的体验、强关系人群（亲人、朋友和同事）关于产品的建议、某个特定品牌在过去某段时间里所有的营销活动……不仅如此，搜索引擎还会帮助消费者将这些信息有结构地呈现出来，并进行比较。互联网强大的信息呈现功能改变了消费者在交易中持有的信息量，极大地改善了买卖双方信息不对称的现象。

但是，大量的信息使搜索任务变得更加艰巨，消费者进而采取了不同的搜索战略。总体上，消费者的搜索战略处在两个极端之间：直接搜索和无目的地浏览。前者也叫有目的的搜索，是针对某项特定信息进行搜索；后者是指无目的地随便看看，消费者常常会说"我想看看有什么新鲜有趣的吗"。

值得注意的是，消费者的网上搜索行为并不仅仅发生在收集信息的阶段，在经典购买决策过程的其他环节也会发生网上搜索行为，或者与搜索有关的行为。最典型的情况是，当消费者进行无目的的浏览时，可能会被引发对某种商品的需求；或是在购后使用的过程中遇到问题，消费者也会通过搜索解决。

因为搜索过程提供了与消费者接触的可能性，也为商家提供了利用这个过程的机会。例如，产品和服务供应方提供了参考关键词、导航条和标签条，各种购物网站通过这些工具优化消费者搜索的过程，或是将消费者引至有利于卖方的目的地。而 Google 更是创新了关键词广告业务，当用户利用某一关键词进行检索时，在检索结果页面会出现与该关键词相关的广告内容，广告的排序由广告主的实时出价决定，Google 依据消费者的点击数量向广告主收取费用，这一方式迅速被其他网站所模仿。此外，最新研究成果表明，网上商店可以通过增加搜索摩擦（search friction，即故意制造的搜索成本，比如让消费者点击额外的链接等）提高在线零售商的利润率。具体而言，价格敏感型购物者更愿意承担搜索成本，网店通过诱导消费者先查看高价产品，搜索更多的产品，可以提高售出商品的平均价格和总体购买概率。互联网拓宽了利用搜索成本匹配价格不敏感消费者与全价商品的机会。

📍 营销工具箱

由于关键词广告是在进行特定关键词的检索时才出现在搜索结果页面的显著位置，所以其针对性非常高，这突破了传统大众传媒广告不能准确到达的局限，一时成为性价比最高的网络推广方式。

2. 网络分享行为

互联网的普及使得口碑分享更为常见，人们通过网络分享自己旅行的经历，分享自己对某个餐厅的评价或对某部电影的感受，这些口碑对销售所产生的影响也已经为研究所证实。

购后的网络分享行为本质上是一种口碑，并不是什么新鲜事物，所以关于口碑的经典研究的结论仍可以用在网络分享行为上。例如，负面口碑往往比正面口碑对消费者的影响更大；在积极口碑中，关于享乐（hedonic）的内容是最容易被传播的口碑，其次是知识型和情感沟通型口碑。

营销工具箱

研究表明，在负面评价中，相较于悲伤的情绪，愤怒和焦虑属于高唤醒水平情绪（high-arousal），因而引发愤怒和焦虑的评价文案更容易得到关注并被快速传播和分享。

在正面评价中，相比满足的情绪，敬畏和逗趣属于高唤醒水平情绪，因而让人感到敬畏或幽默的信息更容易得到关注并被快速传播和分享。

资料来源：BERGER J, MILKMAN K L.What makes online content viral[J]. Journal of Marketing Research, 2013, 49(8):192-205.

与传统口碑不同的是，网络口碑可能更多地分享给了陌生人，陌生人的口碑会对消费者产生影响吗？研究表明，消费者既会受到熟人的口碑影响，也会受到陌生人的口碑影响，只不过熟人的影响更大一些。尽管互联网上充满了"陌生人"，但是消费者仍然受到来自这些陌生人的口碑的巨大影响。智能手机的普及也让消费者能够随时利用移动端进行口碑分享。相较于非移动设备，消费者通过移动设备创建的口碑内容有着更具情感性、更具体以及更不极端的特点。

令研究者感到好奇的是，分享消费体验在很多时候并没有报酬，为什么会有那么多人愿意花时间和精力去编辑和分享消费经历呢？研究者的共同结论是，消费者将经验分享给他人是出于利己的动机。人们在将口碑分享给朋友或陌生人时，都是受社会认可（social acceptance）这个动机的驱使，为了实现社会认可，人们必须与他人建立和保持社会关系。

Chen（2017）的进一步研究认为，尽管根本动机一致，但是消费者分享给不同的人的内容策略并不相同：当消费者将口碑分享给陌生人时，希望口碑能够实现自我提升（self-enhancement），使自己更有吸引力，吸引陌生人与自己建立某种关系；而当消费者将口碑分享给朋友时，只是希望与朋友分享情感、维持关系。所以，当消费者将消费体验分享给陌生人和朋友时，其内容是根据这两种不同的策略定制的。举例来说，消费者在分享消费体验给陌生人时，会显得更加积极乐观，因为这对提升自我形象有好处；再如，一旦发现有人发表不同的意见，分享给陌生人的消费者更愿意调整自己的分享。

|经典和前沿研究 11-5| 如何优化消费者的商品搜索行为

随着互联网的普及，衣食住行几乎都能在互联网上解决，你可以不用逛商场就能买衣服，不用打电话就能订酒店，不用出门就能吃到外面的美食。然而，消费者也面临着一个很大的问题，网上商品的种类远远超出了他们线下可能接触到的商品类别，所幸网站中的搜索引擎解决了如何在庞大的产品信息中完成搜索这个问题。

如今，几乎所有的商品搜索都能通过添加搜索条件或关键词更准确地定位到自己想要的商品。例如，在搜索酒店时，消费者可以通过添加"不低于四星""按价格排序"等条件缩小搜索范围。这种精准化的搜索工具使整个市场不再那么集中，也能够为消费者匹配最合适的产品。由此看来，这种更精准化的搜索对消费者来说似乎是更加方便的。

问题是，这种搜索辅助真的有效吗？

一项针对线上酒店预订网站的研究（Chen and Yao，2017）发现，搜索可能反而会降低消费者的整体效用。消费者对整个购买过程的满意度取决于这个过程带给他的整体效用。该效用主要由两部分组成：一是最终选择的商品带给他的效用，二是消费者的搜索成本（包括搜索商品需花费的时间和精力），这两者的差就是整个购买过程的净效用。

这项研究通过构建理论模型进行了严谨的论证后发现，这种精准化的搜索反而会降低消费者的整体效用。一方面，精准化的搜索的确能够帮助消费者选择更心仪的商品，商品带来的效用的确增加了；而另一方面，在精准化搜索工具的帮助下，消费者会进行更多的搜索，从而导致更高的搜索成本。这项研究通过实证数据论证了在搜索工具的帮助下，消费者最终购买商品的净效用是降低的。

如何解决精准化搜索降低消费者整体效用的问题呢？研究者发现，消费者之所以会进行更多的搜索是因为他们并不了解网站默认的排序规则。即使没有精准化搜索工具，通常网站会将购买频率高的商品放置在前面，这种排序已经能够反映出商品的质量了，消费者花费较少的搜索成本选择到的商品也是相对比较好的。为了避免精准化的搜索工具带来的过度搜索所造成的净效用下降，在使用精准化搜索过滤的同时，让消费者知晓网站对商品的排序规则是一个很好的解决办法。例如，在排序窗口上列示"按购买人数排序""按折扣排序""按距离排序"等，Chen 和 Yao（2017）的研究也通过数据证实了这一方法的有效性。

在本研究的基础上，Jiang 和 Zou（2020）后续对精准化搜索过滤涉及的另两个主体——平台和商家进行了补充研究。精准化搜索的过滤使产品的匹配价值（match value，产品与消费者的偏好匹配的程度）被消费者看到，同一平台上进行销售的横向差异化产品竞争变得更加激烈，对商家造成影响。此外，由于平台向商家收的推荐费与点击量、展露次数相关，精准化搜索也会影响平台的盈利。该研究通过实证研究，为平台、消费者、商家提供了三方共赢的有效方法：使过滤前后展现的产品总体价值匹配之间的差异保持较低水平。

总之，当我们考虑消费者的线上消费满意度时，必须考虑消费者的搜索成本。为了让消费者整体的满意度提升，告知消费者网站默认的排序规则并按照商品的效用进行排序是一个很好的解决方法。精准过滤推荐工具的使用并非在所有情况下对消费者、平台、商家三方都是有利的，将过滤前后展示商品总体差异度控制在较低水平是合理的。

资料来源：1. CHEN Y，YAO S. Sequential search with refinement：model and application with click-stream data[J]. Management Science, 2017, 63(12): 4345-4365.

2. JIANG B, ZOU T. Consumer search and filtering on online retail platform[J]. Journal of Marketing Research, 2020, 57(5): 910-916.

11.4.3　互联网环境下的消费者购买决策综合模型

多数学者认为，传统的购物决策模型是可以包含网上购物过程的，但是双环模型更强调信息搜索和分享的影响力，体现出网上购物的特点。基于此，有学者提出了一个综合模型，将传统购物、网络搜索和分享及网上购物过程整合在了一起，如图11-6所示。

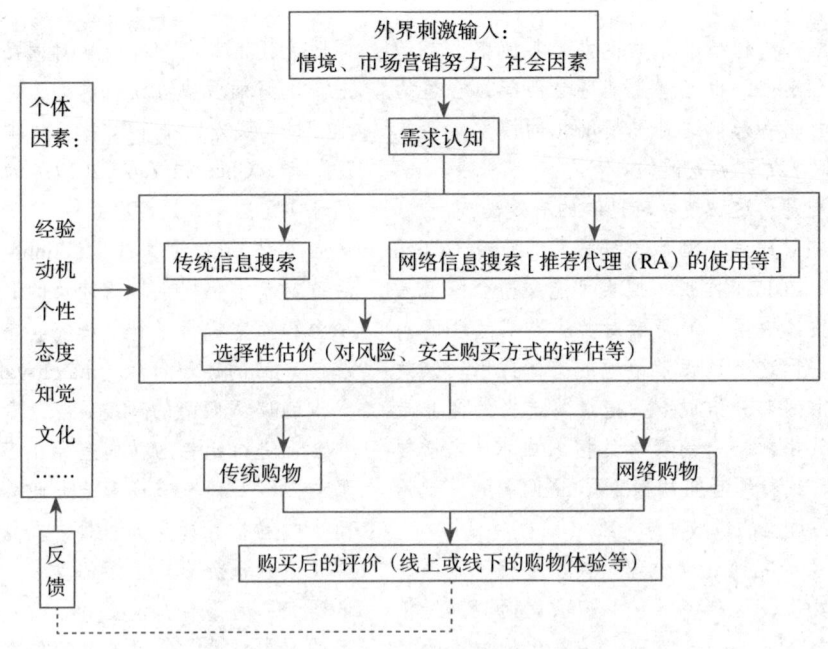

图 11-6 互联网环境下的消费者购买决策综合模型

资料来源：李双双，陈毅文，李江予. 消费者网上购物决策模型分析 [J]. 心理科学进展，2006，14（2）：294.

综合模型的优势在于它把购买方式的选择纳入消费者决策需要考虑的范围中，从而适用于传统与网络两种不同的购物方式，容纳了"网上搜索"和"网上购买"两个环节。

但是这个模型也有缺陷：消费者对于购物方式的选择可能发生在信息搜索之前，并且对于消费者的重复购买行为（"习惯型"购买行为）来说，并不需要花费许多认知努力。

所以，这个综合模型更适用于购买介入程度中等、信息搜索有限、决策规则简单且备选方案少、购后评价也不多的"有限型"购买行为，以及购买介入程度高、大量信息搜索、决策规则复杂且备选方案多、购后评价全面的"扩展型"购买行为。

本章小结

消费者购买决策是消费者为了满足某种需要，在一定的动机下，对需求满足方案进行整理、分析、评价和选择，然后实施所选择的购买方案并进行购后评价的过程。

消费决策包含的内容有六个方面：why（为什么买，辨别需求和占优的消费动机）、what（买什么，什么品类、什么子类）、how many（买多少，什么频率）、when（何时购买）、where（何处购买，包括地点和出售的商家决策）以及how（如何购买，包括怎么到达、怎么支付）。

消费者购买决策的分类可以从不同的角度进行，基于购买涉入度高低和品牌差异的大小，可以分为：复杂型购买决策、习惯型购买决策、多变型购买决策和协调型购买决策四种。

基于决策信息的确定性，消费者购买决策可以分为扩展的问题解决型购买决策、有限的问题解决型购买决策和常规的反应行为型购买决策三类。

互联网普及后，新的分类从消费者是否想获得产品所有权的角度进行，可以分为流动性消费和实体性消费。

总体而言，消费者购买决策过程包含决策的输入要素、决策处理和决策输出三大部分，其中经典的消费者决策过程包含需求确认、收集信息、评估方案、做出决策，以及购后行为五个主要环节。

互联网普及后，研究者和实践者对这五个环节进行了修正，其中比较一致的观点是认为消费者的搜索和分享行为成为消费者购买决策的重要环节。

中国故事

抖音 5A 模型：数字化营销的新革命

广告界有一个著名的"歌德巴赫式猜想"，那就是著名广告大师约翰·沃纳梅克提出的："我知道我的广告费有一半浪费了，但遗憾的是，我不知道是哪一半被浪费了？"约翰·沃纳梅克被认为是百货商店之父，他也是第一个投放现代广告的商人。尽管已过去 100 年了，这句广告界著名的"天问"但仍然没有找到最终的答案。

字节跳动的明星产品"抖音"创新性地根据营销大师菲利普·科特勒提出的消费者购买行为 5A 模型理论，从研究消费者在抖音商城上的购买行为模式，总结出了实践版的 5A 人群模型，并通过"巨量云图"数据化分析 5A 人群，这就让我们对这一世纪猜想获得更加清晰的结论进了一大步。

什么是 5A 人群呢？5A 人群就是消费者从开始注意到商品，到最终购买商品并长期拥护品牌，在这一流程中，分化出的 5 个阶段的特征人群。根据科特勒提出的 5A 模型，抖音将人群分为 5 类：A1 了解、A2 吸引、A3 问询、A4 行动、A5 拥护。具体而言，A1 人群是指被动接受信息的顾客，是品牌知名度主要的来源。A2 人群是指增加对品牌的印象，创造短期记忆或扩大成长期记忆的顾客。A3 人群是指适度被激发好奇，引发搜集信息行为的群体。A4 人群是指做出实际购买行为的人。A5 人群是指品牌的粉丝，对品牌已经形成长期拥护。

5A 人群模型具有非常重要的数字化营销价值，它把购买商品的每个阶段进行细化，商家可以更好地在每个阶段优化广告的手段。从 A1 到 A5 人群的层层递进，抖音可以通过监测用户数字化的行为模式发现每一个阶段人群的行为特点，从而采取修正或更新更有效果的广告的手段，转化用户到下一个层级，最终完成交易行动和长久拥护的效力。

以美妆、日化、食品饮料行业为例，抖音的 5A 人群量化指标定义如下。

A1 人群（aware） 最近 15 天里有如下行为：①广告（广告曝光 1～3 次）；②直播（进入直播次数 1 次或直播观看时长＜10 秒）；③星图视频（星图内容观看次数 1～3 次或星图内容观看时长＜5 秒）；④官方账号（短视频内容观看＜5 次，或短视频观看时长＜5 分钟，或短视频完播≤3 次，或短视频内容点赞≤4 次）；⑤挑战赛（品牌相关内容非有效播放 1 次以上，或品牌相关内容有效播放 1～10 次，或品牌相关内容发布，或品牌相关内容点赞）。

A2 人群（appeal） 最近 15 天里有如下行为：①广告（广告曝光 4～10 次，或广告播放时长 5～60 秒，或广告落地页停留 5～60 秒，或广告点击 1 次）；②直播（进入直播次数 2～5 次，或直播观看时长 11 秒～5 分钟，或直播商品点击 1 次，或直播购物车点击 1 次）；③星图视频（星图内容观看时长 6 秒～1 分钟，或星图内容观看次数 4～10 次，或星图内容完播，或星图内容点赞）；④官方账号（访问主页 1～4 次，或进入直播间≤5 次，或直播商品点击 1 次，或直播购物车点击 1 次，或内容观看 5～20 次，或内容观看时长 5 分钟以上，或内容完播次数＞3 次，或内容评论 / 内容分享 / 内容点赞≥5 次，或购物车点击 1 次）；⑤挑战赛（品牌强相关内容有效播放 1～10 次，或品牌强相关内容非有效播放1次以上，或品牌强相关内容点赞/品牌相关内容分享/品牌相关内容评论/话题落地页访问1次）。

A3人群（ask）最近15天里有如下行为：①广告（广告曝光＞11次，或广告播放时长＞1分钟，或广告点击≥2次，或广告落地页停留＞1分钟）；②搜索（品牌相关内容搜索次数＞1次）；③直播（进入直播间次数≥6次，或直播观看时长＞5分钟，或直播评论次数≥1次，或直播送礼物≥1次，或直播点击购物车≥2次，或直播点击商品次数≥2次，或直播点击商品详情页立即购买≥1次，或直播点赞≥1次/直播关注主播≥1次）；④抖店（商品点击次数≥1次，或商品加入购物车次数≥1次）；⑤星图视频（星图内容观看时长＞1分钟，或星图内容观看次数＞11次，或星图内容分享/星图内容评论）；⑥官方账号（主页访问次数≥5次，或商品橱窗点击/私信/进入直播间次数＞5次，或直播观看时长＞5分钟，或关注主播/直播评论/直播间送礼物/直播间点击购物车≥2次，或直播间点击商品≥2次，或点击商品详情页立即购买/内容观看次数＞20次，或点击购物车≥2次/点击商品详情页立即购买）；⑦挑战赛（品牌强相关内容观看次

数≥11次，或品牌强相关内容发布/品牌强相关内容分享/品牌强相关内容评论/话题落地页访问次数≥2次）。

A4人群（act）最近365天内在抖店购买过品牌商品的用户。

A5人群（advocate）关注了品牌官方账号的用户。拥护用户即为品牌账号的粉丝，每天统计当天全量用户，暂不支持细分二级类目的拥护行为细分。

数字化营销到底是科学还是艺术？在这一问题上，抖音"5A人群模型"的应用为我们在"科学"上的发展提供了非常重要的一大步助力。5A模型使我们在回答"浪费的一半广告费去哪里了"的终极问题上又前进了一大步，让我们更有信心可以沿着数字化营销的大道狂奔。

资料来源：1. 知乎. 从抖音"O-5A人群"与"巨量云图"看数字化营销的新革命，https://zhuanlan.zhihu.com/p/604540103，2023-02-08.

2. 知乎，抖音云图人群篇：拆解抖音5A人群资产和八大人群增长策略，https://zhuanlan.zhihu.com/p/607190319，2023-02-17.

3. 科特勒，陈就学，塞蒂亚万. 营销革命5.0：以人为本的技术 [M]. 曹虎，吴光权，等译. 北京：机械工业出版社，2022.

AIGC的中国发展

2022年是AIGC（生成式人工智能）的爆发元年。在生成算法、预训练模型以及多模态技术突破的推动下，AIGC的创意生成从文字、图片、音频、视频延伸至跨模态形态，更具高效率、低成本、定制化、个性化、多样性和智能化优势，为人类创意生成带来新方案。目前，生成式人工智能已经在消费者领域掀起了巨大的浪潮，开启了消费行业的变革。多模态大模型GPT-4也已横空出世。生成式人工智能将服务于教育、人际关系、治疗与辅导、艺术创作、游戏以及商业顾问等多方面，有望成为下一个消费级平台。

麦肯锡咨询公司的数据显示，生成式人工智能有望为全球经济贡献约7万亿美元的价值，并将人工智能的总体经济效益提高50%左右；中国则有望贡献其中约2万亿美元，将近全球总量的1/3。放眼全球，生成式人工智能对高科技行业将产生最为显著的影响；在中国，先进制造、电子与半导体、包装消费品、能源与银行将是受影响最为显著的五大行业。

麦肯锡咨询公司关于AIGC的报告显示，生成式人工智能创造的主要价值可用"4C"来概括。

（1）简化（concision）：生成式人工智能能够利用非结构化数据源归纳并提炼洞见，从而促进专业知识的传播；它还能解读文本与转录稿，创建嵌入式文本，从而支持相关资料来源的查询和引用。例如，在财务绩效分析中，通

过生成式人工智能提供有针对性的外部财务信息与内部绩效总结，备注财务说明，可提高财务规划与分析的效率，有望将财务成本降低4%～7%。

（2）编码与软件开发（coding and software）：生成式人工智能能够推动代码重构，从而加快主机迁移；可以解读、生成代码，从旧有系统大规模迁移主机资料，自动开发、记录、纠正测试，简化软件开发流程。例如，在自动化或增强数据管理中，通过生成式人工智能可将部分数据标注、数据清理、文件生成工作自动化，辅助用户识别未标注数据中的异常值，并为最新获取的数据集创建文档，加快数据处理，提高数据质量，可将数据管理成本降低5%～10%。

（3）内容创作（content creation）：生成式人工智能能够创作各种形式的内容初稿，可生成文本、图片等信息载体，自动编写合同、招标书等文件，还能生成视觉元素，加快研发节奏。例如，在创作适用于不同媒介渠道的营销内容时，生成式人工智能能够助力创意生成（比如故事板）与大规模创作，支持用户以不同语言编写适用于不同渠道的邮件，并推送个性化的产品/服务建议，将营销成本降低5%～8%。

（4）客户互动（customer engagement）：生成式人工智能有助于打造高度个性化的消费体验，比如通过聊天功能优化客户服务，还能拓宽客户聊天机器人的应用场景，从而加速客户拓展与数据收集。例如，在聊天机器人的用例中，生成式人工智能可实现自然的对话、更好地应对外语及方言，打造自动化自助服务，并通过虚拟坐席提供客户支持，更有效地解答客户疑问、准确判断疑问根因，有望降低9%～11%的客户运营成本。

数十年来，科技进步不断重塑工作的本质，为劳动者持续注入"超能量"，帮助人类更快速、更准确地完成工作。生成式人工智能不仅将延续这一趋势，还将带来前所未有的巨大影响。伴随生成式人工智能的逐步推广，工作自动化的步伐将大幅加快，"中点情境"有望提前10年到来，50%的工时预计将实现自动化。

目前，国内科技公司纷纷布局AIGC的发展，中国首批备案了8个AIGC的大模型，具体如下。

（1）百度文心一言。基于百度飞桨平台的自然语言生成大模型，可以根据用户的输入生成各种类型的文本，比如诗歌、故事、新闻、广告等。该模型已经向全社会开放，用户可以通过app或官网体验。百度文心一言是目前国内最大的自然语言生成平台，拥有超过1 000万用户，每天生成超过1 000万篇文本。

（2）抖音云雀大模型。基于字节跳动自研的深度学习框架OneFlow的自然语言理解和生成大模型，可以提供多种语音和文本服务，比如语音合成、语音识别、机器翻译、对话系统等。该模型目前还未正式上线，但已经在抖音、今日头条等字节跳动旗下产品中应用。抖音云雀大模型是目前国内最先进的多模态人工智能平台，拥有超过10亿用户，每天处理超过100亿次请求。

（3）商汤日日新大模型。基于商汤自研的深度学习框架MegEngine的图像和视频生成大模型，可以提供多种视觉服务，比如人脸美化、视频换脸、虚拟主播等。该模型已经向公众开放，用户可以通过app"商量SenseChat"体验。商汤日日新大模型是目前国内最领先的图像和视频生成平台，拥有超过500万用户。

（4）中科院紫东太初大模型。基于中科院紫光集团旗下紫东太初自研的深度学习框架ZDNet的知识图谱和推理大模型，可以提供多种知识服务，比如问答系统、知识检索、知识融合等。该模型目前还未正式上线，但已经在中科院各个研究所和项目中应用。中科院紫东太初大模型是目前国内最权威的知识图谱和推理平台，拥有超过100亿个实体和关系，每天回答超过100万个问题。

（5）百川智能百川大模型。基于百川智能自研的深度学习框架BCNet的医疗和健康大模型，可以提供多种医疗和健康服务，比如医学影像分析、疾病诊断、健康咨询等。该模型目前还未正式上线，但已经在多家医院和健康机构中应用。百川智能百川大模型是目前国内最专业的医疗和健康平台，拥有超过1 000万份医学影像和病历，每天服务超过100万个患者和用户。

（6）智谱AI GLM大模型。基于智谱AI自研的深度学习框架GLMNet的音乐和声音生成大模型，可以提供多种音乐和声音服务，比如音乐创作、歌曲合成、声音转换等。该模型已经向公众开放，用户可以通过app"智谱AI"体验。智谱AI GLM大模型是目前国内最创新的音乐和声音生成平台，拥有超过100万首原创音乐和歌曲，每天生成超过100万个声音。

（7）MiniMax ABAB大模型。基于MiniMax自研的深度学习框架ABNet的动漫和游戏生成大模型，可以提供多种动漫和游戏服务，比如动漫人物设计、游戏场景生成、游戏角色控制等。该模型目前还未正式上线，但已经在多家动漫和游戏公司中应用。MiniMax ABAB大模型是目前国内最有趣的动漫和游戏生成平台，拥有超过100万个动漫人物和游戏场景，每天生成超过100万个动漫和游戏内容。

（8）上海人工智能实验室书生通用大模型。基于上海人工智能实验室自研的深度学习框架ShuShengNet的通用人工智能大模型，可以提供多种通用人工智能服务，比如语言理解、视觉识别、逻辑推理等。该模型目前还未正式上线，但已经在多个人工智能领域的评测中取得优异成绩。拥有超过1 000个人工智能任务和数据集，每天处理超过1 000万个人工智能请求。

首批备案8个大模型涵盖了自然语言、图像视频、知识图谱、医疗健康、音乐声音、动漫游戏、通用人工智能等多个领域，展示了中国人工智能产业的创新实力和发展潜力，受到了市场和用户的广泛关注和期待。

AIGC支持的新工具、新平台和新渠道，会对消费者行为产生什么样的影响目前尚无定论，也许在本教材的下一版，关于互联网和大数据背景下的消费者购买过程的内容又会向大家介绍新的模型。

资料来源：1. 沈恺、童潇潇、于典、王凌奕，生成式AI在中国：2万亿美元的经济价值，https://www.mckinsey.com.cn/%e7%94%9f%e6%88%90%e5%bc%8fai%e5%9c%a8%e4%b8%ad%e5%9b%bd%ef%bc%9a2%e4%b8%87%e4%ba%bf%e7%be%8e%e5%85%83%e7%9a%84%e7%bb%8f%e6%b5%8e%e4%bb%b7%e5%80%bc/，2023-11-08.

2. 36氪，生成式AI：下一个消费者平台，https://www.36kr.com/p/2169575746646279，2023-03-15.

3. 广州金融科技，多家国产AI大模型开放使用，引领生成式人工智能服务的新风向，https://baijiahao.baidu.com/s?id=1776460673317644712&wfr=spider&for=pc，2023-09-08.

第 12 章　整合营销沟通

■ 本章要回答的主要问题有：

1. 营销沟通的本质与基本过程是什么？
2. 当前营销沟通面临的挑战和机遇是什么？
3. 营销沟通平台都有哪些？各自的优劣势是什么？
4. 消费者决策的基本流程是什么？
5. 什么是自下而上的沟通匹配模型？
6. 如何评估营销沟通计划？

12.1　营销沟通的本质

我不了解你，我不了解你的公司。
我不了解你公司的产品，我不了解你公司的企业形象。
我不了解你的公司客户，我不了解你公司的过去。
我不了解你公司的声誉。
——我对你一无所知，你还向我销售什么呢？
"椅子上的男人"是麦格劳-希尔公司1985年刊登在《商业周刊》上的一则广告。

正如这则"椅子上的男人"广告所揭示的，要想说服消费者购买产品，就必须让他对产品和企业感兴趣，想了解和获取真实信息，进而产生购买和购后行为。这一过程就是我们所说的营销沟通过程。沟通是传递、接收和加工信息的过程，任何一个组织与个体想要向他人传递自身的观点和见解，并期待信息接收者（其他组织或个体）理解这些信息时，沟通就产生了。完整的沟通过程如图12-1所示。

图12-1展示了信息从发送者到接收者的沟通过程。发送者经过编码，并通过一定的渠道把信息传递给接收者，接收者接到信息后对它进行解码，并做出相应的反馈。在这个过程的任何一个环节都可能出现噪声，干扰沟通效果。对于企业而言，如何将产品信息、企业信息准确有效地传递给消费者是营销沟通的重要内容，因此沟通

在市场营销中有着举足轻重的地位。接下来,我们将选取澳大利亚旅游局在社交媒体上的营销沟通作为案例,具体解释沟通过程中每一个要素的含义与作用。

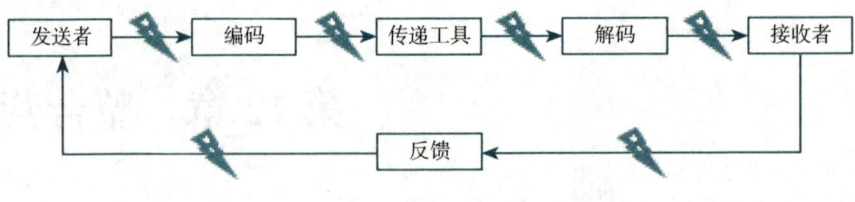

图 12-1　完整的沟通过程（⚡为噪声）

沟通过程有两个主体,分别是发送者和接收者。其中,发送者会主动提供用于沟通的信息,在沟通过程中处于信息传递的主动地位,是整个沟通过程的起点。发送者可以是个人,也可以是企业和组织。而接收者是信息送达的对象,在沟通过程中处于被动地位。因此,想要吸引更多游客注意的澳大利亚旅游局无疑是沟通过程中的发送者,而计划旅行的游客则是接收者。

编码是指形成语言或非语言的线索。例如,在澳大利亚旅游局的营销策略中,工作人员将各种有创意的想法转换成出行者乐意接收的信息。他们每周五都会定期发布一组精选图,配以简练的文字描述,从而给出行者更多的联想空间。他们还会不时地发起一些新奇的话题供大家讨论。通过这些活动,各类与营销相关的信息完成了编码工作。之后,上述信息会通过传递工具进行沟通,这些工具包括传统的媒介,比如广告牌、电视频道、书、报纸、杂志等,也包括新兴的社交媒体平台,甚至也可能是原始的口口相传。

当信息到达接收者后,接收者会把送达的信息经过"解读"变成自身可理解的信息,这就是解码。编码和解码的过程类似于电报传输中的加密和解密的过程,需要考虑到避免引起误解。在本案例中,澳大利亚旅游局的帖子和话题引起了粉丝的共鸣,人们能看到澳大利亚优美的景观,感受到其独特的人文环境,从而被澳大利亚自由开放的文化精神所感染。

反馈是接收者接收并翻译信息后,向发送者做出反应。反馈在营销中具体表现为咨询、购买、访问网页、投诉等,它使沟通过程变成一个闭合循环,是双方实现准确的信息交换的重要环节,就像粉丝浏览完澳大利亚旅游局发布在社交媒体上的信息后,会转发并参与讨论、发表自己的看法。澳大利亚旅游局官方可以从这些具体的回应中得知沟通效果,以便及时改进。由此可见,只有接收者积极地对发送者做出反馈,并且发送者主动向接收者获取反馈、互动交流,才能达到营销信息传递的最佳效果。

噪声是指对信息传递有可能造成干扰的一切因素,噪声会使信息扭曲失真。噪声可以发生在沟通过程中的任何一个阶段,最常见的影响营销沟通噪声的形式是广告信息超载。例如,电视频道中过长的广告时段、社交媒体平台中无孔不入的广告页面、人们对广告感到不耐烦或忽略其他不相关的信息等都会对沟通的效果造成影响。信息沟通过程中会不可避免地产生噪声,但营销人员始终要注意减少或规避这些噪声,通过多种沟通工具（比如广告、社交媒体、公共关系、销售促进等）使受众接收到连续一致的信息。以澳大利亚旅游服务为例,其目标是增加旅客数量、打造国际一流的旅游品牌。为减少噪声,有三个沟通原则需要引起企业的高度重视,即营销沟通中的一致性原则、互补性原则和交互作用原则。

(1)一致性。一致性是指在不同的沟通途径中重复同样的信息,这样可以强化消费者的学习和记忆,从而引发购买行为。例如,无印良品(MUJI)传递的"简约无华"的生活理念就是通过店面陈设、企业网页展示、社交媒体等多种营销沟通工具的使用得到强化的。

(2)互补性。不同的沟通途径有不同的优势和劣势,可以满足消费者对品牌信息的不同需求,并且彼此相辅相成。2016年3—4月,无印良品联合东京奥运会巡回展出一个大型"微缩城市"装置。这个装置是一个"微缩东京",用10 000件无印良品的产品搭建出东京这座大都市,名为"东京的10 000种样子"(MUJI 10 000 Shapes of Tokyo)。通过线下的推广活动和与东京奥运会的联合,无印良品名声大噪。该活动不仅提高了无印良品的品牌知名度,也在世界的平台上展现了其品牌实力。

(3)交互作用。不同沟通途径的影响会相互叠加,进而强化或者弱化各自的作用。例如,无印良品在产品开发阶段往往会通过网络或社交平台让顾客分享生活细节以形成创意来源,通过让顾客参与设计引发粉丝的大量讨论。这种顾客参与式的创意生成方式有利于消费者对无印良品形成好感。类似的案例来自优衣库。优衣库自2005年起开展全球T恤设计比赛如图12-2所示,鼓励全球的年轻人以T恤为画布,将创意在布料上表现出来,不限年龄、性别和国籍,任何一位消费者都可以参赛。优衣库已举办了包括星球大战、皮克斯、任天堂等十余届主题大赛,胜出产品也会被官方选中并在全球发售。与此同时,由于"众筹"式的产品创意征集增加了消费者对品牌的好感,这种沟通方式提升了后期其他营销沟通方式对品牌销售的促进作用,比如增加了电视广告的销售说服作用。

a)精灵宝可梦主题　　　　　　　　b)漫威主题

图12-2　优衣库全球T恤设计比赛

| 经典和前沿研究 12-1 | 创意"众创"让你的产品卖得更好

从营销沟通的角度来看，任何一个能够与消费者接触的点都应该纳入企业沟通管理的范畴，包括当下一些企业采用的顾客创意征集（customer-ideated）。当下有不少企业会借助外部力量生成产品开发与设计的创意，其中一种方式就是众创（crowdsourcing），即用公开选拔的方式将创意衍生工作外包给普罗大众。创意的众创通常以在线方式进行，其目标在于"从更多、更广泛的非专业人群中（如消费者）收集新产品或新服务的创意"。

如果顾客被告知所购买产品的创意来自其他消费者，结果会如何呢？来自日本法政大学的Nishikawa教授与他的合作者试图回答该问题。他们发现，如果顾客被告知新产品的创意是"来自消费者的创意"，那么相比不提及具体的设计来源，该信息能使产品的市场绩效提高20%左右。他们不仅在实验室研究中验证了该结论，还在无印良品（分别选择食品和电子器件）实体店中进行了现场实验。在其中一种情况下，新产品标注了创意来自消费者，是其他消费者设计的；而在另一种情况下则没有标注新产品设计的具体来源。结果发现，标注了由消费者设计的新产品更受顾客青睐，销量更高。此外，他们还进一步发现该效应产生的原因是顾客认为来自消费者创意的新产品的质量会更高。

资料来源：NISHIKAWA H，SCHREIER M，OGAWA S，et al.The value of marketing crowd sourced new products as such：evidence from two randomized field experiments[J]. Journal of Marketing Research，2017，54（4）：525-539.

12.2 当前营销沟通的困境与机遇

营销沟通的过程是一个复杂多样又充满创新、灵感迸发的过程。特别是随着现代技术的革新和发展，无论是沟通工具还是沟通环境都发生了巨大的变化。相比过去传统的营销沟通模式，如今营销策划人员有了更多的思路和更广阔的发挥空间，但同时也面临着许多挑战。

12.2.1 沟通环境复杂化

近年来，技术的发展给市场和营销带来了极大的改变。对于消费者而言，他们借助新媒体平台在营销沟通中有了更大的主动权，他们可以利用自己的微博、朋友圈等发表对品牌的看法。而这些从顾客端发出的信息通过网络平台的传播，有时能够引起极大的舆论效应，从而影响企业的发展。例如，在2017年的美联航暴力事件中，一名69岁的亚裔乘客在被强制改签时拒绝下机，该乘客被三个航空警察粗鲁地拽出座位并强行拖出机舱。大约十分钟后，遭遇暴力的乘客满脸是血地返回机舱并最终被赶下飞机。该热点事件一出，众网友便扒出了美联航过往的种种劣迹，并在全球范围内引起了大规模的谩骂和指责。由此可以看出，新技术导致沟通主体的数量激增，在几乎人人拥有自媒体的时代，营销沟通环境最大的变化就是信息量剧增、消费者的权利不断增长。但与此同时，新技术的发展也让企业有了更多的营销沟通选择，营销人员既可以通过传统的报纸广告、电视广告等形式沟通产品和品牌信息，也可以通过品牌网站、公司社交媒体等工具来与消费者互动。企业也可以根据想要达到的与消费者关系的程度决定营销沟通的目标、手段、渠道和内容。此外，当今的营销沟通环境也改变了传统的营销信息单向沟通模式（从企业流向消费者），消费者和企业可以在任何时间、任何地点和任何人进行沟通、联系以及信息交换。可见，无论是消费者还是企业如今都有着过去无法想象的能力和接受力，并且时时刻刻面临着信息量剧增的沟通环境。

12.2.2 沟通工具多样化

除了沟通环境的变化外，技术的发展也让企业有了更多的沟通工具，这些工具大体可以归为三类，分别是付费媒体、自有媒体以及免费获得媒体。顾名思义，付费媒体就是企业需要付费才可以在这些媒体上播放企业和品牌的信息，包括电视、印刷品和直接邮寄的邮件等；自有媒体是企业自己拥有的、可以直接掌控的媒体平台，包括公司可以直接控制的官方网站、博客、手机 app 以及其他社交媒体平台等；免费获得媒体是企业无法掌控的，但通过努力可以获得其支持的媒体平台，比如虚拟或现实世界里用户的口碑、新闻报道等。表 12-1 列出了付费媒体和自有媒体的具体类型，这两类媒体是企业能够直接掌控并且可以主动与消费者沟通相关信息的重要渠道。尽管本章的焦点在于付费媒体和自有媒体这两类媒体，但这并不意味着免费获得媒体在营销沟通中就不重要。恰恰相反，在如今人人都是沟通端口的时代，企业无法控制的沟通渠道往往也扮演着至关重要的角色，它对品牌和企业的发展有着重要的影响。我们再次以美联航的事件为例。2008 年，加拿大歌手戴夫·卡罗尔在乘坐美联航的客机时，随身携带的名贵吉他在机场被行李运输工摔坏。由于美联航拒绝赔偿维修费用，卡罗尔编了一段音乐视频发布在网上想要讨回公道。短短 10 天内，这首谴责美联航"拒赔"的视频歌曲就红遍网络，导致美联航的股票价格在几天中狂跌 10%，相当于蒸发了 1.8 亿美元的市值。由此可见，在沟通工具多样化的时代，免费获得媒体往往发挥着举足轻重的作用。

表 12-1 八种主要的营销沟通工具

平台	构成要素	
广告	印刷和广播广告 外部包装 包装内广告 电影随片广告 宣传册和宣传书 海报和宣传单	商品名录 重印版广告 广告牌 陈列和标语 售卖点广告（POP） 数字化视频光盘（DVD）
促销	竞赛、游戏、彩票、抽奖 赠品和礼物 样品、试用装 展销会 展览 商品演示	优惠券、礼券 折扣 低息贷款 转换折让、折价物抵扣 连续性计划 捆绑销售
重要事件	体育运动 娱乐节日盛典 艺术 善因营销	工厂参观 企业博物馆 街头活动
公共关系和宣传	宣传资料袋 演讲	出版物 社区关系

(续)

平台	构成要素	
公共关系和宣传	研讨会 年报 慈善捐助	游说 媒体认同 公司杂志
线上和社交媒体营销	网站 电子邮件 搜索广告 显示广告	公司博客 第三方聊天室、论坛、博客 Facebook 和 X 信息 YouTube
移动营销	短信 网络营销	社交媒体 手机软件（app）
直复营销和数据库营销	商品目录 邮件投递 电话销售	电子购物 电视购物 传真
人员推销	销售报告 销售会议 激励机制	销售样品 展销会

资料来源：BATRA R，KELLER K L.Integrating marketing communications : new findings, new lesson, and new ideas [J]. Journal of Marketing, 2016, 80 (6): 122-145.

针对表 12-1 中列出的八种营销沟通工具，还有两点需要额外强调：①表 12-1 所列的八种营销沟通工具属于企业可以直接控制的付费媒体和自有媒体；②每一种营销沟通工具在品牌沟通过程中都有其特殊的作用，扮演着不同的角色，这同时也意味着每一种沟通工具都有自己的局限性，比如"重要事件"，即通过大型的赛事、节庆活动等进行线下推广。例如，针对 2018 年俄罗斯世界杯，中国万达集团在 2016 年斥资 1.5 亿美元成为国际足联一级赞助商，在 2018 年、2022 年、2026 年、2030 年四届世界杯期间享有国际足联旗下所有赛事的全部广告权与营销权。足球世界杯这类大型活动能够在短时间内积攒人气，提高曝光率和品牌关注度。但这种热点效应往往有一定的时效性，过了活动期就渐渐失去了沟通效果，后期则需要选取其他沟通工具进行营销沟通。

12.2.3 全球化的营销沟通挑战

网络和信息技术的发展使得全球化进程进一步加快，全球性的物流网络也逐渐渗透进消费者的生活，消费者足不出户就能收到来自全世界各地的产品。因此，对于追求质量、追求低价的消费者来说，可供选择的产品不再局限于某一个地区、某一个国家，而是基于全球范围内的产品选择。在这样全球化的背景下，企业间的竞争也日趋激烈，竞争的企业不再局限于当地范围，它们更有可能是全球性的跨国公司。例如，在饮料市场中，本土企业面临的最大竞争对手往往是可口可乐等占据市场份额最多的全球性跨国企业。同时，随着全球化的发展，有更多的国际品牌涌入中国市场，较之以往，营销沟通面临着更大的挑战。

随着全球化带来的竞争加剧，单一的营销沟通方式已经无法维持销售，如何整合多种营销沟通方式形成全方位的营销沟通变得极其重要。同时，随着微信、微博、直播平台等新媒体的发展，传统的营销沟通方式也需要借助新媒体平台形成更加创新的营销沟通方式。例如，2020年的"618"购物节中力压雀巢、星巴克两大巨头的咖啡界新潮品牌——三顿半在产品创新上始终紧密围绕用户场景与体验，为消费者提供高颜值优质咖啡生活化的解决方案。三顿半推出联名产品计划（三顿半的0号咖啡战略），携手众多咖啡师、咖啡品牌，甚至与潮流玩具BOB合作、"神仙联动"茶颜悦色打造线下体验店；发起"返航计划"，培养关键用户的同时，把咖啡罐回收讲成了年轻人喜欢的故事。整合多种沟通工具、联动线上线下，三顿半既兼顾到了品牌长期的价值沉淀，也兼顾到了营销中创意的呈现。由此，三顿半快速提升品牌声量，成为2020年新品牌黑马。

12.2.4 品牌趋同

如果我问你丰田和本田的区别是什么，或者高露洁和佳洁士到底有什么不一样，你一定很难回答出来。如今，很多产品和品牌都很相似。当消费者认为大部分品牌的属性都差不多时，就出现了品牌趋同。而趋同的品牌往往会在品牌定位、品牌架构、品牌推广方面出现相似的现象。因此，在这样的市场环境下，消费者购买时就不太考虑质量，影响消费者购买决策的重要因素就变成了价格、购买的方便性和促销活动。久而久之，品牌趋同使得消费者不再忠诚于某个特定的品牌。在这样的背景下，营销团队需要努力创新营销沟通方式，让消费者感知到自己公司的品牌与竞争者的差异所在。

例如，可口可乐的个性化瓶装设计为它带来了同比20%的销售增长。百威英博旗下品牌百威淡啤也加入了个性化瓶装的潮流，以更年轻的形象面对年轻消费者群体。百威淡啤基于31款基础设计，采用惠普的数码印刷技术制作了20万只不同的啤酒易拉罐。同时，这些瓶装设计不再单一地向消费者群体推出，而是结合了线下的音乐节活动，向音乐节活动参与者推出。独特的包装设计和线下音乐节活动的结合不仅带来了较高的话题讨论热度，也极大地增强了其营销沟通效果。

12.2.5 消费者赋权

在"人人都有麦克风，人人都有发言权"的时代，消费者因新技术的发展被赋予了极大的权利，他们获得了极大的自由，能够随时随地通过各种渠道发出自己个性化的声音。与此同时，他们也改变了传统的价值创造过程。传统的价值创造过程是企业在内部创造价值，然后在市场上与顾客进行价值交换。随着环境的变化，消费者的角色发生了很大的转变，消费者不再是消极的购买者，已经转变为积极的参与者和价值的共创者。价值共创即消费者与企业共同创造价值。消费者积极参与企业的研发、设计和生产，并且在消费领域贡献自己的知识和技能，创造更好的消费体验。例如，伊利"暖哄哄"生理期饮品从需求的提炼到产品的设计都非常深入地邀请了消费者参与其中，甚至连"暖哄哄"这个品牌名本身都来自消费者的创意。总而言之，当今时代消费者对品牌的影响力逐渐加大。

价值共创也给营销沟通带来了新的挑战。如何在营销沟通中利用企业与消费者的价值共创实现全新、有效的沟通变得极其重要。例如，青岛啤酒联合深夜食堂发起了一个"好事不怕晚"的话题活动，征集100个代表"中国人的深夜食堂"故事。入选的消费者可获得属于自己的定制深夜食堂故事罐（故事罐上会呈现入选消费者的姓名和故事），并且入选消费者分享的故事将被青岛啤酒官微转发。青岛啤酒通过消费者与企业的话题讨论，在带动话题热度的同时，也实现了青岛啤酒本身的营销沟通，而这种沟通效果往往取决于在此过程中消费者参与的价值创造。

12.2.6 小结

营销沟通是现代营销中最难以理解但又至关重要的构成部分。近年来，这个充满未知与可能性的领域因为新型数字媒体的火爆而变得更加复杂。一些新兴的营销沟通工具为营销人员带来了新的可能性和更为广阔的市场前景，但同时也为管理决策的制定增添了很大的复杂性。营销人员可以针对自己的品牌采取以下措施，以彰显这些新媒体工具带来的全新可能性：①增加品牌吸引力，营销人员可以在社交媒体上发布大量的广告或者有针对性的广告，在第三方网站上发布横幅广告或者展示型广告、使用付费广告，等等。②为塑造品牌偏好，营销人员可以发送即时电子邮件，并通过自己的网站提供详细的品牌内容描述；为推动短期销售，营销人员可以通过微信、短信或者相关的电子优惠券发布促销和其他刺激消费者购买的活动信息。③为提高长期品牌忠诚度，营销人员可以通过自有媒体或者第三方社交媒体建立一个线上的品牌交流社区。有如此多可利用的新旧沟通工具以及将这些工具结合起来的方法，营销人员自然能够更加努力地做出更好的营销沟通决策。

众所周知，一个成功的营销沟通方案带来的好处是巨大的，比如宝洁旗下的吉列剃须刀在进入中国市场时推出了"性感剃须"的营销理念。它不仅在电视广告、海报宣传、线下推广活动中提倡性感湿剃，而且借助新媒体平台发布"性感剃须"的热点话题。粉丝可以通过微博平台发布自己的剃须照片，该话题一度成为热议的焦点。这些营销沟通方式的整合大大提高了吉列剃须刀的品牌知名度，并且在一定程度上改变了中国市场上以干剃为主的消费观念。从众多的成功案例中，我们可以得出关键结论：成功的品牌都有完备的整合营销沟通策略，它们都得益于将各种沟通选择进行细致、谨慎的融合。毋庸置疑，品牌沟通的关键就在于如何设计、执行和评估整合营销沟通项目。

12.3 营销学视角的整合营销沟通

整合营销沟通（integrated marketing communication，IMC）是指把企业进行的一切与市场营销相关的沟通活动一元化的过程。整合营销沟通把广告、促销、公关、直销、企业形象识别系统、包装、新闻媒体等所有沟通活动纳入营销活动的范围之内，使企业能够将统一、完整的信息传递给消费者。整合营销沟通的核心是确定统一的营销沟通策略，协同使用各种沟通工具，发挥不同的沟通工具的优势，并降低企业的营销沟通成本。

整合营销沟通理论一经提出就引起了不同学科方向相关学者的关注，不同学科对于整合营销沟通有着不同的观点和研究方法。表12-2列出了一些相关学术组织对整合营销沟通的定义。尽管不同组织对整合营销沟通有不同的定义，强调的重点也有所不同（新闻学更倾向于注重内部因素，比如加工处理信息内容的组织过程；营销学则更倾向于强调外部因素，比如基于如何对消费者产生影响的营销沟通方案设计），但它们都反映了以消费者为中心的理念，都强调营销人员如何最优地整合营销沟通工具。

表 12-2 学术组织对整合营销沟通定义

学术组织	对整合营销沟通的定义
美国广告研究协会	整合营销沟通是全面营销计划的价值体现，通过广告、人员推销、公共关系、促销等各种营销沟通手段的整合，向消费者传递清晰、连贯的相关信息，使沟通影响力最大化
美国营销协会	整合营销沟通是一个计划过程，在这个过程中能够确保消费者接收到的品牌联系，以及与消费者相关的产品预期、服务预期和组织预期随着时间的推移而保持不变
整合营销沟通杂志	整合营销沟通是一个战略营销过程，旨在确保所有渠道中的信息和沟通策略的统一，并强调以消费者为中心。整合营销沟通过程强调确认和评估顾客预期，将有用的、有益的信息传递给消费者，并对成果进行评估，以最大限度地减少浪费，同时将营销从以费用为中心转为以利润为中心

本书遵循营销学对整合营销沟通的理解，强调企业外部视角，研究消费者的心理与行为，利用消费者信息加工处理等原理研究多媒体组合活动，并利用不同媒体的优缺点来实现不同的沟通目标。也就是说，本书的视角是通过研究消费者的驱动因素设计营销沟通方案。我们主要探讨如何通过媒体来实现营销沟通，也就是我们前面所提到的那些媒体平台。

12.3.1 整合营销沟通框架

一旦企业确定采用整合营销沟通整合自己的沟通工作，接下来面临的就是如何开展的问题。著名的营销沟通和品牌管理研究专家 Rajeev 和 Keller（2016）综合现有研究，开发了整合营销沟通的两阶段模型，它可以帮助回答以下实践问题：①不同沟通手段的优劣势是什么？与传统的电视媒体相比，新兴的互联网社交媒体的优劣势在哪里？②在消费者决策的不同阶段，企业应该运用哪一种工具进行营销沟通？当消费者想要了解品牌的详细信息时，电视媒体还是公司网站更能够帮助消费者实现了解品牌详情的目标？③如何评估不同营销沟通工具的效果？

整合营销沟通的两阶段模型由两部分构成（见图 12-3），分别是沟通匹配模型（communications matching model）和沟通优化模型（communications optimization model）。沟通匹配模型基于不同的消费者、情境以及内容因素对沟通效果的影响，考虑消费者决策过程中不同阶段（比如需求产生、信息搜索、消费等）的具体目标与期望结果，以及不同沟通工具的特征，进而推荐最适宜的沟通工具。沟通匹配模型是一种"自下而上"的思考方式，即根据消费者在决策的不同阶段想要达到的沟通目标选择沟通工具。例如，根据图 12-3，当消费者产生需求或欲望之后，营销沟通的目标就应该是创建消费者对品牌的认知，提升品牌的知名度；又比如，在消费者已经对品牌有所了解并准备形成购买的考虑阶段，营销沟通的目标应该是向消费者传递品牌详细信息，确保消费者对品牌有更深刻的认识。沟通优化模型是企业"自上而下"对所有沟通选项进行评估，从中选出最有效且效率最高的沟通手段，从而确保所选的营销沟通方式能够达到预期的目标。优化模型从全局考虑一项沟通计划的组合效率和整合程度。如果营销目标是打响一个新的品牌，增加消费者的认识和了解，那么就应该更多地采取广告和促销手段，特别是电视广告可以在短时间内在极大的范围内创建一个品牌的知名度。整合营销沟通两阶段模型向营销人员澄清了一个常见的误解：很多营销人员可能认为整合营销沟通不过就是通过不同的沟通方式来传达同一件事，其实不然，一个设计合理的整合营销沟通方案比仅仅通过不同的方式传达同一信息要更加丰富与复杂。

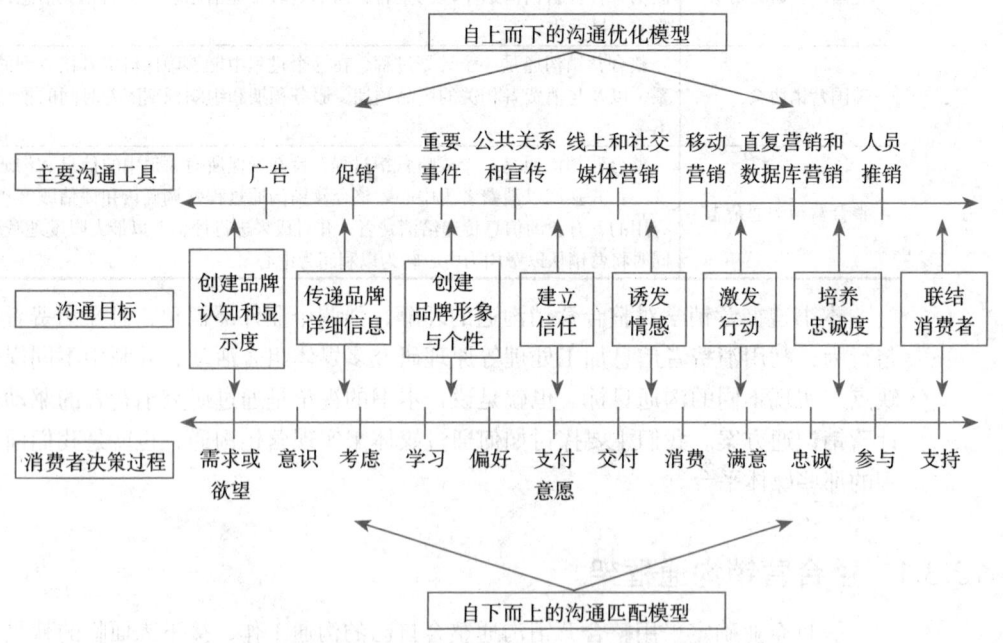

图 12-3　整合营销沟通的两阶段模型

企业营销人员在实施整合营销沟通的过程中应该秉持"媒体中立"的原则，即不同营销沟通渠道（媒体）有各自的优劣势，并不能因营销人员自身的媒体偏好而产生偏见，比如并不能因为时下社交媒体的火爆而忽视电视媒体的运用。营销人员根据有效性（沟通带来了多少期望的效果）和效率（要产生这些结果的成本是多少）评估所有的沟通选项。换句话说，营销人员最重要的任务是实现沟通目标，并根据消费决策的不同阶段来选择相应的沟通方式。例如，美国知名化妆品品牌雅诗兰黛除了邀请在各方面有突出成就的精英人士做代言、投放电视和纸媒广告诉说女性美的回归之外，还积极与政府机关和医疗机构合作，推行粉红丝带乳腺癌防治运动。这些沟通手段都使消费者感知到雅诗兰黛品牌对女性的关怀，从而对品牌产生积极的联想，这对雅诗兰黛品牌资产的形成起到了正面作用。

在具体描述两阶段模型如何运作之前，我们首先介绍模型的基本构成元素。整合营销沟通的出发点是基于对消费者心理的研究，确定营销目标，而后选择相应的营销沟通工具。因此，我们需要了解消费者决策过程、沟通目标以及主要沟通工具的特点。接下来我们依次对这三个元素进行阐述，然后再系统地阐述自下而上的沟通匹配模型和自上而下的沟通优化模型。

1. 消费者决策过程

为了理解不同的信息与媒体如何最佳地组合和排序，首先需要建立一个模型说明消费者在购买前、购买中和购买后不同阶段与特定品牌的关系。唯有如此才可以帮助营销人员根据消费者所处的不同阶段以及对应的沟通目标对营销沟通手段做最佳组合。消费者决策的经典框架有"层级影响模型"（AIDA）。AIDA 中的四个字母分别代表注意（attention）、兴趣（interest）、欲望（desire）和行动（action），它描述了消费者做出购买决策的基本过程。AIDA 模型遵循 McGuire 建立的购买漏斗模型（见图 12-4）。一开始消费者的脑海里可能有许多的品牌可供选择（漏斗口较宽的一端），当消费者系统地筛选候选品牌时（在漏斗中往下挪动），企业向他们发起营销攻势，最后消费者确定了一个目标品牌。漏斗模型认为消费者与品牌的关系基本包括五个阶段：产生品牌认知（awareness）阶段、筛选和考量（consideration）阶段、形成偏好（preference）阶段、开始行动（action）阶段以及最后的品牌忠诚（loyalty）阶段。

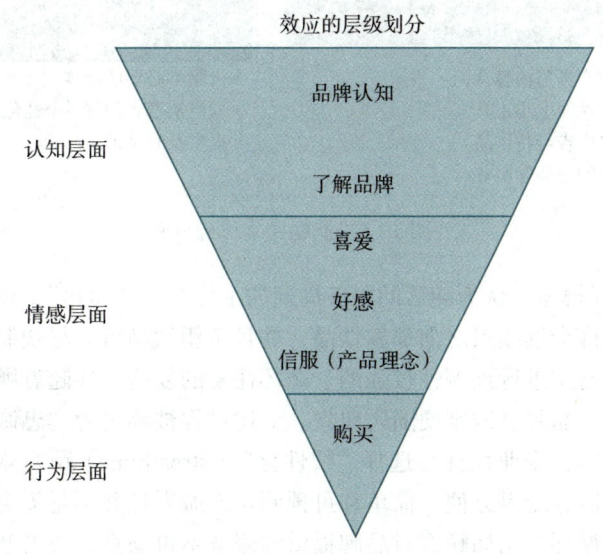

图 12-4　消费者决策过程的"漏斗模型"

传统漏斗模型的不足之处在于它隐含着消费者决策过程是一个线性连续的过程，但实际上消费者的购买过程可能是非线性非连续的过程。例如，在"双 11""双 12"等平台购物节，消费者有可能因为偶然接触到产品促销信息而直接跳过初始的品牌考虑等决策阶段，直接进入产品购买阶段。其次，漏斗模型假设消费者行为是基于理性计算后做出的符合效用理论的最佳决策。实际上，消费者的决策行为受到感性力量的作用远超我们的想象。例如，一些明星的粉丝会直接因为明星代言了某品牌而青睐该品牌。

如图 12-5、图 12-6 所示学者 Sieber 与其合作者将消费者决策旅程划分为"流畅顾客体验旅程模型"（smooth journey model）（见图 12-5）与"黏性顾客体验旅程模型"（sticky journey model）（见图 12-6）。这两个模型将消费者决策旅程划分为三种不同状态：首次服务周期、随后的服务周期以及行将结束的周期。

流畅顾客体验旅程模型（简称"流畅模型"）认为，消费者在首次服务周期中往往要进行相对复杂的决策。例如，在一大堆自己没有尝试过的咖啡中选择一款咖啡。顾客可能会经历传统的决策模型中考虑、对比、购买、消费体验等流程。此时，企业应当为顾客提供"决策支持"。例如，通过广告或内容营销等方式让顾客认识自己的品牌，通过互动小工具帮助消费者对比不同的品牌，通过店内广告与特供品以及店员协助等方式促进顾客的购买决策，最后通过精美的包装等方式提升顾客的消费和使用体验。

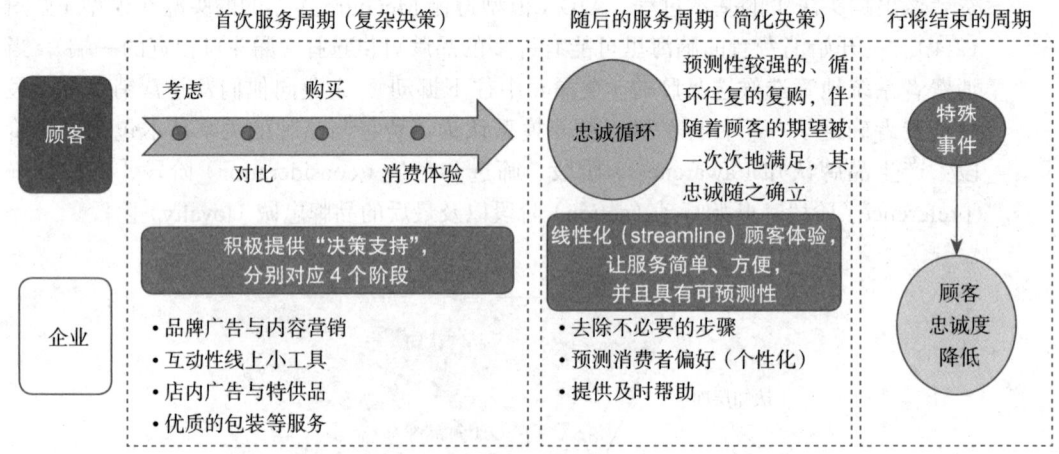

图 12-5　流畅顾客体验旅程模型

"流畅模型"认为随后的服务周期的主旋律是"简化"。例如，顾客第二次踏进咖啡馆时或许会继续点之前那款饮品，并且希望饮品可以尽快制成。在随后的服务周期中，顾客希望进行预测性较强的、循环往复的复购。伴随着顾客对产品的期望被一次次地满足，品牌忠诚度便随之建立。上述过程被称之为"忠诚循环"（loyalty loops）。面对老顾客，企业往往会选择"线性化"（streamline）顾客体验，去除那些不必要的步骤，让服务变得方便、简单和可预测。忠诚循环并不是无穷无尽的，某些特殊事件会打破该循环，比如顾客对品牌提供的服务不再满意，或者竞争对手可以提供更好的服务。面对这些"特殊事件"，顾客会重新启动类似于首次服务周期中的主动思考过程——有的顾客会最终切换至另一品牌，有的则在进行试探性的思考和权衡后，在当下继续购买原有品牌。

"流畅模型"隐含的假设是企业应当让顾客体验变得尽可能简单，并建立具有一致性、可预测性的消费体验。传统观点往往认为可预测性可以提升顾客满意度，提升顾客的认知控制感，降低风险，以及降低顾客花费的精力。但是，不可预测性本身似乎同样可以获得顾客的青睐。例如，研究人员发现越是具备不可预测性较强情节的电视剧或电脑游戏，受欢迎程度越高。事实上，许多游戏具有极强的情节不可预测性，这带来了极强的用户黏性。倘若顾客不知晓旅程的下一站，他们反而会更倾向于沉迷其中。许多互联网应用具有类似的特性：我们常常看到用户每天将数小时的时间花在刷抖音、今日头条上。

针对新兴业态中的顾客体验旅程变化，尤其是顾客对于"不确定性"的偏好，黏性顾客体验旅程模型（简称"黏性模型"）应运而生（见图 12-6）。该模型认为在首次服务周期中，企业往往通过大量的流量入口、简单的用户界面设计为顾客提供快速导入（rapid entry）。以抖音为例，用户在下载抖音软件后，不需要过多设置便可以开始浏览短视频。实现快速导入，企业需要提供轻松的程序设置，帮助用户快速上手，避免复杂流程（例如冗长的介绍等）。企业还需要提供大量的免费初级服务，让顾客尽量留存。例如，今日头条的基本新闻浏览服务是免费的。与软件的快速导入相伴的，是顾客的快速尝试（quick spin）。顾客对于该类服务或app的使用并非出于事先计划，而更多是出于一时兴起（whim）。在"黏性顾客体验旅程模型"的首次服务周期中，"简洁"是企业提供服务的代名词，唯有简洁才可以向顾客提供快速导入；"一时兴起"则是顾客行为的代名词，顾客往往没有明确的计划，出于好奇而尝试该服务，从而发现其中的乐趣。

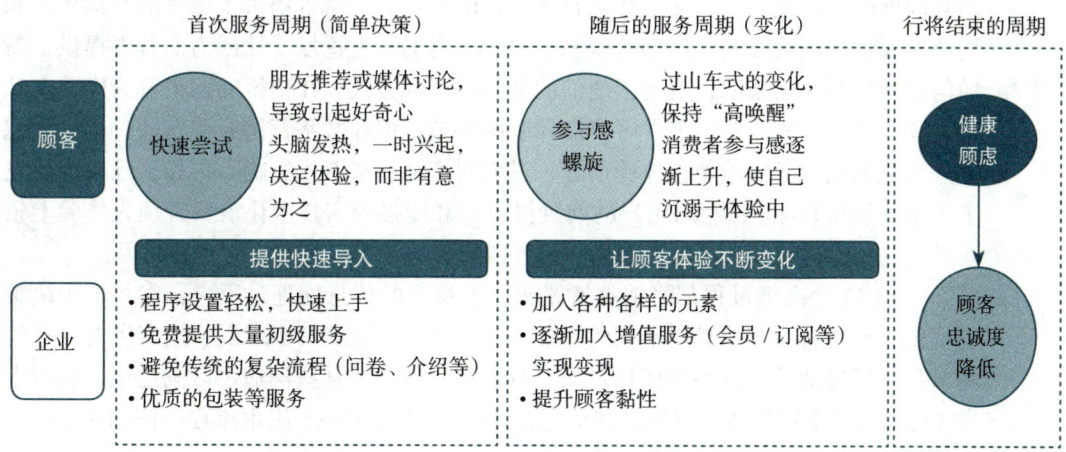

图 12-6　黏性顾客体验旅程模型

"黏性模型"认为随后的服务周期中的主旋律是"变化"。企业需要在服务中加入各种各样的变化，从而让顾客越发产生兴趣。这需要企业实现系统的延展性（expansiveness）、系统的开放性（open-endedness）、每次服务的独特性（uniqueness）。基于企业提供的充满"变化"的服务，顾客的情绪会呈现出"参与感螺旋"——彼此交织的、具有不可预测性的积极与消极体验（无聊、期望、享受、失望、快乐）。让"参与感螺旋"最终走向中止的是顾客的"健康顾虑"（well-being concerns）。健康顾虑指的是当顾客逐渐意识到自己使用某一服务已经上瘾时，会从这一服务中退出的倾向。健康顾虑会降低顾客的品牌忠诚度。事实上，有些顾客会在未来重新回到该服务中，停留一段时间后再次退出，如用户可能会因为刷抖音过多影响学习与工作而卸载软件。最后，除"健康顾虑"外，顾客同样可能因为一些品牌自身的原因而选择退出。

"流畅模型"讲究可预测性，旨在线性化服务流程，触发顾客"忠诚循环"。"黏性模型"则强调快速导入和变化，希望通过提供多维、复杂的服务引发顾客的"参与感螺旋"。营销人员应当如何选择这两种模型呢？相对而言，"流畅模型"更加适用于"工具式服务"（instrumental service），而"黏性模型"更适用于"娱乐式服务"（recreational service）。工具式服务包括购买保险、入住商务酒店、办理银行卡等，顾客往往带着一种"任务"前来，他们希望看到"可预测性"。娱乐式服务包括社交媒体、户外活动俱乐部等，顾客以一种希望放松的姿态加入服务，希望看到"不可预测性"。

本章将消费者决策过程细分为以下12个过程：①消费者对某一品类产生需求；

②在品类层面联想品牌、了解品牌（在回忆和识别方面有足够的品牌意识）；③积极地考虑（检验产品的属性与它提供的利益）；④根据质量表现和可信赖程度评估可得的品牌；⑤喜欢和信任，形成偏好并做出初步决策；⑥确定愿意支付的价格；⑦产品或服务的交付；⑧试用和体验；⑨形成购后满意度评价；⑩增加购买和使用频率，形成忠诚；⑪参与并与之互动（参与线上和线下的品牌相关活动）；⑫成为积极的支持者（包括线下和线上社交媒体）。

现实生活中消费者并不一定会经历上述12个完整的过程。例如，消费者可能对品牌一无所知，只是在阅读了积极的用户评论之后就购买了这个商品。消费者可能在决策过程中重回、跳过某一个步骤或者以明确或非明确的方式拒绝品牌。特别是在移动互联网时代，技术的发展和数字媒体时代的来临为消费者提供了更多的互动模式和更加非线性的决策方式，比如体验和经验分享类的线上论坛、社区为消费者提供了新的信息搜集与评估来源，改变了他们的考虑集形成方式。在传统的购买行为中，产品被购买并消费后才能开启消费者产品体验的环节，但在数字营销时代，通过提供虚拟服务形成的消费者体验使得体验前置，进而对产品购买产生影响。再如，欧莱雅研发了千妆魔镜手机app，利用用户的前置摄像头和增强现实技术让消费者预先体验上妆效果，这种通过模拟产品使用效果的前置体验影响了消费者后续的产品购买。

上述12个决策过程都将消费者置于一个特定的信息处理过程中，在每一个决策过程中，消费者会对信息有不同的需要，比如在产生欲望与需求后，消费者对信息的需求是尽可能地接触到品牌信息。而只有当消费者通过某些沟通手段满足该信息需求后（比如通过电视媒体了解到品牌信息），他才会进入下一个决策流程，比如想要进一步了解品牌的细节信息等。

2. 沟通目标

在不同的消费者决策阶段，企业在考虑使用哪种营销沟通工具时还要考虑沟通目标，著名品牌管理学者凯勒总结了如下几种目标。

（1）创建品牌认知和显示度。大多数营销努力的基础目标是让消费者知道自己的品牌，关注自己的品牌，甚至能想起自己的品牌。当品牌与提示类别、情况、需求状态相关联时，就可以很容易地被回想起来。例如，"怕上火，喝王老吉"这句经典的广告语既介绍了产品的属性和功能，也成功创造出独特的品牌定位，让消费者在吃火锅、烧烤时都能自然地联想到王老吉品牌，从而促成购买。对于新产品而言，更需要创建品牌认知。例如，步步高前几年推出的新产品——小天才儿童电话手表，率先打造了儿童电话手表这一新品类，并凭借"一个电话就能找到你"的广告语，直击家长关心儿童安全的痛点，使品牌形象深入人心。小天才儿童电话手表正是通过创建品牌认知，打了一场漂亮的营销战，让家长记住了这个品牌和产品，一举占领中国市场电话手表品类销量第一的位置。

（2）传递品牌详细信息。当企业在消费者心中创建了基本的品牌认知之后，营销人员必须让消费者相信自己品牌的产品或服务是有优势的。营销人员通过产品属性、特性或功能说服消费者自己提供的产品有独特的价值。例如，通过物联网技术，零售企业可以给每个商品赋予一个"身份证"，顾客只要扫描代表该产品身份信息的电子标签，手机上就会呈现商品的品名、价格、单位、规格、等级、产地等传统纸质价签提供的商品信息及对应的条形码，而且该条形码还可以提供更为详细的商品信息，包括顾客对该商品的线上评价等，从而更好地帮助顾客做出购买决策，提升购物体验，增强顾客黏性。新零售代表企业盒马鲜生在店内就采用该技术，当顾客打开盒马鲜生的 app 并扫描相应的店内商品后，顾客的手机上就立即呈现出产品的细节信息。该技术不仅有助于品牌向顾客传递产品的详细信息，还有助于品牌收集顾客的行为数据，助力品牌更好地分析顾客的消费习惯和偏好，提升品牌从事精准营销的能力。

（3）创建品牌形象和个性。只要提及品牌名，消费者就可以在脑海中生成关于该品牌的各种联想，这些联想的集合体就是品牌形象。营销人员期待自己的品牌形象是积极的、强有力的和独特的。积极意味着消费者对品牌持有一种正面的感觉；强有力则意味着这些联想在消费者的脑海中是根深蒂固的；独特意味着品牌和竞争对手是不一样的。品牌形象越具备这三种特性，该品牌就越有可能获得成功，越有可能拥有更多的品牌资产。例如，始终注重年轻人市场的美国休闲运动品牌匡威，在竞争越发激烈的运动鞋市场中不谈科技，只谈帆布鞋情怀，利用经典设计和融汇了复古与流行元素的线上线下营销，准确传达品牌的优势与特性，重新在年轻人当中建立起流行地位。

品牌个性是品牌形象的一部分，它反映了如果把品牌比作人，品牌会具备的个性。学者阿克把美国文化背景下的品牌个性划分为五种，分别是真诚的、兴奋的、有能力的、精致的和粗犷的。但在不同的文化背景下，品牌个性的构成可能会略有不同，比如日本文化下品牌个性的构成是真诚的、兴奋的、有能力的、精致的和平和的。不同个性的品牌会吸引不同消费者。

（4）建立信任。消费者可以接收信息并加工信息，但他们不一定会信任该信息中的观点。消费者对品牌诉求的采纳程度取决于该信息是否有用，它能否有助于解决当下的决策问题。例如，当一个非雷军粉丝的顾客尽管知道小米品牌是知名企业家雷军创办的，但品牌 CEO 的信息对他最终是否购买小米手机可能毫无影响，因为他更看重小米手机的性能、价格等信息。随着消费者的成长，他们越来越有经验，也见识到越来越多的营销"伎俩"，消费者拥有了越来越多的说服知识（consumer persuasion knowledge）。也就是说，消费者通过以往的购买经验、教育、社会交往形成了自己的看法和知识。他们不再一味地相信广告或者其他的营销沟通内容，从而弱化了营销沟通的说服效果。与此同时，越来越多的证据表明，对于消费者来说，那些来自朋友和同龄人的信息往往是更容易令人相信的，这种来自身边人的口头信息或口碑信息由于反映了其他消费者在产品或服务使用后的亲身体验，因此往往更具有说服力。

| 经典和前沿研究 12-2 | 顾客为何愿意分享

学术界总结了顾客之所以愿意将自己的体验与经历分享出去的六大动机。

一是印象管理（impression management）动机：向其他人展示积极正面的形象是人类的基本动机之一，比如向他人炫耀自己的某次旅行经历。消费分享有时是出于塑造自己身份特征的需要，是表达自己的价值观、人生观和世界观的手段。此外，分享有时也可能只是人们初次见面时的一个话题，以显示自己健谈或者避免尴尬。

二是情绪调控（emotion regulation）动机：消费体验分享也可能是出于情绪调控的需要，比如向亲朋好友诉说不满经历，发泄愤怒情绪，又或者以此博得同情。

三是问题解决（problem solving）动机：分享也可能是出于解决问题的需要。例如，顾客在社交媒体发布问题可能仅仅只是为了获取相关的资讯，又或者希望引起相关政府机构或者媒体的关注，从而解决相关问题。

四是社会归属（social belonging）动机：人们撰写并分享自己的消费经历有时是出于融入某个社群的归属需要。例如，游客将自己的旅行经历发布在在线旅游社群平台上，可以让自己融入该平台社群，打造自己的形象，甚至通过与他人互动抵抗孤独感等。

五是说服他人（persuasion）动机：人们撰写消费经历的动机也可能是出于说服他人的需要。影响他人是人们在人际交往中很重要的一个动机。通过打造"专家"与"达人"身份，在相关话题上产生影响力，从而达到影响他人的目的。

六是经济（economic）动机：因顾客分享而形成的用户生成内容（user generated content）已经成为潜在顾客在决策时的重要参考信息来源。在诸如小红书等专业在线评论平台上，出现了所谓的"红人"与"达人"。他们通过自己的消费体验分享经历，打造优质内容，积累粉丝，最终达到商业变现的经济目的。

资料来源：BERGER J.Word of mouth and interpersonal communication: a review and directions for future research[J]. Journal of Consumer Psychology, 2014,24(4): 586-607.

（5）诱发情感。品牌的作用不仅仅是帮助消费者完成某项任务，还在于为消费者提供情感价值。营销人员应该让消费者对产品产生情感波动，甚至达到依恋与爱的程度。对品牌挚爱的消费者会在品牌上投入更多的资源（包括时间、精力与金钱），更有激情地使用品牌，更愿意与品牌发展长期关系，等等。品牌有很多办法诱发消费者产生特定的情感。例如，有些品牌和产品可以采用拟人化的手法，试图让自己成为一个"人"，能思考，更有情感，从而与消费者进行互动。2015年，以漫画人物形象"江小白"出现在消费者眼前的白酒品牌江小白横空出世，该品牌借助社交媒体等沟通平台，通过"我是江小白，生活很简单"等拟人化的口吻与消费者进行互动，迅速拉近与消费者的心理距离，俘获了大量的粉丝。另外，有些老字号品牌会试图引发消费者的怀旧情感，通过怀旧勾起消费者往昔的美好回忆，进而与消费者建立情感联系。老字号品牌百雀羚在广告《一九三一》中再现品牌发源地上海在20世纪30年代时的全景风俗画，掀起了浓浓的怀旧风，短时间内广告阅读量就达到了数百万人次。

（6）激发行动。品牌信息被消费者接收、处理与采纳后，可以让消费者对品牌产生喜好。但喜好只能让消费者产生购买意向，从购买意向到购买行为中间还存在着巨大的"鸿沟"。想要购买品牌A并不意味着会真正地购买品牌A。因此，当消费者已经偏好某品牌时，企业还需要特定类型的消息作为诱因才能够诱发行动，比如在恰当的时间推出促销活动诱发消费者进行最后的购买。在中国，每一年的"双11"已然成为消费者的狂欢日，这一天的"买买买"就促使消费者行动起来，通过巨大的价格优惠措施使前期的选购转化为真正的购买行为。

（7）培养忠诚度。品牌产品被购买并消费后，消费者会评估品牌的表现，并将这种评估与自己的期望进行比较。如果品牌的表现超过自己的期望，消费者就会表现出满意，甚至后续会继续购买该品牌产品，从而达到行动上的忠诚；如果品牌的表现低于其预期,那么该消费者就不会有很高的满意度,甚至不满意。满意可以促进忠诚,忠诚的顾客除了会持续购买企业的产品与服务外,他们更不容易受到品牌负面信息的影响,还会正面维护品牌形象,积极向他人推荐品牌。总之,忠诚的消费者是企业的"无价之宝",企业要做的就是不断通过各种措施培养消费者忠诚。在航空与酒店行业,培养顾客忠诚的常见手段是发展顾客忠诚计划(customer loyalty program)。例如,各大航空公司推出各自的会员俱乐部,会员的飞行里程可兑换奖励机票、升级舱位,以及免费享用机场贵宾休息室等。以全球知名的全方位服务在线旅游网站 Expedia 为例,顾客参与它的忠诚计划 Expedia+,那么当顾客在 Expedia 网站上预订航班、酒店、租车以及其他服务时,每消费 1 美元就能赚取两个积分,积分可以用来换取酒店免费住宿,也可以用于为其他人预订机票等。

营销工具箱

开发、执行与监控有效的忠诚计划包括 10 个步骤:①罗列忠诚计划的目标;②确定预算;③确定忠诚计划的参与资格;④选择忠诚计划的奖励物;⑤考虑忠诚计划的合作伙伴;⑥组建管理忠诚计划的组织;⑦构建和管理忠诚计划的数据库;⑧开发与提升运用忠诚计划数据的能力;⑨评估忠诚计划的成功与失败的地方;⑩改进忠诚计划。

资料来源:BERMAN B.Developing an effective customer loyalty program[J].California Management Review,2006,49(1):123-148.

(8)联结消费者。满意的消费者更可能产生品牌重购行为和品牌忠诚,但在某些情况下,人们仅仅是因为没有其他更好的选择而不得不一再购买同样的商品,此时消费者看似忠诚,但实际上只是停留在行为忠诚上(伪忠诚),并不是品牌的"粉丝"。真正的"粉丝"是从内心深处热爱品牌的。营销人员需要让消费者与品牌在心理层面建立联结,让二者产生共鸣,让消费者为品牌喜、为品牌忧。特别是在社交媒体高度发达的当下,品牌更是要通过各种手段与消费者进行频繁的接触和互动,建立牢固的品牌联结。在移动互联网时代,联结消费者的有效手段就是让顾客参与到品牌生产过程中,消费者因为参与品牌创造过程而付出时间、精力甚至金钱,这些"沉没成本"会成为消费体验的构成部分,反而会促成更高水平的消费者评价。宜家公司的家具组装就是典型的利用消费者参与而获得成功的案例。不仅在有形产品领域,甚至在无形的服务性产品领域,比如话剧欣赏,也兴起了顾客参与的热潮。越来越多的话剧制作人放弃传统的舞台表演方式,转而尝试浸没式话剧——表演空间不再被舞台、脚灯所限制,而是延伸到剧院各个地方,甚至在观众中穿梭。观众也一改以往在台下静坐的方式,他们可以在整个剧场游走,或与其他观众互动,或独自沉思,或追逐着奔跑中的演员,简而言之,观众也成为"他者"眼中的演员了。

3. 不同沟通工具的作用

不同的沟通工具(比如电视、促销、事件、公共关系、社交媒体、搜索引擎等)在达成沟通目标的过程中效果各不相同。以传统媒体电视为例,它的优势在于覆盖面广、受众多,能在短时间内为品牌创建极大的知名度。电视媒体的优势还在于可以在一定时间范围内通过声音与图像塑造丰富的品牌形象和个性,以及诱发消费者的情感反应。因此,如果营销人员的沟通目标在于创建品牌认知、塑造品牌形象以及诱发消费者的情感,那么可以考虑通过电视媒体来进行营销沟通工作。但电视媒体的缺点也显而易见,比如由于受时长所限,品牌很难通过电视广告详细告知消费者有关产品或服务的细节,电视广告能够告诉消费者的仅仅是一个购买的理由或者出发点。电视广告还很难与消费者建立信任并激发消费者产生切实的行动,更难与消费者进行互动,从而无法在心理上产生联结。

在表 12-3 中,我们列出了不同沟通工具在达成不同类型的沟通目标中的优劣势。营销人员要考虑的就是基于自己的营销沟通目标选择相应的信息沟通工具。

表 12-3 不同沟通工具的沟通目标优劣势

沟通目标	沟通工具										
	电视	促销	事件	公共关系	社交媒体	网站	搜索引擎	展览	移动端	直销	人员推销
创建品牌认知和显示度	+++	++	++	++	+++	++	+++	+++	+++	++	+
传递品牌详细信息	+	+	+	+	++	+++	+	+	++	+++	+++
创建品牌形象和个性	+++	+	++	++	+++	++	+	+	++	+	+
建立信任	+	+	+	+++	+++	+	+	+	++	+	+++
诱发情感	+++	++	+++	+++	+++	++	+	+	++	+	+
激发行动	+	+++	+	+	++	+++	++	+	+++	+++	+++
培养忠诚度	++	+	+	+	+++	++	+	+	++	++	++
联结消费者	+	+	++	+	+++	+++	+	+	+++	+	+

注:+++ 表示影响最大;++ 表示中等影响;+ 表示影响最小。

12.3.2 沟通匹配模型

沟通匹配模型综合考虑不同沟通工具的预期作用与品牌的沟通目标,通过设立优先级满足消费者决策过程中不同阶段的需求。表 12-4 列出了不同的沟通工具在消费者决策过程不同阶段的相对优势。例如,对于电视广告而言,它在激发消费者的需求或欲望、形成产品偏好方面有较好的作用,但它在鼓励消费者与品牌互动、参与品牌社群活动等方面就没有特别大的影响。反之,社交媒体在激发消费者的购买需求上的作用不如电视广告来得有效,但它在联结顾客、激发顾客参与上有着其他沟通渠道难以匹敌的优势。接下来,我们将依据消费者主要的决策过程,讨论每个决策阶段可能需要配备的最有效的媒体组合,从而进一步阐述该模型在消费者的不同决策阶段是如何运作的。

表 12-4 不同的沟通工具在消费者决策过程不同阶段的相对优势

决策阶段	沟通工具										
	电视	促销	事件	公共关系	社交媒体	网站	搜索引擎	展览	移动端	直销	人员推销
需求或欲望	+++	+	+	++	++	+	+++	++	++	+++	+++
意识	+++	++	+++	++	+++	+++	+++	+++	+	+++	+++
考虑	++	++	+	+	+++	+++	+++	++	+++	+++	+++
学习	+++	++	+	+	+++	+++	+++	++	+++	+++	+++
偏好	+++	+++	+++	+++	+++	+++	+	+	+++	++	++

(续)

决策阶段	沟通工具										
	电视	促销	事件	公共关系	社交媒体	网站	搜索引擎	展览	移动端	直销	人员推销
支付意愿	+	++	+	++	++	+	+	++	+++	+++	
交付	+	+++	+	+	+	++	+	+	+++	+++	+++
消费	+	+++	+	+	++	+	+	+	++	+	+
满意	++	++	+	++	++	++	+	+	++	+	+
忠诚	++	+++	+++	+	+++	++	+	+	+++	+++	+++
参与	+	+++	+++	+++	+++	+++	+	+	+++	++	+
支持	+	+	+++	++	+++	+++	+	+	+++	+	+

注：+++表示影响最大；++表示中等影响；+表示影响最小。

第1阶段和第2阶段：消费者意识到某个需求或欲望未被满足，开始思考什么样的产品或服务可以满足它。

消费者因内部刺激或者外部刺激而产生购买需要，这种欲望会引导消费者首先聚焦于这样一个问题：什么品牌的产品或服务可以满足这个需求或欲望？例如，消费者需要满足口渴的基本需求，那么他可以选择购买矿泉水，也可以选择购买碳酸饮料，还可以选择购买凉茶产品。因此，竞争首先发生在品类层面，即消费者首先需要决定的是哪个品类可以优先满足自己的需求。在这个意义上，作为市场领导者的那些大份额品牌就应该肩负起市场领导者的角色，通过营销沟通扩大它所在品类的需求。此时可供选择的媒体可能包括位置定向的移动端应用和广告，由搜索引擎的关键词触发的付费搜索广告，或者第三方网站和博客原创内容促进的广泛的品类需求。适当的消息可以满足消费者追求高质量生活的需求，从而帮助品牌在消费者心智中建立"最能满足消费者需求"的品牌形象。例如，58同城通过大量的电视广告、公交地铁广告以及影视植入等手段，塑造自己是信息发布平台领导者的形象，满足了潜在用户在租房、求职、二手买卖信息发布和搜集方面的需求。

第3阶段：消费者开始考虑哪些特定的品牌可能最有助于满足需求或欲望。

这个阶段的消费者已经知道自己要买什么样的产品或服务，他们只是需要决定具体购买哪个品牌的产品和服务。例如，消费者已经决定了自己不想喝碳酸饮料只想喝矿泉水，那么就需要从几个矿泉水品牌中选取一个。在这个阶段，消费者不再是泛泛地搜索信息，而是聚焦于若干个目标品牌，形成一个考虑集。例如，你在购买矿泉水的时候，考虑集可能包括农夫山泉、乐百氏和怡宝。由于能够进入考虑集的品牌个数有限（通常不会超过5个），因此营销人员的关键沟通目标是增加品牌的存在感和突出性，并向消费者提供考虑和选择这个品牌的理由。

营销人员需要让品牌处于高曝光状态，让消费者在尽可能多的场合接触到品牌信息。可采用的沟通途径包括：自然搜索和付费搜索广告、重定向展示和横幅广告、微博帖子和微信公众号、位置定向的移动端应用和广告、传统广告媒体中有话语权的媒体、有针对性的活动和赞助、在高流量的第三方网站有高存在感（比如通过"原创内容"）、高度积极的用户生成内容的存在（比如博客和评论）、"意见领袖"的评论、公司官方网站等。相宜本草为扩大移动端用户市场推出了趣味脸部测试，引导消费者使用手机贴脸测试"高原指数"并综合消费者所在城市指数及测试结果给出防晒建议，通过移动广告网络的女性类、生活类、影音娱乐类、阅读类等媒体资源，实现对年轻女性群体的广泛覆盖，让品牌处于高曝光状态。

第4阶段：消费者积极尝试和了解更多可能满足需求或欲望的品牌。

消费者在这个阶段的信息处理能力进一步提升，他们可能会寻找更加详细的产品或服务信息，更少依赖于那些与产品品质无关的外围线索（有时也叫启发式线索，比如广告中的代言人是否是他喜欢的明星）。此时消费者搜索的信息源可以包括品牌官网或第三方网站（比如大众点评网等）、搜索引擎（指引消费者访问品牌的官网）、向朋友和熟人进行线上与线下的打听、走访经销商和零售商、和销售人员交谈等。营销人员还可以通过长篇电视广告或视频展示能让消费者信服的内容，提供线上和线下的口碑营销或病毒营销，以及在博客和第三方网站上放置关键的品牌信息。新技术，特别是虚拟现实（VR）和增强现实（AR）的发展使消费者能够预先模拟体验产品的使用过程与结果，从而使消费者在真正购买与消费产品之前就获得了宝贵的使用经验。如前所述，欧莱雅研发的千妆魔镜手机app就利用用户的前置摄像头和增强现实技术让消费者预先体验上妆效果，进而影响后续产品购买。

第5阶段：消费者需要决定哪些信息是可信且有用的。

在这个阶段，消费者需要对品牌的宣传或诉求进行"证伪"，即寻找可信的证据证实该品牌是否可靠。这些证据的来源可以是客观的、第三方的测试或推荐，可以来自当前和过去的客户（比如已发表的评论）和朋友（通过电子邮件、个人谈话或微信朋友圈），还可以是专家或名人（通过广告、微博文章、公众号推文，或去店内与销售人员对话）。企业的整合营销沟通计划需要在适当的场合获得这些媒体可信的、正面的评论、评价、评级和证明。

为了提升品牌的可信度，营销人员还可以通过各种手段提升消费者对品牌背后的企业组织的信任。对组织的信任在购买服务的时候更加重要。因为比起有形的产品，服务带有的无形性和不可存储性等特征导致顾客要依赖对企业组织的信任。顾客对服务提供者的品牌信任和信心有助于减少购买焦虑。

企业有时还可以通过品牌背书的方式提升自己的可信度，比如企业在中央电视台发布广告可以让消费者感知到企业是有实力的、可信的。阿克等人（2010）的研究发现，消费者对非营利组织生产的产品的性能有疑虑，但如果该产品的广告发布平台来自权威媒体，那么消费者对产品的信任就可以大幅提升。在中国市场，品牌背书的作用更加强大，因为中国市场更需要为消费者提供判断产品性能的有效线索。

第6阶段：消费者评估偏好品牌的价值，以及自己的支付意愿。

这一阶段的消费者开始评估自己偏好的品牌的价值，以及在给定的价格下自己是否愿意支付。此时品牌需要做的是向消费者传达出这样的意思：品牌是物有所值的，品牌的价格是公平与合理的，甚至价格还低于消费者所获得的价值。很多传统媒体都可以实现品牌价值的宣传，比如肯德基常常通过电视广告和传单宣传价格优惠的外带全家桶、缤纷节日桶。相对而言，在诸多沟通工具中，商店里的一线销售人员直接说服的效果是最好的。值得说明的是，品牌的价值并不仅仅取决于品牌的功能性价值，品牌附带的情感价值和社交价值也是品牌感知价值的重要来源。甚至一些品牌的价值主要就是由情感价值和社交价值构成的，比如很多奢侈品的情感价值就超过其功能价值。为了提升品牌的情感价值和社交价值，品牌可采用的媒体手段包括：长时段的电视广告、有高影响力的公共关系事件、名人发或转发推文、品牌视频、公众号主页或帖子以及博客。

第 7 阶段和第 8 阶段：消费者从购买意向到真正的购买行动。

消费者即使有了购买意向，但从购买意向到购买行为之间还存在着一定的距离。对品牌的"爱"并不一定能够转化为实际的购买行为。阻碍消费者产生真正购买行为的原因有多种，比如购买流程过于复杂，消费者还在犹豫此时购买价格会不会是最优惠的等。在这个阶段，品牌沟通需要完成的工作就是明确地推动消费者行动，让准备购买的消费者知道去哪里可以保证以优惠的价格买到这个产品。品牌需要提供关于零售店或网店的位置信息，提供保证金、担保、退货制度等多重保证，品牌还经常采用"限时促销"的方式推动消费者购买（比如加入团购网站的限时促销活动）。所有这些辅助信息都向消费者表明马上购买是"明智的"和"物有所值的"。上述信息可以通过付费媒体、自有媒体（比如品牌官网上展示客户案例研究和品牌细节、微博主页、绑定定位信息的手机 app）和免费媒体（比如第三方网站提供的购物建议、优惠券、价格比较类手机 app）发布。

第 9 阶段和第 10 阶段：消费者决定是否愿意做长期"回头客"。

大多数时候，品牌应该追求与消费者保持一种长期的合作伙伴关系，这种伙伴关系甚至持续消费者的整个生命周期。品牌与消费者的长期伙伴关系有助于企业获得高的顾客终身价值（customer lifetime value），即每个购买者未来可能为企业带来的收益总和。获得"回头客"的前提是让消费者感到满意，只有顾客认为品牌的表现高于自己的预期，他们才可能感到满意并产生继续购买行为。因此，此时品牌沟通的任务是要让消费者相信，与自己的期望相比、与竞争品牌相比，这个品牌已经表现得很好了。在这个阶段，品牌可适当运用媒体促进消费者的重购行为：发送售后的直邮、E-mail；发布有针对性的传统媒体广告和网络飘窗广告。品牌也可以通过社交媒体进行售后工作：用微信公众号和微博更好地支持客户服务；持续追踪在线的观点和评论。品牌还可以为现有的忠诚计划客户提供折扣优惠，从而提升他们的消费频率和消费总量。

第 11 阶段和第 12 阶段：消费者可能会成为品牌的传播者。

消费者的购买行为不是消费者决策过程的终点，企业还需要吸引消费者发表关于品牌的正面口碑评论，让消费者成为品牌的传播者。在非互联网时代，消费者的声音只能口口相传，很难大规模传播出去，但如今消费者很容易通过各种手段将自己的意见反馈到互联网上，有意或无意地参与到品牌的口碑营销活动中。品牌需要做的事情就是让消费者能够很简单、容易地向其他人推荐自己的品牌，通过微信朋友圈点赞、（转）发推文、（转）发微博评论等。例如，海底捞的一部分忠实粉丝使用"#海底捞#"标签发表他们对海底捞非同寻常的优质服务的评价。通过消费者的正面口碑评论，品牌不仅可以接触到更多的潜在消费者，而且能够以更加"润物细无声"的方式"感化"消费者，毕竟当今时代的消费者对企业企图说服他们购买的行为是警惕的、敏感的，但是他们比较信任自己的朋友或者与企业没有利益关联的其他普通用户。

在移动互联网时代，品牌还经常发起某项引人注目的活动，鼓励消费者参与其中，通过顾客自发参与并转发活动信息实现品牌曝光的目的。例如，2020 年五四青年节，视频网站 bilibili（以下简称 B 站）推出全新品牌 TVC：B 站献给新一代的演讲《后浪》。演员何冰用深情有力的语调以及凝练的语言与"后浪"们进行了一次深度交流。作为"前浪"的何冰认可、赞美与寄语年轻一代。"你们有幸遇见这样的时代,但时代更有幸遇见这样的你们。"何冰坚定又深情的声音极具感染力,让不少青年人听得热泪盈眶。随后,这段演讲在朋友圈刷屏,有网友赞它为"少年中国说现代版"。而那句"心中有火,眼里有光"更是成了年轻人的代名词。视频充满正能量,被广大媒体争相转发,形成热点事件,接连席卷各大平台。B站不仅又一次实现同年轻人深切的共情与和鸣,而且在更广阔的范围内出圈破圈,被更多年龄段和更多背景的人喜爱和关注。

| 经典和前沿研究 12-3 | 人工智能推荐还是人类推荐?关于产品类型的思考

在推荐领域,人工智能凭借其独有优势获得快速发展。然而,相比于真实人类的推荐,人工智能推荐的优势是无处不在吗?是否存在某些情况,人们会更偏好人类推荐呢?Longoni 和 Cian 两位学者针对这一新兴而有趣的现象进行了探究。

基于感官或愉悦体验的享乐主义(hedonic)型消费由情感驱动,而基于功能性和工具性目标的功利主义(utilitarian)型消费是由认知驱动的,因此个体在对功利主义属性和享乐主义属性评估时强调不同的重点。当不同的推荐者(人类或人工智能)评价不同类型的消费产品时,人们会认为这两类推荐者(人类或人工智能)在评估功利主义和享乐主义属性方面具有不同的胜任力水平。研究发现,当功利主义目标被激活时,人们更倾向于选择人工智能推荐者推荐的商品;而当享乐主义目标被激活时,人们更倾向于人类推荐者推荐的商品。与人类推荐者相比,人工智能推荐者引导人们感知到更高的功利主义属性和更低的享乐主义属性。当产品的功利主义属性(享乐主义属性)被认为更重要时,人们更喜欢人工智能(人类)推荐者。

然而,当商品需要用来展现个体的独特品位与偏好时(产品具备了身份表达的功能),此时人们认为此类任务不适合人工智能来进行推荐。由此可见,人工智能推荐更适合出现在功利主义情境中,而人类推荐更适合出现在享乐主义情境中。

资料来源:LONGONI C, CIAN L. Artificial intelligence in utilitarian vs. hedonic contexts: the "word-of-machine" effect [J]. Journal of Marketing, 2022, 86(1): 91-108.

营销工具箱

如何让你的品牌信息在移动互联网时代得到疯传?如何让大众来转发你的品牌信息?美国沃顿商学院市场营销系的乔纳·伯杰教授提出了信息疯传的六个步骤:社交货币(social currency)、诱因(triggers)、情绪(emotions)、公共性(public)、实用价值(practical value)、故事(story)。

资料来源:伯杰. 疯传:让你的产品、思想、行为像病毒一样入侵[M]. 刘生敏,廖建桥,译. 北京:电子工业出版社,2016.

12.3.3 评估营销沟通计划(沟通优化模型)

沟通匹配模型描述了不同类型的媒体在消费者决策不同阶段起到的作用,它要求品牌要对自己的目标消费者群体所处的阶段有一个清晰的认识，从而决定如何在不同媒体上分配资金、以什么样的口气发布什么样的信息，以及在何时何地将这些信息发布出去。在完成这些工作并决定开展具体的沟通项目后，企业紧接着面临的第二个问题就是：如何知道它拥有了一个有效的整合营销沟通计划？对这个问题的回答就是接下来要讨论的自上而下的沟通优化模型。

营销人员最重要的目标是通过整合和匹配沟通手段达到短期销售和长期品牌资产提升的最大化。著名品牌管理学者凯勒提出了评估整合营销沟通的 7C 标准。

1. 覆盖范围

覆盖范围（coverage）是指不同的沟通手段能够占有目标消费者多少市场份额，以及不同的沟通手段存在的重叠部分。换句话说，就是不同的沟通手段占据目标市场的程度。企业需要考虑对于不同的沟通手段覆盖的消费者群体的重叠程度，如果仅有一小部分消费者重叠，那么企业的沟通效果更像是多种沟通手段的简单累加，沟通计划的总体效果就会变成一个加总的结果；如果覆盖的消费者群体存在大量的重叠，那么首要考虑的是存在重叠的各个沟通手段之间的关系，其次还要考虑这些沟通手段的使用顺序问题。成功的整合营销沟通首先就是考虑覆盖范围，比如与王老吉品牌分家后的加多宝集团通过电视广告（普通家庭大众）、在超市显眼的位置摆放堆头和促销品（普通家庭大众）、冠名《中国好声音》（年轻群体）、网站横幅和海报广告（年轻群体）、大排档或烧烤摊的海报（吸引易上火的"吃货"群体）等各种沟通渠道开展大范围的营销沟通活动。

2. 成本

营销人员必须根据成本（cost）对营销沟通的其他六个标准进行评估从而制订效果最好、效率最高的沟通计划。计算营销沟通成本需要用到各种定量分析，定量分析在估计各种各样的响应函数以及营销人员可能采用的不同沟通手段的灵活性时是非常必要的。随着大数据技术的日渐普及与成熟，市场研究者可以获得之前没有机会接触到的许多新数据资源。

3. 贡献力

贡献力（contribution）是指某种沟通手段独立于品牌的其他沟通手段、单独达成理想效果和沟通目标的固有能力。如前所述，每一种营销沟通手段都能够扮演不同的角色、起到不同的作用，比如塑造品牌知名度、提升品牌形象、引起反响、刺激销售等。任何沟通手段的贡献力都将取决于它们有没有扮演好预先计划的特定角色。为了提升营销沟通的贡献力，营销人员需要考虑很多不同的因素，比如沟通手段的内容与目标消费者看到、听到、经历的沟通情境是否匹配。营销人员还应考虑品牌所要达到的具体的沟通目的是什么，比如激发消费者欲望、引导消费者进行信息搜索、形成品牌考虑集等。

4. 共同性

共同性（commonality）是指不同的沟通手段在塑造品牌（形象）时共同传递的内容（既是重复也是强化）应该保持一致。营销人员经常需要设计不同的沟通手段并且协调它们传递的信息，使它们能有效地合作，让消费者在脑海中对品牌形成独特的、强有力的和积极正面的品牌形象。在品牌形象研究中，有一个基本的结论就是与品牌含义一致的信息比不相关的信息更容易被消费者习得和记忆。这就要求营销人员在通过不同的渠道实施不同的营销沟通计划时，需要注意如何强化品牌意义，比如不同的广告之间应该具有相同的主题，而不是不同的广告在诉说品牌的不同方面。不一致的联想和分散的品牌形象会使消费者对品牌的理解发生错乱，降低品牌联想的强度，进而弱化对品牌的偏好。

试想这样一种情况，某产品在电视广告中塑造了品牌创新的形象，广告从始至终都在强调品牌的创造性，消费者受此广告吸引进入当地的专卖店，但店员在介绍该产品时却始终围绕产品在价格上的优势。在现实生活中不乏类似的现象：不同沟通渠道的目标不同，导致同一消费者接收到不一致的信息，产生困惑甚至遭受挫折而拒绝购买。

5. 互补性

不同的沟通手段会有不同的沟通效果，为了充分、有效地传递品牌的定位，营销人员通常要在营销计划中采用不同的营销沟通手段设计与传递丰富多样的信息和效应。互补性（complementarity）对于打造一个丰富的、有凝聚力的品牌形象尤为关键。营销人员大都会将沟通手段进行合理的搭配，从而引发特定的消费者反响或者建立一种特定类型的品牌联想，最终有效地建立品牌联想。例如，赠送样品或者其他形式的销售促销可以促进消费者对产品的试用，但很难培养消费者对品牌的长期忠诚；而社交媒体和品牌社群以及一些社交网站就尤其擅长培养消费者的忠诚度。又如，企业的赞助行为会提高消费者对品牌的信任，但营销人员仍需要电视传递其产品的功能表现。

国货品牌老字号百雀羚为2017年的母亲节推出了《一九三一》的长文广告，该广告迅速在微信朋友圈等社交媒体刷屏，总曝光量和总阅读量均创新高。该广告有效地提升了百雀羚品牌的知名度，并拉近了该品牌与当下新世代消费者的心理距离。与此同时，为提升产品（百雀羚的月光宝盒系列）的销量，百雀羚品牌还购买了淘宝首页的焦点图，力图提高网络顾客的购买可能性，实现提升广告转化率的目标。在该案例中，社交媒体上的广告与第三方购物平台（淘宝）的广告显然有着不同的目标。

6. 交互效应

交互效应（cross-effects）是指不同的沟通手段之间会互相叠加影响，当多种沟通手段被有效地协调并按正确的顺序执行时，它们之间就会产生正向的交互效应，不同沟通手段的分效果都得到强化。正向的交互效应可以提升整体的沟通效果，使整个沟通过程产生甚至超越"1+1＞2"的效果。反之，不到位的整合营销沟通可能会互相削弱各个沟通手段的效果。不同沟通手段之间的交互效应要求对两种以上的沟通方法进行精细设计和协调，企业可以通过对沟通内容中关于品牌的信息以及沟通的效果进行协调，从而提升消费者在决策过程中后续阶段遇到的其他沟通手段的成功概率，比如当促进产品试用的促销和线上推销在与具有说服力的广告相结合时将具有更好的效果。类似地，前期的广告能让消费者知晓品牌甚至了解品牌，那么该效应能提高后续的促销成功率。

联合利华旗下的知名品牌多芬曾发起"多芬真美运动",旨在启发女性认真思考何为美丽的问题,比如什么是美丽,美丽与身体吸引力的关系,如何学会欣赏自己的美丽等。多芬首先在 *TIMEOUT* 杂志上刊登"寻找欣赏自己曲线的乐观女性"报名广告,最终选出了6位女性现身"真人广告"。紧接着多芬赞助专业的调查(美丽的真谛——女性、美丽和幸福全球调查)以及借助权威专家的影响共同探讨美丽女性这一话题。这些沟通工作慢慢地让受众参与到该话题的讨论中,并塑造了多芬品牌的企业社会责任形象。然后多芬继续通过广告、公关、店内促销、户外媒体及其他营销手段(比如专门的活动网站建设)的综合运用,外加强有力的营销执行,显著提升了多芬产品的销售额。

7. 适应性

在整个营销沟通过程中,消费者都能以任意的顺序接触这些沟通手段,甚至跳过其中一些沟通手段。由于各种原因,一些消费者接触不到营销人员为他们设计的沟通手段,或接触到的不是为他们设计的沟通手段。因此,每一条营销信息都可能会是部分消费者从未接触过的,但对其他消费者而言却是熟悉至极的。同理,对不同的消费者来说,在每一条营销信息之前和之后会出现怎样的信息也是不同的。这种差异给营销沟通工作带来了极大的挑战,比如在消费者接触到折扣信息之前,品牌期望消费者对产品有一定的了解,这样折扣信息才可能发挥最大的效用,但实际情况却可能是消费者之前从未接触过任何有关品牌的信息。适应性(conformability)指的正是如果一种沟通手段能够说服不同类型的消费者,不管这些消费者过去看到、听到过什么或者即将听到、看到什么,他们都能够接受目前营销人员传递给他们的信息并且达到营销人员想要的效果,那么这种沟通就是高适应性沟通。某种沟通能否对整个目标市场的所有消费者都适用,能否不依靠消费者过去及未来遇到的信息,还能达成营销人员期望的效果,这便是判断该沟通手段适应性的依据。

当然,要说服背景不同的全体消费者是比较困难的,因为有的消费者品牌知识丰富,有的缺乏品牌知识。目标消费人群的构成越复杂,就越需要不同的整合营销沟通方案,从而保证对目标消费者的完全覆盖与必要的互补。可是,营销人员的资金限制使得整合营销沟通方案不可能面面俱到,这导致营销人员必须聚焦在几个沟通方案上,并利用它们尽可能多地接触目标消费者,尽可能多地完成目标。

12.3.4 7C 标准小结

上述7C标准可以为选择整合营销沟通方式提供重要的指导,满足7C标准意味着整个整合营销沟通方案足够易于理解、足够全面、足够有影响力。在整个整合营销沟通方案的设计、沟通手段的选择与沟通过程的执行中,都应牢记并执行7C标准。整合营销沟通方式的选择标准主要有两种方式:其中,自下而上的方式将评估各种沟通手段;自上而下的方式则将整合营销沟通方案作为一个整体来评估,并考虑整个整合营销沟通方案是否满足选择标准。在实践中,营销人员主要采取自上而下的方式,因为它回答了"到底应该使用什么样的沟通策略"这一根本问题。但从整个模型出发,自下而上的匹配模型可以成为整合营销沟通评估的出发点,因为它可以为自上而下的评估方式提供关于消费者心理的见解。为运用自下而上的匹配模型,在实践中我们可以问诸如"我们的沟通手段能接触到目标市场中的多少消费者""所有沟通手段一共会消耗多少预算""所有沟通手段之间存在多少重合"等问题以评估整个整合营销沟通计划。若要运用自下而上的评估方法，营销人员则可以先考虑7C标准中的前三个特性——覆盖范围、成本以及贡献力，随后再将协调使用多种沟通手段的优劣势纳入考虑范围。

在实践中营销人员还会基于个人偏好对7C标准做出优先级排序，比如当品牌的沟通预算受限时，贡献力就会显得尤为重要，因为预算无法支持运用太多的沟通手段。但当该品牌拥有较多的沟通预算时，共同性、互补性以及交互效应的优先级就会提升。此外，营销人员还应该注意到7C标准中的多个标准是存在相关性的，营销人员往往必须在多个标准中做出取舍，比如共同性与互补性往往是负相关的。当不同的沟通方式对同一品牌特性或价值的强调越多时，这些沟通方式对其他特性或价值的沟通能力就越差。对于发展仍处于早期阶段的品牌来说，着重沟通某个特别被消费者看重的价值或与其他品牌相区分的价值是首要任务，但当品牌形象变得越来越丰满时，丰富品牌形象就变得更加紧要了，此时运用多样化的品牌沟通方式并仔细设计互补性就占据更主要的地位。

本章小结

技术进步等因素改变了整体的营销沟通环境，特别是数字媒体的飞速发展为营销人员带来了全新的机会与挑战。对绝大部分企业来说，如何释放各种沟通手段的潜力更好地促进短期销售和长期品牌资产增值，将成为最重要且最应该优先考虑的营销问题之一。

整合营销沟通是一种协调一致的沟通手段。沟通匹配模型综合考虑消费者决策过程中的不同阶段、期望的沟通结果以及不同的沟通手段这三者之间的关系，从而达到推荐最佳沟通手段的目的。沟通优化模型对所有沟通手段进行评估，从中选出最有效且效率最高的沟通手段，确保集体效应最大化。

营销人员必须尽可能地了解对品牌感兴趣的目标细分市场，以及目标消费者对特定类别的产品或服务的购买路径与决策过程。企业在构建这些购买路径模型时，最重要的就是尽可能准确地反映出当今消费者复杂的、非线性的决策过程。

营销人员应对每种沟通手段做如下思考：①该手段对消费者最主要的影响是怎样的？它会如何改变消费者的认知、情感与行为？它是否强化了其他沟通方式沟通的信息？②比起其他沟通手段，它有什么独到之处？③它与其他沟通手段相结合的时候，会产生"1+1＞2"的效果吗？

营销人员必须定期评估沟通方案，比如其整合程度如何？整体效果是否大于各部分之和？沟通整合模型中的7C标准（覆盖范围、成本、贡献力、共同性、互补性、交互效应和适应性）是营销人员可以采用的科学有效的评估标准。

中国故事

六神花露水：整合营销促品牌年轻化

六神花露水是1990年上海家化联合股份有限公司开发的一款驱蚊产品。然而，进入21世纪，特别是在移动互联网时代，六神曾一度被市场视为一个无法跟上时代步伐的老字号品牌。为了打造年轻化的品牌形象，六神花露水开展了一系列整合营销活动。

六神的年轻化转型始于2012年的视频广告《花露水的前世今生》。这支视频广告以对年轻人的审丑趣味、丧文化等亚文化进行自嘲与自黑为特色，引发了年轻受众的共鸣。这支有趣而富有创意的视频成为当年最成功的病毒营销视频之一，真实点击量达到惊人的1 800万。更令人印象深刻的是，这一成果仅投入40万元的制作与传播费用就实现了。随后几年，六神持续围绕"年轻化"策略展开创新。

首先，六神不断强化它与中国传统文化的联系，通过产品名称、广告等方式增加了"国货""中药""传统疗法""夏天""自然""纯粹"等品牌联想。与此同时，六神不断推出相关联的产品，比如沐浴露、香皂、洗手液、粉系列、宝宝系列、随身系列和洗发露系列等，进一步强化品牌形象。

其次，六神积极利用名人代言和背书扩大品牌影响力。自2014年以来，六神已经签约了三位品牌代言人。例如，2014年，六神邀请影视明星拍摄产品广告，传达了品牌直面生活、拥抱自我和没有约束的形象。2017年，六神签约了新生代高人气歌手，并与他一同推出了六神限量版花露水，为传统国货注入了年轻化元素，增添了年轻、活力和追梦等品牌联想。2021年，六神再次签约了高人气影视明星。该明星代言的六神沐浴露在短短3小时内销售额达到了1 000万元。此外，除了名人代言，六神还通过微博话题"#六神在手一夏无忧#""#六神花露水66种神操作#"等邀请明星参与背书带货，深入洞察年轻人的喜好。

再次，六神通过在不同媒体和内容中植入广告提高品牌曝光率。例如，2016年，六神在知名自媒体人"王左中右"的公众号中植入软文广告。其中一篇文章以《还珠格格》中的经典情节为引子，深入分析了大明湖畔的夏雨荷为何被抛弃。最后，文章巧妙地植入了"六神花露水"的信息。这一植入广告在互联网上取得了巨大成功。此外，六神还赞助了综艺节目《明日之子》《奔跑吧》《挑战者联盟》《派对之王》等。2022年，六神赞助了代言人主演的电视剧《余生请多指教》，并引发了话题讨论，比如"#我在余生找六神#"等，为品牌带来了更多与"年轻"和"活力"相关的联想。

最后，六神不断通过与其他品牌的跨界联名制造话题。这种策略使六神能够在市场上引发"奇葩"和"匪夷所思"的情感，进一步提升了品牌的曝光率。例如，六神与RIO合作推出了联名鸡尾酒，引发了消费者的好奇心，联名产品在短短17秒内售罄。此外，六神还与沪小胖合作推出了"六神至尊冰醉虾"，与肯德基合作推出了"青柠气泡咖啡"，与乐乐茶合作推出了"奶茶"等饮品。六神还与安踏合作推出了限量版球鞋，融入了六神特有的清凉元素。

资料来源：1.六神公司官网，年轻不断潮前，六神成就非凡，https://www.jahwa.com.cn/infor/detail?code=xIQrn-PQ3FJ.

2.六神公司官网，六神，源自鲜活草本智慧的个人护理专家，https://www.jahwa.com.cn/infor/detail?code=RHpEVl-EHbb.

第 13 章 消费体验

■ 本章要回答的主要问题有:

1. 为什么每家企业都要考虑"卖体验"?
2. 体验和服务的区别是什么?
3. 如何为消费者营造体验?
4. 如何为体验确定主题?
5. 一个吸引消费者的主题需要具备哪些特征?
6. 体验分为哪些类型?
7. 最高形式的体验是什么?
8. 如何为体验定价?
9. 如何为消费者创造难以忘怀的记忆?

13.1 体验经济

一提到体验,你自然就会想到迪士尼。早在 1966 年沃尔特·迪斯尼去世前就已经构思好一个新的想法:要把梦想变成现实,把电影带入真实生活。这个"现实"就是 1971 年在美国佛罗里达州建成的迪士尼乐园。和当时其他的游乐园不同,迪士尼乐园是全球第一个主题乐园。进入这个乐园的每一位消费者都会体验到一个综合了视觉、声音、味道、气息和故事情节的完整产品,形成美好的记忆。如今,商家为消费者打造了各种各样令人惊艳的体验。玩《王者荣耀》游戏是体验,在爱奇艺上看《权力的游戏》是体验,刷抖音上的短视频是体验,甚至看直播带货也是一种体验。

但是,并不是只有娱乐产品才可以称得上是体验,一个成功的实体产品,如果能够超越人们的期待,给人们强有力的刺激,为人们留下难以磨灭的记忆,那么这个产品也可以算得上是"体验"。很多消费者都还记得自己第一次接触苹果手机时的印象:视觉的冲击、指尖的触感和使用的顺畅。从这个角度来说,任何让人惊艳的产品本身就是体验，设计产品也必然要精心设计消费者的体验。

研究者把体验类产品定义成"那些消费者希望能够获得人生体验而购买的一段经历或者一连串的经历"。与体验类产品相对立的就是物质类的产品，物质类的产品则是"那些消费者希望拥有的一个实体物品"。当然，体验类产品和物质类产品并不是完全分离的，有很多商品既有体验的成分也有物质的成分。

无论什么样的企业，都需要考虑"卖体验"，原因包括如下三方面。

13.1.1 体验为产品创造新的价值

在《体验经济》这本书当中，派恩和吉尔摩用咖啡豆举了这样一个例子。

初级咖啡豆，1～2美分一杯；

加热、研磨、包装后，增加到5～25美分一杯；

当它在一个快餐店里出售，价格变为50美分～1美元一杯；

当它在星巴克里出售，消费者愿意支付2～5美元；

当它被放在圣马可广场佛罗里安咖啡馆以15美元出售时，消费者可以在清晨坐在咖啡馆品尝这杯咖啡，还可以看到窗外千年古城的壮观景色，这杯咖啡变成了一个美好的体验。

从咖啡的例子可以看出，同样一个产品，可以从初级产品发展到产品，然后再发展到服务和最后的体验。在这个变化过程中，同样的产品被不断地赋予新的价值增长方式。精心设计产品还不够，企业还需要精心设计消费者的体验，这样才能创造出更多的价值。当下很多企业在寻找新的价值增长方式，"卖体验"正好就是新的价值增长点。

体验可以带来惊人的价值。作为一家老牌上市公司，迪士尼2017财年的财报显示其总市值不到1 700亿美元，低于腾讯和阿里巴巴，但迪士尼2017财年的营业收入和净利润水平却超过中国各大互联网巨头。根据财务报表，迪士尼2017财年的营收总额约合551.37亿美元，这一收入水平超过2017年中国三大互联网巨头——百度、阿里巴巴和腾讯（BAT）中任何一家企业的全年营收。迪士尼的净利润也在它们之上，2017财年全年净利润为89.8亿美元，相当于阿里巴巴同期的1.5倍。

13.1.2 体验比物质能给消费者带来更多的幸福感

体验不但可以为商家创造新的价值，还可以给消费者带来更多的价值。为什么要"卖体验"？康奈尔大学的Carter和Gilovich（2010）的一项研究发现，购买体验比购买产品更让人幸福，它能让人产生更大的满足感。派恩和吉尔摩在《体验经济》一书中写道，体验经济是继农业经济、工业经济、服务经济之后出现的第四种经济形态，即"体验"的产出价值相比产品、商品和服务而言都大大提升了，因为它是属于个人的、感性的，对每个人而言都是独一无二的。

| 经典和前沿研究 13-1 | 买东西还是买体验？这是一个问题

如果你有一笔钱要花，那是买东西还是买体验呢？到底买东西会给你带来更多的幸福感，还是买体验会给你带来更多的幸福感呢？答案是体验！

在 2003 年的一项研究中，科罗拉多博尔德大学的 Van Boven 和康奈尔大学的 Gilovich 做了这样一个实验：他们招募了 90 个英属哥伦比亚大学的本科生，并把他们随机分为两组，一组需要回忆他们最近一次自己购买过的超过 100 美元的体验消费（消费的首要目的是获得生活体验），另一组需要回忆最近一次自己购买过的超过 100 美元的物质消费。之后他们都要回答有关这次消费的满意度和幸福感的问题。结果表明，体验消费让他们更加满意、更加开心。另外，购买体验的人也会觉得这次消费更加物有所值，他们回忆的体验消费多为书籍、光碟和旅游等品类。

该研究还做了其他三个实验研究，使用了不同年龄段和不同地区的消费者。结果都和上述实验的结果相同，即买体验比买东西更能提升幸福感。

后续的一些研究试图解释为什么体验比物质更让人幸福。例如，体验的价值能随着时间的推移而提高，但物质的价值随着时间的流逝而降低（Van Boven, 2005）。也就是说，购买物质只能让你短暂地高兴，但是购买体验可以让你获得长期的快乐。体验很难被拿来比较（Carter and Gilovich, 2010）。如果你买了一辆车，你会想着邻居家的车比我的好，感到很不高兴。但是当你去度了一次假，你并不会总惦记着别人的度假比我的好，因此更能享受这次度假的体验。体验和自我联系更紧密（Ang et al., 2015）；体验过的事物会成为我们自我的一部分，成为我们的人生记忆。但是物质却未必可以和自我有这样紧密的联系，因此不会让我们觉得很有意义。

资料来源：1. VAN BOVEN L, GILOVICH T.To do or to have? That is the question[J]. Journal of Personality and Social Psychology, 2003, 85(6): 1193-1202.

2. VAN BOVEN L. Experientialism, materialism, and the pursuit of happiness[J]. Review of General Psychology, 2005, 9(2): 132-142.

3. CARTER T J, GILOVICH T.The relative relativity of material and experiential purchases[J]. Journal of Personality and Social Psychology, 2010, 98(1): 146-159.

4. ANG S H, LIM E A C, LEONG S M, et al.In pursuit of happiness: effects of mental subtraction and alternative comparison[J]. Social Indicators Research, 2015, 122(1): 87-103.

13.1.3　任何产品都可以注入体验的元素来增加价值

有的行业天然就是体验行业，比如旅游业、航空业和餐饮业。但是任何产品或者行业都可以通过增强消费者体验来创造价值。有些产品也可以被注入体验的元素。很多产品设计师关注产品自身的结构和用途，但是如果把关注点转移到用户对产品的使用上，这个时候关注的就是用户对产品的体验。例如，亨氏公司 2000 年的爆款产品 EZ Squirt 改变了番茄酱传统的包装和色彩，变成给儿童用来在食物上画画的五颜六色的番茄酱，这款产品一度大卖，让孩子们爱不释手。另外一个例子是封箱的胶带。Shurtech 公司用各种办法把胶带变成了用户参与式的体验，鼓励消费者用胶带进行各种各样的创作，包括怎样用胶带做一个时髦的万圣节拎包，还会举办各种活动让消费者展示他们用胶带做成的作品。关注用户对产品的不同寻常的使用，就可以为普通的产品注入体验的元素。

另外，一些传统行业也可以增强消费者的消费体验，提高价值。在美国明尼阿波利斯有一家公司叫作奇客小分队，从事计算机安装和维修服务，专注家庭办公和小企业用户业务。这家公司的员工打扮得像电影《黑衣人》里的特工，身穿白衬衣，系一条细细的黑领带，胸前别着徽章，开着类似警察巡逻车一样的黑白相间的大众甲壳虫汽车。计算机维修员会扮演成特工的角色，他们去消费者家里调查一起计算机的"惨案"。"特工"进门之后会把"警徽证件"一亮，对消费者说："我是××号特工，来调查你的计算机问题。请你离远一点，不要破坏计算机现场。"这家公司把计算机维修服务变成了喜剧式的体验。如今，这家公司已经被百思买收购，其24小时计算机支持小分队的雇员也已经超过2.4万人。奇客小分队提供的服务主要分为上门服务及店内专享服务。如果顾客选择店内专享服务，只需携带问题设备去奇客小分队的线下门店，便可获得最迅速的故障修复。选择上门服务的用户拨打奇客小分队的热线电话后，专业的计算机"特工"们将会在最短的时间内做出响应，95%的计算机故障可于48小时内被修复。奇客小分队也因高效迅速的响应、完善优质的服务、透明合理的价格及热情专业的团队而闻名。另一个案例是肯德基携手国产知名游戏《原神》进行的一场跨界合作。肯德基将游戏世界延续到了线下，为消费者带来了前所未有的体验。为了获得联名周边，消费者需要像玩家一样完成游戏任务——向肯德基店员说出神秘的暗号——"异世相遇，尽享美味"。这不仅增加了活动的趣味性，也使得消费者能够更加深入地参与到这场合作中，进一步拉近了游戏与现实世界的距离。

企业还可以根据消费者的痛点营造体验。例如，购买汽车保险的消费者的痛点之一就是发生事故时保险公司处理得太慢。一家保险公司针对这个痛点为消费者建立起一套全新的体验。该公司为理赔员配置了"快速响应服务车"，车上装有个人计算机，可连接公司主机的无线网络以及理赔员需要的全部设备。该公司的目标是，在事故发生的第一时间赶到现场，提供高效的理赔服务。如果换成其他的保险公司，消费者在事故之后往往要等上几天甚至几周才能获得理赔。而这家保险公司的理赔员在事故发生现场就能当场理赔。保险公司的理赔员不但立即把理赔款交给顾客，还会给顾客递上一杯咖啡。如果需要，顾客还可以到服务车上休息一下，打个电话给家人报平安或者安排车辆来接自己。根据消费者的痛点，保险公司提供了一种适合消费者当时生理和心理需求的安慰体验，让消费者感受到支持和关心。当事故发生时，这家保险公司为顾客提供的不仅是及时的赔款，还让顾客在不幸时感受到雪中送炭的温暖。

在这个时代，产品和服务不过是道具而已，消费者想要的是难忘的体验，每一家公司都必须成为创造体验的行家。创造体验，才能创造更多的价值。

是的，所有行业都可以考虑增加体验的元素。但是体验到底是什么？它和服务有什么不一样呢？

有人认为体验和服务是不一样的。体验的主观性非常强，它没有标准化的流程，而是在个人内心生成的。因此，同样的体验内容，每个消费者的感受会大不相同，这必然导致任何人都不会和他人产生相同的体验。而比起体验来说，服务要更加客观、更加标准化。一个消费者和另外一个消费者喜欢的服务大同小异，比如大多数人都喜欢细致、周到、贴心的服务。但是一个消费者喜欢的体验可能和另外一个消费者截然不同，比如有人喜欢惊心动魄的体验，有人喜欢放松的体验。

此外，当消费者购买服务时，买的是商家提供的一套无形活动。但如果消费者购买的是体验，那么他们花钱享受的是商家准备的一次难忘的回忆。虽然体验营造者一完成工作就消失得无影无踪，但创造的体验价值仍然会留在消费者的记忆中很长一段时间。直到很久之后，这段记忆还会持续地为消费者带来某些价值。有一些体验甚至可以达到改变消费者人生的效果。很多家长带孩子去迪士尼不仅是为了玩乐，更是为了共同拥有一段美好的记忆。

当然，还有人认为体验是服务的一个分支，他们的观点是，体验和服务没有本质的不同。超越期待的服务也会给人留下深刻的记忆，让人久久难以忘怀，而且高标准的服务也是非常个人化的。从这一点上来讲，体验和服务没有清晰的分隔界限。在《卖体验》这本书里，杰克·米切尔认为未来的服务都应该升级为体验。

在 2020 年发表在 Journal of Marketing 的一篇文章中，研究者区分了两种类型的体验：平滑体验和黏性体验。

所谓的平滑体验，就是一些服务机构应该提供的，让消费者感受不到意外和挫折的体验。例如，在消费者去银行或者搭乘地铁等情境下，商家应该尽可能地让这个体验平滑顺畅。商家需要做到以下三点。①简化步骤：精简不需要的或者繁复的步骤。例如，现在很多政府机构都简化了办事流程，提倡"最多跑一次"。②偏好设置：提前预料到消费者的偏好并且给予个人化的设定。例如，很多购物网页能够根据消费者之前的偏好和设置自动给消费者推荐产品或者填写地址。③无意外：当消费者遇到挫折和意外时及时地给予支持。

而黏性体验则是更加娱乐型的。黏性体验的目标是吸引消费者的注意，让消费者上瘾欲罢不能。例如，《王者荣耀》游戏或者抖音短视频就是典型的黏性体验。这样的体验可以让消费者轻易地沉浸在其中不能自拔。商家需要做到以下三点。①惊喜连连：很多意料之外的元素让消费者耳目一新。例如，《权力的游戏》这部剧的剧情发展就让人难以预料，因此更能让观众欲罢不能。②适当挫折：给消费者适当的挫折，让他们感觉有一定的挑战性。例如，很多游戏会为玩家设置一定的难度，不会让他们轻易地通关。③进入门槛低：这样的体验有自身的黏性，消费者忠诚度很高，因此需要在前期设置成免费而简单的，这样消费者才会愿意进入。抖音等 app 的界面就很友好，无须解释消费者就能无师自通。一些游戏虽然后面有难度，但是刚开始玩的时候却容易上手。这类体验通常一开始也是免费的，只有当消费者被"黏上"之后才开始有收费的项目。

在这一章中，我们更加聚焦在黏性体验上面。因为平滑体验主要指的是服务情境下的体验，所以一些研究者并不认为这个可以称为体验。例如，《体验经济》这本书的作者派恩和吉尔摩定义的体验本身就有超越现实生活的含义。

营销工具箱

平滑体验是指一些服务机构应该提供的，让消费者感受不到意外和挫折的体验。黏性体验是更加娱乐型的，目标是吸引消费者的注意，让消费者上瘾欲罢不能。

13.2 体验的类型

除了上述两种体验类型,我们还可以享受到各种各样的体验,那么如何对体验分类呢?派恩和吉尔摩认为,体验可以在两个维度上进行分类,如图 13-1 所示。第一个维度对应的是消费者的参与水平,有一些体验需要消费者主动参与,有一些体验则只需要消费者被动参与。例如,交响乐的听众就只能被动参与,但是滑雪的人就需要主动参与。一般来说,参与水平越高,体验的价值就越大。演出中,可以尽可能地让台下的观众跟着台上的演艺人员一起唱歌跳舞,或者选取部分观众代表上台配合表演。即使在迪士尼,也是游客自己决定何时何地去哪里玩。当然不是在所有的体验类别中消费者都愿意积极参与,有时候消费者也想做一个旁观者。但是从塑造难忘记忆的角度来说,让顾客尽可能地参与体验会塑造更难忘的记忆。事实上,所有的体验在某种程度上都是由商家和参与者共同创造的。因为每一个体验都是个体的内心世界对于外部现实的反应,最终会变成个体记忆的一部分。

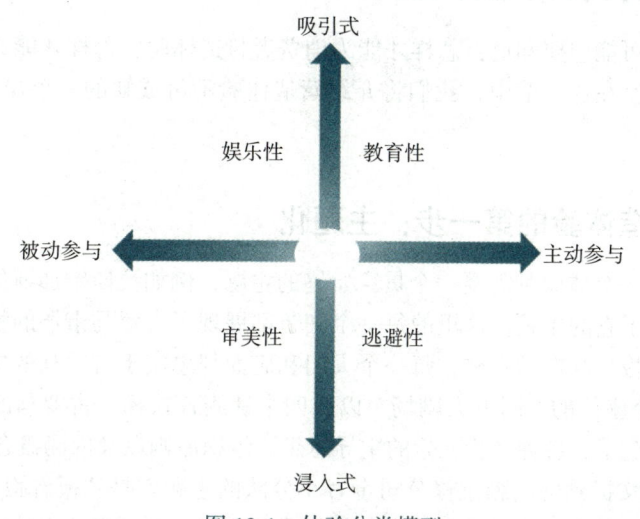

图 13-1 体验分类模型

第一个维度对应的是参与者和背景环境的关联。有一些体验能够远距离地吸引消费者,比如看电视就是吸引式的体验。而另外一些体验可以让消费者和体验活动变成一个整体,比如玩电子游戏等活动,这就是浸入式的体验。例如,如果你在家里的电视上观看一场比赛,那么这种体验就是吸引式的;但是如果你在比赛场里体验比赛的光影、声音、气味,甚至与身边的人一起加油呐喊,那么这就是浸入式的体验;学生在教室里上物理课是吸引式的体验,但是学生在物理实验室做实验就是浸入式的体验。高交互体验还可以通过高科技来达到。例如,在迪士尼游轮上,墙壁上悬挂的画像会因为消费者的靠近而发生变化,产生动画效果。

这两个维度合在一起产生了四种不同的体验,派恩和吉尔摩把它们命名为:娱乐性、教育性、逃避性和审美性体验。这是根据体验的目的命名的。消费者参与娱乐性体验是想要寻求愉悦感和放松;参与教育性体验是想学习和提高自我;参与逃避性体验是想远离现实生活;参与审美性体验是想体会美好事物带来的各种快感。娱乐性体验的代表是观赏表演、听音乐、看电视等;教育性体验的代表就是参加辅导课程和各种讲座；逃避性体验通常是人积极参与的活动，比如去迪士尼乐园、玩电子游戏、网上聊天，或者各种远行的旅游项目。互联网和虚拟现实等新技术为消费者提供了各种脱离现实生活的选择。数字化生活让人们可以逃避自己的现实生活，甚至在虚拟世界中以数字化的方式生存。审美性的体验包括在画廊或博物馆凝视艺术作品，以及坐在古城的咖啡馆里品味风光和历史。例如，当下在年轻人群体中悄然兴起的旅游形式——citywalk（城市漫游），主打慢节奏观赏自然风光，探索街头巷尾和参观馆藏。

体验虽然可以大致按这四类区分，但是实际上大多数体验都会跨越这样的简单分类。例如，用虚拟现实技术让学生回到罗马时代学习历史，这既是逃避性的又是教育性的，还包括审美性和娱乐性。企业需要创造性地在普通地点集中娱乐性、教育性、逃避性和审美性这四种体验，协助顾客制造美好的回忆。

13.3　为消费者营造体验

你可能想要知道：怎样才能为消费者打造体验？怎样才能为平凡的产品注入体验的元素？在这一节中，我们将介绍营造体验不可或缺的三个步骤：主题化、场景化、戏剧化。

13.3.1　营造体验的第一步：主题化

每一个体验都需要一个贯穿始终的主题，例如拉斯维加斯的罗马集市商场就忠实地贯穿了它的主题，这里的每一个细节都展现了古罗马市场的特点：华丽的建筑、大理石地板、纯白的石柱，每一个大门和店面都忠实于古罗马的主题。此外还有一个有4 000个座位的"圆形大剧场"以及四个螺旋式扶梯，古罗马的主题贯穿始终。一旦主题确定了，各种体验元素的主导思想、组织原则以及内涵概念都要契合这个主题。

前文提到的电脑维修公司奇客小分队的主题就是"板着脸制造喜剧"。在这个荒诞剧的主题下，公司的"特工们"一个个摆出一副严肃的表情。这些特工的工作还是普通的电脑维修和安装，但是他们的装扮、道具和台词让人觉得好笑极了。奇客小分队的名称、标记、车辆、徽章和服装都在讲述一个特工执行任务的故事。是的，确定主题就是写故事。奇客小分队的每一个"特工"、每一个道具、每一句台词、每一个动作都在向消费者讲述同样的一个故事。好的主题是简洁而生动的，每个人都能清楚地感觉到它的存在。主题就像一个故事一样推动所有的设计元素和营造活动，吸引消费者的投入。体验营造者要具备讲故事的能力，想在体验中吸引消费者，就必须依靠精彩的故事。故事能够吸引消费者的注意力，促进参与。好莱坞作家彼得·奥顿曾经说："故事就是我们用来传递信息的鱼钩。"

营销工具箱

企业营造的体验需要一个主题，主题确定好之后就知道想要消费者沉浸在一个什么样的故事里。好的主题简洁生动、引人入胜。这个主题将推动所有的设计元素和营造活动。

体验的经营者有时候会过于贪心，设定太多的主题。这并不是一件好事，就像同一时间要给消费者讲好几个不同的故事一样，这只会让消费者感觉混乱，根本接受不了。这里需要记住一个原则：一个场景讲一个故事，如果想要讲一个其他的故事，就需要有一个新的场景，而且几个故事之间需要有内在的联系，这样才不会让消费者倒尽胃口。

以迪士尼为例，一个典型的迪士尼乐园包括好几个主题：美国大街、冒险乐园、新奥尔良广场、万物家园、荒野地带、欢乐园、米奇童话城、未来世界。但是这些主题并没有堆砌重叠在一起，每一个主题都有自己独立的场景。事实上，为了保证主题之间互相不干扰，你在一个主题场景之下，是很难看到其他主题的场景的。这是迪士尼特意设计的主题和主题之间的区隔。另外，从一个主题切换到另外一个主题时，要特别注意细节上的变换。例如，在迪士尼乐园，从一个主题区换到另外一个主题区时，你会感觉到脚下地面的触感都变得不一样了。这是在提示消费者转换心态，开始期待进入一段新的故事。对比起来，有一些设计欠佳的游乐园的场景之间并非相互独立而是随意堆砌：在同一个场景里面，可以看到科幻的未来世界，也可以看到民族舞蹈；既有茂密的丛林，也有金黄色的沙漠。这样各种主题的堆砌让消费者应接不暇，同一时间无法沉浸到好几个故事里面，只会让消费者的投入感大大降低。

如果有不同的主题，就需要搭建不同的场景。美国达顿餐厅就深知这一点。达顿餐厅是全球最大的全套服务餐饮业公司，旗下有一系列各不相同的主题连锁店，包括红龙虾、奥利弗花园、朗霍恩牛排馆、首都烤肉店、巴哈马清风和52季餐厅。每家店都有一个独特的主题。例如，芝加哥的MOTO餐厅的主题就是"科技化美食体验"，在这里菜单都是用"食用纸"做的，可以被顾客吃掉。达顿餐厅旗下的每一家店都各有特色，但是它们绝对不会把相互冲突的主题堆砌在一起，比如它们绝对不会在科技化美食餐厅里强调印第安土著风情的食物。

营销工具箱

一个场景只能讲述一个故事。如果想讲几个故事，就需要几个场景。这几个故事之间还需要有内在联系才能放在一起。

即使要堆砌主题，也需要将这些小的主题有机地整合成一个大的主题。例如，虽然迪士尼乐园中每一个主题园区的主题都不一样，但是它们之间是有内在联系的，它们都是迪士尼幻想世界的一部分。不管是米奇还是睡美人或是泰山，它们都是迪士尼幻想世界中的人物。所以，这几个故事合起来就是一个大的幻想世界的故事。因此，游客可以在这些场景中转换，却丝毫不觉得违和与混乱。迪士尼乐园内的米奇大街是奇思妙想的发源地，街区内布满了各式各样的商店和餐厅，乐园内的欢愉气氛将带领游客开始奇妙的探险旅程；奇想花园赞颂着大自然的奇妙和想象力带来的快乐，游客将平日的生活抛诸脑后，徜徉于七座神奇的花园中；梦幻世界可以带领游客俯瞰童话村庄或沉浸在迪士尼故事中；探险岛带领游客进入新发现的远古部落；宝藏湾带游客深入乐天刺激的海盗生活；明日世界展示了未来的无限可能，体现了人类、自然与科技的最佳结合；玩具总动员为游客带来又一场奇幻冒险。这些不同的主题可以被有机地结合在一起，让消费者沉浸其中。

不仅每一个体验需要有主题，每一家公司也应该有自己的主题。公司的主题就是它的愿景，比如迪士尼的愿景就是"我们创造快乐，我们为全世界所有年龄段的人呈现最好的娱乐体验"。《基业长青》(*Built to Last*)这本书的作者认为，有愿景的公司是高瞻远瞩的公司，他们在股票市场上的表现比一般公司要高12个百分点。共同目标让公司明确了哪些产品和服务适合公司、哪些人适合公司、哪些产品和服务则不适合自己。迪士尼的共同目标明确而响亮，让迪士尼分散在世界各地约15万名演职人员有了共同的凝聚点。就像中世纪的矿工有这样的信条："我等采石之人当心怀大教堂之愿景。"这句话可以通俗地解释为，我虽然是搬砖的，但是我知道我是在为大教堂出一份力。

什么主题才足够吸引人呢？事实上，一个吸引人的主题需要具备以下几种特质。

（1）稀缺性。一个吸引人的主题需要不同寻常，应该是在别的地方不能轻易感受到的。如果一个主题过于陈词滥调，那么就失去了吸引力。如果到处都是以热带雨林为主题的餐厅，那么热带雨林就不再是一个值得期待的体验。体验越是难以获得就越吸引人。一个听了好多次的故事，一部看过很多遍的电影，这样老掉牙的体验可能让人腻烦。但是在这一点上也可能有年龄差异，比如老年人更喜欢日常熟悉的体验，而年轻人更喜欢不同寻常的体验。

（2）超越时空感。一个吸引人的主题能够改变消费者的现实感，建立起与日常生活不同的时间和空间。例如，身处迪士尼的明日世界，消费者对时间的感觉会发生变化，仿佛一下子穿越到了未来；硬石餐厅则刚好相反，这里充满了怀旧气息，消费者好像穿越回到了旧日的美好时光。

（3）吻合已有的品牌形象。主题的选择还需要与营造者已有的特质和消费者已有的印象相关，企业不能忽视自己已有的品牌形象或者联想。例如，芝加哥的"奶牛大游行"活动非常成功，使得芝加哥的旅游收入增长了数亿美元。那是因为芝加哥在19世纪中期就是美国家畜运输和交易的集散地，因此奶牛这个主题与芝加哥的品牌形象高度吻合。但是美国其他城市纷纷效仿推出自己的各种主题活动时却没能全部取得成功，因为这些主题和城市特征之间的符合程度不一定很高。另一个案例则是我国的佛教文化体验。以杭州的永福寺为例，为了满足现代年轻人追求自我成长、修身养性的需求，同时又能够保留佛教的传统形象，永福寺在寺庙里卖起了咖啡。咖啡作为西方文化的代表，在这里却与佛教文化完美融合。咖啡店以"慈杯"为名，而"慈杯"寓意着"慈悲"，这与佛教文化中的关爱与慈悲理念相得益彰。同时，为了打造更协调的体验，店里的咖啡名也同样与佛教相关，比如摩卡咖啡则叫"欢喜"，让消费者在品尝每一口咖啡时，都能感受到其中的禅意。

经典和前沿研究 13-2 平常的体验和非凡的体验

那句"你只能活一次"常常被当作口号，激励人们参与非凡的体验。例如，在电影《死亡诗社》里，罗宾·威廉姆斯饰演的老师总是对学生说："孩子们，抓住每一天，活得精彩非凡！"但是在另外一部电影《遗愿清单》里，主角却给出了不同的观点，两位老人面临死亡的威胁，决定出去经历一些非凡的体验，他们经历了各种冒险之后并没有觉得开心，最后发现回家后和家人在厨房、小院子里度过的平静时光才让他们获得了最大的幸福感。那么到底什么样的体验才能带给我们最大的幸福感呢？是那些难得一遇的非凡体验，还是日常生活中熟悉而习惯的平常体验呢？你是想看一部看过很多遍的老电影，还是看一部刚上映的新电影呢？

来自达特茅斯学院的 Bhattacharjee 和 Mogilner 在 2013 年做了这样一个研究，他们在亚马逊上招募了 221 位消费者（年龄为 18～79 岁）。研究者把这些消费者随机分成了两组，一组消费者回忆最近非凡的经历（那些令他们愉悦的、不寻常的、超出日常生活范围的经历），另外一组回忆最近平常的经历（那些令他们愉悦的、常见的、日常生活范围内的经历）。描述过后，参与者报告了这些经历如何影响自己的幸福感。研究者还让这些消费者决定是否将这段体验放到社交网站上与他人分享。研究结果显示，认为自己未来还有大把光阴挥霍的年轻人更倾向于分享非凡体验，但认为自己未来时间非常有限的老年人更喜欢分享平常体验。通过其他七个实验，研究者也发现，年轻人更加看重非凡的、与众不同的体验，但是随着年龄的增加，他们会慢慢地越来越看重那些之前似乎平淡无奇的体验。

虽然不同人群有不同的偏好，但是对于商家来说，能够让消费者愿意花钱来体验一般都需要有不同寻常之处。也就是说，能够售卖的体验应该与日常生活中的平常体验很不一样。这也就是为什么新奇的体验一般最初都是吸引年轻人而不是老年人。

资料来源：BHATTACHARJEE A，MOGILNER C. Happiness from ordinary and extraordinary experiences[J]. Journal of Consumer Research, 2013, 41(1): 1-17.

13.3.2 营造体验的第二步：场景化

迪士尼的主要产品是幻想。主题乐园里的各种故事和各种人物都不是真实存在的，而是幻想出来的。但有趣的是，迪士尼在"全球最真诚品牌排行榜"上居然位居第一。这意味着，消费者认为迪士尼是真诚和真实的。这对于一个制造幻想、销售幻想的企业来说非常不容易。是什么让幻想变得如此真实呢？迪士尼到底有什么魔法？答案就是两个字——场景。

场景是顾客与企业相遇的地方，是体验发生的环境。很多消费者走进一家餐厅，还没坐好，就可能因为餐厅的环境、气味或者布置而决定离开。场景的重要性不言而喻。富勒说："你不可能改变人，但是如果你改变他们所处的环境，那么他们会随之改变。"

场景就是舞台。迪士尼用一道假山把主题乐园围起来，形成边界，这个边界把高速公路和建筑物挡在园区外面，因为它们会干扰到迪士尼要讲述的主题故事。迪士尼不希望消费者在乐园游玩时还能看到真实的世界，他们努力让消费者感觉自己来到了另一个世界，沉浸在故事里面。如果你看到消费者进入迪士尼乐园时的表情，你就知道迪士尼深谙此道，它营造的场景让人们顿时兴奋起来，暂时摆脱了平庸而沉闷的生活，投入到惊喜而刺激的体验之中。迪士尼乐园就像一部生动的电影，消费者在游玩时能身临其境地感受到电影中的场景。沃尔特·迪士尼说："迪士尼乐园就如同爱丽丝步入梦幻仙境，进入迪士尼就进入了完全不同的另一个世界。"

如果迪士尼是一场表演，那么场景的每个细节必须支撑起这场表演。当你在观看迪士尼电影、登上迪士尼游轮、在迪士尼商店购物、在迪士尼乐园游玩时，你可以查看环境的每一个细节,你会发现场景细节的一致性达到了令人惊艳的程度。整个迪士尼都执着于细节,这一传统被称为"撞灯"。撞灯这个典故出自迪士尼公司的电影《谁陷害了兔子罗杰》,在这部电影中,主角撞到了天花板上的一盏吊灯,吊灯被撞得晃来晃去,影子也跟着摇晃。在制作电影时,吊灯和影子出现在真实场景中与自然世界完全吻合。但是当兔子罗杰加入场景之后呢?罗杰的脸上却没有阴影划过。大多数观众都不会留意到这个细节。但是注重细节的迪士尼公司却不惜增加大量额外的工序,完成兔子脸上的阴影,实现和吊灯投射的精准统一。

迪士尼的主题展示也非常脆弱,只需要一个矛盾点,一个不合时宜的东西出现就能让消费者意识到自己不在魔法世界里面。迪士尼的幻想工程师约翰·亨奇认为,迪士尼的成功就在于对无数细枝末节事情的关注,就是那些很小很小,甚至是吹毛求疵的地方。迪士尼愿意耗费心血打磨其他人不想花时间和金钱去关注的细节,这就是迪士尼的成功模式。在所有的业务中,迪士尼都非常关注细节,比如"迪士尼魔法号"这艘游轮的窗户其实是一个屏幕,实时播放从一个真实的窗户望出去的海景,偶尔还能看见海盗船或者迪士尼的角色飘过。在迪士尼乐园,酒店的房门也体现出了对细节的注重:房门有两个门镜,一个是正常高度,一个是孩子的视线高度。事实上,迪士尼的幻想工程师会戴上护膝在乐园里爬来爬去,从一个孩子的视角体验感受,看看有哪些被疏忽的细节。你可能都没有注意过,在魔法王国的大街上,商店的窗户离地面非常近,就是为了让孩子们和成年人一样可以看到橱窗里面的摆设。

场景里面的每一个细节都在说话,作为体验营造者,需要每一个细节讲述同一个故事。据说沃尔特·迪斯尼有一次在园区散步,他来到边疆世界,这个时候有一名公司的宣传人员开了一辆车经过,沃尔特很吃惊地说:"这里是1860年,你把车开到这边干什么?"每一个主题区都在讲一个故事,每一个细节,从整体景观到一盏灯,都要服务于故事主题。每一个乐园都是围绕着主题而建造设计的,从垃圾桶到贩售点都与故事主题相吻合。从剧场里的台词到演职人员的外表装扮,就连公司人力资源的工作都是表演的一部分。工作就是表演,制服就是戏服,整体而言,迪士尼公司就是一场天衣无缝、配合完美的演出。这场演出在迪士尼乐园上演,从消费者抵达开始,直到他们回到家里。

消费者不知道的是,他们体验到的魔法世界是由许多细微的魔法时刻组成的。迪士尼耗费心血打造的场景天衣无缝没有破绽,让他们感受到了迪士尼的真诚和真实。反观有一些拙劣的体验营造者,他们打造的体验漏洞百出,在热带雨林餐厅的墙壁上挂着古典油画,未来科幻的游乐场里面的垃圾桶却做成原始的木桩形状。这些细节破绽让消费者瞬间"出戏"。细节如果与主题不协调,就会让消费者产生不快的体验。未经规划或不符合主题的视觉和声音信号会让消费者感到困惑与无所适从。体验的完整性不仅需要提供积极信号,还需要消除任何可能扰乱主题实现的负面信号。一点点细微的负面信号就会让消费者瞬间"出戏"。消费者也不希望自己被各种杂乱的、无意义的信息包围。为了避免与主题不一致的信号出现,迪士尼公司要求员工在消费者面前必须忠于自己扮演的角色,不得有任何不符合角色的举止。只有在非参观区域,迪士尼员工才可以卸下"伪装"。

事实上,改变场景不但可以改变消费者的体验,还可以改变员工的态度。例如,《体验经济》一书提到,东杰斐逊医院在迪士尼的帮助下,成功地实施了很多场景布局方面的改进。例如，他们让工作人员把车停在远处的停车场搭班车来上班，把近处的停车位让给患者和访问者；患者走路不超过35步就能遇到一个工作人员；病房的墙可以像推拉门一样拉开，各种大型设备可以被推到患者身边；重症监护室也重新进行了改造，患者和值班护士都在彼此的可视范围内，使患者得到有效的照顾。这样以患者为中心的场景改变使得医护人员对待患者的态度也发生了改变。这样的布局获得了美国医疗建筑学会和美国重症护理协会共同颁发的设计大奖。

场景一旦搭建成功，就大功告成了吗？当然不是，场景还需要大量的维护和改进工作。迪士尼乐园拥有一支数量庞大的专职维护队伍，他们尽职尽责地工作，保证街道每天整洁干净，洗手间每半小时清理一次。维修技师也随时候命，始终妥善地维护场景。

在优化场景和流程的过程中，体验营造者还需要研究顾客，他们在抱怨什么？消费者体验中哪些环节让他们感觉不好？他们面临哪些困难需要解决？这些都是重要的线索，帮助公司改进体验。例如，迪士尼碰到的问题是长时间排队。为了解决这个问题，迪士尼公司尝试不断优化流程和场景改进体验。例如，迪士尼世界会向下榻迪士尼集团酒店的宾客提供比平常提早一小时开放和晚三小时关闭的服务，让这样一群有价值的宾客在不那么拥挤的时候感受游园乐趣。另外，迪士尼乐园的热门项目可以领取快速通行证，还可以使用迪士尼app实时查看乐园内的主要景点排队时间，这样可以让宾客更好地规划自己的安排。迪士尼乐园还尝试优化场景改进排队体验，比如在宾客排队等待时提供娱乐，在屏幕上播放各种预告片，在墙壁上镶嵌各种互动游戏。用场景设计让队伍显得没有那么长或者排队没有那么无聊。

虚拟现实技术和增强现实技术为场景打造提供了一种新的可能。现在一些景点或者博物馆都提供了虚拟参观活动。一个有名的例子就是卢浮宫。打开卢浮宫的官方网页，下载特定的媒体播放器之后，就能在网上完成一次3D虚拟参观，可以浏览古代东方、古埃及、古罗马和希腊艺术、绘画、素描、雕刻、工艺美术七大馆。在这个虚拟博物馆里，卢浮宫发布了包括镇馆三宝——《蒙娜丽莎》《米罗的维纳斯》《胜利女神像》在内的1 500件重要藏品的详尽背景资料介绍，这是观众实地到访卢浮宫也未必能够了解的信息。虚拟博物馆还为其他3万多件艺术品配备了简介，和现实中卢浮宫贴在艺术品下面的标签完全一样，这意味着通过网络游览，观众能够获得卢浮宫馆藏的所有图文信息。要知道，在现实游览中，很难有游客能用一个星期的时间游遍400个房间，看完6万多件陈列品。在这个虚拟博物馆里面，游客可以用类似一只苍蝇的视角近距离欣赏一幅名作，这是现实游览时无法实现的体验。

13.3.3 营造体验的第三步：戏剧化

接下来就到了为体验赋予魔法的关键一步：戏剧化。

怎样才能化平凡为神奇呢？小熊工作室和传统的玩具店不一样，它不是把新的泰迪熊玩具卖给孩子们，而是让他们亲自体验填制自己喜欢的动物玩具。在小熊工作室，消费者制作一个填充动物需要从30多种动物皮肤中挑选，把一段声音录在芯片里面，填充并且拥抱动物，确保填充物不多不少。之后，许愿并且为动物填入心脏，给动物梳理毛发，陪动物一起玩，给动物起名，领取出生证明，再选择不同个性的衣服给宠物穿上，并且把宠物放在彩色房子形状的纸盒里带回家。在网上，这家公司还推出了小熊之家的虚拟游戏，贴出了很多宠物房子的建造方法。每一个步骤都有戏剧化的成分，比如手握着心脏许愿和领取出生证明等，这些在现实生活中不可能发生，戏剧化之后就变成了体验。

把真实生活戏剧化需要模糊真实生活和演出的界限，把很多过去在幕后的工作放到台前展示。例如，过去制造小熊的过程在幕后，现在把这个过程放到台前并且把它变得戏剧化。有名的午餐肉博物馆、蜡笔工厂博物馆、吉尼斯啤酒博物馆、乐高积木中心、喜力啤酒体验中心等，这些体验都是把过去在幕后的工作放到了舞台上。

我们可以在真实生活中演戏，或者把真实生活变成演戏。百老汇音乐剧 RENT 里面有一句台词："真实生活每天都像演戏。"不信你可以看看如今电视上层出不穷的真人秀节目。例如，《心动的信号》等婚恋交友节目，《交换空间》等家居装潢节目，《巅峰时刻》等极限运动节目，还有《十二道锋味》(美食烹饪)、《令人心动的 offer》(职场生存)就像电影《楚门的世界》一样，真实生活被毫不知情地用摄像机记录下来，展示给全世界。更多的企业也搭建好了自己的舞台，将顾客的平凡人生改造成一场难以忘怀的表演。

以前的戏剧表演只能在剧场、电影院和主题公园向消费者呈现，现在戏剧表演的竞争对手不但包括餐厅、咖啡厅、电脑游戏和虚拟世界，还包括银行、保险公司、航空公司和餐厅，甚至包括商场。每一家企业都变成了一个舞台。

当每一家企业变成了舞台，每一个员工也就变成了演员，迪士尼称呼自己的员工为"cast member"，就是演职人员。事实上，迪士尼的清洁工也被叫作演职人员，因为他们的工作是这幕宏大演出的一部分。对于一个清洁工来说，被叫作演职人员让他们感受到了工作的意义。每一个消费者的身份也发生了变化。迪士尼称呼游客为"guest"(宾客)，就像是称呼邀请到自己家来做客的客人一样，如果某人是你邀请来的客人，那么你当然有义务让他玩得开心。

事实上，派恩和吉尔摩认为，在营造体验的过程中，每一个员工的每一件工作都变成了演出。飞机乘务员迎接消费者是演出，厨师在厨房里揉面团是演出，擦鞋匠擦鞋、出租车司机开车也是演出。每一个员工都应该积极地做出相应的行动改变，通过表演的方式影响顾客的感受。每个员工都需要用演员的专业精神让自己日常的工作呈现出亮点。一个严肃的工作也可以通过戏剧化的方式表达，让顾客大开眼界，为顾客制造难忘的记忆。

演员还可以利用身体语言、手势、目光接触和各种道具服装完成表演。UPS 的快递员总是穿着褐色制服，手中还有褐色的纸箱，让人们一眼就能看出他们的身份。即使根本不需要赶时间，UPS 的快递员也总是在奔跑，让人们感觉到效率和活力；美国西南航空公司的服务人员身穿网球衫、运动鞋，想要传达出他们很有活力，使西南航空公司看起来和其他航空公司不一样；英国知名玩具品牌 Jellycat 则让销售人员身穿服务生制服，在一家食物是快餐玩偶的"Jellycat 快餐"餐厅中扮演着"打包员"的角色，为这些特别的"快餐"提供精美的包装盒，员工们乐此不疲地扮演着"服务生"的角色，让消费者完全沉浸在欢乐有趣的消费体验中。

一些严肃的工作也可以通过戏剧化的表演来优化。以律师为例，芝加哥的律师费雷德·巴特利特说："你必须设计好每一个细节，包括你的穿着方式和桌面上文件的摆放方式。"如今，越来越多的审判律师开始密切关注自己的每个微笑动作。从在法庭内的走路方式到站立的位置，从何时以及如何展开延伸接触到递交文件和使用电脑时的每个姿势，再到如何即兴发挥和准备讽刺言论，每一个细节都不能遗漏。这个目的决定了动作会对整体表现产生怎样的影响。现在的律师经常需要学习舞台表现技巧。成功的关键经常在于这些细节的使用和选择。陪审顾问罗伯特更是进一步建议律师事务所考虑每一个具体细节，不仅包括台上的表现，也包括进出场地的方式。他建议律师和陪审顾问不要开豪华汽车，而是改乘公交车，避免在停车场被陪审员看到留下不好的印象。

各行各业都需要会表演的从业人员。事实上，各行各业的人都必须用新的角度审视自己的工作，工作即演出，工作要怎样才能演出得更好呢？当企业能用舞台演出的形式设计经营模式时，即使最琐碎无聊的工作也能够以令人难忘的方式吸引顾客。

我们还可以通过戏剧化的方式把过去讨厌的体验夸张成愉悦的。等待在很多行业里都是让消费者苦恼无比的体验，但是有一些体验营造者把等待变成了愉悦体验的一部分。例如，海底捞餐厅的顾客等待区蔚为壮观，有丰富的零食饮料，也有各种游戏道具，还提供美甲和托儿等服务。而智能手机的出现也让等待变得没有那么烦恼，等待时的碎片时间被赋予了各种各样的价值。

购买装修材料是件让消费者痛苦的事情，消费者经常感觉自己缺乏专业知识，还要跑很多各种各样的店进行采购。马克·布拉迪为顾客推出了"装修购物游"的体验。他租来一辆加长豪华轿车，陪伴顾客挨个游览十几家供应商店面，每到下一家店参观之前，他会给顾客做详细的专业指导。这种方法不但节省了顾客的时间，让他们不必自己东奔西跑地穿梭于各家建材店。游览结束时，轿车司机亲自开门，派发各种美味的食物，布拉迪会打开香槟和顾客一起庆祝。把购买装修材料当作一次难忘的旅游体验，一个原本痛苦的体验也被赋予了价值。

有时候只要将一个细小的环节戏剧化就会收到不错的效果。例如，飞机起飞前的安全须知大家都听得习惯了，根本不会产生任何印象，但是美国西南航空公司的乘务员用说快板一样的诙谐方式呈现安全须知，让大家耳目一新。在餐厅等位时，餐厅服务员经常会说："您的座位准备好了。"这也是常规做法，让人觉得平淡无奇，但是在一家热带雨林餐厅，服务员却大声地宣布："你们可以开始冒险之旅了！"如果说了三遍之后消费者没有出现，他就大声通知其他人："看来这位先生赶不上这次精彩旅行了。""外婆家"是非常有名的杭帮菜餐厅，每次排队叫号时，都会有甜美的女声录音喊着："外婆喊你回家吃饭喽！"这样的叫号声本身也是体验的一部分。

Gumball 糖果售卖机也是一个很好的例子（见图 13-2），投币之后它不会马上把糖果吐出来，一枚糖果会沿着螺旋状的通道叮叮咚咚跑上好一阵子才能出来。虽然可以以同样的价格用更简单的办法买到一粒 Gumball 糖，但是消费者更愿意在这种机器上购买。虽然这种糖果机的出货速度不如其他产品快，需要等上一会儿，但是这

图 13-2　Gumball 糖果售卖机展示图

种戏剧化的销售方式使得这种糖果机的销售量比其他产品高出许多倍。

在体验营造中要注意的一点是，不同的人群对于体验有不同的需求，例如大人在购物广场逛街时，几乎每一个孩子都会感到无聊。针对这个问题，有一些购物场所或者餐馆提供了托儿服务。迪士尼公司在购物大街让孩子每去一家商店都能收集一套贴纸贴在本子上，从而减轻孩子的无聊感。迪士尼公司也非常强调提供个性化的服务。例如，一对夫妇带着生病的孩子到迪士尼游玩，回到酒店时发现房间已经放着以米老鼠名义发出的"祝孩子早日康复"的卡片。

在医院里面，不同病情的患者也常常有不同的需求，比如肿瘤科的患者想要安静私密的候诊区，他们不想见太多陌生人；产妇们想要和朋友家人一起分享。鉴于此，东杰斐逊医院为不同的患者创建了不同的空间，开发个人定制化体验。

同样的演出节目，每个客户收获的体验非常不一样。体验是很个性化的产品。因此，商家需要尽可能地为每个客户提供定制化的体验。提供定制化的体验有一个好处，就是保持消费者忠诚度。以亚马逊网站为例，它和你的每一次互动都会促进它对你的了解。下次你再购物时，它就可以更好地服务你，向你展示更符合你需求的菜单和商品，大大地节约了时间。如果出现一家竞争对手，拥有和亚马逊一样的功能和服务，你会选择去这家新的电商购物吗？应该不可能，因为你需要重新花时间与新电商磨合，让新的购物网站熟悉你的喜好和购物习惯，这样的转换成本让你不愿意更换熟悉的购物网站。

在体验营造中不仅要注意个体差异，还要注意文化差异。体验的目标各种各样，有一些文化里的消费者更追求放松，有一些文化里的消费者更喜欢追求快感，有一些文化里的消费者想要感受兴奋。

| 经典和前沿研究 13-3 |　文化差异与信息处理方式

跨文化心理学的研究显示，个体处理信息的方式受到文化背景影响。通常来说，来自东方文化的个体倾向于综合地处理信息（holistic），他们认为环境中的所有对象都同等重要且相互关联；相比之下，来自西方文化的个体倾向于关注显著的信息（analytic），他们倾向对信息进行分解处理，因为他们相信环境中的物体具有独特且相互独立的特点。

不同的信息处理方式是否会影响消费者的偏好呢？考虑到这种文化差异，一个来自瑞士的研究团队对比了来自新加坡和德国的消费者。研究发现，新加坡的消费者更喜欢商家能为他们提供尽可能多的完备的方案，这样他们可以对不同的方案进行全面的评估。与此相反，德国的消费者则更喜欢商家为他们提供关于产品每个属性的独立信息，让他们能够依次地对每个属性进行选择。

由此可见，在不同文化背景中成长的个体，其信息处理方式存在差异，这也会影响他们对商家提供信息方式的偏好。因此，从体验设计的角度来说，体验需要与消费者的信息处理方式相匹配。东方的消费者可能更偏好商家提供全面的体验方案，让他们能够全面评估不同的选择；而西方的消费者可能更喜欢商家提供关于体验过程每个环节的独立信息，让他们能够逐一选择并构建自己的体验。这样的设计可以使消费者在体验过程中感到更顺畅、更自然。

资料来源：DE BELLIS E, HILDEBRAND C, ITO K, et al. Personalizing the customization experience: a matching theory of mass customization interfaces and cultural information processing[J]. Journal of Marketing Research, 2019, 56(6): 1050-1065.

13.4 提供体验的风险和弱点

营造体验可以为企业的产品和服务增加价值，但是提供体验会有一个很严重的弊端，就是消费者很容易对一成不变的体验感到厌倦。就连体验产业的楷模迪士尼乐园也遭遇过这种问题。例如，迪士尼刚开业时明日世界确实科幻感十足，但是过去几十年明日世界的项目一成不变，那些未来的科幻世界的场景早就过时了。这导致迪士尼变成了老掉牙的体验。出于这种原因，迪士尼公司不得不投资几十亿美元对美国加利福尼亚州探险乐园中的项目进行改造。

每一位消费者在经历企业为他们准备的体验之前都带着预期，而且往往是很高的预期。让消费者赞叹"哇"意味着不但要满足人们的期待，还要超越他们的预期。戴夫·鲍尔认为，消费者满意度是期望值和感受值之间的差异，用公式表示为：

$$满意度 = 期望值 - 感受值$$

这意味着第一次被惊艳的消费者多次之后就不再会感到惊艳，因为他们的期望会提高。第一次光临海底捞时，体贴殷勤的服务会让你感觉前所未有的贴心，但是第二次、第三次你就开始有点失望，因为你对服务的期待值提高了。消费者不见得愿意反复经历相同的体验，他们更希望每次都能尝试意料之外且能为自己带来惊喜的体验。体验一旦失去新奇感，就会让大家提不起兴趣，消费者经常说："那个啊，我早就去过了！"随着越来越多的商家开始提供各种新奇的体验，未来会有更多的体验营造者发现日子越来越难过，有很多过去热门的体验场所或者体验产品纷纷倒闭或者下架。例如，亨氏公司的 EZ Squirt，喜新厌旧的孩子们很快就厌倦了这个玩具，所以 2006 年这款曾经的热销产品就下架了。

📍 营销工具箱

消费者很容易对同样的体验产生厌倦，有两个主要的解决办法：一是不断地升级体验，让他们每一次都有"哇"的感觉；二是随机地给人意想不到的体验，消费者不会对意想不到的东西产生厌倦。

如何为消费者制造高于他们期望值的体验呢？一个自然的解决方案就是持续不断地升级体验，让消费者每次光临都能感受到新的东西。但是还有一个秘诀就是让他们意想不到。例如，Macaroni 餐厅会在每周一或者周二随机挑选顾客为他们免单。当顾客用餐完毕要结账时，他们会收到一封短信而不是一张账单，告诉他们这一餐免费。这让顾客惊喜万分，因为他们已经从心理上准备好了买单。这种意外的感受会促使他们再次光顾这里，也会让他们更加激动地向自己的朋友口碑传播这家餐厅。据估计，这种方式大概每月会花费餐厅 3.3% 的营业额，但是对顾客的影响却远远超过了该费用，也超过了其他餐厅用的一些打折或者促销策略的效果。这种体验是意料不到的惊喜，因此永远也不会过时或者老掉牙。

13.5 为体验定价

如何为体验收费？很多消费者还没有形成为体验付费的习惯。一方面，消费者的付费习惯并不容易改变。另一方面,很多体验不太适合收费,因为消费者还没有准备好为这类体验付费,贸然收费可能导致消费者反感和心疼。例如,餐厅一般只对提供的食品收费,而很少对入场体验单独收费。如果一家主题餐厅还要加收门票费,可能会使消费者反感。但美国的餐厅更容易对体验单独计费,因为美国的消费者已经习惯了在餐厅就餐时向服务员支付小费。他们已经接受了要为服务单独付费,自然也就更加容易接受为体验单独付费。

很多提供高质量体验的零售商不愿意就体验向消费者收费,而是鼓励他们因为体验来到店内,从而产生其他的消费。例如,很多书店的体验相当好,不需要门票就能进入书店,如果你不买书或者买咖啡,你就不需要为体验付费。但是派恩和吉尔摩认为这种做法并不好,他们认为需要明确要求消费者为体验付费。他们承认没有几个人愿意掏钱进商店,所以一开始可能不会有足够的客流。但是如果零售店决定收取门票,这会迫使店家营造更好的体验吸引消费者。商家还可以考虑使用会员式收费的方案。就像开市客一样,变成了和其他零售店完全不同的体验场所。这样做也许反而可以销售出更多的产品。

派恩和吉尔摩也承认针对体验收费的做法可能很难吸引消费者。消费者会大吃一惊:"什么?逛个商场还要买门票?"但是他们认为单独对体验收费有两个优点。第一个优点是可以让消费者意识到体验的价值,从而更加珍惜这种体验。如果一家餐厅提供很高质量的体验,但是费用附加到菜品上面,那么消费者就会把菜品和其他商家进行对比,从而觉得菜品的定价太高。例如,很多消费者都觉得比起其他火锅店,海底捞的菜比较贵。派恩和吉尔摩认为,如果出现这种情况,还不如像酒店一样,附加服务费让消费者意识到这里的菜品价格与其他店差不多,重点是他们得到了优质的服务和与众不同的体验。第二个优点就是收费会让商家意识到体验的价值,从而更好地维护或者不断地升级体验。

虽然消费者现在还没有为体验付费的习惯,但是这只是发展的一个阶段。随着时代的进步,原来消费者可以通过免费途径获得的很多体验将会逐渐出现在商业领域中,这就必然带来巨大的改变。换句话说,以前我们可以免费获得的东西,现在要付费才能体验到了。互联网刚开始兴起的时候,消费者也不习惯为互联网上的优质内容付费,人们倾向于认为互联网上的信息都是免费的。这还导致了多家报社的倒闭和《纽约时报》的巨额亏损,因为没人愿意付钱看新闻。但是现在,消费者已经习惯下载一个付费的app,订阅爱奇艺的会员观看影片,买《纽约时报》的电子版阅读新闻,在喜马拉雅app上收听付费的节目,在微信公众号里打赏一个我们欣赏的作者的文章。再把镜头切换到几百年前,人们也是亲自耕田种植吃的东西,他们也不习惯需要为了自己的食物而付费。在历史进程中,有很多事物在从免费向收费转变。以前人们总是依靠自己创造体验,比如我们会为自己筹备一个生日晚会。现在我们却越来越愿意付费,让别人创造体验。因此,消费者的付费习惯是可以被逐渐培养起来的,未来将会有更多的消费者愿意为了体验付钱和花时间。这也是一个必然的趋势。

对体验收费可以有以下几种方式。

(1)按入场收费。商家可以在消费者进入某个场地时收费,就像是去电影院、观看表演或者比赛一样。当然这种入场收费还可以灵活地修改为一段时间内无限次入场,比如迪士尼就有两天票或者三天票;还可以调整为多场次费用一次收取,比如有些电影院可以买到观看 10 次电影的套票。

（2）按时间收费。商家可以对消费者按分钟、小时、天、周、月、季度或者按年享受体验来收费。但是如果时间比较长，还可以收取会员费，比如参加一个高尔夫俱乐部就需要缴纳年度会员费。

（3）按活动收费。商家可以根据消费者参加的具体活动收费。例如，一些老旧的游乐场在玩每个设备的时候都需要单独收费，而不是像迪士尼那样按照入场收费。

对体验收费需要特别注意：收费次数不要太多，也不能先体验然后再按体验的时间收费，因为这样的收费方式会损害消费者的体验。例如，著名经济学家 Loweinstein 在他的一篇文章中提到，如果坐在出租车上一直听到计价器在不停地响，就会感觉到很心痛，从而导致没有办法好好享受坐车的体验，看看外面的风景。收费次数过多也会损害体验，比如游乐场每一个设施都要收费，那么每一次消费者都要做出决定是否进行购买，这是非常消耗认知能力的，也会导致付费心疼，付费次数过多使得消费者不能沉浸在体验之中。

改变收费方式本身就会给体验附加新的价值。例如，迪士尼的出现把按活动收费改为按入场收费，这提升了体验的价值。另外一个例子是电影行业，以前租赁录影带不但要按出租次数收费，而且过期不还还要罚款。Netflix 诞生之后付费模式就完全不同了。消费者只需要支付月费，就可以享受不限次数的影片租赁。这样减少了消费者付钱的次数，提升了消费者满意度。爱奇艺和腾讯视频也效仿 Netflix 这种付费方式，当然它们也保留了每部影片收费的选择，也就是用户可以选择每观看一部影片就付一次费，但是看一下它们的收费率就知道，观看单部电影用户需要支付 5 ～ 6 元，但是一个月的会员费才 19.8 元，显然它们更加希望消费者成为包月会员。这是为什么呢？付费会导致疼痛从而影响体验。但是如果消费者在很久之前就已经付了会员费就不会感到疼痛了。消费者付了会员费之后，每体验一次反而感到更开心，因为有一种自己赚到了的感觉。反之，付了会员费之后忘记了去体验或者没怎么体验会觉得亏大了。因此，提前付费会增强体验的快感。从体验的品质来说，按月或者按年提前收取会员费是更好的办法。我们可以看到，大多数体验营造者都推出了包月或者包年的会员费制。例如，上海的欢乐谷乐园就推出了年票等选择，日常成人票价格为 260 元，而单人年卡只要 499 元。大多数健身房也是采取年卡或者季度卡这样的收费形式。

营销工具箱

收费次数不要太多，也不能先体验然后再按体验的时间收费。因为这样的收费方式会损害消费者的体验。提前收取月费或者年费之后再让消费者在一定的时间范围内无限次地体验，每体验一次反而感到更开心，因为有一种自己赚到了的感觉。提前付费会增强体验的快感。

体验营造者还可以通过向消费者出售纪念品获得提供体验的收益。如果是一段难忘又有意义的体验，消费者很愿意购买纪念品。因为体验虽然是无形的，但是纪念品是有形的。购买有形的纪念品是为了留住自己无形的体验。票根就是一个很好的例子，票根本质上只是体验的副产品，但是人们有时候却舍不得丢掉。因为它可能让你想起一次难忘的约会、一个重要的日子。

购买纪念品除了可以保存记忆，还可以起到展示的目的：向别人展现自己的经历，以此制造话题甚至引发对方的羡慕。

每年人们花在纪念品上的费用高达数百亿美元。销售和某种体验相关的纪念品是延伸体验的一种方式。例如，很多酒店开始在电子门卡上印刷艺术图案，允许消费者把门卡带回家。在美国女孩娃娃店的内部咖啡厅，餐巾纸是卷好后用扎头发的松紧带捆在一起的，这些松紧带黑白相间，上面的图案不是长条就是圆点，和店内的装饰风格一样。很多小姑娘对这个东西爱不释手，询问店家能否赠送，实际上这个东西本来就是免费提供的。店家同意她们的请求时女孩们非常开心。有趣的是，海底捞也会向来就餐的小孩们赠送各种小玩具。例如，给小女孩赠送芭比娃娃，但是娃娃身上并没有任何使人联想起海底捞餐厅的东西，这就失去了作为纪念品的价值，而只是单纯的一个小礼品。如果海底捞在采购礼品时要求印上海底捞的品牌标识，就能收获更高的附加值，也变得更有纪念意义，相当于借客人之手给自己做了广告。

企业在开发纪念品时需要充满创意。美国佛罗里达州的丽嘉酒店安装了一套新的门卡系统，因此需要去掉以前的门把手。但是该酒店没有把这些把手丢掉或者卖掉，而是经过处理后做成了精美的镇纸送给老客户。由于有6 000多位老客户想要获得这个纪念品，酒店决定将它们送给体验故事最动人的客户。这个门把手成了承载美好回忆的纪念品。很多大学都把旧的宿舍楼或者教学楼拆掉然后盖新的大楼，这常常让校友们非常难受，因为他们再也看不到带有美好记忆的建筑。如果学校能够贴心一点，可以将旧的砖头或宿舍门把手等物件作为纪念品放在学校纪念品商店里面出售，或者作为礼品送给校友。这不但会抚慰校友的感情，还能维系他们对母校的依恋之情。事实上，只要有合适的舞台背景，任何企业都可以把纪念品添加到体验产品中。例如，如果消费者在还完所有的房贷之后，银行可以给消费者准备一个小小的庆祝活动，将某个文件装裱起来给客户做纪念品，这会让客户无意识地对这家银行产生情感联系从而变成忠诚客户。

13.6 最高级的体验

派恩和吉尔摩认为体验只是开始，在体验之上还有更高一层的目标，即改变自我，让自己成为一个崭新的自我。体验可以帮助我们学习和成长、发展和完善、进步和改变。体验的最高形式就是致力于改变，也就是致力于让人们变得更健康、更富裕、更聪明、更幸福。想必大多数人都听过"改变人生的体验"这种说法。

消费者购买健身房的会员卡，目的不在于自讨苦吃，而是想通过长期的锻炼实现身体健康，塑造一个好的身材。同样，消费者之所以去看心理医生，是因为这样做能改善他们的心理和情绪健康。有人就读商学院是因为他们希望借此机会改善自己的职业和财务状况。健身日程、心理咨询、学习课程等都是诱导某种结果的手段，而这种结果的价值无疑比体验活动本身更高，更加令人向往。

哥伦比亚中部医疗中心就很擅长改变患者。这家医疗中心吸引了全美国的患者慕名前来，原因在于该中心提供了包括五种治疗方式在内的全面改变：生理治疗、社交治疗、智力治疗、环境治疗和精神治疗。在生理治疗方面，提供最先进的治疗手段；在社交治疗方面，有各种社交活动和团体支持活动；在智力治疗方面，设有图书馆和各种课程，提供各种疗法的信息；在环境治疗方面，该中心建有治愈系的公园为大家调节情绪；在精神治疗方面，该中心设有冥想中心和祈祷室。这家医疗中心把 1/3 的空间修改为非功能性的场所，原因在于这些场所能帮助患者从高压状态转变为轻松状态，其中包括在大厅里面播放竖琴曲，为患者和家属提供放松课程、按摩和蒸气浴等。这种做法颠覆了传统医院的形象。

另一个案例则是以海马体为代表的新式照相馆。在海马体拍摄照片并不便宜，即使是普通的证件照，也需要花费 150 元左右才能拍摄一次。然而，每天仍然有众多预约好的消费者如约而至，充满期待地在这里获得一次难忘的拍摄体验。"爱美之心人皆有之"，海马体以独特的方式打破了传统的证件照拍摄模式。在这里，化妆师会根据顾客的脸型、眉形等因素，为他们选择适合的妆面并搭配合适的服装。而摄影师则调动顾客的情绪，捕捉顾客面部表情最好的一面。他们的专业能力和敏锐洞察力让每一个顾客在镜头前展现出自己最美的一面。在海马体，拍摄不仅仅是一个简单的拍照过程，更是一个对美的追求和探索的过程。消费者在这里不再仅仅是拍照，而是通过专业的服务和引导发现自己的美丽和魅力。海马体为消费者提供了一个全新的视角，让他们看到自己最美丽的一面，重新找回自信心。

营销工具箱

在变革性体验中，后续的实施过程是最困难的阶段，也是很多企业做得不足的地方。改变人生的体验不应该只顾传授知识而不管学生能否将这些知识学以致用。

美国罪犯改造公司为政府提供私有化的罪犯关押和改造服务。普通的监狱只是让罪犯远离社会，但美国罪犯改造公司提供的是"优质改造"服务，它会教犯人学习很多工作技术，让他们读书写字，准备了各种高中补习班和教育课程。对于学历比较高的犯人，美国罪犯改造公司还能为他们提供更多形式的培训。犯人可以获得工作技能，比如柴油机维修或者汽车修理等，让他们有机会在被释放之后适应监狱之外的生活。当然，这样的服务还是不能改变那些精神病患者和反社会人格者，但是这部分人只占所有罪犯的 20%。美国罪犯改造公司不仅关押犯人，还"改变"犯人。

改变自我的体验通常不是愉悦的而是痛苦的，约翰·达拉·科斯塔（John Dalla Costa）在《生产智慧》一书中提出了这样一个观点：智慧是体验的结果（通常是痛苦体验，比如人们在健身中心、心理诊所或经历悲痛时的体验），也是变革的基础。愉悦的体验会让我们快乐，但是不会改变我们，痛苦体验才会。

| 经典和前沿研究 13-4 | 痛苦能卖吗？当然可以

在以往的研究中，学者们普遍认为消费者在购物时追求的是享乐原则，即追求快乐，逃避痛苦。但是实际上，消费者会积极地去寻找、去支付，甚至去享受痛苦。例如，吃辛辣的食品、文身、看恐怖电影，甚至主动挑战攀岩、跳伞等极限运动。

在美国，就有一个让人痛苦却又让人着迷的冒险挑战赛——"火人节"（Burning Man）。从 1986 年开始，这个让人痛苦的冒险体验每年都会在美国内华达州的黑岩沙漠上演。每年，来自世界各地的近十万挑战者会在这个寸草不生的荒漠里聚集起来，建立起一个只有8天寿命的"城市"。这个"城市"里唯一提供的设施是厕所，售卖的物品只有两种：冰和咖啡。挑战者们作为"居民"必须自己准备所有生活用品，并在恶劣的环境中照顾自己。在"城市"生活期间，挑战者们经常要忍受38□以上的高温，除了自己带的东西，没有任何遮荫的方法。8天后，"居民"们将离开沙漠，并将所有垃圾自己打包带走。在那之后，"城市"里的所有物品都会被烧成灰烬，最后又恢复成荒无人烟的沙漠。

对消费者而言，像"火人节"这样痛苦的体验之所以吸引人，是因为痛苦的体验更令人难以忘怀，也更具纪念价值。此外，挑战痛苦的经历有助于他们逃离日常生活的平淡与自我限制，带来全新的成就感。通过痛苦的体验，他们能够增强自信、提升能力，并实现自我转变。由此可见，痛苦的体验对消费者来说并不是一件绝对糟糕的事情。

从另一方面来看，对企业来说，痛苦的体验还可能增加消费者对品牌的黏性。奢侈品行业就充分利用了这样的特点，通过设置价格障碍拒绝向消费者出售令人垂涎的商品增强消费者"痛苦的满足感"，从而增强他们对品牌的黏性。由此可见，"痛苦"无论对于消费者还是企业而言，都是一件具有价值的商品！

资料来源：1. SCOTT R，CAYLA J，COVA B.Selling pain to the saturated self [J]. Journal of Consumer Research，2017，44(1): 22-43.

2. KASTANAKIS M N，MAGRIZOS S，KAMPOURI K.Pain (and pleasure) in marketing and consumption: an integrative literature review and directions for future research [J]. Journal of Business Research，2022(140): 189-201.

13.7 营造让人难以忘怀的体验

致力于提供体验的企业不但需要问自己"我们应该如何做"以及"顾客想要什么"，还需要问自己一个全新的问题："我们能让消费者回忆什么？"

本书作者在台湾省曾经遇到一个出租车司机，他给作者留下了难以忘怀的记忆。他又说又唱，还讲述各种有趣的事情，给了作者很大的惊喜，即使有点堵车作者也全不在意。事实上，当出租车到达指定地点的时候，作者感觉时间过得太快了，高兴地多付了小费，甚至还惆怅地想为什么不多堵一会儿车，可以再听司机唱一首台湾民谣呢。

体验的回忆和体验发生时的快乐，这两者是有区别的。刚结束迪士尼度假的消费者和结束度假一个月的消费者，两者对体验的评估和反应不一定一样。要创造神奇的体验，迪士尼需要知道消费者在不同时间的感受。体验后对体验的记忆也是非常重要的环节。总的来说，体验制造的难忘记忆越多，它创造的价值就越大。迪士尼在入职培训时声称它们的目标就是："我们不能把人们留在迪士尼，但是我们可以把迪士尼留在人们心里。"

那么如何让体验难以忘怀呢？这里我们谈一谈塑造美好记忆的三个原则。

13.7.1 塑造美好记忆的第一个原则：充分调动感官

在《追忆似水年华》这本书的一开始，普鲁斯特描述自己吃了一口点心，品尝到一种熟悉而久远的味道，这种味道一下子把他带入到一段遥远的记忆里面。是的，感官刺激是塑造记忆的强大武器。

一种体验越是能够调动人们的各种感官，就越会让人感到难以忘怀。聪明的擦鞋匠懂得调动你的听觉和嗅觉，比如他们会增强鞋油的味道，还会把擦鞋布甩得啪啪作响。实际上，这种强烈的气味和啪啪响的声音并不会让你的鞋变得更光亮，但是这些刺激却能很好地调动你的感官，让你的体验更投入，甚至让你产生错觉。经过这些感官的调动，你觉得鞋子更光亮了。

很多酒店的大堂都会放置它们精心调制好的特殊香氛。一走进去，你就能感受到它们要告诉你的故事：优雅的、荒野的、令人放松的，或者是新奇的。这些感受不需要通过你的意识产生，有可能你压根就没有觉察到这个香味，但你的情绪和感受已经发生了变化。

当服务中增加了感觉因素之后，它就会变成非常吸引人的体验。如果小宝宝不肯吃饭，父母就会假装勺子是一架飞机在天空中盘旋，并且还会发出飞机引擎的声音。小宝宝看得目不转睛，夸张的表演之后，最后这架"飞机"就顺利地降落到宝宝的嘴里了。

淄博烧烤就是一个充分调动消费者感官的案例。与市面上许多烧烤有所不同，淄博烧烤是少数仍然采用独立小炉纯碳烧烤的烧烤形式。服务员将七八分熟的烤串送到桌上后，食客们就可以把食物直接放在炭火上进行沉浸式二次加工，高温使得食物的风味和香气更加浓郁，萦绕在消费者身旁，让他们充分感受到食物的自然风味和火候。这样的"灵魂烟火气"吸引了大批消费者慕名前往淄博，这样的行为被消费者笑称"进淄赶烤"。

人们通过视觉、听觉、嗅觉、味觉和触觉理解周围的环境。迪士尼非常注重调动消费者这五种感官体验，人体有大约70%的感觉接收器在眼睛里，因此视觉是重要的传达器。在迪士尼乐园的设计中，视觉路线是主要考虑因素，它要使宾客不论在哪里都能看到令他们开心和愉悦的景致。从听觉上设计，一个好的体验场景也需要精致复杂的声音系统。例如，在迪士尼的巡游路线中共有33个声音传感器，无论从哪里欣赏花车巡游，都会被一条恰到好处的音轨环绕。嗅觉和味觉更是可以调动情绪的强大武器，在大脑里面这些感知觉的脑区与我们的情绪加工联系非常紧密。在迪士尼乐园，商铺还没开门的时候，爆米花的杳味就已经弥漫在大街上了，这种味道让消费者像是到了电影院，感到一出大戏马上就要上演。触觉更能够提高消费者的参与感，看4D电影时拂过脸上的微风，或者滴落在皮肤上的水珠，都会增加体验的真实感。

有时候我们还可以对一些一成不变的感官刺激做一些新颖的改变，这样可以一下子引起消费者的注意和兴趣。例如，GPS里面的提示语音不再一成不变，而是变成了明星的语音或者某种方言，这样的声音可以给产品增加体验性。但要注意的是，新奇的感官刺激不一定是好事，也可能让人觉得反感。有时候两种感觉不能混在一起，否则就会导致失败。例如，有一家干洗店别出心裁地想要把干洗服务和酒吧凑在一起，没想到肥皂粉的味道使啤酒花的口感变得很奇怪，于是就成了一个失败的例子。2023年发表在 Journal of Consumer Research 上的一篇文章指出，艺术展览并不像想象中那样能够更多地促进消费者购买奢侈品。因为在体验艺术的过程中，消费者会产生"自我超越"的心理状态，这会破坏他们追求社会地位的动机，从而降低他们对奢侈品的渴望。

13.7.2 塑造美好记忆的第二个原则：美好的开始等于成功的一半

第一印象至关重要，消费者瞬间形成的印象会影响到他们接下来的体验。第一印象强烈而持久，所以迪士尼乐园致力于让消费者刚到园区就发出"哇"的赞叹声。一开始的"哇"会产生积极而持久的体验。

早在1946年，心理学家阿希就用一个简单的实验说明了第一印象的重要性。他给一组人看了一张照片，照片上面写了一串别人对这个人的评语：冷漠、挑剔、勤奋、务实、聪明。看完照片之后，人们需要评价他们对这个人的看法，以及考虑一下，如果自己是某公司的人力资源面试官，是否愿意招聘这个人来公司工作。

另外一组人也看到了同样的一张照片，也要做出同样的评价。可是和第一组人不一样的是，他们看到的评语是：聪明、务实、勤奋、挑剔、冷漠。

你们一定发现了，这两组评价的词语是一模一样的，只是顺序不同。第一组人看到的词语是从消极的评价到积极的评价，而第二组人看到的词语是从积极的评价到消极的评价。那么这两组人对于同样的一个人评价如何呢？

没错，如果一开始看的是积极的评价，那么人们对这个人的评价更积极，也更愿意聘用这个人。如果一开始看到的是消极的评价，那么人们对这个人的评价更消极，也更不愿意聘用这个人。第一印象会塑造我们的期待，如果我们的期待是积极的，那么接下来我们就会更多地去加工那些积极的部分。

第一印象会锚定我们的体验，诺贝尔经济学奖得主卡尼曼就曾经做过这样一个实验。他让人们估计 $8×7×6×5×4×3×2×1$ 等于多少，结果这些人估计的数字的中位数是 2 250；但是让另外一群人估计 $1×2×3×4×5×6×7×8$ 等于多少时，这些人估计的数字的中位数只有 512。开头的体验非常重要，它会锚定我们的总体体验。

可能你会觉得，一开始过高的期待会导致对接下来的体验感到失望。这虽然有点道理，但是如果一开始就让人失望，后面人们就会更多地注意到那些令人失望的东西，就更加不可能形成积极的体验了。

这个效应不但可以用在体验一开始的时候，还可以用在体验之后塑造消费者的积极记忆。例如，很多公司在消费者体验之后对消费者进行调查。它们想要知道自己的不足之处和消费者的体验痛点，于是它们一开始就问："你对我们的服务有什么不满意的地方？你在这次体验中有什么不愉快的经历吗？"一上来就问这样负面的问题会导致消费者的负面记忆进一步增强。

Sterling Bone 在2016年的研究中发现，如果一开始问的问题是积极正面的，那么会让消费者留下满意的感受，并且让他们集中注意力在企业的积极表现上。例如，一家全国连锁销售公司在问卷的第一题就问消费者："你在我们店里有哪些美好的体验？"一开始问这个积极的问题，与一开始问消极的问题相比，使得这些消费者之后一年来这家店的总消费额和消费次数都增加了大约8%。

13.7.3 塑造美好记忆的第三个原则：定格于高潮

想象你在看一场文艺晚会，有许多演出一幕一幕地上演。晚会结束后，如果让你回忆一下整场演出并且进行评价，你觉得你的评价是更加取决于第一幕演出的质量，还是最后一幕演出的质量呢？也就是说，到底是第一幕演出最能影响你的体验，还是最后一幕演出最能影响你的体验呢？

想象你在吃东西，8 道菜一道一道地端上来，你吃完一样就撤掉一样然后上下一道菜。当你吃完大餐后，评价一下你的总体体验，你觉得是第一道菜最关键，还是最后一道菜最关键呢？

答案是，结尾比开头更重要！诺贝尔经济学奖得主卡尼曼认为，结尾比开头更能够影响我们的体验。所以为了增强体验，我们需要增强结尾的体验。如果一段谈话一开始很开心，但是结尾却不愉快，这段谈话就会不欢而散，给人留下很负面的记忆；反过来也是一样，如果一段开始很不开心的体验，但是结尾非常积极，那么也能让人感觉非常美好。

| 经典和前沿研究 13-5 | 最后一片薯片

一片一片地吃完薯片之后，再让你评价这个薯片的味道，你会受到一开始吃的薯片口感的影响，还是最后一片的影响呢？一道一道地吃完一顿大餐，最开始你觉得美味无比，但是吃得越来越饱的时候你会觉得对食物越来越厌恶。那么到底是最初的美味感受让你记忆犹新，还是最后的厌恶感让你记得更牢呢？上一次吃得过饱会导致你最后产生厌恶感，这会让你决定不要再去这家餐厅用餐吗？

人们的记忆表现出连续的位置效应，也就是说，人们对体验的开始和结尾记得更牢。美国斯坦福大学的一个研究团队的研究表明，对于持续时间相对较长的享乐体验（比如吃完一整包薯片），由于记忆存在干扰效应，最后一片薯片的口感记忆使人们更难想起之前吃掉的薯片的口感，即对最后一片薯片的记忆更加影响消费者对食物的总体评价和重新购买意愿。也就是说，最后一片薯片的口感更可能决定你下一次是否还会购买这种薯片。

资料来源：GARBINSKY E N, MOREWEDGE C K, SHIV B. Interference of the end：why recency bias in memory determines when a food is consumed again [J]. Psychological Science, 2014, 25(7): 1466-1474.

结尾是一段体验中最重要的环节，卡尼曼做过一个研究证明结尾的力量。他让两组患者分别做了大肠镜检查，其中一组人做了常规检查，另外一组人也做了常规检查，不一样的是，第二组人多做了一分钟，而最后的这一分钟，大肠镜保持静止。做大肠镜检查时非常痛，但是，当大肠镜保持静止的时候就没那么痛。检查结束之后，卡尼曼让这些患者评价刚才的大肠镜检查有多痛。卡尼曼还问他们，如果让他们再做一次大肠镜检查，他们是否愿意。你可以想象，大多数人都觉得实在太痛了根本不愿意再接受一次折磨。两组人接受了大肠镜检查，第一组人痛的时间更短，第二组人痛的时间更长，因为多做了一分钟。你认为哪组人觉得没那么痛呢？哪组人更愿意再做一次呢？你大概已经猜到了，第二组人觉得大肠镜检查更不痛也更愿意多做一次，因为让他们评价时，他们回忆的体验是最后的那一分钟。他们回忆的最后体验恰好是大肠镜不动的时候，因此感觉没有那么痛苦。多痛了一分钟的患者反而觉得这个体验没有那么痛。这个研究充分说明，一段体验持续的时间并不影响人们对体验的记忆，结尾的体验更能够影响到记忆。体验的结尾是商家最需要下功夫打造的地方。

商家对这一点早就无师自通了。你可能已经留意到了,每一次演出的结尾总是定格在高潮,因为这样最能给观众留下美好的回忆。莎士比亚就曾经说过:"结尾结得好一切都好。"大量的研究也支持了这个结论。因此,作为体验营造者,应该下最大的功夫在结尾部分。

著名的营销大师斯科特·斯特莱登(Scott Stratten)也认为,只要能够在最后时刻让顾客开心,他们自然会忘记前面那些不愉快的体验。迪士尼的焰火晚会就放到最后一刻,让游客的体验停留在高潮,游客的记忆也就停留在高潮。之前那些大排长龙的队伍、炎热的天气、难吃的食物等糟糕的体验,一下子就被五彩缤纷的焰火闪耀得烟消云散了。一个美好的结尾,塑造了美好的记忆。

本章小结

每家企业都应该"卖体验":①体验能为产品创造新的价值;②体验比物质能给消费者带来更多的幸福感;③任何产品都可以注入体验的元素来增加价值。

体验和服务的区别有两个,首先是体验的主观性较强,每个消费者喜欢的体验可能大不一样,但是消费者喜欢的服务却大致类似;其次是体验主要是为了创造美好的人生记忆,但是服务的目的并不在于此。

派恩和吉尔摩认为体验可以在两个维度上进行分类:参与水平、参与者和背景环境的关联。这两个维度把体验分为四类,分别是娱乐性体验、教育性体验、逃避性体验和审美性体验。

营造体验包括三个主要步骤:主题化、场景化和戏剧化。

一个好的体验主题需要具备三个特质:稀缺性、超越时空感和吻合已有的品牌形象。

体验的收费方式主要有三类:按入场收费、按时间收费和按活动收费。

体验的最高形式是帮助消费者改变自我,即帮助消费者学习和成长、发展和完善、进步和改变,变成一个崭新的自我。

塑造难以忘怀的美好记忆的三个原则是:充分调动感官,美好的开始等于成功的一半,定格于高潮。

中国故事

虚拟偶像产业的兴起与思考

"虚拟偶像"正在成为人工智能时代产业的新热点。虚拟偶像从起初的虚拟歌手拓展至虚拟主播,乃至人工智能虚拟偶像,在互联网新时代下的社交媒体、电子商务收获了大批拥趸,引发了现象级的消费狂潮。

虽然近年来,虚拟偶像在亚洲国家尤其盛行,但虚拟偶像的起源可追溯至20世纪80年代,当时英国的George Stone等人创建了一个名为Max Headroom的虚拟角色,通过计算机合成技术产生。然而,虚拟偶像的概念在日本产生并得到孵化。20世纪80年代,一些公司提出了"培育国民级虚拟偶像"的计划。1999年,诞生了第一个计算机图形(CG)虚拟偶像,名为"伊达杏子"。然而,由于当时CG建模技术尚未成熟,3D模型的虚拟偶像在审美上存在一定的不足之处。在初音未来诞生的21世纪之前,虚拟偶像领域都未引起广泛关注。直到日本音乐软件公司CRYPTON基于雅马哈集团的VOCALOID2语音合成程序开发的音源库依托语音合成技术,第一代真正的虚拟偶像才正式走进大众视野,并且迅速吸引了一批粉丝。

在初音未来之后，涌现出了一系列依托语音合成技术和音源库的虚拟偶像歌手，成功塑造了自己的虚拟形象，比如中国的洛天依。洛天依是一位由中国禾念信息科技有限公司打造和推广的虚拟歌手，她采用了VOCALOID3语音合成引擎，并以中国文化为基础进行声库和虚拟形象的制作。她的虚拟形象特点包括灰发、绿瞳，头上佩戴着碧玉发饰，腰间挂有中国结等，整体设计呈现出典型的中华少女形象，符合国内受众的审美标准。自2012年7月12日正式出道以来，洛天依发表了一系列经典作品，其中包括《普通DISCO》《权御天下》《一半一半》等。她在二次元社群和广大观众中拥有大量的粉丝和高度的知名度。通过虚拟现实等技术手段，她成功地跨越了虚拟与现实之间的"次元壁"，与实际歌手一同演出。2016年2月，她登上了湖南卫视小年夜春晚，并与著名歌手合唱了《花儿纳吉》，成为首位登上中国主流电视媒体的虚拟歌手。此后，她还在2016年第十一届金鹰节互联盛典上亮相，并于2017年6月举办了一场演唱会。令人印象深刻的是，她的500张限量SVIP门票在短短3分钟内售罄，突显了她的受欢迎程度。

随着技术的不断进步，虚拟偶像领域出现了新的趋势，其中最引人注目的是虚拟主播。虚拟主播以其独特性和创新性迅速崛起，其中全球首位Vtuber"绊爱"成为代表。虽然绊爱强调自身是人工智能，但实际上她是一位戴着虚拟面具的主播，借助先进的实时算法和动作捕捉技术，与虚拟形象同步进行声音配音和互动，呈现出生动的虚拟主播形象。

虚拟偶像的流行除了依靠与时俱进的技术革新，同时也因为它可以弥补真人偶像的弊端。与真人偶像相比，首先，虚拟偶像借助人工智能实现的广泛知识储备更有可能趋向于理想和完美。虚拟偶像依托多种技术手段构建，拥有更多元的"才艺"范畴，能够从事更多样化的演艺活动，轻松"跨界"。其次，虚拟偶像赋予了粉丝更多文化制作权，使他们能够深度参与内容生产和偶像塑造。粉丝可以创作虚拟偶像的曲目，塑造其形象，甚至与之互动。虚拟偶像的可复制性使粉丝成为偶像建构的主体，每位粉丝都有可能制作自己的虚拟偶像，享有个性化的文化创造体验。最后，虚拟偶像不需要扮演角色，他们的外在形象和内在性格是基于粉丝的喜好和期望而构建的，因此更加"真实"和稳固。虚拟偶像始终遵循既定的人物设定，不会受到丑闻或不良事件的干扰，因此在情感上更加可靠和稳定。粉丝可以信任虚拟偶像代表的理想形象，因为他们不需要伪装或改变。

同时，我们也需要思考现时的虚拟偶像真的能发挥偶像精神吗？偶像制造与崇拜在人类社会发展史上一直扮演着重要角色。这一现象可以被视为一种自我认同的应对机制，尤其是在个体面临生活挑战和社会不确定性时。随着社会的演进，偶像制造与崇拜也随之演化，反映了社会、文化和媒体的变化。虚拟偶像流行的背后也引发了很多思考。首先，虚拟偶像在营造"理想"与"完美"形象的过程中可能导致观众在自我认同和生活期望方面感到困惑，因为他们追随的是一种虚构的偶像，而非真实存在的个人。由于这些偶像通常代表着表面上的成功和富有，他们的生活方式和价值观往往与大多数人的现实生活格格不入。这可能导致观众追求不切实际的目标，产生自我认同问题，并感到不满足和失落。其次，虚拟偶像可能导致粉丝沉迷于虚拟世界，削弱了他们与现实世界的联系。粉丝可能花费大量时间和金钱追逐虚拟偶像，而忽视了真实生活中的责任和机会。这种沉迷可能对粉丝的心理健康和社交关系产生负面影响，因为他们越来越远离了真实社交和互动。最后，虚拟偶像也可能涉及道德和伦理问题。由于虚拟偶像是由人工智能和技术创建的，他们的言行可能受到控制和操纵，这引发了关于虚拟偶像是否应该有自主性和权利的争议。

虚拟偶像产业的崛起与影响不仅反映了互联网和社交媒体的发展，也改变了消费文化和商业模式。未来，虚拟偶像产业可能继续发展，成为文化娱乐、电子商务领域的重要驱动力之一，塑造着新的消费文化和商业格局。因此，对虚拟偶像带货进行学术研究和探讨具有重要意义，这可以促进对数字时代消费行为和文化变迁的深刻理解。

资料来源：1.爱范儿.虚拟偶像，一场二进制人造甜梦[EB/OL].(2016-12-31)[2024-04-23]. http://www.sohu.com/a/123090526_413981.

2.人民网动漫频道.虚拟偶像：文化的承载与集合娱乐文化的衍生物[EB/OL]. (2016-08-05)[2024-04-23]. http:// m.haiwainet.cn/middle/3541840/2016/0805/content_30161628_1.html.

3.李镕，陈飞扬.网络虚拟偶像及其粉丝群体的网络互动研究：以虚拟歌姬"洛天依"为个案[J].中国青年研究，2018(6): 20-25.

4.仝青，程旦丹.当代偶像生产机制研究[J].中国报业，2018(2):22-23.

第 14 章 量化消费者洞察

- 本章要回答的主要问题有：
1. 为什么量化消费者洞察对企业来说至关重要？
2. 量化数据如何转化为营销策略？
3. 在量化分析中，如何处理隐私和伦理问题？
4. 量化消费者洞察的未来趋势有哪些？

14.1 量化消费者行为的新趋势

SHEIN 是一家大型时尚电商公司，它以丰富的时尚商品著称。尽管已经在市场上表现强劲，但 SHEIN 认识到在理解消费者行为方面还有提升的空间，特别是提高年轻消费者的转化率和品牌忠诚度。为了解决这些问题，SHEIN 开始收集和分析用户的互动数据，包括消费者在网站上的浏览行为、购物偏好以及在社交媒体上发布的反馈内容等。这些数据来自网站追踪工具、客户调查以及社交媒体分析。通过深入研究这些数据，SHEIN 发现，年轻用户更喜欢通过社交媒体发现新产品，并倾向于购买时尚博主和关键意见领袖（KOL）推荐的产品。此外，这一群体对个性化推荐和时尚趋势的反应非常积极。

基于这些发现，SHEIN 加强了与时尚博主和 KOL 的合作，并通过社交媒体平台加强品牌故事的传播。SHEIN 还改进了基于消费者标签体系的个性化推荐算法，从而提供更符合个体偏好的产品选择。此外，SHEIN 还对移动应用体验进行了改进，从而更好地迎合年轻消费者的使用习惯。这些调整给 SHEIN 带来了显著的收益，不仅在社交媒体上的影响力大增，转化率和客户忠诚度也显著提高。

本章将从消费者标签体系的构建、内容营销，以及消费者的数据隐私和保护等方面探讨量化消费者洞察在当今数字化和信息时代的关键作用。

14.2 消费者标签体系的构建

在数字营销领域，消费者标签是一系列赋予消费者特定属性的标记，这些标记揭示了他们的购买习惯、偏好、行为和社会人口统计特征。标签可以是简单的，比如"重复购买者""偏好高端产品的消费者"，也可以是复杂的，比如基于消费者行为预测模型的动态标签。消费者标签不仅是将信息和数据分类的工具，也是企业了解、参与和增长客户基础的基石。标签使营销活动更加精准，提高了投资回报率，并促进了更深层次的消费者洞察。

14.2.1 标签属性

消费者标签可以分为三类，分别是静态标签、动态标签和预测标签。静态标签指的是消费者不变的基础信息，多为消费者固定数据，比如年龄、性别、星座、手机号等基础信息。动态标签是指利用平台收集的数据生成的标签，是消费者在平台内的特有标签，比如基于消费者的购买历史、网站访问模式等行为标签，基于消费者购物习惯、浏览习惯、互动行为的用户行为标签，基于消费者等级、活跃程度的消费者价值标签。预测标签是指利用平台收集数据预测的消费者标签，是设计千人千面的推荐系统的关键，比如消费者的价值观、兴趣点、潜在需求等标签。图 14-1 展示了三类消费者标签分类。

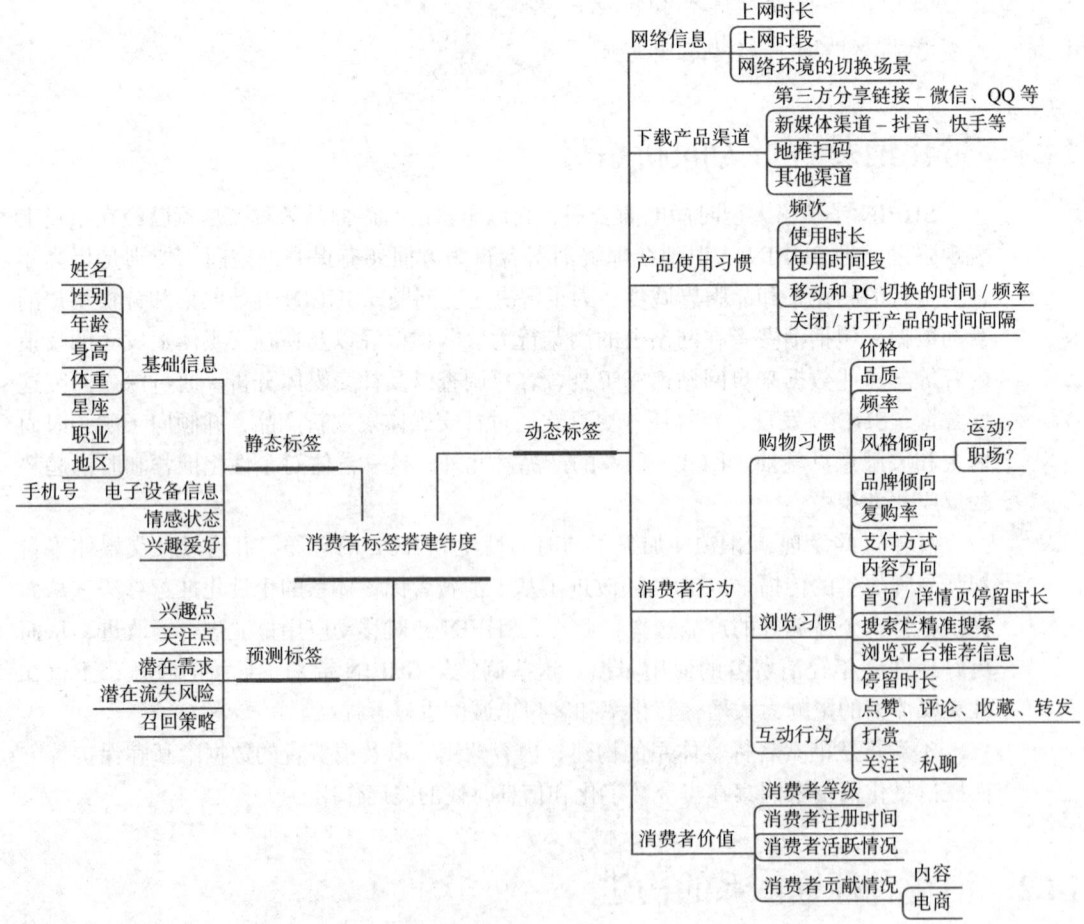

图 14-1 消费者标签分类

> **营销工具箱**
>
> 产品的核心在于消费者，消费者画像的核心在于标签。给消费者打上标签的主要目的是构建产品的消费者画像，而精准的消费者画像是实现多方共赢的基础。

14.2.2 消费者画像赋能营销决策

消费者画像是将消费者决策过程形象化的过程，它通过一系列数据驱动的标签创建消费者的虚拟形象（见图14-2）。消费者画像作为一种数据分析工具，它的核心作用是将消费者的大量复杂数据转换为直观、可操作的信息，以便企业在此基础上做出明智的商业决策。消费者画像帮助营销人员深入了解目标市场，设计出更符合消费者需求和兴趣的产品和营销策略。消费者画像是企业将数据赋能营销决策的工具之一。

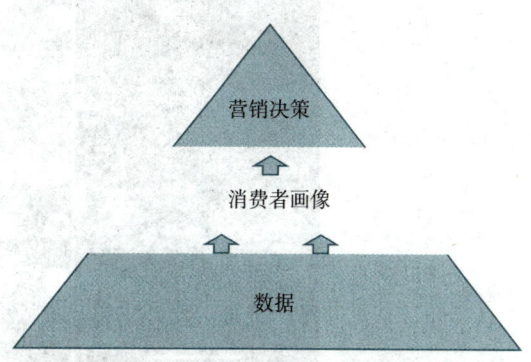

图14-2 消费者画像数据和营销决策

消费者画像在产品和广告定位中发挥着关键作用。了解消费者的行为和偏好能够帮助企业设计出更吸引人的广告，并决定在何处以及何时展示这些广告从而达到最佳效果。一个典型的例子是Spotify的"年度回顾"营销活动。Spotify通过收集用户的听歌数据，创建了个性化的用户画像。每年年末，Spotify都会推出"年度回顾"功能（如图14-3所示），向用户展示他们一年来最喜爱的艺术家、歌曲和音乐风格。这一活动基于用户的听歌习惯和偏好，向他们展示个性化的数据故事。除了向用户提供个人的听歌总结之外，Spotify还根据用户画像数据创造了地区性的广告。Spotify在多个城市的公交车站和广告牌上展示了有趣的广告语，比如"某某街的人今年哭过3 456 789次，谢谢Adele"，这些广告语直接引用了该地区用户的聆听习惯，创建了一种社区感。Spotify的这一策略不仅增强了用户的品牌忠诚度，也使得其广告更加人性化和有趣，进而提高了广告的吸引力和用户的互动度。通过这种个性化的用户画像营销，Spotify成功地将用户数据转化为了有力的广告内容，增强了它在音乐流媒体市场中的领导地位。

消费者画像使得企业能够根据消费者的实际需求和偏好调整产品线。如果数据显示具有一定规模的用户群体对某一类产品有着强烈的偏好，企业可能会决定增加这类产品的库存量，或者在这一类别中开发新的产品。这种基于数据的决策能够显著提高产品的市场适应性和成功率。例如，Zara利用其高效的供应链和数据分析系统监控消费者行为，创建详细的消费者画像。这些画像包括用户购买的款式、颜色偏好、季节性变化以及流行趋势。基于这些信息，Zara能够快速调整其服装生产线，确保店面和在线商城始终有消费者感兴趣的产品。更重要的是，Zara还使用这些数据指导新款式的设计，确保它们能够迎合当前市场的需求。这种敏捷的反应机制不仅提高了产品的流行度，也加强了品牌形象。通过这样的数据驱动的产品调整策略，Zara能够以更少的风险投资于新产品线，同时保持其产品的多样性和时尚性，满足不断变化的消费者需求。

图 14-3　Spotify 的"年度回顾"

消费者画像对于优化客户体验至关重要。通过分析消费者的行为和反馈，企业可以发现并解决消费者体验中的痛点，从而设计出更加流畅和个性化的用户界面。这不仅能提升顾客满意度，还能增强顾客的忠诚度。亚马逊通过用户的搜索历史、购买记录、产品浏览时间和评价反馈等数据构建了精细的用户画像。这些数据不仅帮助亚马逊推荐产品，而且还能预测顾客的需求，甚至在顾客明确寻找产品之前就进行推荐。例如，如果一个顾客经常购买婴儿用品，亚马逊的算法可能会推荐婴儿食品、玩具或衣物等相关产品。进一步地，亚马逊通过用户画像优化了用户界面，使它更加直观易用，提供了"一键购买"功能，大大简化了购买流程。此外，亚马逊还利用用户画像个性化其电子邮件营销，发送相关的促销信息和产品推荐，这些都是基于用户的购买习惯和偏好而定制的。亚马逊的这种个性化体验不仅提高了顾客满意度，也极大地增加了其销售量。通过用户画像，亚马逊能够提供有针对性的、个性化的购物体验，让顾客感觉自己的需求被理解和满足，从而建立起更强的顾客忠诚度。

消费者画像在客户关系管理（customer relationship management，CRM）中起着至关重要的作用。例如，美团通过分析消费者的行为数据建立消费者画像，识别哪些客户可能即将流失。美团会收集用户的订单频率、平均订单价值、最近一次购买的时间以及用户对服务的评价等信息构建每个用户的画像。如果某个用户的订单频率下降，或者他们的评价开始变差，美团的 CRM 系统可能会将这些用户标记为高风险流失用户。一旦这些用户被识别，美团便会采取行动，如发送特别优惠、提供定制推荐或直接联系用户以了解他们的需求和不满之处。通过这种方式，美团不仅能够试图挽回即将流失的客户，还可以收集反馈改善其服务和产品。这种以数据驱动的方法有助于美团维持客户基础，优化用户体验，并在激烈的市场竞争中保持优势。

消费者画像将大数据的力量转化为实际操作，使企业能够在快速变化的市场环境中更灵活、更智能地做出反应。这种深度的消费者洞察为企业提供了竞争优势，使它们能够在为消费者提供卓越价值的同时实现可持续增长。

| 经典和前沿研究 14-1 |　通过顾客评分预测企业失败

在服务业中，超过50%的企业在4～5年内失败，预测这些失败对于市场营销管理者而言具有极大的实际意义。通常情况下，企业通过监控财务指标评估业务表现，比如季度收益报告，但这些指标往往滞后于顾客满意度的变化，因此不能及时反映问题。而利用SERVQUAL等经典的服务质量评估模型，虽然能够精确评估服务质量，但调查方法限制了其规模化的应用。

来自苏黎世联邦理工学院的Naumzik的研究团队利用Yelp.com上用户对餐厅的评分数据预测餐厅关门的可能性。他们的研究采用了基于隐马尔可夫模型（HMM）的框架，建立模型预测餐厅闭店的概率，从而为市场营销经理提供了可能有助于预防企业失败的早期警示（见图14-4）。

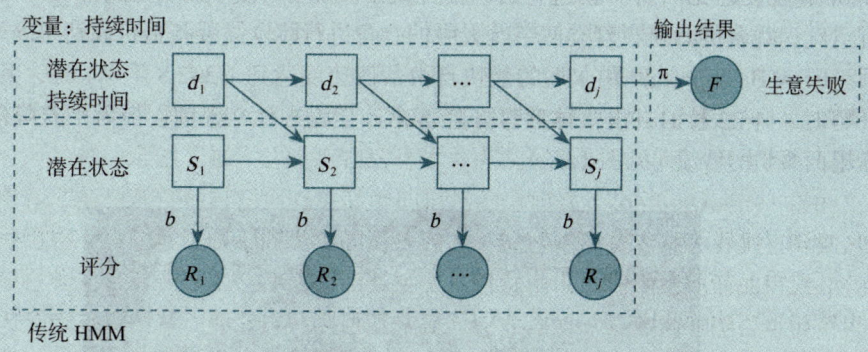

图14-4　预测模型

资料来源：NAUMZIK C, FEUERRIEGEL S, WEINMANN M. I will survive: predicting business failures from customer ratings[J]. Marketing Science, 2022, 41(1): 188-207.

14.3　内容营销

内容营销是一种通过提供多种形式的有价值媒体信息，以非侵入式的沟通方式推广产品或服务的营销手段。内容营销的目的不仅仅是推销产品或服务，更是建立与潜在和现有客户之间的信任和关系。通过提供教育性、娱乐性或解决问题的内容，企业能够展示其专业知识，提升品牌形象，并与顾客建立深厚的情感联系。

内容营销的形式多样，包括网站内容、博客文章、社交媒体内容、视频和播客等。这些内容往往兼具产品或服务的信息价值、知识价值或娱乐价值，以此吸引和保持消费者的注意力。与传统广告相比，内容营销更注重将实际价值提供给受众，而不是直接推销产品或服务。成功的内容营销策略能够提高搜索引擎排名，扩大社交媒体的参与度，提升网站流量，并最终提高转化率和销售业绩。

在数字时代，内容营销已成为企业与消费者之间沟通的重要桥梁。通过提供有价值的内容，企业不仅能够在竞争激烈的市场中建立品牌声誉，还能够通过增强消费者的品牌忠诚度实现长期的业务增长。

14.3.1 品牌生成内容

品牌生成内容（brand-generated content，BGC）是由品牌创作的营销内容，比如各种类型的广告和营销邮件。品牌主动生成内容的目的是提升消费者对品牌认知度，并提高购买转换率。品牌生成内容通常需要更多的资源投入，包括时间、人力和资金，从而确保内容的质量和与品牌形象的一致性。

在品牌内容营销策略方面，红牛是行业内的佼佼者。红牛不仅销售能量饮料，它还通过内容营销建立了极限运动和冒险活动的生活方式相关的品牌形象。一个著名的例子是2012年的"红牛跳跃"项目（Red Bull Stratos），他们赞助了极限运动员Felix Baumgartner的跳伞项目。该活动计划是用一个氢气球和加压舱将跳伞员送上平流层（跳伞高度接近39千米）后进行自由落体跳伞。跳伞环境气温达到零下57℃，几乎没有空气，跳伞员必须穿着类似宇航天服的装备进行跳伞，装备造价高达125万元人民币。Felix Baumgartner跳伞后的最快自由落体速度达到1 342.8千米/时，突破音速，在历时4分22秒的自由落体后打开降落伞，全程共计9分钟，最后平安降落在美国新墨西哥州的沙漠（见图14-5）。

图14-5 "红牛跳跃"项目

红牛的这次跳伞不仅创造了世界纪录，还通过直播吸引了数百万观众的目光。通过红牛自有的媒体渠道、社交媒体以及新闻报道广泛传播，该活动极大提升了品牌的全球知名度。红牛通过这种方式成功地将其品牌与活力、勇气和极限挑战联系起来。

红牛的内容营销策略不仅限于一次性活动，它还运营着多个社交媒体平台，发布关于极限运动、音乐和文化的内容。此外，还有一个专门的网站Red Bull TV，提供与品牌形象一致的视频内容。通过这些内容的持续生产和分享，红牛建立了一种超越其核心产品的品牌认同感，吸引了一群忠实的、活跃的受众。

随着现代社会的发展，社交媒体在个人生活与商业活动中扮演着不可或缺的角色。据Global Web Index及Mansfield（2016）的数据，2016年全球有超过18亿用户在社交媒体上平均每天投入118分钟，而根据Statista（2016）的数据，其中77%的用户通过点赞、评论、分享和点击链接积极地与社交媒体内容互动。这些统计数字不仅反映了社交媒体的普及程度，更揭示了它在内容营销中的潜在价值。接下来，我们将探讨企业内容营销的多个维度，分别是推广平台的选择和营销内容的分发时间规划。

1. 推广平台的选择

在开展内容营销活动之前，选择合适的平台是至关重要的。这一选择将直接影响品牌与目标受众之间的互动质量和频率。我国的社交媒体平台多种多样（比如微博、微信、小红书、抖音、快手、B站和知乎等），每个平台都拥有其特有的用户基础和互动模式，这为品牌提供了不同的市场接入点和用户互动形式。

首先，在选择内容营销策略的推广平台时，应该了解和定义目标受众。品牌需要考虑其目标受众的特点，比如人口统计特征、兴趣爱好、在线行为习惯以及他们常用的社交媒体平台，从而确保所选平台的用户群与品牌的目标市场相匹配。例如，年轻一代可能更倾向于使用小红书和抖音，而专业人士可能更频繁地访问 LinkedIn。受众画像是定义目标受众特点的有力工具。例如，全球知名运动品牌耐克在选择内容营销策略的推广平台时，对其目标受众有着深刻的理解和精确的定义。耐克明白其目标受众是对运动充满热情的年轻人，他们追求时尚，注重健康，并且在社交媒体上拥有极高的活跃度。这一目标受众对品牌的认同感往往与品牌传递的价值观和生活方式紧密相关。

其次，品牌应分析各平台的用户行为模式和平台特有的功能，比如直播、短视频、社群交流等，从而最大化社交媒体活动的影响力。耐克基于消费者画像选择了 Instagram 和 YouTube 作为其主要的内容营销推广平台。这两个平台的用户群体与耐克的目标受众高度吻合：Instagram 的视觉导向和社交属性使它成为展示耐克产品和品牌故事的理想平台，而 YouTube 的视频内容则能有效展示耐克产品的性能和与运动相关的教学内容。耐克在这些平台上发布的内容营销策略也充分考虑了目标受众的偏好。例如，耐克通过 Instagram 发布运动员穿着耐克运动装备的时尚图片，以及消费者自己的运动故事和成就分享；而在 YouTube 上，耐克则发布了一系列训练视频和背后故事，这些内容不仅展示了产品特点，也鼓舞了消费者的运动热情。

📍营销工具箱

企业内容营销的核心精髓：创造与品牌价值观相一致、能激发消费者参与的内容，并利用社交媒体的传播力量。

2. 营销内容的分发时间规划

规划品牌营销内容的最佳发布时间是一项艰巨的任务，它要求品牌确定什么时候发布什么内容；是否、何时以及在内容上花费多少钱，从而最大化利润。基于消费者在处理信息方面的生物节律（circadian rhythms）的相关理论，市场营销学家建立了关于社交媒体营销内容发布时间的理论框架，如图 14-6 所示。

（1）投放时间：在社交媒体时代，了解消费者行为在一天中的变化对于提高营销内容互动至关重要。心理学研究表明，这种一日中时间的效应与个体工作记忆（working memory）的日变化有关。工作记忆是一种大脑系统，它提供了临时储存和操控信息的功能，这些信息对于语言理解、学习和推理等复杂认知任务至关重要。对大多数人来说，清晨醒来时工作记忆的可用性最高，午后中段（下午）最低，而到了晚上则处于中等水平。对于大多数消费者而言，早晨时工作记忆的可用性达到高峰。工作记忆的高可用性使个体更加警觉、注意力集中、好奇、深思熟虑，并在电子环境中寻求信息。然而，随着一天工作的进行，人们承担的任务增多或累积更多压力。压力会导致皮质醇水平上升，进而损害工作记忆的可用性。工作记忆的有限可用性限制了人们处理新信息的能力，并削弱了他们与社交媒体内容互动的愿望和能力。因此，由于大多数个体在早晨工作记忆可用性最高，下午最低，晚上处于中等水平，与内容互动的意愿可能在早晨最高，晚上中等，下午最低。

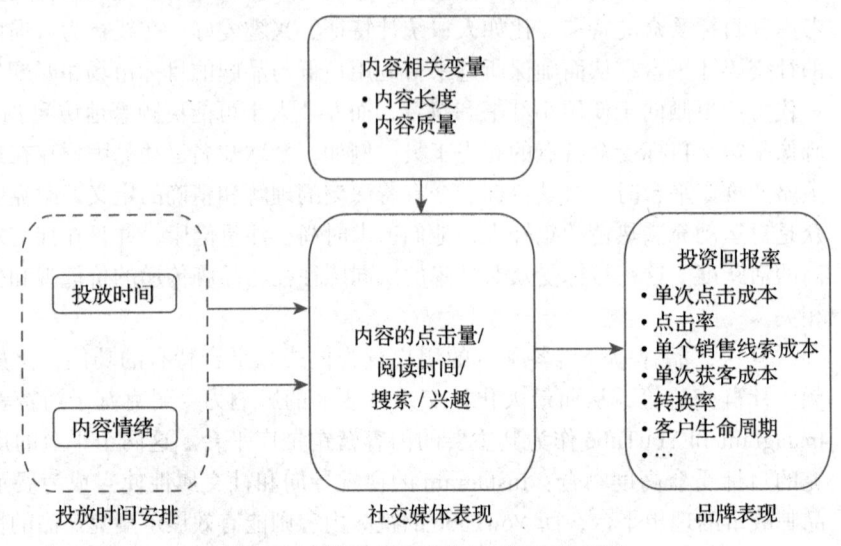

图 14-6　营销内容的发布时间理论框架

（2）内容情绪：激发高唤醒情绪（high-arousal emotion）的营销内容更容易实现病毒式传播，因为这类内容增加了激活状态，并引发了分享和消费等与行动相关的行为。因此，激发积极（比如惊奇、娱乐）或消极（比如愤怒、焦虑）高唤醒情绪的内容比不具有这些特性的内容更具有传播力。同时，能够激发积极高唤醒情绪（比如惊奇、娱乐）和消极高唤醒情绪（比如愤怒、焦虑）的营销内容由于能够激活心理状态而获得了更高的用户参与度（engagement）。那么，高唤醒情绪营销内容的有效性在每日不同时段如何变化呢？消费者工作记忆的可用性从早晨到下午逐渐降低，在晚上则处于中等水平。因此，在晚上（下午），当工作记忆资源比早晨（晚上）更匮乏时，大脑将选择性地抑制会进一步耗费工作记忆的信息。在社交媒体的背景下，高唤醒情绪的内容可能会进一步增加压力和提高皮质醇水平，这些都是会耗尽工作记忆的因素。在工作记忆已经受限的时段，工作记忆会降低对高唤醒情绪营销内容的优先级。当人们的工作记忆耗竭时，他们处理高唤醒情绪营销内容的能力将会降低。下午消费者的工作记忆最受限制，晚上适中，早晨最不受限制，因此高唤醒情绪的营销内容最适合安排在早上，其次是晚上，最后是下午。

营销工具箱

消费者在处理信息方面的生物节律会影响营销内容在社交媒体上的表现，并最终影响品牌收益。

14.3.2 用户生成内容

用户生成内容（user-generated content，UGC）是指由消费者创作并与他人分享的内容，通常是对品牌、产品或服务的自发反馈，它包括社交媒体上的评论、帖子、博客、视频、在线评价和推荐。消费者产生的内容被认为具有较高的可信度和参与度，因为它是真实客户的真实体验分享，对其他消费者的购买决策影响很大。品牌可以鼓励消费者创作内容，比如通过举办社交媒体活动、分享用户故事或评论等。

美国家居装饰品牌 Anthropologie 的"#AnthroLiving"社交媒体活动是一次成功的内容营销案例。Anthropologie 深知其目标顾客群体不仅关注产品质量，还注重生活方式与美学，因此，它在 Instagram 上启动了"#AnthroLiving"活动，鼓励用户分享使用其产品布置家居的照片，并使用这一特定标签。通过这一活动，Anthropologie 实现了多个内容营销的目标。首先，它通过用户生成的内容展示了产品的多样性和适用性，这些真实场景的展示比传统的产品照更能引起共鸣。其次，品牌能够通过在其官方账号上分享顾客的照片展示对顾客的认可和欣赏，进一步提高了顾客的品牌忠诚度和社区感。最后，每一张带有"#AnthroLiving"标签的照片都成了品牌的免费广告，通过社交媒体的分享机制，扩大了品牌的曝光度和影响力。

> **营销工具箱**
>
> 内容营销的核心精髓：创造与品牌价值观相一致、能激发受众参与的内容，并利用社交媒体的传播力量。

用户评论是最常见的用户生成内容之一。最早推出用户评论系统的是电子商务巨擘亚马逊。然而，在 1995 年亚马逊推出此功能时，却受到了许多坚持传统营销观念的行业专家的质疑和讥笑。在那个时代，行业内普遍的做法是依赖专业人士撰写评论，以此吸引消费者。用户直接撰写的评论被视为具有较高的风险，既可能带来无关痛痒的正面评论，也可能产生损害销量的负面评论。这一做法不仅使零售商产生疑虑，还引起了一些出版商的强烈反对，他们对亚马逊创始人杰夫·贝佐斯展开了抗议，有的甚至威胁要诉诸法律，要求移除不利的评论。这种基于用户负面评论提起的诉讼在美国曾一度时有发生，特别是在服务行业，直到近些年来才逐渐减少。

面对广泛的质疑，亚马逊创始人杰夫·贝佐斯坚定地采取了以用户为中心的营销策略。他认为，相较于专家评论内容，消费者更倾向于参考其他普通用户的评论，即便这些评论可能缺乏专业度，但它们的真实性更能赢得信任。因此，引入用户评论功能将增强用户体验，并且可能逆转由于专家评审或操纵性评论而对产品造成的潜在负面影响。随着时间的推移，亚马逊的这一策略被证明是正确的。曾负责谷歌网络零售部的麦克阿提也证实了贝佐斯的这种直觉。麦克阿提注意到，一个商品如果只有正面评论，可能会引发消费者的怀疑，而适当的负面评论实际上有助于销售，因为它们表明商品不是完全没有瑕疵，这种真实感反而使商品更具吸引力。那么用户评论到底对销量产生怎样的影响呢？

美国南加州大学马歇尔商学院和中国香港科技大学商学院的研究人员发现：用户评论数量可以提升产品销量，并且用户评论对于不太知名的产品的销量具有更大的提升作用。更加有趣的是,往往营销从业人员认为只有正面的用户评论能够提升销量,但是来自以色列特拉维夫大学的研究者发现少量的负面信息反而让潜在消费者觉得更真实,从而进一步提升销量。

但是,用户评价不是完美的。研究人员将亚马逊平台上消费者在 2005 年 2—7 月之间给 3 个品类的星级评价的分布呈现出来,发现消费者对产品和服务的星级评价偏离了正态分布,而是呈现 J 形曲线分布。这意味着有大量极高或极低的评分,而中间范围的评分较少,从而证明了亚马逊评论系统的有偏性。

研究者进一步讨论了造成亚马逊平台评论系统有偏性的两个原因。第一,自我选择偏差。倾向于留下评价的用户可能并不代表所有购买者的意见。满意的顾客可能因为愉悦的购买体验而愿意分享他们的正面反馈,而不满意的顾客更可能发表负面评论。而那些对产品或服务持有中间态度的用户留下评论的可能性较低。第二,激励措施。由于用户评论积累到一定的数量级才能带来源源不断的客源,平台上的大小商家试图操纵用户评论。因此,第三方卖家有时会提供激励措施,比如折扣或免费产品,鼓励用户发表评价,这可能导致评价的正面偏差,给用户评论制造了更多"杂音"。

2013 年,Yelp.com 采取了积极行动打击商家操纵用户评论的行为。Yelp.com 是旧金山一个著名的本地商业评价网站,上面的用户评论对商家的声誉和客户流量有着直接影响。该公司发现,一些商家通过返现给消费者或提供其他形式的激励(比如折扣或免费服务)换取正面评价。为了应对这一问题,Yelp.com 启动了一项名为"消费者警告"计划,旨在公开那些试图操纵评价系统的商家。例如,Yelp.com 发现一家位于洛杉矶的锁匠服务公司被揭露通过 Craigslist(一个广告网站)招募人员撰写虚假的正面评价,并提供 10 美元的报酬作为激励。Yelp.com 的调查团队通过跟踪 IP 地址和分析评价内容的模式,成功识别出了由这种操纵行为产生的评价。作为回应,Yelp.com 在该公司的页面上放置了一条警告,告知潜在顾客该商家存在操纵评论的行为。此外,Yelp.com 还加强了其算法能力,用来自动检测和过滤可疑的评价,并不断提高其识别虚假评论的准确性。Yelp.com 鼓励用户报告他们怀疑的操纵行为,并承诺对此类报告进行认真调查。

| 经典和前沿研究 14-2 | 激励性评论

在数字时代,用户评论系统的蓬勃发展依赖于个体的自愿贡献,而这种贡献常常是出于无偿的利他动机。根据最新的研究,那些看似促进互动的激励(通过提供金融激励鼓励用户贡献内容)实际上可能会损害用户的自愿评论行为。

我们将用户因激励而产生的内容贡献称为"激励性评论"。研究者对亚马逊平台公开的评论数据进行分析,结果表明虽然短期内经济激励能够显著增加评论数量,但一旦撤销经济激励,用户的评论质量和参与度可能会降低。这种现象与自我动机理论的预测相符,即外在激励可能会削弱内在动机。

首先,激励性评论会影响用户参与的本质。用户受激励撰写评论时,可能更依赖于直接的经济回报而非个人兴趣或社群责任感。这种情况在经济激励撤销后可能导致用户对评论活动的热情下降。

其次,激励性评论强化了"受控自我"的重要性,降低了"自主自我"的作用。在接受激励的时期，用户可能基于激励本身而非评论活动的内在价值定义自我。随着时间的推移，这种动机的变化可能会导致用户对贡献内容的努力减少，甚至产生偏见。

再次，激励性评论对评论质量的影响具有长期性。即使用户在接受了激励后继续贡献评论，这些后续的非激励评论在情感和努力上往往也与之前受激励的评论存在差异。

最后，激励性评论可能对平台的长期发展造成意外的负面影响。随着越来越多的用户出于金融回报而非真正的参与兴趣撰写评论，平台可能会面临用户参与度下降的风险。

综上所述，亚马逊的案例提供了有关如何审慎提供激励的洞见。为了平台的长期健康发展，重要的是理解经济激励可能带来的溢出效应，并对亲社会贡献的激励措施进行周密考虑。

资料来源：1. QIAO D, LEE S Y, WHINSTON A B, et al. Financial incentives dampen altruism in online prosocial contributions: a study of online reviews[J]. Information Systems Research, 2020, 31(4): 1361-1375.
2. SUN Y, DONG X, MCINTYRE S. Motivation of user-generated content: social connectedness moderates the effects of monetary rewards[J]. Marketing Science, 2017, 36(3): 329-337.
3. GNEEZY U, MEIER S, REY-BIEL P. When and why incentives (don't) work to modify behavior[J]. Journal of Economic Perspectives, 2011, 25(4): 191-210.
4. KHERN-AM-NUAI W, KANNAN K, GHASEMKHANI H. Extrinsic versus intrinsic rewards for contributing reviews in an online platform[J]. Information Systems Research, 2018, 29(4): 871-892.

14.4 消费者的数据隐私和保护

在数字营销领域，消费者数据的使用呈现了双刃剑的特性。一方面，消费者数据的精确分析使得量化消费者洞察成为可能，提供了个性化服务和更高效的市场细分。数据分析能够揭示消费者行为模式、偏好和购买历史，从而允许企业提供定制化的产品推荐、促销活动和价格策略。例如，基于消费者过往的购物行为，亚马逊的推荐算法可以精确预测并展示消费者可能感兴趣的商品，极大地提高了销售效率和消费者满意度。

另一方面，消费者信息的无限制获取和使用引发了隐私保护的重大问题。在没有适当措施保护的情况下，个人信息可能被滥用，导致隐私泄露和身份盗窃。2018年的"Facebook-Cambridge Analytica"数据丑闻便是一个突出的例子，数以百万计的Facebook用户的个人数据被未经授权地收集并用于政治广告，这种隐私侵犯的行为震惊了全球，也引发了关于社交媒体平台用户数据保护的广泛讨论和立法行动。

在这种情况下，企业和监管机构必须在利用数据提升业务效率和保护消费者隐私权益之间找到平衡。一方面，需要制定严格的数据保护法律和政策，比如欧盟的通用数据保护条例（GDPR），从而确保企业在收集和使用数据时能够遵守最高标准的隐私保护。另一方面，企业需要建立透明的数据管理流程，让消费者了解他们的数据如何被收集、使用和保护，并提供足够的控制权，让消费者能够决定他们的信息可以被如何利用。营销策略需要在确保消费者信任和合规的前提下，实现更精细化和高效率的市场营销实践。

本章小结

消费者标签是一系列赋予消费者特定属性的标记,这些标记揭示了他们的购买习惯、偏好、行为和社会人口统计特征。标签使营销活动更加精准,提高了投资回报率,并促进了更深层次的消费者洞察。通过消费者标签,品牌能够了解产品的消费者画像,而消费者画像可以在产品和广告定位、产品线调整、用户体验优化,以及客户关系管理等方面赋能营销业务。

内容营销分为品牌生成内容和用户生成内容,它的核心在于创造与品牌价值观相一致、能激发受众参与的内容,并利用社交媒体的传播力量。

在量化消费者洞察时,消费者数据的利用既能提高个性化服务水平,又可能触发隐私风险。平衡业务效率和隐私权益变得至关重要,需要通过制定严格的数据保护政策和提高透明度增强消费者信任,推动负责任的数据使用和营销实践。

中国故事

泡泡玛特:如何以消费者为核心量化一切运营效果

泡泡玛特凭借精细化的数字会员体系成功沉淀了超过90%的消费者行为数据,这些数据远超过简单的身份标识,它们深刻描绘了消费者的喜好与习惯。通过微信公众号、小程序等多个触点,泡泡玛特与消费者建立起强有力的联系。这些触点不仅频繁触及消费者,也与线上社群紧密结合,通过有效的数据监测和运营,形成了一个自足的闭环体系。以用户为中心的运营哲学让泡泡玛特在竞争激烈的潮玩市场中崭露头角,创造了显著的商业成果。其社群运营、用户留存策略、门店经营、会员系统等都是行业内的典范。

1. 10万+社群,90%玩家自发建立。

泡泡玛特用户有非常强烈的分享欲,会主动询问是否有兴趣社群,而微信恰好提供了合适的载体。据不完全统计,泡泡玛特在微信上覆盖了超过10万个粉丝社群,其中90%是玩家自发建立的。泡泡玛特相信一群"好玩的人"会吸引更多"好玩的人",热爱潮流玩具的氛围可以互相传递。泡泡玛特认为潮玩IP在某种程度上就是话题本身,品牌要做的是引导用户跟随兴趣自发交流。例如,用户在小程序抽盲盒时转发到社群,让大家一起来猜,分享者和参与猜盒的人都能获得一定数量的幸运值,用来兑换提示卡、显示卡。在视频号上,泡泡玛特创新直播方式,让直播间用户一起抽盲盒,现场找到抽到隐藏款的玩友,打造氛围感。这些动作进一步强化了潮玩的内容与社交属性,帮助泡泡玛特获取了大量新用户。

2. 两大关键指标。

泡泡玛特用户运营有两大关键指标:入会率和次日留存。提高入会率关键是优化会员体系中的入会场景,包括注册程序、沟通话术等。泡泡玛特主要有两种入会路径:一是店员主动咨询,协助用户注册;二是自助入会,在用微信扫码付款时,直接跳转到小程序。在自助入会推行一年后,通过这个途径入会的会员比例已超过50%。除了线下门店引导之外,泡泡玛特还通过广告触达线下门店无法覆盖的用户。例如,通过朋友圈广告提高曝光率,为小程序和公众号打开新的流量入口。优化次日留存关键是产品和活动机制是否有足够的吸引力。例如,在结账时提供优惠券、通过到货提醒鼓励用户订阅通知,让用户有动力持续签到打卡。泡泡玛特微信小程序每天中午12点都会开展"欧气磁场"抽奖活动,奖品优惠券限时24小时以内,从而提高次日留存。此外,小程序的标签能力帮助泡泡玛特打通了私域生态内的会员数据,让用户在不同触点的访问、购买、订阅行为清晰可见,加上地域、年龄、偏好组合,最终形成用户分层、优化运营方式的重要依据。

3. 门店选址、设计、陈列都不马虎。

线下门店主要通过选址、门店设计和优化陈列达到目的。例如，进驻更高端的购物中心、优化门店动线设计等，提高用户的停留时长，增加互动感。在货品端，随着 SKU 越来越多，门店陈列的货品不断丰富。除了盲盒之外，还有许多客单价 200 元以上的衍生品，给用户更多元的选择。在服务端，精简付款、扫码入会流程，减少对用户的打扰。在陈列方式上，针对核心 IP 制作独立标识和视频物料，帮助新用户快速了解。

4. 全域会员差异化运营。

泡泡玛特结合平台特色，为全域会员制定差异化的权益和玩法，并且尽量避免用补贴打折的逻辑做会员运营。围绕着会员服务，泡泡玛特专注于两件事：一是通过玩法创新提升会员购物的趣味性；二是通过高品质内容与产品创新，提升用户对 IP 的认同。泡泡玛特小程序会员体系中划分了 V1～V4 四个层级。在会员权益、尖货抢购、奇遇活动中，高层级会员可以获得一定的优先权，但也不是一定能够抢到。此外，在内容层面，高层级的 V4 会员每个季度可领取专属的 *PLAYGROUND* 纸质会员内刊，里面包括了艺术家的独家手稿专访、潮玩资讯及独家的新品情报等，从而为会员提供差异化的内容。线下顾客在门店获得的消费积分，既可以用于在天猫旗舰店上兑换无门槛优惠券等权益，也可以用于在小程序中参与更多特色活动。

资料来源：泡泡玛特：如何以消费者为核心量化一切运营？https://www.mad-men.com/articldetails/34344.

第 15 章 神经营销

■ **本章要回答的主要问题有：**

1. 如何"读懂"消费者的大脑？
2. 什么是神经营销？
3. 神经营销有哪些优势和局限？
4. 我们的大脑如何与情绪和认知联系？
5. 如何进行神经营销研究？
6. 怎样将神经营销用于实践？

如何在一个广告大量投放前测试消费者对广告的态度呢？传统的方法是招募焦点小组，获取消费者的口头报告。然而，消费者其实并不总是清楚自己对一个广告的真实态度，或者即便知道，也并不一定有能力表达。这常常导致焦点小组等经典营销调研方法无法起到预期的作用。那么，是否存在一种方法可以不问消费者而直接知道其脑中的真实想法呢？本章提供了消费者行为及心理研究的另一个视角，通过客观的神经生理性指标而非自我报告了解消费者。

神经科学技术，尤其是脑成像技术的快速发展使得直接"解读"大脑成为可能，社会科学的多个领域借助神经科学的技术，试图揭开人类大脑的密码，寻找行为的神经起源，由此产生了若干交叉学科。例如，建立在行为经济学和神经科学之上的神经经济学，以及融合了社会心理学和神经科学的社会认知神经科学。而与行为经济学和社会心理学关系密切的消费者行为学也在神经科学新技术的推动下产生了一个全新的领域——神经营销学。

请你想象，现在你计划推出一款全新口味的饮品，你如何才能知道潜在消费者对这款饮品口味的真实偏好呢？你可以利用近年来日渐成熟的脑成像技术直接检测消费者大脑对饮品的反应。贝勒医学院的 McClure 等人（2004）就曾采用这种方法比较了美国人对可口可乐和百事可乐的偏好。他们发现，美国消费者在盲测时，即不知道可乐品牌的情况下，对可口可乐和百事可乐的偏好其实并无明显差异。但是，美国人一旦知道自己喝的是可口可乐，其大脑与记忆存储有关的海马体会激活，由此导致他们对可口可乐的偏好。相反，喝百事可乐时，无论美国消费者是否知道可乐品牌，其海马体激活并无差异。神经营销专家利用脑成像技术解答了美国人更爱喝可口可乐的原因，即他们消费可口可乐时，考虑的不仅是口感，更是一种记忆、一种身份，以及一种美国精神，而这也与更高的品牌价值有关，由此回答了"百事可乐悖论"。

神经营销通过直接探测消费者的大脑活动，揭示他们的潜在需求和偏好，进而探讨不同刺激、神经活动和消费者反应之间的逻辑关系。神经营销在过去十余年受到了学术界和产业界的广泛关注，不仅汇聚了来自营销学、心理学和神经科学的诸多学者，更孕育了上百家聚焦于相关领域的企业。

营销工具箱

神经科学的研究手段可以测评产品、服务或广告的效果，做出优化选择。小样本的神经测度的市场预测力丝毫不逊色于行为测度。对于体验性产品，比如音乐和广告，其市场预测力还要优于行为测度。

15.1 神经营销的含义和特点

15.1.1 神经营销的含义

神经营销，即利用神经科学技术和理论解读消费者行为背后的神经机制，发展基于神经科学的营销技术。2001年，总部位于美国佐治亚州亚特兰大的营销咨询公司BrightHouse成立了一个专门部门BrightHouse Neurostrategies Group，尝试使用相关神经影像技术进行市场调查，开始为可口可乐、福特等大型企业提供神经营销服务。2004年，美国Baylor医学院的McClure等人利用功能性磁共振成像技术成功揭示百事可乐悖论的脑机制，发表于权威期刊*Neuron*，神经科学开始引起营销学界的广泛关注。2007年，Lee等人发表了相关文章，将"神经营销"的定义应用于学术文章中，提出了神经营销的未来方向。在我国，马庆国和王小毅最早开展神经营销学的研究，并提出了"神经管理学"这一更上一层的概念。目前，包括谷歌、微软、联合利华、现代等公司已经对神经营销领域进行了投资，一些专注于神经营销的公司也声名鹊起，比如NeuroFocus（于2011年被尼尔森收购）等。神经营销是一个不断创新和发展的领域，为消费者研究和营销实践提供了新的视角和工具，以下是神经营销领域的一些重要技术。

（1）脑电图（electroencephalogram，EEG）技术，即用电极记录头皮电位的变化。其空间分辨率较低（厘米级），但时间分辨率高（毫秒级），设备成本为50万元上下。脑电图技术可以用相对较低的成本测量大脑活动的短暂变化。近年来，便携式脑电帽的发展使得脑电图技术可以快捷地用于真实营销环境中。

（2）脑磁图（magnetoencephalography，MEG）技术，即用超导量子干涉探测器捕捉头部磁信号的变化。其空间分辨率相比于脑电图较高（毫米级），能够对更深的大脑结构进行成像，时间分辨率也很高（毫秒级）。不过其设备成本较高，一般需要1 000万元以上，且无法便携。

（3）功能性磁共振成像（functional magnetic resonance imaging，fMRI）技术，通过使用磁共振扫描仪检测与头部血氧有关的磁信号变化。其空间分辨率较高（毫米级），能够实现大脑中微小而深层结构的研究，但时间分辨率较低（秒级）。磁共振扫描仪较为昂贵，成本在千万元以上，但因功能性磁共振成像在空间分辨率上的优势，在相关研究中仍被广泛使用。

（4）经颅磁刺激（transcranial magnetic stimulation，TMS）技术，通过向头部特定区域发送磁脉冲，临时地诱发或抑制其对应脑区神经活动。经颅磁刺激技术用于研究脑区活动与行为之间的因果关系，其设备可便携，成本在百万元左右。

（5）眼动追踪（eye-tracking，ET）技术，使用眼动仪记录眼球注视位置的变化和瞳孔大小的变化。眼动追踪技术成本较低，具有高时间分辨率，且较为便携。

（6）面部肌电图（facial electromyography，fEMG）技术，即通过电极记录面部肌肉运动产生的电脉冲。该方法可用于检测自愿和非自愿的面部肌肉运动，从而确定被试有意识和无意识的情绪表，其成本较低，且即使在情绪弱唤醒的情况下也十分敏锐。

（7）皮肤电导（skin conductance，SC）技术，用于测量和记录皮肤电导的细微变化。当刺激唤起人体汗腺活动从而导致汗液增加时，皮肤电导增强。皮肤电导水平反映情绪唤起程度，但它不能表明情绪的效价。

营销工具箱

在选择神经营销相关测量技术时，首先需要确定实验或实践的目的，同时也需要考虑成本和便携性。另外，在一些复杂情况下，可以考虑使用一些侵入式技术，比如正电子发射断层扫描技术。

15.1.2 神经营销的特点

神经营销之所以广受关注，是因为它采用的神经测度能更好地揭示传统的行为测度（比如主观报告、评价、选择、反应等）难以直接探知的个体心理机制。归纳而言，神经测度有以下三个优势。

（1）准确性。神经测度不受消费者的表达意愿和表达能力的影响。消费者可能会因为迎合或掩饰而表达失真的信息，也可能因为语言能力的不足而表达不清楚的信息。神经测度通过测量消费者的脑电波、眼睛活动、皮肤电变化等生理指标，可以准确地捕捉消费者的真实感受，而传统的主观报告是一种依赖消费者自我陈述的方法，它有时难以记录消费者的真实想法。

（2）丰富性。神经测度可以通过测量消费者不同脑区的活动展现出消费者的大脑是如何分工协作的，从而更深入地理解消费者的情感、认知和动机等；而行为测量中的反应时是一种只能反映消费者单一维度心理变化的方法，用于检测消费者对某个刺激的反应速度，与神经测度相比缺少丰富性。

（3）敏感性。神经测度可以探知秒级甚至毫秒级的心理变化，并且能够检测无意识的知觉和情绪。许多时候消费者并不能做出明确的评价或者选择，尽管其无意识的偏好已经形成。神经测度是一种能够快速捕捉消费者心理变化的方法，它可以用于探知消费者在秒级甚至毫秒级的心理反应，包括无意识的知觉和情绪。因此，神经测度是一种更为敏感的营销研究工具。

神经营销学是一个充满潜力和创新的领域，它可以让营销人员更深入地了解消费者的心理，从而制定更有效的营销策略。但是，作为一个新兴的领域，神经营销学也面临着许多限制，需要不断地完善和发展。概括而言，主要存在逻辑陷阱、范式缺陷和成本压力三大问题。

1. 逻辑陷阱

神经营销学存在"反向推理"（reverse inference）的逻辑陷阱，即由神经活动反推心理活动。其典型错误为"在实验中发现，实验组（比如好的销售人员）相比于控制组（差的销售人员）在执行实验任务时（比如阅读一段二阶换位思考的短文），其脑区X（比如颞顶联合皮层）激活更强；且过去研究表明，心理活动Y（比如换位思考）可以激活脑区X（颞顶联合皮层）；将两者结合推出，实验组表现出更多的心理活动Y（比如相比于差的销售人员，好的销售人员表现出更强的换位思考）"。这一看似正确的推论之所以无法成立，其原因在于，心理活动Y（换位思考）是脑区X（颞顶联合皮层）激活的充分条件，却不是必要条件，即其他的心理活动Z（比如注意转向）也可以激活脑区X（颞顶联合皮层）。事实上，诸多脑区都负责着多个高级认知加工任务，因此只能从心理活动Y或Z的发生推知脑区X的激活，却无法简单地由脑区X的激活反推到底是心理活动Y还是Z在发生。而要避免反向推理的问题，关键在于在研究中明确脑区X激活的意义。具体来说，存在两种可能的破局之道。

（1）设置控制条件，定义脑区活动。在实验设计中，在原有的实验条件（阅读一段涉及二阶换位思考的短文）基础上，参考有关心理活动Y激活脑区X的研究，设置另一个控制条件（比如阅读一段涉及一阶换位思考的短文），先以实验条件和控制条件引发的神经活动差异精确定位涉及心理过程Y（换位思考）的功能脑区（颞顶联合皮层），再比较实验组（好的销售人员）和控制组（差的销售人员）在此脑区的激活差异。此时，实验组和控制组在此脑区激活上的差异即可以归结为心理过程Y的差异。

（2）采用感兴趣区（region of interest）分析，定义脑区活动。感兴趣区即与研究中关注的心理活动Y（换位思考）相关的脑区X（颞顶联合皮层）。不同于在实验设计中采用控制条件来定位和凸显脑区X，感兴趣区分析的方法则是直接提取已在其他研究中发现的与心理过程Y相关的脑区X的坐标，然后在研究中对位于这些坐标的脑区活动进行分析。

不过，一般而言，仅依赖感兴趣区分析是不够的，通常会结合上述的控制条件设置和感兴趣区分析，从而更明确所定位脑区的心理功能。

2. 范式缺陷

在神经营销学的研究中，我们需要着重关注神经测度中神经信号的效度和强度。神经信号的效度指的是它在多大程度上准确地反映了我们关心的心理活动，而神经信号的强度指的是它在复杂的神经噪声背景中能够被可靠地检测到的程度。这两者都是至关重要的，缺一不可。如果只有效度而缺乏强度，那么就无法稳定地捕捉到有意义的神经信号；而如果只有强度而缺乏效度，那么即使能够检测到信号，也可能是毫无用处的。在实际的神经营销学研究中，这两个概念经常互为掣肘，形成了一个挑战性的平衡。这是因为要获得高效度的神经信号通常需要采用精细的实验设计和信号处理技术，从而确保测量的是所关心的特定心理活动，而这种精确性和精细性通常与较小的信号强度相关。另一方面，要获得强度较大的神经信号，可能需要采用更强的刺激或更大的样本规模，从而提高信噪比。然而，更大的样本容易引入更多的变异性和复杂性，使我们难以确定信号的确切来源，导致信号的效度降低。例如，为了最大限度地提取神经信号，早期认知神经科学研究采用的一种常见策略就是交替重复试次，即不断地交替重复呈现各种实验条件的刺激，并在最终的数据分析中利用多个试次的叠加或平衡消除大脑的随机噪声，从而提高信号强度。但是，交替重复试次却可能会损害信号效度，因为在现实中，短时间内（几分钟甚至几秒的间隔），两种对立的社会认知过程不太可能相继发生，即便是同一种社会认知过程，在如此之短的时间内也不太可能重复发生。故而，在交替重复刺激之后，或许能够获取较强的神经信号。然而，获取的神经信号可能只代表这种实验条件下被试者特异化的心理活动，而非研究者所关注的真正的心理过程。

因此，在神经营销学的研究中，研究人员必须不断权衡效度和强度，从而获取最佳的神经测度。这需要精心设计的实验和数据分析策略，确保我们既能够捕捉到与心理活动相关的信号，又能够产生在实际市场环境中可行的结果，这是神经营销学研究的重要挑战之一。只有通过认真处理这一平衡问题，我们才能更深入地理解消费者行为和决策的神经基础，为市场营销和广告领域提供更有效的洞察和策略。让我们看一看 Eisenberger，Lieberman 和 Williams 在 2003 年的社会排斥研究。在这项研究中，他们以生动的方式展示了实验条件和控制条件的鲜明对照，同时又能够以自然的方式获得数据，为破解范式缺陷提供了一个有趣的示例。在实验中，两名"托儿"首先与被试者进行了一个 2.5 分钟的互动，他们彼此传球，互相协作，仿佛在进行一场友好的球赛。然后，情境突然改变，他们不再将球传给被试者，而是彼此之间交流，被试者被排除在外，形成了一种社会排斥的局面。这一过程的自然性和流畅性使被试者们完全融入了实验。在数据分析阶段，研究人员将后 2.5 分钟的神经活动与前 2.5 分钟的神经活动进行对比。这种简单而有力的比较揭示了社会排斥和被试者神经响应之间的关系。其精妙之处在于实现了实验条件和控制条件之间的明显对照，保证了神经信号的强度，允许研究人员探索社会排斥的生理和神经基础，但同时无须引入繁杂的实验条件或制造虚构的情境，保持了研究的自然性和真实性，减少被试者心理的特异化，提高了神经信号的效度。

📍营销工具箱

在神经营销相关研究和实践中，需要认真选择神经测度。同时，相比于其他研究方法，它要求更加严密的逻辑推导和更加精巧的设计实验，可以结合多种实验分析方法，定位脑区，并构建它与心理度量之间的关系，同时保证自然性和真实性。

3. 成本压力

神经营销学研究一直面临着一项严峻的挑战，那就是高昂的成本。毫无疑问，目前为止，神经营销学仍然是一个需要巨额投资的领域。以磁共振成像研究为例，扫描仪设备的价格高达上千万元。此外，这些设备在运行时需要液氮维持低温，每年的维护费用也高达百万元，这是一笔不容忽视的支出。即使是相对便宜的脑电图设备，成本也在 50 万元以上，而每年的耗材费用，比如导电膏和脑电帽，也需数万元。此外，还需要专门的场地，比如电磁屏蔽室，确保实验环境的准确性和可靠性。最后，还需要雇用专业人员，他们不仅需要操作这些复杂的设备，还需要进行数据分析并对生理及神经活动做出解释。这些高昂的成本对于研究机构和企业来说都是一笔巨大的支出，难以轻松承担。针对高昂的成本问题，我们可以探讨两种应对路径。

（1）租赁设备，以小时为单位进行研究。对于功能性磁共振成像（fMRI）技术，由于磁共振仪器的价格极高，许多研究机构和企业选择租赁这些设备。目前租赁一台磁共振扫描仪的费用每小时 1 500 元左右。以每小时 1 500 元计算，如果一个实验需要使用该设备并招募了 20 名被试者，每名被试者需要半小时的扫描时间，那么费用将为 1.5 万元左右。这只是一个相对保守的估算，实际上，由于各种因素，实验成本可能会更高。然而，与直接购买仪器（约为 1 500 万元）相比，租赁设备的方式明显降低了初始投资和维护成本，为研究者提供了一种更经济实惠的选择。

（2）多研究结合。多研究结合是一种有效的策略，它可以帮助研究者在单位时间内获得更多的研究成果。这一策略通常有两种方式。一是结合两个磁共振研究。例如，Van Veen 等人（2009）的认知失调研究。在这个研究中，被试者首先需要完成一些基础的认知任务，然后再进行扫描体验评价。虽然这些基础认知任务在认知失调研究中只是为了形成对扫描体验的参考，但它们本身也可以作为一项独立的研究，只要它们不会影响后续的认知失调任务，这种方式充分利用了已有的磁共振设备和被试者，将研究资源利用率最大化。二是结合实验室研究与市场研究。例如，Berns 和 Moore（2012）的音乐市场预测研究。他们最初的研究目标是从神经层面研究青少年对音乐评价的从众行为，但在三年后，他们将之前获取的神经成像数据与这三年的音乐下载量联系起来，形成了一个全新的研究。通过这种方式，他们最大化了他们的脑成像实验价值，将数据用于不同的研究问题，从而更好地理解了青少年的音乐行为。这些方法不仅可以降低研究成本，还能够提高研究的效率和产出。通过灵活运用相关设备和充分利用已有数据，研究者可以在神经营销学领域取得更多研究成果，为理解市场和消费行为提供更多深刻的见解。

| 经典和前沿研究 15-1 | 价格决定味道：解密安慰剂效应

价格和口味之间的关系一直以来都是令人着迷的话题。是真正的品质差异使得高价产品味道更好，还是仅仅因为价格标签，我们认为它们更美味？这个问题涉及了一个常见的心理现象，即"安慰剂效应"。为了解开这个谜团，Plassmann 等人在 2008 年进行了一项有趣的研究，他们不仅揭示了价格对我们的味觉有何影响，还使用了神经科学技术的力量，帮助我们理解了这一现象背后的秘密。

1. 研究背景

首先，让我们来了解一下"安慰剂效应"是什么。这个概念源自医学研究，即名义上为药物但实际上并无药理学成分的"安慰剂"在一定程度上能促进病人的康复，这种机理被解释为一种期望效应，也就是当人们相信他们服用"药物"后会好转，其身体的各个机能会无意识地进行调整，从而实现这一期望。受此启发，Shiv，Carmon和Ariely（2005）提出营销学上的定价可能存在类似的安慰剂效应，导致价格高昂的产品被主观上认为会带来更好的体验。

不过，一个悬而未决的问题是，是否这种定价能够"直接"调节商品带给消费者的效用。在行为研究中，因为缺乏针对体验效用的直接测度，很难对此问题进行探索；而在神经营销层面，可以通过测量奖赏敏感区的激活来表征个体的体验效用。

2. 葡萄酒实验

为了验证这一猜想，研究人员选择了葡萄酒作为研究对象。他们招募了20名男女参与者，平均年龄约30岁，让他们躺在MRI扫描仪中品尝葡萄酒。

3. 价格的魔力

在实验中，参与者会品尝标价不同的葡萄酒，但事实上，这就是同一款酒。研究人员想知道，当参与者知道酒的价格后，是否会影响他们对味道的感知。结果令人吃惊，参与者在品尝后给了价格更高的葡萄酒更高的口感评分。

4. 大脑的秘密

为什么价格标签会如此显著地影响口味的感知？这就需要神经科学来解释了。研究人员使用了功能性磁共振成像技术来观察大脑的活动，他们特别关注了大脑中的奖赏敏感区，这是与愉悦感和满足感有关的区域。他们发现，大脑中的奖赏敏感区对高价标识的葡萄酒反应更为强烈。

5. 超越葡萄酒的发现

这项研究不仅仅是关于葡萄酒的，它揭示了一个有趣的现象：价格不仅仅是商品成本的反映，它可以直接影响消费者的感知和满足。这一现象可以用于市场营销和品牌策略，许多品牌通过提高价格和相应宣传打造高端形象，吸引那些愿意高价购买并对此感到满足的消费者。因此，价格的魔力在市场竞争中起到了关键作用。

6. 聪明的设计

葡萄酒实验中除了设置不同标价的酒，还设置了另一种条件，即水。他们先以饮酒时和饮水时引发的神经活动差异精确定位出大脑的奖赏敏感区。此时，该脑区激活的意义就相对明确，即反映了饮酒与饮水的差异，或强奖赏与弱奖赏的差异，而这代表了奖赏性体验。在此基础上，再比较高价酒和低价酒在这一脑区的激活差异，从而验证定价的安慰剂效应。如果直接比较饮用高价酒和饮用低价酒引发的神经活动，即便发现了眶额皮层的激活，也无法明确这一神经活动代表的心理活动到底是什么。

资料来源：1. PLASSMANN H, O'DOHERTY J, SHIV B, et al.Marketing actions can modulate neural representations of experienced pleasantness [J]. Proceedings of the National Academy of Sciences，2008, 105(3): 1050-1054.
2. SHIV B, CARMON Z, ARIELY D. Placebo effects of marketing actions: consumers may get what they pay for[J]. Journal of Marketing Research，2005, 42(4): 383-393.

15.2 神经营销的理论框架和模型

相信你已经认识到了神经营销是一个充满潜力的领域，但究竟如何将大脑活动与消费者心理或行为相对应，以及神经营销的研究者在探索着什么？在本节，我们将深入探索神经营销的核心概念和研究，帮助你理解大脑在市场营销中的作用以及神经科学如何为市场营销带来新的视角。我们将从大脑的奥秘开始，逐步揭示神经营销的理论框架。

15.2.1 脑科学的基础知识

人脑可大体分为大脑、小脑和脑干，其中大脑又包括端脑与间脑。端脑有左右两个半球，二者由神经纤维构成的胼胝体相连。大脑的两个半球通常被分为四个脑叶，分别是额叶（frontal lobe）、顶叶（parietal lobe）、颞叶（temporal lobe）和枕叶（occipital lobe）。而间脑由丘脑和下丘脑组成。大脑负责控制和协调各种身体功能，同时也是思维、情感和记忆等高级认知功能的基础。接下来，我们将介绍神经营销研究人员主要关注的几个脑区，包括内外侧前额叶、眶额皮层、颞顶联合皮层、前侧扣带回（见图 15-1）、伏隔核和前侧脑岛等。

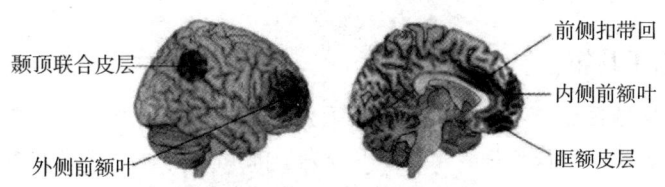

图 15-1　大脑内外结构

资料来源：盛峰，徐菁. 神经营销：解密消费者的大脑 [J]. 营销科学学报，2013，9（1）：1-17.

（1）内侧前额叶（medial prefrontal cortex，mPFC），位于前额叶的内侧。前额叶是指额叶的前端。前额叶主要与人类的高级认知功能相关，内侧前额叶被认为与情感、认知控制和社会认知有关，参与个体的自我认知、社会情感处理、道德决策等功能。

（2）外侧前额叶（lateral prefrontal cortex，lPFC），位于前额叶的外侧。外侧前额叶主要与决策制定、执行控制和问题解决有关。

（3）眶额皮层（orbitofrontal cortex，OFC），是大脑前额叶的一个重要区域，位于额叶的前下部，正好位于眶骨的上方。眶额皮质被认为与腹内侧前额叶皮质在解剖学上是一致的，它的独特之处在于其神经连接及其功能。眶额皮层在认知、情感和行为调节方面发挥着关键作用，它接受丘脑背内侧核的投射，参与决策过程的价值表征。

（4）颞顶联合皮层（temporoparietal junction，TPJ），位于颞叶和顶叶之间的交界处，通常位于大脑的侧面。颞叶联合区参与多种认知和感知过程，包括社交认知、空间感知、多感觉整合、决策和道德判断。它与消费者行为学的一个重要功能——注意力有关。

（5）前侧扣带回（anterior cingulate cortex，ACC），是位于大脑中央部分的一个区域，是扣带回（cingulate cortex）的前部。扣带回属于大脑边缘系统的重要部分，位于大脑内侧，紧挨胼胝体（corpus callosum）。前侧扣带回常常与情绪加工密切相关。

（6）伏隔核（nucleus accumbens，NAc），位于基底核与边缘系统交界处。伏隔核被认为是大脑的快乐中枢，对诸如食物、性、毒品等刺激有反应（见图 15-2）。

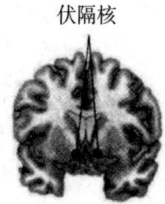

图 15-2　伏隔核

（7）前侧脑岛，位于脑岛（insula）的前部，与额叶和颞叶紧密相邻。脑岛也称为岛叶，是大脑皮层的一部分，位于大脑的深部（见图 15-3）。脑岛被认为与意识有关，并在通常与情绪或身体稳态调节相关的多种功能中发挥作用。

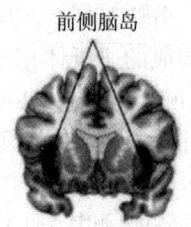

图 15-3　前侧脑岛

营销工具箱

不同脑区参与不同功能，在探索消费者心理时，可以重点关注相关脑区，比如内外侧前额叶、眶额皮层、颞顶联合皮层、前侧扣带回、伏隔核和前侧脑岛等，同时需要理解各脑区是如何工作的以及它们之间的相互联系。

15.2.2　情绪系统与神经科学

消费者个体的心理和行为是营销学的重要研究对象。在过去的二十年里，心理学和神经科学已经逐渐区分了个体的情绪系统和认知系统——尽管它们在功能上相互关联但在结构上相对分离。情绪系统主要负责塑造个体的体验和态度，是一个"热"系统。与此不同，认知系统则决定了个体的知觉和记忆，因此被称为"冷"系统。这两个系统之间存在相互影响的关系，认知可以触发和调控情绪，而情绪也可以左右甚至扭曲认知。这种相互作用最终会对消费者的判断和决策产生影响。简而言之，消费者行为研究关注个体情感和认知系统之间的复杂互动，以及它们如何共同塑造个体在购买和消费决策方面的表现。在这一领域的深入研究有助于我们更好地理解消费者行为的根本驱动力，从而能够更精确地预测和干预市场行为。这一部分，我们将主要关注情绪系统，以神经科学的方法剖析它与行为的联系。

近年来，行为科学研究越来越强调情绪在人类决策过程中的关键作用，情绪可以显著影响我们对外部信息的感知和处理方式，也与风险感知和风险决策密切相关。此外，情绪也可以影响我们的记忆，进而影响我们的社会互动和决策。神经科学进一步的研究发现，情绪不仅是影响人类决策的因素之一，甚至可能在某些情况下主导了决策过程。神经科学家们将人类大脑的情绪系统大致划分为两个部分：一是处理奖赏性刺激（比如美食等）和正性情绪的奖赏敏感区，包括伏隔核、眶额皮层以及腹内侧前额叶等区域；二是处理惩罚性刺激（比如恶臭等）和负性情绪的惩罚敏感区，包括前侧脑岛和前侧扣带回等区域。近年的脑成像研究逐渐揭示了大脑情绪系统的三个重要特征，即社会性体验与生理性体验的同源性、想象体验与真实体验的相似性，以及自我体验与他人体验的共振性。

1. 社会性体验与生理性体验的同源性

无论是动物还是人类，都得面对各种各样的奖赏和惩罚，并快速、准确地进行识别和反应。然而，人类相较于动物来说，不仅要面对各种原始的"生理性"刺激，比如食物和性，还不得不应对许多复杂的"社会性"刺激，比如金钱的得失、面子的有无等。

那么，我们的大脑是否进化出一套特殊的情感系统，专门处理"社会性"刺激呢？神经科学家们深入研究了大脑的奥秘，发现人类似乎不需要额外的情感系统分门别类地处理这些社会性奖赏和惩罚。大脑能够类似地处理"生理性"和"社会性"的奖赏和惩罚。

早期研究已经发现，当人们经历生理性奖赏，比如美食或毒品时，人脑中的伏隔核、眶额皮层和腹内侧前额叶等奖赏敏感区会被激活。最近的研究也显示，社会性奖赏，比如金钱收益、社会合作和社会认可等，也会激活人脑的奖赏敏感区，与生理性奖赏相似。这些神经营销学的研究发现为消费者行为学的研究提供了一些重要的线索，它表明社会性奖赏和生理性奖赏可能存在相互补偿和相互转化的关系。例如，社会性奖赏可能有助于减轻生理性痛苦，比如数钱被视为一种社会性奖赏，可以减轻社交排斥引起的社会性痛苦，同时也可以减轻生理性痛苦。反之，生理性奖赏可能促进社会性需求，比如品尝甜食可以激发对金钱奖赏的追求，让你无法轻易拒绝打折促销活动。

早期研究已经指出，在个体经历生理性疼痛时，大脑的前侧扣带回和前侧脑岛会显示出活跃的迹象，并且其活跃程度与个体感知到的疼痛程度相关。进一步的研究探讨了社交排斥引发的社会性疼痛，以及与之相关的神经活动。Eisenberger, Lieberman 和 Williams 在 2003 年的社会排斥研究即证明了这一点。在实验中，被试者躺在磁共振扫描仪中，与两位假被试者进行了一场虚拟的掷球游戏，两位假被试者突然仅在彼此之间传球，不再把球传给被试者，形成了一种社会排斥的情境。结果发现，在这种社会排斥条件下，被试者的前侧扣带回活跃度显著增强，与被试者主观报告的不快感程度存在相关性，表明社会排斥引发的神经活动与个体感知的社会性疼痛相关。类似地，社会比较、不公平的分配，都可以引发疼痛相关脑区的活动。也就是说，从主观感受来看，社会性伤害和生理性伤害一样真实可感，突显了社会性伤害的严重性。

2. 想象体验与真实体验的相似性

人的体验只能囿于当下，但想象却可以在过去、未来与当下之间切换。那么想象中的体验和实际的体验是否有加工上的差异呢？人类是否进化出了两套独立的情绪系统分别加工真实的体验与想象的体验呢？神经科学家们的研究给出了一个令人吃惊的答案——人类的大脑其实使用着相似的神经网络处理真实和想象中的奖赏和惩罚。

前面我们已经知道，眶额皮层和伏隔核被认为是人脑中的奖赏敏感区。而 O'Doherty 等人（2002）的脑成像研究表明，个体无论是实际体验奖赏（比如饮用糖水），还是仅仅期待奖赏（比如期待饮用糖水），眶额皮层都会激活。类似地，个体无论是实际获得金钱，还是仅仅期待获得金钱，伏隔核都会激活。这些研究结果表明，在神经层面上，想象中的奖赏与真实奖赏有相似的神经反应。这些研究结果对于消费者行为学提出了重要的启示，表明我们不仅应该关注消费者的实际体验，还应考虑到他们的想象力。实际上，一些行为研究已经受到了这些神经科学发现的启发。例如，Morewedge，Huh 和 Vosgerau（2010）的研究表明，当消费者仅仅想象自己一直在吃同一种奶酪而没有实际进食时,他们之后对这种奶酪的食欲也会降低。这就提醒了食品行业的商家,它们的广告宣传可能应该避免激发消费者过多的想象体验,否则可能会产生适得其反的效果。

前面我们已经知道,当人们体验真实的伤痛时,其前侧扣带回和前侧脑岛会显著激活。Gu 和 Han（2007）通过进一步的脑成像研究发现,当人们仅仅是阅读与伤痛相关的文字（比如"割手"）时,他们的前侧脑岛也会激活,就好像他们真的经历了那种伤痛一样。这个发现提醒我们,大脑不仅可以处理真实世界中的伤痛,还可以在想象的世界中感受到疼痛的刺激。

3. 自我体验与他人体验的共振性

人是一种社会性的动物,为了共同生存,我们需要理解彼此的情绪。例如,当我们理解他人的痛苦时,我们会表现出同情,而当我们分享他人的快乐时,我们会感到鼓舞。但人类的大脑是否进化出了两套不同的情绪系统处理自己的情绪和他人的情绪呢？神经科学研究给出的答案依然是否定的:人类的大脑采用类似的神经网络加工自己的和他人的情绪。

再次讲回大脑中的奖赏敏感区。神经科学领域的研究发现,人在赌博游戏中无论是自己赢钱,还是看到他人赢钱,其腹侧纹状体（包含伏隔核）都会显著激活,即人可以对他人的快乐感同身受。而惩罚敏感区呢？最近的脑成像研究发现,当人知觉他人遭受电击或看到他人受伤时,其前侧扣带回和前侧脑岛也会显著激活,仿佛自己也感受到了疼痛一样,即所谓共情。

不过,无论是对快乐的共情还是对痛苦的共情,都取决于我们自己的感知,以及我们认为自己与他人有多相似。它可以想象为大脑中有一个情感开关,只有当我们觉得自己和某人相似时,这个开关才会被打开,允许我们更容易地与他们产生共鸣。这里有个关键词,就是"感知到的相似性",而不是绝对的相似。也就是说,作为商家如果你想让消费者与你的广告代言人或主人公产生更多共鸣,你可以着眼于提高消费者对这个人的感知相似性。

◎ 营销工具箱

大脑采用类似的神经网络加工社会性和生理性的奖赏和惩罚体验,处理想象的和真实的奖赏和惩罚体验,以及理解自己的和他人的奖赏和惩罚体验,但奖赏和惩罚敏感区只是为了便于理解而做出的一种大致的分类。事实上,人类的情绪系统要比这复杂得多。

15.2.3 认知系统

人类的情感系统在进化上相对保守,与其他灵长类动物的区别并不巨大。但人类的认知系统,尤其是高级认知系统,与其他灵长类动物相比就更为复杂。这个区别在神经上也有着明显的标志,即我们前额叶的占比比其他灵长类动物大得多。而最近的神经成像研究也发现,我们的前额叶在高级认知,尤其是社会认知方面扮演着至关重要的角色。在接下来的部分,我们将从自我认知、他人认知和认知监控这三个角度分别探讨神经科学近年来关于人类的认知系统尤其是社会认知系统的全新解读。

1. 自我认知

自我认知是一个深受哲学和心理学关注的核心问题。从古至今，学者们对于自我认知的研究兴趣未减。而作为社会认知的基本单元，自我认知全面而深刻地影响着消费者的行为。事实上，人的自我意识从婴儿时期就开始萌发，并随着时间的推移不断演变和成熟。那么，在我们复杂的神经系统中，是否存在一个特定的脑区专门负责处理自我认知呢？最近的神经成像研究给出了相对积极的答案，它就是内侧前额叶。这个发现揭示了自我认知在大脑中的生理基础，为我们更深入地理解自我和社会认知的关系提供了宝贵的线索。

Kelley等人（2002）的研究采用了一种被称为自我参照范式的方法。在实验中，被试者会看到一系列描述人格特征的词语，然后判断这些词语是否适合描述自己，或者是否适合描述另一人。结果显示，当被试者进行有关自我的判断时，他们的内侧前额叶活动比进行有关他人的判断时更为活跃。这表明内侧前额叶可能在自我加工中扮演着重要角色。进一步的研究由Moran等人（2006）进行，他们采用了类似的范式，但试图区分自我认知成分和情感成分。结果显示，不论词语是正面的还是负面的，只要它们适合描述自己，就会更大程度地激活被试者的内侧前额叶。此外，对于那些适合描述自己的词语，正面词语比负面词语更多地激活了被试者的腹前侧扣带回区域。这表明内侧前额叶可能与自我认知成分有关，而腹前侧扣带回可能与自我情感成分有关。

让我们来看将神经科学关于自我的研究成果应用于消费者行为研究的一个例子。神经科学家们一直想要解答为什么我们总是更愿意享受眼前的快乐，而不愿意等待未来更大的回报。这个现象就叫作时间折扣效应，即人对现在的收益比对未来的收益看得更重。Ersner-Hershfield和他的团队（2009）决定揭开这个谜团。他们提出一个猜想：也许是因为我们把现在的自己和未来的自己看作是两个完全不同的人，甚至把未来的自己当成了一个陌生人，所以才不愿意为未来做出牺牲，就像我们不愿意给陌生人捐钱一样。但如果我们能够把现在的自己和未来的自己看作是同一个人，那么时间折扣效应就会减弱。为了验证这个猜想，他们借鉴了Kelley等人的研究，给被试者呈现了一系列描述人格特征的词语，然后被试者需要判断这些词语是否适合描述现在的自己或未来的自己。大脑成像则揭示了内侧前额叶在被试者评价现在的自己和未来的自己时的活动差异，这被当作自我连续性的指标。一周后，被试者面对一个时间折扣的任务，要在现在的1美元和一个月后的10美元之间做出选择。结果发现，内侧前额叶和喙前侧扣带回表征的自我连续性越强，也就是被试者越能把现在的自己和未来的自己视为同一个人，他们的时间折扣效应就越弱，即相对于眼前的小利益，他们更愿意等待未来的大回报。

这些研究为我们揭示了大脑中与自我加工和情感有关的特定区域，为深入了解自我认知和情感的神经基础提供了重要线索，也为我们了解为什么人们会做出不同的消费选择提供了支持。

2. 他人认知

人是社会中的人，我们每天都要与许多不同的人互动，尝试理解他们的想法和感受。但是，理解他人可能要比理解自己更具挑战性，因为我们拥有的对方的信息有限。之前提到过，情感系统的研究发现，我们使用了一套相似的大脑网络来处理自己和他人的情感，就好像我们能够感同身受一样。那么，在认知系统中，是否也存在类似的模式呢？也就是说，我们是否倾向于用自己的思维方式理解他人的思维，就像以己度人一样？神经科学似乎倾向于给出积极的答案。

神经科学领域的研究人员运用了脑成像技术研究大脑在处理自我和他人认知时的活动。他们发现，我们的大脑的确使用处理自己思维的神经网络以理解他人的思维。这意味着我们可能确实倾向于以己度人。这个发现提醒我们，我们可能更容易理解那些与自己相似的人，而不太容易理解那些与自己不同的人。这是因为我们会自然地将自己的思维方式投射到那些和我们相似的人身上，就像我们认为他们和我们有一样的想法。这个现象在神经活动上的反映是：负责自我加工的脑区（比如腹内侧前额叶）在人揣度跟自己相似的人的想法时相比于揣度跟自己不同的人的想法时，其激活程度更强。Mitchell，Macrae 和 Banaji（2006）进行了实验。他们让被试者基于有限的信息认识两个人物，一个人保守，一个人开放，从而使被试者对二人分别形成与己相似和与己不同的印象。继而，在脑成像实验中，给被试者呈现一系列的陈述，比如"期待回家过感恩节"（保守倾向）或"喜欢拥有一个来自异国的室友"（开放倾向），让被试者回答自己在多大程度上同意每一项陈述，并分别揣摩之前了解的两个人物在多大程度上可能同意每一项陈述。最后，采用内隐联系测验测量被试者知觉到的自己与两个人物的相似性和差异性。结果发现，当被试者揣度自己的想法或与自己相似的人的想法时，其腹内侧前额叶有更强的激活程度；而在揣度与自己不同的人的想法时，其背内侧前额叶有更强的激活程度。此外，腹内侧前额叶的激活强度与被试者知觉到的相似度相关，而背内侧前额叶的激活强度与被试者知觉到的差异度相关。

当我们尝试理解他人的想法时，可能会把自己的思维方式投射到他们身上。在这个过程中，我们的参照系发生了转换，那么这个参照系的变换，也就是所谓的"换位思考"，是由大脑的哪个部分完成的呢？这个问题引起了 Saxe 和 Kanwisher（2003）的兴趣，他们采用错误信念范式进行了一项有趣的研究。他们给被试者展示了一些故事，其中一类故事涉及一阶换位思考，比如一个女士在上班路上发现起重机占据了人行道，于是决定绕道而行。在这种情况下，被试者只要理解女士意识到了起重机占道与上班的矛盾，就能理解女士绕道的决定，这是一种比较简单的思维方式。另一类故事则涉及二阶换位思考，比如一个男孩在家撕了很多碎纸条用于制作艺术课的工艺品，在他中途出去玩期间他妈妈看到了碎纸条并把它们当垃圾扔掉了。在这种情况下，被试者不仅要理解到男孩的妈妈因为纸条是碎的而将它作为垃圾丢掉，还要意识到男孩的妈妈"错误地"揣度了男孩撕纸条的目的，即在思维上存在二阶换位，尽管第二阶换位是"错误的"。研究结果显示，当被试者进行二阶换位思考时，不仅激活了内侧前额叶，还激活了颞顶联合皮层。颞顶联合皮层在处理这种复杂思维方式时发挥了关键作用。此外，后续研究还发现，如果暂时干扰颞顶联合皮层的功能，就会减弱人们在道德判断中的换位思考能力，这进一步证实了颞顶联合皮层在换位思考中的重要性。

自我投射与换位思考相结合，即构成个体理解他人心理的基本构念，这就是所谓的心理理论。在销售和谈判的领域，理解和运用心理理论是一项至关重要的核心技能。现在，让我们看看如何将神经科学的发现应用于这个领域，从而更好地理解和衡量人们的心理理论水平。这样的创新研究由 Dietvorst 等人（2009）进行。他们创建了一个专门用于评估销售能力的心理理论测验。不仅如此，他们还采用了一种新颖的方法，结合了传统的心理学测验和神经科学技术。他们让销售员参加这个测验，然后根据测验结果将他们分为高分组和低分组。接下来，他们将这两组销售员送入磁共振扫描仪中，然后让他们完成一系列涉及心理理论的任务，类似于前面提到的换位思考任务。在此过程中，研究人员记录了销售员的大脑活动。结果发现，高分组的销售员在完成心理理论任务时，他们的内侧前额叶以及两侧颞顶联合皮层的激活程度要比低分组的销售员更强，而且这三个脑区的激活程度与销售员在心理理论测验上的得分之间存在相关性。这个研究为我们提供了一种评估销售能力的崭新方式。

3. 认知监控

每个人都在时刻监视自己的内在状态，有时候，内心可能会涌现出各种各样的冲突。这些冲突可能源自个体认知上的不一致，也可能是情感上的矛盾，甚至可能是认知和情感之间的冲突。无论是什么冲突，个体都需要迅速、准确地监测并适时地解决它们，从而确保自己的内心平衡，实现正常生活。神经科学的研究发现，前侧扣带回可能与个体的自我监测功能密切相关，外侧前额叶则可能与个体的控制和调节能力有关。

为了更好地理解这一点，让我们看看 Van Veen 等人（2009）的一个脑成像实验。在这个实验中，被试者躺在磁共振扫描仪中，完成一系列基础的认知任务，并对自己在扫描中的整体体验做出评价。但由于磁共振扫描仪狭小、昏暗且嘈杂，被试者的评价通常不太好。接下来，实验组的被试者被告知，一个病人正在监视室等待扫描，他感到紧张和焦虑，因此希望被试者能够给出相对正面的评价，从而安抚病人；而控制组的被试者则被告知，如果他们能够给出正面评价，将会得到金钱奖励。两组被试者都被诱使"违心"地给出正面评价，但实验组的被试者必须通过更复杂的逻辑解释他们的评价。扫描结束后，再次让被试者对扫描体验做出整体评价。结果显示，与控制组相比，实验组的前侧扣带回在做出"违心"评价时表现出更强的活动。此外，这个脑区的激活程度与后续的态度变化相关，这意味着前侧扣带回在监测认知失调方面发挥了关键作用。

认知失调不仅可能源自内部的态度和行为之间的冲突，还可能来自外部的行为与社会规范之间的冲突。相关研究也关注了从众行为的神经机制。他们让被试者在磁共振扫描仪中对一系列面孔的魅力评分。每次评分后，被试者都会看到一个"大众评分"，该评分可能与他们的评分一致，也可能不一致。结果显示，在评分一致的情况下，前侧扣带回的激活程度较低，而在评分不一致的情况下，这个脑区的激活程度显著增强。此外，前侧扣带回的活动水平与被试者后续的评分变化之间存在相关性。这意味着，前侧扣带回在监测和调节认知与社会冲突方面发挥了重要作用。

一旦个体监测到冲突，就需要采取控制和调节的措施。例如，在之前提到的 Eisenberger、Lieberman 和 Williams 的社会排斥研究中，他们发现，在社会排斥条件下，与疼痛体验相关的前侧扣带回区域活跃，并且外侧前额叶的激活与前侧扣带回的激活呈相反关系。也就是说，外侧前额叶的激活程度越强，与疼痛相关的神经活动就越弱，同时人们主观感受到的疼痛程度也更轻。这个发现表明，外侧前额叶可能通过抑制疼痛相关的神经活动帮助个体调控情感冲突。类似地，关于奖赏的研究发现，外侧前额叶在节食者控制饮食方面发挥了重要作用，因为在品尝美食时，节食者的外侧前额叶活动较强，而非节食者则在奖赏相关的眶额皮层中表现出更强的活动，这意味着外侧前额叶可能通过抑制眶额皮层的奖赏反应帮助节食者控制饮食。

从消费者行为的角度来看，这些神经科学的发现可能为商家提供一些新的思路。商家或许可以使用神经科学的方法衡量顾客的自我监测、冲突监测和控制能力，然后根据这些信息量身定制个性化的产品和服务。

当然，情绪系统和认知系统并非决然分离，如认知监控部分所述，二者之间存在着紧密的交互。以营销学的视角对神经科学在情绪系统和认知系统上的最新研究进行解读，有助于营销学者在多个层面把握消费者的心理和行为，继而为将神经科学的研究手段融合进营销学中拓展思路。

> **营销工具箱**
>
> 大脑采用类似的神经网络加工社会性和生理性的奖赏和惩罚体验，人脑的内侧前额叶与自我的加工显著相关；个体倾向于以一种以己度人的方式揣度他人，其内侧前额叶在揣度他人的想法时同样激活，除了内侧前额叶，颞顶联合皮层在个体的换位思考中起着不可或缺的作用；前侧扣带回负责认知监测，而外侧前额叶负责认知调控。

| 经典和前沿研究 15-2 | 品牌人格化？

1. 背景：品牌与人格

在现代社会中，品牌已经成为我们日常生活中不可或缺的一部分。品牌可以是产品、服务或公司，带有各种各样的特质和属性，有时候甚至被赋予了人的特性。斯坦福大学的 Jennifer Aaker 由此提出了"品牌人格"的概念。那么消费者是否真的把品牌当作人一样对待呢？密歇根大学的 Carolyn Yoon 等人就针对此问题，做了一个有趣的功能性磁共振实验。

2. fMRI 实验：自我参照范式

Yoon 等人采用自我参照范式，给被试者呈现一系列的人格形容词，并让他们判断每个词能否描述自己或他人，或者让他们判断能否描述一个与自己相关的品牌或一个与自己无关的品牌。与此同时，采用磁共振扫描仪观察被试者的大脑活动。

3. 实验结果：品牌≠人

结果发现，人物判断相比于品牌判断更多地激活了与自我加工相关的内侧前额叶，而品牌判断相比于人物判断更多地激活了与物体加工相关的外侧下额叶。由此表明，个体倾向于采用分离的神经模块理解人和理解品牌，品牌人格化或难于达成。

资料来源：YOON C, GUTCHESS A, FEINBERG F, et al. A functional magnetic resonance imaging study of neural dissociations between brand and person judgments[J]. Journal of Consumer Research, 2006 (33): 31-40.

15.3 神经营销的研究范式和路径

通过前文，我们了解了与神经营销学有关的基础脑科学知识。但是神经营销学的落脚点仍在营销的理论与实践，如何真正将神经科学与营销学结合？接下来，我们将把焦点从神经科学转移到市场营销学，对神经营销的研究范式和路径进行深入探讨。

1. 理论生成

理论生成，即基于神经科学的研究成果生成营销学的理论。例如，之前我们已经知道了想象体验和真实体验激活重叠的神经网络。基于神经科学的这一发现，Morewedge，Huh 和 Vosgerau（2010）提出并证实了，重复地想象摄入同一款食品和重复地摄入同一款食品类似，都会抑制个体对这款食品后续的胃口，即想象消费的后抑制效应类似于真实消费的后抑制效应。这一设想本质上是对想象体验类似于真实体验这一理论在消费后抑制这一课题上的引申。

还有一个有趣的消费者行为学理论源自神经科学，即欲求和喜好的分离。以往的消费者行为研究通常将两者混为一谈，或者认为它们只是一个心理过程的不同阶段，比如喜好会引发欲求。然而，近年来神经科学的研究已经明确指出，欲求和喜好是两种截然不同的情感，它们在神经结构上也有着独立的表现。这一发现为消费者行为研究提供了一个新的角度，也让我们重新审视欲求与喜好的关系。Litt，Khan 和 Shiv 等研究者（2010）便深入研究了这一领域。他们的研究表明，当个体在追求某个目标遇到挫折时，他们对于这个目标的欲求会增加，但相应的喜好可能反而下降。以一个实验为例，未能赢得奖品的参与者与成功赢得奖品的参与者相比，更愿意为这个奖品付出更多的代价（欲求增加），但在最终获得奖品后，他们更有可能将它换成其他东西（喜好降低）。这一欲求和喜好分离的理论观点为过去的消费者行为研究提供了新的思路，也提醒了市场人员，在制定营销策略时，需要分别考虑它对消费者欲求和喜好的影响，这或许会帮助我们更好地理解为什么消费者在某些情况下表现出不同寻常的行为。

以上例子虽然还没有形成完整的营销学理论，但它们基于神经科学的研究成果向传统的营销学理论提出了重要的挑战。这两个概念的潜力不容小觑，它们为我们揭示了消费者行为背后更加复杂和多层次的心理机制。随着神经科学逐渐渗透到心理学领域，我们可以预见未来将会涌现出更多基于神经科学的消费者行为理论。这些理论将为我们提供更深入的洞察，帮助我们更好地理解消费者在市场中的行为。因此，神经营销学有望在未来为传统营销学领域带来真正的革新和贡献。我们可以期待在未来的研究中看到更多关于消费者大脑活动和心理过程的深入分析，这将有助于我们更好地理解市场和消费者行为的本质。

2. 理论解释

理论解释，即在神经层面对消费者行为学中已有的理论给出神经层面的辨析，或是对消费者行为学中经典的案例给出神经层面的解释。传统的行为研究一直受到研究工具的限制，因为它们通常只能间接测量各种心理活动。然而，神经测量方法因其准确性、丰富性和高度敏感性而引领了一场革命，使我们能够更加直接、深入地了解过去研究未能揭示的心理机制。研究人员可以直接观察大脑在不同情境下的反应，而无须依赖受试者的口头陈述或行为反应。这为我们提供了一个独特的机会，可以更全面、更深入地理解人类行为和决策的内在机制。例如，百事可乐悖论的功能性核磁共振研究发现，那些知道自己喝的是可口可乐的消费者的海马体有更强烈的活动，而这往往意味着更多记忆的唤起和高级认知控制的产生。再比如，安慰剂效应的功能性核磁共振研究发现，消费者的眶额皮层对高价标识的葡萄酒反应更强烈，而这是与愉悦感和满足感有关的区域。事实上，理论解释仍然是神经营销当前主要的一条研究路径，其范围涉及禀赋效应、捕获效应以及时间折扣效应等诸多经典消费者行为理论。

神经科学的发展不仅是一项技术进步，更是一场革命，它为我们提供了探索心理学和行为科学领域的全新方式。通过结合神经测量和传统的行为研究方法，我们可以更好地理解人类行为背后的复杂心理过程，从不同层面的视角重新审视过往的解释，从而做出补充和修正。

3. 市场预测

市场预测，即以神经科学的研究手段测度产品、服务或广告的效果，预测其市场反应，从而对产品、服务或广告做出优化选择。营销学的终极目标是以最佳方式将价值传递给消费者。因此，如果神经营销能够协助优化价值传递方式，那么这将为企业和消费者带来巨大的益处。接下来，我们将从产品、体验和广告的角度探讨神经营销学在市场预测方面的巨大潜力。

（1）产品。通过神经科学的研究，我们可以更好地理解消费者对产品的情感和认知，这意味着企业可以更精确地调整产品设计和价格，从而满足消费者的需求和期望。这有助于企业创造更具吸引力的产品，提高市场竞争力。Knutson 等人（2007）最早尝试了以神经指标预测消费者的决策。他们记录了 26 名被试者在做购买决策时的神经活动。具体操作为，给被试者呈现一个产品（比如巧克力、枕头、台灯等），再给被试者呈现这个产品的价格，然后让被试者决定是否购买。若被试者选择购买，则会支付货币，并获得产品。结果发现，产品呈现时被试者的伏隔核（奖赏敏感脑区）的激活和价格呈现时被试者的前侧脑岛（惩罚敏感脑区）的激活分别能够正向或负向地预测被试者最后的购买决定。这意味着，在产品决策时，商家或许能以人脑奖赏敏感区的激活作为筛选指标；而在定价决策时，则能以人脑的惩罚敏感区的激活作为测度，发现拐点，最大程度地挖掘消费者的支付意愿。不过，此研究存在两点遗憾。其一，神经测度尽管能够预测消费决策，但其预测效力并没有显著优于行为测度（比如产品喜爱度评价），故而实际操作中是否有必要耗费成本引入神经测度仍成问题。其二，该实验只是用一群被试者的神经测度预测同一群被试者的消费决策，这群小样本的神经测度是否可以推而广之地预测大样本的消费决策仍未可知。

（2）体验。神经营销学可以帮助我们深入了解消费者在购物、用餐或旅行等各种体验中的情感和认知过程。通过分析大脑活动，我们可以识别令人满意的体验元素，并识别可能引起不满或焦虑的因素。这有助于企业改进客户体验，提高客户满意度和品牌忠诚度。Berns 和 Moore（2012）以小样本的神经测度对音乐市场进行的预测证明了这一点。他们在磁共振扫描仪中给 27 名青少年播放 20 首新歌，同时让他们评估对每一首歌的喜好度。结果发现，被试者与奖赏体验相关的伏隔核和眶额皮层的激活程度与评分高度相关。更为重要的是，三年后他们搜集了这 20 首歌在过去三年的下载量，结果发现之前实验中的 27 名青少年的伏隔核和眶额皮层的激活强度可以准确预测这 20 首歌在后三年的销量，而其喜好度的评分则无法预测。这一研究表明：

①相比于行为测度，神经测度能够更加有效地预测体验性产品的市场效果；②小样本的神经测度即可预测体验性产品在整个市场的长期（三年）表现。

（3）广告。广告也可以受益于神经营销学的洞察力。通过神经科学的方法，我们可以更好地了解广告对消费者大脑的影响，这有助于企业创造更具吸引力和说服力的广告内容。例如，之前神经科学的研究已经发现，腹内侧前额叶的一个脑区与说服显著相关，即个体在阅读言论时，若该脑区激活强度越强，则他被说服的可能性就越大。基于这一神经科学的发现，Falk、Berkman 和 Lieberman（2012）研究了神经测度对广告市场效果的预测力。他们招募了 30 名有戒烟意愿的重度烟民，给他们播放三段即将公映的戒烟广告，让他们对广告的劝诫效力进行评分，同时记录其大脑活动。戒烟广告的内容为鼓励烟民给美国国家癌症研究所拨打热线电话。之后，他们以这三个戒烟广告播放后与播放前一个月内拨打戒烟热线电话的人次差异分别度量这三个戒烟广告的效果。结果发现，那 30 名烟民观看广告时其与说服相关的腹内侧前额叶的激活强度可以有效地预测戒烟广告的市场表现，即广告播放后相比于广告播放前增加的拨打热线电话的人次。

这三项研究都采用了相对较小的样本（每个研究的被试者数量都不超过 30 人）。然而，令人惊喜的是，尽管样本规模相对较小，但它们的预测力却不逊色于大样本研究。这一发现为神经营销学领域带来了重要的启示，即神经科学方法的敏感性和精确性可以在小规模研究中发挥出色的效果，从而为市场预测提供了新的可能性。随着脑成像技术和方法的不断改进和发展，我们也可以预见，神经营销学在市场预测方面仍然有着巨大的潜力。这些技术的应用不仅可以提供更深入的洞察，还可以帮助商界更好地理解消费者的心理过程和行为。商家可以利用神经科学的洞察优化产品、服务和广告，从而更好地满足消费者的需求和期望。因此，神经营销学可能会为商界带来巨大的利益，同时也为市场研究和消费者行为领域的未来研究提供令人兴奋的前景。

营销工具箱

目前，神经营销研究主要有理论生成、理论解释和市场预测这一脉相承的三条路径。但事实上，作为一个新兴领域，神经营销正不断衍生出新的研究路径。

| 经典和前沿研究 15-3 |　根据大脑活动预测在线视频播放量

1. 背景：注意力市场争夺战

在信息爆炸的时代，我们的大脑每天都面临一个挑战，即如何在无尽的信息海洋中，有效地分配自己的宝贵时间。社交媒体、短视频、在线新闻每天都有大量的内容等待我们的点击和观看。如何决定在哪个视频上花费时间，在哪篇文章上消耗更多注意力，成了我们每个人都需要面对的难题。那么，大脑是如何决定我们在信息时代的注意力分配的呢？营销学者是否可以根据消费者的大脑活动预测点击量和播放量呢？

2. 神经预测：解锁时间分配的秘密

神经预测正在成为当今神经决策科学的前沿研究问题之一。它探究的是我们的大脑如何在决策时发挥作用，如何影响我们的选择，以及最终如何影响时间的分配。一项来自斯坦福大学的研究通过功能性磁共振成像实验揭示了大脑活动与视频点击量的关系。

这项实验包含两个关键阶段：视频选择和视频观看。在视频选择阶段，参与者需要观看64个来自一个知名视频网站的视频缩略图和标题，然后决定是否愿意观看该视频。而在视频观看阶段，每位参与者观看32个来自第一阶段的视频，在视频播放的4～8秒内决定是否停止观看并跳过该视频，在观看结束后评定视频的情感唤醒和效价。

3. 个体预测结果：大脑神经活动如何影响观看时间

实验结果发现，视频选择阶段的结果显著影响了视频观看的时间分配。伏隔核的激活与观看时间呈正相关，而前侧脑岛的激活与观看时间呈负相关，这意味着我们的大脑在观看视频初期的神经活动可以预测我们会选择观看多长时间。

4. 群体预测结果：大脑神经活动如何影响互联网市场

研究人员使用了总体观看频率和总体观看时长百分比两个指标衡量参与者的时间分配。

伏隔核的激活情况正向预测了市场中的视频总体观看频率，而脑岛的激活情况则负向预测了它。这意味着大脑在观看视频时的神经活动可以预测互联网市场中的视频观看频率，这对于在线内容提供商和广告商来说是一项重要的发现。

资料来源：TONG L C, ACIKALIN M Y, GENEVSKY A, et al. Brain activity forecasts video engagement in an internet attention market[J]. Proceedings of the National Academy of Sciences, 2020, 117(12): 6936–6941.

15.4 神经营销的新趋势

随着数字经济和新兴技术的发展，神经营销学迎来了全新的机遇和挑战。

第一，线上交易的模式更为丰富，提供了充分的观测和操纵途径，也更容易在实验室环境中进行复刻。以"直播营销"为例，研究人员可以在实验室还原消费者与主播在线互动的情景，运用神经营销工具预测直播营销对消费者参与、消费者购买行为和后续口碑传播的影响，这有助于推动商家不断改进他们的线上消费服务和营销策略。再以"虚拟主播"为例，研究人员可以通过神经科学相关工具探测人的大脑对真实的人类主播和虚拟主播的反应是否存在不同，这种不同如何影响消费者的行为，从而确定虚拟主播的合理应用场景。

第二，在数字经济背景下，神经营销学的方法也可以应用于软件界面、网页设计和直播界面等各种人机交互设计领域。此外，通过深入挖掘神经活动数据，我们可以更深刻地了解消费者在数字经济这种新消费业态下的各种决策过程和行为特点，揭示这些行为特点背后的神经活动机制。这将有助于更好地解释和预测消费者的行为，为产品设计和市场推广策略的提升提供有力支持。

第三，受益于人工智能的强大驱动力，采集和处理消费者复杂的神经生理数据变得日益便捷。许多热门的可穿戴设备，比如Fitbits和苹果公司的iWatch，使用了能够捕捉用户心率和皮肤电反应等生理信号的技术，无需专门的测量设备就能获取神经营销所需关键信息，使得相关研究变得更加便捷、低成本和高效。

第四，在算法和计算能力不断提升的推动下，机器学习等方法已经可以构建出适用于新消费业态的消费者行为模型。这些模型可以为新产品和新广告在消费市场中的表现提供准确的预测。例如，面部识别技术借助机器学习的能力可以扫描数以百万计的面部图像，从而准确识别消费者的情绪和其他面部视觉信息。因此，我们可以看到社会科学、脑科学和计算机科学的不断融合，多模态神经生理数据与行为数据的不断结合，最终会产生数据驱动的消费者决策计算模型。这个领域的未来充满了机遇和挑战，我们有望在神经营销领域取得更多突破性进展。

本章小结

神经营销学是神经科学和市场营销的跨学科产物，强调利用神经科学技术和理论解读消费者行为背后的神经机制，"读懂"消费者的大脑。

目前研究及实践中常用的非侵入式神经科学技术包括：脑电图、脑磁图、功能性磁共振成像、经颅磁刺激、眼动追踪、面部肌电图、皮肤电导技术等。

神经测度具有三个优势：准确性、丰富性和敏感性。

神经营销具有三个局限性："反向推理"的逻辑陷阱、效度和强度的冲突以及成本压力。前两者可以依靠严密的逻辑推理和精巧的实验设计解决（比如感兴趣区分析法），后者可以通过租赁设备和多研究结合等方法解决。

人类不同脑区与认知、情感和行为调节紧密相连，在探索消费者心理时可以重点关注相关脑区，比如内外侧前额叶、眶额皮层、颞顶联合皮层、前侧扣带回、伏隔核和前侧脑岛。

大脑采用类似的神经网络加工社会性和生理性的奖赏和惩罚体验，处理想象的和真实的奖赏和惩罚体验，以及理解自己的和他人的奖赏和惩罚体验。

人脑的内侧前额叶与自我的加工显著相关；个体倾向于以一种以己度人的方式揣度他人，其内侧前额叶在揣度他人的想法时同样激活，除了内侧前额叶，颞顶联合皮层在个体的换位思考中起着不可或缺的作用；前侧扣带回负责认知监测，而外侧前额叶负责认知调控。

神经营销学研究的三条路径：理论生成、理论解释和市场预测。

神经营销的新趋势：数字经济和人工智能。

中国故事

国货化妆品的脑科学暗战

随着电子商务的持续兴盛，我国化妆品市场正蓬勃发展。根据国家统计局的数据，2021年我国化妆品类商品零售额达到了4 026亿元，同比增长了18.4%。随着消费结构的不断升级，我国的化妆品市场有望进一步扩大。然而，蓬勃的市场也吸引了众多品牌涌入美妆竞技场。同时，"功效检测"政策的出台、安全评估的加强，使得化妆品行业似乎开始陷入"内卷"的泥沼。另一方面，随着博主和网红的泛滥，消费者开始对美妆产品的"病毒式营销"感到厌烦，逐渐将注意力转向产品的成分和功效。为了应对这一趋势，化妆品厂商纷纷寻求新的发展途径，试图通过提供卓越的用户体验吸引更多消费者，提高客户的忠诚度。

当众多美妆企业不断努力预测消费者对其产品的偏好时，类似测谎仪的脑科学技术出现了，一些企业开始采用神经科学技术介入，取代传统的化妆品测试方法，即"试用+填写问卷"的模式，从而获取人们无法准确表达、不愿透露或者未察觉到的心理过程，开辟了新的感官评价途径。

化妆品巨头欧莱雅在上海建立了专门的神经营销团队，聘请了认知神经科学家，洞察中国消费者的需求，从而进行产品创新。同样，知名原料公司德之馨于2018年在上海东北亚创意中心建立了消费者神经科学研究室，旨在"读懂"消费者的内心，进而支持化妆品的研发。与此相似，一些国内化妆品企业也开始积极与神经科学机构建立业务关系。拉芳和德之馨展开了"香味脑部神经功能测试项目"的合作，采用德之馨最新的脑电波测试技术，通过检测大脑活动的瞬时变化，洞察消费者对产品柔顺度和香型的偏好。通过这种合作，拉芳意在过滤传统市场调研中的"数据误导"，为产品的开发和升级提供有力的数据支持。

随着技术的不断进步与神经营销工具成本的持续下降，越来越多的企业正在引入神经营销，将它纳入企业决策的范畴。未来，神经营销可能有助于国产化妆品企业更深入地理解目标受众在认知和情感层面的购买行为，从而调整策略和活动，唤起消费者更强烈、更具体的购买欲望。

资料来源：李硕，化妆品公司"脑研究"暗战将至，https://mp.weixin.qq.com/s/sV7lma-x9_zf-E--a8Xj1g，2023-11-22.

参 考 文 献

[1] BAILEY E R, MATZ S C, YOUYOU W, et al. Authentic self-expression on social media is associated with greater subjective well-being[J]. Nature Communications, 2020(11): 1-9.

[2] VAN Bergen N, LURIE N H, CHEN Z. More rational or more emotional than others? Lay belief about decision-making strategies[J]. Journal of Consumer Psychology, 2022(32): 274-292.

[3] MARKUS H R, KITAYAMA S. Culture and the self: implications for cognition, emotion, and motivation[J]. Psychological Review, 1991, 98(2): 224-253.

[4] KOU Y, POWPAKA S. Pseudo-ownership advertising appeal creates brand psychological ownership: the role of self-construal and customer type[J]. Journal of Product & Brand Management, 2021, 30(2): 215-230.

[5] DAVIS J L, JURGENSON N. Context collapse: theorizing context collusions and collisions[J]. Information, Communication & Society, 2014, 17(4): 476-485.

[6] DRENTEN J, HARRISON R L, PENDARVIS N J. More gamer, less girl: gendered boundaries, tokenism, and the cultural persistence of masculine dominance[J]. Journal of Consumer Research, 2023, 50(1): 2-24.

[7] STROESSNER S J, BENITEZ J. The social perception of humanoid and non-humanoid robots: effects of gendered and machinelike features[J]. International Journal of Social Robotics, 2019, 11(2): 305-315.

[8] BELK R, HUMAYUN M, BROUARD M. Money, possessions, and ownership in the Metaverse: NFTs, cryptocurrencies, Web3 and wild markets[J]. Journal of Business Research, 2022(153): 198-205.

[9] LEUNG E, CITO M C, PAOLACCI G, et al. Preference for material products in identity-based consumption[J]. Journal of Consumer Psychology, 2022, 32(4): 672-679.

[10] CARROZZI A, CHYLINSKI M, HELLER J, et al. What's mine is a hologram? How shared augmented reality augments psychological ownership[J]. Journal of Interactive Marketing, 2019, 48(1): 71-88.

[11] KENRICK D T, GRISKEVICIUS V, SCHALLER M, et al. Renovating the pyramid of needs: contemporary extension built upon ancient foundations[J]. Perspectives on Psychological Science, 2010, 5(3): 292-314.

[12] CHEN R P, WAN E W, LEVY E. The effect of social exclusion on consumer preference for

anthropomorphized brands[J]. Journal of Consumer Psychology, 2017, 27(1): 23-34.

[13] BLEIER A, EISENBEISS M. Personalized online advertising effectiveness: the interplay of what, when, and where[J]. Marketing Science, 2015, 34(5): 669-688.

[14] LONGONI C, BONEZZI A, MOREWEDGE C K. Resistance to medical artificial intelligence[J]. Journal of Consumer Research, 2019, 46(4): 629-650.

[15] HUANG X I, LABROO A A. Cueing morality: the effect of high-pitched music on healthy choice[J]. Journal of Marketing, 2019, 84(6): 130-143.

[16] LOWE M L, LOVELAND K E, KRISHNA A. A quiet disquiet: anxiety and risk avoidance due to nonconscious auditory priming[J]. Journal of Consumer Research, 2018, 46(1): 159-179.

[17] MADZHAROV A V, BLOCK L G, MORRIN M. The cool scent of power: effects of ambient scent on consumer preferences and choice behavior[J]. Journal of Marketing, 2015, 79(1): 83-96.

[18] MUKHERJEE S, KRAMER T, KULOW K. The effect of spicy gustatory sensations on variety-seeking[J]. Psychology & Marketing, 2017, 34(8): 786-794.

[19] ELDER R S, SCHLOSSER A E, POOR M, et al. So close i can almost sense it: the interplay between sensory imagery and psychological distance[J]. Journal of Consumer Research, 2017, 44(4): 877-894.

[20] 钟科，李佩镅，马士伟. 游客在线评论中嗅觉文字线索的价值 [J]. 旅游科学 , 2019, 33(6): 16-31.

[21] LUANGRATH A W, PECK J, HEDGCOCK W, et al. Observing product touch: the vicarious haptic effect in digital marketing and virtual reality[J]. Journal of Marketing Research, 2022, 59(2): 306-326.

[22] WANG X H, SUN Y, KRAMER T. Ritualistic consumption decreases loneliness by increasing meaning[J]. Journal of Marketing Research, 2021, 58(2): 282-298.

[23] STEFFEL M, ELANOR F, WILLIAMS Z. Delegating decisions: recruiting others to make choices we might regret[J]. Journal of Cosnumer Research, 2018, 44(5): 1015-1032.

[24] SUN Y, WANG X, HOEGG J, et al. How consumers respond to embarrassing service encounters: a dehumanization perspective[J]. Journal of Marketing Research, 2023, 60(4): 646-664.

[25] WATTS D J, STROGATZ S H. Collective dynamics of small-world networks[J]. Nature, 1998, 393(6684): 440-442.

[26] OISHI S. The psychology of residential mobility: implications for the self, social relationships, and well-being[J]. Perspectives on Psychological Science, 2010, 5(1): 5-21.

[27] OISHI S, ISHII K, LUN J. Residential mobility and conditionality of group identification[J]. Journal of Experimental Social Psychology, 2009(45): 913-919.

[28] OISHI S, SCHIMMACK U. Residential mobility, well-being, and mortality[J]. Journal of personality and social psychology, 2010, 98(6): 980.

[29] SHIRADO H, CHRISTAKIS N A. Locally noisy autonomous agents improve global human coordination in network experiments[J]. Nature, 2017, 545(7654): 370-374.

[30] RAJESH B, MANTONAKIS A, WHITE K. The cue-of-the-cloud effect: when reminders of online information availability increase purchase intentions and choice[J]. Journal of Marketing

Research, 2016, 53(5): 699-711.

[31] RANSBOTHAM S, LURIE N H, LIU H. Creation and consumptionof mobile word of mouth: how are mobile reviews different[J]. Marketing Science, 2019, 38(5): 773-792.

[32] KANUI V K, CHEN Y, SRIDHAR S. Scheduling content on social media: theory, evidence, and application[J]. Journal of Marketing, 2018, 82(6): 89-108.

[33] BERGER J, MILKMAN K L. What makes online content viral[J]. Journal of Marketing Research, 2012, 49(2): 192-205.

[34] HOMANS G C. Social behavior as exchange[J]. American Journal of Sociology, 1958, 63 (6): 597-606.

[35] ZHU F, ZHANG X. Impact of online consumer reviews on sales: the moderating role of product and consumer characteristics[J]. Journal of Marketing, 2010, 74(2): 133-148.

[36] EIN-GAR D, SHIV B, TORMALA Z L. When blemishing leads to blossoming: the positive effect of negative information[J]. Journal of Consumer Research, 2012, 38(5): 846-859.

[37] HU N, ZHANG J, PAVLOU P A. Overcoming the J-shaped distribution of product reviews[J]. Communications of the ACM, 2019, 52(10): 144-147.

[38] CHEN Y, XIE J. Online consumer review: word-of-mouth as a new element of marketing communication mix[J]. Management Science, 2008, 54(3): 477-491.

[39] SUN Y, DONG X, MCINTYRE S. Motivation of user-generated content: social connectedness moderates the effects of monetary rewards[J]. Marketing Science, 2017, 36(3): 329-337.

[40] CAMERER C, LOEWENSTEIN G, PRELEC D. Neuroeconomics: how neuroscience can inform economics[J]. Journal of Economic Literature, 2005, 43(1): 9-64.

[41] LIEBERMAN M D, EISENBERGER N I. Pains and pleasures of social life[J]. Science, 2009(323): 890-891.

[42] ARIELY D, BERNS G S. Neuromarketing: the hope and hype of neuroimaging in business[J]. Nature Reviews Neuroscience, 2010, 11(4): 284-292.

[43] MCCLURE S M, LI J, TOMLIN D, et al. Neural correlates of behavioral preference for culturally familiar drinks[J]. Neuron, 2004, 44(2): 379-387.

[44] LEE N, BRODERICK A J, CHAMBERLAIN L. What is Neuromarketing? A discussion and agenda for future research[J]. International Journal of Psychophysiology, 2007(63): 199-204.

[45] 马庆国，王小毅. 从神经经济学和神经营销学到神经管理学 [J]. 管理工程学报, 2006(3): 129-132.

[46] KABLE J W. The cognitive neuroscience toolkit for the neuroeconomist: a functional overview[J]. Journal of Neuroscience, Psychology, and Economics, 2011, 4(2): 63-84.

[47] 盛峰，徐菁. 神经营销：解密消费者的大脑 [J]. 营销科学学报, 2013, 9(1): 1-17.

[48] MORIN C. Neuromarketing: the new science of consumer behavior[J]. Society, 2011, 48(2): 131-135.

[49] LIM W M. Demystifying neuromarketing[J]. Journal of Business Research, 2018(91): 205-220.

[50] VIDAL M, TURNER J, BULLING A, et al. Wearable eye tracking for mental health monitoring[J]. Computer Communications, 2012, 35(11): 1306-1311.

[51] PLASSMANN H, YOON C, FEINBERG F M, et al. Consumer Neuroscience[M]. New York: John Wiley & Sons, Ltd., 2010.

[52] OHME R, MATUKIN M, PACULA-LESNIAK B. Biometric measures for interactive advertising research[J]. Journal of Interactive Advertising, 2011, 11(2): 60-72.

[53] MITCHELL J P. Activity in right temporo-parietal junction is not selective for theory-of-mind[J]. Cerebral Cortex, 2008, 18(2): 262-271.

[54] EISENBERGER N I, LIEBERMAN M D, WILLIAMS K D. Does rejection hurt? An FMRI study of social exclusion[J]. Science, 2003, 302(5643): 290-292.

[55] VAN VEEN V, KRUG M K, SCHOOLER J W, et al. Neural activity predicts attitude change in cognitive dissonance[J]. Nature Neuroscience, 2009(12): 1469-1474.

[56] BERNS G S, MOORE S. A neural predictor of cultural popularity[J]. Journal of Consumer Psychology, 2012, 22(1): 154-160.

[57] FERENCZI E A, ZALOCUSKY K A, LISTON C, et al. Prefrontal cortical regulation of brainwide circuit dynamics and reward-related behavior[J]. Science, 2016, 351(6268): aac9698.

[58] FUSTER J M. Human neuropsychology[M]. The Prefrontal Cortex (Fourth Edition). San Diego: Academic Press, 2008.

[59] CICCHETTI D, POSNER M I. Cognitive and affective neuroscience and developmental psychopathology[J]. Development and Psychopathology, 2005(17): 569-575.

[60] IKEMOTO S, PANKSEPP J. The role of nucleus accumbens dopamine in motivated behavior: a unifying interpretation with special reference to reward-seeking[J]. Brain Research Reviews, 1996(31): 6-41.

[61] RAINVILLE P, DUNCAN G H, PRICE D D, et al. Pain affect encoded in human anterior cingulate but not somatosensory cortex[J]. Science, 1997(277): 968-971.

[62] O'DOHERTY J P, DEICHMANN R, Critchley H D, et al. Neural responses during anticipation of a primary taste reward[J]. Neuron, 2002, 33(5): 815-826.

[63] MOREWEDGE C K, HUH Y E, VOSGERAU J. Thought for food: imagined consumption reduces actual consumption[J]. Science, 2010(330): 1530-1533.

[64] GU X, HAN S. Neural substrates underlying evaluation of pain in actions depicted in words[J]. Behavioural Brain Research, 2007, 181(2): 218-223.

[65] JACKSON P L, MELTZOFF A N, DECETY J. How do we perceive the pain of others? A window into the neural processes involved in empathy[J]. NeuroImage, 2005, 24(3): 771-779.

[66] FUSTER J M. The prefrontal cortex[M]. London: Academic Press, 2008.

[67] KELLEY W M, MACRAE C N, WYLAND C L, et al. Finding the self? An event-related fMRI study[J]. Journal of Cognitive Neuroscience, 2002, 14(5): 785-794.

[68] MORAN J M, MACRAE C N, HEATHERTON T F, et al. Neuroanatomical evidence for distinct cognitive and affective components of self[J]. Journal of Cognitive Neuroscience, 2006, 18(9): 1586-1594.

[69] ERSNER-HERSHFIELD H, WIMMER G E, KNUTSON B. Saving for the future self: neural measures of future self-continuity predict temporal discounting[J]. Social Cognitive and Affective Neuroscience, 2009(4): 85-92.

[70] MITCHELL J P, MACRAE C N, BANAJI M R. Dissociable medial prefrontal contributions to judgments of similar and dissimilar others[J]. Neuron, 2006, 50(4): 655-663.

[71] SAXE R, KANWISHER N. People thinking about thinking people: the role of the temporo-

parietal junction in "theory of mind" [J]. NeuroImage, 2003(9): 1835-1842.

[72] DIETVORST R C, VERBEKE W J M I, BAGOZZI R P, et al. A sales force-specific theory-of-mind scale: tests of its validity by classical methods and functional magnetic resonance imaging[J]. Journal of Marketing Research, 2009, 46(5): 653-668.

[73] LITT A, KHAN U, SHIV B. Lusting while loathing: parallel counterdriving of wanting and liking[J]. Psychological Science, 2010, 21(1): 118-125.

[74] KNUTSON B, RICK S, WIMMER G E, et al. Neural predictors of purchases[J]. Neuron, 2007, 53(1): 147-156.

[75] FALK E B, BERKMAN E T, LIEBERMAN M D. From neural responses to population behavior: neural focus group predicts population-level media effects[J]. Psychological Science, 2012, 23(5): 439-445.

[76] LALWANI A K, FORCUM L. Does a dollar get you a dollar's worth of merchandise? The impact of power distance belief on price-quality judgments[J]. Journal of Consumer Research, 2016, 43(2): 317-333.

[77] WANG J J, CARLOS J T, ASHOK K L. The interactive effect of power distance belief and consumers' status on preference for national(vs. private-label) brands[J]. Journal of Business Research, 2020(107): 1-12.

[78] KIM Y, ZHANG Y. The impact of power-distance belief on consumers' preference for status brands[J]. Journal of Global Marketing, 2014, 27(1): 13-29.

[79] ZHANG Y, WINTERICH K P, MITTAL V. Power distance belief and impulsive buying[J]. Social Science Electronic Publishing, 2010, 47(5): 945-954.

[80] GARVEY A M, KIM T, DUHACHEK A. Bad news?Send an AI. Good news?Send a human[J]. Journal of Marketing, 2023, 87(1): 10-25.

[81] ÖZBILEN P. The impact of natural culture on new technology adoption by firms: a country level analysis[J]. International Journal of Innovation and Managemente Technology, 2017(8): 299-305.

[82] HERBIG P A, PALUMBO F. The effect of culture on the adoption process: a comparison of Japanese and American behavior[J]. Technologies Forecasting and Social Change, 1994, 46(1): 71-101.

[83] PINE B J, GILMORE J H. The experience economy: work is theater and every business a stage[M]. Boston: Harvard Business School Press, 1999.

[84] MITCHELL J. Hug your customers: the proven way to personalize sales and achieve astounding results[M]. New York: Hyperion, 2003.

[85] BHATTACHARJEE A, MOGILNER C. Happiness from ordinary and extraordinary experiences[J]. Journal of Consumer Research, 2013, 41(1): 1-17.

[86] PRELEC D, LOEWENSTEIN G. The red and the black: mental accounting of savings and debt[J]. Marketing Science, 1998, 17(1): 4-28.

[87] DALLA C J. Working wisdom: the ultimate value in the new economy[M]. Toronto: Stoddart, 1995.

[88] 普鲁斯特. 追忆似水年华 [M]. 徐和瑾, 译. 南京: 译林出版社, 2010.

[89] ASCH S E. Forming impressions of personality[J]. The Journal of Abnormal and Social

Psychology, 1946, 41(3): 258-290.

[90] BONE S A, LEMON K N, VOORHEES C M, et al. Mere measurement plus: how solicitation of open-ended positive feedback influences customer purchase behavior[J]. Journal of Marketing Research, 2017, 54(1): 156-170.

[91] REDELMEIER D A, KAHNEMAN D. Patients' memories of painful medical treatments: Real-time and retrospective evaluations of two minimally invasive procedures[J]. Pain. 1996, 66(1): 1-8.

[92] ZHU F, ZHANG X. Impact of online consumer reviews on sales: the moderating role of product and consumer characteristics[J]. Journal of marketing, 2010, 74(2): 133-148.

[93] KELTNER D, SHIOTA M N. New displays and new emotions: a commentary on Rozin and Cohen[J]. Emotion, 2003, 3(1): 86-91.

[94] RUSSELL J A. A circumplex model of affect[J]. Journal of Personality and Social Psychology, 1980, 39(6): 1161-1178.

[95] PLUTCHIK R. Genes, mind, and emotion[J]. Behavioral & Brain Sciences, 1982, 5(1): 21-22.

[96] CARLSON M, CHARLIN V, MILLER N. Positive mood and helping behavior: a test of six hypotheses[J]. Journal of Personality & Social Psychology, 1988, 55(2): 211-229.

[97] WALKER M. Happy-people-pills for all[M]. New York: Wiley-Blackwell, 2013.

[98] CAVANAUGH L A, BETTMAN J R, LUCE M F. Feeling love and doing more for distant others: specific positive emotions differentially affect prosocial consumption [J]. Social Science Electronic Publishing, 2015, 52(5): 657-673.

[99] BARTLETT L, DESTENO D. Gratitude and prosocial behavior[J]. Psychological Science, 2016, 17(4): 319-325.

[100] TSANG N M. Reflection as dialogue[J]. British Journal of Social Work, 2007, 37(4): 681-694.

[101] FEINBERG M, WILLER R, STELLAR J, et al. The virtues of gossip: reputational information sharing as prosocial behavior[J]. Journal of Personality & Social Psychology, 2012, 102(5): 1015-1030.

[102] DONG P, HUANG X I, JR W R. The illusion of saving face: how people symbolically cope with embarrassment[J]. Psychological Science, 2013, 24(10): 2005-2012.

[103] FREDRICKSON B L. What good are positive emotions[J]. Review General Psychol, 1998, 2(3): 300-319.

[104] BAAS M, DREU C K W D, NIJSTAD B A. A meta-analysis of 25 years of mood-creativity research: hedonic tone, activation, or regulatory focus[J]. Psychological Bulletin, 2008, 134(6): 779-806.

[105] ISEN A M, DAUBMAN K A. The influence of affect on categorization[J]. Journal of Personality and Social Psychology, 1984, 47(6): 1206-1217.

[106] ISEN A M, DAUBMAN K A, NOWICKI G P. Positive affect facilitates creative problem solving [J]. Journal of Personality & Social Psychology, 1987, 53(6): 1122-1131.

[107] ISEN A M, GEVA N. The influence of positive affect on acceptable level of risk: the person with a large canoe has a large worry[J]. Organizational Behavior & Human Decision

Processes, 1987, 39(2): 145-154.

[108] ISEN A M. Positive affect, cognitive processes, and social behavior[J]. Advances in Experimental Social Psychology, 1987, 20(1): 203-253.

[109] BRADLEY M M, GREENWALD M K, PETRY M C, et al. Remembering pictures: pleasure and arousal in memory[J]. Journal of Experimental Psychology: Learning, Memory, and Cognition, 1992, 18(2): 379-390.

[110] WANG X, SONG S, WANG Y. The valuation of power exchange options with counterparty risk and jump risk[J]. Journal of Futures Markets, 2017, 37(5): 499-521.

[111] JIANG M, GAO D, HUANG R, et al. The devil wears Prada: advertisements of luxury brands evoke feelings of social exclusion[J]. Asian Journal of Social Psychology, 2014, 17(4): 245-254.

[112] WARD M K, DAHL D W. Should the devil sell Prada?Retail rejection increases aspiring consumers' desire for the brand[J]. Journal of Consumer Research, 2014, 41(3): 590-609.

[113] WARREN C, PEZZUTI T, KOLEY S. Is being emotionally inexpressive cool?[J]. Journal of Consumer Psychology, 2018(4): 560-577.

[114] CAPRIOLI S, FUCHS C, VAN DEN BERGH B. On breaking functional fixedness: how the Aha! moment enhances perceived product creativity and product appeal[J]. Journal of Consumer Research, 2023, 50(1): 48-69.

[115] KRAMER A D I, GUILLORY J E, HANCOCK J T. Experimental evidence of massive-scale emotional contagion through social networks[J]. Proceedings of the National Academy of Sciences of the United States of America, 2014, 111(24): 8788.

[116] FOWLER J H, CHRISTAKIS N A. Dynamic spread of happiness in a large social network: longitudinal analysis over 20 years in the Framingham heart study[J]. The BMJ, 2008(337): 1-9.

[117] CACIOPPO J T, FOWLER J H, CHRISTAKIS N A. Alone in the crowd: the structure and spread of loneliness in a large social network[J]. Social Science Electronic Publishing, 2009, 97(6): 977-991.

[118] DIMITRIADOU M, MACIEJOVSKY B, WILDSCHUT T, et al. Collective nostalgia and domestic country bias[J]. Journal of Experimental Psychology, 2019, 25(3): 445-457.

[119] 王丽丽，张璇，陈含郁．忆往昔促进消费者宽恕：服务失误情境下怀旧对宽恕的影响及内在机制 [J]．心理学报，2024, 56(4): 515-530.

[120] HAN S, LERNER J S, KELTNER D. Feelings and consumer decision making: the appraisal-tendency framework[J]. Journal of Consumer Psychology, 2007, 17(3): 158-168.

[121] STEPTOE A, WARDLE J. Positive affect measured using ecological momentary assessment and survival in older men and women[J]. Proceedings of the National Academy of Sciences, 2011, 108(45): 18244-18248.

[122] ADAVAL R. How good gets better and bad gets worse: understanding the impact of affect on evaluations of known brands[J]. Journal of Consumer Research, 2003, 30(3): 352-367.

[123] FORGAS J P. Affective influences on individual and group judgments[J]. European Journal of Social Psychology, 2010, 20(5): 441-453.

[124] FORGAS J P, CIARROCHI J. On being happy and possessive: the interactive effects of mood

and personality on consumer judgments [J]. Psychology & Marketing, 2001, 18(3): 239-260.

[125] ISEN A M, SHALKER T E. The effect of feeling state on evaluation of positive, neutral, and negative stimuli: when you "accentuate the positive", do you "eliminate the negative" [J]. Social Psychology Quarterly, 1982, 45(1): 58-63.

[126] MELOY M G. Mood-driven distortion of product information[J]. Journal of Consumer Research, 2000, 27(3): 345-359.

[127] SCHWARZ N, CLORE G L. Mood, misattribution, and judgments of well-being: informative and directive functions of affective states[J]. Journal of Personality & Social Psychology, 1981, 45(3): 513-523.

[128] WRIGHT W F, BOWER G H. Mood effects on subjective probability assessment [J]. Organizational Behavior & Human Decision Processes, 1992, 52(2): 276-291.

[129] FRIJDA N H. Emotion experience[J]. Cognition & Emotion, 2005, 19(4): 473-497.

[130] LENCH H C, FLORES S A, BENCH S W. Discrete emotions predict changes in cognition, judgment, experience, behavior, and physiology: a meta-analysis of experimental emotion elicitations [J]. Psychological Bulletin, 2011, 137(5): 834-855.

[131] SALERNO A. Hedonic eating goals and emotion: when sadness decreases the desire to indulge[J]. Journal of Consumer Research, 2014, 41(1): 135-151.

[132] NESSE R M. Is depression an adaptation[J]. Archives of General Psychiatry, 2000, 57(1): 14-20.

[133] RAGHUNATHAN R, PHAM M T. All negative moods are not equal: motivational influences of anxiety and sadness on decision making[J]. Organizational Behavior and Human Decision Processes, 1999, 79(1): 56-77.

[134] ROTFELD L T J. There are threats and (maybe) fear-caused arousal: theory and confusions of appeals to fear and fear arousal itself [J]. Journal of Advertising, 1997, 26(3): 45-59.

[135] LERNER J S, KELTNER D. Beyond valence: toward a model of emotion-specific influences on judgement and choice[J]. Cognition & Emotion, 2000, 14(4): 473-493.

[136] TIEDENS L Z, LINTON S. Judgment under emotional certainty and uncertainty: the effects of specific emotions on information processing[J]. Journal of Personality and Social Psychology, 2001, 81(6): 973-988.

[137] ACHAR C, AGRAWAL N, HSIEH M. Fear of detection and efficacy of prevention: using construal level to encourage health behaviors[J]. Journal of Marketing Research, 2020(57): 582-598.

[138] KELLER P A, BLOCK L G. Increasing the persuasiveness of fear appeals: the effect of arousal and elaboration[J]. Journal of Consumer Research, 1996, 22(4): 448-459.

[139] PASSYN K, SUJAN M. Self-accountability emotions and fear appeals: motivating behavior[J]. Journal of Consumer Research, 2006, 32(4): 583-589.

[140] GALONI C, CARPENTER G S, RAO H. Disgusted and afraid: consumer choices under the threat of contagious disease[J]. Journal of Consumer Research, 2020, 47(3): 373-392.

[141] TANGNEY J P, DEARING R L. Shame and guilt[M]. New York: Guilford, 2002.

[142] TRACY J L, ROBINS R W. Putting the self into self-conscious emotions: a theoretical model[J]. Psychological Inquiry, 2004, 15(2): 103-125.

[143] VLIET K J V. The role of attributions in the process of overcoming shame: a qualitative analysis[J]. Psychology & Psychotherapy, 2011, 82(2): 137-152.

[144] BLUM A. Shame and guilt, misconceptions and controversies: a critical review of the literature [J]. Traumatology, 2008, 14(3): 91-102.

[145] WAN L C. Culture's impact on consumer complaining responses to embarrassing service failure[J]. Journal of Business Research, 2013, 66(3): 298-305.

[146] ROMANI S, GRAPPI S, DALLI D. Emotions that drive consumers away from brands: measuring negative emotions toward brands and their behavioral effects[J]. International Journal of Research in Marketing, 2012, 29(1): 55-67.

[147] HOYER W D, MACINNIS D J. Consumer behavior[M]. Boston: Houghton Mifflin, 1998.

[148] LEARY M R, LANDEL J L, PATTON K M. The motivated expression of embarrassment following a self-presentational predicament[J]. Journal of Personality, 2010, 64(3): 619-636.

[149] TRACY J L, ROBINS R W. The prototypical pride expression: development of a nonverbal behavior coding system[J]. Emotion, 2007, 7(4): 789-801.

[150] HONG J, CHANG H H. "I" follow my heart and "we" rely on reasons: the impact of self-construal on reliance on feelings versus reasons in decision making[J]. Journal of Consumer Research, 2015, 41(6): 1392-1411.

[151] ZAJONC R B. Feeling and thinking: preferences need no inferences[J]. American Psychologist, 1980, 35(2): 151.

[152] LEE L, AMIR O, ARIELY D. In search of homo economicus: cognitive noise and the role of emotion in preference consistency[J]. Journal of Consumer Research, 2009, 36(2): 173-187.

[153] HSEE C K, ROTTENSTREICH Y. Music, pandas, and muggers: on the affective psychology of value [J]. Journal of Experimental Psychology: General, 2004, 133(1): 23-30.

[154] SCHWARZ N, CLORE G L. Mood, misattribution, and judgments of well-being: informative and directive functions of affective states[J]. Journal of Personality and Social Psychology, 1983, 45(3): 513-523.

[155] STRACK F, SCHWARZ N, GSCHNEIDINGER E. Happiness and reminiscing: the role of time perspective, affect, and mode of thinking[J]. Journal of Personality and Social Psychology, 1985, 49(6): 1460-1469.

[156] GASPER K, CLORE G L. Do you have to pay attention to your feelings to be influenced by them?[J]. Personality and Social Psychology Bulletin, 2000, 26(6): 698-711.

[157] JOHNSON E J, TVERSKY A. Affect, generalization, and the perception of risk [J]. Journal of Personality and Social Psychology, 1983, 45(1): 20.

[158] ISEN A M, SHALKER T E. The effect of feeling state on evaluation of positive, neutral, and negative stimuli: when you "accentuate the positive", do you "eliminate the negative"? [J]. Social Psychology Quarterly, 1982: 58-63.

[159] PHAM M T. Representativeness, relevance, and the use of feelings in decision making[J]. Journal of Consumer Research, 1998, 25(2): 144-159.

[160] WHITE K, MCFARLAND C. When are moods most likely to influence consumers' product preferences?The role of mood focus and perceived relevance of moods [J]. Journal of Consumer Psychology, 2009, 19(3): 526-536.

[161] BODENHAUSEN G V. Emotions, arousal, and stereotypic judgments: a heuristic model of affect and stereotyping[M]. New York: Academic Press, 1993.

[162] SCHWARZ N, CLORE G L. Feelings and phenomenal experiences[J]. Social Psychology: Handbook of Basic Principles, 2007(2): 385-407.

[163] CLORE G L, WYER R S, DIENES B, et al. Affective feelings as feedback: some cognitive consequences [M]. London: Psychology Press, 2013.

[164] ADAVAL R. Sometimes it just feels right: the differential weighting of affect-consistent and affect-inconsistent product information[J]. Journal of Consumer Research, 2001, 28(1): 1-17.

[165] DHAR R, WERTENBROCH K. Consumer choice between hedonic and utilitarian goods [J]. Journal of Marketing Research, 2000, 37(1): 60-71.

[166] CHANG H H, PHAM M T. Affect as a decision-making system of the present[J]. Journal of Consumer Research, 2013, 40(1): 42-63.

[167] PRONIN E, OLIVOLA C Y, KENNEDY K A. Doing unto future selves as you would do unto others: psychological distance and decision making[J]. Personality and Social Psychology Bulletin, 2008, 34(2): 224-236.

[168] FARAJI-RAD A, PHAM M T. Uncertainty increases the reliance on affect in decisions[J]. Journal of Consumer Research, 2017, 44(1): 1-21.

[169] CHANG H H, HUNG I W. Mirror, mirror on the retail wall: self-focused attention promotes reliance on feelings in consumer decisions[J]. Journal of Marketing Research, 2018, 55(4): 586-599.

[170] FORGAS J P. Affective influences on partner choice: role of mood in social decisions[J]. Journal of Personality and Social Psychology, 1991, 61(5): 708-720.

[171] LOEWENSTEIN G F, WEBER E U, HSEE C K, et al. Risk as feelings [J]. Psychological Bulletin, 2001, 127(2): 267-286.

[172] FISHBEIN M, AZJEN I. Belief, attitude, intention, and behavior: an introduction to theory and research[M]. Reading, MA: Addison-Wesley, 1975.

[173] AAKER D A, STAYMAN D M, HAGERTY M R. Warmth in advertising: measurement, impact, and sequence effects[J]. Journal of Consumer Research, 1986, 12(4): 365-381.

[174] BATRA R, RAY M L. Affective responses mediating acceptance of advertising[J]. Journal of Consumer Research, 1986, 13(2): 234-249.

[175] BROWN S P, HOMER P M, INMAN J J. A meta-analysis of relationships between ad-evoked feelings and advertising responses[J]. Journal of Marketing Research, 1998, 35(1): 114-126.

[176] BROWN S P, STAYMAN D M. Antecedents and consequences of attitude toward the ad: a meta-analysis[J]. Journal of Consumer Research, 1992, 19(1): 34-51.

[177] EDELL J A, BURKE M C. Power of feelings in understanding advertising effects [J]. Journal of Consumer Research, 1987, 14(3): 421-433.

[178] HOLBROOK M B, BATRA R. Assessing the role of emotions as mediators of consumer responses to advertising[J]. Journal of Consumer Research, 1987, 14(3): 404-420.

[179] BURKE M C, EDELL J A. The impact of feelings on ad-based affect and cognition [J]. Journal of Marketing Research, 1989, 26(1): 69-83.

[180] DERBAIX C M. The impact of affective reactions on attitudes toward the advertisement and

the brand: a step toward ecological validity[J]. Journal of Marketing Research, 1995, 32(4): 470-479.

[181] KIM J. The power of affect: predicting intention[J]. Journal of Advertising Research, 2002, 42(3): 7-17.

[182] STAYMAN D M, AAKER D A. Are all the effects of ad-induced feelings mediated by a ad[J]. Journal of Consumer Research, 1988, 15(3): 368-373.

[183] LOEWENSTEIN G. Out of control: visceral influences on behavior[J]. Organizational Behavior & Human Decision Processes, 1996, 65(3): 272-292.

[184] MINIARD P W, BHATLA S, LORD K R, et al. Picture-based persuasion processes and the moderating role of involvement[J]. Journal of Consumer Research, 1991, 18(1): 92-107.

[185] PETTY R E, SCHUMANN D W, RICHMAN S A, et al. Positive mood and persuasion: different roles for affect under high-and low-elaboration conditions[J]. Journal of Personality and Social Psychology, 1993, 64(1): 5-20.

[186] ALBARRACÍN D, KUMKALE G T. Affect as information in persuasion: a model of affect identification and discounting[J]. Journal of Personality and Social Psychology, 2003, 84(3): 453-469.

[187] GORN G J, GOLDBERG M E, BASU K. Mood, awareness, and product evaluation[J]. Journal of Consumer Psychology, 1993, 2(3): 237-256.

[188] RAGHUNATHAN R, PHAM M T, CORFMAN K P. Informational properties of anxiety and sadness, and displaced coping[J]. Journal of Consumer Research, 2006, 32(4): 596-601.

[189] SIEMER M, REISENZEIN R. Effects of mood on evaluative judgements: influence of reduced processing capacity and mood salience[J]. Cognition & Emotion, 1998, 12(6): 783-805.

[190] PHAM M T. Representativeness, relevance, and the use of feelings in decision making[J]. Journal of Consumer Research, 1998, 25(2): 144-159.

[191] ADAVAL R. Sometimes it just feels right: the differential weighting of affect-consistent and affect inconsistent product information[J]. Journal of Consumer Research, 2001, 28(1): 1-17.

[192] YEUNG C, WYER R. Affect, appraisal, and consumer judgment[J]. Journal of Consumer Research, 2004, 31(2): 412-424.

[193] LUCE M F. Choosing to avoid: coping with negatively emotion-laden consumer decisions[J]. Journal of Consumer Research, 1998, 24(4): 409-433.

[194] HIGGINS E T. Making a good decision: value from fit [J]. Am Psychol, 2000, 55(11): 1217-1230.

[195] AVNET T, HIGGINS E T. Locomotion, assessment, and regulatory fit: value transfer from "how" to "what" [J]. Journal of Experimental Social Psychology, 2003, 39(5): 525-530.

[196] AVNET T, HIGGINS E T. How regulatory fit affects value in consumer choices and opinions[J]. Journal of Marketing Research, 2006, 43(1): 1-10.

[197] HIGGINS E T, IDSON L C, FREITAS A L, et al. Transfer of value from fit[J]. Journal of Personality & Social Psychology, 2003, 84(6): 1140-1153.

[198] 方迎丰. 仪式感营销 [J]. 销售与市场（管理版）, 2011(6): 67-69.

[199] SPANGENBERG E R, GROHMANN B, SPROTT D E. It's beginning to smell(and sound)

a lot like Christmas: the interactive effects of ambient scent and music in a retail setting[J]. Journal of Business Research, 2005, 58(11): 1583-1589.

[200] WILLIAMS P, AAKER J L. Can mixed emotions peacefully coexist[J]. Journal of Consumer Research, 2002, 28(4): 636-649.

[201] LEGASPI R, HE Z, TOYOIZUMI T. Synthetic agency: sense of agency in artificial intelligence[J]. Current Opinion in Behavioral Sciences, 2019(29): 84-90.

[202] NASS C, MOON Y. Machines and mindlessness: social responses to computers[J]. Journal of Social Issues, 2000, 56(1): 81-103.

[203] LIU-THOMPKINS Y, OKAZAKI S, LI H. Artificial empathy in marketing interactions: bridging the human-AI gap in affective and social customer experience[J]. Journal of the Academy of Marketing Science, 2022(50): 1198-1218.

[204] ASADA M. Development of artificial empathy[J]. Neuroscience Research, 2015(90): 41-50.

[205] AIRENTI G. The cognitive bases of anthropomorphism: from relatedness to empathy[J]. International Journal of Social Robotics, 2015, 7(1): 117-127.

[206] HUANG M H, RUST R T. Artificial intelligence in service[J]. Journal of Service Research, 2018, 21(2): 155-172.

[207] GAL D, SIMONSON I. Predicting consumers' choices in the age of the internet, AI, and almost perfect tracking: some things change, the key challenges do not[J]. Consumer Psychology Review, 2021(4): 135-152.

[208] BREI V A. Machine learning in marketing[J]. Foundations and Trends in Marketing, 2020, 14(3): 173-236.

[209] HUANG D, LUO L. Consumer preference elicitation of complex products using fuzzy support vector machine active learning[J]. Marketing Science, 2016, 35(3): 445-464.

[210] LIU J, TOUBIA O. A semantic approach for estimating consumer content preferences from online search queries[J] Marketing Science, 2018, 37(6): 855-882.

[211] MUSTO C, NARDUCCI F, LOPS P, et al. Linked open data-based explanations for transparent recommender systems[J]. International Journal of Human-Computer Studies, 2019(121): 93-107.

[212] SUTTON R S, BARTO A G. Reinforcement learning: an introduction[M]. Cambridge, MA MIT Press, 2018.

[213] JARA-ETTINGER J. Theory of mind as inverse reinforcement learning[J]. Current Opinion in Behavioral Sciences, 2019(29): 105-110.

[214] WU Z, SUN L, ZHAN W, et al. Efficient sampling-based maximum entropy inverse reinforcement learning with application to autonomous driving[J]. IEEE Robotics and Automation Letters, 2020, 5(4): 5355-5362.

[215] HO A, HANCOCK J, MINER A S. Psychological, relational, and emotional effects of self-disclosure after conversations with a chatbot[J]. Journal of Communication, 2018, 68(4): 712-733.

[216] LONGONI C, CIAN L. Artificial intelligence in utilitarian vs. hedonic contexts: the "word-of-machine" effect[J]. Journal of Marketing, 2022, 86(1): 91-108.

[217] BARRETT-LENNARD G T. The empathy cycle: refinement of a nuclear concept[J]. Journal

of Counseling Psychology, 1981(28): 91-100.

[218] WEIBHAAR I, HUBER F. Empathic relationships in professional services and the moderating role of relationship age[J]. Psychology and Marketing, 2016(33): 525-541.

[219] PORIA S, CAMBRIA E, BAJPAI R, et al. A review of affective computing: from unimodal analysis to multimodal fusion[J]. Information Fusion, 2017(37): 98-125.

[220] BERGER B, HUMPHREYS A, LUDWIG S, et al. Uniting the tribes: using text for marketing insight[J]. Journal of Marketing, 2020(84): 1-25.

[221] HERHAUSEN D, LUDWIG S, GREWAL D, et al. Detecting, preventing, and mitigating online firestorms in brand communities[J]. Journal of Marketing, 2019, 83(3): 1-21.

[222] HOMBURG C, EHM L, ARTZ M. Measuring and managing consumer sentiment in an online community environment[J]. Journal of Marketing Research, 2015, 52(5): 629-641.

[223] MEIRE M, HEWETT K, BALLINGS M, et al. The role of marketer-generated content in customer engagement marketing[J]. Journal of Marketing, 2019, 83(6): 21-42.

[224] BYLAND C L, MAKOUL G. Examining empathy in medical encounters: an observational study using the empathic communication coding system[J]. Health Communication, 2005, 18(2): 123-140.

[225] LIU B, SUNDAR S S. Should machines express sympathy and empathy?Experiments with a health advice chatbot[J]. Cyberpsychology, Behavior and Social Networking, 2018, 21(10): 625-636.

[226] DE WAAL F B M. Putting the altruism back into altruism: the evolution of empathy[J]. Annual Review of Psychology, 2008(59): 279-300.

[227] NOFZ M P, VENDY P. When computers say it with feeling: communication and synthetic emotions in Kubrick's 2001: a space odyssey[J]. Journal of Communication Inquiry, 2002, 26(1): 26-45.

[228] IACOBONI M. Imitation, empathy, and mirror neurons[J]. Annual Review of Psychology, 2009(60): 653-670.

[229] LIU X, CHI N, GREMLER D. Emotion cycles in services: emotional contagion and emotional labor effects [J]. Journal of Service Research, 2019, 22(3): 285-300.

[230] HESS U, FISCHER A. Emotional mimicry as social regulation[J]. Personality and Social Psychology Bulletin, 2013, 17(2): 142-157.

[231] HOCHSCHILD A R. Emotion work, feeling rules, and social structure[J]. American Journal of Sociology, 1979, 85(3): 551-575.

[232] KIDWELL B, LOPEZ-KIDWELL V, BLOCKER C, et al. Birds of a feather feel together: emotional ability similarity in consumer interactions[J]. Journal of Consumer Research, 2020, 47(2): 215-236.

[233] HORTENSIUS R, HEKELE F, CROSS E S. The perception of emotion in artificial agents[J]. IEEE Transactions on Cognitive and Developmental Systems, 2018, 10(4): 852-864.

[234] PEATTIE K. Green consumption: behavior and norms[J]. Annual Review of Environment and Resources, 2010(35): 195-228.

[235] HOGG N, JACKSON T. Digital media and dematerialization: an exploration of the potential for reduced material intensity in music delivery[J]. Journal of Industrial Ecology, 2009, 13(1):

127-146.

[236] RUBIK F, FRANKL P. The future of eco-labelling: making environmental product information systems effective[M]. London: Routledge, 2017.

[237] WENER R, CARMALT H. Environmental psychology and sustainability in high-rise structures[J]. Technology in Society, 2006, 28(2): 157-167.

[238] ROWE D. Education for a sustainable future[J]. Science, 2007, 317(5836): 323-324.

[239] WHITE K, HABIB R, HARDISTY D J. How to SHIFT consumer behaviors to be more sustainable: a literature review and guiding framework[J]. Journal of Marketing, 2019, 83(3): 22-49.

[240] HE G, PAN Y, PARK A, et al. Reducing single-use cutlery with green nudges: evidence from China's food-delivery industry[J]. Science, 2023(6662): 381.

[241] XU Y, CHEN Y, BURMAN R, et al. Second-hand clothing consumption: a cross-cultural comparison between American and Chinese young consumers[J]. International Journal of Consumer Studies, 2014, 38(6): 670-677.

[242] BROUGH A R, ISAAC M S. Finding a home for products we love: how buyer usage intent affects the pricing of used goods[J]. Journal of Marketing, 2012, 76(4): 78-91.

[243] BAGOZZI R P, MOORE D J. Public service advertisements: emotions and empathy guide prosocial behavior[J]. Journal of Marketing, 1994, 58(1): 56-70.

[244] WINTERICH K P, RECZEK R W, IRWIN J R. Keeping the memory but not the possession: memory preservation mitigates identity loss from product disposition[J]. Journal of Marketing, 2017, 81(5): 104-120.

[245] SHRUM L J, MCCARTY J A, LOWREY T M. Buyer characteristics of the green consumer and their implications for advertising strategy[J]. Journal of Advertising, 1995, 24(2): 71-82.

[246] TANGARI A H, BURTON S, SMITH R J Now that's a bright idea: the influence of consumer elaboration and distance perceptions on sustainable choices[J]. Journal of Retailing, 2015, 91(3): 410-421.

[247] SHETH J N, NEWMAN B I, GROSS B L. Why we buy what we buy: a theory of consumption values[J]. Journal of Business Research, 1991, 22(2): 159-170.

[248] GONÇALVES H M, LOURENÇO T F, SILVA G M. Green buying behavior and the theory of consumption values: a fuzzy-set approach[J]. Journal of Business Research, 2016, 69(4): 1484-1491.

[249] HAWS K L, WINTERICH K P, NAYLOR R W. Seeing the world through GREEN-tinted glasses: green consumption values and responses to environmentally friendly products[J]. Journal of Consumer Psychology, 2014, 24(3): 336-354.

[250] EDINGER-SCHONS L M, SIPILÄ J, SEN S, et al. Are two reasons better than one? The role of appeal type in consumer responses to sustainable products[J]. Journal of Consumer Psychology, 2018, 28(4): 644-664.

[251] GUPTA S, OGDEN D T. To buy or not to buy? A social dilemma perspective on green buying[J]. Journal of Consumer Marketing, 2009, 26(6): 376-391.

[252] EHRICH K R, IRWIN J R. Willful ignorance in the request for product attribute information[J]. Journal of Marketing Research, 2005, 42(3): 266-277.